KB019001

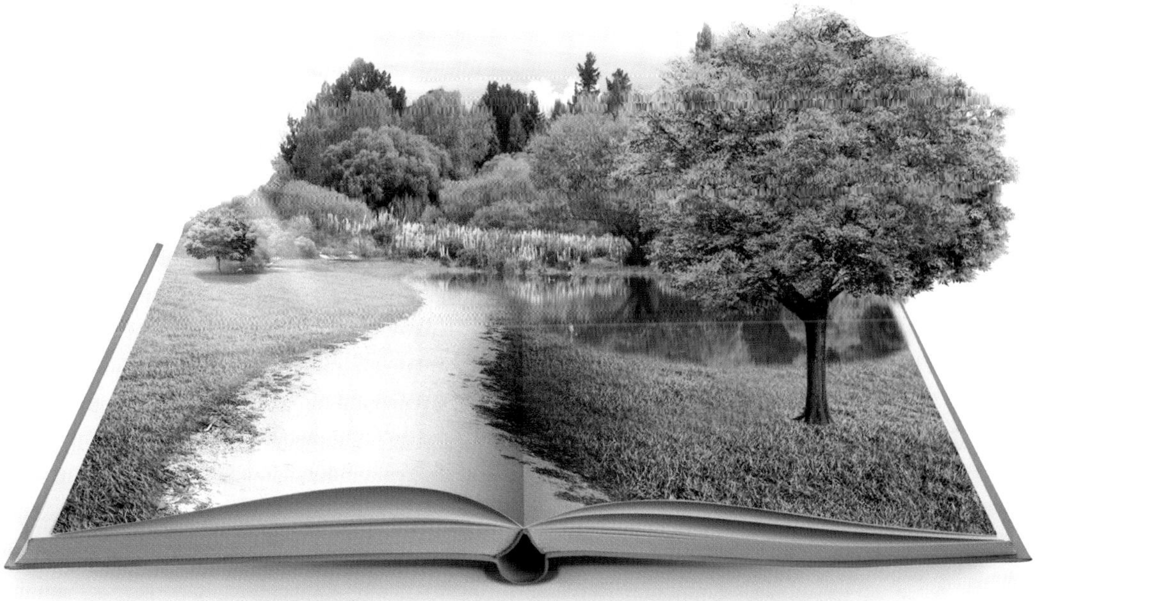

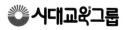

항균잉크(V-CLEAN99)의 특징

- 바이러스, 박테리아, 곰팡이 등에 항균효과가 있는 산화아연을 적용
- 산화아연은 한국의 식약처와 미국의 FDA에서 식품첨가물로 인증받아 **강력한 항균력**을 구현하는 소재
- 황색포도상구균과 대장균에 대한 테스트를 완료하여 **99.9%의 강력한 항균효과** 확인
- 잉크 내 중금속, 잔류성 오염물질 등 **유해 물질 저감**

TEST REPORT

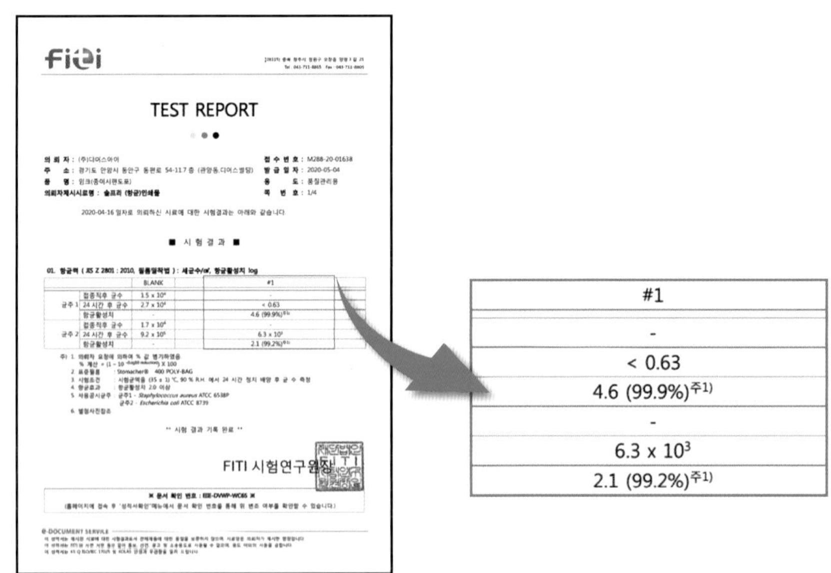
FITI

TEST REPORT

#1
-
< 0.63
4.6 (99.9%)주1)
-
6.3×10^3
2.1 (99.2%)주1)

FITI 시험연구원장

항균99.9% 안심도서

PASSCODE

빅데이터 50가지 테마 미니북

합격의 공식 시대에듀

한국사능력검정시험 기본(4·5·6급)

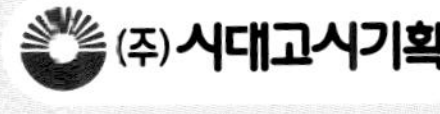

(주)시대고시기획

PASSCODE

빅데이터 50가지 테마 미니북

한국사능력검정시험 기본(4·5·6급)

기출 빅데이터 분석을 통해 탄생한 미니북

FEATURES

하나. 시대별 빈출 테마 분석 - 고대

구분	55회	54회	52회	51회	50회	…	45회	합계
정치	6	5	4	4	5		5	49
경제	–	–	–	2	–		1	5
사회	1	1	1	1	1		1	11
문화	1	2	2	2	2		1	15

> 고대 최다 출제 파트: 정치, 문화

구분	테마	출제 횟수	비고
정치	고구려, 백제, 신라 왕의 업적	21	시대편 수록
	발해, 통일 신라 왕의 업적	8	
	가야	3	–
	삼국의 대외 항쟁과 부흥 운동	11	주제편 수록
	후삼국의 통일 과정**	10	
사회	신라 말 사회 변화**	8	

> 고대 최다 빈출 테마: 신라 말 사회 변화와 후삼국의 통일 과정

▶ 최신 기출 10회분 분석
▶ 빈출 테마 총 50개(시대편 10, 인물편 6, 주제편 34) 선정!
▶ 인물편과 주제편은 최다 빈출순으로 나열

둘. 테마별 빈출 선택지 산출

- 김헌창이 반란을 일으켰다. (51회, 48회, 46회, 43회)
- 원종과 애노가 봉기하였다. (47회, 44회, 43회)
- 궁예가 철원으로 천도하였다. (46회, 44회)
- 국호를 태봉으로 바꾸었다. (50회)
- 백제 계승을 내세웠다. (50회)

⋮

> 한능검은 비슷하거나 동일한 선택지가 반복 출제

▶ Step1에 최다 빈출순으로 나열
▶ 중요 선택지를 뽑아 Step3 빈칸 채우기로 구성

03 신라 말 사회 변화와 후삼국의 통일 과정

주제편

Step 1 선택지 미리보기

- 김헌창이 반란을 일으켰다.
- 원종과 애노가 봉기하였다.
- 궁예가 철원으로 천도하였다.
- 국호를 태봉으로 바꾸었다.
- 백제 계승을 내세웠다.
- 왕위에서 쫓겨나는 궁예
- 고려에 항복하는 경순왕
- 정치 기구로 광평성을 두었다.
- 왕건이 고창 전투에서 승리하였다.
- 신숭겸이 공산 전투에서 전사하였다.
- 당에서 돌아온 6두품 유학생
- 선종 사찰을 후원하는 호족

Step 2 개념 학습하기

○ 신라 말 사회 변화

왕권 약화	• 경덕왕 사후 나이 어린 혜공왕 즉위 → 진골 귀족들의 왕위 쟁탈전 • **김헌창의 난**: 아버지 김주원이 왕위 쟁탈전에서 패하자 불만을 품고 반란
농민 봉기	• **원종·애노의 난** • 적고적의 난
새로운 세력 등장	• 6두품 성장(반신라적 성격) – **최치원**: 당의 빈공과 합격, 진성 여왕에게 시무 10여 조 건의 • 호족 세력 성장 – **장보고**: 청해진 설치, 해상 무역 주도
새로운 사상 유행	선종(승려 도의 → 참선 수행), 풍수지리설, 유교

○ 후삼국의 통일 과정

후백제 건국(900)	• 견훤 • 완산주 도읍 • 오월·후당과 교류
후고구려 건국(901)	• **궁예** • 국호(후고구려 → 마진 → 태봉) • 도읍(송악 → 철원) • **광평성** 설치
고려 건국(918)	• 왕건 • 궁예 축출
공산 전투(927)	• 후백제가 고려 격파 • 고려의 김락, 신숭겸 등 전사
고창 전투(930)	• 고려가 후백제 격파 • 후삼국 통일의 기반 마련
신라 항복(935)	경순왕(김부)이 고려에 항복, 신라 멸망
후삼국 통일(936)	• 고려의 일리천 전투 승리 • 후백제 신검 항복 → 후백제 멸망

Step 3 빈칸 채우기

❶ □□□이 시무 10여 조를 건의하였다.
❷ 장보고가 □□□을 설치하여 해상 무역을 주도했어요.
❸ □□□ 전투에서 패배하는 신검

정답 ❶ 최치원 ❷ 청해진 ❸ 일리천

Step 1·2·3 공부법! »

Step 1 선택지 미리보기
테마별로 자주 출제되는 선택지를 확인하자!

Step 2 개념 학습하기
핵심 개념을 통해 중요 내용을 학습하자!

Step 3 빈칸 채우기
핵심 키워드를 잘 기억하는지 확인하고 정답을 빠르게 찾아내자!

이 책의 차례

CONTENTS

시대편

인물편

주제편

선사 시대_구석기, 신석기, 청동기

구석기(약 70만 년 전)

도구	뗀석기(**주먹도끼**, 찍개, 슴베찌르개)
경제	사냥, 고기잡이, 채집 생활
주거	**동굴**이나 바위 그늘, **막집**(강가)
사회	평등 사회, 이동 생활, 무리 생활
유적지	연천 전곡리, 공주 석장리
유물	▲ 주먹도끼 ▲ 슴베찌르개

신석기(기원전 8,000년 전)

도구	• 간석기 • 갈돌과 갈판 • **가락바퀴**, 뼈바늘 • **빗살무늬 토기**
경제	농경(조 · 피)과 목축 시작
주거	**움집**(강가나 바닷가): 반지하 형태
사회	평등 사회, 씨족 사회(족외혼)
유적지	서울 암사동, 양양 오산리, 제주 고산리
유물	▲ 가락바퀴 ▲ 빗살무늬 토기

청동기(기원전 2,000~1,500년 전)

도구	• **반달 돌칼** • 비파형 동검, 거친무늬 거울 • 미송리식 토기, 민무늬 토기
경제	벼농사 시작, 밭농사 중심
주거	**움집**: 지상 가옥화
사회	• 생산력 증대로 사유 재산 발생 • 계급 사회: 족장(군장) 출현
무덤	**고인돌**: 지배층의 무덤
유적지	부여 송국리, 울주 검단리, 창원 덕천리
유물	▲ 반달 돌칼 ▲ 미송리식 토기

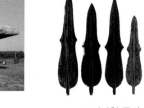

02 선사 시대_철기, 고조선

철기(기원전 300년 전)	
도구	• 세형 동검, 잔무늬 거울 • 검은 간토기
경제	• 벼농사 확대 → 농업 생산량 증가, **철제 농기구** 사용 • 중국과 교류(**명도전**, 오수전, 반량전)
주거	지상 가옥, 여(呂)자형 · 철(凸)자형 주거 형태
사회	계급 사회
무덤	널무덤, 독무덤
유적지	창원 다호리, 제주 삼양동, 동해 송정동
유물	▲ 독무덤 ▲ 세형 동검

고조선(기원전 2,333~108년 전)	
성립	• 청동기 문화를 바탕으로 건국 • 제정일치 사회: 단군(제사장) + 왕검(정치적 지도자인 군장)
성장	• 부왕, 준왕 때 왕권 강화(왕위 세습) • 연(진개)과 대립할 만큼 강성 • 정치 체제: 왕 밑에 **상 · 대부 · 장군** 등의 관직 존재
위만 조선	• 준왕을 몰아내고 **위만**이 고조선 계승 • 철기 문화 본격적 수용
발전	• 중계 무역 • **범금 8조**를 통해 사회 질서 유지
멸망	한 무제의 공격으로 왕검성 함락 → 멸망(기원전 108년)
유물	 ▲ 고인돌 ▲ 비파형 동검

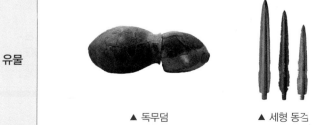

고대_고구려, 백제, 신라

	~4C	5C	6C	7C
고구려	**고국천왕** • **진대법** 실시(국상 을파소) • 왕위 부자 상속 **소수림왕** • 불교 공인 • 태학 설립 • 율령 반포	**광개토 대왕** • **'영락'** 연호 사용 • 신라에 침입한 왜 격퇴 → 금관가야 공격 • 후연 공격, 요동 진출 **장수왕** • 평양 천도(남진 정책) • 백제 한성 함락 • **광개토 대왕릉비**, 충주 고구려비(한강 유역 진출) 건립		**영양왕** • 수 양제의 침입 → 살수 대첩 **영류왕** • 천리장성 축조 시작(부여성~비사성) **보장왕** • 연개소문 집권 • 고구려 멸망(668) ↔ 신라 문무왕
백제	**근초고왕** • 마한 정복, 해외 진출(요서, 산둥, 규슈) • 고구려 평양성 공격 → 고국원왕 전사 • 『서기』 편찬(고흥) **침류왕** • 불교 수용 및 공인	**비유왕** • 눌지왕과 **나제 동맹** 체결 **문주왕** • **웅진**(공주) 천도 **동성왕** • 신라와 결혼 동맹(나제 동맹 강화)	**무령왕** • **22담로** 설치 → 왕족 파견 **성왕** • **사비**(부여) 천도, 국호 **남부여** • 한강 유역 일시 회복(신라 진흥왕과 연합) • 나제 동맹 결렬 → **관산성 전투**에서 전사	**무왕** • 익산 미륵사 건립 **의자왕** • 대야성 등 신라 40여 개 성 점령 • 백제 멸망(660) ↔ 신라 무열왕
신라	**내물왕** • **마립간** 칭호 사용 • 광개토 대왕에게 원군 요청 → 왜의 침략 격퇴(호우명 그릇)	**눌지왕** • 비유왕과 나제 동맹 체결	**지증왕** • 우경 실시 • 국호 신라 • **동시전** 설치 • 순장 금지 • 왕 칭호 사용 • **우산국 정벌**(이사부) **법흥왕** • **'건원'** 연호 사용 • 병부 설치 • 불교 공인(이차돈 순교) • 금관가야 정복 • 율령 반포 **진흥왕** • 한강 유역 진출 • 대가야 정복 • 황룡사 건립 • **북한산 순수비** 건립 • 화랑도 국가 조직으로 정비 • 『국사』 편찬(거칠부)	**선덕 여왕** • 황룡사 구층 목탑 건립 **문무왕** • **외사정** 파견 • 나당 전쟁 승리 → **삼국 통일**(676)

04 고대_통일 신라, 발해

	7C	8C	9C	10C
통일 신라	**신문왕** • **김흠돌의 난** 진압 → 진골 귀족 숙청 • 국학 설립 • 지방 행정 조직: 9주 5소경 • **관료전** 지급, **녹읍 폐지** • 중앙군 9서당, 지방군 10정 편성	**성덕왕** • 백성에게 정전 지급 **원성왕** • **독서삼품과** 설치	**헌덕왕** • 김헌창의 난 **진성 여왕** • **원종 · 애노의 난** • 최치원 **시무 10여 조** 건의 • 적고적의 난 • 『삼대목』 편찬	**경순왕(김부)** • 고려에 항복, 신라 멸망(935)
발해	**고왕(대조영)** • 발해 건국(698) • '천통' 연호 사용	**무왕** • '인안' 연호 사용 • **당의 등주 공격**(장문휴) • 일본과 교류 **문왕** • '대흥' 연호 사용 • 당과 친선 관계 유지 • 3성 6부제 실시 • **주자감** 설치 • 신라도 개설 • 일본과 외교 문서 교류(고려국왕 자처) • 천도: 중경 → 상경 → 동경	**선왕** • '건흥' 연호 사용 • 5경 15부 62주 설치 • '**해동성국**'으로 불림	**대인선** • 발해 멸망(926)

05 고려 시대

918~943 1대 태조(왕건)
- 고려 건국(918)
- **흑창** 설치
- 기인 제도, 사심관 제도, 사성 정책 → 지방 호족 통제·회유
- 역분전 지급
- 훈요 10조
- 『정계』, 『계백료서』 편찬

949~975 4대 광종
- '광덕, 준풍' 연호 사용
- **노비안검법** 시행
- **과거제** 시행(쌍기 건의)
- 관리의 공복 제정

981~997 6대 성종
- 최승로 **시무 28조** 건의
- **12목** 설치 → 지방관 파견
- 향리 제도 실시
- 지방에 경학박사·의학박사 파견
- 국자감 설치
- 상평창 설치
- 건원중보 주조
- 거란의 침입(1차)

1009~1031 8대 현종
- 강조의 정변
- 5도 양계 확립
- 안찰사 파견
- 거란의 침입(2·3차)
- 초조대장경 제작

1095~1105 15대 숙종
- 주전도감 설치 → **은병**(활구)·삼한통보·해동통보·해동중보 주조
- **별무반** 편성(윤관)

1105~1122 16대 예종
- 관학 진흥 정책: 7재, **양현고** 설치
- 동북 9성 설치

1122~1146 17대 인종
- 이자겸의 난
- **묘청의 서경 천도 운동**
- **『삼국사기』** 편찬(김부식)

1170~1197 19대 명종
- 망이·망소이의 난
- 최씨 **무신 정권** 수립(최충헌)
- 최충헌 봉사 10조 건의
- 교정도감 설치(교정별감 최충헌)

1213~1259 23대 고종
- 최우 집권
- 정방 설치, 삼별초 조직(최우)
- 몽골의 침입 → 강화도 천도
- 팔만대장경 제작

1259~1274 24대 원종
- 개경 환도
- 삼별초의 대몽 항쟁

1308~1313 26대 충선왕
- 원의 연경에 **만권당** 설치

1351~1374 31대 공민왕
- 정방 폐지
- 기철 등 친원 세력 제거
- 관제 복구(중서문하성과 상서성, 6부제 환원)
- 정동행성 이문소 폐지
- **쌍성총관부 탈환**
- 신돈 등용
- **전민변정도감** 설치

1374~1388 32대 우왕
- **『직지심체요절』** 간행
- 권문세족 이인임 일파 축출
- 이성계의 **위화도 회군** → 우왕 폐위, 창왕 즉위, 최영 제거

1389~1392 34대 공양왕
- **과전법** 실시
- 공양왕 폐위 → 조선 건국(이성계, 1392)

● 고려 초기 ● 문벌 귀족 집권기 ● 무신 집권기 ● 원 간섭기 ● 고려 말기

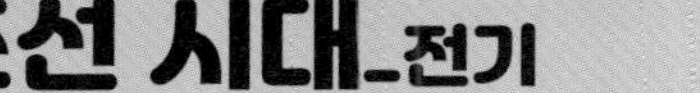

조선 시대_전기

1392~1398 1대 태조(이성계)
- 조선 건국(1392)
- 한양 천도
- **경복궁 창건**
- 제1차 왕자의 난(이방원)

1400~1418 3대 태종(이방원)
- **한양 시전** 설치
- 사병 혁파
- 신문고 설치
- 호패법 시행
- **6조 직계제** 시행
- 사간원 독립
- 주자소 설치 → 계미자 주조
- 혼일강리역대국도지도 제작

1418~1450 4대 세종
- **의정부 서사제** 시행
- **집현전 설치**
- 대마도 정벌(이종무)
- 3포 개항, 계해약조
- 4군 6진 개척(최윤덕, 김종서)
- 갑인자 주조
- 측우기, 자격루 등 개발(장영실)
- 훈민정음 창제
- 편찬 사업
  - 의례서 『삼강행실도』
  - 역법서 『칠정산』
  - 농서 『농사직설』
  - 의서 『향약집성방』, 『의방유취』

1450~1452 5대 문종
- 『고려사』, 『고려사절요』 완성

1455~1468 7대 세조
- **직전법** 시행
- 6조 직계제 부활
- 이시애의 난 → 유향소 폐지

1469~1494 9대 성종
- 관수 관급제 시행
- 홍문관 설치
- **『경국대전』** 완성 · 반포
- 편찬 사업
  - 악서 『악학궤범』
  - 관찬 지리지 『동국여지승람』
  - 역사서 『동국통감』

1494~1506 10대 연산군
- **무오사화**
- **갑자사화**
- 중종반정

1506~1544 11대 중종
- 삼포 왜란 → 비변사 설치
- 사림 등용(조광조 등)
- **기묘사화**

1545~1567 13대 명종
- **을사사화** → 양재역 벽서 사건
- 을묘왜변 → 비변사 상설 기구화
- 임꺽정의 난

1567~1608 14대 선조
- 붕당 정치 시작 → 사림의 동서분당
- 정여립 모반 사건(기축옥사)
- **임진왜란**
- 훈련도감 설치(유성룡)

조선 시대_후기

1608~1623 15대 광해군
- 명과 후금 사이의 중립 외교 실시
- **대동법** 시행 → 선혜청 설치
- 기유약조 체결
- 인조반정

1623~1649 16대 인조
- 어영청 설치(후금 침입에 대비)
- 이괄의 난
- 정묘호란, 병자호란
- **영정법** 실시

1649~1659 17대 효종
- **북벌** 추진
- 시헌력 시행
- 제1 · 2차 **나선 정벌**

1659~1674 18대 현종
- 기해예송(1차 예송 논쟁)
- 갑인예송(2차 예송 논쟁)

1674~1720 19대 숙종
- 경신 · 기사 · 갑술환국
- 대동법 확대 실시
- 금위영 설치
- 5군영 체제 확립
- 상평통보 유통
- **백두산정계비** 건립

1724~1776 21대 영조
- **탕평책** 실시 → 성균관에 탕평비 건립
- **균역법** 실시
- 신문고 부활
- 청계천 정비 → 준천사 설치
- 편찬 사업
  - 법전 『속대전』
  - 의례서 『속오례의』
  - 백과사전 『동국문헌비고』

1776~1800 22대 정조
- 적극적인 탕평책 실시
- 규장각 설치 → 서얼 출신 검서관 등용
- **초계문신제** 시행
- **신해통공** 실시(채제공)
- 윤지충 진산 사건 → 신해박해
- **장용영** 설치
- 수원 화성 축조
- 법전 『대전통편』 편찬

1800~1834 23대 순조
- 세도 정치(안동 김씨)
- 신유박해 → 황사영 백서 사건
- **공노비 해방**
- **홍경래의 난**

1834~1849 24대 헌종
- 세도 정치(풍양 조씨)
- 기해박해
- 병오박해 → 김대건 신부 순교

1349~1863 25대 철종
- 세도 정치(안동 김씨)
- **임술 농민 봉기**

08 근대

1863~1880

26대 고종

- **흥선 대원군 섭정** 시작(1863)
- 병인박해(1866)
- 제너럴 셔먼호 사건(1866)
- 병인양요(1866)
- 오페르트 도굴 사건(1868)
- 신미양요(1871)
- 척화비 건립(1871)
- 고종 친정 시작(1873)

- 운요호 사건(1875)
- **강화도 조약**(조일 수호 조규, 1876)
  - 외국과 맺은 최초의 근대적 조약
  - 부산, 원산, 인천 개항
  - 해안 측량권 허용
  - 치외 법권
- 1차 수신사 파견(1876) → 김기수
- 조일 수호 조규 부속 조약
  → 조일 수호 조규 부록(1876)
    - 거류지 설정(10리 이내)
    - 일본 화폐 유통 허용
    - 일본 외교관 여행의 자유 허용
  → 조일 무역 규칙(1876)
    - 선박 무항세 · 상품 무관세
    - 양곡 무제한 유출

- 2차 수신사 파견(1880) → 김홍집, 『조선책략』 국내에 소개
- 통리기무아문 설치(1880) → 아래 12사

1881~1890

- **영남 만인소**(1881)
- 조사 시찰단 파견(1881)
- 별기군 창설(1881)
- 영선사 파견(1881) — 기기창 설치(1883)
- **조미 수호 통상 조약**(1882)
  - 서양과 맺은 최초의 근대적 조약
  - 최혜국 대우 인정, 거중조정, 치외 법권
  - 보빙사 파견(1883)

- **임오군란**(1882)
  → 조청 상민 수륙 무역 장정(1882)
    - 청 상인의 특권 허용(내지 통상)
    - 치외 법권
  → 제물포 조약(1882)
    - 일본 경비병의 주둔 허용
    - 배상금 지불
- 조일 통상 장정(1883)
  - 조일 무역 규칙(1876) 개정
  - 방곡령 선포 규정
  - 일본 상품에 관세 규정
  - 최혜국 대우 인정

- **갑신정변**(1884)
  → 한성 조약(조선–일본)
    - 사망 일본인에 대한 배상, 일본 공사관 신축 부지 제공 및 신축비 지불
  → 톈진 조약(청–일본)
    - 청일 양군의 동일한 파병권

- 거문도 사건(1885)
- 조불 수호 조약(1886)
  - 천주교 선교 허용

1891~1900

- **동학 농민 운동**(1894)
- 청일 전쟁(1894)
- 제1차 갑오개혁(1894)
- 제2차 갑오개혁(1894~1895)
  - 교육 입국 조서 반포(1895): 소학교, 중학교, 한성 사범 학교 설립

- 삼국 간섭(1895)
- 을미사변(1895)
- 을미개혁(1895)
- **아관 파천**(1896)

- **대한 제국 선포**(1897)
- 광무개혁(1897)
  - 대한국 국제 선포(1899)

1901~1910

- 러일 전쟁(1904)
- 한일 의정서(1904)
  - 군사 기지 사용권 규정
  - 국외 중립 선언 무효

- 제1차 한일 협약(1904)
  - 재정 고문 메가타, 외교 고문 스티븐스 임명
- 화폐 정리 사업(1905)

- **을사늑약**(제2차 한일 협약, 1905)
  - 대한 제국 외교권 박탈
  - 통감부 설치 → 초대 통감 이토 히로부미

- **국채 보상 운동**(1907)
- **헤이그 특사 파견**(1907)
  → 고종 강제 퇴위
- 한일 신협약(정미 7조약, 1907)
  - 일본인 차관 파견
  - 군대 해산

27대 순종

- 순종 즉위, '융희' 연호 사용
- 기유각서(1909)
  - 사법권 박탈
- 한일 병합 조약(1910)
  - 조선 총독부 설치

09 일제 강점기

구분	무단 통치기(1910년대)	문화 통치기(1920년대)	민족 말살 통치기(1930~1940년대)
통치 내용	• 조선 총독부 설치(1910) – 초대 총독 데라우치 마사타케 • **헌병 경찰제** • 제1차 조선 교육령(1911) • 조선 태형령 · 즉결 심판권(1912)	• 보통 경찰제 • 경성 제국 대학 설립(1924) • **치안 유지법** 제정(1925)	• 조선 사상범 보호 관찰령(1936) • **황국 신민 서사 암송**(1937) • 신사 참배 강요 • **국가 총동원령**(1938) • **창씨개명**(1939) • 국민 학교령(1941) • 조선 사상범 예방 구금령(1941) • 징병 제도(1944) • 여자 정신대 근무령(1944)
경제 침탈	• **회사령** 시행(1910) – 허가제 • 조선 어업령 · 삼림령(1911) • 토지 조사 사업(1912) • 광업령(1915) • 임야 조사령(1918)	• **산미 증식 계획**(1920) • 회사령 폐지(1920) → 신고제 전환 • 관세 철폐(1923) • 신은행령(1928)	• 대륙 침략을 위한 병참 기지화 정책 • 남면북양 정책 • 농촌 진흥 운동(1932) • 조선 농지령(1934) • 식량 배급제, **미곡 공출제**(1939) • 금속류 회수령 공포(1941)
주요 사건	• 105인 사건, 신민회 해체(1911) • 조선 국산 공진회 개최(1915) • 2 · 8 독립 선언서, **3 · 1 운동**(1919) • **대한민국 임시 정부 수립**(1919)	• 물산 장려 운동(1920) • **6 · 10 만세 운동**(1926) • 원산 노동자 총파업(1929) • **광주 학생 항일 운동**(1929)	• 이봉창, 윤봉길 의거(1932) • 일장기 말소 사건(1936) • 중일 전쟁(1937) • 태평양 전쟁(1941) • **조선어 학회 사건**(1942)

10 현대

제헌 헌법(1948)

- 우리나라 최초의 헌법
- 배경: 5 · 10 총선거, 정부 수립 준비
- 내용
  - 대통령 간선제(국회)
  - 단원제 국회
- 결과: 대한민국 정부 수립, 이승만 정부 출범

제1차 개헌(1952)

- **발췌 개헌**
- 배경: 6 · 25 전쟁 중 이승만 집권 연장
- 내용
  - 대통령 직선제
  - 양원제 국회(민의원 · 참의원)
  - 국회의 국무위원 불신임제
- 결과: 이승만 재선

제2차 개헌(1954)

- **사사오입 개헌**
- 배경: 이승만 종신 집권
- 내용
  - 의원 내각제
  - 초대 대통령에 한해 중임 제한 철폐
- 결과: 이승만 3선

제3차 개헌(1960.6.)

- 내각 책임제 개헌
- 배경: 4 · 19 혁명
- 내용
  - 대통령 간선제(국회)
  - 의원 내각제
  - 양원제 국회(민의원 · 참의원)
- 결과: 민주당 장면 내각 출범, 대통령 윤보선

제4차 개헌(1960.11.)

- 소급 입법 개헌
- 배경: 3 · 15 부정 선거 관련자 및 부정 축재자 처벌
- 내용
  - 특별 재판소 및 특별 검찰부 설치
- 결과: 5 · 16 군사 정변

제5차 개헌(1962)

- 3공 개헌
- 배경: 5 · 16 군사 정변
- 내용
  - 대통령 중심제(1차 중임 가능)
  - 대통령 직선제
  - 단원제 국회
- 결과: 공화당 박정희 정부 출범

제6차 개헌(1969)

- **3선 개헌**
- 배경: 박정희 집권 연장
- 내용
  - **대통령 3선 연임 제한 철폐**
  - 대통령에 대한 탄핵 소추 요건 강화 등 대통령 권한 강화
- 결과: 박정희 3선

제7차 개헌(1972)

- **유신 헌법**
- 배경: 박정희 종신 집권
- 내용
  - 임기 **6년**의 대통령 간선제(**통일 주체 국민 회의**)
  - 중임 및 연임 제한 규정 철폐
  - 대통령에 국회의원 1/3 추천권, 긴급 조치권 부여
- 결과: 박정희 장기 집권

제8차 개헌(1980)

- 5공 개헌
- 배경: 12 · 12 사태, 5 · 17 비상 조치
- 내용
  - **7년 단임**의 대통령 간선제(**선거인단**)
- 결과: 전두환 정부 출범

제9차 개헌(1987)

- 6공 개헌
- 배경: 6월 민주 항쟁
- 내용
  - **5년 단임**의 대통령 직선제
  - 여야의 합의 개헌
- 결과: 노태우 정부 출범

● 제헌 헌법 ● 제1공화국 ● 제2공화국 ● 제3공화국 ● 제4공화국 ● 제5공화국 ● 제6공화국

01 관리, 유학자

인물편

Step 1 선택지 미리보기

- 현량과 실시를 건의하였다.(조광조)
- 소격서 폐지를 주장하였다.(조광조)
- 성학십도를 저술하였다.(이황)
- 백운동 서원을 건립하였다.(주세붕)
- 시헌력 도입을 주장하였다.(김육)
- 불국사를 창건하였다.(김대성)
- 성학집요를 저술하였다.(이이)
- 고려에 성리학을 처음 소개하였다.(안향)
- 최승로가 시무 28조를 건의하였다.
- 동의보감이 편찬되었다.(허준)
- 송시열이 북벌론을 내세웠다.
- 백운동 서원의 사액을 청원하였다.(이황)
- 불씨잡변을 저술하였다.(정도전)

Step 2 개념 학습하기

김부식(1075~1151)

- 고려 전기 문신
- **활동**: 묘청의 서경 천도 운동 진압
- **저서**: **『삼국사기』**, 『예종실록』

정도전(1342~1398)

- 조선 건국 공신, 신진 사대부
- **활동**: 요동 정벌 계획
- **저서**: **『조선경국전』**, **『불씨잡변』**, 『삼봉집』, 『경제문감』, 『고려국사』

조광조(1482~1519)

- 조선의 문신, 사림
- **활동**: **현량과** 실시 건의, **소격서 폐지** 주장, 위훈 삭제, 『소학』 보급, 향약 시행

이황(1501~1570)

- 조선의 성리학자
- **활동**: **예안 향약**, 백운동 서원의 사액 청원
- **저서**: **『성학십도』**

이이(1536~1584)

- 조선의 성리학자
- **활동**: 해주 향약
- **저서**: **『성학집요』**, 『동호문답』

유성룡(1542~1607)

- 조선의 문신
- **활동**: 권율 · 이순신 천거, **훈련도감 설치**, 수미법 건의
- **저서**: **『징비록』**

Step 3 빈칸 채우기

❶ □□□이 삼국사기를 편찬하였다.

❷ (정도전) □□□□□을 저술하였다.

❸ (유성룡) □□□을 저술하였다.

정답 ❶ 김부식 ❷ 조선경국전 ❸ 징비록

02 독립운동가

Step 1 선택지 미리보기

- 이토 히로부미를 사살하였다.(안중근)
- 대종교를 창시하였다.(나철)
- 친일 인사인 스티븐스를 사살하였다. (장인환, 전명운)
- 서전서숙을 설립하였다.(이상설)
- 한국독립운동지혈사를 저술하였다. (박은식)
- 조선불교유신론을 저술하였습니다. (한용운)
- 박은식이 유교 구신론을 주장하였다.
- 을사늑약 체결의 불법성을 폭로하였다.(이준)
- 헤이그에 특사로 파견되었다. (이준, 이상설, 이위종)
- 나철 등이 5적 처단을 위해 자신회를 결성하였다.
- 사이토 총독에게 폭탄을 던졌다. (강우규)
- 여유당전서 간행과 조선학 운동 주도(정인보)

Step 2 개념 학습하기

박은식(1859~1925)

- **활동**: 우교 구신론 주장, 혼(魂) 강조
- **저서**: 『**한국통사**』, 『한국독립운동지혈사』

이상설(1870~1917)

- **활동**: 을사늑약 반대 상소, **서전서숙** 설립, 헤이그 특사로 파견, 권업회 조직, 대한 광복군 정부 수립

안창호(1878~1938)

- **활동**: 신민회 조직 참여, **대성 학교**·오산 학교 설립, 미국에서 대한인 국민회, **흥사단** 조직

한용운(1879~1944)

- **활동**: 3·1 운동 민족 대표 33인, 독립 선언문 공약 3장 작성
- **저서**: 『**조선불교유신론**』, 『님의 침묵』

안중근(1879~1910)

- **활동**: 만주 하얼빈역에서 **이토 히로부미 사살**
- **저서**: 『**동양 평화론**』

이육사(1904~1944)

- **활동**: 조선 혁명 군사 정치 간부 학교 입학, 의열단 단원, 조선은행 대구 지점 폭탄 투척 사건에 연루되어 구속
- **저서**: 「**광야**」, 「청포도」, 「절정」

Step 3 빈칸 채우기

❶ (박은식) 일제의 침략 과정을 다룬 □□□□를 저술하였다.

❷ (안중근) □□ □□□을 집필하였다.

❸ (이재명) □□□을 습격하여 중상을 입혔다.

정답 ❶ 한국통사 ❷ 동양 평화론 ❸ 이완용

03 실학자

Step 1 선택지 미리보기

- 거중기와 배다리를 설계하였다.(정약용)
- 목민심서에서 수령의 덕목을 제시하였다.(정약용)
- 추사체를 창안하였다.(김정희)
- 발해고에서 신라와 발해를 남북국이라 칭하였다.(유득공)
- 북학의에서 소비의 중요성을 주장하였다.(박제가)
- 서얼 출신으로 규장각 검서관에 등용되어 활동하였다.(박제가, 유득공)
- 동국지도를 제작하였다.(정상기)
- 영업전 매매를 금지하는 한전론을 제시하였다.(이익)
- 반계수록에서 균전론을 제시하였다.(유형원)
- 양반전을 저술하였다.(박지원)
- 신분에 따른 토지 차등 분배 방안을 제시하였다.(유형원)

Step 2 개념 학습하기

○ 중농학파

유형원	• **토지 제도**: **균전론** → 신분에 따라 토지 차등 분배, 자영농 육성 • **주장**: 병농 일치의 군사 조직과 사농 일치의 교육 제도 확립 • **저서**: 『반계수록』
이익	• **토지 제도**: **한전론** → 영업전을 제외한 나머지 토지만 매매 가능 • **주장**: 6좀론 제시(노비, 과거제, 문벌, 기교, 승려, 게으름 등 시정), 폐전론, 사창제 실시 주장 • **저서**: 『**성호사설**』, 『곽우록』
정약용	• **토지 제도**: 여전론 → 마을 단위의 토지 공동 소유 · 경작, 노동력에 따른 수확물 분배 • **활동**: **수원 화성** 설계와 **거중기** 사용, 한강 주교 설계 • **저서**: 『목민심서』, 『경세유표』, 『흠흠신서』, 『마과회통』

○ 중상학파

유수원	• **주장**: 합자를 통한 경영 규모 확대, 사 · 농 · 공 · 상의 직업적 평등과 전문화 강조 • **저서**: 『**우서**』
홍대용	• **주장**: 기술 문화 혁신과 신분 제도 철폐, 성리학 극복 주장, 지전설과 무한 우주론 주장 • **저서**: 『**의산문답**』, 『임하경륜』
박지원	• **주장**: **수레 · 선박 이용**, 화폐 유통의 필요성 강조, 양반 문벌의 비생산성 비판 • **저서**: 『**열하일기**』, 『과농소초』, 『한민명전의』, 「호질」, 「**양반전**」, 「허생전」
박제가	• **주장**: 수레 · 선박 이용, 절약보다 소비 강조 • **활동**: 규장각 검서관 • **저서**: 『**북학의**』

Step 3 빈칸 채우기

❶ (박지원) □□□□에서 수레 이용을 강조하였다.
❷ (정약용) 기기도설을 참고하여 □□□를 제작하였다.
❸ (김정희) □□□□□에서 북한산비가 진흥왕 순수비임을 밝혔다.

정답 ❶ 열하일기 ❷ 거중기 ❸ 금석과안록

04 근대의 인물

Step 1 선택지 미리보기

- 사람의 체질을 연구하여 사상 의학을 정립하였다.(이제마)
- 이만손이 주도하여 영남 만인소를 올렸다.
- 박중빈을 중심으로 새생활 운동을 전개하였다.
- 김옥균 등이 갑신정변을 주도하였다.
- 최제우가 동학을 창시하였다.
- 대한매일신보의 사장을 지냈다.(양기탁)
- 김윤식을 청에 영선사로 파견하는 계기가 되었다.
- 김홍집 등이 중심이 되어 활동했어요.
- 최익현이 의병장으로 활약하였다.
- 동경대전과 용담유사의 내용을 조사한다.(최시형)
- 박영효, 홍영식 등과 함께 급진 개화파를 형성하였다.

Step 2 개념 학습하기

최시형(1827~1898)

- 동학 2대 교주
- **활동**: 동학 교단 정비, 보은 집회 주도
- **저서**: 『**동경대전**』, 『용담유사』

최익현(1833~1906)

- 위정척사파
- **활동**: 강화도 조약 반대, **왜양일체론** 주장, 을사의병
- **저서**: 『면암집』

박정양(1841~1905)

- 조선 말 외교가, 정치인
- **활동**: 조사 시찰단 파견, **초대 주미 공사** 부임, 갑오개혁 · 을미개혁 추진, 박정양 내각(중추원 관제 개편 추진)

김홍집(1842~1896)

- 조선 말 외교가, 정치인
- **활동**: 2차 수신사 파견, 『**조선책략**』 소개, 갑오개혁 · 을미개혁 추진

유길준(1856~1914)

- 개화 사상가, 정치인
- **활동**: 조사 시찰단 · 보빙사 파견, 을미개혁 추진, **조선 중립화론** 주장
- **저서**: 『서유견문』, 『대한문전』

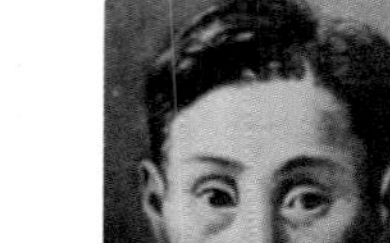

양기탁(1871~1938)

- 언론인, 독립운동가
- **활동**: **대한매일신보** 창간, 독립 협회 만민 공동회 간부, 국채 보상 운동 주도, 신민회 조직 참여

Step 3 빈칸 채우기

❶ □□□이 왜양일체론을 주장하며 개항에 반대하였다.

❷ (김홍집) 황준헌이 지은 □□□□을 조선에 소개하였다.

❸ □□□이 조선 중립화론을 주장하였다.

정답 ❶ 최익현 ❷ 조선책략 ❸ 유길준

05 현대의 인물

인물편

Step 1 선택지 미리보기

- 남북 협상 참석(김구, 김규식, 조소앙)
- 파리 강화 회의에 파견되었다. (김규식)
- 삼균주의를 바탕으로 한 대한민국 건국 강령 기초(조소앙)
- 식민 사학의 정체성론을 반박하는 조선사회경제사 집필(백남운)
- 좌우 합작 운동을 전개하였다. (김규식, 여운형)
- 여운형이 위원장을 맡았다.
- 조선 건국 동맹을 결성하였다. (여운형)
- 좌우 합작 위원회 활동 (김규식, 여운형)

Step 2 개념 학습하기

김구(1876~1949)

- **활동**: 대한민국 임시 정부 주도, **한인 애국단** 조직, 김규식과 함께 **남북 협상** 참여

김규식(1881~1950)

- **활동**: 신한 청년단 대표로 **파리 강화 회의 파견**, 좌우 합작 위원회 조직, 남북 협상 참여

여운형(1886~1947)

- **활동**: 신한 청년당 조직, 조선 건국 동맹 결성, **조선 건국 준비 위원회 결성**, 좌우 합작 위원회 조직

조소앙(1887~1958)

- **활동**: 한국 독립당 창당, **삼균주의** 제창(건국 강령 기초), 남북 협상 참여

백남운(1895~1979)

- **활동**: 유물론을 바탕으로 식민 사관의 정체성론 비판
- **저서**: **『조선사회경제사』**, 『조선봉건사회경제사』

Step 3 빈칸 채우기

❶ □□가 남북 협상을 추진하였다.

❷ 파리 강화 회의에 파견된 □□□의 활동을 알아본다.

❸ □□□이 조선 건국 준비 위원회를 결성하였다.

정답 ❶ 김구 ❷ 김규식 ❸ 여운형

06 승려

Step 1 선택지 미리보기

- 화엄일승법계도를 남겼다.(의상)
- 십문화쟁론을 저술하였다.(원효)
- 해동 천태종을 개창하였습니다.(의천)
- 정혜쌍수와 돈오점수를 강조하였다.(지눌)
- 교관겸수를 주장하였다.(의천)
- 유불 일치설을 주장하였다.(혜심)
- 무애가를 지었다.(원효)
- 세속 5계를 지었다.(원광)
- 정혜결사 제창(지눌)
- 대각국사라는 시호를 받았다. (의천)
- 삼국유사를 편찬하다(일연)

Step 2 개념 학습하기

신라

원광	• **활동**: 화랑도 행동 규범인 **세속 5계** 제시, 걸사표 작성 • 저서: 『여래장경사기』
자장	**활동**: 선덕 여왕에게 **황룡사 구층 목탑 건립 건의**
원효	• **활동**: **일심 사상** 주장, 종파 간의 사상적 대립 극복·조화, 불교의 대중화(나무아미타불, 「**무애가**」) • **저서**: 『**십문화쟁론**』, 『금강삼매경론』, 『대승기신론소』
의상	• **활동**: 화엄 사상 정립, 관음 신앙, **부석사** 건립 • **저서**: 『**화엄일승법계도**』
혜초	• **활동**: 인도와 중앙아시아 순례 • **저서**: 『**왕오천축국전**』

고려

의천	• **활동**: 화엄종 중심의 교종 통합 운동, **교관겸수** 주장, 국청사 건립, 해동 **천태종** 창시, 시호 대각국사 • 저서: 『신편제종교장총록』
지눌	• **활동**: **수선사 결사**(조계종), **정혜쌍수**·**돈오점수** 주장 • **저서**: 『원돈성불론』, 『간화결의론』
요세	• **활동**: **백련사 결사**(천태종), 법화 신앙 강조 • **저서**: 『삼대부절요』
혜심	• **활동**: 결사 운동(조계종), **유불 일치설** 주장 • **저서**: 『선문염송집』, 『심요』, 『금강경찬』

Step 3 빈칸 채우기

❶ □□, 부석사를 창건하다.
❷ (혜초) □□□□□□□을 저술하였다.
❸ (지눌) □□□ 결사를 제창하였다.

정답 ❶ 의상 ❷ 왕오천축국전 ❸ 수선사

01 현대 정부의 정책

Step 1 선택지 미리보기

- 경제 협력 개발 기구(OECD)에 가입하였다.
- 베트남에 국군을 파병하였다.
- 금융 실명제를 실시하였다.
- 6 · 15 남북 공동 선언을 발표하였다.
- 제1차 경제 개발 5개년 계획을 추진하였다.
- 농지 개혁법을 제정하였다.
- 수출 100억 달러를 달성하였다.
- 남북 조절 위원회가 설치되었다.
- 아시아 · 태평양 경제 협력체(APEC) 정상 회의 개최
- 개성 공단 조성에 합의하였다.
- 경부 고속 도로 준공
- 남북한이 유엔에 동시 가입하였다.
- 굴욕적인 한일 국교 정상화에 반대하였다.
- 6 · 3 시위를 촉발하였다.

Step 2 개념 학습하기

○ 경제 정책

정부	내용
이승만 정부	• **농지 개혁** 시행(유상 매수, 유상 분배) • 미국의 원조: **삼백 산업** 발달(면화, 설탕, 밀가루)
박정희 정부	• 제1 · 2차 경제 개발 5개년 계획: 경공업 중심, 수출 주도형 • 제3 · 4차 경제 개발 5개년 계획: 중화학 공업 중심 • 자본 확보를 위한 **한일 협정**, 한일 국교 정상화 → 6 · 3 시위 • 브라운 각서: 베트남 파병, 미국의 차관 제공 • **경부 고속 도로 건설** • **수출 100억 달러** 달성
전두환 정부	3저 호황(저유가, 저달러, 저금리)
김영삼 정부	• **금융 실명제** 도입 • **경제 협력 개발 기구(OECD) 가입** • 외환 위기: 국제 통화 기금(IMF)의 구제 금융
김대중 정부	노사정 위원회 설치, 외환 위기 극복
노무현 정부	• 아시아 · 태평양 경제 협력체(APEC) 정상 회의 개최 • 한 · 칠레, **한미 자유 무역 협정(FTA) 체결**

○ 통일 정책

정부	내용
이승만 정부	북진 통일론, 반공 정책
박정희 정부	• 남북 적십자 회담 • **7 · 4 남북 공동 성명**: 자주 · 평화 · 민족 대단결의 3대 통일 원칙 합의, 남북 조절 위원회 설치
전두환 정부	이산가족 최초 상봉, 예술 공연단 교환 방문
노태우 정부	• 북방 외교 추진 • 남북 유엔 동시 가입 • **남북 기본 합의서** • 한반도 비핵화 공동 선언
김대중 정부	• 대북 화해 협력 정책(햇볕 정책): 금강산 관광 사업 전개 • 제1차 남북 정상 회담 개최 – **6 · 15 남북 공동 선언** – 개성 공단 조성 합의, 금강산 육로 관광 추진
노무현 정부	• 제2차 남북 정상 회담 개최 – **10 · 4 남북 공동 선언** – 개성 공단 착공식

Step 3 빈칸 채우기

❶ (전두환 정부) 최초로 남북 간 □□□□ 상봉을 성사시켰다.

❷ (노태우 정부) 남북 □□ □□□가 채택되었다.

❸ (노무현 정부) □□ 자유 무역 협정(FTA)을 체결하였다.

정답 ❶ 이산가족 ❷ 기본 합의서 ❸ 한미

02 여러 나라의 성장

Step 1 선택지 미리보기

- 신지, 읍차 등의 지배자가 다스렸다.
- 12월에 영고라는 제천 행사를 열었다.
- 서옥제라는 혼인 풍습이 있었다.
- 무천이라는 제천 행사를 열었다.
- 제사장인 천군이 존재하였다.
- 동맹이라는 제천 행사를 열었다.
- 가족의 유골을 한 목관에 모아 두는 풍습이 있었다.
- 특산물로 단궁, 과하마, 반어피 등이 있었다.
- 혼인 풍습으로 민며느리제가 있었다.
- 남의 물건을 훔쳤을 때는 12배로 갚는 법이 있었다.
- 읍군, 삼로라는 지배자가 다스렸다.
- 5월과 10월에 농경과 관련된 계절제를 지냈다.

Step 2 개념 학습하기

부여	
정치	• 5부족 연맹체 • **사출도**(마가, 우가, 저가, 구가)
경제	• 반농반목 • 말, 주옥, 모피
풍속	• 우제점법 • 형사취수제 • 순장, **1책 12법**
제천 행사	12월 **영고**

고구려	
정치	• 5부족 연맹체 • **대가**(사자, 조의, 선인)
경제	약탈 경제(부경)
풍속	• **서옥제** • 형사취수제
제천 행사	10월 동맹

옥저	
정치	**읍군, 삼로**(군장)
경제	• 소금, 해산물 풍부 • 고구려에 공물 바침
풍속	• **민며느리제** • 가족 공동묘
제천 행사	–

동예	
정치	**읍군, 삼로**(군장)
경제	명주, 삼베, 단궁, 과하마, 반어피 등
풍속	• 족외혼 • **책화**
제천 행사	10월 무천

삼한	
정치	• 정치적 지배자(**신지, 읍차**) • 제사장(천군) → **소도** 주관
경제	• 벼농사(저수지 축조) • 철 생산, 낙랑 · 왜에 수출
풍속	두레
제천 행사	• 5월 수릿날 • 10월 계절제

Step 3 빈칸 채우기

❶ (부여) 여러 가(加)들이 별도로 □□□를 주관하였다.
❷ (동예) 읍락 간의 경계를 중시하는 □□가 있었다.
❸ (삼한) □□라고 불린 신성 지역이 있었다.

정답 ❶ 사출도 ❷ 책화 ❸ 소도

03 신라 말 사회 변화와 후삼국의 통일 과정

주제편

Step 1 선택지 미리보기

- 김헌창이 반란을 일으켰다.
- 원종과 애노가 봉기하였다.
- 궁예가 철원으로 천도하였다.
- 국호를 태봉으로 바꾸었다.
- 백제 계승을 내세웠다.
- 왕위에서 쫓겨나는 궁예
- 고려에 항복하는 경순왕
- 정치 기구로 광평성을 두었다.
- 왕건이 고창 전투에서 승리하였다.
- 신숭겸이 공산 전투에서 전사하였다.
- 당에서 돌아온 6두품 유학성
- 선종 사찰을 후원하는 호족

Step 2 개념 학습하기

신라 말 사회 변화

왕권 약화	• 경덕왕 사후 나이 어린 혜공왕 즉위 → 진골 귀족들의 왕위 쟁탈전 • **김헌창의 난**: 아버지 김주원이 왕위 쟁탈전에서 패하자 불만을 품고 반란
농민 봉기	• **원종 · 애노의 난** • 적고적의 난
새로운 세력 등장	• 6두품 성장(반신라적 성격) – **최치원**: 당의 빈공과 합격, 진성 여왕에게 시무 10여 조 건의 • 호족 세력 성장 – **장보고**: 청해진 설치, 해상 무역 주도
새로운 사상 유행	선종(승려 도의 → 참선 수행), 풍수지리설, 유교

후삼국의 통일 과정

후백제 건국(900)	• **견훤** • 완산주 도읍 • 오월 · 후당과 교류
후고구려 건국(901)	• **궁예** • 국호(후고구려 → 마진 → 태봉) • 도읍(송악 → 철원) • **광평성** 설치
고려 건국 (918)	• 왕건 • 궁예 축출
공산 전투 (927)	• 후백제가 고려 격파 • 고려의 김락, 신숭겸 등 전사
고창 전투 (930)	• 고려가 후백제 격파 • 후삼국 통일의 기반 마련
신라 항복 (935)	경순왕(김부)이 고려에 항복, 신라 멸망
후삼국 통일(936)	• 고려의 **일리천 전투** 승리 • 후백제 신검 항복 → 후백제 멸망

Step 3 빈칸 채우기

❶ □□□이 시무 10여 조를 건의하였다.
❷ 장보고가 □□□을 설치하여 해상 무역을 주도했어요.
❸ □□□ 전투에서 패배하는 신검

정답 ❶ 최치원 ❷ 청해진 ❸ 일리천

04 고려의 대외 관계

Step 1 선택지 미리보기

- 국경 지역에 천리장성을 쌓았다.
- 윤관이 별무반 편성을 건의하였다.
- 동북 9성을 축조하였다.
- 결혼도감을 통해 여성들이 공녀로 보내졌다.
- 지배층을 중심으로 변발과 호복이 유행하였다.
- 진포에서 왜구를 물리치는 최무선
- 삼별초의 이동 경로를 찾아본다.
- 화통도감을 설치하였다.
- 정동행성이 설치되었다.
- 황룡사 9층 목탑이 불타 없어졌다.
- 화약 무기를 개발하였다.
- 부처의 힘으로 몽골의 침입을 물리치고자 만들었다.

Step 2 개념 학습하기

거란(요)의 침입(10C 말~11C)	
원인	• 고구려 계승의식에 의한 친송 · 북진 정책 • 만부교 사건, 강조의 정변
전개	• 1차 침입(993): **서희**의 외교 담판(vs 소손녕), **강동 6주** 획득 • 2차 침입(1010): 양규의 활약 • 3차 침입(1018): **강감찬**의 귀주 대첩(1019)
결과	• 고려 · 송 · 거란의 세력 균형 유지 • 개경에 나성 축조, 강감찬의 건의로 **천리장성** 축조(압록강~동해안 도련포)

여진(금)의 침입(12C)	
원인	여진족의 부족 통일
전개	**윤관**의 **별무반 편성**(신기군, 신보군, 항마군) → **동북 9성** 축조 → 여진의 금 건국 → 고려에 사대(군신 관계) 요구
결과	인종 때 이자겸이 금의 사대 요구 수용

몽골(원)의 침입(13C)	
원인	몽골 사신 저고여 피살 사건
전개	• 1차 침입: 박서의 항전(vs 살리타) → 강화 수락, 강화도 천도(최우) • 2차 침입: 김윤후의 **처인성 전투** 승리(살리타 전사) • 3차 침입: 대장도감 설치 → 팔만대장경 제작 • 5차 침입: 김윤후의 **충주성 전투** 승리
결과	• 문화재 소실: 초조대장경 · 황룡사 구층 목탑 • 개경 환도, 무신 정권 몰락 → **삼별초 항쟁**(강화도, 진도, 제주도) → 원 간섭기(변발과 호복 유행, 정동행성 설치)

홍건적 · 왜구의 침입(14C 후반)	
원인	• 원 쇠퇴(원 · 명 교체기) • 원 간섭기에 약화된 고려의 군사력
전개	• 홍건적: 1차 침입(서경 함락) → 2차 침입(공민왕의 안동 피난, 개경 함락) • 왜구: 홍산 대첩(최영) → **화통도감** 설치, 진포 대첩(최무선) → 황산 대첩(이성계) → 대마도 정벌(박위)
결과	이성계 등 신진 세력 성장

Step 3 빈칸 채우기

❶ □□가 강동 6주를 획득하였다.
❷ 여진 정벌을 위해 □□□이 편성되었다.
❸ □□□가 처인성에서 적을 막아내었다.

정답 ❶ 서희 ❷ 별무반 ❸ 김윤후

05 고려와 조선 후기의 경제, 사회 · 문화

Step 1 선택지 미리보기

- 모내기법이 전국적으로 확산되었다.
- 벽란도에서 송과의 무역이 이루어졌어.
- 담배, 인삼 등의 상품 작물이 재배되었다.
- 만상, 내상 등이 활발하게 활동하였다.
- 중인층의 시사 활동이 활발하였다.
- 건원중보를 발행하였다.
- 춘향가 등의 판소리가 성행하였다.
- 기존 형식에서 벗어난 사설시조가 유행하였다.
- 개시와 후시를 통한 국경 무역이 활발했어요.
- 정기 시장인 장시가 전국 각지에서 열렸어.

Step 2 개념 학습하기

○ 고려

	경제
농업	• 소를 이용한 깊이갈이 일반화 • 시비법 발달 • 문익점의 목화씨 전래 • 농서: 원의 농법을 소개한 『농상집요』(이암)
상업	• 개경에 시전, 경시서 설치, 대도시에 관영 상점 운영 • 국제 무역 번성 → **벽란도** • 화폐: 건원중보, 삼한통보, 해동통보, **은병(활구)** → 유통 부진

	사회 · 문화
신분 제도	• 귀족: 왕족, 공신 5품 이상 고위 관료 → 음서, **공음전** 혜택 • 중류층: 서리, 향리, 역리 등으로 구성
사회 제도	• 의창, 상평창(물가 조절 기관) • 의료 기관: 동서 대비원, 혜민국 • 빈민 구휼: **구제도감**, **구급도감**, 제위보
유학 발달	• 관학: 국자감(중앙), 향교(지방) • 사학: 사학 12도 → 최충의 문헌공도(9재 학당) • 관학 진흥책: 7재, 양현고
기술 · 공예	• 인쇄술: 초조대장경, **팔만대장경**, 상정고금예문, **직지심체요절** • 고려청자: 순수 청자(11C) → **상감 청자**(12C)

○ 조선 후기

	경제
농업	• **모내기법 전국으로 확대** → 이모작 일반화 • 구황 작물(감자, 고구마 등), **상품 작물**(인삼, 면화, 담배 등) 재배 • 농서: 조선 전기 농서 『농사직설』, 『구황촬요』 등을 요약 · 정리한 『농가집성』(신속)
상업	• 개시 무역(공무역)과 후시 무역(사무역) 발달 • 시전 상인: 금난전권(정조 때 **신해통공**으로 폐지) • 사상: 경강상인(서울, 경기), **송상**(개성), **만상**(의주), **내상**(동래), 유상(평양), 도고(도매 상인) • 상품 화폐 경제 발달, **상평통보** 발행 · 유통 → 전황 발생
광업	• 설점수세제: 민간 광산 개발 허용, 세금 징수 • **덕대**: 전문 광산 경영자

	사회 · 문화
신분제 동요	• 부농층의 양반화 • 서얼들의 통청 운동(청요직 진출 요구) • 공노비 해방(순조, 1801)
서민 문화 발달	• **판소리**와 탈놀이, 산대놀이 성행, 한글 소설 · 사설시조 유행, **전기수** 활동 • 중인층의 **시사** 조직
회화 · 공예	• 진경산수화 · 풍속화 · 민화 발달 • 청화백자 유행

Step 3 빈칸 채우기

❶ □□□가 국제 무역항으로 번성하였다.

❷ □□라고도 불린 은병이 화폐로 사용되었다.

❸ □□이 일본과의 무역을 주도했어.

정답 ❶ 벽란도 ❷ 활구 ❸ 내상

06 삼국의 대외 항쟁과 부흥 운동

Step 1 선택지 미리보기

- 고구려가 살수에서 수의 대군을 격파하였다.
- 고구려가 안시성 전투에서 당의 군대를 물리쳤다.
- 신라와 당이 동맹을 맺었다.
- 매소성에서 당의 군대를 물리쳤다.
- 검모잠이 고구려 부흥 운동을 전개하였다.
- 안승이 고구려 부흥 운동을 전개하였다.
- 안승이 보덕왕으로 임명되었다.
- 백제 부흥군이 백강 전투에서 패배하였다.
- 나당 연합군의 공격으로 멸망하였다.
- 연개소문이 권력을 장악하였다.

Step 2 개념 학습하기

○ 삼국의 대외 항쟁

구분	내용
고구려 vs 수	을지문덕의 **살수 대첩**(612)
백제 vs 신라	의자왕이 신라의 대야성 등 40여 개 성 정복(642)
고구려 vs 당	**안시성 전투**(645)
신라 & 당	나당 동맹 체결(648) → 나당 연합군 결성
백제 vs 나당 연합군	**황산벌 전투** → 백제 멸망(660)
고구려 vs 나당 연합군	고구려 멸망(668)
신라 vs 당	**매소성 · 기벌포 전투**에서 신라 승리 → 삼국 통일(676)

○ 백제 부흥 운동(660~663)

당의 웅진 도독부 설치
⬇
흑치상지(임존성), 복신 도침(주류성)의 저항
⬇
부여풍을 왕으로 추대
⬇
왜의 지원(백강 전투)
⬇
지도자 내분으로 실패

○ 고구려 부흥 운동(669~684)

당의 안동 도호부 설치
⬇
검모잠(한성), 고연무(오골성)의 저항
⬇
안승을 왕으로 추대
⬇
신라 문무왕이 안승을 보덕국왕에 책봉
⬇
지도자 내분으로 실패

Step 3 빈칸 채우기

❶ □□□□이 살수에서 대승을 거두었다.
❷ □□□가 당과의 군사 동맹을 성사시켰다.
❸ □□□□가 백제 부흥 운동을 전개하였다.

정답 ❶ 을지문덕 ❷ 김춘추 ❸ 흑치상지

07 3 · 1 운동과 대한민국 임시 정부

Step 1 선택지 미리보기

- 독립 공채를 발행하였다.
- 대한민국 임시 정부 수립의 계기가 되었다.
- 비밀 행정 조직으로 연통제를 두었다.
- 유학생들이 2 · 8 독립 선언서를 발표하였다.
- 만주, 연해주, 미주 등지로 시위가 확산되었다.
- 한국 광복군을 창설하였다.
- 국민 대표 회의를 소집하였습니다.
- 일제가 이른바 문화 통치를 실시하는 계기가 되었다.
- 윌슨이 제창한 민족 자결주의의 영향을 받았다.
- 중국의 5 · 4 운동에 영향을 주었다.

Step 2 개념 학습하기

3 · 1 운동(1919)

구분	내용
배경	• 미국 대통령 윌슨의 민족 자결주의 • 고종 승하 • 도쿄에서 **2 · 8 독립 선언**(조선 청년 독립단)
전개	기미 독립 선언서 준비 → 고종 인산일에 만세 운동 계획 → 태화관에서 민족 대표 33인의 독립 선언서 낭독 → 전국으로 확산
탄압	• 유관순 순국 • **화성 제암리 학살 사건**
영향	• 만주, 연해주, 미주 등지로 확산 • **대한민국 임시 정부 수립** • 일제의 식민 통치 방식 변화: 무단 통치 → 문화 통치

대한민국 임시 정부(1919)

구분	내용
수립	• 최초의 민주 공화정 • 대통령 이승만, 국무총리 이동휘 • 3 · 1 운동 이후 독립을 체계적으로 준비
초기 활동	• 군자금 모집: **연통제**와 **교통국**(비밀 행정 조직), **독립 공채**, 이륭양행, 백산 상회 • 외교 활동: 파리 강화 회의에 대표(김규식) 파견, **구미 위원부** 설치 • 문화 활동: 독립신문, 임시 사료 편찬 위원회 설치 → **『한일 관계 사료집』** 간행
분열 및 변화	• **국민 대표 회의** 개최(1923): 창조파와 개조파 대립 • 개헌(2차, 1925): 이승만 탄핵, 제2대 대통령 박은식 선출, 의원 내각제 채택
1930년대 이후 활동	• **한인 애국단** 조직(1931) • 충칭으로 근거지 이동(1940) • **한국 광복군** 창설(1940) • 건국 강령 발표(1941): 조소앙의 삼균주의

Step 3 빈칸 채우기

❶ □□의 인산일 계기로 3 · 1 운동을 계획하였다.
❷ (대한민국 임시 정부) □□ □□ 사료집을 발간하였다.
❸ 외교 활동을 위한 □□ 위원부가 설치되었다.

정답 ❶ 고종 ❷ 한일 관계 ❸ 구미

08 일제 강점기 민족 운동

Step 1 선택지 미리보기

- 광주 학생 항일 운동 당시 진상 조사단을 파견하였다.
- 조선 형평사의 주도로 전개되었다.
- 조선 물산 장려회를 중심으로 전개되었다.
- 원산 총파업이 전개되었다.
- 암태도에서 소작 쟁의를 전개하였다.
- 정우회 선언을 발표하였다.
- 민립 대학 설립을 목표로 하였다.
- 경성 제국 대학이 설립되었다.
- 어린이날 제정에 기여했어요.
- 잡지 어린이를 발간하였습니다.
- 동아일보의 적극적인 지원을 받아 진행되었다.
- 신간회의 창립 계기가 되었다.
- 형평 운동을 전개하였다.
- 개벽, 신여성 등의 잡지를 발간하였다.

Step 2 개념 학습하기

○ 각계각층의 민족 운동

구분	내용
민족 유일당 운동	• 민족주의 계열과 사회주의 계열이 연합하여 민족 유일당을 결성할 수 있다는 공감대 형성 • **정우회 선언**(1926) • **신간회** 조직(1927): 좌우 합작 조직, 광주 학생 항일 운동에 **진상 조사단** 파견
농민 운동	• **암태도 소작 쟁의**(1923) • 재령의 동양 척식 주식회사 농장 소작 쟁의(1924)
노동 운동	• **원산 노동자 총파업**(1929) • 평원 고무 공장 쟁의(1931)
학생 운동	• **6·10 만세 운동**(1926) • **광주 학생 항일 운동**(1929)
소년 운동	• 천도교 소년회 조직 • 어린이날 제정, 잡지 『어린이』 간행
여성 운동	여성 단체 조직: 조선 여자 교육회, 조선 여성 동우회, 근우회(신간회 자매단체)
형평 운동	• **조선 형평사** 조직(1923) • 백정에 대한 사회적 차별 철폐 주장

○ 민족 실력 양성 운동

구분	내용
물산 장려 운동	• 배경: 일본 자본의 한국 진출 확대, 1920년대 회사령 폐지 이후 민족 자립 경제 추구 • 전개: **평양**에서 **조만식**의 주도로 **조선 물산 장려회** 발족(1920) → 전국으로 확산 • 활동: '조선 사람 조선 것, 내 살림 내 것으로', 국산품 애용
민립 대학 설립 운동	• 배경: 한국 내 고등 교육 기관 부재, 총독부의 사립 학교 설립 불허 • 전개: 이상재 등이 **조선 민립 대학 기성회** 조직(1923) → 국내외 도금 운동 전개 • 일제의 방해: 경성 제국 대학 설립(1924)
농촌 계몽 운동	• 배경: 일제의 식민지 차별화 교육, 문맹 퇴치 운동 • 전개 – 문자 보급 운동(1929): 조선일보 – **브나로드 운동**(1931): 동아일보

Step 3 빈칸 채우기

❶ (물산 장려 운동) □□에서 시작하여 전국으로 확산하였다.

❷ (형평 운동) □□에서 시작되어 전국적으로 확산되었다.

❸ (6 · 10 단세 운동) □□의 인산일을 기회로 삼아 일어났다.

정답 ❶ 평양 ❷ 진주 ❸ 순종

09 일제 강점기 무장 독립운동과 의열 투쟁

Step 1 선택지 미리보기

- 간도 참변 이후 자유시로 이동하였다.
- 청산리에서 일본군을 크게 격파하였다.
- 쌍성보, 대전자령 전투에서 승리하였다.
- 한중 연합 작전으로 승리를 거두었다.
- 북로 군정서 등이 청산리 전투에서 승리하였다.
- 조선 의용대가 조직되어 대일 항전에 참여하였다.
- 조선 총독부에 폭탄을 투척하였다.
- 훙커우 공원에서 폭탄을 투척하였다.
- 국내 진공 작전을 준비하였다.
- 인도 · 미얀마 전선에 대원을 투입하였다.
- 김원봉이 의열단을 조직하였다.
- 동양 척식 주식회사에 폭탄을 투척하였다.
- 미쓰야 협정이 체결되었다.

Step 2 개념 학습하기

1920년대 무장 투쟁

봉오동 전투 (1920)	**홍범도**의 **대한 독립군**, 안무의 대한 국민회군, 최진동의 군무도독부 연합
청산리 전투 (1920)	**김좌진**의 **북로 군정서군**과 홍범도의 대한 독립군 연합
간도 참변 (1920)	봉오동 · 청산리 전투 패배에 대한 보복으로 일제가 간도 지역의 한국인 대량 학살
자유시 참변 (1921)	간도 참변 이후 자유시(러시아)로 근거지를 옮긴 대한 독립 군단은 공산당 간의 갈등으로 큰 타격
3부 설립 (1924~1925)	자유시 참변 이후 독립군은 만주 지역에서 **3부(참의부, 정의부, 신민부)** 설립
미쓰야 협정 (1925)	조선 총독부 경무 국장 미쓰야와 만주 군벌 장쭤린 간의 협정으로 만주 지역 독립운동 제약

1930년대 이후 무장 투쟁

조선 혁명군 (1929)	• **양세봉** 주도로 창설, 중국 의용군과 연합 • **영릉가 전투**(1932), **흥경성 전투**(1933)
한국 독립군 (1931)	• **지청천** 주도로 창설, 중국 호로군과 연합 • **쌍성보 전투**(1932), 사도하자 · 대전자령 전투(1933)
조선 의용대 (1938)	• 김원봉 주도로 창설 • 중국 관내 최초의 한인 무장 부대
한국 광복군 (1940)	• 대한민국 임시 정부 직할 부대 • 인도 · 미얀마 전선에 파견 • **국내 진공 작전 준비**
조선 의용군 (1942)	• 조선 독립 동맹 소속 군대 • 중국 공산당 팔로군에 편제되어 항일 전선 참여

의열 투쟁

의열단 (1919)	• 만주에서 **김원봉**이 조직 • 활동 지침: 신채호의 **조선 혁명 선언** • 의거: 박재혁(부산 경찰서), 김익상(조선 총독부), 김상옥(종로 경찰서), 나석주(식산은행, 동양 척식 주식회사)
한인 애국단 (1931)	• 상하이에서 김구가 조직 • 의거: **이봉창**(도쿄에서 일왕 마차에 폭탄 투척), **윤봉길**(상하이 훙커우 공원에서 폭탄 투척)

Step 3 빈칸 채우기

❶ 대한 독립군 등이 □□□에서 적군을 격퇴하였다.
❷ □□ □□□이 대전자령에서 적을 물리쳤다.
❸ (신채호) 민중의 직접 혁명을 주장하는 □□ □□ 선언 작성

정답 ❶ 봉오동 ❷ 한국 독립군 ❸ 조선 혁명

10 대한민국 정부 수립 과정

Step 1 선택지 미리보기

- 조선 건국 준비 위원회가 조직되었다.
- 좌우 합작 운동을 전개하였다.
- 모스크바 삼국 외상 회의가 개최되었다.
- 신탁 통치 반대 운동이 전개되었다.
- 미소 공동 위원회를 개최하였다.
- 여수 · 순천 10 · 19 사건이 일어났다.
- 미군정 시기에 조직되었다.
- 남한만의 단독 선거가 결정되었다.
- 5 · 10 총선거가 실시되었다.

Step 2 개념 학습하기

모스크바 삼국 외상 회의 (1945.12.)
- **미소 공동 위원회** 설치
- 최대 5년간의 **신탁 통치**
- 영향: 국내에서 찬탁 · 반탁 운동 전개 → 좌우 대립 격화

➡

제1차 미소 공동 위원회 결렬 (1946.3.)
- 임시 정부 수립에 참여할 단체의 범위를 놓고 의견 차이
- 미국(자유원칙에 입각) vs 소련(모스크바 삼국 외상 회의에 찬성하는 단체만 참여)

➡

정읍 발언 (1946.6.)

이승만이 전북 정읍에서 남한만의 **단독 정부 수립 주장**

➡

좌우 합작 위원회 결성 (1946.7.)
- 중도 세력을 중심으로 결성(**여운형**, 김규식)
- **좌우 합작 7원칙** 제정(1946.10.) → 좌우 합작 운동

➡

미국, 한반도 문제를 유엔에 상정(1947.9.)
- 배경: 제2차 미소 공동 위원회 결렬(1947.5.)
- 유엔 총회: 인구 비례에 따른 남북 총선 지시
- 유엔 한국 임시 위원단 파견(1948.1.) → 소련, 김북 거절
- **실시 가능한 남한 단독 선거 지시**

➡

제주 4 · 3 사건 (1948.4.3.)
- 남한만의 단독 정부 수립에 반대한 남로당 제주도당의 무장 봉기
- 미군정과 경찰이 봉기를 강경 진압하면서 양민 학살 발생
- 여수 · 순천 10 · 19 사건: 여수에 주둔한 군인들이 제주 4 · 3 사건 진압을 거부하면서 여수와 순천을 장악

➡

남북 협상 (1948.4.)
- **김구**, **김규식**이 평양에서 김일성을 만나 **남북 협상** 개최
- 미소 양군 철수, 단독 정부 수립 반대 결의 → 성과를 거두지 못함

➡

5 · 10 총선거 실시 (1948.5.10.)
- 최초의 민주적 보통선거(남한 단독 선거)
- **제헌 국회** 성립
  - 국회의원 임기 2년
  - 대통령 중심제, 대통령 국회 간선 · 연임 제한
- **대한민국 정부 수립**(1948.8.15.)
  - 대통령 이승만, 부통령 이시영

Step 3 빈칸 채우기

❶ □□ 합작 위원회가 결성되었다.
❷ 평양에서 □□ □□이 열렸다.
❸ 유엔의 감시 아래 □□□가 실시되었다.

정답 ❶ 좌우 ❷ 남북 협상 ❸ 총선거

11 민주화 운동

Step 1 선택지 미리보기

- 5년 단임의 대통령 직선제 개헌을 이끌어냈다.
- 신군부의 비상계엄 확대에 반대하여 일어났다.
- 호헌 철폐와 독재 타도 등의 구호를 내세웠다.
- 전개 과정에서 시민군이 자발적으로 조직되었다.
- 유신 체제가 붕괴되는 계기가 되었다.
- 3선 개헌에 저항하여 일어났다.
- 3 · 15 부정 선거로 불리게 되었다.
- 진상 규명 등을 위한 특별법이 제정되었다.
- 4 · 13 호헌 조치 철폐를 요구하였다.
- 6 · 29 민주화 선언이 발표되었다.

Step 2 개념 학습하기

4 · 19 혁명 (1960)	• 배경: **3 · 15 부정 선거**, 이승만 독재 • 전개: 김주열 학생 시신 발견 → 대학 교수단의 시국 선언, 대통령 하야 요구 행진 → 시위 전국 확산 • 결과: **이승만 하야**, 허정 과도 정부 수립, 장면 내각 출범
부마 민주 항쟁 (1979)	• 배경: **YH 무역 사건** • 전개: 야당 총재 김영삼 국회의원 제명 → 부산, 마산에서 시위 전개 • 결과: 10 · 26 사태(박정희 피살), 유신 체제 붕괴
5 · 18 민주화 운동 (1980)	• 배경: 12 · 12 쿠데타로 전두환 등 신군부 집권 • 전개: 신군부 반대 민주화 운동 → 비상계엄 전국 확대, 계엄군 투입 무력 진압 → 광주에서 신군부 퇴진, 민주화 요구 시위 → 공수 부대 동원 무력 진압 • 영향: 6월 민주 항쟁에 영향, 관련 기록물이 유네스코 세계 기록 유산 등재
6월 민주 항쟁 (1987)	• 배경: **박종철 고문치사 사건** 및 **4 · 13 호헌 조치** • 전개: 직선제 개헌, 민주화 요구 시위 → 연세대 이한열 시위 도중 사망 → 시위 전국 확산('호헌 철폐, 독재 타도' 구호) • 결과: 6 · 29 민주화 선언으로 **5년 단임의 대통령 직선제** 개헌

Step 3 빈칸 채우기

❶ (4 · 19 혁명) □□□ 대통령이 하야하는 결과를 가져왔다.
❷ (4 · 19 혁명) □□ 내각이 출범하는 배경이 되었다.
❸ (6월 민주 항쟁) □□□ 고문치사 사건을 계기로 일어났다.

정답 ❶ 이승만 ❷ 장면 ❸ 박종철

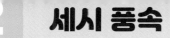

12 세시 풍속

구분	시기	풍속	음식
설날(구정)	음력 1월 1일	차례, 세배, 설빔, 덕담, 복조리 걸기, 윷놀이, 널뛰기, 연날리기, 머리카락 태우기	떡국, 식혜, 시루떡
정월 대보름	음력 1월 15일	줄다리기, 지신밟기, 놋다리밟기, 차전놀이, 쥐불놀이, 석전, 부럼 깨기, 달집 태우기, 달맞이	부럼, 나물, 약밥, 오곡밥
삼짇날	음력 3월 3일	화전놀이, 각시놀음, 활쏘기	쑥떡, 진달래 화채, 화전, 화면
단오(수릿날)	음력 5월 5일	창포물에 머리 감기, 그네뛰기, 씨름, 봉산 탈춤, 송파 산대놀이, 수박희	수리취떡, 앵드화채, 쑥떡, 대추, 창포주
유두	음력 6월 15일	동쪽으로 흐르는 물에 머리 감기, 탁족놀이	밀전병, 밀국수, 호박전, 시루떡
칠석	음력 7월 7일	걸교(견우와 직녀 두 별에게 바느질과 길쌈을 잘하게 하여 달라고 비는 일), 칠석놀이, 햇볕에 옷과 책을 말림	밀전병, 밀국수, 호박전
추석(한가위)	음력 8월 15일	차례, 성묘, 강강술래, 소싸움, 줄다리기, 씨름, 고사리 꺾기	송편, 토란국, 화양적, 닭찜, 누름적
동지	양력 12월 22일경	관상감에서 새해 달력을 만들어 벼슬아치에게 나누어 줌, 왕이 신하들에게 부채를 나누어 줌	팥죽, 팥시루떡, 전약
섣달그믐	음력 12월 30일경	수세(집안 곳곳에 불을 밝히고 잠을 자지 않는 풍속), 묵은세배, 만두차례, 약 태우기	만둣국, 동치미, 골동반(비빔밥)
한식	양력 4월 5일경	일정 기간 동안 불의 사용을 금함, 성묘, 개사초, 제기차기, 그네 타기	찬 음식

13 임진왜란과 정묘 · 병자호란

Step 1 선택지 미리보기

- 곽재우, 고경명 등이 의병장으로 활약하였어요.
- 삼전도비 건립 당시의 상황을 찾아본다.
- 나선 정벌을 단행하였다.
- 권율이 행주산성에서 크게 승리하였다.
- 이순신이 명량 해전에서 승리하였다.
- 지방군을 속오군 체제로 개편하였다.
- 중립 외교를 펼쳤어.
- 인조반정이 일어났다.
- 서인 정권이 친명배금 정책을 추진하였다.
- 북벌을 추진했어.
- 병자호란이 발발하였다.
- 정묘호란이 일어났다.

Step 2 개념 학습하기

○ 임진왜란

초기	왜군의 조선 침략(1592) → 부산진성 · 동래성(송상현) 함락 → **충주 탄금대 전투** 패배(신립) → 선조의 의주 피란 → 한양 함락 → 명에 원군 요청
전개	• 수군의 활약: 옥포 · 사천포 해전 승리(이순신) • 의병의 활약: 곽재우, 고경명, 조헌 등의 의병장 주도 • 3대 대첩: **한산도 대첩**(이순신), **진주 대첩**(김시민), **행주 대첩**(권율) • 조명 연합군: 평양성 탈환 • 군제 개편: **훈련도감** 설치, 속오군 편성 • 정유재란(1597): 명량 해전 승리 → 노량 해전 승리(이순신 전사) → 왜군 철수
결과	• 국내: 신분제 동요(공명첩 발급), 비변사 강화 • 국외: 일본(에도 막부 성립), 명(국력 쇠퇴), 여진(후금 건국)

○ 정묘 · 병자호란

배경	• **광해군의 중립 외교** – 명과 후금 사이에서 실리를 추구하는 중립 외교 정책 추진 – 강홍립 부대 후금에 항복 • 인조반정: 서인 집권, 친명배금 정책 추진
정묘호란(1627)	• 배경: 조선의 친명배금 정책, 이괄의 난 • 전개: 후금의 침입 → 인조의 강화도 피란 → 정봉수 · 이립의 활약 → 후금과 강화 체결(형제 관계)
병자호란(1636)	• 배경: 후금이 국호를 청으로 고친 뒤 조선에 사대 요구(군신 관계) • 전개: 청 태종의 침입 → 인조의 남한산성 피란 → 주화파와 척화파의 대립 → 조선 항복(**삼전도의 굴욕**) → 청과 군신 관계
결과	• **북벌 운동**: 효종 즉위 → 북벌 준비 → **나선 정벌** → 효종의 죽음으로 좌절 • 북학 운동: 18세기 이후 중상학파 실학자들을 중심으로 전개

Step 3 빈칸 채우기

❶ □□이 탄금대에서 항전하였다.
❷ 홍의 장군 □□□가 의병장으로 활약하였다.
❸ 삼수병으로 구성된 □□□□을 운영하였다.

정답 ❶ 신립 ❷ 곽재우 ❸ 훈련도감

14 흥선 대원군의 정책

Step 1 선택지 미리보기

- 전국 각지에 척화비를 건립하였다.
- 경복궁 중건을 추진하였다.
- 당백전을 발행하였다.
- 호포제를 실시하였다.
- 외규장각 도서가 약탈당하였다.
- 미국 함대가 광성보를 함락하였다.
- 프랑스가 병인박해를 구실로 침략하였다.
- 양헌수 부대가 프랑스군을 물리쳤다.
- 대전회통을 편찬하였다.
- 서원 철폐에 반대하는 양반
- 만동묘가 철폐되었다.
- 비변사를 혁파하였다.

Step 2 개념 학습하기

○ 대내적 개혁 정책

왕권 강화	• 세도 가문 축출, 능력에 따른 인재 등용 • 비변사 폐지: 의정부, 삼군부 부활 • 경복궁 중건: 원납전 징수, **당백전** 남발 • 법전 정비: 『**대전회통**』, 『육전조례』
민생 안정	• 삼정의 문란 시정 – 전정: 양전 사업 – 군정: **호포제** → 양반에게도 군포 징수 – 환정: 사창제 • **서원 정리** – 배경: 면세 혜택으로 국가 재정 악화, 백성 수탈 심화 – 전개: 47개의 서원을 제외하고 모두 철폐(만동묘 철폐) – 결과: 붕당의 근거지를 없애 왕권 강화, 민생 안정, 국가 재정 확보

○ 통상 수교 거부 정책

병인박해 (1866.1.)	프랑스의 천주교 선교사 9명과 신도 8천여 명 처형
제너럴 셔먼호 사건(1866.7.)	미국 상선 **제너럴 셔먼호**의 통상 요구 → 평양 관민들의 저항(평안도 감사 박규수)
병인양요 (1866.9.)	병인박해를 구실로 프랑스군이 강화도 양화진 침략 → **정족산성**에서 **양헌수** 부대 활약 → 외규장각 의궤 등 약탈
오페르트 도굴 사건(1868)	독일 상인 오페르트가 충남 예산의 남연군 묘 도굴 시도
신미양요 (1871)	• 전개: 미군의 강화도 초지진, 덕진진 침략 → **광성보**의 **어재연** 부대 활약 → 수(帥)자기 약탈 • 결과: 전국에 **척화비 건립**

Step 3 빈칸 채우기

❶ □□□□가 남연군 묘를 도굴하려 하였다.
❷ 미국이 □□□ □□□ 사건을 구실로 침략하였다.
❸ □□□이 광성보에서 미군에 맞서 싸웠다.

정답 ❶ 오페르트 ❷ 제너럴 셔먼호 ❸ 어재연

6 · 25 전쟁

Step 1 선택지 미리보기

- 6 · 25 전쟁이 발발하였다.
- 압록강을 건너 참전하는 중국군
- 학도병이 낙동강 전선에서 혈전을 치렀다.
- 한미 상호 방위 조약이 조인되었다.
- 16개국으로 구성된 유엔군이 참전하였다.
- 판문점에서 휴전 회담이 진행되었다.

+ 심화 선택지

- 미국의 극동 방위선을 조정한 애치슨 선언에 영향을 주었다.
- 흥남 철수 작전이 전개되었다.
- 포로 송환 문제로 인해 체결이 지연되었다.
- 군사 분계선을 확정하고 비무장 지대를 설정하였다.

Step 2 개념 학습하기

▲ 6 · 25 전쟁의 전개

배경	• 북한의 무력 통일 정책, 소련과 중국의 지원, 미군 철수(1949.6.) • **애치슨 선언**(1950.1.): 한반도를 미국 극동 방위선에서 제외
1950.6.25.	북한의 무력 남침
1950.6.28.	• 유엔 안전 보장 이사회 한국 군사 지원 결의안 채택 • 서울 함락 • 한강 철교 · 인도교 폭파
1950.7.	• 유엔군 부산 상륙(7.1.) • 국군 작전 지휘권 이양(7.14.)
1950.9.15.	**인천 상륙 작전** → 서울 수복, 평양 탈환
1950.10.25.	중공군 개입
1950.12.15.	원산 · 흥남 철수 작전
1951.1.4.	1 · 4 후퇴 → 서울 재함락(유엔군 서울 철수)
1951.6.	소련이 유엔에 휴전 제의
1953.6.18.	이승만 정부의 반공 포로 석방
1953.7.27.	유엔 · 공산군 휴전 협정 체결
결과	• 사회 시설 파괴, 이산가족과 전쟁고아 발생 • **한미 상호 방위 조약 체결**(1953.10.)

Step 3 빈칸 채우기

❶ 미국이 □□□ 선언을 발표하였다.

❷ 국군과 유엔군이 □□ 상륙 작전에 성공하였다.

❸ □□□의 개입으로 서울을 다시 빼앗겼다.

정답 ❶ 애치슨 ❷ 인천 ❸ 중국군

16 고려와 조선의 중앙 정치 기구

Step 1 선택지 미리보기

- 2성 6부를 비롯한 중앙 통치 조직을 정비하였다.
- 국방과 군사 문제를 처리하였다.
- 관리의 부정과 비리를 감찰하였다.
- 국정을 총괄하고 정책을 결정하였다.
- 군사 기밀과 왕명의 출납을 관장하였다.
- 재정의 출납과 회계 업무를 담당하였다.
- 실록 편찬을 담당하였다.
- 승정원에서 편찬하였다.

+ 심화 선택지

- 수도의 치안과 행정을 담당하였다.
- 원 간섭기에 도평의사사로 개편되었다.
- 왕에게 경서와 사서를 강론하는 경연을 주관하였다.

Step 2 개념 학습하기

○ 고려

기구	내용	
2성 6부	• 당의 제도 모방 • 2성: 중서문하성(국정 총괄, 수상은 문하시중)과 상서성(6부 관리)	
중추원	• 송의 제도 모방 • 왕의 비서 기구: 군사 기밀(추밀)과 왕명 출납(승선) 담당	
도병마사	• 국방 및 군사 문제 논의 • 원 간섭기에 도평의사사로 개편	재신(중서문하성)과 추밀(중추원)의 합의로 운영 → 귀족 합의제
식목도감	법률 · 제도 제정	
어사대	감찰 기구, 풍속 교정	
삼사	화폐 · 곡식의 출납, 회계	
대간	• 어사대의 관원(대관) + 중서문하성의 낭사 • 간쟁, 봉박, 서경권	

○ 조선

기구		내용	
의정부		최고 국정 총괄 기관, 재상 합의제	
6조		• 정책 집행 기관 • 직능에 따라 행정 분담(이, 호, 예, 병, 형, 공)	
승정원		왕명 출납	
삼사	사헌부	관리의 비리 감찰	권력 독점과 부정 방지
	사간원	간쟁(정사 비판), 서경권	
	홍문관	왕의 자문 역할, 경연 주관	
의금부		• 왕명에 의한 특별 사법 기구(국왕 직속) • 중대 범죄 담당	
한성부		수도의 행정 · 치안 담당	
춘추관		역사서 편찬 및 보관	

Step 3 빈칸 채우기

❶ (조선) 5품 이하 관리 임명에 대한 □□□을 가졌다.

❷ (조선) 국왕의 비서 기관으로 □□□을 두었다.

❸ (조선) □□□에서 중요 정책을 심의하였다.

정답 ❶ 서경권 ❷ 승정원 ❸ 의정부

17 홍경래의 난과 임술 농민 봉기

Step 1 선택지 미리보기

- 삼정이정청이 설치되었다.
- 서북 지역민에 대한 차별에 반발하여 일어났다.
- 임술 농민 봉기가 발생하였다.
- 농민 봉기의 진상을 조사하는 안핵사
- 정주성을 점령하는 홍경래
- 세도 정치 시기의 수탈과 지역 차별에 반발하여 일어났다.
- 수령과 향리의 수탈로 삼정이 문란하였다.

+ 심화 선택지

- 선천, 정주 등 청천강 이북의 여러 고을을 점령하였다.
- 몰락 양반 유계춘이 주도하였다.
- 백낙신의 탐학이 발단이 되어 일어났다.

Step 2 개념 학습하기

세도 정치

전개	정조 사후 순조~철종 재위 기간인 60여 년 동안 왕실 외척 가문(안동 김씨, 풍양 조씨)의 권력 독점
특징	• 의정부와 6조의 기능 축소 • **비변사 권한 강화**: 유력 가문 출신들의 실질적 권력 행사 • 향촌의 수령권 강화, 매관매직, **삼정의 문란** • 비기 · 도참 등 예언사상 유행 → 예언서 『정감록』

홍경래의 난(순조, 1811)

배경	• **평안도(서북 지역)에 대한 차별** 대우 • 세도 정치로 인한 삼정의 문란
전개	몰락 양반 **홍경래**를 중심으로 우군칙, 김창시 등과 평안도 농민들이 함께 봉기(가산) → 청천강 이북 8군 점령(정주성)
결과	정주성에서 관군에 의해 진압

임술 농민 봉기(철종, 1862)

배경	• 경상 우병사 **백낙신**의 수탈 • 세도 정치로 인한 삼정의 문란
전개	몰락 양반 출신 **유계춘**을 중심으로 **진주** 농민들이 봉기 → 진주성 점령 → 농민 봉기 전국으로 확산
결과	• 안핵사 **박규수** 및 암행어사 파견 • **삼정이정청** 설치 → 삼정의 문란 시정 실패

Step 3 빈칸 채우기

❶ □□□가 평안도에서 봉기하였다.
❷ 사건의 수습을 위해 □□□가 안핵사로 파견되었다.
❸ 삼정의 문란을 해결하기 위해 □□□□□이 설치되었다.

정답 ❶ 홍경래 ❷ 박규수 ❸ 삼정이정청

18 임오군란과 갑신정변

Step 1 선택지 미리보기

- 구식 군인들이 일본 공사관을 습격하였다.
- 선혜청을 습격하는 무위영의 군인들
- 한성 조약이 체결되는 계기가 되었다.
- 임오군란을 계기로 체결되었다.
- 청군의 개입으로 3일 만에 실패하였다.
- 청의 내정 간섭이 심화하였다.
- 박영효, 홍영식 등과 함께 급진 개화파를 형성하였다.
- 김옥균 등이 갑신정변을 주도하였다.
- 급진 개화파의 정권 장악

Step 2 개념 학습하기

○ 임오군란(1882)

배경	신식 군대인 별기군과 **구식 군대에 대한 차별 대우**
전개	선혜청 습격 → 일본 공사관 습격, 일본인 교관 살해 → 민씨 세력 축출 → 흥선 대원군 재집권(군란 수습 목적) → 청군 개입(민씨의 요청) 후 군란 진압 → 흥선 대원군 청으로 압송
결과	• 민씨 세력 재집권 → 청에 대한 의존 심화 • 청의 내정 간섭 – 마젠창(정치 고문), 묄렌도르프(외교 고문) 파견 • **조청 상민 수륙 무역 장정** 체결(1882) – 청 상인의 내지 통상권 허용 • **제물포 조약** 체결(1882) – 일본 공사관에 경비병 주둔, 배상금 지불

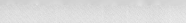

○ 갑신정변(1884)

배경	• 임오군란 이후 청의 내정 간섭 심화, 친청 세력의 개화당 탄압 • 청불 전쟁으로 조선 내 청군 철수 • 일본 공사의 군사적 · 재정적 지원 약속
전개	**우정총국 개국 축하연**에서 급진 개화파의 정변 → 고종과 명성 황후를 경우궁으로 이동시킴 → **14개조 개혁 정강** 발표(청 사대 관계 폐지, 입헌 군주제, 능력에 따른 인재 등용 등) → 청군 개입 → 김옥균, 박영효, 서재필 등 일본으로 망명
결과	• **한성 조약** 체결(1884) – 일본 공사관 신축 부지 제공 및 비용 지불 • 톈진 조약 체결(1885) – 청 · 일본 군대 동시 철수, 추후 조선에 군대 파병 시 상대국에 사전 통보 • 청과 일본의 대립 · 견제 구도 격화 • 조선 중립화론 대두: 브들러, 유길준

Step 3 빈칸 채우기

❶ 구식 군인들이 □□□□을 일으켰다.
❷ (임오군란) □□□ 조약이 체결되는 결과를 가져왔다.
❸ (갑신정변) □□□□에서 정변을 일으키는 개화파

정답 ❶ 임오군란 ❷ 제물포 ❸ 우정총국

19 근대 언론 · 문물

근대 언론	
한성순보 (1883)	• 순 한문, 박문국에서 10일마다 발간 • **최초의 근대적 신문** • 관보 역할: 개화 정책의 취지 설명, 국내외 정세 소개
독립신문 (1896)	• 한글판과 영문판, 일간지 • **서재필** 창간 • 최초의 민간 신문
황성신문 (1898)	• 국한문 혼용 • 을사늑약에 대한 항일 논설 「**시일야방성대곡**」(장지연) 게재
제국신문 (1898)	• 순 한글 • 일반 서민층과 부녀자 대상
대한매일신보 (1904)	• 순 한글, 국한문, 영문판 • **양기탁**과 **베델** 창간 • **국채 보상 운동 지원** • 을사조약 무효화 선언 게재
만세보 (1906)	• 국한문 혼용 • **천도교 기관지**

근대 문물	
통신	• 우편: **우정총국**(1884) → 우체사(1895) • 전화: 경운궁에 가설(1898)
교통	• 전차: 한성 전기 회사가 서대문~청량리에 가설(1899) • 철도 – **경인선**(1899): 부설권 미국 → 일본 – 경부선(1905): 부설권 일본 – 경의선(1906): 부설권 프랑스 → 일본
의료	• **광혜원**(제중원, 1885): 알렌, 최초의 근대식 병원 • 광제원(1900) → 대한의원(1907) • 세브란스 병원(제중원 인수, 1904)
기관 및 건축	• **박문국**(1883), 전환국(1883), **기기창**(1883) • 명동 성당(1898) • 원각사(1908) • 덕수궁 석조전(1910)

▲ 독립신문

大韓每日申報
대한매일신보

▲ 대한매일신보

▲ 광혜원(제중원)

▲ 덕수궁 석조전

20 항일 의병 운동과 애국 계몽 운동

Step 1 선택지 미리보기

- 신흥 강습소를 설립하였다.
- 태극 서관, 자기 회사를 설립하였다.
- 고종 강제 퇴위 반대 운동을 주도하였다.
- 105인 사건으로 해체되었다.
- 을미사변에 반발하여 일어났다.
- 단발령에 대한 반발로 일어났다.
- 대성 학교를 설립하였습니다.
- 공화정 수립을 목표로 하였다.
- 최익현, 신돌석 등이 의병을 일으켰다.
- 유인석이 단발령에 반발하여 의병을 일으켰다.
- 대한 자강회를 중심으로 전개되었다.

Step 2 개념 학습하기

항일 의병 운동

을미의병 (1895)	• 배경: 을미사변, 단발령 • 위정척사파 유생들이 주도(**유인석**, 이소응) • 고종의 의병 해산 권고 조칙으로 자진 해산
을사의병 (1905)	• 배경: 을사늑약 • 유생 의병장 민종식, 최익현(쓰시마 섬에 유배) • 평민 의병장 **신돌석**
정미의병 (1907)	• 배경: 고종 강제 퇴위, 한일 신협약 이후 대한제국 군대 강제 해산 • 전개: 해산군이 합세하여 **13도 창의군** 결성(총대장 이인영, 군사장 허위) → **서울 진공 작전** 추진(1908), 각국 공사관에 국제법상 교전 단체 승인 요구 → 일제의 남한 대토벌 작전으로 해산

애국 계몽 운동

보안회 (1904)	일본의 **황무지 개간권 요구 반대 운동** 전개
헌정 연구회 (1905)	• 독립 협회의 정신 계승 → 입헌 정체 수립 목표 • 일진회 규탄 중 해산
대한 자강회 (1906)	**고종 강제 퇴위 반대 운동** 중 강제 해산
신민회 (1907)	• 안창호, 양기탁, 이회영 등이 조직한 항일 비밀 결사 • 공화정 체제의 근대 국민 국가 건설 목표 • **대성 학교 · 오산 학교** 설립, 자기 회사 · 태극 서관 운영 • 무장 투쟁 준비: 경학사 → **신흥 강습소**(신흥 무관 학교) 설립 • 일제가 조작한 **105인 사건**으로 해체(1911)

Step 3 빈칸 채우기

❶ (을미 의병) □□□□ 사상을 지닌 유생들이 주도하였다.
❷ 일본에 황무지 개간권 요구에 반대하는 □□□ 회원
❸ 13도 창의군이 □□ □□ 작전을 추진하였다.

정답 ❶ 위정척사 ❷ 보안회 ❸ 서울 진공

21

1910년대 국내외 독립운동

Step 1 선택지 미리보기

- 대조선 국민 군단이 창설되어 군사 훈련을 실시하였다.
- 항일 단체인 중광단을 결성하였다.
- 중광단을 북로 군정서로 발전시켰다.
- 대한 광복군 정부가 수립되어 독립 전쟁을 준비하였다.
- 고종의 밀지를 받아 결성되었다.
- 삼원보에 신흥 무관 학교를 설립하였다.
- 비밀 결사인 대한 광복회를 조직하였다.
- 총사령 박상진의 지휘 아래 활동하였다.
- 자치 기관인 경학사가 운영되었다.
- 박상진 등이 대한 광복회 조직

Step 2 개념 학습하기

○ 국내: 항일 비밀 결사 조직

단체	내용
독립 의군부 (1912)	• **임병찬**이 **고종의 밀명**을 받아 조직한 비밀 결사 • **복벽주의**, 의병 전쟁 준비 • 일본에 국권 반환 요구서 발송
대한 광복회 (1915)	• **박상진**이 대구에서 조직한 비밀 결사 • 공화주의 • 군자금 모집, 독립군 양성

○ 국외: 독립운동 기지 건설, 민족 교육

지역	단체	내용
만주	중광단 (1911)	• **대종교** 계열 • 무오 독립 선언서 발표 • **북로 군정서**로 개편
	경학사 (1911)	• 신민회의 이상룡, 이회영 등 • **신흥 강습소**(신흥 무관 학교) 설립
연해주	권업회 (1911)	• 기관지 **권업신문** 발행 • 대한 광복군 정부 조직
	대한 광복군 정부(1914)	• 권업회에서 조직한 정부 형태의 독립군 단체: **이상설**(정통령), 이동휘(부통령) • 무장 항일 운동 • 공화정 목표
미주	대한인 국민회 (1909)	• 샌프란시스코 한인 조직(이승만 주도) • 외교 활동, 의연금, 신한민보
	대조선 국민 군단(1914)	• **박용만**이 **하와이**에서 조직 • 무장 투쟁 주장 → 독립군 사관 양성

Step 3 빈칸 채우기

❶ □□□가 조직되어 권업신문을 발행하였다.

❷ 고종의 밀지를 받아 □□ □□□가 조직되었다.

❸ 박용만이 □□□ □□ □□을 결성하였어요.

정답 ❶ 권업회 ❷ 독립 의군부 ❸ 대조선 국민 군단

22 동학 농민 운동

Step 1 선택지 미리보기

- 집강소를 운영하였습니다.
- 우금치 전투에서 패배한 후 와해되었다.
- 보국안민, 제폭구민을 기치로 내세웠다.
- 보국안민과 척왜양창의의 구호를 내세웠다.
- 농민군과 전주 화약을 체결하는 정부 관리
- 전주성을 점령하는 동학 농민군
- 인내천 사상을 내세워 인간의 존엄성과 평등을 강조하였다.

+ 심화 선택지

- 농민군이 황토현 전투에서 관군에게 승리하였다.
- 조병갑의 탐학에 저항해 고부에서 농민 봉기가 일어났다.
- 남접과 북접이 연합하여 조직적으로 전개되었다.
- 일본이 경복궁을 점령하고 내정 개혁을 요구하였다.

Step 2 개념 학습하기

고부 봉기(1894.1.)	배경	고부 군수 **조병갑**의 횡포
	전개	전봉준의 고부 관아 점령
	결과	정부의 폐정 시정 약속, 전봉준 자진 해산, 안핵사 파견

⬇

1차 봉기(1894.3.)	배경	안핵사 이용태의 농민 봉기 주모자 및 동학교도 탄압
	전개	백산 봉기(보국안민, 제폭구민) → **4대 강령** 발표 → **황토현 · 황룡촌 전투** 승리
	결과	**전주성 점령**(1894.4.)

⬇

전주 화약 체결(1894.5.)	배경	정부의 요청에 따라 청군 파견 → 톈진 조약에 의해 일본군도 파견
	전개	농민군의 외국 군대 철수 요청, **폐정 개혁안 12개조** 제시
	결과	농민군의 **집강소** 설치, 정부의 교정청 설치

⬇

2차 봉기(1894.9.)	배경	일본군의 경복궁 점령 → 청일 전쟁 발발
	전개	남접과 북접의 연합 부대 논산 집결 → **공주 우금치 전투** 패배(1894.11.)
	결과	전봉준 등 주모자 체포 · 처형

Step 3 빈칸 채우기

❶ 백산에 집결하여 □□ □□을 발표하였어요.
❷ □□□를 중심으로 폐정 개혁안을 실천하였다.
❸ □□□ 전투에서 일본군 및 관군에 맞서 싸웠다.

정답 ❶ 4대 강령 ❷ 집강소 ❸ 우금치

23 사화와 붕당 형성

Step 1 선택지 미리보기

- 조광조 일파가 축출되는 결과를 가져왔어요.
- 사림이 동인과 서인으로 나뉘었다.
- 을사사화가 발생하였다.
- 정여립 모반 사건이 일어났다.
- 무오사화가 일어났다.
- 기묘사화가 일어났다.

+ 심화 선택지

- 조의제문이 발단이 되어 김일손 등이 화를 입었다.
- 정여립 모반 사건으로 인해 기축옥사가 발생하였다.
- 위훈 삭제에 대한 훈구 세력의 반발이 원인이 되었다.
- 외척 세력인 대윤과 소윤의 대립으로 일어났다.
- 윤임 일파가 제거되는 결과를 가져왔다.
- 양재역 벽서 사건으로 이언적 등이 화를 입었다.

Step 2 개념 학습하기

사화(훈구 vs 사림)

사화	내용
무오사화 (연산군)	• 원인: 김일손이 김종직의 조의제문을 사초에 기록 → 이극돈이 이를 고함 • 결과: 훈구파의 사림파 탄압
갑자사화 (연산군)	• 원인: 연산군 생모 폐비 윤씨 사건 • 결과: 연산군에 의해 사림파 및 훈구파 일부까지 피해
기묘사화 (중종)	• 원인: 조광조의 급진적 개혁 정책(현량과 실시, 위훈 삭제 등) • 결과: 훈구파의 반발로 조광조를 비롯한 사림파 제거
을사사화 (명종)	• 원인: 왕실 외척 간의 권력 다툼 • 결과: 소윤(윤원형)이 대윤(윤임)을 몰아내고 정권 장악 → 양재역 벽서 사건

붕당 형성(사림 vs 사림)

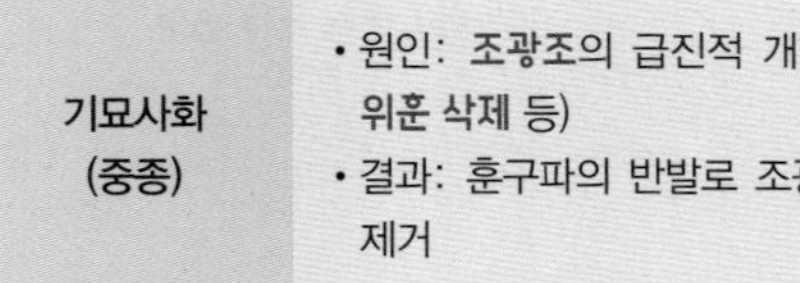

붕당	내용
동서 분당 (선조)	• 원인: 이조 전랑직 문제 • 결과: 서인(심의겸)과 동인(김효원)으로 분당
남북 분당 (선조)	• 원인: 정여립 모반 사건(기축옥사) • 결과: 동인이 북인과 남인으로 분열
노소 분당 (숙종)	• 원인: 경신환국 때 남인에 대한 처벌을 놓고 서인 내 대립 • 결과: 서인이 노론과 소론으로 분열

Step 3 빈칸 채우기

❶ (무오사화) □□□□의 내용이 빌미가 되었어요.
❷ 위훈 삭제를 주장한 □□□ 일파를 축출하였어.
❸ 외척 간의 다툼으로 □□□□가 발생하였다.

정답 ❶ 조의제문 ❷ 조광조 ❸ 을사사화

24 토지 · 수취 제도의 변화

Step 1 선택지 미리보기

- 직전법을 실시하였다.
- 백성들의 군역 부담을 줄이기 위해 균역법이 실시되었다.
- 대동법 시행에 반대하는 지주
- 관수 관급제가 실시되었다.
- 전세를 토지 1결당 4~6두로 고정하였다.
- 토지를 비옥도에 따라 6등급으로 나누었다.
- 전지와 시지를 품계에 따라 나누어 주었어요.
- 전 · 현직 관리에게 토지의 수조권을 지급하였어요.
- 현직 관리에게만 토지의 수조권을 지급하였다.
- 군포 납부액을 1필로 정하였다.
- 방납의 폐단을 해결하고자 실시하였다.

Step 2 개념 학습하기

토지 제도의 변화

고려

역분전 (태조 왕건)		고려 태조 때 후삼국 통일 공신에게 지급
전시과	시정 전시과 (경종)	• 전시과 처음 시행(**전지, 시지** 지급) • 관등과 인품에 따라 지급
	개정 전시과 (목종)	18과로 구분한 관등에 따라 지급
	경정 전시과 (문종)	• 현직 관리에게만 지급 • 토지 지급액 감소, 무신 차별 완화

조선

과전법 (공양왕)	• 고려 말 신진 사대부의 토지 개혁 → 조선 시대 관리의 경제적 기반 • **경기 지역** 토지에 한정 • 전 · 현직 관리에게 수조권 지급 • 수신전과 휼양전 지급
직전법 (세조)	• 현직 관리에게만 수조권 지급 • 세습 가능한 수신전과 휼양전 폐지
관수 관급제 (성종)	국가가 수조권 행사
직전법 폐지 (명종)	수조권 폐지, 녹봉만 지급

수취 제도의 변화

조선 전기

전세	• **연분 9등법**(세종): 풍흉에 따라 토지 1결당 쌀 4~20두 • 전분 6등법(세종): 토지의 비옥도에 따라 6등급으로 구분
군역	• 양인 개병제 • 방군 수포제, 군적 수포제 폐단 발생
공납	가호별 수취, 현물 부과 → 방납의 폐단 발생

조선 후기

전세	**영정법**(인조): 풍흉에 관계없이 토지 1결당 쌀 4~6두
군역	**균역법**(영조): 1년에 군포 2필 → 1필, 상류층에 선무군관포, 결작 징수
공납	**대동법**(광해군): 토지 1결당 쌀 12두, 공납의 전세화(공물 대신 쌀로 납부), **공인** 등장

Step 3 빈칸 채우기

❶ (전시과) 관리들에게 □□와 □□가 지급되었다.

❷ (대동법) 관청에서 물품을 조달하는 □□이 활동하였다.

❸ (균역법) 부족한 재정을 보충하기 위해 □□을 부과하였다.

정답 ❶ 전지, 시지 ❷ 공인 ❸ 결작

25 불상

주제편

고구려

▲ 금동 연가 칠년명 여래 입상

#국보 제119호 #경남 의령에서 출토

백제

▲ 서산 용현리 마애여래 삼존상

#국보 제84호 #백제의 미소 #화강암 #암벽에 조각

▲ 태안 동문리 마애삼존불 입상

#국보 제307호 #1보살 #2여래 #중국 북제 양식

신라

▲ 경주 배동 석조 여래 삼존 입상

#보물 제63호 #신라 불상의 새로운 양식 #북주 또는 수의 불상과 유사한 양식

삼국

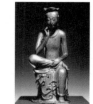

▲ 금동 미륵보살 반가 사유상

#국보 제83호 #우리나라에서 가장 큰 금동 반가 사유상 #삼신 반가 사유상

통일 신라

▲ 경주 구황동 금제여래 좌상

#국보 제79호 #경주 황복사지 삼층 석탑에서 발견

▲ 경주 석굴암 본존불

#화강암 #인공 석굴 #좌우 대칭 #김대성

▲ 철원 도피안사 철조 비로자나불 좌상

#국보 제63호 #철 #경문왕

발해

▲ 이불 병좌상

#동경 용원부에서 발견 #고구려 양식 계승

고려

▲ 하남 하사창동 철조 석가여래 좌상

#보물 제332호 #철 #통일 신라 양식 계승

▲ 영주 부석사 소조여래 좌상

#국보 제45호 #통일 신라 양식 계승 #우리나라에서 가장 크고 오래된 소조 불상

▲ 논산 관촉사 석조 미륵보살 입상

#국보 제323호 #은진 미륵 #토속적 #향토적 #지방화 #우리나라에서 가장 큰 석불 #광종 #승려 혜명

▲ 안동 이천동 마애여래 입상

#보물 제115호 #자연암벽 #토속적 #향토적 #지방화

▲ 파주 용미리 마애이불 입상

#보물 제93호 #자연암벽 #토속적 #향토적 #지방화

26 불교 건축

고려

▲ 안동 봉정사 극락전

#국보 제15호 #우리나라 목조 건물 중 가장 오래된 건물 #맞배지붕 #배흘림기둥 #주심포 양식 #통일 신라 건축 양식

▲ 영주 부석사 무량수전

#국보 제18호 #아미타 여래 불상 봉안 #팔작지붕 #배흘림기둥 #주심포 양식 #공민왕

▲ 예산 수덕사 대웅전

#국보 제49호 #석가모니 불상 봉안 #맞배지붕 #배흘림기둥 #주심포 양식 #백제 건축 양식 #충렬왕

▲ 봉산 성불사 응진전

#황해도 봉산 #맞배지붕 #배흘림기둥 #다포 양식 #충숙왕

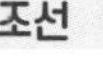

조선

▲ 김제 금산사 미륵전

#국보 제62호 #팔작지붕 #다포 양식 #3층 전체가 하나로 트인 통층 구조 #정유재란 때 불탔다가 인조 때 다시 지음

▲ 구례 화엄사 각황전

#국보 제67호 #3여래 불상 #4보살 불상 #팔작지붕 #다포 양식 #숙종

▲ 보은 법주사 팔상전

#국보 제55호 #우리나라에서 가장 높은 목조탑 #사모지붕 #주심포 양식(1~4층) #다포 양식(5층) #팔상도

▲ 논산 쌍계사 대웅전

#보물 제408호 #석가여래 삼존불상 봉안 #팔작지붕 #다포 양식

백제

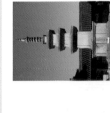

▲ 익산 미륵사지 석탑

#국보 제11호 #우리나라에서 가장 크고 오래된 석탑 #사리 장엄구와 금제 봉안기 발견 #3탑 중 서탑

▲ 부여 정림사지 오층 석탑

#국보 제9호 #목탑 양식 #백제의 대표적인 석탑

신라

▲ 경주 분황사 모전 석탑

#국보 제30호 #신라에서 가장 오래된 석탑 #전탑 형식(벽돌 모양) #선덕 여왕

통일 신라

▲ 경주 감은사지 (동서) 삼층 석탑

#국보 제112호 #동서로 나란히 세워진 같은 규모와 양식을 갖춘 쌍탑 #신문왕

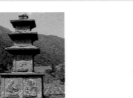

▲ 경주 불국사 삼층 석탑(석가탑)

#국보 제21호 #무구정광대다라니경 #불국사 내 서쪽 위치 #무영탑 #경덕왕

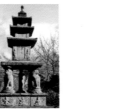

▲ 경주 불국사 다보탑

#국보 제20호 #불국사 내 동쪽 위치 #경덕왕

▲ 양양 진전사지 삼층 석탑

#국보 제122호 #기단과 탑신에 팔부신중을 새김

▲ 구례 화엄사 사사자 삼층 석탑

#국보 제35호 #신라의 유일한 사자 석탑

발해

▲ 영광탑(발해 오층 전탑)

#중국 지린성 위치 #당의 영향을 받음

고려

▲ 평창 월정사 팔각 구층 석탑

#국보 제48-1호 #고려 초기의 대표적인 석탑 #다각 다층 석탑

▲ 개성 경천사지 십층 석탑

#국보 제86호 #아(亞)자형 기단 #대리석 #원의 영향을 받음 #국립 중앙 박물관 #충목왕

조선

▲ 서울 원각사지 십층 석탑

#국보 제2호 #아(亞)자형 기단 #대리석 #탑골 공원 #세조

조선 전기

▲ 몽유도원도(안견)

▲ 고사관수도(강희안)

▲ 초충도(신사임당)

▲ 묵죽도(이정)

▲ 송하보월도(이상좌)

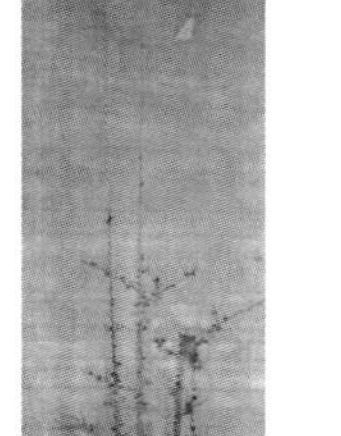

▲ 월매도(어몽룡)

조선 후기

▲ 인왕제색도(정선)

▲ 금강전도(정선)

▲ 씨름도(김홍도)

▲ 월하정인(신윤복)

▲ 단오풍정(신윤복)

▲ 파적도(김득신)

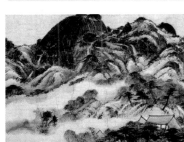

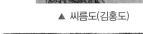

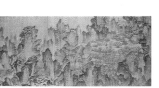

29 예송 논쟁과 환국

Step 1 선택지 미리보기

- 서인과 남인이 예법을 둘러싸고 대립한 것이에요.
- 예송이 발생하였다.
- 예를 둘러싼 논쟁이라는 뜻이에요.

+ 심화 선택지

- 남인이 권력을 장악하고 희빈 장씨가 왕비로 책봉되었다.
- 기해예송에서 자의 대비의 기년복을 주장하였다.
- 경신환국으로 정권을 장악하였다.
- 갑술환국으로 정계에서 축출되었다.
- 서인이 정권을 장악하는 계기가 되었다.

Step 2 개념 학습하기

예송 논쟁

구분	기해예송(1659)	갑인예송(1674)
시기	효종 사후	효종비 사후
내용	자의 대비의 복상 기간	
서인	**1년설**	9개월설
	• 효종은 적장자가 아니다 • 왕과 사대부에게 적용되는 예가 같다 → 신권 강조	
남인	3년설	**1년설**
	• 효종은 적장자가 될 수 있다 • 왕과 사대부에게 적용되는 예가 다르다 → 왕권 강조	
결과	서인 승리	남인 승리

환국

구분	내용
경신환국(1680)	남인의 영수인 **허적**이 궁중에서 쓰는 천막을 허락 없이 사용한 문제로 숙종과 갈등 ↓ 허적의 서자 허견의 역모 사건 ↓ 허적을 비롯한 남인 축출, **서인 집권**
기사환국(1689)	**희빈 장씨**의 소생에 대한 원자 책봉 문제 ↓ 서인 세력의 반대 ↓ 인현 왕후 폐위, 서인(노론, 소론) 축출, **남인 집권**, 희빈 장씨가 중전이 됨
갑술환국(1694)	노론이 인현 왕후 복위 운동 전개 ↓ 남인의 민암 등이 진압하였으나 숙종의 불신을 받아 몰락, **소론 집권** ↓ 인현 왕후 복위, 장씨는 다시 희빈으로 강등

Step 3 빈칸 채우기

❶ (예송 논쟁) □□ □□가 상복을 입는 기간이 문제가 되었어요.

❷ (예송 논쟁) □□과 □□비가 죽은 뒤 각각 일어났어요.

❸ 경신환국으로 □□이 집권하였다.

정답 ❶ 자의 대비 ❷ 효종 ❸ 서인

30 독립 협회와 대한 제국

Step 1 선택지 미리보기

- 정부에 헌의 6조를 건의하였어요.
- 독립문 건립을 주도하였다.
- 러시아의 내정 간섭과 이권 침탈을 규탄하였다.
- 만민 공동회를 개최하였다.
- 지계아문이 설치되어 지계가 발급되었다.
- 관민 공동회에서 연설을 듣는 상인
- 독립신문을 창간하였다.
- 서재필, 이상재 등이 주도하였다.
- 원수부를 설치하였다.
- 대한국 국제가 제정되었다.
- 의회식 중추원 관제를 마련하였습니다.

Step 2 개념 학습하기

○ 독립 협회(1896)

자주 국권 운동	• 고종 환궁 및 칭제 건원 요구 • **독립문 건립**, 독립신문 창간 • **만민 공동회** 개최: 민중 참여 • **러시아 절영도 조차 요구 저지**, 러시아의 군사 교련단과 재정 고문단 철수, 한러 은행 폐쇄
민권 신장 운동	• 신체 · 재산권 보호 운동 • 언론 · 집회의 자유권 쟁취 운동 • 국민 참정권 운동
자강 개혁 운동	• **관민 공동회** 개최: 박정양 진보 내각 참여 → **헌의 6조** 채택 • 의회 설립 운동: **중추원 관제** 반포(근대적 입법 기관 형태)

○ 대한 제국(1897)

수립	• 배경: 고종 환궁(경운궁) • '대한 제국' 국호, **'광무'** 연호 • 환구단에서 황제 즉위식 거행
광무개혁	• 성격: **구본신참**(복고주의적) • **대한국 국제** 반포(1899) • **원수부** 설치: 황제가 모든 군대 통솔 • 간도 관리사 이범윤 파견 • 지방 제도 개편(23부 → 13도) • 양전 사업: 토지 조사 • **지계아문**에서 **지계** 발급 • 백동화 발행 • 교정소 설치

Step 3 빈칸 채우기

❶ □□□ 건립을 위한 모금 활동을 전개하였다.
❷ 러시아의 □□□ 조차 요구를 저지하였다.
❸ (광무개혁) □□□□을 개혁 원칙으로 내세웠다.

정답 ❶ 독립문 ❷ 절영도 ❸ 구본신참

31 갑오개혁과 을미개혁

Step 1 선택지 미리보기

- 신분제를 폐지하였다.
- 단발령을 시행하였다.
- 한성 사범 학교를 설립하였다.
- 고종이 홍범 14조를 반포하였다.
- 김홍집 등이 중심이 되어 활동했어요.
- 갑오개혁이 추진되었다.
- 탁지아문을 두었습니다.
- 은 본위제가 처음으로 실시되었다.

+ 심화 선택지

- 지방 행정 구역을 8도에서 23부로 개편하였다.
- 과부의 재가를 허용하였다.
- 행정 기구를 6조에서 8아문으로 개편하였다.
- 청의 연호를 쓰지 않고 개국 기년을 사용하였다.
- 연좌제를 금지하였다.

Step 2 개념 학습하기

○ 제1차 갑오개혁(군국기무처 주도)

구분	내용
정치	개국 기원 사용, 왕실 사무와 국정 사무 분리, **6조를 8아문**으로 개편, **과거제 폐지**, 경무청 설치
경제	재정의 일원화(**탁지아문**), 은 본위 화폐제 채택, 조세의 금납화
사회	공사 노비법 혁파(**신분제 폐지**), 조혼 금지, 과부 재가 허용, 고문 및 연좌제 폐지

○ 제2차 갑오개혁(김홍집 · 박영효 연립 내각)

구분	내용
홍범 14조	제1차 갑오개혁의 내용을 재확인하고 제2차 갑오개혁의 방향 제시
정치	**8아문을 7부**로 개편, 지방 행정 구역을 **8도에서 23부**로 개편, 사법권을 행정권에서 분리(근대적 재판소 설치)
군사	훈련대와 시위대 설치
사회	**교육 입국 조서** 반포 → 근대적 교육 제도 마련(한성 사범 학교 설립)

○ 을미개혁

구분	내용
정치	'건양' 연호 사용
군사	친위대(중앙), 진위대(지방), 시위대(왕실 호위) 설치
사회	**태양력** 사용, **단발령** 실시, 소학교 설치, 우체사 설치(우편 사무 재개), 종두법 실시

Step 3 빈칸 채우기

❶ (갑오개혁) □□□□□가 설립되었다.
❷ (갑오개혁) □□ □□ 조서를 반포하였다.
❸ (을미개혁) □□력이 채택되었다.

정답 ❶ 군국기무처 ❷ 교육 입국 ❸ 태양

32 궁궐

경복궁

- **태조 이성계 창건**, 북궐이자 법궁, 정도전이 이름을 지음
- 임진왜란 때 소실 → 흥선 대원군 때 중건
- 을미사변 발생(옥호루), 조선 물산 공진회 개최, 총독부 청사 건립
- 주요 건물: 근정전, 경회루, 향원정

창덕궁

- 태종 창건, 왕의 피서 · 요양 목적의 동궐이자 이궁
- 임진왜란 이후 광해군 때 중건 → 경복궁 중건 전까지 법궁 역할
- 인정전에서 한일 병합 조약 체결
- **유네스코 세계 문화유산 등재**
- 주요 건물: 돈화문, 인정전, 낙선재, 연경당, 주합루, 후원

창경궁

- 창덕궁과 함께 동궐로 불림
- 성종 때 3명의 대비를 위해 수강궁 확장 공사(창경궁 개칭)
- **일제가 동물원과 식물원 설치** → 창경원으로 격하
- 주요 건물: 홍화문, 명정전, 함인정

덕수궁

- 월산 대군의 집 → 임진왜란 이후 선조의 임시 거처(광해군 때 **경운궁** 개칭)
- **고종이 아관 파천 이후 환궁**하면서 대한 제국의 정궁 역할(순종 때 덕수궁 개칭)
- 중명전에서 을사늑약 체결
- 석조전에서 **미소 공동 위원회 개최**
- 주요 건물: 중화전, 석조전, 정관헌

33 지역사

독도	
조선	조선 숙종 때 안용복이 일본에 가서 울릉도와 독도가 우리 영토임을 인정받고 돌아옴
근대	대한 제국 칙령 제41호

개성	
고려	• 만적의 난 • 만월대: 고려의 궁궐터 • 선죽교: 고려 말 정몽주가 이방원에게 피살된 곳

원산	
근대	강화도 조약에 따라 개항(부산, 원산, 인천)
일제 강점기	원산 노동자 총파업

강화도	
고려	최우의 강화도 천도
조선	• 정제두의 강화 학파 • 외규장각: 왕실 서적을 보관하기 위해 정조가 설치한 서고

인천	
고대	비류 설화, 고구려 때 미추홀
근대	강화도 조약에 따라 개항(부산, 원산, 인천)
현대	인천 상륙 작전, 2014년 아시아 경기 대회

전주	
고대	견훤이 세운 후백제의 도읍(완산주)
조선	경기전: 이성계의 어진을 모신 건물
근대	동학 농민 운동 당시 전주 화약 체결

익산	
고대	• 백제의 익산 미륵사지 석탑 • 쌍릉: 백제의 굴식 돌방무덤

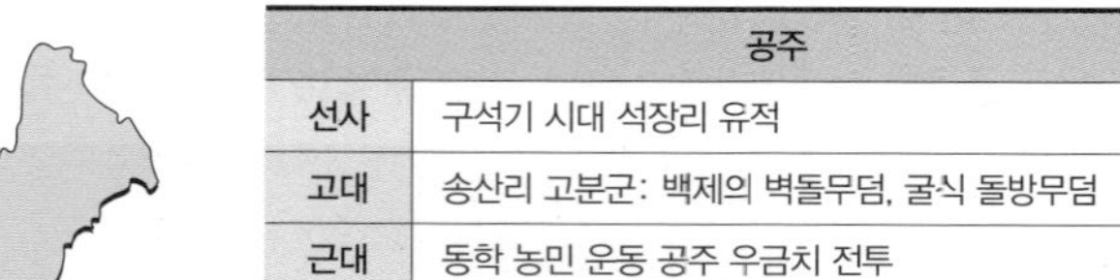

공주	
선사	구석기 시대 석장리 유적
고대	송산리 고분군: 백제의 벽돌무덤, 굴식 돌방무덤
근대	동학 농민 운동 공주 우금치 전투

논산	
고대	황산벌 전투
고려	• 개태사: 고려 태조 왕건이 창건한 절 • 관촉사: 우리나라 최대의 석조 미륵보살 입상이 있는 절
조선	돈암 서원: 조선 시대 예학의 대가 김장생을 기리는 서원

충주	
고대	충주 고구려비: 고구려의 한강 유역 진출을 알려주는 비석
고려	충주성 전투(김윤후), 다인철소 전투
조선	임진왜란 탄금대 전투(신립)

진주	
조선	• 임진왜란 진주 대첩(김시민) • 임술 농민 봉기(유계춘)
일제 강점기	형평 운동

부산	
조선	• 임진왜란 때 송상현이 동래성에서 순절 • 초량 왜관 • 내상: 일본과 무역 주도
근대	강화도 조약에 따라 개항(부산, 원산, 인천)
현대	• 6 · 25 전쟁 중 임시 수도 • 2002년 아시아 경기 대회

34 주요 유네스코 세계 유산 · 기록 유산

유네스코 세계 유산	
석굴암 및 불국사	통일 신라 때 경주에 만들어진 불상을 모신 석굴과 사찰 건축물
해인사 장경판전	고려 때 팔만대장경을 봉안하기 위해 지어진 목판 보관용 건축물
종묘	조선의 역대 왕과 왕비의 신위를 봉안한 사당
창덕궁	건축과 조경이 잘 조화된 조선의 궁궐
수원 화성	조선 정조 때 수원에 만들어진 성곽
경주 역사지구	신라의 수도였던 경주와 52개의 지정 문화재
고창 · 화순 · 강화 고인돌 유적	청동기 시대의 대표적인 무덤
제주 화산섬과 용암동굴	한라산, 성산일출봉, 거문오름 용암동굴계
조선왕릉	조선의 왕과 왕비 등의 무덤(40기)
하회 · 양동마을	안동과 경주에 위치한 조선의 대표적인 씨족마을
남한산성	경기도 광주에 위치한 산성
백제 역사 유적지구	공산성, 송산리 고분군, 관북리 유적, 부소산성, 능산리 고분군, 정림사지, 부여 나성, 왕궁리 유적, 미륵사지
산사, 한국의 산지 승원	통도사, 부석사, 봉정사, 법주사, 마곡사, 선암사, 대흥사
한국의 서원	소수서원, 도산서원, 병산서원, 옥산서원, 도동서원, 남계서원, 필암서원, 무성서원, 돈암서원

유네스코 세계 기록 유산	
훈민정음	조선 세종 때인 1446년에 간행된 『훈민정음(해례본)』
조선왕조실록	조선 태조부터 철종까지 25대 472년(1392~1863)의 역사를 편년체로 기록한 책
직지심체요절	고려 말인 1377년 백운화상이 청주 흥덕사에서 금속 활자로 인쇄한 책
승정원일기	조선 인조부터 고종까지 272년(1623~1894) 동안 승정원에서 처리한 국정 등을 기록한 책
조선왕조의궤	조선 시대 유교적 원리에 입각한 국가 의례를 중심으로 중요 행사 등을 정해진 격식에 의해 정리 · 작성한 책
해인사 대장경판 및 제경판	고려 몽골 침입기에 대장도감에서 제작한 대장경판
동의보감	허준이 조선 선조 때 우리나라와 중국의 의학 서적을 하나로 모아 편집하여 광해군 때 완성한 책
일성록	조선 영조부터 순종까지 151년(1760~1910) 동안 국정 운영 내용을 일기체로 정리한 국왕의 일기
5 · 18 민주화 운동 기록물	1980년 5월 18일부터 27일까지 광주에서 전개된 민주화 운동 관련 문건, 사진, 영상 등의 자료
난중일기	이순신이 1592년 1월 1일부터 1598년 11월 17일까지 7년간의 군중 생활을 직접 기록한 일기
국채 보상 운동 기록물	국가가 진 빚을 국민이 갚기 위해 1907년부터 1910년까지 일어난 국채 보상 운동의 과정을 보여주는 기록물
조선 통신사 기록물	1607년부터 1811년까지 일본 에도 막부의 요청으로 조선에서 12회에 걸쳐 파견한 통신사의 기록

MEMO

빅데이터 50가지 테마 미니북

2022 특별 기획판

합격의 공식 시대에듀

한국사 능력검정시험

ver 1.0

기본
4·5·6급

기출문제집

무료 동영상 강의

2022 특별 기획판

합격의 공식 시대에듀

기본서가 필요 없는 상세한 해설

한국사 능력검정시험

ver 1.0

한국사수험연구소 | 편저

기출문제집

무료 동영상 강의

기출 압축 수록(55~47회)

문제편

항균99.9% 안심도서

본 도서는 항균잉크로 인쇄하였습니다.

(주)시대고시기획

※ 시험의 활용 및 요강은 변경될 수 있습니다. 자세한 사항은 한국사능력검정시험 홈페이지(www.historyexam.go.kr)를 통해 확인하시기 바랍니다.

왜 한국사능력검정시험인가?

활용할 수 있는 곳이 **무궁무진**

응시자격 부여
- 5급 국가공무원
- 외교관후보자 선발
- 교원임용
- 7급 지역인재 수습직원

국사시험 대체
- 군무원
- 7급 국가공무원
- 경찰 공무원

가산점 부여
- 일부 대학의 수시모집
- 사관학교 입시

기타
일부 기업 사원 채용이나 승진 시 반영

인증 등급 ≫ 1급(80점 이상) / 2급(70~79점) / 3급(60~69점)

문항 수 / 시간 ≫ 50문항(5지 택1형) / 80분

한국사능력검정시험 무료 동영상과 함께 학습하세요!

※ 해당 동영상 강의는 시대플러스(sdedu.co.kr/plus)에서도 동일하게 제공됩니다.

PASSCODE

한국사 능력검정시험 기본 4·5·6급

기출문제집 8회분

한국사능력검정시험의 모든 것

한국사능력검정시험 개요

한국사능력검정시험은 한 나라의 국민으로서 가져야 하는 기본적인 역사적 소양을 측정하고, 역사에 대한 전 국민적 공감대를 형성하기 위한 시험입니다. 한국사능력검정시험은 한국사에 관한 유일한 국가자격 시험으로, 국가기관인 교육부 직속 국사편찬위원회에서 직접 주관 · 시행하고 있습니다. 국사편찬위원회에서는 우리 역사에 대한 관심을 제고하고, 한국사 전반에 걸쳐 역사적 사고력을 평가하는 다양한 유형의 문항을 개발하고 있으며, 이를 통해 한국사 교육의 올바른 방향을 제공하고 있습니다. 특히 한국사능력검정시험은 관공서나 기업체의 신규 채용이나 승진 시험 등에 다양하게 활용되면서 많은 사람들의 주목을 받고 있습니다.

한국사능력검정시험 목적

- 우리 역사에 대한 관심을 확산 · 심화시키는 계기를 마련함
- 역사 교육의 올바른 방향을 제시함
- 균형 잡힌 역사의식을 갖도록 함
- 고차원적 사고력과 문제해결 능력을 육성함

한국사능력검정시험 출제 유형

- **역사 지식의 이해**

  역사 탐구에 필요한 기본적인 지식을 갖고 있는가를 묻는 영역입니다. 역사적 사실 · 개념 원리 등의 이해 정도를 측정합니다.

- **연대기의 파악**

  역사의 연속성과 변화 및 발전을 이해하고 있는지를 묻는 영역입니다. 역사 사건이나 상황을 시대순으로 정확하게 이해하고 인과관계를 파악할 수 있는가를 측정합니다.

- **역사 상황 및 쟁점의 인식**

  제시된 자료에서 해결해야 할 구체적 역사 상황과 핵심적인 논쟁점, 주장 등을 찾을 수 있는가를 묻는 영역입니다. 문헌자료, 도표, 사진 등의 형태로 주어진 자료에서 해결해야 할 과제를 포착하거나 변별해내는 능력이 있는지를 측정합니다.

- **역사 자료의 분석 및 해석**

  자료에 나타난 정보를 해석하여 그 의미를 파악할 수 있는가를 묻는 영역입니다. 정보의 분석을 바탕으로 자료의 시대적 배경과 사회적 의미를 해석할 수 있는가를 측정합니다.

- **역사 탐구의 설계 및 수행**

  제시된 문제의 성격과 목적을 고려하여 절차와 방법에 따라 역사 탐구를 설계하고 수행할 수 있는 능력이 있는가를 묻는 영역입니다.

- **결론의 도출 및 평가**

  주어진 자료의 타당성을 판별하고, 여러 자료를 종합하여 결론을 도출할 수 있는가를 묻는 영역입니다.

한국사능력검정시험 종류 및 인증 등급

시험 종류	심화	기본
인증 등급	1급(80점 이상)	4급(80점 이상)
	2급(70~79점)	5급(70~79점)
	3급(60~69점)	6급(60~69점)
문항 수	50문항(5지 택1형)	50문항(4지 택1형)
시험 시간	80분	70분

※ 배점: 100점 만점(문항별 1~3점 차등 배점)

한국사능력검정시험 평가 내용

시험 종류	평가 내용
심화	한국사 심화과정으로서 한국사에 대한 체계적인 이해를 바탕으로 한국사의 주요 사건과 개념을 종합적으로 이해하고, 역사 자료를 분석하고 해석하는 능력, 한국사의 흐름 속에서 시대적 상황 및 쟁점을 파악하는 능력을 평가
기본	한국사 기본과정으로서 기초적인 역사 상식을 바탕으로 한국사의 필수 지식과 기본적인 흐름을 이해하는 능력을 평가

※ 시험 관련 정보와 자세한 사항은 국사편찬위원회 한국사능력검정시험 홈페이지(www.historyexam.go.kr)에서 확인하시기 바랍니다.

한국사능력검정시험 활용 및 특전

- 3급 이상 합격자에 한해 교원임용시험 응시자격 부여
- 2급 이상 합격자에 한해 인사혁신처 시행 5급 국가공무원 공개경쟁채용시험 및 외교관 후보자 선발시험 응시자격 부여
- 2급 이상 합격자에 한해 인사혁신처 시행 지역인재 7급 수습직원 선발시험 추천 자격요건 부여
- 공무원 경력경쟁채용시험에 가산점 부여
- 군무원 공개경쟁채용시험에서 한국사 과목을 한국사능력검정시험으로 대체
- 국가 · 지방공무원 7급 공개경쟁채용시험에서 한국사 과목을 한국사능력검정시험으로 대체
- 국비 유학생, 해외파견 공무원, 이공계 전문연구요원(병역) 선발 시 한국사 시험을 한국사능력검정시험(3급 이상 합격)으로 대체
- 2022년부터 경찰 공개경쟁채용시험에서 한국사 과목을 한국사능력검정시험으로 대체
- 일부 대학의 수시모집 및 육군 · 해군 · 공군 · 국군간호사관학교 입시 가산점 부여
- 일부 공기업 및 민간기업의 직원 채용이나 승진 시 반영

※ 인증서 유효 기간은 인증서를 요구하는 각 기관에서 별도로 정함

한국사능력검정시험의 PASSCODE는 기출문제

기출문제는 키워드가 반복된다!

기출문제의 긴 지문과 사료가 자칫 어려워 보일 수 있지만,
반복 출제되는 핵심 키워드를 확실하게 익혀 둔다면 쉽게 정답을 찾을 수 있습니다.

선사 시대

55회 1번

01 (가) 시대의 생활 모습으로 옳은 것은? [1점]

여러분은 (가) 시대의 벼농사를 체험하고 있습니다. 이 시대에는 처음으로 금속 도구를 만들었으나, 농기구는 여러분이 손에 들고 있는 반달 돌칼과 같이 돌로 만들었습니다.

① 우경이 널리 보급되었다.
② 철제 무기를 사용하였다.
③ 주로 동굴이나 막집에 살았다.
④ 지배자의 무덤으로 고인돌을 만들었다.

52회 1번

01 (가) 시대의 생활 모습으로 옳은 것은? [2점]

우리가 만들고 있는 것은 (가) 시대 사람들이 처음으로 사용했던 빗살무늬 토기예요. 이 토기로 당시 사람들은 식량을 저장하거나 조리하였지요.

암사동 유적 전시관

① 가락바퀴를 이용하여 실을 뽑았다.
② 지배층의 무덤으로 고인돌을 만들었다.
③ 거푸집으로 비파형 동검을 제작하였다.
④ 철제 농기구를 사용하여 농사를 지었다.

51회 1번

01 (가) 시대의 생활 모습으로 옳은 것은? [1점]

이 영상은 (가) 시대의 대표적 무덤인 고인돌의 축조 과정을 재현한 것입니다. 이처럼 축조에 많은 노동력이 동원되어야 한다는 점을 통해 당시에 권력을 가진 지배자가 있었음을 알 수 있습니다.

① 우경이 널리 보급되었다.
② 주로 동굴이나 막집에서 거주하였다.
③ 반달 돌칼을 사용하여 벼를 수확하였다.
④ 실을 뽑기 위해 가락바퀴를 처음 사용하였다.

여러 나라의 성장

54회 2번

02 학생들이 공통으로 이야기하고 있는 나라에 대한 설명으로 옳은 것은? [2점]

한반도 남부에서 철기 문화를 바탕으로 발전하였어.
신지나 읍차 등의 지배자가 있었어.
씨뿌리기를 끝낸 5월과 추수를 마친 10월에 계절제를 지냈어.

① 서옥제라는 혼인 풍습이 있었다.
② 소도라고 불리는 신성 구역이 있었다.
③ 범금 8조를 만들어 사회 질서를 유지하였다.
④ 단궁, 과하마, 반어피 등의 특산물이 있었다.

50회 2번

02 (가)에 들어갈 내용으로 옳은 것은? [2점]

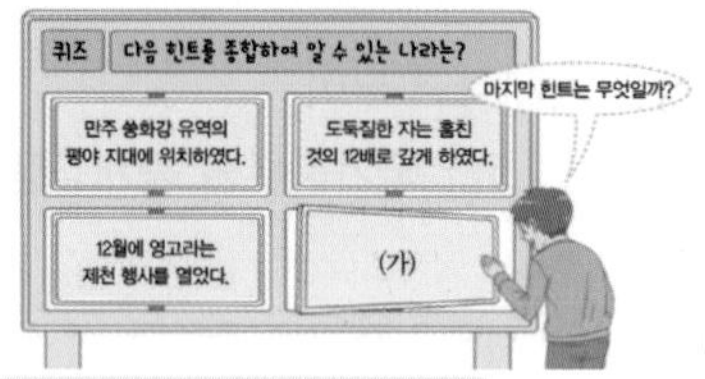

퀴즈 다음 힌트를 종합하여 알 수 있는 나라는?
만주 쑹화강 유역의 평야 지대에 위치하였다.
도둑질한 자는 훔친 것의 12배로 갚게 하였다.
12월에 영고라는 제천 행사를 열었다.
(가)
마지막 힌트는 무엇일까?

① 소도라고 불리는 신성 지역이 있었다.
② 읍락 간의 경계를 중시한 책화가 있었다.
③ 범금 8조를 통해 사회 질서를 유지하였다.
④ 여러 가(加)들이 별도로 사출도를 주관하였다.

47회 3번

03 밑줄 그은 '이 나라'에 대한 설명으로 옳은 것은? [3점]

이것은 솟대 모형이야. 솟대는 이 나라의 소도에서 유래했다고도 해.
이 나라에는 제사장인 천군도 있었어.

① 범금 8조로 백성을 다스렸다.
② 영고라는 제천 행사를 열었다.
③ 서옥제라는 혼인 풍습이 있었다.
④ 신지, 읍차 등의 지배자가 있었다.

문제에 나오는 문장은 따로 있다!

키워드가 같은 선택지가 거의 비슷하게 반복 출제되고 있네요!

기출문제는 비슷한 유형이 반복된다!

기출문제 16회분을 풀다 보면 반복되는 기출 유형이 눈에 보이기 시작합니다.
주제별로 자주 출제되는 유형을 파악하여 합격에 빠르게 다가가 보세요!

문화재

54회 7번

07 (가)에 들어갈 문화유산으로 옳은 것은? [3점]

경주 남산 일대 탐방 지도

(가)

탑골 · 부랑사 · 국오월 · 용장골

용장사곡 삼층 석탑

칠불암 마애불상군

이 지역에는 신라의 불교 문화유산이 많이 남아 있구나!

사람들이 자주 와서 불공을 드렸을 것 같아.

① 배동 석조여래 삼존 입상 ② 관촉사 석조 미륵보살 입상
③ 미륵사지 석탑 ④ 월정사 팔각 구층 석탑

52회 4번

04 (가)에 해당하는 문화유산으로 옳은 것은? [2점]

문화유산 카드

(가)

- 종목: 보물 제1878호
- 소장처: 국립 중앙 박물관
- 소개: 경주의 고분에서 출토된 유물로 광개토 대왕을 나타내는 글자가 새겨져 있어 신라와 고구려의 관계를 엿볼 수 있다.

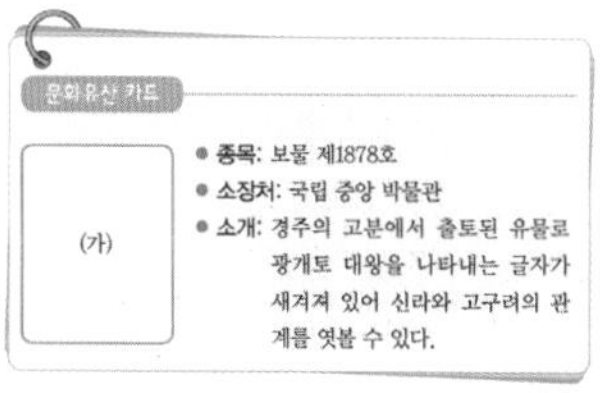

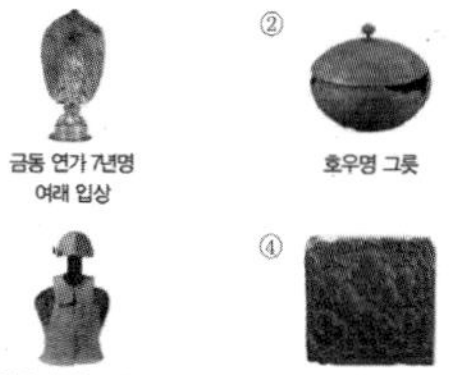

① 금동 연가 7년명 여래 입상 ② 호우명 그릇
③ 철제 판갑옷과 투구 ④ 산수무늬 벽돌

50회 4번

04 (가)에 들어갈 문화유산으로 옳은 것은? [2점]

문화유산 해설

(가)

문화재 설명

국보 제119호로 지정된 고구려의 불상으로 경상남도 의령에서 출토되었다. 전체 높이는 16.2cm이다. 뒷면에 새겨진 '연가 7년'이라는 글자로 불상의 제작 시기를 추정할 수 있다.

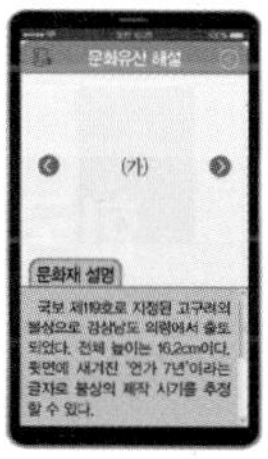

① ② ③ ④

대한민국 정부 수립 과정

52회 46번

46 (가)에 들어갈 사진으로 옳은 것은? [3점]

대한민국 정부 수립 과정

신탁 통치 반대 집회 → (가) → 대한민국 정부 수립

① 경부 고속 도로 개통 ② 4·19 혁명
③ 유신 헌법 공포 ④ 5·10 총선거

50회 46번

46 (가)에 들어갈 내용으로 가장 적절한 것은? [2점]

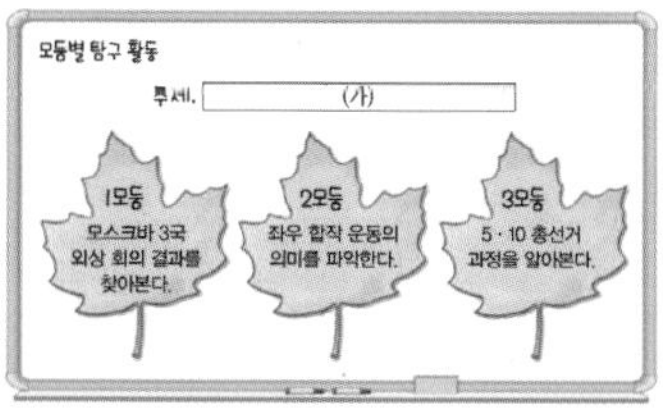

모둠별 탐구 활동

주제: (가)

1모둠: 모스크바 3국 외상 회의 결과를 찾아본다.
2모둠: 좌우 합작 운동의 의미를 파악한다.
3모둠: 5·10 총선거 과정을 알아본다.

① 헤이그 특사 파견 배경
② 대한민국 정부 수립 과정
③ 국민 대표 회의 개최 원인
④ 한일 기본 조약 체결 결과

47회 44번

44 (가)에 들어갈 사진으로 옳은 것은? [3점]

사진으로 보는 한국 현대사

5·10 총선거 실시 → (가) → 반민족 행위 특별 조사 위원회 활동

① 베트남 전쟁 파병 ② 대한민국 정부 수립
③ 신탁 통치 반대 운동 전개 ④ 제1차 미소 공동 위원회 개최

문제에 나오는 유형은 따로 있다!

문화재는 주로 설명이나 빈칸을 제시하고 해당하는 사진을 고르는 유형이 주로 출제되고 대한민국 정부 수립 과정은 개별 사건의 선후 순서를 묻는 유형이 주로 출제되고 있네요!

이 책의 구성과 특징

STEP 1, 2, 3
PASSCODE 기출문제집 활용법!

STEP 1 QR코드 활용

문제편: 모바일 OMR 자동채점
해설편: 회차별 기출 해설 강의

STEP 2 상세한 기출 해설

상세한 해설로 문제 해결 방법과 출제 유형 파악!

STEP 3 부가 자료

미니북과 시대별 연표 PDF를 통해 최종 점검 마무리!

STEP 1: QR코드 활용

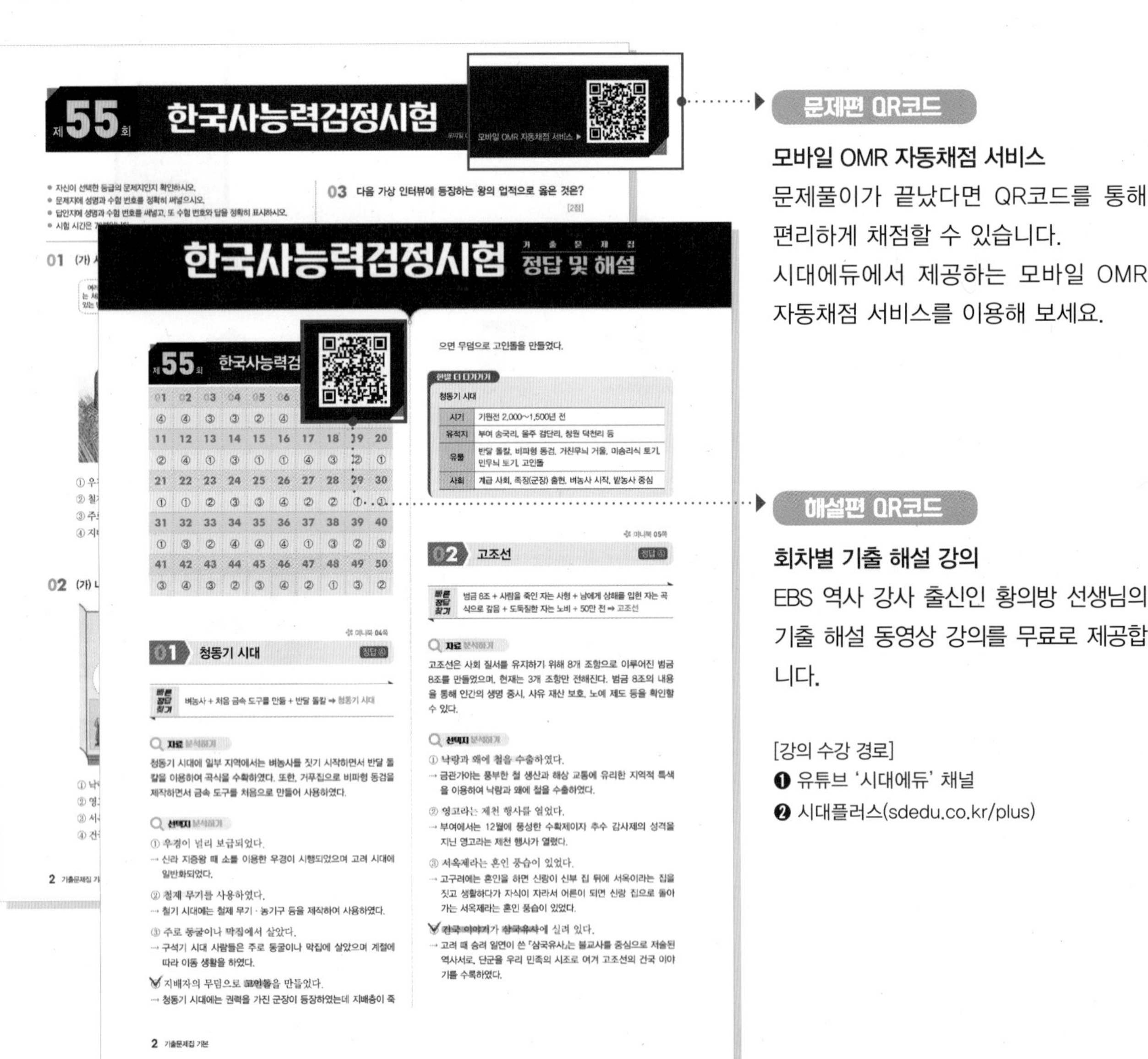

문제편 QR코드

모바일 OMR 자동채점 서비스

문제풀이가 끝났다면 QR코드를 통해 편리하게 채점할 수 있습니다.
시대에듀에서 제공하는 모바일 OMR 자동채점 서비스를 이용해 보세요.

해설편 QR코드

회차별 기출 해설 강의

EBS 역사 강사 출신인 황의방 선생님의 기출 해설 동영상 강의를 무료로 제공합니다.

[강의 수강 경로]
❶ 유튜브 '시대에듀' 채널
❷ 시대플러스(sdedu.co.kr/plus)

STEP 2: 상세한 기출 해설

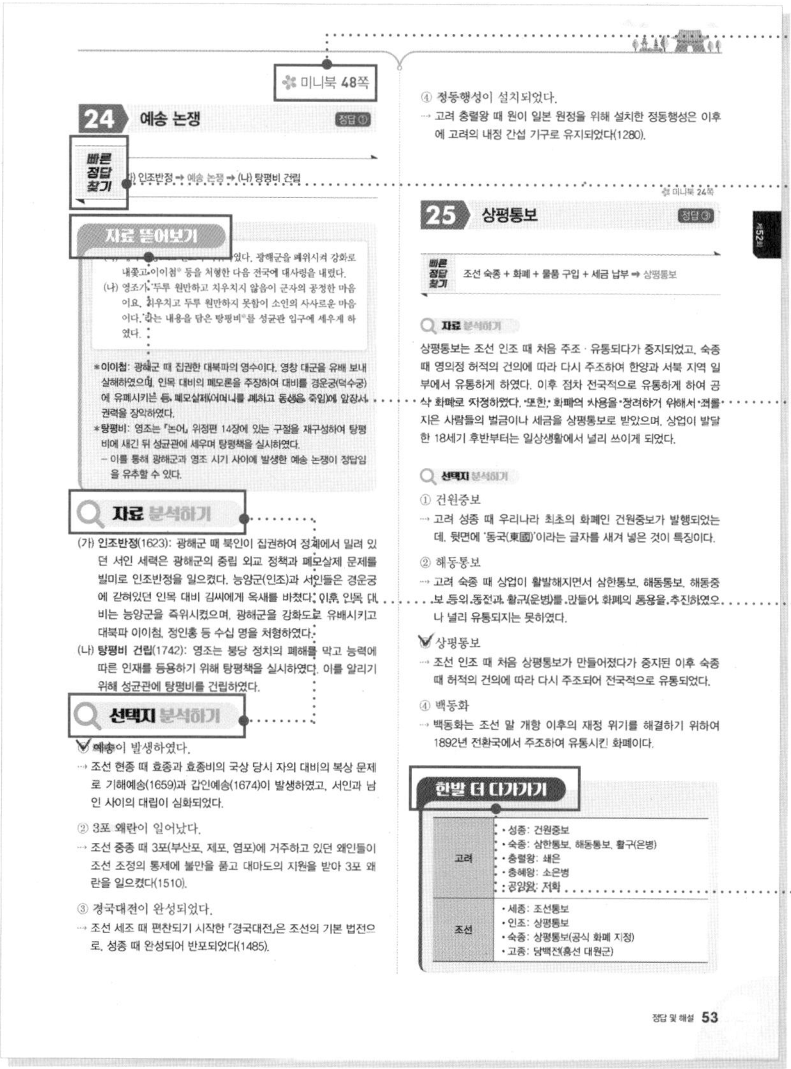

미니북 48쪽

24 예송 논쟁 정답 ①

빠른 정답 찾기: (가) 인조반정 → 예송 논쟁 → (나) 탕평비 건립

자료 뜯어보기

(가) ……였다. 광해군을 폐위시켜 강화로 내쫓고 이이첨* 등을 처형한 다음 전국에 대사령을 내렸다.
(나) 영조가 '두루 원만하고 치우치지 않음이 군자의 공정한 마음이요, 치우치고 두루 원만하지 못함이 소인의 사사로운 마음이다.'라는 내용을 담은 탕평비*를 성균관 입구에 세우게 하였다.

*이이첨: 광해군 때 집권한 대북파의 영수이다. 영창 대군을 유배 보내 살해하였으며, 인목 대비의 폐모론을 주장하여 대비를 경운궁(덕수궁)에 유폐시키는 등, 폐모살제(어머니를 폐하고 동생을 죽임)에 앞장서 권력을 장악하였다.
*탕평비: 영조는 『논어』 위정편 14장에 있는 구절을 재구성하여 탕평비에 새긴 뒤 성균관에 세우며 탕평책을 실시하였다.
– 이를 통해 광해군과 영조 시기 사이에 발생한 예송 논쟁이 정답임을 유추할 수 있다.

자료 분석하기

(가) **인조반정**(1623): 광해군 때 북인이 집권하여 정계에서 밀려 있던 서인 세력은 광해군의 중립 외교 정책과 폐모살제 문제를 빌미로 인조반정을 일으켰다. 능양군(인조)과 서인들은 경운궁에 갇혀있던 인목 대비 김씨에게 옥새를 바쳤다. 이후 인목 대비는 능양군을 즉위시켰으며, 광해군을 강화도로 유배시키고 대북파 이이첨, 정인홍 등 수십 명을 처형하였다.
(나) **탕평비 건립**(1742): 영조는 붕당 정치의 폐해를 막고 능력에 따른 인재를 등용하기 위해 탕평책을 실시하였다. 이를 알리기 위해 성균관에 탕평비를 건립하였다.

선택지 분석하기

✔ 예송이 발생하였다.
→ 조선 현종 때 효종과 효종비의 국상 당시 자의 대비의 복상 문제로 기해예송(1659)과 갑인예송(1674)이 발생하였고, 서인과 남인 사이의 대립이 심화되었다.

② 3포 왜란이 일어났다.
→ 조선 중종 때 3포(부산포, 제포, 염포)에 거주하고 있던 왜인들이 조선 조정의 통제에 불만을 품고 대마도의 지원을 받아 3포 왜란을 일으켰다(1510).

③ 경국대전이 완성되었다.
→ 조선 세조 때 편찬되기 시작한 『경국대전』은 조선의 기본 법전으로, 성종 때 완성되어 반포되었다(1485).

④ 정동행성이 설치되었다.
→ 고려 충렬왕 때 원이 일본 원정을 위해 설치한 정동행성은 이후에 고려의 내정 간섭 기구로 유지되었다(1280).

미니북 24쪽

25 상평통보 정답 ③

제52회

빠른 정답 찾기: 조선 숙종 + 화폐 + 물품 구입 + 세금 납부 → 상평통보

자료 분석하기

상평통보는 조선 인조 때 처음 주조 · 유통되다가 중지되었고, 숙종 때 영의정 허적의 건의에 따라 다시 주조하여 한양과 서북 지역 일부에서 유통하게 하였다. 이후 점차 전국적으로 유통하게 하여 공식 화폐로 지정하였다. 또한, 화폐의 사용을 장려하기 위해서 죄를 지은 사람들의 벌금이나 세금을 상평통보로 받았으며, 상업이 발달한 18세기 후반부터는 일상생활에서 널리 쓰이게 되었다.

선택지 분석하기

① 건원중보
→ 고려 성종 때 우리나라 최초의 화폐인 건원중보가 발행되었는데, 뒷면에 '동국(東國)'이라는 글자를 새겨 넣은 것이 특징이다.

② 해동통보
→ 고려 숙종 때 상업이 활발해지면서 삼한통보, 해동통보, 해동중보 등의 동전과 활구(은병)를 만들어 화폐의 통용을 추진하였으나 널리 유통되지는 못하였다.

✔ 상평통보
→ 조선 인조 때 처음 상평통보가 만들어졌다가 중지된 이후 숙종 때 허적의 건의에 따라 다시 주조되어 전국적으로 유통되었다.

④ 백동화
→ 백동화는 조선 말 개항 이후의 재정 위기를 해결하기 위하여 1892년 전환국에서 주조하여 유통시킨 화폐이다.

한발 더 다가가기

고려	• 성종: 건원중보 • 숙종: 삼한통보, 해동통보, 활구(은병) • 충렬왕: 쇄은 • 충혜왕: 소은병 • 공양왕: 저화
조선	• 세종: 조선통보 • 인조: 상평통보 • 숙종: 상평통보(공식 화폐 지정) • 고종: 당백전(흥선 대원군)

정답 및 해설 53

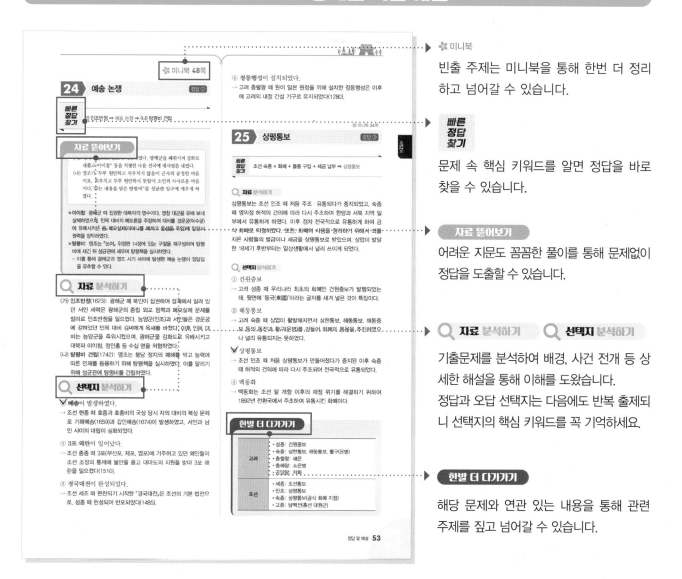

미니북

빈출 주제는 미니북을 통해 한번 더 정리하고 넘어갈 수 있습니다.

빠른 정답 찾기

문제 속 핵심 키워드를 알면 정답을 바로 찾을 수 있습니다.

자료 뜯어보기

어려운 지문도 꼼꼼한 풀이를 통해 문제없이 정답을 도출할 수 있습니다.

자료 분석하기 / 선택지 분석하기

기출문제를 분석하여 배경, 사건 전개 등 상세한 해설을 통해 이해를 도왔습니다.
정답과 오답 선택지는 다음에도 반복 출제되니 선택지의 핵심 키워드를 꼭 기억하세요.

한발 더 다가가기

해당 문제와 연관 있는 내용을 통해 관련 주제를 짚고 넘어갈 수 있습니다.

STEP 3: 부가 자료

별책 부록: PASSCODE 빅데이터 50가지 테마 미니북

❶ 시대순으로 사건을 정리한 시대편
❷ 빈출되는 인물만 모은 인물편
❸ 꼭 나오는 핵심 주제와 선택지를 미리 볼 수 있는 주제편

학습 자료: 시대별 연표 PDF

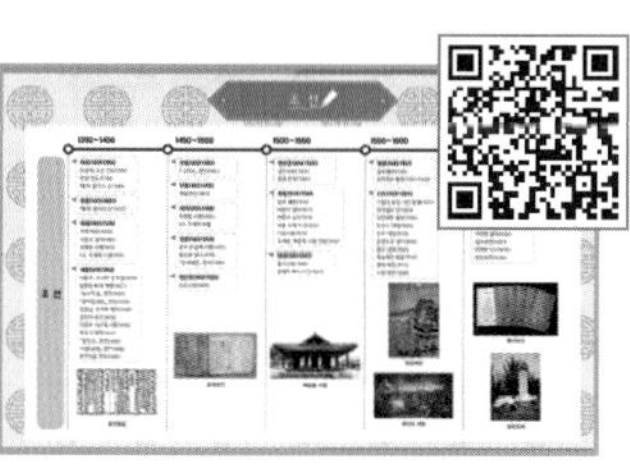

[PDF 다운로드 경로]

❶ 상단 QR코드 스캔
❷ sdedu.co.kr ➔ 학습 자료실 ➔ 도서 업데이트 게시판 ➔ 'PASSCODE 한국사' 검색 후 다운로드

이 책의 차례

한능검 마스터가 되기 위한 기출문제 8회분 풀이 돌입!

※ 56, 53회 기본 시험 미시행

기 / 출 / 문 / 제 / 집

한국사능력검정시험

기출문제

기본(4·5·6급)

제 55 회 한국사능력검정시험

모바일 OMR 자동채점 서비스 ▶ 

- 자신이 선택한 등급의 문제지인지 확인하시오.
- 문제지에 성명과 수험 번호를 정확히 써넣으시오.
- 답안지에 성명과 수험 번호를 써넣고, 또 수험 번호와 답을 정확히 표시하시오.
- 시험 시간은 70분입니다.

---

01 (가) 시대의 생활 모습으로 옳은 것은? [1점]

여러분은 (가) 시대의 벼농사를 체험하고 있습니다. 이 시대에는 처음으로 금속 도구를 만들었으나, 농기구는 여러분이 손에 들고 있는 반달 돌칼과 같이 돌로 만들었습니다.

① 우경이 널리 보급되었다.
② 철제 무기를 사용하였다.
③ 주로 동굴이나 막집에 살았다.
④ 지배자의 무덤으로 고인돌을 만들었다.

02 (가) 나라에 대한 설명으로 옳은 것은? [2점]

만화로 보는 (가) 의 사회 모습
범금 8조
사람을 죽인 자는 사형에 처한다.
남에게 상해를 입힌 자는 곡식으로 갚아야 한다.
도둑질한 자는 노비로 삼되, 용서받고자 할 때에는 50만 전을 내야 한다.

① 낙랑과 왜에 철을 수출하였다.
② 영고라는 제천 행사를 열었다.
③ 서옥제라는 혼인 풍습이 있었다.
④ 건국 이야기가 삼국유사에 실려 있다.

03 다음 가상 인터뷰에 등장하는 왕의 업적으로 옳은 것은? [2점]

즉위하신 이후에 어떤 일을 하셨나요?
한강 유역을 차지한 뒤, 이를 기념하여 북한산에 순수비를 세웠습니다. 그리고 화랑도를 국가적인 조직으로 개편했습니다.

① 국학을 설립하였다.
② 병부를 설치하였다.
③ 대가야를 정복하였다.
④ 독서삼품과를 실시하였다.

04 (가), (나) 사이의 시기에 있었던 사실로 옳은 것은? [2점]

> (가) 장수왕 63년, 왕이 군사 3만 명을 거느리고 백제에 침입하여 도읍인 한성을 함락시키고 백제 왕을 죽였다.
>
> (나) 보장왕 4년, 당의 여러 장수가 안시성을 공격하였다. …… [당군이] 밤낮으로 쉬지 않고 60일 간 50만 명을 동원하여 토산을 쌓았다. …… 고구려군 수백 명이 성이 무너진 곳으로 나가 싸워서 마침내 토산을 빼앗았다.

① 원종과 애노가 봉기하였다.
② 김흠돌이 반란을 도모하였다.
③ 을지문덕이 수의 군대를 물리쳤다.
④ 장문휴가 당의 산둥반도를 공격하였다.

05 (가) 국가에 대한 설명으로 옳은 것은? [2점]

이 문화유산에 대해 소개해 주시겠습니까?
이것은 부여 능산리 절터에서 출토된 향로입니다. (가) 의 금속 공예 기술을 보여 주는 대표적인 문화유산으로, 도교와 불교 사상이 함께 표현되어 있습니다.

① 노비안검법을 실시하였다.
② 지방에 22담로를 설치하였다.
③ 화백 회의에서 국가의 중대사를 결정하였다.
④ 여러 가(加)들이 별도로 사출도를 주관하였다.

06 다음 가상 뉴스에서 보도하고 있는 사건이 일어난 시기를 연표에서 옳게 고른 것은? [3점]

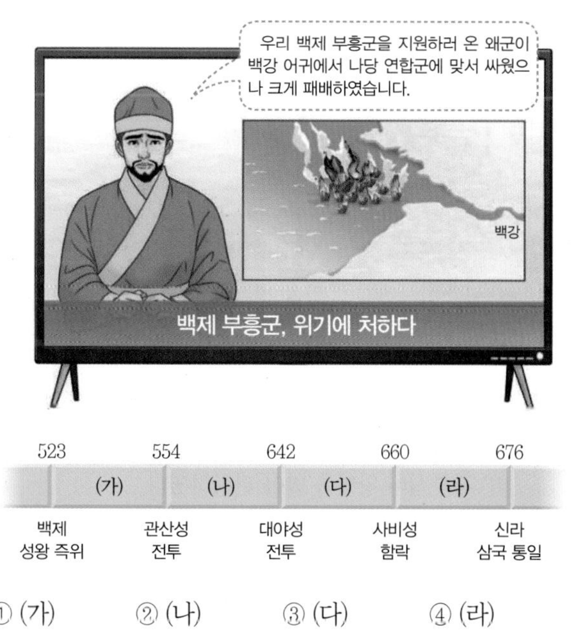

우리 백제 부흥군을 지원하러 온 왜군이 백강 어귀에서 나당 연합군에 맞서 싸웠으나 크게 패배하였습니다.

백제 부흥군, 위기에 처하다

① (가) ② (나) ③ (다) ④ (라)

07 학생들이 공통으로 이야기하는 문화유산으로 옳은 것은? [3점]

주제: 통일 신라의 석탑
경주 불국사 대웅전 앞에 있어.
2층 기단 위에 3층의 탑신을 세웠어.
탑을 보수하던 중 무구정광대다라니경이 발견되었지.
①
②
③
④

08 다음 퀴즈의 정답으로 옳은 것은? [1점]

한국사 퀴즈 대회
1단계 | 6두품 출신의 학자입니다.
2단계 | 당의 빈공과에 합격해 관직에 올랐습니다.
3단계 | 진성 여왕에게 시무책 10여 조를 올렸습니다.
제시된 단계별 힌트를 종합하여 알 수 있는 인물은 누구일까요?
300
310

① 설총 ② 이사부 ③ 이차돈 ④ 최치원

09 (가) 국가에 대한 설명으로 옳은 것은? [2점]

이곳 옛 상경 용천부의 절터에는 높이 6.3m의 거대한 석등이 남아 있습니다. 이 석등을 통해 전성기에 해동성국이라 불렸던 (가) 의 융성한 불교 문화를 알 수 있습니다.

① 기인 제도를 실시하였다.
② 9주 5소경을 설치하였다.
③ 한의 침략을 받아 멸망하였다.
④ 대조영이 동모산에서 건국하였다.

10 (가)~(다)를 일어난 순서대로 옳게 나열한 것은? [2점]

고려의 후삼국 통일 과정
공산에서 당한 패배를 드디어 이곳 고창에서 설욕하였노라.
국호를 고려라 하고 연호를 천수로 할 것이다.
이곳 일리천에서 신검의 군대를 격파하였도다.

① (가) – (나) – (다)
② (가) – (다) – (나)
③ (나) – (가) – (다)
④ (다) – (가) – (나)

11 다음 상황 이후 일어난 사실로 옳은 것은? [2점]

신 최승로, 시무 28조를 작성하여 올립니다.
국가적인 불교 행사를 줄이고 유교를 바탕으로 나라를 다스리라는 말이로군.

① 상대등이 설치되었다.
② 12목에 지방관이 파견되었다.
③ 쌍기의 건의로 과거제가 실시되었다.
④ 웅천주 도독 김헌창이 반란을 일으켰다.

12 (가)에 들어갈 내용으로 옳은 것은? [2점]

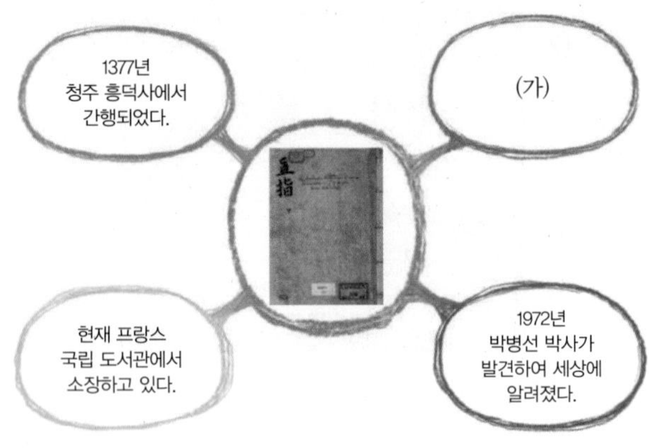

1972년 박병선 박사가 발견하여 세상에 알려졌다.

① 김부식이 왕명을 받아 편찬하였다.
② 사초와 시정기를 바탕으로 제작되었다.
③ 우리나라 풍토에 맞는 농법을 소개하였다.
④ 현존하는 세계에서 가장 오래된 금속 활자본이다.

13 (가) 인물의 활동으로 옳은 것은? [1점]

① 강동 6주를 확보하였다.
② 동북 9성을 축조하였다.
③ 화통도감을 설치하였다.
④ 4군과 6진을 개척하였다.

14 (가) 시기에 있었던 사실로 옳은 것은? [3점]

① 이자겸이 난을 일으켰다.
② 묘청이 서경 천도를 주장하였다.
③ 만적이 개경에서 봉기를 모의하였다.
④ 강감찬이 귀주에서 큰 승리를 거두었다.

15 밑줄 그은 '이 국가'의 경제 상황으로 옳은 것은? [3점]

① 전시과 제도가 실시되었다.
② 고구마, 감자가 널리 재배되었다.
③ 모내기법이 전국적으로 확산되었다.
④ 시장을 감독하기 위한 동시전이 설치되었다.

16 (가)에 해당하는 문화유산으로 옳은 것은? [2점]

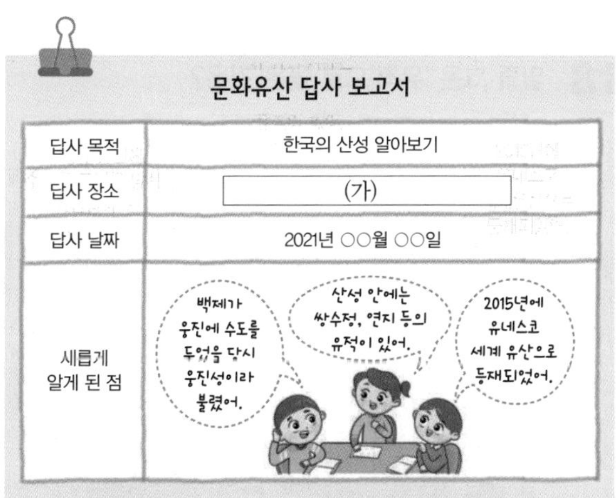

문화유산 답사 보고서

답사 목적	한국의 산성 알아보기
답사 장소	(가)
답사 날짜	2021년 ○○월 ○○일
새롭게 알게 된 점	백제가 웅진에 수도를 두었을 당시 웅진성이라 불렸어. / 산성 안에는 쌍수정, 연지 등의 유적이 있어. / 2015년에 유네스코 세계 유산으로 등재되었어.

17 (가)에 들어갈 내용으로 옳은 것은? [2점]

(앞면)

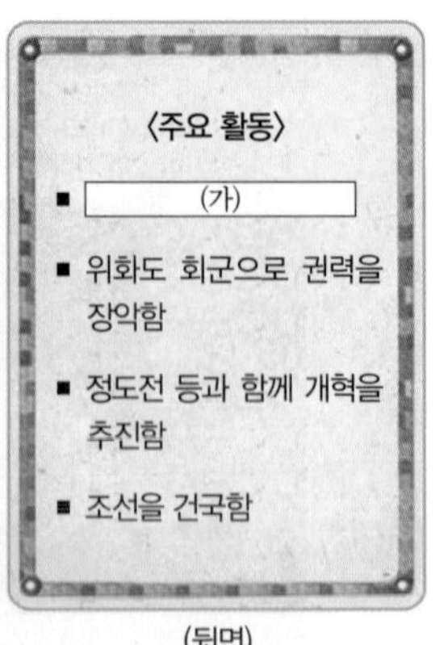

■ 위화도 회군으로 권력을 장악함
■ 정도전 등과 함께 개혁을 추진함
■ 조선을 건국함

(뒷면)

① 별무반을 편성함
② 우산국을 정벌함
③ 전민변정도감을 설치함
④ 황산에서 왜구를 격퇴함

18 밑줄 그은 '유적'으로 옳은 것은? [1점]

제주도 방문을 환영합니다. 우리 비행기에서는 선사 시대부터 현대까지 제주의 다양한 역사 유적을 가상으로 체험해 볼 수 있습니다. 지금부터 역사 여행을 떠나 볼까요?

① 
참성단

② 
다산 초당

③
항파두리성

④ 
부석사 무량수전

19 다음 대화가 이루어진 시기에 볼 수 있는 모습으로 적절한 것은? [2점]

박연 등이 새로 아악을 정비하여 바쳤으니 논공행상을 하려는데 어떠한가?

아악 정비에 참여한 모두에게 차등을 두어 상을 주는 것이 마땅하옵니다.

① 단성사에서 공연하는 배우
② 집현전에서 연구하는 관리
③ 청해진에서 교역하는 상인
④ 해동통보를 주조하는 장인

20 (가)에 들어갈 책으로 옳은 것은? [2점]

책이 완성되어 여섯 권으로 만들어 바치니, (가) 이라는 이름을 내리셨다. 형전과 호전은 이미 반포되어 시행하고 있으나 나머지 네 법전은 미처 교정을 마치지 못하였는데, 세조께서 갑자기 승하하시니 지금 임금[성종]께서 선대의 뜻을 받들어 마침내 하던 일을 끝마치고 나라 안에 반포하셨다.

① 경국대전 ② 동국통감 ③ 동의보감 ④ 반계수록

21 (가)에 들어갈 문화유산으로 옳은 것은? [2점]

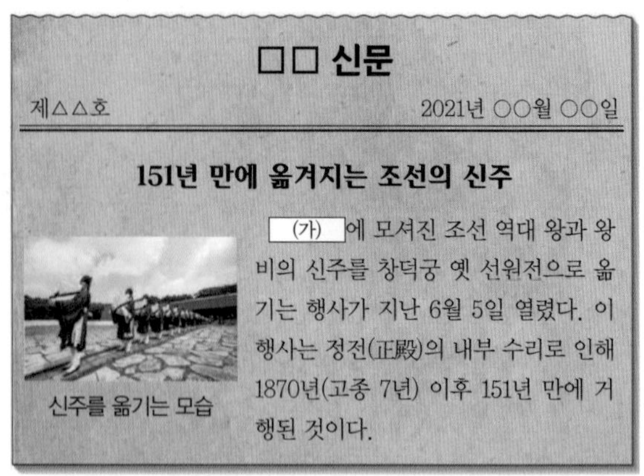
□□ 신문

제△△호 2021년 ○○월 ○○일

151년 만에 옮겨지는 조선의 신주

(가) 에 모셔진 조선 역대 왕과 왕비의 신주를 창덕궁 옛 선원전으로 옮기는 행사가 지난 6월 5일 열렸다. 이 행사는 정전(正殿)의 내부 수리로 인해 1870년(고종 7년) 이후 151년 만에 거행된 것이다.

신주를 옮기는 모습

① 종묘 ② 사직단 ③ 성균관 ④ 도산 서원

22 다음 상황 이후에 일어난 사실로 옳은 것은? [3점]

> 왕이 세자와 신하들을 거느리고 삼전도에 이르렀다. …… 용골대 등이 왕을 인도하여 들어가 단 아래 북쪽을 향해 설치된 자리로 나아가도록 요청하였다. 청인(淸人)이 외치는 의식의 순서에 따라 왕이 세 번 절하고 아홉 번 머리를 조아리는 예를 행하였다.

① 송시열이 북벌론을 주장하였다.
② 조광조가 위훈 삭제를 주장하였다.
③ 광해군이 인조반정으로 폐위되었다.
④ 곽재우가 의령에서 의병을 일으켰다.

23 (가)에 들어갈 세시 풍속으로 옳은 것은? [1점]

우리나라의 큰 명절인 음력 8월 15일 (가) 을/를 맞이하여 특별한 요리를 준비하셨다고요?
네, 이 명절에는 햅쌀로 송편을 빚어 차례를 지내고 성묘하잖아요. 오늘은 송편을 맛있게 만드는 비법을 알려 드릴게요.
오늘의 요리

① 단오 ② 추석 ③ 한식 ④ 정월 대보름

24 밑줄 그은 '제도'로 옳은 것은? [2점]

공납을 특산물 대신 쌀이나 옷감, 동전으로 납부하는 제도를 전라도에도 시행한다는군.
좋은 소식일세. 얼마 전 돌아가신 김육 대감의 공이 컸다고 하더군.

① 과전법 ② 균역법 ③ 대동법 ④ 영정법

25 (가) 왕이 실시한 정책으로 옳은 것은? [2점]

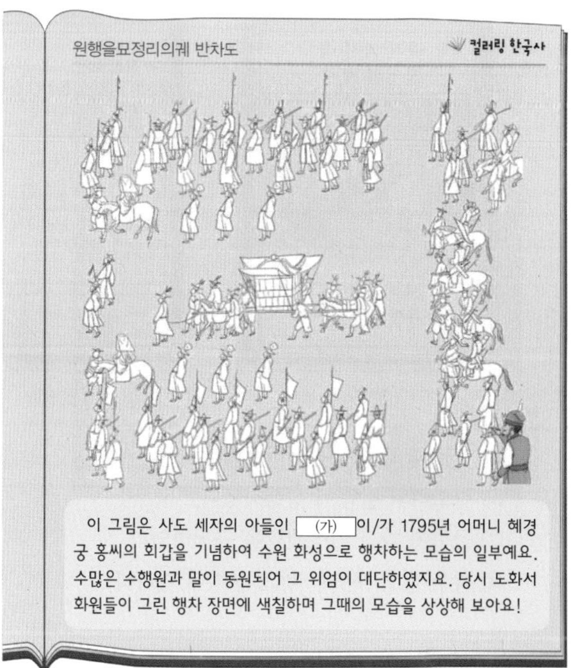

원행을묘정리의궤 반차도
컬러링 한국사
이 그림은 사도 세자의 아들인 (가) 이/가 1795년 어머니 혜경궁 홍씨의 회갑을 기념하여 수원 화성으로 행차하는 모습의 일부예요. 수많은 수행원과 말이 동원되어 그 위엄이 대단하였지요. 당시 도화서 화원들이 그린 행차 장면에 색칠하며 그때의 모습을 상상해 보아요!

① 경복궁을 중건하였다.
② 대마도를 정벌하였다.
③ 장용영을 창설하였다.
④ 탕평비를 건립하였다.

26 (가)에 들어갈 인물로 옳은 것은? [2점]

○○○님이 천안 (가) 과학관에 있습니다.
21시간 전 • 충청남도 천안시 •
조선 후기 지전설과 무한 우주론을 주장한 과학 사상가이자 실학자인 담헌 (가) 을/를 기리는 과학관을 다녀왔다. 다양한 체험 활동을 하며 …… 더 보기
△△△님 외 38명

① 박제가 ② 이순지 ③ 장영실 ④ 홍대용

27 다음 직업이 등장한 시기의 사회 모습으로 옳은 것은? [2점]

우리 역사 속
직업의 세계
나의 직업은
무엇일까요?

(앞면)

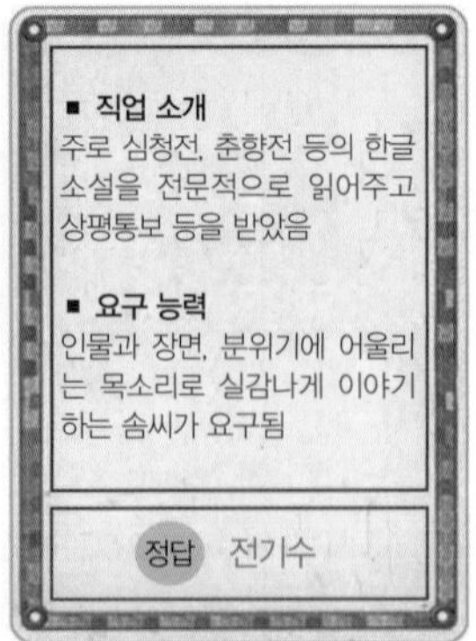

■ 직업 소개
주로 심청전, 춘향전 등의 한글 소설을 전문적으로 읽어주고 상평통보 등을 받았음
■ 요구 능력
인물과 장면, 분위기에 어울리는 목소리로 실감나게 이야기하는 솜씨가 요구됨
정답 전기수

(뒷면)

① 변발과 호복이 유행하였다.
② 판소리와 탈춤이 성행하였다.
③ 골품에 따라 일상생활을 규제하였다.
④ 특수 행정 구역인 향과 부곡이 있었다.

28 밑줄 그은 '신문'으로 옳은 것은? [2점]

이번에
박문국에서 발행한
신문입니다.
순 한문으로
열흘에 한 번씩
나온다지.
외국 소식도
폭넓게 소개하고
있습니다.

① 만세보 ② 한성순보
③ 황성신문 ④ 대한매일신보

29 (가) 시기에 있었던 사실로 옳은 것은? [3점]

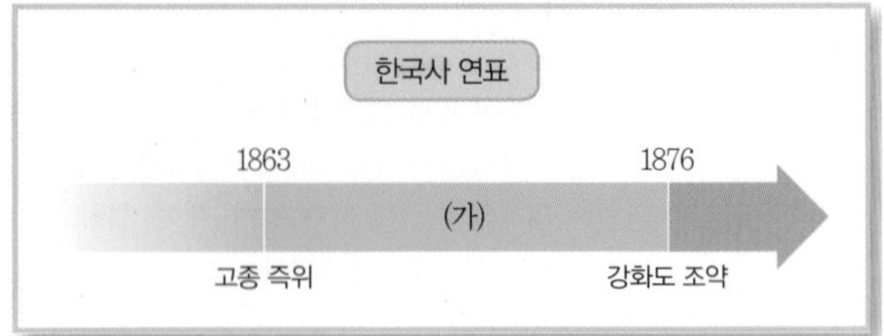

① 
신미양요

② 
보빙사 파견

③ 
황룡촌 전투

④ 
만민 공동회 개최

30 (가)에 들어갈 사건으로 옳은 것은? [1점]

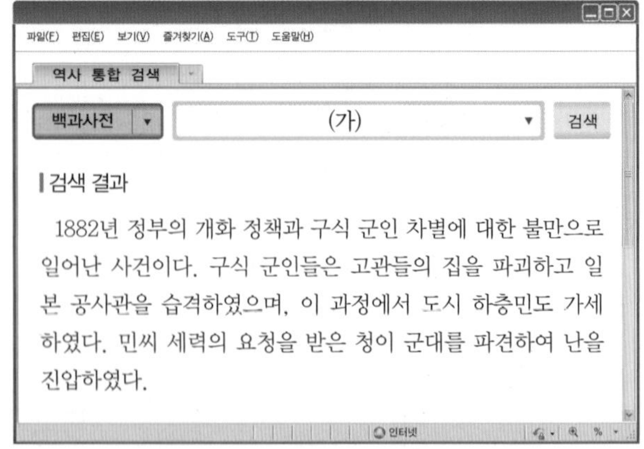

역사 통합 검색
백과사전
(가)
검색
검색 결과
1882년 정부의 개화 정책과 구식 군인 차별에 대한 불만으로 일어난 사건이다. 구식 군인들은 고관들의 집을 파괴하고 일본 공사관을 습격하였으며, 이 과정에서 도시 하층민도 가세하였다. 민씨 세력의 요청을 받은 청이 군대를 파견하여 난을 진압하였다.

① 임오군란 ② 삼국 간섭
③ 거문도 사건 ④ 임술 농민 봉기

31 밑줄 그은 '개혁'의 내용으로 옳지 않은 것은? [3점]

역사 용어 카드

군국기무처

1894년 6월 의정부 산하에 설치되어 개혁을 추진하였던 정책 의결 기구이다. 총재는 영의정 김홍집이 겸임하였다. 약 3개월 동안 신분제 폐지, 조혼 금지 등 약 210건의 안건을 심의하고 통과시켰다.

① 지계를 발급하였다.
② 과거제를 폐지하였다.
③ 도량형을 통일하였다.
④ 연좌제를 금지하였다.

32 (가)에 들어갈 근대 교육 기관으로 옳은 것은? [2점]

① 서전서숙 ② 배재 학당
③ 육영 공원 ④ 이화 학당

33 밑줄 그은 '이 단체'로 옳은 것은? [2점]

① 보안회 ② 신민회
③ 대한 자강회 ④ 헌정 연구회

34 (가)에 들어갈 문화유산으로 옳은 것은? [2점]

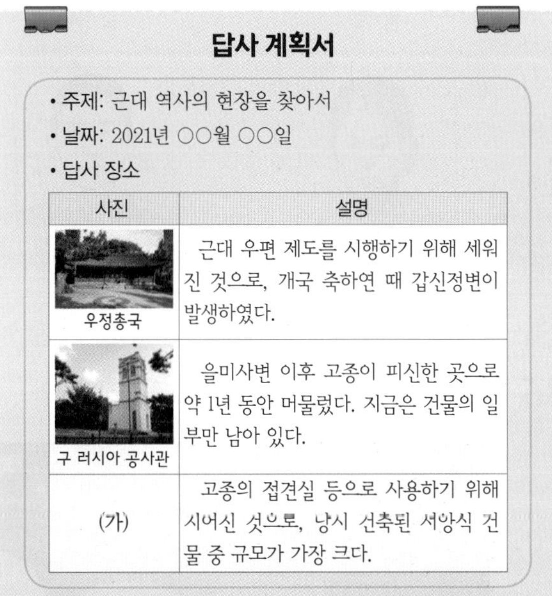

답사 계획서

- 주제: 근대 역사의 현장을 찾아서
- 날짜: 2021년 ○○월 ○○일
- 답사 장소

사진	설명
우정총국	근대 우편 제도를 시행하기 위해 세워진 것으로, 개국 축하연 때 갑신정변이 발생하였다.
구 러시아 공사관	을미사변 이후 고종이 피신한 곳으로 약 1년 동안 머물렀다. 지금은 건물의 일부만 남아 있다.
(가)	고종의 접견실 등으로 사용하기 위해 지어진 것으로, 당시 건축된 서양식 건물 중 규모가 가장 크다.

①

황궁우

②

명동 성당

③

운현궁 양관

④

덕수궁 석조전

35 (가)에 해당하는 인물로 옳은 것은? [3점]

이 작품은 (가) 이 여성의 의병 참여를 독려하기 위해 만든 노래입니다. 그녀는 이 외에도 의병을 주제로 여러 편의 가사를 지어 의병들의 사기를 높이려 하였습니다. 일제에 나라를 빼앗긴 이후에는 만주로 망명하여 항일 투쟁을 이어갔습니다.

안사람 의병가
아무리 왜놈들이 강성한들
우리들도 뭉쳐지면 왜놈 잡기 쉬울세라
아무리 여자인들 나라사랑 모를쏘냐
남녀가 유별한들 나라없이 수용있나
우리도 의병하러 나가보세
의병대를 도와주세
⋮

① 
권기옥

② 
남자현

③ 박차정

④ 
윤희순

36 밑줄 그은 '특사'에 대한 설명으로 옳은 것은? [2점]

① 서양에 파견된 최초의 사절단이었다.
② 조선책략을 국내에 처음 소개하였다.
③ 기기국에서 무기 제조 기술을 배우고 돌아왔다.
④ 을사늑약의 부당함을 전 세계에 알리고자 하였다.

37 (가)에 들어갈 기구로 옳은 것은? [1점]

저는 지금 일제 식민 통치의 최고 기구였던 (가) 청사 철거 현장에 나와 있습니다. 정부는 광복 50주년을 맞아 '역사 바로 세우기' 사업의 일환으로 이번 철거를 진행한다고 밝혔습니다.

① 조선 총독부
② 종로 경찰서
③ 서대문 형무소
④ 동양 척식 주식회사

38 밑줄 그은 '이 정책'으로 옳은 것은? [2점]

이 사진은 일제 강점기 일본으로 반출하기 위해 쌀을 쌓아 놓은 군산항의 모습입니다. 일제는 자국의 식량 문제를 해결하기 위하여 1920년부터 조선에 <u>이 정책</u>을 실시하여 수많은 양의 쌀을 수탈해 갔습니다.

① 회사령
② 농지 개혁법
③ 산미 증식 계획
④ 토지 조사 사업

39 (가)에 들어갈 인물로 옳은 것은? [1점]

이 유물은 (가) 이 1936년 베를린 올림픽 마라톤 경기에서 우승하여 받은 투구입니다. 당시 조선중앙일보, 동아일보 등이 그의 우승 소식을 보도하면서 유니폼에 그려진 일장기를 삭제하여 일제의 탄압을 받았습니다.
고대 그리스 청동 투구

① 남승룡 ② 손기정 ③ 안창남 ④ 이중섭

40 (가) 민족 운동에 대한 설명으로 옳은 것은? [2점]

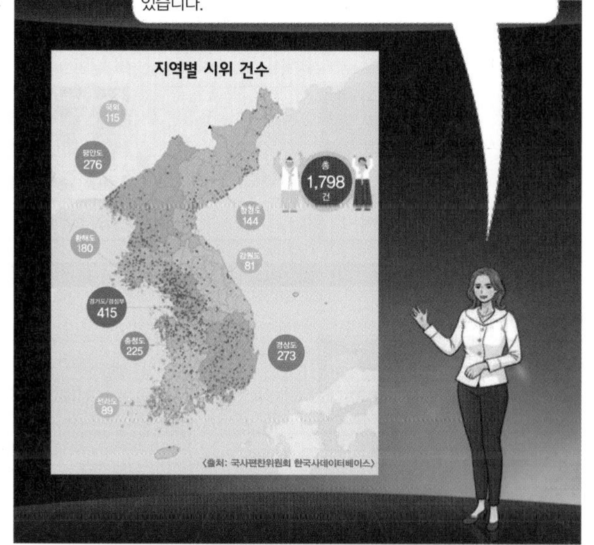

이것은 1919년에 일어난 (가) 의 지역별 시위 현황을 표기한 지도입니다. 이 자료를 통해 우리 민족이 일제의 무단 통치에 맞서 전국적으로 독립운동을 전개하였음을 확인할 수 있습니다.
지역별 시위 건수

① 계획 추진을 위해 집강소가 설치되었다.
② 조선 물산 장려회를 중심으로 전개되었다.
③ 대한민국 임시 정부 수립의 계기가 되었다.
④ 신간회의 지원을 받아 민중 대회가 추진되었다.

41 다음 대화가 이루어진 시기를 연표에서 옳게 고른 것은? [3점]

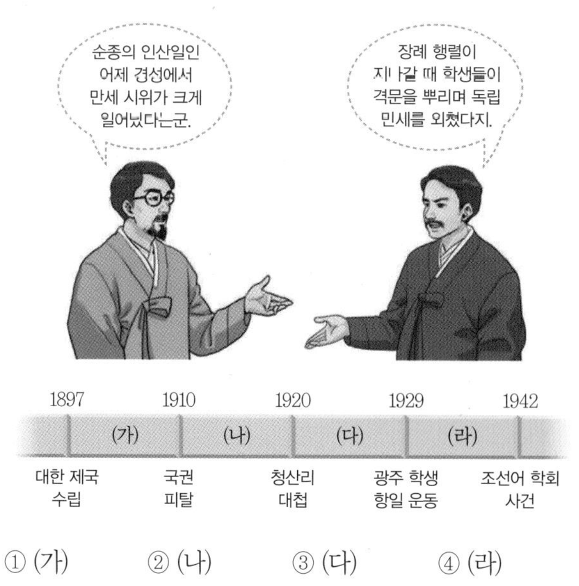

순종의 인산일인 어제 경성에서 만세 시위가 크게 일어났다는군.
장례 행렬이 지나갈 때 학생들이 격문을 뿌리며 독립 만세를 외쳤다지.
1897 1910 1920 1929 1942

청산리 대첩

① (가) ② (나) ③ (다) ④ (라)

42 교사의 질문에 대한 학생의 답변으로 옳은 것은? [2점]

이것은 중일 전쟁 발발 이후 일제가 본격적인 전시 체제 구축을 위해 제정한 법령입니다. 이 법령이 시행된 시기에 있었던 사실에 대해 말해 볼까요?

제1조 본 법에서 국가 총동원이란 전시에 국방 목적 달성을 위해 국가의 전력을 가장 유효하게 발휘하도록 인적, 물적 자원을 통제 운용하는 것을 가리킨다.

⋮

제8조 정부는 전시에 국가 총동원상 필요한 경우에는 칙령이 정하는 바에 따라 물자의 생산, 수리, 배급, 양도 기타 처분, 사용, 소비, 소지 및 이동에 관하여 필요한 명령을 할 수 있다.

① 헌병 경찰제가 실시되었어요.
② 경성 제국 대학이 설립되었어요.
③ 국채 보상 운동이 전개되었어요.
④ 황국 신민 서사의 암송이 강요되었어요.

43 (가)에 들어갈 단체로 옳은 것은? [1점]

1931년 김구는
항일 의열 단체인
(가) 을
조직하였습니다.
1/3
단원 이봉창은 1932년
1월 도쿄에서 일왕이 탄
마차를 향해 수류탄을
던졌습니다.
2/3
단원 윤봉길은 1932년
4월 상하이 훙커우 공원
에서 일본군 주요 인사
등을 처단하였습니다.
3/3

① 중광단 ② 흥사단
③ 한인 애국단 ④ 대조선 국민 군단

44 (가)에 해당하는 인물로 옳은 것은? [1점]

한국사 설문 조사
일본 유학 중 독립운동 혐의로 수감되어 옥사한 저항 시인,
(가) 하면 떠오르는 작품에 스티커를 붙여 주세요.
서시
별 헤는 밤
쉽게 씌어진 시

① 
심훈

② 
윤동주

③ 이육사

④ 한용운

45 (가) 군대에 대한 설명으로 옳은 것은? [2점]

이달의 독립운동가
1940년 대한민국 임시 정부가 창설한
(가) 의 총사령관
지청천 장군
(1888~1957)

① 자유시 참변으로 큰 타격을 입었다.
② 봉오동 전투에서 일본군을 격퇴하였다.
③ 미군과 연계하여 국내 진공 작전을 계획하였다.
④ 홍경성에서 중국 의용군과 연합 작전을 펼쳤다.

46 (가)에 들어갈 사진으로 옳지 않은 것은? [2점]

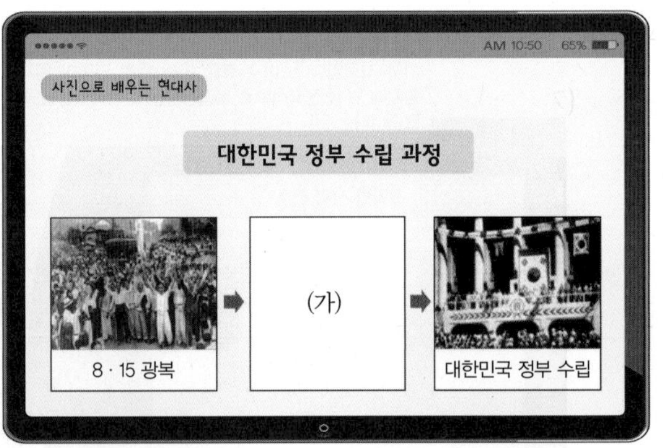

① 
5·10
총선거 실시

② 
유엔 한국
임시 위원단 내한

③ 
제1차 미소
공동 위원회 개최

④ 
반민족 행위 특별
조사 위원회 활동

47 밑줄 그은 '이 전쟁' 중에 있었던 사실로 옳은 것은? [2점]

이것은 이 전쟁 중인 1951년 11월 판문점 인근에서 열기구를 띄우려는 모습을 촬영한 사진입니다. 이 열기구는 휴전 회담이 진행되던 당시 판문점 일대가 중립 지대임을 표시하기 위한 것이었습니다.

① 애치슨 선언이 발표되었다.
② 흥남 철수 작전이 전개되었다.
③ 사사오입 개헌안이 가결되었다.
④ 한미 상호 방위 조약이 체결되었다.

48 (가) 민주화 운동에 대한 설명으로 옳은 것은? [2점]

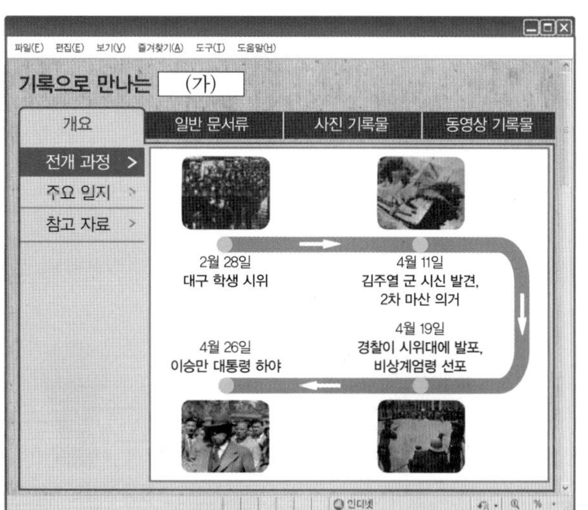

① 3 · 15 부정 선거에 항의하였다.
② 4 · 13 호헌 조치 철폐를 요구하였다.
③ 유신 체제가 붕괴하는 계기가 되었다.
④ 신군부의 비상계엄 확대에 반대하였다.

49 다음 연설문을 발표한 정부 시기의 경제 상황으로 옳은 것은? [3점]

> 우리 민족의 숙원이던 경부 간 고속 도로의 완전 개통을 보게 된 것을 국민 여러분들과 더불어 경축해 마지않는 바입니다. 이 길은 총 연장 428km로 우리나라의 리(里) 수로 따지면 천 리하고도 약 칠십 리가 더 되는데, 장장 천릿길을 이제부터 자동차로 4시간 반이면 달릴 수 있게 됐습니다. …… 이 고속 도로가 앞으로 우리나라 국민 경제의 발전과 산업 근대화에 여러 가지 큰 공헌을 하리라고 믿습니다.

① 서울에서 G20 정상 회의가 개최되었다.
② 한미 자유 무역 협정(FTA)이 체결되었다.
③ 제2차 경제 개발 5개년 계획이 추진되었다.
④ 경제 협력 개발 기구(OECD)에 가입하였다.

50 다음 발표에 해당하는 정부 시기에 있었던 사실로 옳은 것은? [2점]

① 개성 공단이 조성되었다.
② 서울 올림픽 대회가 개최되었다.
③ 베트남 전쟁에 국군이 파병되었다.
④ 국민 기초 생활 보장법이 제정되었다.

제 54 회 한국사능력검정시험

- 자신이 선택한 등급의 문제지인지 확인하시오.
- 문제지에 성명과 수험 번호를 정확히 써넣으시오.
- 답안지에 성명과 수험 번호를 써넣고, 또 수험 번호와 답을 정확히 표시하시오.
- 시험 시간은 70분입니다.

---

01 다음 대회 참가자들이 그릴 상면으로 가장 적절한 것은? [1점]

◇◇◇ 시대 그림 그리기 대회
◇◇◇ 시대 사람들은 불을 처음 사용하였고, 주로 동굴이나 강가의 막집에서 살았습니다. 이 시대 사람들의 생활 모습을 그림으로 그려 봅시다.

●장소: 연천 전곡리 유적
●주최: □□문화재단

① 가락바퀴로 실을 뽑는 모습
② 반달 돌칼로 벼이삭을 따는 모습
③ 주먹도끼로 짐승을 사냥하는 모습
④ 거푸집으로 세형 동검을 만드는 모습

02 학생들이 공통으로 이야기하고 있는 나라에 대한 설명으로 옳은 것은? [2점]

한반도 남부에서 철기 문화를 바탕으로 발전하였어.
신지나 읍차 등의 지배자가 있었어.
씨뿌리기를 끝낸 5월과 추수를 마친 10월에 계절제를 지냈어.

① 서옥제라는 혼인 풍습이 있었다.
② 소도라고 불리는 신성 구역이 있었다.
③ 범금 8조를 만들어 사회 질서를 유지하였다.
④ 단궁, 과하마, 반어피 등의 특산물이 있었다.

03 (가)에 들어갈 내용으로 옳은 것은? [2점]

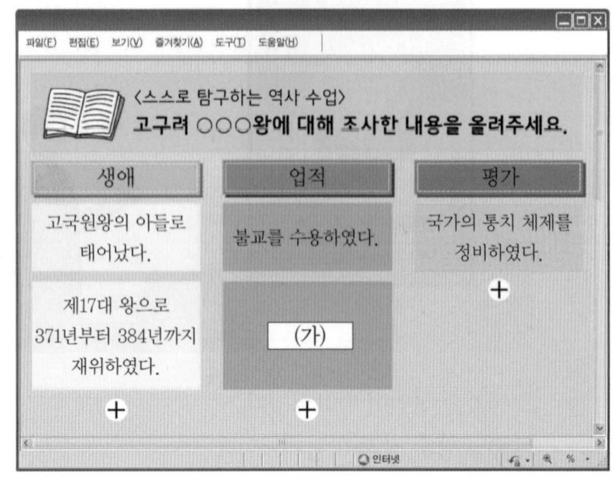

〈스스로 탐구하는 역사 수업〉
고구려 ○○○왕에 대해 조사한 내용을 올려주세요.

고국원왕의 아들로 태어났다.
불교를 수용하였다.

제17대 왕으로 371년부터 384년까지 재위하였다.

① 태학을 설립하였다.
② 병부를 설치하였다.
③ 화랑도를 정비하였다.
④ 웅진으로 천도하였다.

04 다음 전시회에서 볼 수 있는 문화유산으로 옳은 것은? [2점]

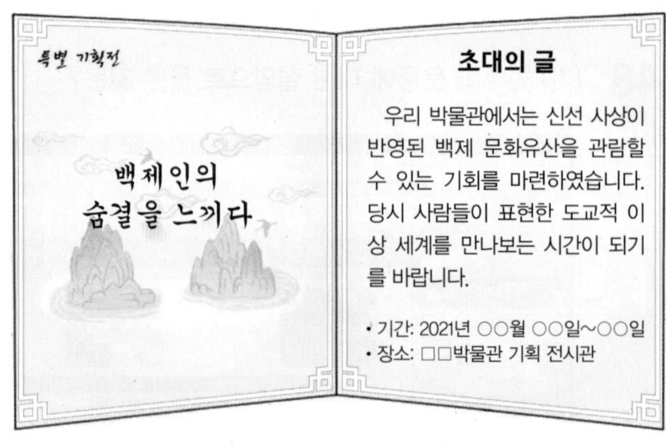

특별 기획전
백제인의 숨결을 느끼다

우리 박물관에서는 신선 사상이 반영된 백제 문화유산을 관람할 수 있는 기회를 마련하였습니다. 당시 사람들이 표현한 도교적 이상 세계를 만나보는 시간이 되기를 바랍니다.
• 기간: 2021년 ○○월 ○○일~○○일
• 장소: □□박물관 기획 전시관

① 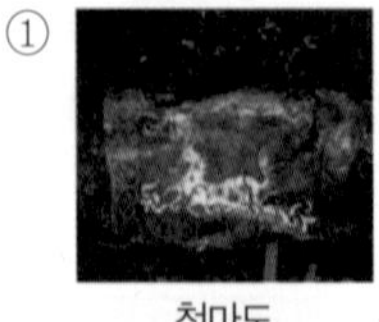
천마도

② 
청자 상감 운학문 매병

③ 산수무늬 벽돌

④ 강서대묘 현무도

05 다음 가상 일기의 밑줄 그은 '이 전투'로 옳은 것은? [2점]

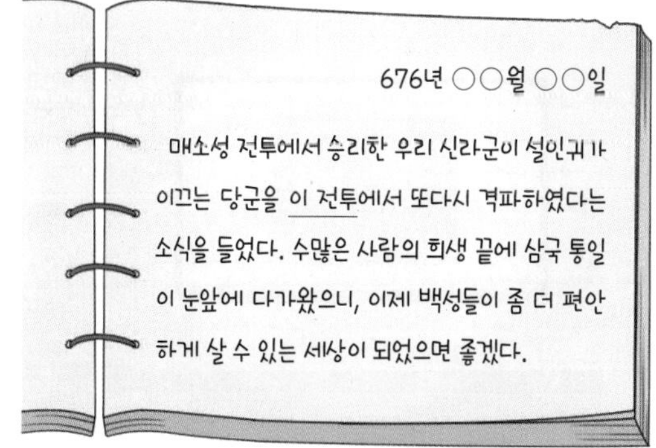
676년 ○○월 ○○일

매소성 전투에서 승리한 우리 신라군이 설인귀가 이끄는 당군을 이 전투에서 또다시 격파하였다는 소식을 들었다. 수많은 사람의 희생 끝에 삼국 통일이 눈앞에 다가왔으니, 이제 백성들이 좀 더 편안하게 살 수 있는 세상이 되었으면 좋겠다.

① 살수 대첩　② 기벌포 전투
③ 안시성 전투　④ 황산벌 전투

06 (가) 나라에 대한 탐구 활동으로 가장 적절한 것은? [3점]

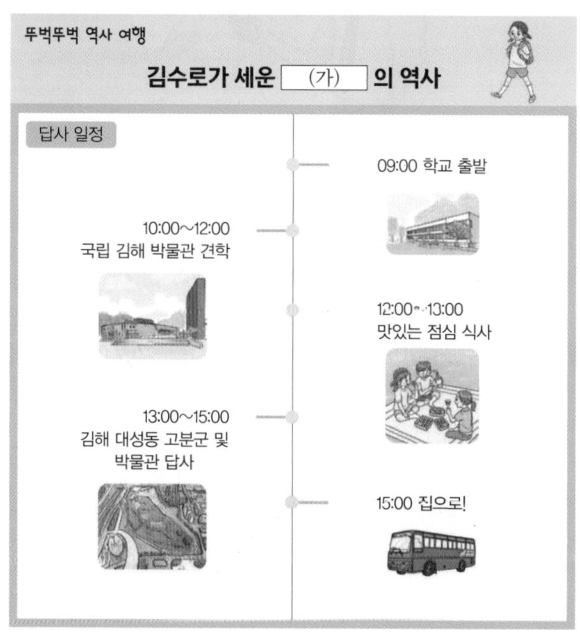

뚜벅뚜벅 역사 여행
김수로가 세운 (가) 의 역사
답사 일정
09:00 학교 출발
10:00~12:00
국립 김해 박물관 견학
12:00~13:00
맛있는 점심 식사
13:00~15:00
김해 대성동 고분군 및 박물관 답사
15:00 집으로!

① 사비로 천도한 이유를 파악한다.
② 우산국을 복속한 과정을 살펴본다.
③ 청해진을 설치한 목적을 조사한다.
④ 구지가가 나오는 건국 신화를 분석한다.

07 (가)에 들어갈 문화유산으로 옳은 것은? [3점]

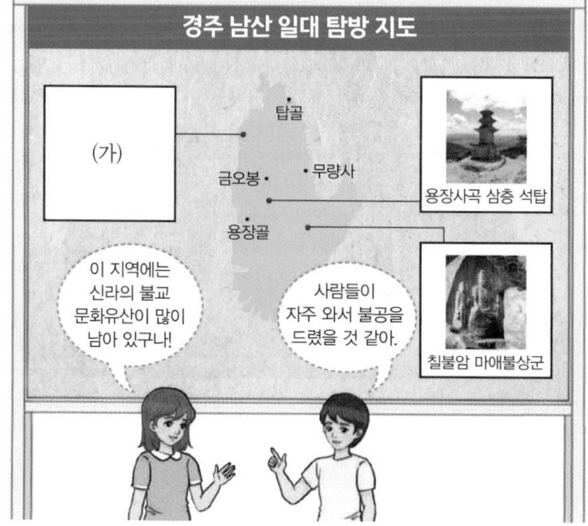

① 
배동 석조여래 삼존 입상

②  
관촉사 석조 미륵보살 입상

③ 
미륵사지 석탑

④
월정사 팔각 구층 석탑

08 다음 책에 포함될 내용으로 가장 적절한 것은? [2점]

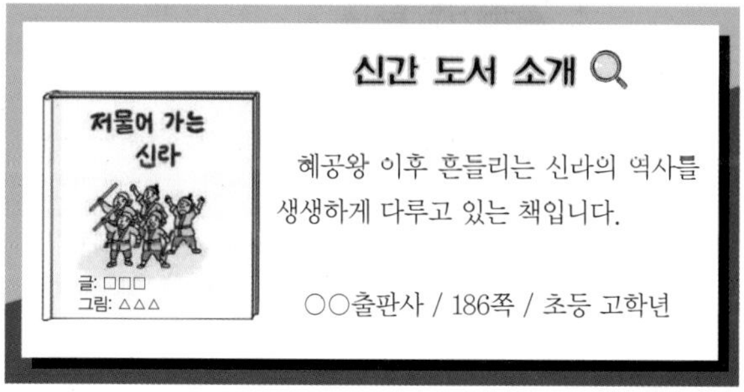

신간 도서 소개
저물어 가는 신라
글: □□□
그림: △△△
혜공왕 이후 흔들리는 신라의 역사를 생생하게 다루고 있는 책입니다.
○○출판사 / 186쪽 / 초등 고학년

① 갑신정변　② 위화도 회군
③ 김헌창의 난　④ 연개소문의 집권

09 밑줄 그은 '국가'에 대한 설명으로 옳은 것은? [1점]

① 수의 침략을 물리쳤다.
② 기인 제도를 실시하였다.
③ 독서삼품과를 시행하였다.
④ 해동성국이라고도 불렸다.

10 (가)에 들어갈 내용으로 옳은 것은? [2점]

(앞면)

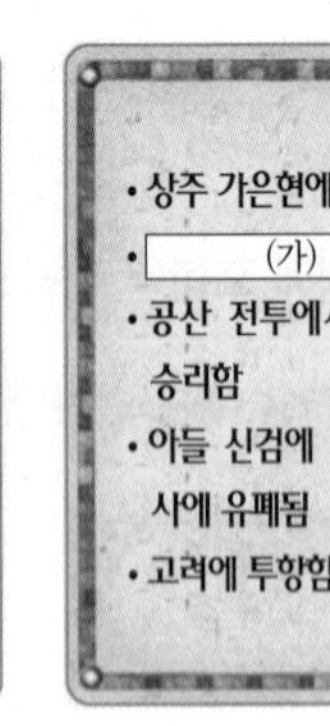

(뒷면)

① 철원으로 천도함
② 후백제를 건국함
③ 훈요 10조를 남김
④ 경주의 사심관으로 임명됨

11 밑줄 그은 '이 책'으로 옳은 것은? [1점]

이 책은 승려 일연이 쓴 역사서입니다. 왕력, 기이, 흥법 등 9편으로 구성되어 있으며, 단군의 고조선 건국 이야기가 실려 있습니다.

① 발해고
② 동국통감
③ 동사강목
④ 삼국유사

12 다음 가상 인터뷰에 나타난 사건으로 옳은 것은? [2점]

서경에서 거사한 이유가 무엇인가요?
저는 서경으로 수도를 옮기면 천하를 다스릴 수 있고, 금이 스스로 항복할 것이라고 주장해 왔습니다. 그런데 조정에 반대하는 무리가 있어 뜻을 이룰 수 없었기 때문에 거사한 것입니다.

① 묘청의 난
② 김흠돌의 난
③ 홍경래의 난
④ 원종과 애노의 난

13 다음 상황이 있었던 국가의 지방 제도에 대한 설명으로 옳은 것은? [3점]

> ○ 공주 명학소의 망이 · 망소이 등이 무리를 모아서 봉기하자, 명학소를 충순현으로 승격하여 그들을 달래고자 하였다.
>
> ○ 사신을 따라 원에 간 유청신이 통역을 잘하였으므로, 그 공을 인정하여 그의 출신지인 고이부곡을 고흥현으로 승격하였다.

① 전국을 8도로 나누었다.
② 22담로에 왕족을 파견하였다.
③ 주요 지역에 5소경을 설치하였다.
④ 군사 행정 구역으로 양계를 두었다.

14 다음 외교 문서를 보낸 국가에 대한 고려의 대응으로 옳은 것은? [2점]

> 칸께서 살리타 등이 이끄는 군대를 너희에게 보내 항복할지 아니면 죽임을 당할지 묻고자 하신다. 이전에 칸께서 보낸 사신 저고여가 사라져서 다른 사신이 찾으러 갔으나, 너희들은 활을 쏘아 그를 쫓아냈다. 너희가 저고여를 살해한 것이 확실하니, 이제 그 책임을 묻고 있는 것이다.

① 이자겸이 사대 요구를 수용하였다.
② 서희가 소손녕과 외교 담판을 벌였다.
③ 김윤후 부대가 처인성에서 적장을 사살하였다.
④ 강감찬이 군사를 이끌고 귀주에서 크게 승리하였다.

15 (가)에 들어갈 내용으로 옳은 것은? [2점]

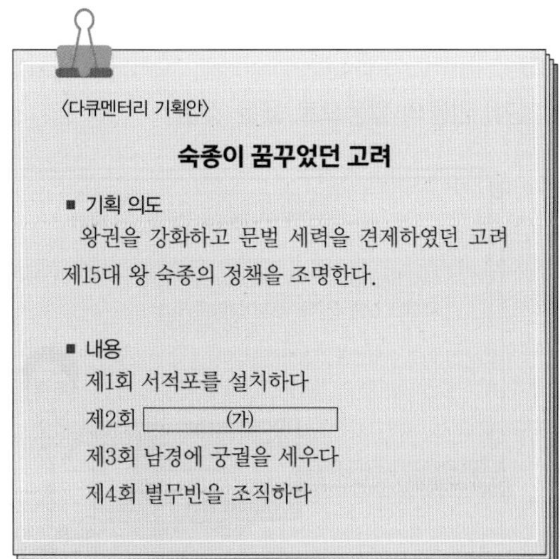
〈다큐멘터리 기획안〉

숙종이 꿈꾸었던 고려

■ 기획 의도
왕권을 강화하고 문벌 세력을 견제하였던 고려 제15대 왕 숙종의 정책을 조명한다.

■ 내용
제1회 서적포를 설치하다
제2회 (가)
제3회 남경에 궁궐을 세우다
제4회 별무반을 조직하다

① 규장각을 설치하다
② 해동통보를 제작하다
③ 노비안검법을 실시하다
④ 쌍성총관부를 공격하다

16 다음 퀴즈의 정답으로 옳은 것은? [2점]

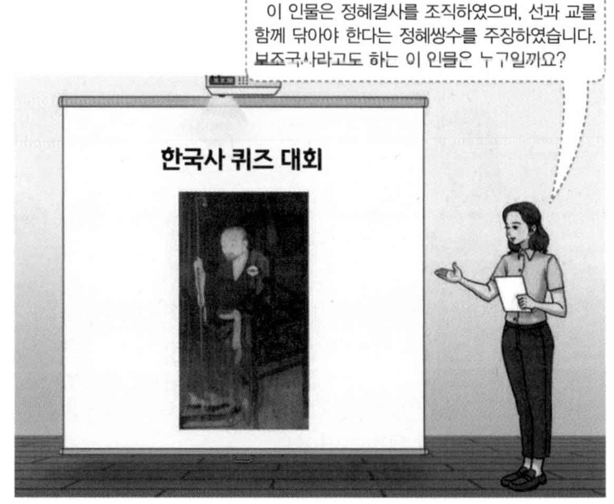

이 인물은 정혜결사를 조직하였으며, 선과 교를 함께 닦아야 한다는 정혜쌍수를 주장하였습니다. 보조국사라고도 하는 이 인물은 누구일까요?
한국사 퀴즈 대회

① 

② 

③ 

④ 

17 교사의 질문에 대한 학생의 답변으로 옳지 않은 것은? [1점]

고려의 사회 모습에 대해 말해 볼까요?
① 의창이 운영되었습니다.
② 팔관회가 개최되었습니다.
③ 골품제가 실시되었습니다.
④ 여성이 호주가 될 수 있었습니다.

18 (가)에 들어갈 내용으로 옳은 것은? [2점]

두 차례 왕자의 난을 통해 집권한 조선의 제3대 왕에 대해 말해 볼까요?

① 직전법을 제정하였어요.
② 호패법을 시행하였어요.
③ 장용영을 설치하였어요.
④ 척화비를 건립하였어요.

19 (가) 왕의 업적으로 옳은 것은? [2점]

한글을 빛낸 인물들

〈1실〉 훈민정음을 창제한 (가)
〈2실〉 우리말 문법을 연구한 주시경
〈3실〉 한글 점자를 창안한 박두성
■ 기간: 2021년 ○○월 ○○일~○○일

① 만권당을 세웠다.
② 농사직설을 간행하였다.
③ 대전회통을 편찬하였다.
④ 초계문신제를 시행하였다.

20 (가)에 해당하는 책으로 옳은 것은? [2점]

이곳은 전주 사고(史庫)입니다. 사초와 시정기 등을 바탕으로 편찬한 (가) 을/를 보관하였던 여러 사고 중 하나입니다. 전주 사고의 (가) 은/는 전란 중에도 소실되지 않았고, 그로 인해 우리의 귀중한 역사가 전해질 수 있었습니다.

①

동의보감

② 경국대전

③
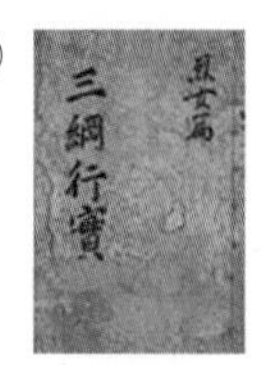
삼강행실도

④

조선왕조실록

21 (가) 인물의 활동으로 옳은 것은? [3점]

화폐로 보는 역사 인물
이 화폐에는 (가) 의 모습과 그가 태어난 강릉 오죽헌 등이 그려져 있습니다. 그는 조선 시대 유학자이자 정치가로 수미법을 주장하였습니다.
5000

① 앙부일구를 제작하였다.
② 성학집요를 저술하였다.
③ 시무 28조를 건의하였다.
④ 화통도감 설치를 제안하였다.

22 (가) 전쟁 중에 있었던 사실로 옳은 것은? [2점]

『징비록』이란 무엇인가? [(가)] 당시의 일을 기록한 것이다. 이때의 화는 참혹하였다. 수십 일 만에 삼도(三都)*를 잃고 임금께서 수도를 떠나 피란하였다. 그럼에도 오늘날까지 우리나라가 남아있게 된 것은 하늘이 도운 까닭이다. 그리고 나라를 생각하는 백성들의 마음이 그치지 않았고, 우리나라를 돕기 위해 명의 군대가 여러 차례 출동하였기 때문이다.

*삼도: 한성, 개성, 평양

① 이종무가 쓰시마 섬을 토벌하였다.
② 정문부가 의병을 모아 왜군을 격퇴하였다.
③ 배중손이 삼별초를 이끌고 몽골군과 싸웠다.
④ 최영이 군대를 지휘하여 홍건적을 물리쳤다.

23 (가) 왕의 재위 기간에 있었던 사실로 옳은 것은? [2점]

이곳은 제주 행원 포구입니다.
인조반정으로 폐위되어 강화도 등지로 유배되었던 (가) 은/는 이후 이곳을 통해 제주도로 들어와 유배 생활을 이어가다가 생을 마감하였습니다.

① 집현전이 설치되었다.
② 비변사가 폐지되었다.
③ 대동법이 시행되었다.
④ 4군 6진이 개척되었다.

24 밑줄 그은 '이 그림'이 그려진 시기에 볼 수 있는 모습으로 적절하지 <u>않은</u> 것은? [2점]

이 그림은 서당의 모습을 그린 김홍도의 풍속화입니다. 훈장 앞에서 훌쩍이는 학생과 이를 바라보는 다른 학생들의 모습이 생생하게 표현되어 있습니다.

① 한글 소설을 읽는 여인
② 청화 백자를 만드는 도공
③ 판소리 공연을 하는 소리꾼
④ 초조대장경을 제작하는 장인

25 (가) 인물에 대한 설명으로 옳은 것은? [2점]

이것은 화성성역의궤에 수록된 거중기 설계도입니다. (가) 이/가 기기도설을 참고하여 제작한 거중기는 수원 화성 축조에 이용되었습니다.

① 여진론을 주장하였다.
② 추사체를 창안하였다.
③ 북학의를 저술하였다.
④ 몽유도원도를 그렸다.

26 (가)에 들어갈 지도로 옳은 것은? [1점]

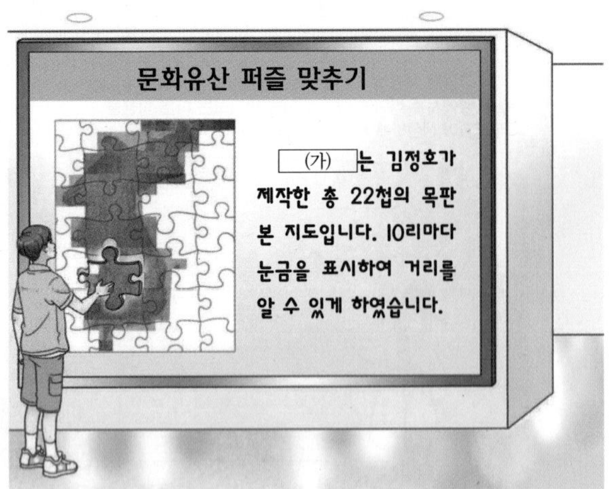

문화유산 퍼즐 맞추기
(가) 는 김정호가 제작한 총 22첩의 목판본 지도입니다. 10리마다 눈금을 표시하여 거리를 알 수 있게 하였습니다.

① 동국지도 ② 대동여지도
③ 곤여만국전도 ④ 혼일강리역대국도지도

27 (가) 시기에 있었던 사건으로 옳은 것은? [3점]

자의 대비께서는 삼년복을 입으셔야 합니다.
아닙니다. 기년복을 입으셔야 합니다.

조정의 신하들이 당쟁을 벌이고 있습니다.
성균관 앞에 탕평비를 세우시오.

① 무오사화 ② 병자호란
③ 경신환국 ④ 임술 농민 봉기

28 (가)에 들어갈 기구로 옳은 것은? [2점]

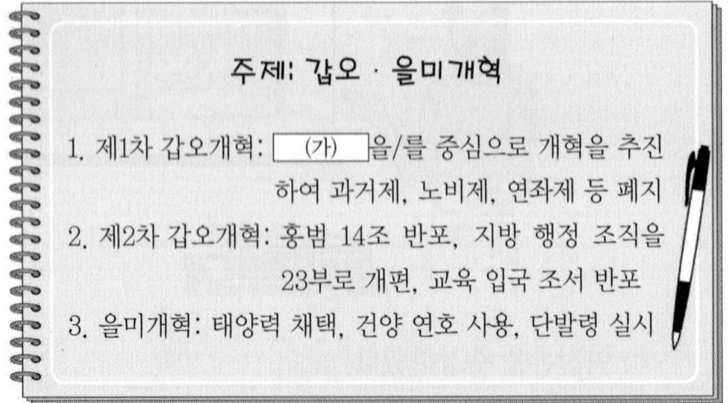

주제: 갑오 · 을미개혁

2. 제2차 갑오개혁: 홍범 14조 반포, 지방 행정 조직을 23부로 개편, 교육 입국 조서 반포
3. 을미개혁: 태양력 채택, 건양 연호 사용, 단발령 실시

① 정방 ② 교정도감
③ 군국기무처 ④ 통리기무아문

29 밑줄 그은 '이 사건'에 대한 설명으로 옳은 것은? [2점]

화면의 사진은 문수산성입니다. 이 사건 당시 한성근 부대는 이곳에서 프랑스군에 맞서 싸웠고, 이어서 양헌수 부대는 정족산성에서 프랑스군을 물리쳤습니다.

① 흥선 대원군 집권기에 일어났다.
② 제너럴 셔먼호 사건의 배경이 되었다.
③ 삼정이정청이 설치되는 결과를 가져왔다.
④ 군함 운요호가 강화도에 접근하여 위협하였다.

30 (가) 사건에 대한 설명으로 옳은 것은? [2점]

이 책은 개화 정책에 반발하여 구식 군인들이 일으킨 (가) 당시 일본 공사가 쓴 보고서를 정리한 것입니다. 책에는 (가) (으)로 인한 일본 측의 피해 등이 기록되어 있습니다.

전보 조선사건

① 청군의 개입으로 진압되었다.
② 조선책략이 유입되는 결과를 가져왔다.
③ 우금치에서 일본군과의 전투가 벌어졌다.
④ 우정총국 개국 축하연에서 정변이 일어났다.

31 (가)에 들어갈 사절단으로 옳은 것은? [2점]

이것은 (가) 의
대표 민영익이 미국 대통령에게 전한
국서의 한글 번역문입니다. 이 문서에는
두 나라가 소약을 맺어 우호 관계가
돈독해졌으므로 사절단을 보낸다는
내용 등이 담겨 있습니다.

① 수신사 ② 보빙사 ③ 영선사 ④ 조사 시찰단

32 (가)에 해당하는 신문으로 옳은 것은? [1점]

(가) 에
대해 검색해 줘.
검색 결과입니다.
서재필이 중심이 되어 창간한 신문입니다. 민중 계몽을 위해 순 한글로 발행하였으며, 외국인을 위해 영문판도 함께 제작하였습니다.

①
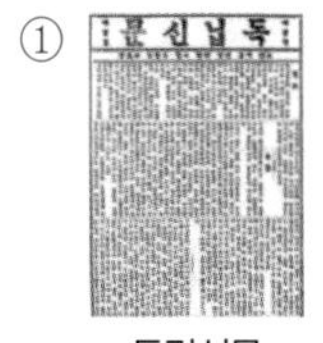
독립신문

② 제국신문

③

해조신문

④

대한매일신보

33 (가)에 들어갈 문화유산으로 옳은 것은? [2점]

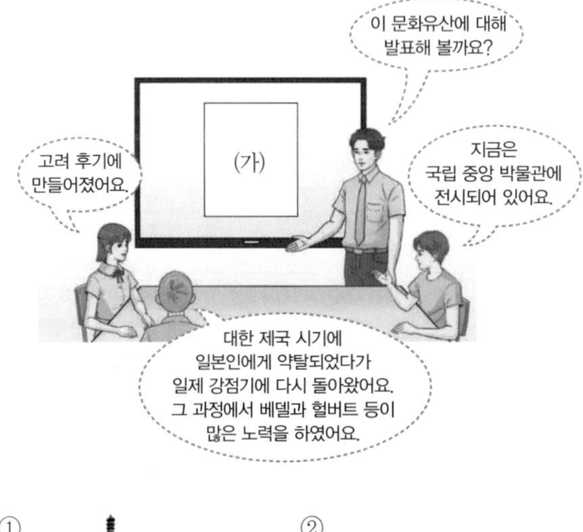

고려 후기에
만들어졌어요.

전시되어 있어요.

일본인에게 약탈되었다가
일제 강점기에 다시 돌아왔어요.
그 과정에서 베델과 헐버트 등이
많은 노력을 하였어요.

①

불국사 다보탑

②

분황사 모전 석탑

③

정림사지 오층 석탑

④

경천사지 십층 석탑

34 (가)~(다)를 일어난 순서대로 옳게 나열한 것은? [3점]

일제 강점기 시행 법령

① (가) – (나) – (다) ② (가) – (다) – (나)
③ (나) – (가) – (다) ④ (다) – (나) – (가)

35 밑줄 그은 '전투'가 일어난 시기를 연표에서 옳게 고른 것은? [3점]

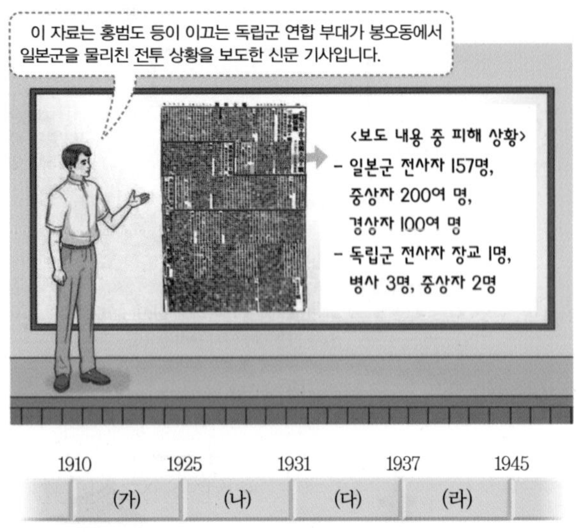

이 자료는 홍범도 등이 이끄는 독립군 연합 부대가 봉오동에서 일본군을 물리친 전투 상황을 보도한 신문 기사입니다.
<보도 내용 중 피해 상황>
- 일본군 전사자 157명, 중상자 200여 명, 경상자 100여 명
- 독립군 전사자 장교 1명, 병사 3명, 중상자 2명

1910		1925		1931		1937		1945
	(가)		(나)		(다)		(라)	
국권 피탈		미쓰야 협정		만주 사변		중일 전쟁		8·15 광복

① (가) ② (나) ③ (다) ④ (라)

36 (가) 지역에서 있었던 독립운동에 대한 설명으로 옳은 것은? [3점]

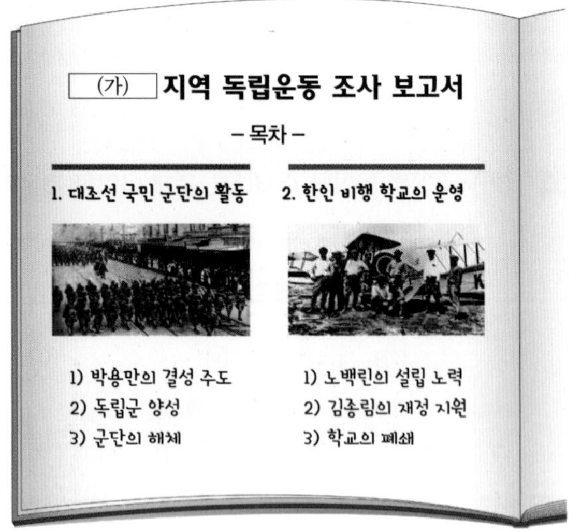

(가) 지역 독립운동 조사 보고서

1. 대조선 국민 군단의 활동
1) 박용만의 결성 주도
2) 독립군 양성
3) 군단의 해체
2. 한인 비행 학교의 운영
1) 노백린의 설립 노력
2) 김종림의 재정 지원
3) 학교의 폐쇄

① 서전서숙이 세워졌다.
② 권업회가 조직되었다.
③ 신흥 강습소가 설립되었다.
④ 대한인 국민회가 결성되었다.

37 다음 가상 뉴스의 (가)에 들어갈 단체로 옳은 것은? [2점]

이상재 선생의 장례가 사회장으로 거행되었습니다. 선생은 '일체의 기회주의를 부인함' 등을 강령으로 내세운 (가) 의 초대 회장으로 민족 유일당 운동에 앞장섰습니다. 마지막까지 민족 운동에 헌신하였던 선생의 죽음을 많은 사람이 애도하였습니다.
이상재 선생 사회장 거행

① 보안회 ② 신간회 ③ 진단 학회 ④ 조선 형평사

38 다음 답사가 이루어진 지역을 지도에서 옳게 고른 것은? [2점]

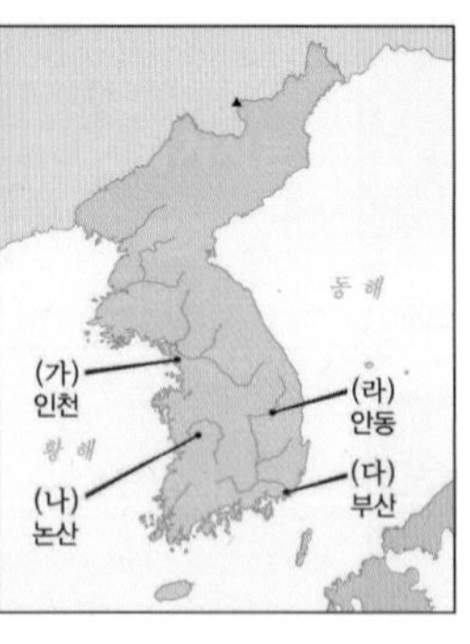

우리 고장 문화유산 탐방
일자: 2021년 ○○월 ○○일

고창 전투를 승리로 이끈 고려 공신 삼태사의 위패를 모신 사당

퇴계 이황이 제자들을 가르쳤던 장소에 세워진 서원

일제 강점기 서간도로 망명하여 독립 운동에 앞장섰던 석주 이상룡의 생가

① (가) ② (나) ③ (다) ④ (라)

39 (가)에 들어갈 군사 조직으로 옳은 것은? [2점]

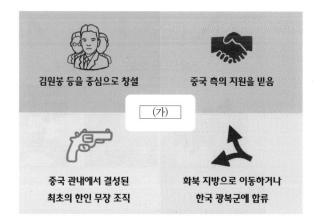

김원봉 등을 중심으로 창설

중국 측의 지원을 받음

(가)

중국 관내에서 결성된 최초의 한인 무장 조직

화북 지방으로 이동하거나 한국 광복군에 합류

① 별기군 ② 북로 군정서

③ 조선 의용대 ④ 동북 항일 연군

41 (가)에 들어갈 인물로 옳은 것은? [1점]

독립운동가 정보 검색
인물
(가)
검색
검색 결과
주요 활동
1932년 상하이 훙커우 공원에서 열린 일왕 생일 및 상하이 사변 승전 축하 기념식 단상에 폭탄을 투척하여 일본군 장성과 고위 관리를 처단함.
관련 사진
의거 현장
현장에서 발견된 도시락 폭탄

① 안창호 ② 이육사 ③ 한용운 ④ 윤봉길

40 (가)의 활동으로 옳은 것은? [2점]

독립 공채 상환에 관한 특별 조치 법안 심사 보고서

1983.12. 재무위원회

……

가. 제안 이유

지금으로부터 64년 전인 1919년, (가) 에서는 항일 독립운동을 전개하기 위한 자금 조달 방법의 하나로 소위 '독립 공채'라는 것을 발행하였음.

이 공채는 대부분 해외 교민 및 미국인을 비롯한 외국인을 대상으로 발매되었으며, 이에는 '조국이 광복되고 독립을 승인받은 후 이자를 가산하여 상환할 것을 대한민국의 명예와 신용으로 보증한다.'고 기재되어 있음.

……

따라서 3·1 운동 이후 독립운동을 목적으로 발행된 (가) 명의의 공채에 대하여 국가가 이를 상환할 수 있도록 근거법을 마련, 전 국민의 독립 애국정신을 발양하는 동시, 정부의 대내외적인 공신력을 높이고자 함.

① 집강소를 설치하였다.

② 만민 공동회를 개최하였다.

③ 연통제와 교통국을 운영하였다.

④ 개벽, 신여성 등의 잡지를 발간하였다.

42 밑줄 그은 '사건'으로 옳은 것은? [2점]

아, 떼죽음 당한 마을이 어디 우리 마을 뿐이던가. 이 섬 출신이거든 아무라도 붙잡고 물어보라. 필시 그의 가족 중에 누구 한 사람이, 아니면 적어도 사촌까지 중에 누구 한 사람이 그 북새통에 죽었다고 말하리라.

-『순이 삼촌』-

위 소설의 배경이 된 사건은 미 군정기에 시작되어 이승만 정부 수립 이후까지 지속되었습니다. 당시에 남한만의 단독 정부 수립에 반대하는 무장대와 토벌대 간의 무력 충돌과 토벌대의 진압 과정에서 많은 주민이 희생되었습니다.

① 간도 참변 ② 6·3 시위

③ 제주 4·3 사건 ④ 제암리 학살 사건

43 (가) 정부 시기에 볼 수 있는 모습으로 가장 적절한 것은? [2점]

민주주의 발전 유공자
제임스 시노트
(1929~2014)
인민 혁명당 재건 위원회 사건이 유신 헌법을 제정한 (가) 정부에 의해 조작되었음을 폭로하는 등 한국의 민주화에 공헌하여 국민포장으로 서훈되었다.

① 거리에서 장발을 단속하는 경찰
② 조선 건국 준비 위원회에 참여하는 학생
③ 서울 올림픽 대회 개막식을 관람하는 시민
④ 반민족 행위 특별 조사 위원회에서 조사받는 기업인

44 다음 퀴즈의 정답으로 옳은 것은? [1점]

1단계 장수왕이 새로운 도읍으로 삼은 곳
2단계 물산 장려 운동이 시작된 곳
3단계 남북 정상 회담이 최초로 개최된 곳
제시된 단계별 힌트를 종합하여 알 수 있는 지역은 어디일까요?

① 원산 ② 서울 ③ 파주 ④ 평양

45 (가) 정부 시기에 있었던 사실로 옳은 것은? [3점]

① 야간 통행금지가 해제되었다.
② 베트남 전쟁에 국군이 파병되었다.
③ 한미 상호 방위 조약이 체결되었다.
④ 제1차 경제 개발 5개년 계획이 실시되었다.

46 (가)에 들어갈 문화유산으로 옳은 것은? [2점]

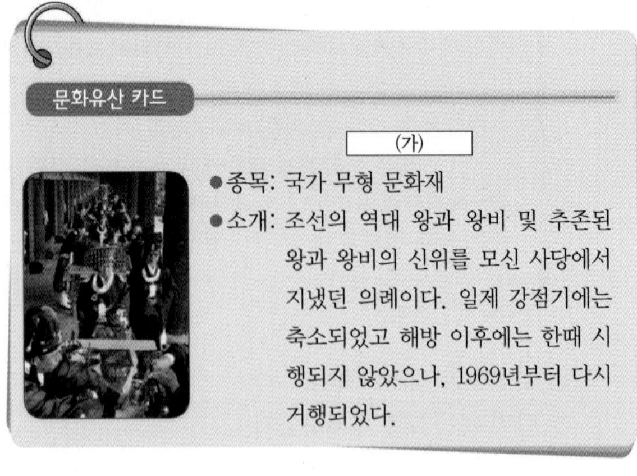

문화유산 카드
(가)
●종목: 국가 무형 문화재
●소개: 조선의 역대 왕과 왕비 및 추존된 왕과 왕비의 신위를 모신 사당에서 지냈던 의례이다. 일제 강점기에는 축소되었고 해방 이후에는 한때 시행되지 않았으나, 1969년부터 다시 거행되었다.

① 연등회 ② 승전무 ③ 석전대제 ④ 종묘제례

47 (가) 명절에 행해지는 세시풍속으로 가장 적절한 것은? [1점]

역사 신문

제△△호 1989년 ○○월 ○○일

(가) 의 부활, 3일 연휴 확정

우리나라에서는 전통적으로 음력에 근거하여 새해의 첫날을 명절로 보내왔다. 하지만 양력이 사용된 후 일제 강점기를 거치며 음력 새해의 첫날은 '구정(舊正)'으로 불리는 등 등한시 되었다. 그럼에도 음력으로 명절을 쇠는 전통은 사라지지 않았고, 1985년에 정부는 이날을 '민속의 날'이라는 이름의 국가 공휴일로 지정하였다. 그리고 1989년 드디어 (가) (이)라는 고유의 명칭으로 변경하고, 연휴로 하는 방안을 확정하였다.

① 화전놀이
② 세배하기
③ 창포물에 머리 감기
④ 보름달 보며 소원 빌기

48 (가)에 들어갈 민주화 운동으로 옳은 것은? [1점]

다른 나라의 민주화 운동에서도 불리는 이 노래에 대해 설명해 주시겠습니까?
이 노래는 들불야학 설립자 박기순과 (가) 당시 전남도청에서 계엄군에 의해 희생된 시민군 대변인 윤상원의 영혼결혼식에 헌정되었던 곡입니다. 노래에 담긴 민주주의에 대한 열망이 다른 나라 사람들에게도 공감을 얻고 있는 것으로 보입니다.

① 4 · 19 혁명
② 6월 민주 항쟁
③ 5 · 18 민주화 운동
④ 3선 개헌 반대 운동

49 (가), (나) 사이의 시기에 있었던 사실로 옳은 것은? [3점]

(가) 마침내 국회에서 유상 매수, 유상 분배를 원칙으로 하는 농지 개혁법이 통과되어 공포일부터 실시될 예정이다. 이 법이 실시되면 지주와 소작인을 구분하는 기존의 관념도 점차 사라질 것으로 보인다.

(나) 유가 및 금리 하락, 달러화 약세 등 '3저(低)'의 호재가 찾아왔다. 제2차 석유 파동이 발생한지 7년여 만에 맞이한 이 기회를 놓치지 않고 잘 대응한다면, 경제 성장의 커다란 전기를 마련할 수 있을 것으로 기대된다.

① 수출 100억 달러를 처음 달성하였다.
② G20 정상 회의를 서울에서 개최하였다.
③ 미국과 자유 무역 협정(FTA)을 체결하였다.
④ 경제 협력 개발 기구(OECD)에 가입하였다.

50 다음 내용을 발표한 정부의 통일 노력으로 옳은 것은? [2점]

북한의 무력 도발을 절대 용납하지 않는다. 우리도 북한을 해치거나 흡수 통일을 추구하지 않는다. 남북이 화해 · 협력하자. 이것이 바로 우리가 추구하는 햇볕 정책의 핵심이며 냉전 종식을 위한 주장입니다.
역사의 현장
2000년 3월, 베를린 자유대학

① 개성 공단 조성에 합의하였다.
② 남북 기본 합의서를 채택하였다.
③ 남북한이 유엔에 동시 가입하였다.
④ 7 · 4 남북 공동 성명을 발표하였다.

제 52 회 한국사능력검정시험

모바일 OMR 자동채점 서비스 ▶

- 자신이 선택한 등급의 문제지인지 확인하시오.
- 문제지에 성명과 수험 번호를 정확히 써넣으시오.
- 답안지에 성명과 수험 번호를 써넣고, 또 수험 번호와 답을 정확히 표시하시오.
- 시험 시간은 70분입니다.

01 (가) 시대의 생활 모습으로 옳은 것은? [2점]

우리가 만들고 있는 것은 (가) 시대 사람들이 처음으로 사용했던 빗살무늬 토기예요. 이 토기로 당시 사람들은 식량을 저장하거나 조리하였지요.
암사동 유적 전시관

① 가락바퀴를 이용하여 실을 뽑았다.
② 지배층의 무덤으로 고인돌을 만들었다.
③ 거푸집으로 비파형 동검을 제작하였다.
④ 철제 농기구를 사용하여 농사를 지었다.

02 학생들이 공통으로 이야기하고 있는 나라를 지도에서 옳게 찾은 것은? [2점]

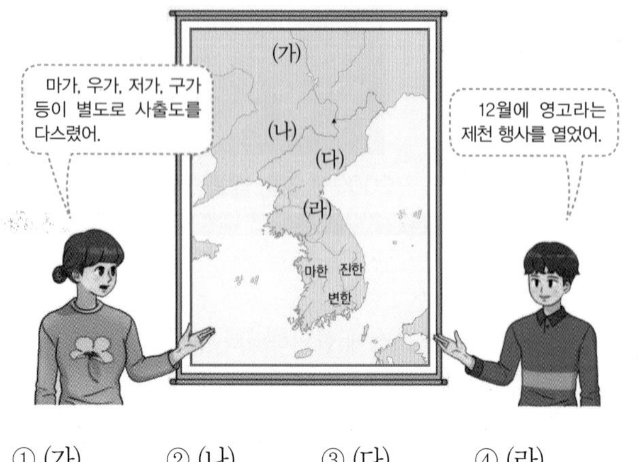

마가, 우가, 저가, 구가 등이 별도로 사출도를 다스렸어.

① (가) ② (나) ③ (다) ④ (라)

03 다음 가상 인터뷰에 등장하는 왕의 재위 기간에 있었던 사실로 옳은 것은? [3점]

즉위한 이후에 어떤 일을 하셨나요?
국호를 신라로 확정하고 임금의 칭호를 마립간에서 왕으로 고쳤습니다.

① 불교가 공인되었다.
② 노비안검법이 시행되었다.
③ 이사부가 우산국을 정벌하였다.
④ 황룡사 구층 목탑이 건립되었다.

04 (가)에 해당하는 문화유산으로 옳은 것은? [2점]

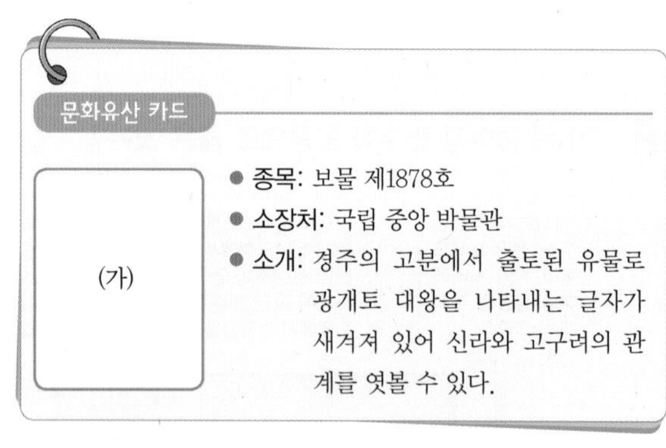

① 금동 연가 7년명 여래 입상
② 호우명 그릇
③ 철제 판갑옷과 투구
④ 산수무늬 벽돌

05 밑줄 그은 '이 왕'으로 옳은 것은? [1점]

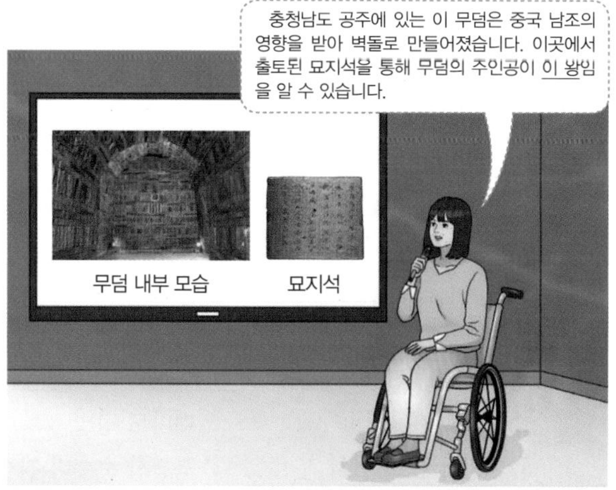

충청남도 공주에 있는 이 무덤은 중국 남조의 영향을 받아 벽돌로 만들어졌습니다. 이곳에서 출토된 묘지석을 통해 무덤의 주인공이 이 왕임을 알 수 있습니다.
무덤 내부 모습
묘지석

① 성왕 ② 고이왕 ③ 무령왕 ④ 근초고왕

06 (가)에 들어갈 인물로 옳은 것은? [2점]

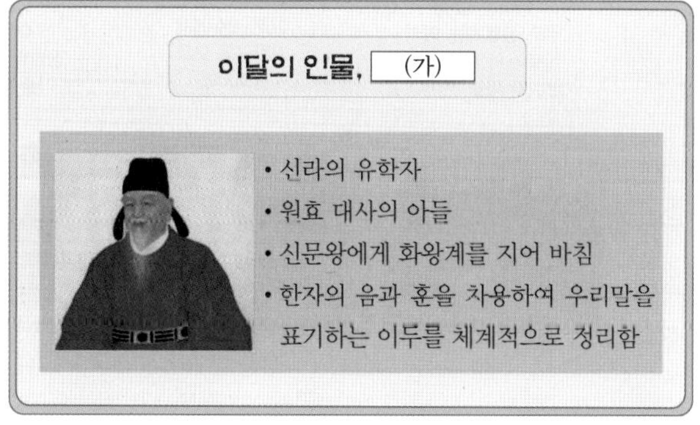

① 설총 ② 안향 ③ 김부식 ④ 최치원

07 (가) 시기에 있었던 사실로 옳은 것은? [3점]

① 신라와 당이 동맹을 맺었다.
② 백제가 수도를 사비로 옮겼다.
③ 대가야가 가야 연맹을 주도하였다.
④ 고구려가 살수에서 수의 대군을 격파하였다.

08 (가)에 들어갈 내용으로 옳은 것은? [2점]

<역사 다큐멘터리 제작 기획안>

흔들리는 신라

1. 기획 의도: 신라 하대의 역사적 사건을 소재로, 당시의 혼란한 시대 상황을 조명한다.

2. 구성
• 제1편: 김헌창의 난
• 제2편: 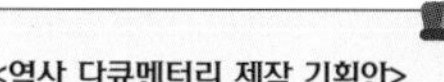 (가)
• 제3편: 적고적의 난

① 만적의 난 ② 홍경래의 난
③ 망이·망소이의 난 ④ 원종과 애노의 난

09 (가) 국가에 대한 설명으로 옳은 것은? [2점]

① 글과 활쏘기를 가르치는 경당을 두었다.
② 정사암에서 국가의 중대사를 결정하였다.
③ 청해진을 중심으로 해상 무역을 전개하였다.
④ 5경 15부 62주로 지방 행정 제도를 정비하였다.

10 밑줄 그은 '나'에 대한 설명으로 옳은 것은? [2점]

나는 왕으로 즉위해 나라 이름을 고려라 정하였습니다. 이후 신라의 항복을 받고 후백제를 격파하여 후삼국을 통일하였습니다.

① 전국을 8도로 나누었다.
② 천리장성을 축조하였다.
③ 화통도감을 설치하였다.
④ 사심관 제도를 시행하였다.

11 (가)에 들어갈 내용으로 옳은 것은? [1점]

(앞면)

• 고려 제6대 왕
• 최승로의 시무 28조 수용
• 2성 6부로 중앙 통치 조직 정비
• (가)

(뒷면)

① 녹읍 폐지　　② 대마도 정벌
③ 지방에 12목 설치　　④ 북한산 순수비 건립

12 다음 퀴즈의 정답으로 옳은 것은? [2점]

중서문하성과 중추원의 고위 관료들이 모여 국방과 군사 문제를 논의하던 고려의 정치 기구는 무엇일까요?

①

삼사

②

어사대

③

의정부

④

도병마사

13 (가)~(다)의 사건을 일어난 순서대로 옳게 나열한 것은? [3점]

항복은 없다! 우리 삼별초는 여기 진도에서 적에 맞서 끝까지 싸울 것이다.
배중손

(가)

공격하라! 이곳 귀주에서 거란군을 모두 물리쳐라.
강감찬

(나)

우리 별무반은 여진을 정벌할 것이다. 나를 따르라!
윤관

(다)

① (가) - (나) - (다)　　② (나) - (다) - (가)
③ (다) - (가) - (나)　　④ (다) - (나) - (가)

14 (가) 국가의 경제 상황으로 옳은 것은? [2점]

화면 속의 청동 거울은 (가) 시대에 제작된 것으로, 여기에 새겨진 배를 통해 당시 국제 무역이 활발하게 이루어졌음을 짐작할 수 있습니다. 송을 비롯한 여러 나라 상인들은 예성강 하구의 벽란도를 드나들면서 무역을 하였습니다.

① 고구마, 감자 등이 재배되었다.
② 모내기법이 전국적으로 확산되었다.
③ 만상, 내상 등이 활발하게 활동하였다.
④ 활구라고 불린 은병이 화폐로 사용되었다.

15 학생들이 공통으로 이야기하고 있는 왕의 업적으로 옳은 것은? [2점]

원에 볼모로 갔다가 고려의 왕이 되었어.
몽골식 풍습을 금지하고 기철을 비롯한 친원 세력을 제거하였어.
신돈을 등용하여 전민변정도감을 설치하였어.
노국 대장 공주와의 사랑 이야기는 인상적이었어.

① 균역법을 시행하였다.
② 독서삼품과를 실시하였다.
③ 삼강행실도를 편찬하였다.
④ 철령 이북의 땅을 되찾았다.

16 다음에 해당하는 문화유산으로 옳은 것은? [1점]

UNESCO 세계유산 세계기록유산 무형문화유산

기본 정보 상세 설명

두 사람이 상대방의 샅바나 바지의 허리춤을 잡고 상대를 바닥에 넘어뜨리는 민속놀이이다. 이 놀이는 남북한이 공동으로 등재를 신청하여 2018년에 유네스코 무형 문화유산이 되었다.

① 씨름 ② 택견 ③ 강강술래 ④ 남사당놀이

17 (가)에 들어갈 문화유산에 대한 설명으로 옳은 것은? [2점]

이곳 합천 해인사 장경판전에는 고려 시대에 제작된 (가) 이/가 현재까지 잘 보존되어 있습니다. 그 이유는 건물의 통풍이 잘 되도록 위아래 창의 크기를 서로 다르게 하였고 안쪽 흙바닥 속에 숯과 횟가루를 넣어 습도를 조절하였기 때문입니다.

① 승정원에서 편찬하였다.
② 시정기와 사초를 바탕으로 제작하였다.
③ 현존하는 가장 오래된 금속 활자본이다.
④ 부처의 힘으로 몽골의 침입을 물리치고자 만들었다.

18 (가)에 들어갈 내용으로 옳은 것은? [2점]

조선의 건국 과정을 소개합니다

① 비변사 혁파　② 위화도 회군
③ 대전회통 편찬　④ 훈민정음 창제

19 학생들이 공통으로 이야기하고 있는 지역을 지도에서 옳게 찾은 것은? [2점]

온조의 형 비류가 미추홀이라 불린 이 지역에 터를 잡았다고 해.
(가) 인천
(나) 군산
(라) 강릉
(다) 울산
2014년 제17회 아시아 경기 대회가 개최되었어.
강화도 조약으로 부산, 원산에 이어 개항되었어.

① (가)　② (나)　③ (다)　④ (라)

20 (가)에 들어갈 문화유산으로 옳은 것은? [1점]

어제, 오전 9시 30분

이건 어떤 기구야?

그림자로 시간을 측정하는 기구야. 동지나 하지와 같은 절기도 알 수 있어.

① 자격루

②

측우기

③

앙부일구

④

혼천의

21 (가)에 들어갈 세시 풍속으로 옳은 것은? [1점]

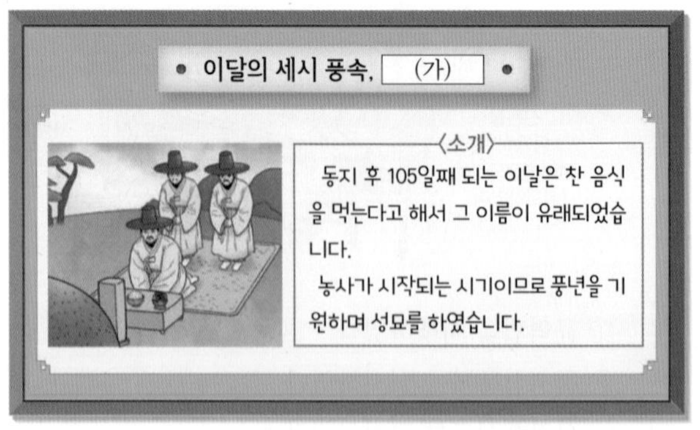

• 이달의 세시 풍속, (가) •

동지 후 105일째 되는 이날은 찬 음식을 먹는다고 해서 그 이름이 유래되었습니다.
농사가 시작되는 시기이므로 풍년을 기원하며 성묘를 하였습니다.

① 설날　② 한식　③ 중양절　④ 정월 대보름

22 (가) 인물에 대한 설명으로 옳은 것은? [2점]

이곳은 안동에 있는 병산 서원으로 (가) 의 학문과 업적을 기리기 위한 곳입니다. 그는 임진왜란이 일어났을 때 훈련도감 설치를 건의하기도 하였습니다.

① 징비록을 저술하였다.
② 4군 6진을 개척하였다.
③ 서경 천도를 주장하였다.
④ 대동여지도를 제작하였다.

23 (가)에 들어갈 인물로 옳은 것은? [2점]

이 책에 대해 소개해 주시겠습니까?
이 책은 제주도에 표류한 네덜란드 사람 (가) 이/가 조선에서의 억류 생활상을 기록한 것입니다. 조선의 풍속이 서양 사회에 알려지는 계기가 되어 사료적 가치가 있습니다.
JOURNAEL
SPERWER,

① 베델 ② 하멜 ③ 매켄지 ④ 헐버트

24 (가), (나) 사이의 시기에 있었던 사실로 옳은 것은? [3점]

(가) 대비의 명으로 인조가 즉위하였다. 광해군을 폐위시켜 강화로 내쫓고 이이첨 등을 처형한 다음 전국에 대사령을 내렸다.

(나) 영조가 '두루 원만하고 치우치지 않음이 군자의 공정한 마음이요, 치우치고 두루 원만하지 못함이 소인의 사사로운 마음이다.'라는 내용을 담은 탕평비를 성균관 입구에 세우게 하였다.

① 예송이 발생하였다.
② 3포 왜란이 일어났다.
③ 경국대전이 완성되었다.
④ 정동행성이 설치되었다.

25 (가)에 들어갈 화폐로 옳은 것은? [2점]

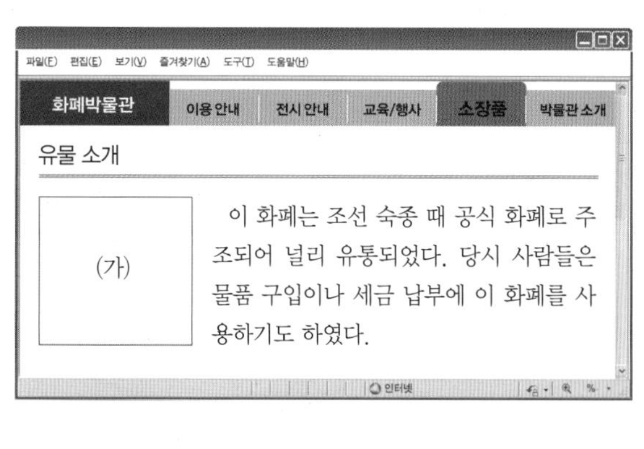

이 화폐는 조선 숙종 때 공식 화폐로 주조되어 널리 유통되었다. 당시 사람들은 물품 구입이나 세금 납부에 이 화폐를 사용하기도 하였다.

①

건원중보

②

해동통보

③

상평통보

④

백동화

26 밑줄 그은 '사절단'으로 옳은 것은? [2점]

이것은 일본 에도 막부의 요청으로 조선이 파견한 공식 외교 사절단에 관한 기록물입니다. 이 기록물을 통해 양국이 우호 관계 구축과 유지를 위해 노력하였다는 것을 알 수 있습니다.

① 보빙사 ② 연행사 ③ 영선사 ④ 통신사

27 (가) 왕의 업적으로 옳지 않은 것은? [2점]

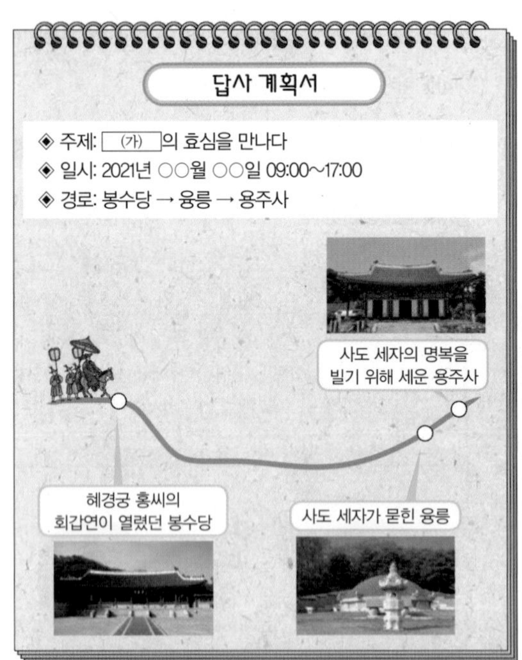

◈ 주제: (가) 의 효심을 만나다
◈ 일시: 2021년 ○○월 ○○일 09:00~17:00

사도 세자의 명복을 빌기 위해 세운 용주사

사도 세자가 묻힌 융릉

① 장용영을 설치하였다.
② 금난전권을 폐지하였다.
③ 농사직설을 편찬하였다.
④ 초계문신제를 실시하였다.

28 (가)에 들어갈 교육 기관으로 옳은 것은? [1점]

여러분은 현재의 초등학교와 유사한 조선 시대의 (가) 체험을 하고 있어요. 당시 학생들은 천자문, 동몽선습, 소학 등을 배웠답니다.

① 서당 ② 태학 ③ 성균관 ④ 주자감

29 다음에서 설명하는 문화유산으로 옳은 것은? [3점]

이 궁궐은 조선 시대에 창덕궁과 함께 동궐로 불렸습니다.
1/3

일제에 의해 동물원과 식물원이 설치되어 한때는 그 원래 모습을 잃었던 적도 있습니다.
2/3

이제 본 모습을 찾아가고 있는 궁궐에서 조선 왕실의 숨결을 느껴 보시기 바랍니다.
3/3

① 경복궁 ② 경희궁 ③ 덕수궁 ④ 창경궁

30 (가)에 들어갈 섬으로 옳은 것은? [1점]

10월 25일이 무슨 날인지
알고 계시나요?
이날은 (가) 가 우리 영토임을 분명히 밝힌 대한 제국 칙령 제41호를 기념하고 이를 대내외적으로 알리기 위해 정해졌습니다.

① 독도 ② 완도 ③ 거문도 ④ 흑산도

31 다음 사건에 대한 정부의 대책으로 옳은 것은? [2점]

환곡의 폐단을 시정하라!
경상 우병사 백낙신의 탐욕과 수탈을 더 이상은 참을 수 없소!
유계춘

① 소격서를 폐지하였다.
② 직전법을 실시하였다.
③ 척화비를 건립하였다.
④ 삼정이정청을 설치하였다.

32 (가)~(다) 학생이 발표한 내용을 일어난 순서대로 옳게 나열한 것은? [3점]

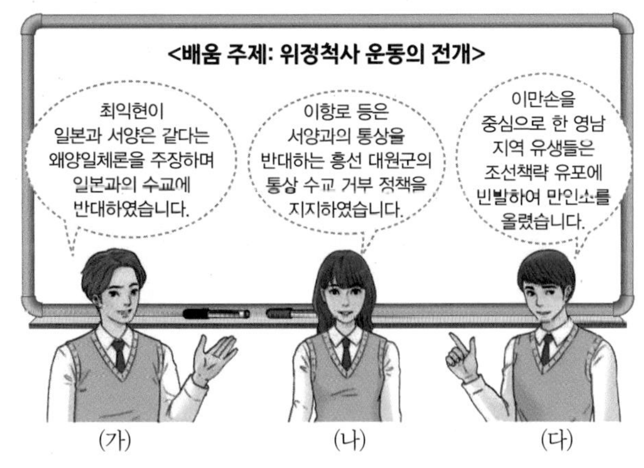
<배움 주제: 위정척사 운동의 전개>
최익현이 일본과 서양은 같다는 왜양일체론을 주장하며 일본과의 수교에 반대하였습니다.
이항로 등은 서양과의 통상을 반대하는 흥선 대원군의 통상 수교 거부 정책을 지지하였습니다.
이만손을 중심으로 한 영남 지역 유생들은 조선책략 유포에 반발하여 만인소를 올렸습니다.
(가)
(나)
(다)

① (가) – (나) – (다)
② (가) – (다) – (나)
③ (나) – (가) – (다)
④ (다) – (가) – (나)

33 밑줄 그은 '거사'로 옳은 것은? [1점]

나는 개화 정책을 강력하게 추진하기 위해 1884년 이곳 우정총국의 개국 축하연을 이용해서 거사를 감행하였습니다. 이후 새로운 정부를 구성하였으나 청군의 개입으로 3일 만에 실패로 끝이 났습니다.
중강 현실 역사 여행

① 갑신정변 ② 을미사변 ③ 임오군란 ④ 아관 파천

34 다음 사건에 대한 설명으로 옳은 것은? [2점]

보국안민
동도대장
백산 집결
황룡촌 전투
전주성 점령
우금치 전투

① 외규장각 도서가 약탈되었다.
② 집강소를 설치하여 폐정 개혁을 추진하였다.
③ 홍의 장군 곽재우가 의병장으로 활약하였다.
④ 서북인에 대한 차별이 원인이 되어 일어났다.

35 (가)에 들어갈 인물로 옳은 것은? [2점]

이달의 뮤지컬
연해주 독립운동의 대부, (가)

도운 숨은 공로자,

권업회를 조직하여
독립운동을 이끈 인물,

그를 알고 있는가?

• 장소: △△대극장

① 박은식 ② 이봉창 ③ 주시경 ④ 최재형

36 (가)에 들어갈 단체의 활동으로 옳은 것은? [2점]

오늘 신문에 (가) 이/가 종로에서 만민 공동회를 열어 러시아 군사 교관 철수를 요구했다는 기사가 실렸네.
지난 기사에는 러시아의 절영도 조차 요구를 반대했다는 내용이 실렸었지요.

① 태극 서관을 운영하였다.
② 독립문 건립을 주도하였다.
③ 고종 강제 퇴위를 반대하였다.
④ 국채 보상 운동을 지원하였다.

37 밑줄 그은 '이 단체'로 옳은 것은? [3점]

역사 토크
1910년대에 국내에서도 항일 독립 운동이 전개 되었다고요?
네, 맞습니다. 박상진을 중심으로 1915년에 대구에서 결성된 이 단체가 대표적입니다.
공화 정치를 목표로 했으며 주로 독립 전쟁 자금 모금, 친일파 처단 등의 활동을 하였지요.

① 대한 광복회 ② 조선어 학회
③ 조선 형평사 ④ 한인 애국단

38 다음 상황이 일어난 시기를 연표에서 옳게 고른 것은? [2점]

나는 충격적인 사건이 발생한 제암리에 와 있다. 이곳에서 일본군은 교회에 마을 사람들을 모이게 하고 사격을 가한 후 불을 질렀다고 한다.

1875		1897		1910		1932		1945
	(가)		(나)		(다)		(라)	
운요호 사건		대한 제국 수립		국권 피탈		윤봉길 의거		8·15 광복

① (가) ② (나) ③ (다) ④ (라)

39 (가)에 해당하는 인물로 옳은 것은? [1점]

①  김규식

②  안창호

③  여운형

④   이동휘

40 (가)에 들어갈 내용으로 옳은 것은? [2점]

이곳 임청각은 대한민국 임시 정부 초대 국무령을 지낸 석주 이상룡의 생가입니다. 그는 이회영 등과 함께 만주 삼원보에 경학사와 (가) 을/를 세워 무장 독립 투쟁의 토대를 마련하였습니다. 일제는 이곳이 독립운동가를 다수 배출한 집이라 하여 철길을 내어 훼손하였다고 합니다.
임청각(2025년까지 복원 예정)

① 동문학 ② 배재 학당
③ 신흥 강습소 ④ 한성 사범 학교

41 (가)에 들어갈 사진으로 옳은 것은? [2점]

①  별기군

②  토지 조사 사업

③  산미 증식 계획

④  강제 공출

42 밑줄 그은 '이 단체'로 옳은 것은? [1점]

① 근우회 ② 보안회 ③ 의열단 ④ 중광단

43 (가)에 들어갈 내용으로 옳은 것은? [2점]

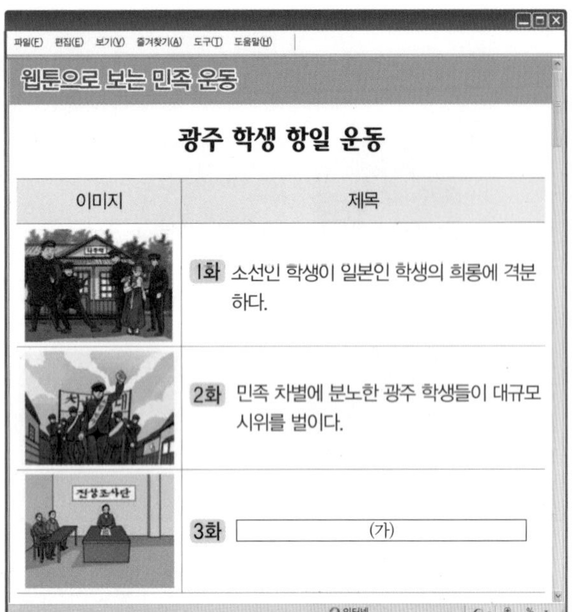

① 통감부가 설치되다.
② 2·8 독립 선언서를 작성하다.
③ 일제가 치안 유지법을 공포하다.
④ 신간회 등이 지원하여 전국으로 확산되다.

44 밑줄 그은 '영화'의 제목으로 옳은 것은? [2점]

① 미몽 ② 아리랑
③ 자유 만세 ④ 시집 가는 날

45 다음 상황이 나타난 시기에 볼 수 있는 모습으로 옳은 것은? [2점]

① 대동법 시행에 반대하는 지주
② 신사 참배를 강요당하는 청년
③ 암태도 소작 쟁의에 참여하는 농민
④ 박문국에서 한성순보를 발간하는 관리

46 (가)에 들어갈 사진으로 옳은 것은? [3점]

①

경부 고속 도로 개통

②

4·19 혁명

③

유신 헌법 공포

④

5·10 총선거

47 밑줄 그은 '이 전쟁' 중에 있었던 사실로 옳은 것은? [2점]

이것은 이우근의 편지를 새긴 조형물입니다. 그는 이 전쟁 당시 학도의용군으로 포항여중 전투에서 북한군과 싸우다 전사하였습니다. 그가 쓴 편지에는 동족상잔의 비극, 어머니에 대한 그리움이 담겨져 있습니다.

① 미국이 애치슨 선언을 발표하였다.
② 조선 건국 준비 위원회가 결성되었다.
③ 16개국으로 구성된 유엔군이 참전하였다.
④ 13도 창의군이 서울 진공 작전을 전개하였다.

48 다음 자료로 알 수 있는 민주화 운동에 대한 설명으로 옳은 것은? [3점]

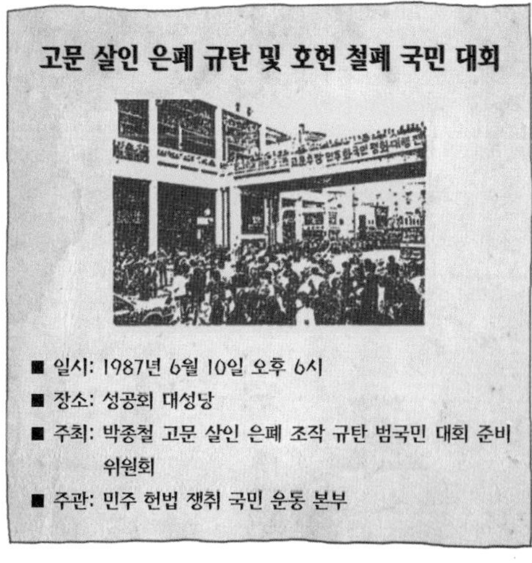

고문 살인 은폐 규탄 및 호헌 철폐 국민 대회

- 일시: 1987년 6월 10일 오후 6시
- 장소: 성공회 대성당
- 주최: 박종철 고문 살인 은폐 조작 규탄 범국민 대회 준비 위원회
- 주관: 민주 헌법 쟁취 국민 운동 본부

① 대통령이 하야하는 결과를 가져왔다.
② 굴욕적인 한일 국교 정상화에 반대하였다.
③ 5년 단임의 대통령 직선제 개헌을 이끌어냈다.
④ 전개 과정에서 시민군이 자발적으로 조직되었다.

49 다음 신년사를 발표한 정부 시기에 있었던 사실로 옳은 것은? [3점]

존경하는 국민 여러분!
새해를 맞아 국민 여러분 모두가 행복하시길 바랍니다. 작년 2월 25일, '국민의 정부'는 전례 없는 외환 위기 속에서 출발하였습니다. 우리 국민은 실직과 경기 침체로 인해 견디기 힘든 고통에도 불구하고 금 모으기 운동 등 할 수 있는 모든 노력을 다해 왔습니다. 국민 여러분이 한없이 고맙고 자랑스럽습니다.

① 소련, 중국과의 국교가 수립되었다.
② 한일 월드컵 축구 대회를 개최하였다.
③ 제1차 경제 개발 5개년 계획을 추진하였다.
④ 경제 협력 개발 기구(OECD)에 가입하였다.

50 (가)에 들어갈 내용으로 옳은 것은? [2점]

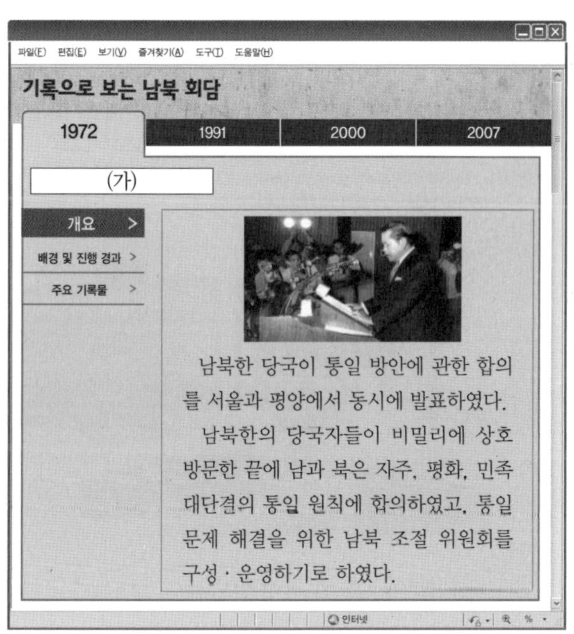

기록으로 보는 남북 회담
1972
1991
2000
2007
(가)
개요
배경 및 진행 경과
주요 기록물
남북한 당국이 통일 방안에 관한 합의를 서울과 평양에서 동시에 발표하였다.
남북한의 당국자들이 비밀리에 상호 방문한 끝에 남과 북은 자주, 평화, 민족 대단결의 통일 원칙에 합의하였고, 통일 문제 해결을 위한 남북 조절 위원회를 구성·운영하기로 하였다.

① 남북 기본 합의서　② 7·4 남북 공동 성명
③ 6·15 남북 공동 선언　④ 10·4 남북 정상 선언

제 51 회 한국사능력검정시험

모바일 OMR 자동채점 서비스 ▶ 

- 자신이 선택한 등급의 문제지인지 확인하시오.
- 문제지에 성명과 수험 번호를 정확히 써넣으시오.
- 답안지에 성명과 수험 번호를 써넣고, 또 수험 번호와 답을 정확히 표시하시오.
- 시험 시간은 70분입니다.

01 (가) 시대의 생활 모습으로 옳은 것은? [1점]

이 영상은 (가) 시대의 대표적 무덤인 고인돌의 축조 과정을 재현한 것입니다. 이처럼 축조에 많은 노동력이 동원되어야 한다는 점을 통해 당시에 권력을 가진 지배자가 있었음을 알 수 있습니다.

① 우경이 널리 보급되었다.
② 주로 동굴이나 막집에서 거주하였다.
③ 반달 돌칼을 사용하여 벼를 수확하였다.
④ 실을 뽑기 위해 가락바퀴를 처음 사용하였다.

02 교사의 질문에 대한 학생의 답변으로 옳은 것은? [2점]

이것은 무용총에 그려진 수렵도입니다. 이 문화유산을 남긴 국가에 대해 말해 볼까요?

① 22담로에 왕족을 파견했어요.
② 한의 침략을 받아 멸망했어요.
③ 신지, 읍차 등의 지배자가 있었어요.
④ 빈민 구제를 위해 진대법을 실시했어요.

03 (가) 나라의 경제 상황에 대한 설명으로 옳은 것은? [2점]

창작 뮤지컬 '김수로왕과 허황옥'
알에서 태어나 (가) 을/를 건국하였다고 전해지는 김수로왕이 아유타국의 공주였던 허황옥을 만나 혼인하게 된 이야기를 한 편의 뮤지컬로 선보입니다. 많은 관람 바랍니다.

• 장소: 김해 대성동 고분군 앞 특설 무대

① 낙랑과 왜에 철을 수출하였다.
② 모내기법이 전국으로 확산하였다.
③ 물가 조절을 위해 상평창을 두었다.
④ 활구라고도 불린 은병을 제작하였다.

04 (가)에 들어갈 문화유산으로 옳은 것은? [3점]

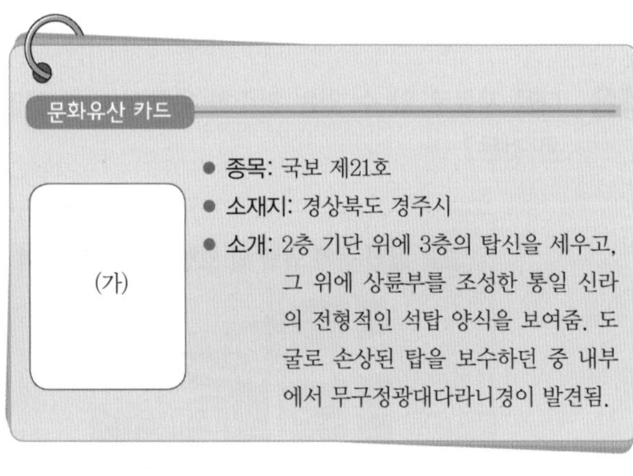

• 종목: 국보 제21호
• 소재지: 경상북도 경주시

05 밑줄 그은 '나'의 업적으로 옳은 것은? [2점]

나는 신라의 제23대 왕으로 병부를 설치하고, 율령을 반포하였소.

① 녹읍을 폐지하였다.
② 불교를 공인하였다.
③ 독서삼품과를 시행하였다.
④ 북한산에 순수비를 세웠다.

06 (가)에 들어갈 문화유산으로 옳은 것은? [2점]

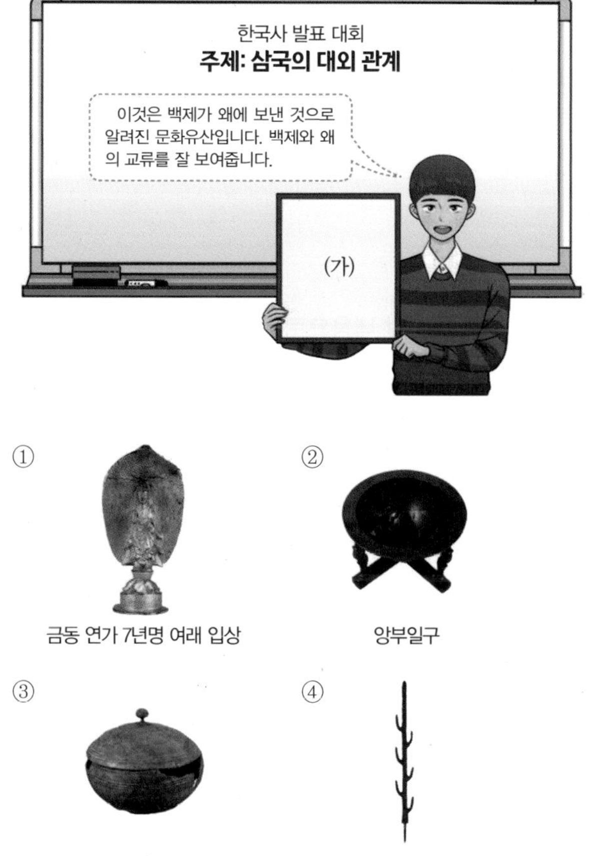

한국사 발표 대회
주제: 삼국의 대외 관계
이것은 백제가 왜에 보낸 것으로 알려진 문화유산입니다. 백제와 왜의 교류를 잘 보여줍니다.

07 (가)에 들어갈 제도로 옳은 것은? [1점]

우리 신라에서는 (가) 때문에 큰 재주와 공이 있어도 진골이 아니면 승진에 제한이 있지 않은가?
그러게 말일세. 심지어 집의 크기도 제한하고 있지.

① 화랑도 ② 골품 제도 ③ 화백 회의 ④ 상수리 제도

08 밑줄 그은 '전투'로 옳은 것은? [2점]

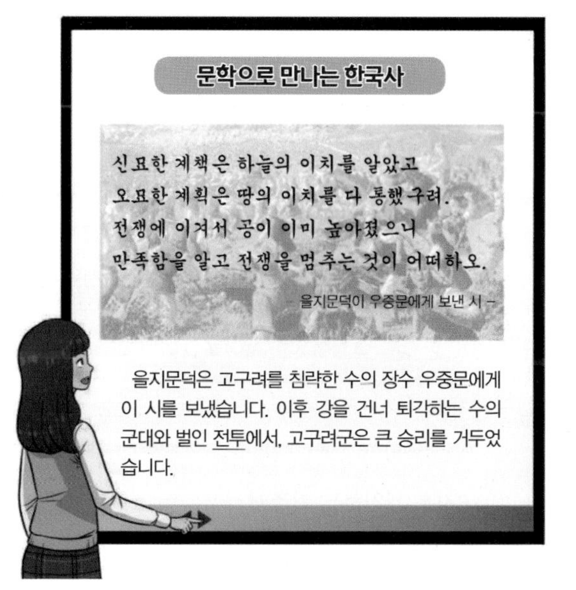

문학으로 만나는 한국사
신묘한 계책은 하늘의 이치를 알았고
오묘한 계획은 땅의 이치를 다 통했구려.
전쟁에 이겨서 공이 이미 높아졌으니
만족함을 알고 전쟁을 멈추는 것이 어떠하오.
– 을지문덕이 우중문에게 보낸 시 –
을지문덕은 고구려를 침략한 수의 장수 우중문에게 이 시를 보냈습니다. 이후 강을 건너 퇴각하는 수의 군대와 벌인 전투에서, 고구려군은 큰 승리를 거두었습니다.

① 명량 대첩 ② 살수 대첩 ③ 횡산 대첩 ④ 한산도 대첩

09 (가)에 들어갈 내용으로 옳은 것은? [3점]

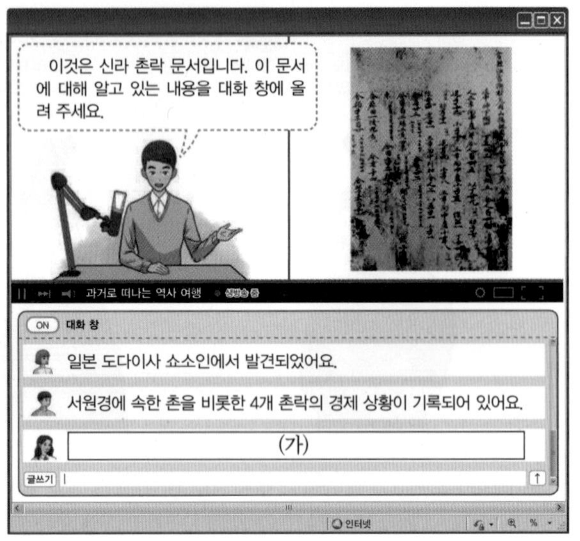

① 단군의 건국 이야기가 수록되어 있어요.
② 병인양요 때 프랑스군에게 약탈당하였어요.
③ 유네스코 세계 기록 유산으로 등재되었어요.
④ 노동력 동원과 세금 징수를 위해 작성되었어요.

10 다음 다큐멘터리에서 볼 수 있는 장면으로 가장 적절한 것은? [2점]

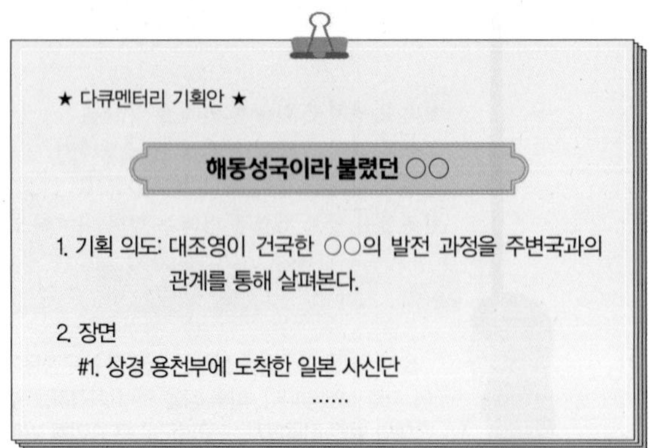

① 6진을 개척하는 김종서
② 처인성에서 싸우는 김윤후
③ 당의 등주를 공격하는 장문휴
④ 정족산성에서 교전하는 양헌수

11 다음 가상 뉴스에서 보도하고 있는 사건이 일어난 시기를 연표에서 옳게 고른 것은? [3점]

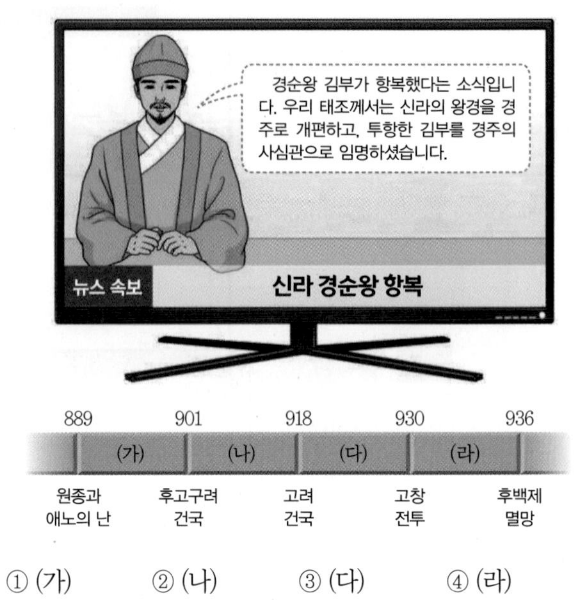

889		901		918		930		936
	(가)		(나)		(다)		(라)	
원종과 애노의 난		후고구려 건국		고려 건국		고창 전투		후백제 멸망

① (가) ② (나) ③ (다) ④ (라)

12 (가)에 들어갈 내용으로 옳은 것은? [2점]

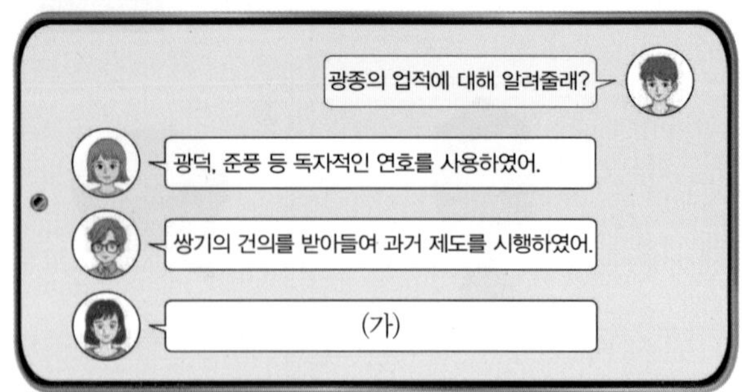

① 훈요 10조를 남겼어.
② 교정도감을 설치하였어.
③ 노비안검법을 실시하였어.
④ 12목에 지방관을 파견하였어.

13 (가)에 들어갈 인물로 옳은 것은? [1점]

거란의 3차 침입 때 (가) 이/가 귀주에서 적의 대군을 격파하고 큰 승리를 거두었어요.

① 서희 ② 윤관 ③ 강감찬 ④ 최무선

14 (가) 시기에 있었던 사실로 옳은 것은? [3점]

우리는 결코 항복하지 않는다. 이곳 항파두리에 성을 쌓고 몽골에 맞서 끝까지 싸우자!

① 별무반이 편성되었다.
② 김헌창이 난을 일으켰다.
③ 김부식이 삼국사기를 편찬하였다.
④ 지배층을 중심으로 변발과 호복이 유행하였다.

15 다음과 같은 기법으로 제작된 문화유산으로 옳은 것은? [2점]

도자기 표면에 무늬 새기기

무늬에 다른 색의 흙 메우기

다른 색 흙을 긁어내어 무늬 나타내기

①

기마 인물형 토기

②

백자 철화 끈무늬 병

③

청자 참외 모양 병

④

청자 상감 모란문 표주박 모양 주전자

16 (가)에 해당하는 작물로 옳은 것은? [1점]

> 문익점이 원에 갔다가 돌아오는 길에 (가) 을/를 보고 씨 10개를 따서 가져 왔다. 진주에 와서 절반을 정천익에게 주고 기르게 하였으나 단 한 개만 살아남았다. 가을에 정천익이 그 씨를 따니 100여 개나 되었다.

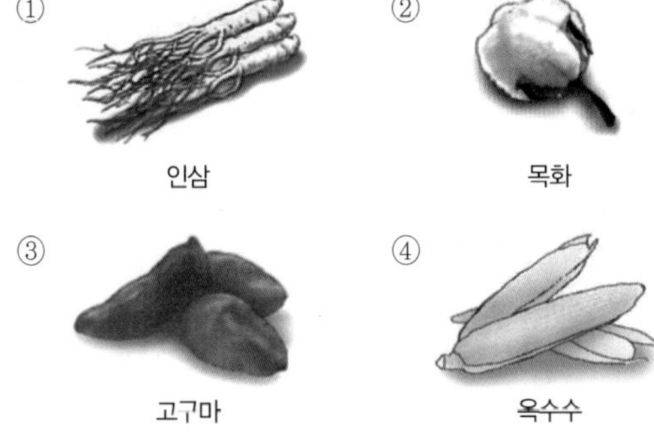
① 인삼 ② 목화 ③ 고구마 ④ 옥수수

17 (가)에 들어갈 내용으로 옳은 것은? [2점]

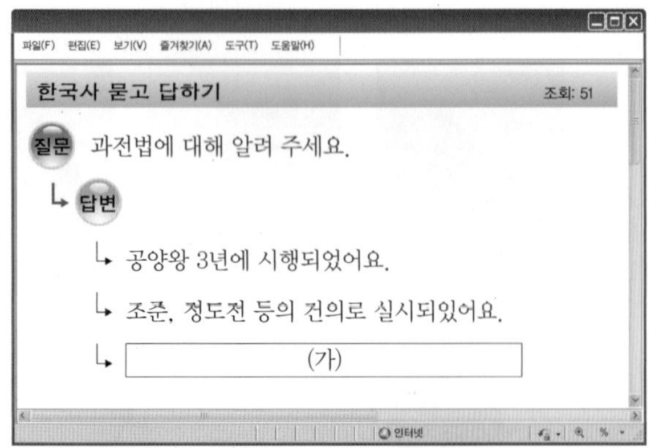

① 공인이 등장하는 배경이 되었어요.
② 토지 소유자에게 지계를 발급하였어요.
③ 전지와 시지를 품계에 따라 나누어 주었어요.
④ 전·현직 관리에게 토지의 수조권을 지급하였어요.

18 다음 퀴즈의 정답으로 옳은 것은? [2점]

① 

② 

③ 

④ 

19 교사의 질문에 대한 학생의 답변으로 옳지 <u>않은</u> 것은? [2점]

20 다음 학생이 생각하고 있는 기구로 옳은 것은? [2점]

① 사간원 ② 사헌부 ③ 승정원 ④ 홍문관

21 (가)에 해당하는 책으로 옳은 것은? [2점]

> 조선 제9대 국왕인 성종의 재위 기간에는 통치에 관한 규범들을 확립하기 위해 많은 서적이 편찬되었다. 국가 운영 전반에 대한 법률을 담은 (가) 이/가 반포되었으며, 국가의 의례를 정비한 국조오례의와 궁중 음악을 집대성한 악학궤범이 완성되었다.

① 
택리지

② 
경국대전

③ 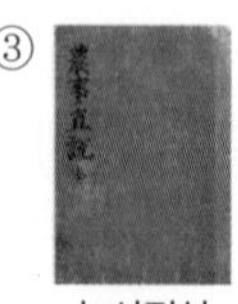
농사직설

④ 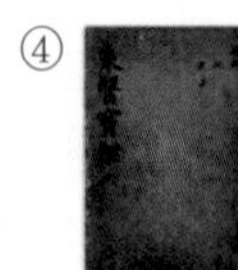
동의보감

22 다음 인물에 대한 설명으로 옳은 것은? [2점]

• 1482년 한성에서 출생
• 1515년 문과에 급제
• 1518년 현량과 실시를 건의
대사헌에 임명됨
• 1519년 위훈 삭제를 건의
기묘사화로 사약을 받음

① 거중기를 설계하였다.
② 조선경국전을 저술하였다.
③ 소격서 폐지를 주장하였다.
④ 만권당에서 원의 학자들과 교류하였다.

23 (가)에 들어갈 종교로 옳은 것은? [1점]

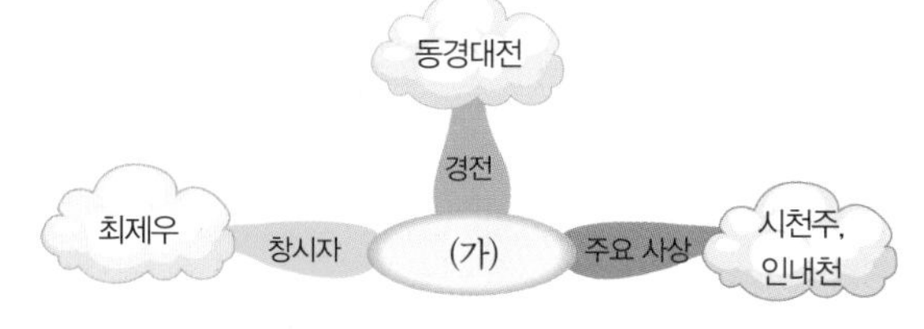

① 동학　② 대종교　③ 원불교　④ 천주교

24 (가)에 해당하는 제도로 옳은 것은? [1점]

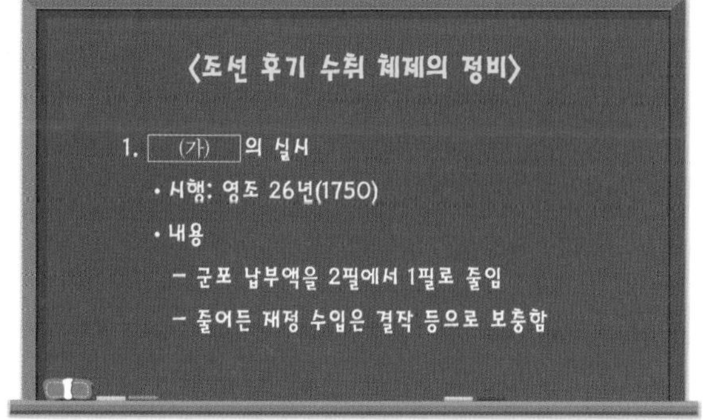

① 균역법　② 대동법　③ 영정법　④ 직전법

25 밑줄 그은 '개혁안'의 내용으로 옳은 것은? [3점]

이곳은 유형원이 학문 연구와 저술에 힘썼던 전라북도 부안군 우반동의 반계 서당입니다. 그는 이곳에 머물면서 다양한 개혁안을 담은 반계수록을 저술하였습니다.

① 균전제 실시
② 정혜결사 제창
③ 훈련도감 창설
④ 전민변정도감 설치

26 (가)에 들어갈 장면으로 가장 적절한 것은? [2점]

①

②

③

④

27 다음 격문이 작성된 시기의 상황으로 옳은 것은? [2점]

> 평서대원수는 급히 격문을 띄우노니 관서 지역의 모든 사람들은 들으라. …… 조정에서는 관서 지역을 썩은 흙과 같이 버렸다. 심지어 권세가의 노비들도 관서 사람을 보면 반드시 '평안도 놈'이라고 한다. 어찌 억울하고 원통하지 않겠는가.

① 무신들이 정권을 장악하였다.
② 신식 군대인 별기군이 창설되었다.
③ 최치원이 시무 10여 조를 건의하였다.
④ 수령과 향리의 수탈로 삼정이 문란하였다.

28 (가) 인물이 집권한 시기의 사실로 옳은 것은? [2점]

소식 들었는가? 이제 우리 양반에게도 군포를 걷겠다는군.

어쩌겠는가. 조정이 왕의 아버지인 (가) 의 위세에 눌려 모든 일이 그의 뜻대로 되고 있으니 말일세.

① 장용영이 창설되었다.
② 척화비가 건립되었다.
③ 청해진이 설치되었다.
④ 칠정산이 편찬되었다.

29 (가)에 들어갈 문화유산으로 옳은 것은? [1점]

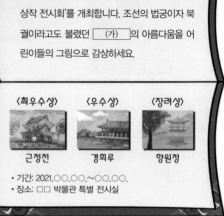

초대합니다

우리 박물관에서는 '고궁 사랑 그리기 대회 수상작 전시회'를 개최합니다. 조선의 법궁이자 북궐이라고도 불렸던 (가) 의 아름다움을 어린이들의 그림으로 감상하세요.

〈최우수상〉 근정전 〈우수상〉 경회루 〈장려상〉 향원정

• 기간: 2021.○○.○○.~○○.○○.
• 장소: □□ 박물관 특별 전시실

① 경복궁 ② 덕수궁 ③ 창경궁 ④ 창덕궁

30 다음 시나리오의 상황 이후에 전개된 사실로 옳은 것은? [3점]

S#15. 한성의 궁궐 안
일본에 조사 시찰단으로 파견되었다가 약 4개월 만에 돌아온 홍영식이 고종과 대화를 나누고 있다.

고 종: 일본의 제도가 장대하고 정치가 부강하다고 하는데 시찰해 보니 과연 그러하더냐?
홍영식: 그렇습니다. 일본의 부강은 모두 밤낮을 가리지 않고 부지런히 노력한 결과입니다. 일본이 이룬 것을 볼 때 우리도 노력하면 충분히 가능할 것입니다.

① 삼정이정청이 설치되었다.
② 어재연 부대가 미군에 맞서 싸웠다.
③ 구식 군인들이 임오군란을 일으켰다.
④ 평양 관민이 제너럴 셔먼호를 불태웠다.

31 다음 가상 편지의 (가)에 들어갈 기구로 옳은 것은? [2점]

사랑하는 딸에게

아빠는 농민군의 일원으로 나라와 백성을 구하기 위해 싸우고 있단다. 전주에서 정부와 화해하고 우리가 (가) 을/를 설치하여 탐관오리를 처벌하는 등의 활동을 할 때에는 새로운 세상이 머지않아 보였어. 그런데 일본이 군대를 동원하여 궁궐을 점령하고 조정을 압박하니 농민군이 다시 나서게 되었지. 우리의 무기는 비록 변변치 못하지만 전봉준 장군을 중심으로 단결하여 기세는 하늘을 찌르고 있단다.

네 모습이 무척 그립구나. 아빠가 곧 집으로 돌아갈 터이니 엄마 말씀 잘 듣고 건강히 지내렴.

아빠가

① 기기창
② 집강소
③ 도평의사사
④ 통리기무아문

32 다음 검색창에 들어갈 용어로 옳은 것은? [2점]

① 단발령 ② 방곡령 ③ 산림령 ④ 회사령

33 (가) 인물의 활동으로 옳은 것은? [3점]

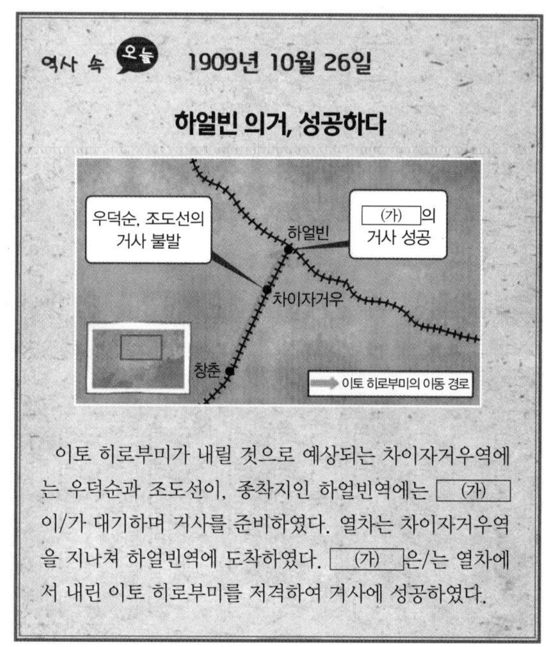

이토 히로부미가 내릴 것으로 예상되는 차이자거우역에는 우덕순과 조도선이, 종착지인 하얼빈역에는 (가) 이/가 대기하며 거사를 준비하였다. 열차는 차이자거우역을 지나쳐 하얼빈역에 도착하였다. (가) 은/는 열차에서 내린 이토 히로부미를 저격하여 거사에 성공하였다.

① 동양 평화론을 집필하였다.
② 영남 만인소를 주도하였다.
③ 조선 의용대를 창설하였다.
④ 헤이그에 특사로 파견되었다.

34 밑줄 그은 '새 조약'에 대한 설명으로 옳은 것은? [2점]

나인영은 진술하기를 "광무 9년 11월에 우리 대한 제국의 외교권을 일본에 넘겨준 새 조약은 일본의 강제에 따른 것으로 황제 폐하가 윤허하지 않았고, 참정대신이 동의하지도 않았습니다. 슬프게도 5적 이지용, 이근택, 박제순 등이 제멋대로 가(可)하다고 쓰고 속여 2천만 민족을 노예로 내몰았습니다."라고 하였다.

① 운요호 사건을 계기로 체결되었다.
② 최혜국 대우를 처음으로 규정하였다.
③ 통감부가 설치되는 결과를 가져왔다.
④ 외국과 맺은 최초의 근대적 조약이었다.

35 밑줄 그은 '이 지역'을 지도에서 옳게 찾은 것은? [2점]

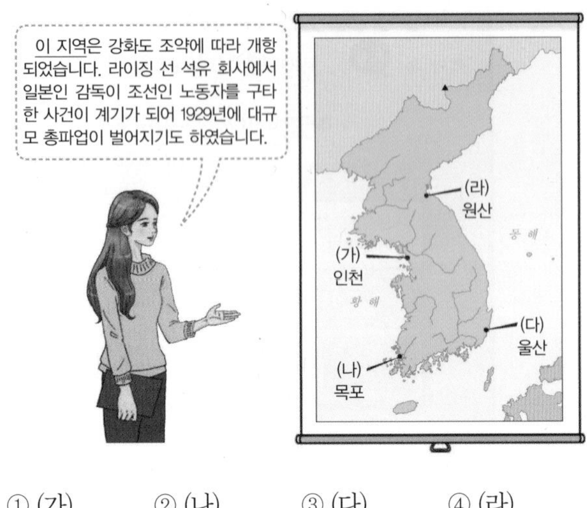

이 지역은 강화도 조약에 따라 개항되었습니다. 라이징 선 석유 회사에서 일본인 감독이 조선인 노동자를 구타한 사건이 계기가 되어 1929년에 대규모 총파업이 벌어지기도 하였습니다.
(라) 원산
(가) 인천
(다) 울산
(나) 목포

① (가) ② (나) ③ (다) ④ (라)

36 (가)에 들어갈 그림으로 적절하지 않은 것은? [1점]

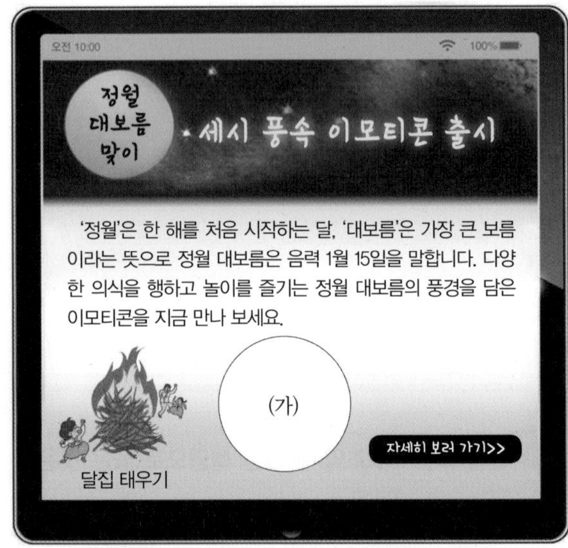

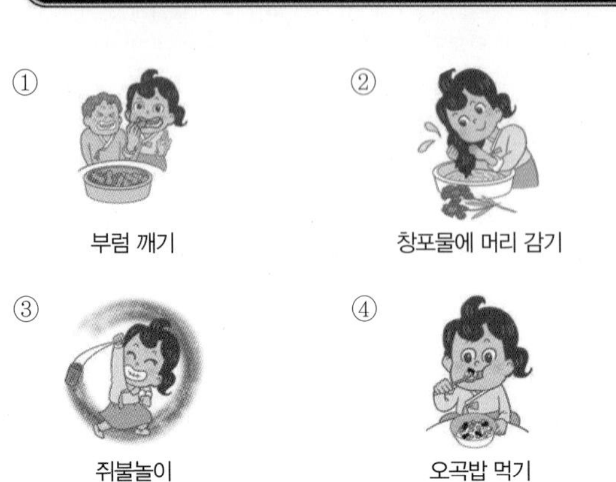

정월 대보름 맞이
세시 풍속 이모티콘 출시
'정월'은 한 해를 처음 시작하는 달, '대보름'은 가장 큰 보름이라는 뜻으로 정월 대보름은 음력 1월 15일을 말합니다. 다양한 의식을 행하고 놀이를 즐기는 정월 대보름의 풍경을 담은 이모티콘을 지금 만나 보세요.

자세히 보러 가기>>

37 밑줄 그은 '시기'에 볼 수 있는 모습으로 가장 적절한 것은? [2점]

□□ 신문

제△△호 2020년 ○○월 ○○일

헌병, 군사 경찰로 명칭 변경

군대 내 경찰 직무를 수행해 오던 헌병이 군사 경찰이라는 새 이름을 달았다. 헌병은 일본식 표현으로, 국권 피탈 이후에는 일제가 헌병 경찰 제도를 실시하던 시기가 있었다. 따라서 이번 명칭 변경은 우리 사회에 남아 있던 일제의 잔재를 청산한다는 측면에서 중요한 역사적 의미가 있다.

① 제복을 입고 칼을 찬 교사
② 브나로드 운동에 참여하는 학생
③ 조선책략 유포에 반발하는 유생
④ 치안 유지법 위반으로 구속된 독립운동가

38 밑줄 그은 '만세 시위'에 대한 설명으로 옳은 것은? [2점]

이것은 친일파 이완용의 경고문입니다. 탑골 공원 등에서 독립 선언서를 낭독하는 것으로 시작된 학생과 시민들의 만세 시위가 전국으로 확산하자, 그 열기를 꺾을 목적으로 작성되었습니다.
조선 독립을 외치는 것이 허언, 망동이라고 유지인사들이 계속 말해도 깨닫지를 못하니 …… 망동을 따라하면 죽거나 다치게 될 것이니 이것이 바로 삶 중에서 죽음을 구함이 아닌가.

① 순종의 인산일에 전개되었다.
② 만주, 연해주, 미주 등지로 확산하였다.
③ 일제의 황무지 개간권 요구를 철회시켰다.
④ 러시아의 내정 간섭과 이권 침탈을 규탄하였다.

39 (가)에 들어갈 정책으로 옳은 것은? [3점]

(가) 에 대해 검색해 줘.
검색 결과입니다.
• 정의
일제가 조선을 자국의 식량 공급 기지로 만들기 위해 1920년부터 추진한 농업 정책
• 시행 배경
일제는 급격한 공업화와 농촌의 황폐화로 자국의 식량 사정이 악화하자, 조선을 이용하여 식량 부족 문제를 해결하려 하였다.

① 미곡 공출제
② 새마을 운동
③ 산미 증식 계획
④ 토지 조사 사업

40 다음 자료의 민족 운동에 대한 설명으로 옳은 것은? [2점]

> 물산 장려에 대한 운동의 새로운 풍조가 시작된 이래로 …… 반드시 토산으로 원료를 삼아 학생모, 중절모 등을 제조하는 것이 좋겠다. …… 현재 인도에서는 간디캡이 크게 유행한다는데 간디 씨가 발명, 제조한 순 인도산의 재료로 순 인도인이 만든 모자라고 한다.

① 대한매일신보의 후원을 받았다.
② 평양에서 시작하여 전국으로 확산하였다.
③ 황국 중앙 총상회를 중심으로 전개되었다.
④ 독립문 건립을 위한 모금 활동이 추진되었다.

41 (가)에 들어갈 단체로 옳은 것은? [1점]

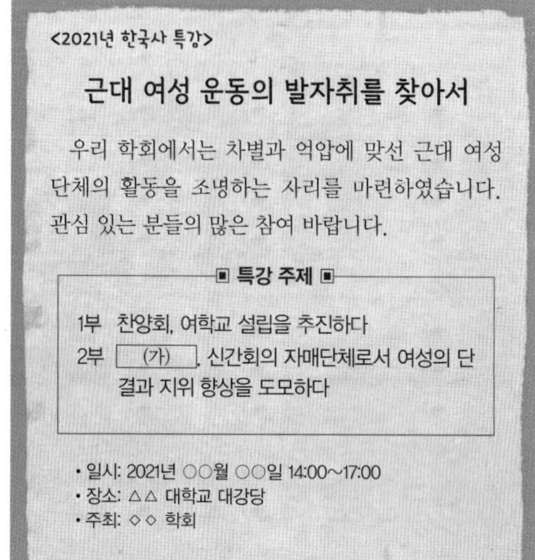
<2021년 한국사 특강>

근대 여성 운동의 발자취를 찾아서

우리 학회에서는 차별과 억압에 맞선 근대 여성 단체의 활동을 조명하는 자리를 마련하였습니다. 관심 있는 분들의 많은 참여 바랍니다.

▣ 특강 주제 ▣

1부 찬양회, 여학교 설립을 추진하다
2부 (가), 신간회의 자매단체로서 여성의 단결과 지위 향상을 도모하다

• 일시: 2021년 ○○월 ○○일 14:00~17:00
• 장소: △△ 대학교 대강당
• 주최: ◇◇ 학회

① 권업회 ② 근우회 ③ 보안회 ④ 송죽회

42 (가)에 들어갈 전투로 옳은 것은? [2점]

이달의 독립운동가

만주 지역에서 무장 독립 투쟁에 힘쓴

박영희

1896~1930

신흥 무관 학교 교관 및 북로 군정서 사관 연성소 학도단장으로 활동하였다. 1920년 10월에는 북로 군정서군, 대한 독립군 등으로 구성된 독립군 연합 부대가 일본군과 10여 차례 교전을 벌여 승리하였던 (가) 에 참여하였다.

① 쌍성보 전투 ② 영릉가 전투
③ 청산리 전투 ④ 대전자령 전투

43 (가)에 들어갈 단체로 옳은 것은? [2점]

① 의열단 ② 중광단
③ 대한 광복회 ④ 한인 애국단

44 다음 자료를 활용한 탐구 활동으로 가장 적절한 것은? [2점]

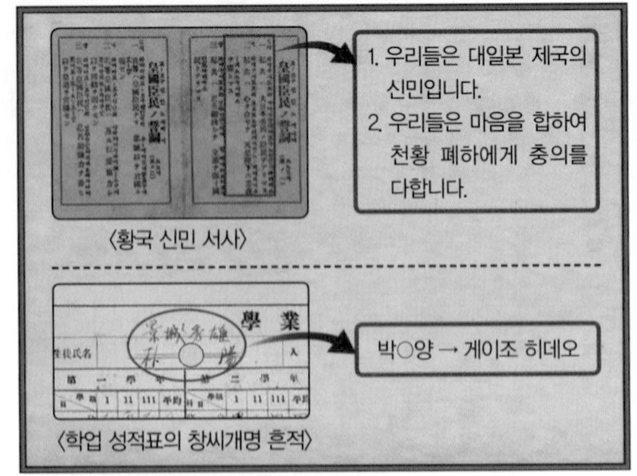

① 민족 말살 정책의 내용을 조사한다.
② 조선 형평사의 설립 취지를 살펴본다.
③ 교육 입국 조서의 발표 배경을 파악한다.
④ 동양 척식 주식회사의 주요 업무를 알아본다.

45 (가) 인물의 활동으로 옳은 것은? [3점]

① 조선 혁명 선언을 집필하였다.
② 파리 강화 회의에 파견되었다.
③ 대조선 국민 군단을 창설하였다.
④ 조선말 큰사전 편찬을 주도하였다.

46 다음 발언 이후에 전개된 사실로 옳은 것은? [3점]

미소 공동 위원회가 결렬된 이후 다시 열릴 기미가 보이지 않습니다. 통일 정부가 수립되길 원했으나 뜻대로 되지 않으니, 남방만이라도 임시 정부 혹은 위원회를 조직하고, 38도선 이북에서 소련이 물러가도록 세계에 호소해야 합니다.

이승만

① 한국 광복군이 창설되었다.
② 김구가 남북 협상을 추진하였다.
③ 모스크바 삼국 외상 회의가 개최되었다.
④ 여운형이 조선 건국 준비 위원회를 결성하였다.

47 (가) 정책에 대한 설명으로 옳은 것은? [2점]

정부가 (가) 을/를 실시하면서 발급한 지가 증권입니다. 당시 재정이 부족했던 정부는 지주에게 현금 대신 이것을 지급하고 농지를 매입하였습니다. 그리고 이 농지를 농민들에게 유상으로 분배하였습니다.

이것은 무엇인가요?

① 친일파 청산을 목적으로 하였다.
② 서재필, 이상재 등이 주도하였다.
③ 자작농이 증가하는 계기가 되었다.
④ 농광 회사가 설립되는 배경이 되었다.

48 밑줄 그은 '전쟁'에 대한 탐구 활동으로 가장 적절한 것은? [2점]

이것은 전쟁 중이던 1951년에 발행된 중학교 입학시험 문제집입니다. 동족상잔의 비극이 벌어지는 와중에도 수험서가 출판될 정도로 교육열이 높았음을 알 수 있습니다.

① 제물포 조약의 내용을 살펴본다.
② 인천 상륙 작전의 과정을 조사한다.
③ 경의선 철도의 부설 배경을 파악한다.
④ 신흥 무관 학교의 설립 목적을 알아본다.

49 다음 일기를 통해 알 수 있는 민주화 운동으로 옳은 것은? [1점]

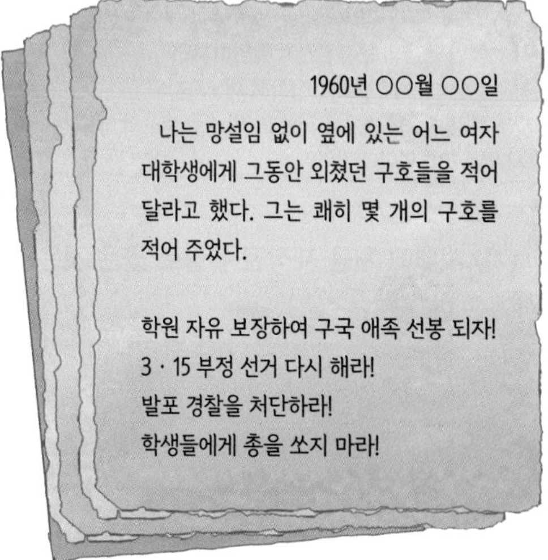

1960년 ○○월 ○○일

나는 망설임 없이 옆에 있는 어느 여자 대학생에게 그동안 외쳤던 구호들을 적어 달라고 했다. 그는 쾌히 몇 개의 구호를 적어 주었다.

학원 자유 보장하여 구국 애족 선봉 되자!
3 · 15 부정 선거 다시 해라!
발포 경찰을 처단하라!
학생들에게 총을 쏘지 마라!

① 4 · 19 혁명
② 6월 민주 항쟁
③ 부마 민주 항쟁
④ 5 · 18 민주화 운동

50 밑줄 그은 '정부' 시기의 사실로 옳지 않은 것은? [2점]

우리 정부가 일본의 사과와 반성 없이 한일 국교 정상화를 추진한다는 사실이 알려지면서 대학생과 시민들을 중심으로 굴욕적 대일 외교에 반대하는 시위가 확산하고 있습니다.
한일 회담 반대 시위 확산

① 3선 개헌안이 통과되었다.
② 베트남에 국군이 파병되었다.
③ 경제 개발 5개년 계획이 추진되었다.
④ 한일 월드컵 축구 대회가 개최되었다.

제 50 회 한국사능력검정시험

모바일 OMR 자동채점 서비스 ▶ 

- 자신이 선택한 등급의 문제지인지 확인하시오.
- 문제지에 성명과 수험 번호를 정확히 써넣으시오.
- 답안지에 성명과 수험 번호를 써넣고, 또 수험 번호와 답을 정확히 표시하시오.
- 시험 시간은 70분입니다.

01 (가) 시대에 처음 제작된 유물로 옳은 것은? [1점]

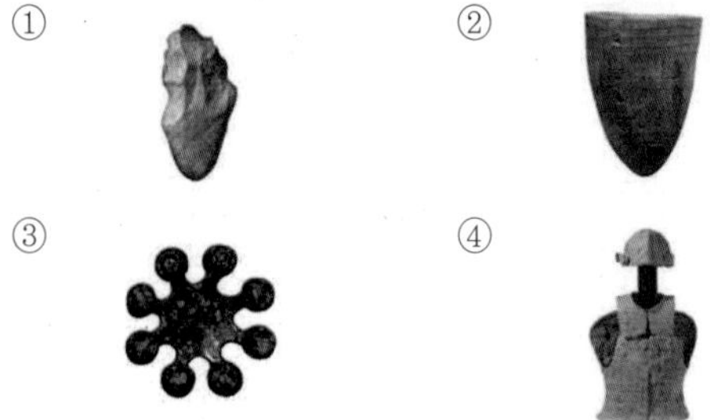

① ② ③ ④

02 (가)에 들어갈 내용으로 옳은 것은? [2점]

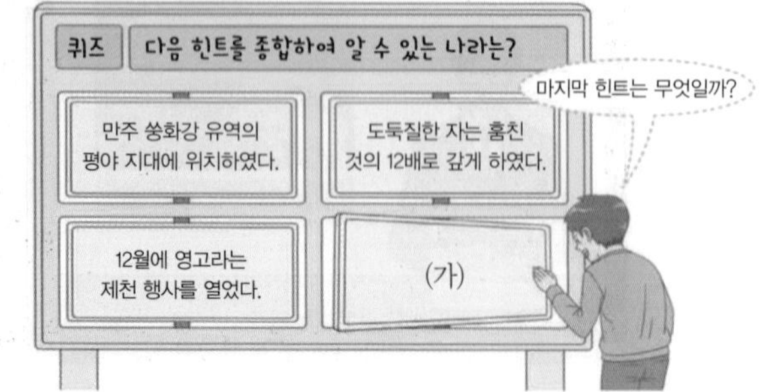

① 소도라고 불리는 신성 지역이 있었다.
② 읍락 간의 경계를 중시한 책화가 있었다.
③ 범금 8조를 통해 사회 질서를 유지하였다.
④ 여러 가(加)들이 별도로 사출도를 주관하였다.

03 학생들이 공통으로 이야기하고 있는 왕으로 옳은 것은? [2점]

사비로 도읍을 옮겼어.
남부여로 국호를 바꿨어.
신라와 연합하여 한강 하류 지역을 되찾았어.

① 성왕 ② 무열왕 ③ 근초고왕 ④ 소수림왕

04 (가)에 들어갈 문화유산으로 옳은 것은? [2점]

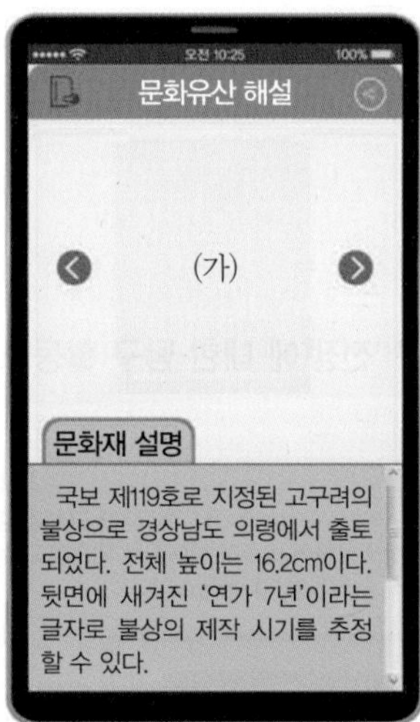

①  
②  
③ 
④  

05 밑줄 그은 '제도'로 옳은 것은? [1점]

<역사 연극 대본>

S# 7. 왕이 길가에서 울고 있는 백성을 만난다.

고국천왕: 왜 그렇게 슬피 우느냐?

백성: 흉년으로 곡식을 구하기 어려워 어떻게 어머니를 봉양해야 할지 걱정이 되어 울고 있습니다.

S# 8. 궁에서 신하와 국정을 논의하고 있다.

고국천왕: 어려운 백성을 구제할 해결책을 찾아보아라.

을파소: 봄에 곡식을 빌려주고 겨울에 갚게 하는 <u>제도</u>를 마련하겠습니다.

① 의창 ② 환곡 ③ 사창제 ④ 진대법

06 다음에서 보도하고 있는 사건이 일어난 시기를 연표에서 옳게 고른 것은? [3점]

우리 고구려군이 당군에 맞서 치열하게 싸우고 있습니다. 당군이 성벽보다 높은 흙산을 쌓아 공략을 시도하고 있는데요. 성안에서도 방어 태세를 갖추고 있는 것으로 보입니다. 지금까지 안시성 전투 현장에서 전해드렸습니다.

391		427		554		612		668
	(가)		(나)		(다)		(라)	
광개토 대왕 즉위		고구려 평양 천도		관산성 전투		살수 대첩		고구려 멸망

① (가) ② (나) ③ (다) ④ (라)

07 (가) 인물에 대한 설명으로 옳은 것은? [2점]

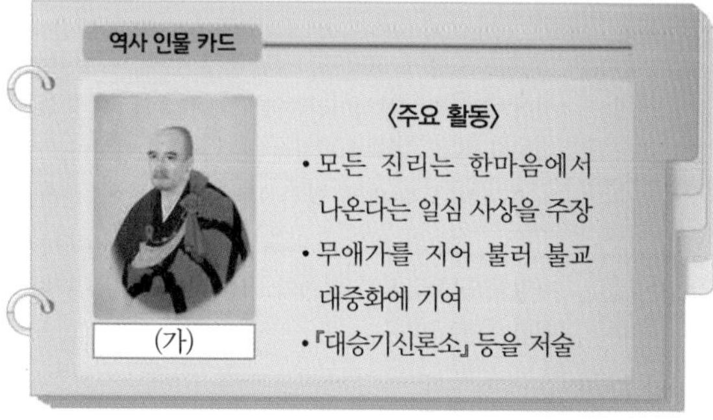
역사 인물 카드

(가)

〈주요 활동〉

- 모든 진리는 한마음에서 나온다는 일심 사상을 주장
- 무애가를 지어 불러 불교 대중화에 기여
- 『대승기신론소』 등을 저술

① 세속 5계를 지었다.
② 십문화쟁론을 저술하였다.
③ 수선사 결사를 제창하였다.
④ 영주 부석사를 건립하였다.

08 (가)에 해당하는 문화유산으로 옳은 것은? [1점]

○○월 ○○일 ○요일 날씨:

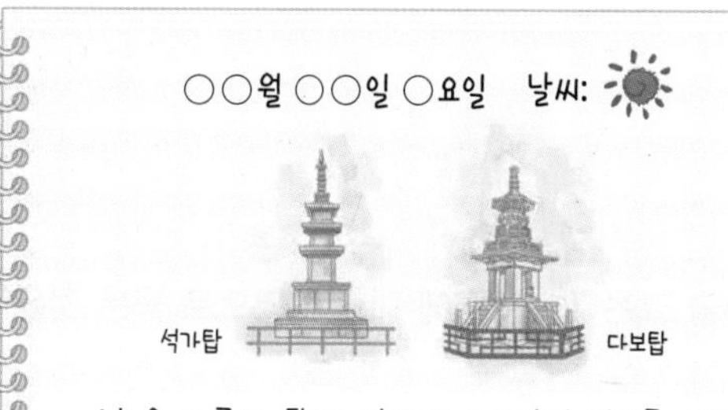

오늘은 가족과 함께 신라의 수도였던 경주를 여행하였다. 신라인이 남긴 여러 문화유산을 둘러보며 그들의 높은 예술 수준에 감명을 받았다. 8세기 중엽 김대성이 조성했다고 전해지는 (가) 에는 석가탑과 다보탑이 나란히 서 있었다. 이 절을 둘러보며 불교의 이상 세계를 지상에 건설하고자 했던 신라인의 마음을 잘 느낄 수 있었다.

①

금산사

②
법주사

③

불국사

④

수덕사

09 (가) 국가에 대한 설명으로 옳은 것은? [1점]

> 옛날 북쪽에 고구려, 서남쪽에 백제, 동남쪽에 신라가 있어서 이것을 삼국이라 하였다. 여기에는 마땅히 삼국사가 있어야 하고, 고려가 편찬하였으니 잘한 일이다.
> 고구려와 백제가 망한 다음에 남쪽에 신라, 북쪽에 (가) 이/가 있으니 이를 남북국이라 하였다. 여기에는 마땅히 남북국사가 있어야 하는데, 고려가 편찬하지 않은 것은 잘못이다.

① 지방에 22담로를 두었다.
② 전성기에 해동성국이라 불렸다.
③ 중앙군으로 9서당을 설치하였다.
④ 영락이라는 독자적 연호를 사용하였다.

10 밑줄 그은 '이 인물'에 대한 설명으로 옳은 것은? [2점]

신라 왕실의 후예로 알려진 이 인물은 양길의 부하가 되어 세력을 키웠다.
이후 그는 송악을 도읍으로 삼아 새로운 국가를 세웠다. 스스로를 미륵불이라 칭하였다.

① 훈요 10조를 남겼다.
② 청해진을 설치하였다.
③ 백제 계승을 내세웠다.
④ 국호를 태봉으로 바꾸었다.

11 밑줄 그은 '왕'의 업적으로 옳은 것은? [2점]

이 그림은 고려 제31대 왕과 왕비의 초상화야.
이 왕은 정동행성 이문소를 폐지하는 등 원의 간섭을 물리치기 위해 많은 노력을 했어.

① 교정도감을 설치하였다.
② 천리장성을 축조하였다.
③ 쓰시마 섬을 정벌하였다.
④ 쌍성총관부를 공격하였다.

12 (가)에 들어갈 내용으로 가장 적절한 것은? [2점]

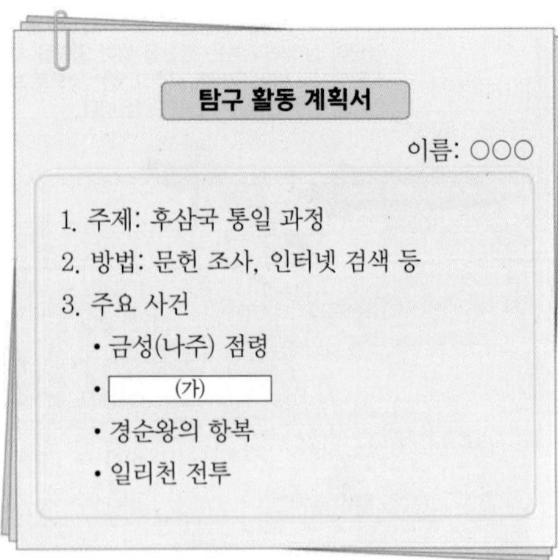

탐구 활동 계획서

이름: ○○○

1. 주제: 후삼국 통일 과정
2. 방법: 문헌 조사, 인터넷 검색 등
3. 주요 사건
   - 금성(나주) 점령
   - (가)
   - 경순왕의 항복
   - 일리천 전투

① 고창 전투
② 진포 대첩
③ 삼별초 항쟁
④ 위화도 회군

13 (가) 인물의 활동으로 옳은 것은? [2점]

① 우산국을 정복하였다.
② 4군 6진을 설치하였다.
③ 강동 6주를 확보하였다.
④ 동북 9성을 축조하였다.

14 다음 상황을 볼 수 있었던 국가의 경제 정책에 대한 설명으로 옳은 것은? [2점]

① 건원중보를 발행하였다.
② 신해통공을 단행하였다.
③ 연분 9등법을 시행하였다.
④ 관수 관급제를 실시하였다.

15 (가)에 들어갈 왕의 업적으로 옳은 것은? [2점]

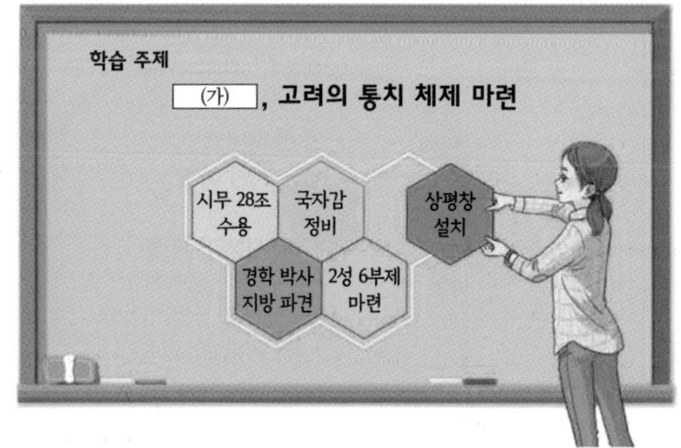

① 12목 설치
② 집현전 개편
③ 경국대전 편찬
④ 독서삼품과 실시

16 (가)에 해당하는 문화유산으로 옳은 것은? [1점]

① 
신증동국여지승람

② 
직지심체요절

③
왕오천축국전

④ 
무구정광대다라니경

17 밑줄 그은 '이것'으로 옳은 것은? [1점]

조선 시대로
떠나는 시간 여행
조선 시대 16세 이상의 남자들이 신분을 증명하기 위해 몸에 차고 다녔던 이것을 관람하고, 직접 만들어 보는 체험 활동이 이루어집니다.

• 장소: ◇◇ 민속촌 전시실 및 체험실

① 교지 ② 족보 ③ 호패 ④ 공명첩

18 (가)에 들어갈 책으로 옳은 것은? [2점]

효자 최루백이 아버지의 묘를 지켰어요.

① 동의보감 ② 악학궤범 ③ 삼강행실도 ④ 용비어천가

19 (가) 왕의 정책으로 옳은 것은? [3점]

조선 제7대 국왕 (가) 의 모습을 담은 밑그림이 공개되었습니다. 이것은 일제 강점기에 어진 모사본을 옮겨 그리는 과정에서 제작되었습니다. (가) 은/는 6조 직계제를 다시 시행하는 등 왕권 강화를 위해 노력하였습니다.
○○ 박물관 (가) 의 어진 밑그림 첫 공개

① 경복궁을 중건하였다.
② 직전법을 실시하였다.
③ 초계문신제를 시행하였다.
④ 5군영 체제를 완성하였다.

20 (가) 시기에 있었던 사실로 옳은 것은? [2점]

칠천량에서는 패배했지만 아직 우리에게는 열두 척의 배가 남아 있다!

① 최영이 홍산에서 왜구를 물리쳤다.
② 강감찬이 귀주에서 거란을 격퇴하였다.
③ 권율이 행주산성에서 대승을 거두었다.
④ 김윤후가 처인성에서 적을 막아내었다.

21 (가)에 들어갈 기구로 옳은 것은? [2점]

이번에 (가) 의 교리에 임명되셨다고 들었습니다. (가) 에 대해 알려주세요.
궁궐 내의 서적을 관리하고 왕의 각종 자문에 응하는 기구입니다. 사헌부, 사간원과 함께 삼사로 불립니다.

① 승정원 ② 어사대 ③ 집사부 ④ 홍문관

22 교사의 질문에 대한 학생의 답변으로 옳지 않은 것은? [3점]

현종 때 있었던 두 차례의 예송에 대해 발표해 볼까요?
① 서인과 남인이 예법을 둘러싸고 대립한 것이에요.
② 조광조 일파가 축출되는 결과를 가져왔어요.
③ 자의 대비가 상복을 입는 기간이 문제가 되었어요.
④ 효종과 효종비가 죽은 뒤 각각 일어났어요.

23 다음 퀴즈의 정답으로 옳은 것은? [2점]

한국사 골든벨
제시된 단계별 힌트를 통해 알 수 있는 제도는 무엇일까요?
1단계 선혜청에서 주관

① 과전법 ② 균역법 ③ 대동법 ④ 영정법

24 다음 비석을 세운 왕의 업적으로 옳은 것은? [3점]

이 건물 안에 있는 비석은 탕평비입니다. '두루 원만하고 치우치지 않음이 군자의 공정한 마음이요, 치우치고 두루 원만하지 못함이 소인의 사사로운 마음이다.'라는 글이 새겨져 있습니다.

① 비변사를 혁파하였다.
② 속대전을 편찬하였다.
③ 나선 정벌을 단행하였다.
④ 백두산정계비를 건립하였다.

25 다음 인물에 대한 설명으로 옳은 것은? [2점]

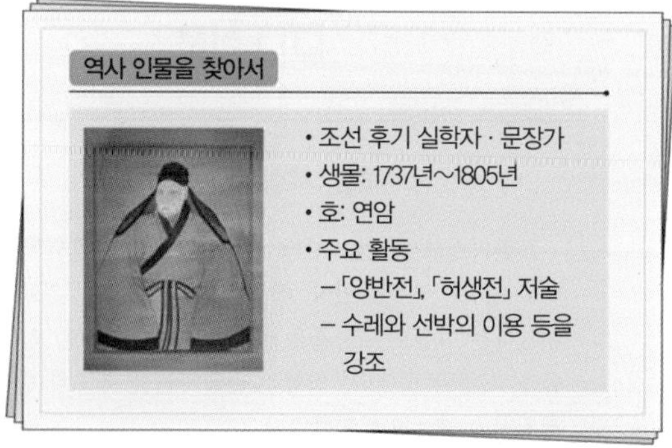

역사 인물을 찾아서
• 조선 후기 실학자 · 문장가
• 생몰: 1737년~1805년

① 몽유도원도를 그렸다.
② 열하일기를 저술하였다.
③ 사상 의학을 정립하였다.
④ 대동여지도를 제작하였다.

26 다음 대화가 이루어진 시기의 상황으로 옳지 않은 것은? [2점]

임경업 장군이 칼을 휘~~익! 휘두르자……
전기수, 자네 왜 이야기를 하다 멈추는가?
다음 이야기를 들을 수 있게 얼른 상평통보를 주게나.

① 중인층의 시사 활동이 활발하였다.
② 춘향가 등의 판소리가 성행하였다.
③ 기존 형식에서 벗어난 사설시조가 유행하였다.
④ 단군의 건국 이야기를 담은 제왕운기가 서술되었다.

27 (가) 종교에 대한 설명으로 옳은 것은? [2점]

> **□□ 신문**
>
> 제△△호 2014년 ○○월 ○○일
>
> **교황, 서소문 성지 방문**
>
> 프란치스코 교황은 지난 8월 16일 서울특별시의 서소문 순교 성지를 방문하였다. 이곳은 200여 년 전, 유교 윤리를 어겼다는 이유로 이승훈을 비롯한 (가) 을/를 믿는 사람들을 처형한 곳이다. 교황은 순교자들을 애도하며 이곳에 세워진 현양탑에 헌화하였다.

① 중광단 결성을 주도하였다.
② 기관지로 만세보를 발간하였다.
③ 초기에는 서학으로 소개되었다.
④ 동경대전을 기본 경전으로 삼았다.

28 밑줄 그은 '이 사건'에 대한 설명으로 옳은 것은? [2점]

이곳은 어재연 장군의 생가입니다. 미군이 통상을 강요하며 강화도를 침략한 이 사건 당시 그는 광성보에서 맞서 싸우다 전사하였습니다.

① 삼국 간섭이 일어나는 배경이 되었다.
② 제너럴 셔먼호 사건이 빌미가 되었다.
③ 운요호의 초지진 공격으로 시작되었다.
④ 제물포 조약이 체결되는 계기가 되었다.

29 (가)에 들어갈 내용으로 옳은 것은? [2점]

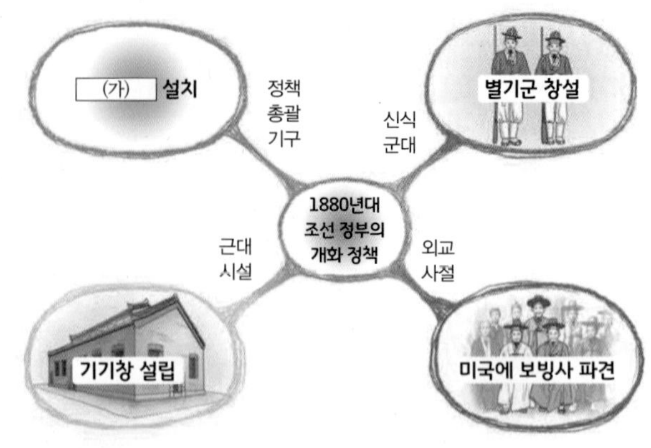

① 교정청
② 군국기무처
③ 도평의사사
④ 통리기무아문

30 교사의 질문에 대한 학생의 답변으로 옳은 것은? [2점]

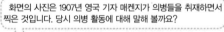

화면의 사진은 1907년 영국 기자 매켄지가 의병들을 취재하면서 찍은 것입니다. 당시 의병 활동에 대해 말해 볼까요?

① 13도 창의군을 결성하였어요.
② 정부에 헌의 6조를 건의하였어요.
③ 백산에 집결하여 4대 강령을 발표하였어요.
④ 곽재우, 고경명 등이 의병장으로 활약하였어요.

31 (가) 단체의 활동으로 옳은 것은? [2점]

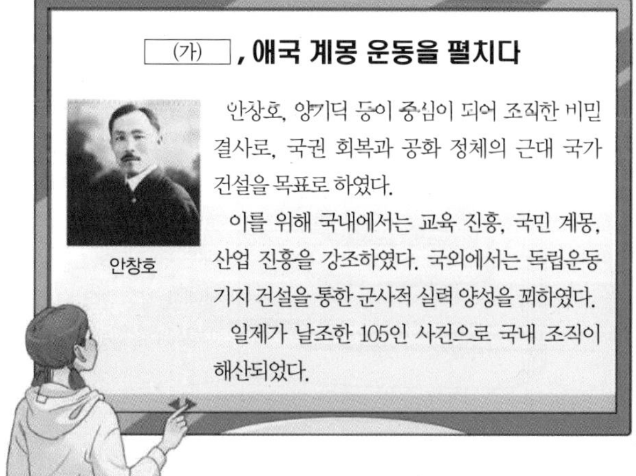

(가), 애국 계몽 운동을 펼치다
안창호, 양기탁 등이 중심이 되어 조직한 비밀 결사로, 국권 회복과 공화 정체의 근대 국가 건설을 목표로 하였다.
이를 위해 국내에서는 교육 진흥, 국민 계몽, 산업 진흥을 강조하였다. 국외에서는 독립운동 기지 건설을 통한 군사적 실력 양성을 꾀하였다.
일제가 날조한 105인 사건으로 국내 조직이 해산되었다.
안창호

① 독립신문을 창간하였다.
② 한성 사범 학교를 설립하였다.
③ 태극 서관, 자기 회사를 운영하였다.
④ 일본의 황무지 개간권 요구를 저지하였다.

32 (가)에 들어갈 내용으로 옳은 것은? [3점]

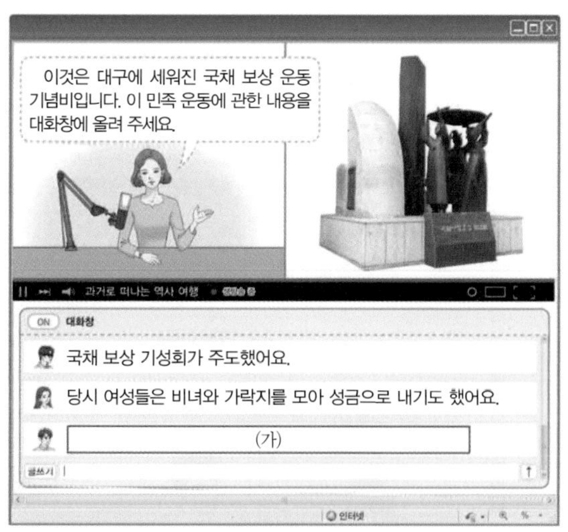

이것은 대구에 세워진 국채 보상 운동 기념비입니다. 이 민족 운동에 관한 내용을 대화창에 올려 주세요.
과거로 떠나는 역사 여행

국채 보상 기성회가 주도했어요.

① 근우회의 후원으로 확산되었어요.
② 조선 총독부의 방해로 실패했어요.
③ 김홍집 등이 중심이 되어 활동했어요.
④ 대한매일신보 등 언론의 지원을 받았어요.

33 (가)~(다)를 일어난 순서대로 옳게 나열한 것은? [2점]

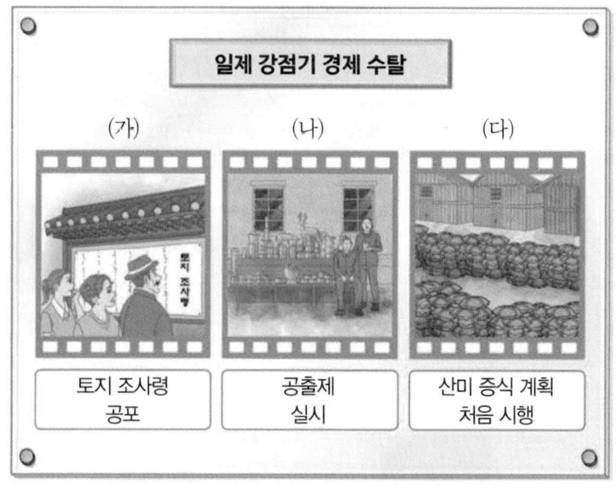

토지 조사령 공포
공출제 실시
산미 증식 계획 처음 시행

① (가) – (나) – (다)　　② (가) – (다) – (나)
③ (나) – (가) – (다)　　④ (다) – (나) – (가)

34 (가)에 들어갈 민족 운동에 대한 설명으로 옳은 것은? [3점]

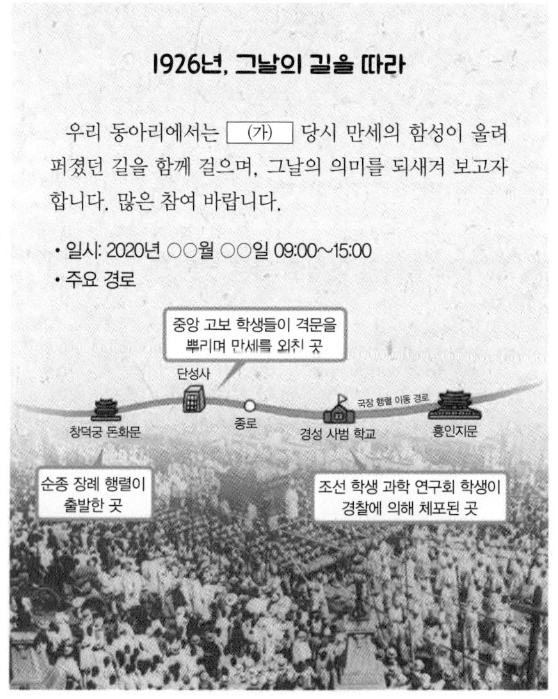

1926년, 그날의 길을 따라
우리 동아리에서는 (가) 당시 만세의 함성이 울려 퍼졌던 길을 함께 걸으며, 그날의 의미를 되새겨 보고자 합니다. 많은 참여 바랍니다.
• 일시: 2020년 ○○월 ○○일 09:00~15:00

창덕궁 돈화문

순종 장례 행렬이 출발한 곳

① 신간회 창립의 계기가 되었다.
② 을미사변에 반발하여 일어났다.
③ 대한민국 임시 정부 수립에 영향을 끼쳤다.
④ 동아일보의 적극적인 지원을 받아 진행되었다.

35 (가)에 들어갈 자료로 옳은 것은? [2점]

일제 강점기에
백정들이 저울처럼 평등한 사회를
만들고자 일으켰던 운동을
기념하는 탑이야.

이것은 이 운동을
주도한 단체의 포스터야.
저울을 뜻하는 글자를
볼 수 있어.

(가)

①

②

③

④

36 (가)에 들어갈 명절로 옳은 것은? [1점]

① 단오　② 동지　③ 추석　④ 한식

37 밑줄 그은 '부대'로 옳은 것은? [3점]

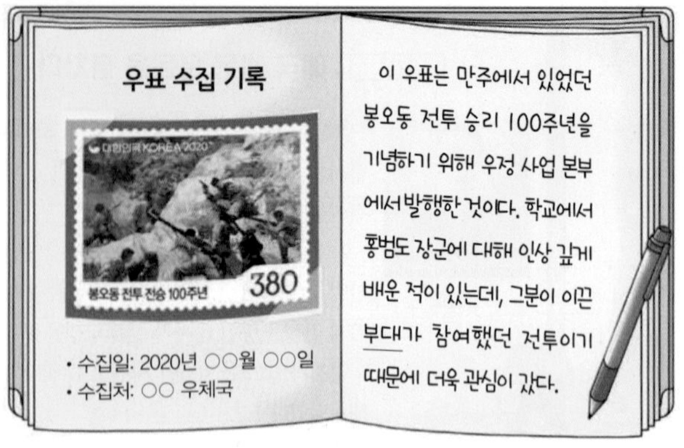

우표 수집 기록
봉오동 전투 전승 100주년
380
• 수집일: 2020년 ○○월 ○○일
• 수집처: ○○ 우체국
이 우표는 만주에서 있었던 봉오동 전투 승리 100주년을 기념하기 위해 우정 사업 본부에서 발행한 것이다. 학교에서 홍범도 장군에 대해 인상 깊게 배운 적이 있는데, 그분이 이끈 부대가 참여했던 전투이기 때문에 더욱 관심이 갔다.

① 대한 독립군　② 조선 의용대
③ 조선 혁명군　④ 한국 광복군

38 (가)에 들어갈 인물로 옳은 것은? [2점]

① 윤동주　② 이상화　③ 이육사　④ 한용운

39 (가)에 들어갈 인물로 옳은 것은? [3점]

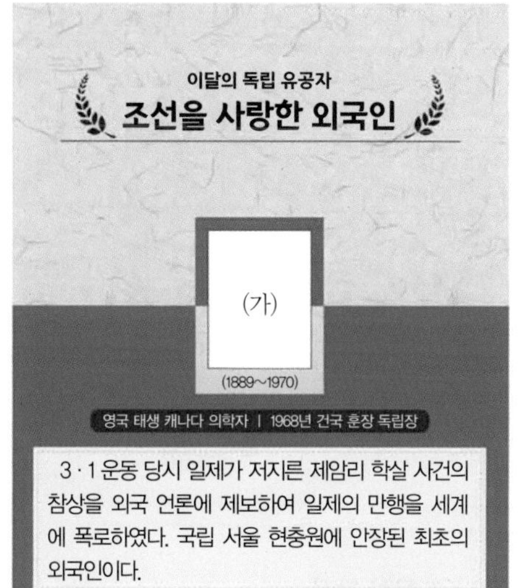

이달의 독립 유공자
조선을 사랑한 외국인

(1889~1970)

① 호머 헐버트

② 
메리 스크랜튼

③ 
어니스트 베델

④ 
프랭크 스코필드

40 다음 사료에 나타난 사건으로 옳은 것은? [2점]

라이징 선 석유 회사는 조선인을 구타한 일본인 감독을 파면하라!
영상으로 만나는 1920년대
8시간 노동제를 실시하라!
최저 임금제를 확립하라!

① 6·3 시위
② 새마을 운동
③ 원산 총파업
④ 제주 4·3 사건

41 다음 인물의 활동으로 옳은 것은? [1점]

나는 오랜 시간 한글 연구에 힘썼지요. 한글 보급을 위해 순우리말로 한힌샘이라는 호를 사용하였어요. 별명은 주보따리입니다. 큰 보자기에 책을 싸서 여러 학교에 강의를 다녔기 때문에 얻게 되었지요.

① 토월회를 결성하여 신극 운동을 펼쳤다.
② 국문 연구소 위원으로 국문법을 정리하였다.
③ 원불교를 창시하고 새생활 운동을 전개하였다.
④ 일제의 침략 과정을 다룬 한국통사를 저술하였다.

42 교사의 질문에 대한 학생의 답변으로 옳지 않은 것은? [2점]

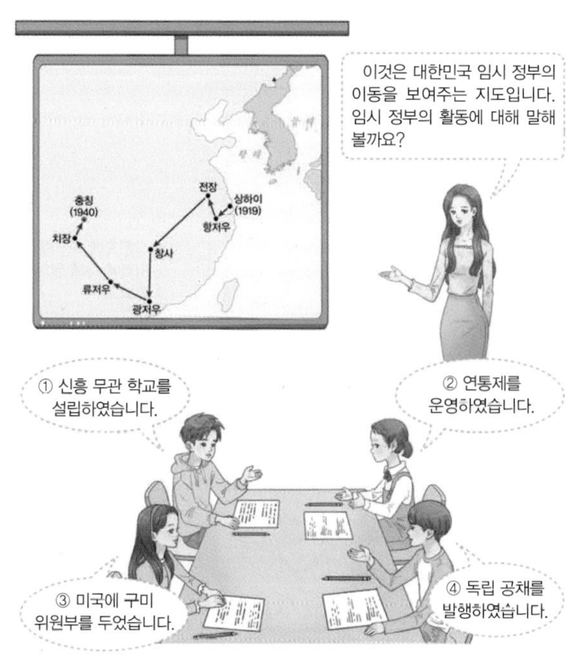

이것은 대한민국 임시 정부의 이동을 보여주는 지도입니다. 임시 정부의 활동에 대해 말해 볼까요?

43 밑줄 그은 '이 섬'으로 옳은 것은? [1점]

① 독도　② 진도　③ 거문도　④ 제주도

44 교사의 질문에 대한 학생의 답변으로 옳지 않은 것은? [2점]

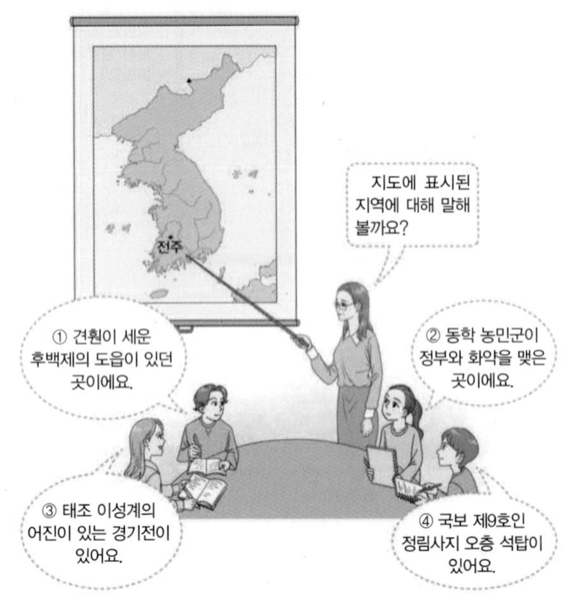

45 (가)에 들어갈 내용으로 옳은 것은? [2점]

① 남북 협상 참석
② 단독 정부 수립 주장
③ 조선 혁명 선언 작성
④ 종로 경찰서 폭탄 투척

46 (가)에 들어갈 내용으로 가장 적절한 것은? [2점]

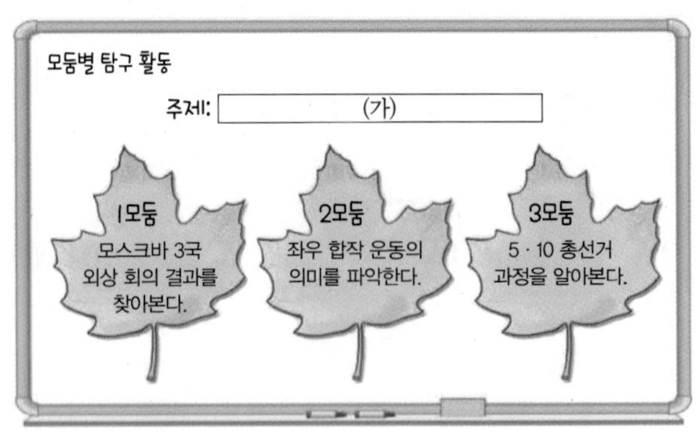

① 헤이그 특사 파견 배경
② 대한민국 정부 수립 과정
③ 국민 대표 회의 개최 원인
④ 한일 기본 조약 체결 결과

47 (가) 정부 시기에 있었던 사실로 옳은 것은? [3점]

반민족 행위 특별 조사 위원회가 발족되었습니다. 이 위원회에서는 반민족 행위자를 제보하는 투서함을 설치하는 등 친일파 청산을 위해 많은 노력을 하였습니다. 그러나 당시 (가) 정부는 이 위원회의 활동에 대해 비협조적인 태도를 보였습니다.
역사 돋보기
반민특위, 반민족 행위자 제보 투서함 설치

① 금융 실명제를 실시하였다.
② 중국, 소련 등과 수교하였다.
③ 사사오입 개헌안을 가결하였다.
④ 개성 공단 건설 사업을 실현하였다.

48 밑줄 그은 '전쟁'에 대한 설명으로 옳은 것은? [1점]

1950년에 일어난 전쟁 때 폭탄을 맞아 생겨난 흔적이란다. 이 전쟁으로 많은 이산가족이 아픔을 겪고 있지.
이 기관차에는 왜 구멍이 많은 거예요?

① 인천 상륙 작전을 전개하였다.
② 김원봉이 의열단을 조직하였다.
③ 미소 공동 위원회를 개최하였다.
④ 쌍성보에서 한중 연합 작전을 펼쳤다.

49 다음 대화에 나타난 민주화 운동으로 옳은 것은? [3점]

이것은 1979년 야당 총재의 국회의원직 제명으로 촉발되어 유신 독재에 저항한 민주화 운동을 기념한 조형물입니다.
2019년 정부는 이 운동이 민주화에 기여한 점을 인정하여 시위가 시작된 날을 국가 기념일로 지정하였습니다.

① 4 · 19 혁명 ② 6월 민주 항쟁
③ 부마 민주 항쟁 ④ 5 · 18 민주화 운동

50 (가)에 들어갈 내용으로 옳은 것은? [2점]

① 남북 기본 합의서 ② 7 · 4 남북 공동 성명
③ 6 · 15 남북 공동 선언 ④ 한반도 비핵화 공동 선언

제49회 한국사능력검정시험

모바일 OMR 자동채점 서비스 ▶ 

- 자신이 선택한 등급의 문제지인지 확인하시오.
- 문제지에 성명과 수험 번호를 정확히 써넣으시오.
- 답안지에 성명과 수험 번호를 써넣고, 또 수험 번호와 답을 정확히 표시하시오.
- 시험 시간은 70분입니다.

---

01 밑줄 그은 '이 시대'의 생활 모습으로 옳은 것은? [1점]

이 유물은 돌을 깨뜨려 만든 것으로, 이 시대 사람들이 처음으로 제작하였습니다. 사냥을 하거나 동물의 가죽을 벗기는 용도 등으로 사용되었습니다.

주먹도끼 찍개

① 철제 농기구로 농사를 지었다.
② 토기를 만들어 식량을 저장하였다.
③ 주로 동굴이나 막집에서 거주하였다.
④ 거푸집을 사용하여 청동기를 제작하였다.

02 다음 퀴즈의 정답으로 옳은 것은? [2점]

1단계 청동기 문화를 바탕으로 성립하였다.
2단계 평양성을 도읍으로 삼았다.
3단계 범금 8조가 있었다.
4단계 한 무제의 공격으로 멸망하였다.
제시된 단계별 힌트를 종합하여 알 수 있는 국가는 어디일까요?
한국사 퀴즈왕
310
300

① 동예 ② 부여 ③ 고구려 ④ 고조선

03 밑줄 그은 '이 나라'에 대한 설명으로 옳은 것은? [2점]

> 호암사에는 정사암이 있다. 이 나라에서 장차 재상을 의논할 때에 뽑을 만한 사람 서너 명의 이름을 씨서 상자에 넣고 봉하여 바위 위에 두었다가, 얼마 후에 열어 보아 이름 위에 도장이 찍힌 자국이 있는 사람을 재상으로 삼았기 때문에 정사암이라고 하였다.
>
> -『삼국유사』-

① 22담로를 두었다.
② 국학을 설립하였다.
③ 진대법을 실시하였다.
④ 골품제라는 신분제가 있었다.

04 (가) 왕에 대한 설명으로 옳은 것은? [3점]

저희 모둠은 남진 정책을 추진한 (가) 의 한강 유역 진출 과정을 개로왕과 도림 스님의 이야기로 그려보았습니다.

① 태학을 설립하였다.
② 우산국을 정벌하였다.
③ 왜에 칠지도를 보냈다.
④ 광개토 대왕릉비를 건립하였다.

05 (가) 나라의 문화유산으로 옳지 않은 것은? [2점]

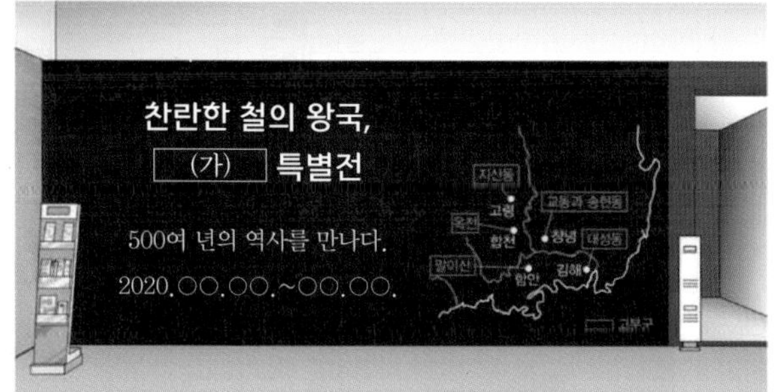

① 금관 ② 금동 대향로 ③ 말머리 가리개 ④ 기마인물형 뿔잔

06 (가)에 해당하는 인물로 옳은 것은? [2점]

① 계백 ② 검모잠 ③ 김유신 ④ 흑치상지

07 밑줄 그은 '이 탑'에 대한 설명으로 옳은 것은? [2점]

① 목탑 양식을 반영하였다.
② 돌을 벽돌 모양으로 다듬어 쌓아 올렸다.
③ 원의 영향을 받아 대리석으로 제작되었다.
④ 내부에서 무구정광대다라니경이 발견되었다.

08 (가)에 해당하는 인물로 옳은 것은? [1점]

저는 지금 완도 청해진 유적 상공에 있습니다. (가) 은/는 이곳을 거점으로 삼아 해적을 소탕하고 당, 일본과의 해상 무역을 주도하였습니다.

① 원효 ② 설총 ③ 장보고 ④ 최치원

09 밑줄 그은 '국가'에 대한 설명으로 옳은 것은? [3점]

① 독서삼품과를 실시하였다.
② 지방에 12목을 설치하였다.
③ 정치 기구로 광평성을 두었다.
④ 국경 지역에 천리장성을 쌓았다.

10 밑줄 그은 '이 국가'에 대한 설명으로 옳은 것은? [2점]

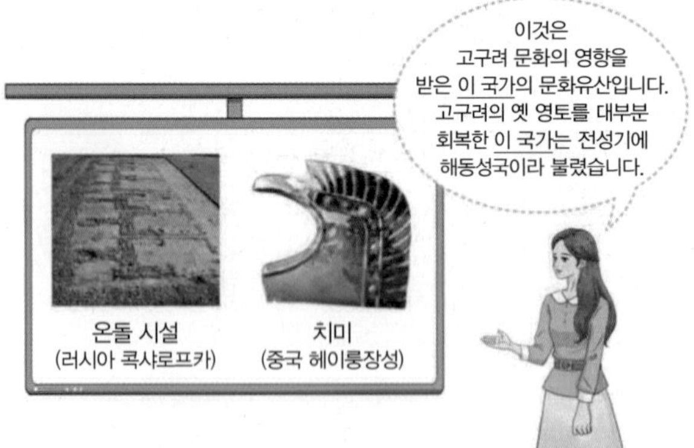

① 상수리 제도를 실시하였다.
② 전국에 9주 5소경을 두었다.
③ 제가 회의에서 중요한 일을 결정하였다.
④ 인안, 대흥 등의 독자적 연호를 사용하였다.

11 (가), (나)에 들어갈 내용을 옳게 연결한 것은? [3점]

	(가)	(나)
①	녹읍	과거제
②	정방	전시과
③	소격서	직전법
④	금난전권	호포제

12 (가) 인물에 대한 설명으로 옳은 것은? [2점]

① 4군 6진을 개척하였다.
② 강동 6주를 획득하였다.
③ 동북 9성을 축조하였다.
④ 쌍성총관부를 공격하였다.

13 (가) 인물에 대한 설명으로 옳은 것은? [2점]

묘청이 서경에서 반란을 일으켰소. 그대를 진압군의 원수로 삼으니 속히 토벌하시오.

네, 명을 따르겠습니다.

인종

(가)

① 삼국사기를 편찬하였다.
② 금국 정벌을 주장하였다.
③ 화약 무기를 개발하였다.
④ 고려에 성리학을 소개하였다.

14 밑줄 그은 '이 시기'에 있었던 사실로 옳지 않은 것은? [2점]

원의 공주를 왕비로 맞아들이던 이 시기에는 몽골식 변발과 발립이 유행하였습니다. 또한 소주를 제조하는 방법도 전해졌습니다.

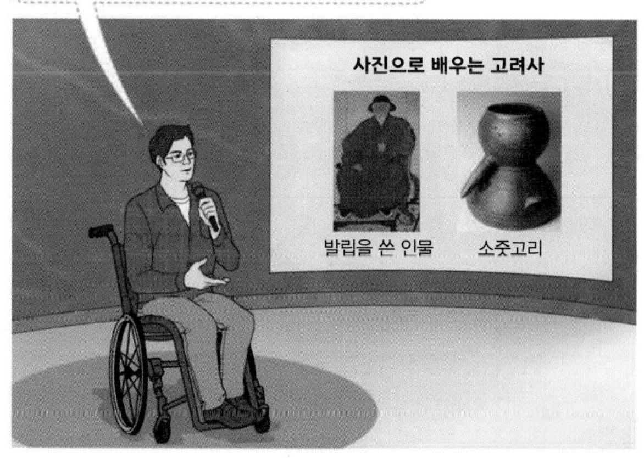

① 정동행성이 설치되었다.
② 권문세족이 높은 관직을 독점하였다.
③ 여진 정벌을 위해 별무반이 편성되었다.
④ 결혼도감을 통해 여성들이 공녀로 보내졌다.

15 다음 상황이 일어난 시기를 연표에서 옳게 고른 것은? [3점]

918		1019		1170		1270		1388
	(가)		(나)		(다)		(라)	
고려 건국		귀주 대첩		무신 정변		개경 환도		위화도 회군

① (가) ② (나) ③ (다) ④ (라)

16 (가) 국가의 경제 상황으로 옳은 것은? [2점]

이것은 (가) 을/를 방문한 송의 사신 서긍이 남긴 기록을 바탕으로 만든 사행 일정과 항로입니다. 서긍은 벽란정에서 여독을 푼 뒤 개경으로 들어갔습니다.

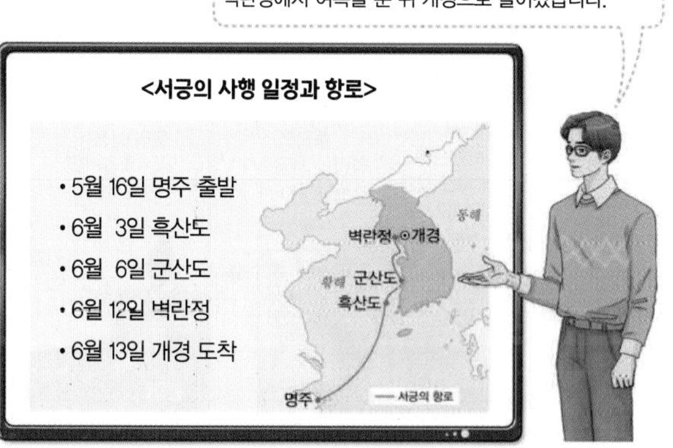

① 모내기법이 전국적으로 보급되었다.
② 보부상이 전국의 장시를 연결하였다.
③ 담배, 면화 등이 상품 작물로 재배되었다.
④ 활구라고도 불린 은병이 화폐로 사용되었다.

17 (가)에 들어갈 문화유산으로 옳은 것은? [2점]

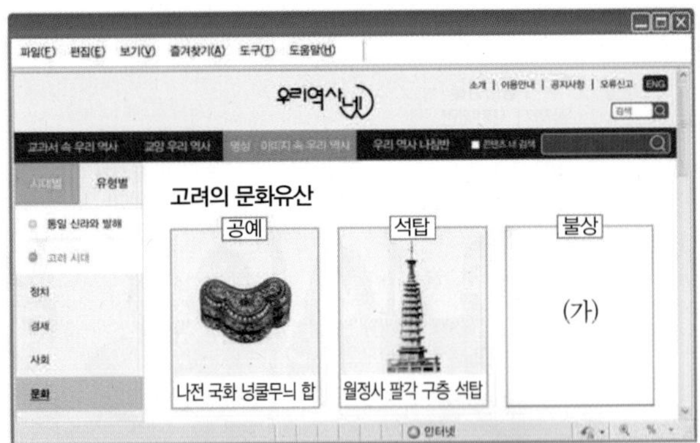

① 
이불병좌상

② 
안동 이천동 마애 여래 입상

③ 
석굴암 본존불상

④ 
서산 용현리 마애 여래 삼존상

18 밑줄 그은 '역법서'로 옳은 것은? [1점]

① 금양잡록 ② 농사직설 ③ 삼강행실도 ④ 칠정산내편

19 (가)에 들어갈 내용으로 옳은 것은? [2점]

① 경신환국 ② 무오사화
③ 인조반정 ④ 임오군란

20 (가)에 들어갈 내용으로 옳은 것은? [1점]

① 향교 ② 성균관
③ 육영 공원 ④ 4부 학당

21 (가)에 해당하는 인물로 옳은 것은? [2점]

〈역사 인물 설문 조사〉
(가) 하면 가장 먼저 떠오르는 것에 스티커를 붙여 주세요.
징비록을 썼어요.
이순신을 천거했어요.
훈련도감 설치를 건의했어요.

① 
박지원

② 
유성룡

③ 임경업

④ 
정약용

22 밑줄 그은 '이 왕'의 재위 기간에 볼 수 있는 모습으로 옳은 것은? [3점]

이 사진에 대해 설명해 주세요.
이것은 백두산정계비 사진입니다. 청과 국경 문제가 발생하자 이 왕은 박권을 파견해 국경을 정하고 백두산정계비를 세웠습니다. 비석은 현재 사진으로만 남아 있습니다.

① 장용영에서 훈련하는 군인
② 만민 공동회에서 연설하는 백정
③ 집현전에서 학문을 연구하는 관리
④ 시전에서 상평통보를 사용하는 상인

23 (가)에 들어갈 내용으로 옳은 것은? [2점]

효종에 대해 조사한 것을 이야기해 볼까?
병자호란 이후 소현 세자와 함께 청나라 심양에 볼모로 잡혀갔다 왔어.
왕으로 즉위하고 나서 (가)

① 북벌을 추진했어.
② 경복궁을 중건했어.
③ 중립 외교를 펼쳤어.
④ 대전통편을 만들었어.

24 밑줄 그은 '봉기' 이후 정부의 대책으로 옳은 것은? [2점]

□□시립극단 뮤지컬
타오르는 횃불

• 장소: △△문화센터 대강당
주요 출연진

탐관오리가 판치던 세도 정치 시기, 진주 지역에서는 백낙신이 수탈이 극에 달한나. 참다못한 농민들은 몰래 양반 유계춘을 중심으로 봉기를 일으키는데…….

① 혹창을 두었다.
② 신해통공을 실시하였다.
③ 삼정이정청을 설치하였다.
④ 전민변정도감을 운영하였다.

25 다음 특별전에서 볼 수 있는 작품으로 옳은 것은? [1점]

우리 산천을 담다
우리나라 산천을 소재로 한

느껴 보세요.

① 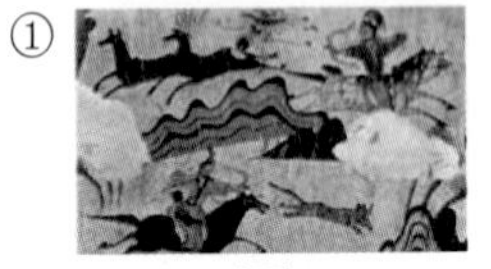
수렵도

② 
인왕제색도

③ 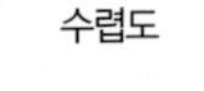
몽유도원도

④ 
고사관수도

26 밑줄 그은 '이 사건'의 배경으로 옳은 것은? [2점]

지금 보고 있는 것은 양헌수 장군이 이 사건 당시 정족산성에서 프랑스군과 벌인 전투를 기록한 문헌입니다.
정족산성 접전 사실

① 병인박해가 일어났다.
② 영국이 거문도를 점령하였다.
③ 오페르트가 남연군 묘를 도굴하려 하였다.
④ 서인 정권이 친명배금 정책을 추진하였다.

27 (가) 조약 이후에 있었던 사실로 옳은 것은? [2점]

주제: (가) 의 체결
조선책략의 내용이 유포되고 청이 적극적으로 알선하여 조약이 체결되었습니다.
서양 국가와 맺은 최초의 근대적 조약이었습니다.
조선책략
조약 체결 장면

① 보빙사가 파견되었다.
② 별기군이 창설되었다.
③ 탕평비가 건립되었다.
④ 통리기무아문이 설치되었다.

28 (가)에 해당하는 신문으로 옳은 것은? [1점]

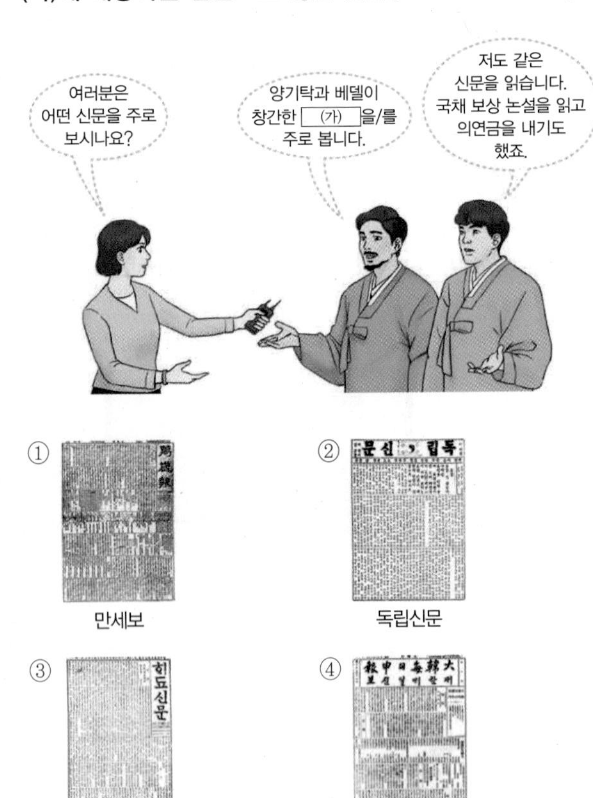

여러분은 어떤 신문을 주로 보시나요?
양기탁과 베델이 창간한 (가) 을/를 주로 봅니다.
저도 같은 신문을 읽습니다. 국채 보상 논설을 읽고 의연금을 내기도 했죠.

① 만세보
② 독립신문
③ 해조신문
④ 대한매일신보

29 다음 사건이 일어난 시기를 연표에서 옳게 고른 것은? [3점]

아침 7시가 될 무렵 왕과 세자는 궁녀들이 타는 가마를 타고 몰래 궁을 떠났다. 탈출은 치밀하게 계획된 것이었다. 1주일 전부터 궁녀들은 몇 채의 가마를 타고 궐문을 드나들어서 경비병들이 궁녀들의 잦은 왕래에 익숙해지도록 했다. 그래서 이른 아침 시종들이 두 채의 궁녀 가마를 들고 나갈 때도 경비병들은 특별히 신경 쓰지 않았다. 왕과 세자는 긴장하며 러시아 공사관에 도착했다.

– F. A. 매켄지의 기록 –

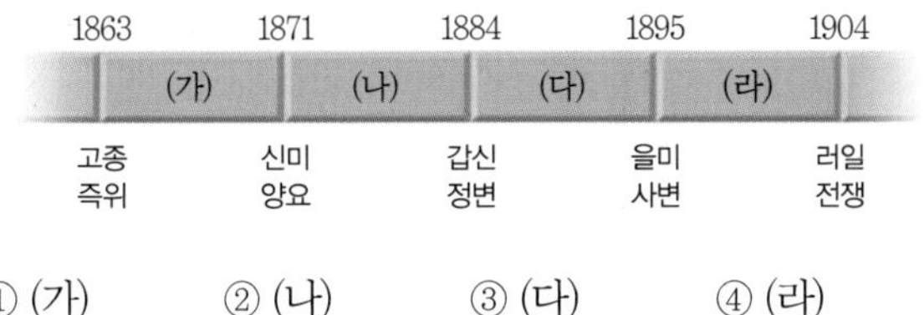

1863
1871
1884
1895
1904
(가)
(나)
(다)
(라)
고종 즉위
신미 양요
갑신 정변
을미 사변
러일 전쟁

① (가) ② (나) ③ (다) ④ (라)

30 (가) 시기에 있었던 사실로 옳은 것은? [2점]

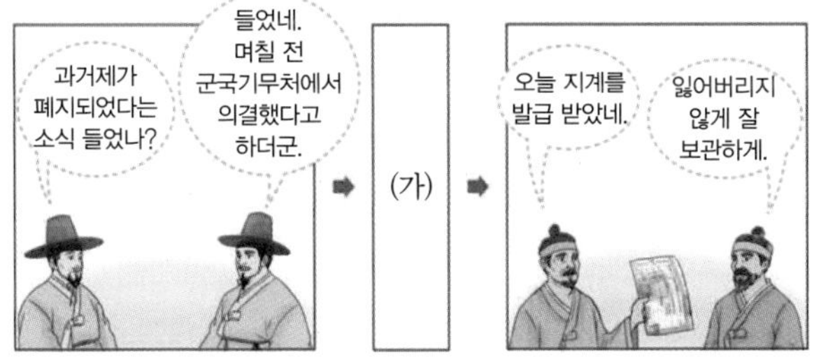

과거제가 폐지되었다는 소식 들었나?
들었네. 며칠 전 군국기무처에서 의결했다고 하더군.
(가)
오늘 지계를 발급 받았네.
잃어버리지 않게 잘 보관하게.

① 당백전이 발행되었다.
② 동시전이 설치되었다.
③ 속대전이 편찬되었다.
④ 태양력이 채택되었다.

31 (가)~(다)를 일어난 순서대로 옳게 나열한 것은? [3점]

(가)
역사 신문
박승환 대대장, 군대 해산에 항의하며 순국하다
(나)
역사 신문
헤이그 특사, 을사늑약의 부당성을 폭로하다
(다)
역사 신문
고종, 일본에 의해 강제 퇴위되다

① (가) – (나) – (다) ② (가) – (다) – (나)
③ (나) – (다) – (가) ④ (다) – (가) – (나)

32 (가)에 들어갈 인물로 옳은 것은? [2점]

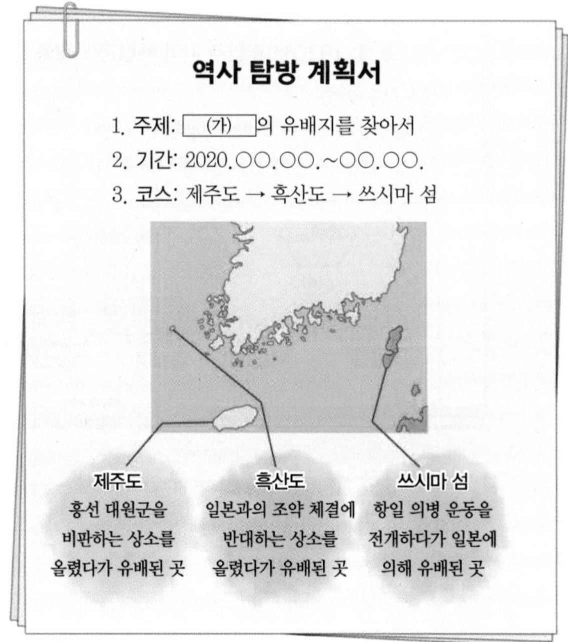

역사 탐방 계획서

1. 주제: (가) 의 유배지를 찾아서
2. 기간: 2020.○○.○○.~○○.○○.
3. 코스: 제주도 → 흑산도 → 쓰시마 섬

제주도
흥선 대원군을 비판하는 상소를 올렸다가 유배된 곳
흑산도
일본과의 조약 체결에 반대하는 상소를 올렸다가 유배된 곳
쓰시마 섬
항일 의병 운동을 전개하다가 일본에 의해 유배된 곳

① 허위 ② 신돌석 ③ 유인석 ④ 최익현

33 학생들이 공통으로 이야기하고 있는 지역을 지도에서 옳게 찾은 것은? [2점]

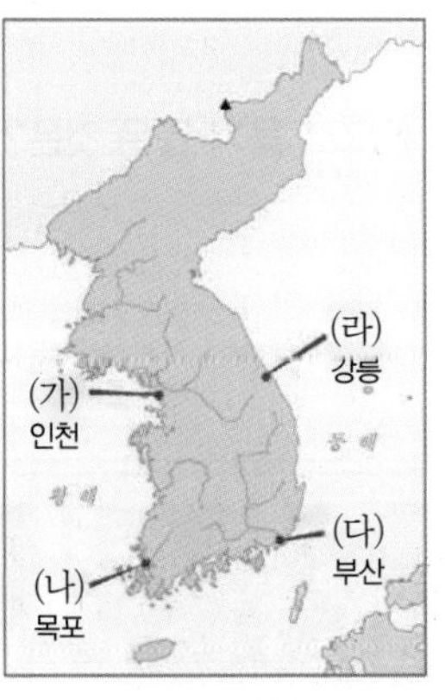

(가) 인천
(나) 목포
(다) 부산
(라) 강릉

임진왜란 때 송상현이 동래성에서 순절했어.
초량 왜관이 있었어.
2002년 아시아 경기 대회가 개최됐어.
내상의 활동 근거지였어.

① (가) ② (나) ③ (다) ④ (라)

34 (가)에 들어갈 군사 조직으로 옳은 것은? [2점]

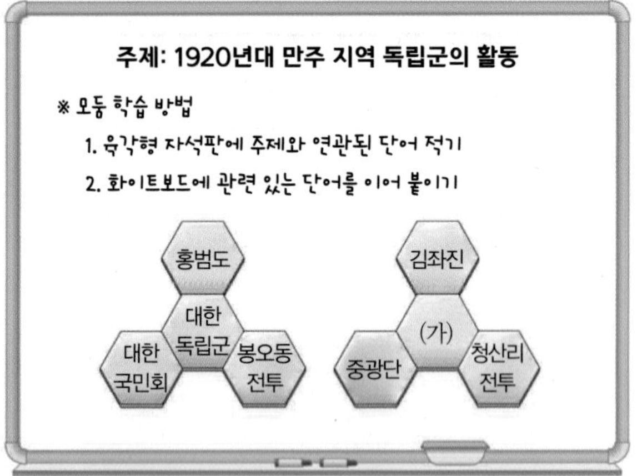

① 북로 군정서　　② 조선 의용대
③ 조선 혁명군　　④ 한국 광복군

35 (가)의 활동으로 옳지 않은 것은? [2점]

이것은 1919년 (가) 직원들이 청사 앞에서 찍은 사진입니다. (가) 은/는 3·1 운동을 계기로 상하이에서 수립되어 독립을 위한 다양한 활동을 전개하였습니다.

① 연통제를 실시하였다.
② 독립 공채를 발행하였다.
③ 신흥 강습소를 설립하였다.
④ 한일 관계 사료집을 발간하였다.

36 (가) 단체에 대한 설명으로 옳은 것은? [2점]

이 분이 누군지 알아?
응, 김익상이잖아.
김원봉이 조직한 (가) 에 소속되어 조선 총독부에 폭탄을 투척한 분이야.
아~ 나석주, 김상옥도 (가) 의 일원이었지.

① 105인 사건으로 해체되었다.
② 고종의 밀지를 받아 결성되었다.
③ 파리 강화 회의에 대표를 파견하였다.
④ 조선 혁명 선언을 활동 지침으로 삼았다.

37 다음 퀴즈의 정답으로 옳은 것은? [1점]

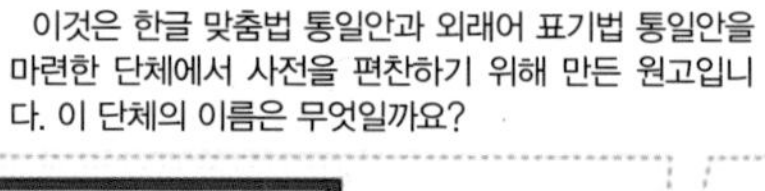

이것은 한글 맞춤법 통일안과 외래어 표기법 통일안을 마련한 단체에서 사전을 편찬하기 위해 만든 원고입니다. 이 단체의 이름은 무엇일까요?

①

보안회

②

독립 협회

③ 대한 광복회

④

38 다음 전투가 일어난 시기를 연표에서 옳게 고른 것은? [3점]

> **역사 신문**
>
> 제△△호 ○○○○년 ○○월 ○○일
>
> **만주에서 전해진 승전보**
>
> 지청천 장군이 이끄는 한국 독립군은 중국 호로군과 연합하여 일본군을 대전자령에서 물리치고 많은 전리품을 노획하였다.
>
> 전투에 앞서 지청천 장군은 "대전자령의 공격은 이천만 대한 인민을 위하여 원수를 갚는 것이다. 제군은 만대 자손을 위하여 최후까지 싸우라."고 말하며 사기를 북돋운 것으로 전해진다.

1910		1921		1931		1937		1945
	(가)		(나)		(다)		(라)	
국권 피탈		자유시 참변		만주 사변		중일 전쟁		8·15 광복

① (가) ② (나) ③ (다) ④ (라)

39 (가)에 들어갈 내용으로 옳은 것은? [1점]

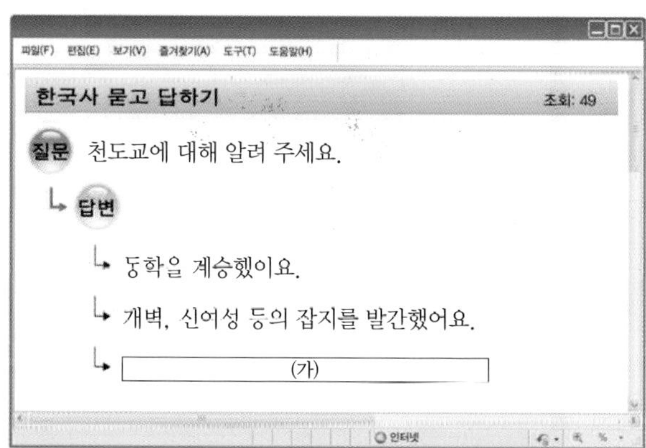

파일(F) 편집(E) 보기(V) 즐겨찾기(A) 도구(T) 도움말(H)

한국사 묻고 답하기 조회: 49

질문 천도교에 대해 알려 주세요.

↳ 답변

↳ 동학을 계승했어요.

↳ 개벽, 신여성 등의 잡지를 발간했어요.

↳ (가)

인터넷

① 어린이날 제정에 기여했어요.
② 여성 교육을 위해 이화 학당을 설립했어요.
③ 을사오적 처단을 위해 자신회를 결성했어요.
④ 항일 무장 투쟁 단체인 의민단을 조직했어요.

40 다음 법령이 제정된 이후 시행된 일제의 정책으로 옳은 것은? [2점]

> 제4조 정부는 전시에 국가 총동원상 필요한 경우에는 칙령이 정하는 바에 따라 제국 신민을 징용하여 총동원 업무에 종사시킬 수 있다.
>
> ⋮
>
> 제8조 정부는 …… 물자의 생산, 수리, 배급, 양도, 그 밖의 처분, 사용, 소비, 소지 및 이동에 관하여 필요한 명령을 할 수 있다.

① 징병제를 실시하였다.
② 조선 태형령을 제정하였다.
③ 토지 조사령을 공포하였다.
④ 헌병 경찰제를 시행하였다.

41 (가)에 대한 설명으로 옳은 것은? [2점]

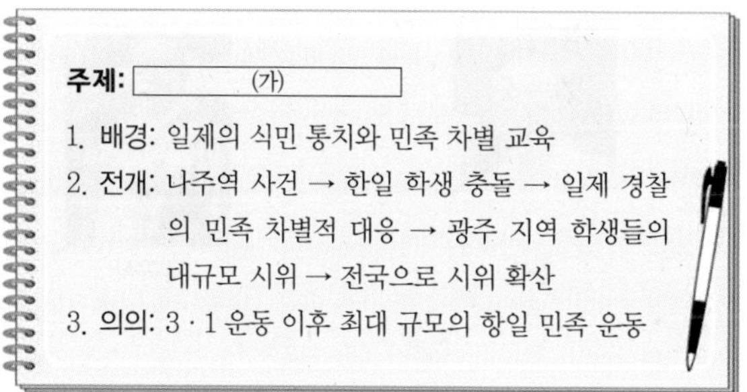

주제: (가)

1. 배경: 일제의 식민 통치와 민족 차별 교육
2. 전개: 나주역 사건 → 한일 학생 충돌 → 일제 경찰의 민족 차별적 대응 → 광주 지역 학생들의 대규모 시위 → 전국으로 시위 확산
3. 의의: 3·1 운동 이후 최대 규모의 항일 민족 운동

① 순종의 인산일을 계기로 일어났다.
② 국민 대표 회의 개최의 배경이 되었다.
③ 신간회에서 진상 조사단을 파견하였다.
④ 통감부의 방해와 탄압으로 실패하였다.

42 교사의 질문에 대한 답변으로 옳은 것은? [2점]

이것은 삼균주의 기념비입니다. 한국 독립당을 결성하고 정치, 경제, 교육의 균등을 통해 개인과 개인, 민족과 민족, 국가와 국가 사이의 호혜 평등을 실현하자는 삼균주의를 제창한 이 인물은 누구일가요?

① 박은식입니다.
② 신채호입니다.
③ 조소앙입니다.
④ 한용운입니다.

43 다음 인물 카드의 (가)에 들어갈 인물로 옳은 것은? [3점]

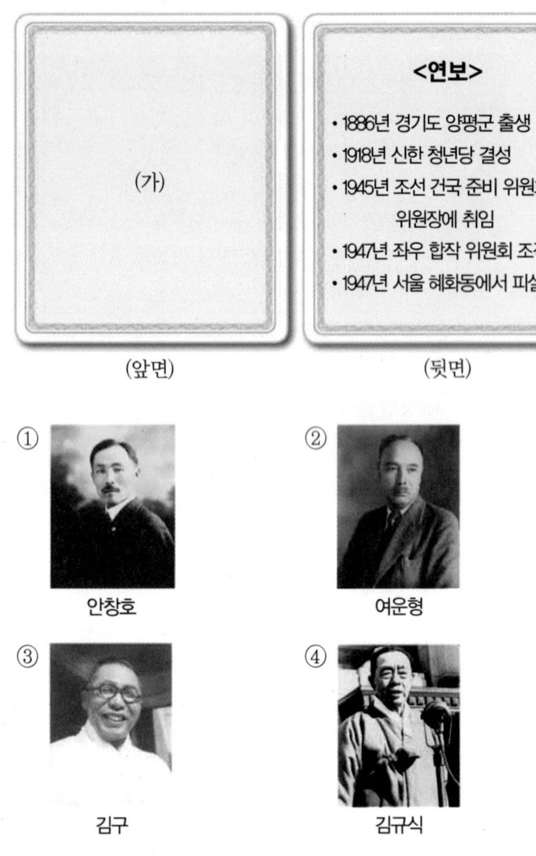

(가)
<연보>
• 1886년 경기도 양평군 출생
• 1918년 신한 청년당 결성
• 1945년 조선 건국 준비 위원회 위원장에 취임
• 1947년 좌우 합작 위원회 조직
• 1947년 서울 혜화동에서 피살
(앞면)
(뒷면)
① 안창호
② 여운형
③ 김구
④ 김규식

44 다음 성명서가 발표된 이후에 일어난 사건으로 옳은 것은? [2점]

> **성 명 서**
>
> 먼저 긴급 조치의 해제와 구속 인사 전원에 대한 즉각적인 무조건 석방이 이루어져야 합니다. …… 석방되어야 할 사람들은 첫째, 긴급 조치 9호 위반자 전원, 둘째, 긴급 조치 1호, 4호 위반자로 현재까지 구속 중에 있는 인사 전원, 셋째, 반공법의 인혁당 등 조작된 사건에 연루된 인사들입니다.
>
> 1977.7.18.
>
> 양심범 가족 협의회

① 4·19 혁명　② 5·10 총선거
③ 5·16 군사 정변　④ 5·18 민주화 운동

45 (가) 전쟁 중에 있었던 사실로 옳은 것은? [2점]

> **숫자로 본 (가)**
>
> 전쟁 기간 1950년~1953년
>
> 이산가족 약 10,000,000여 명
>
> 민간인 사망 655,000명 이상
>
> 전쟁고아 약 100,000여 명

① 인천 상륙 작전이 전개되었다.
② 모스크바 3상 회의가 개최되었다.
③ 미국이 애치슨 선언을 발표하였다.
④ 반민족 행위 처벌법이 제정되었다.

46 (가) 정부 시기에 있었던 사실로 옳은 것은? [2점]

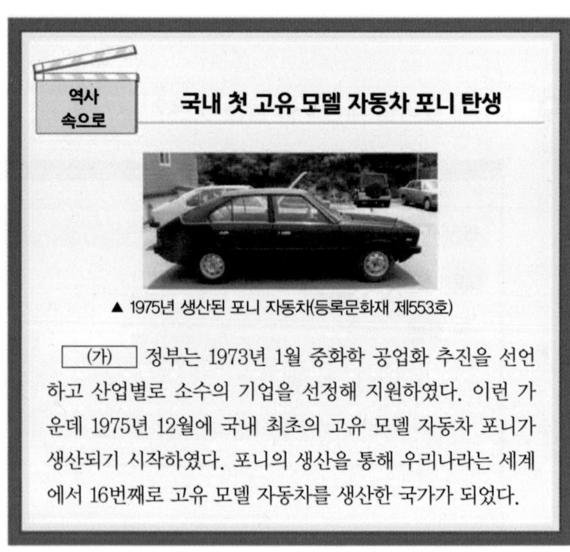

역사 속으로
국내 첫 고유 모델 자동차 포니 탄생

▲ 1975년 생산된 포니 자동차(등록문화재 제553호)

(가) 정부는 1973년 1월 중화학 공업화 추진을 선언하고 산업별로 소수의 기업을 선정해 지원하였다. 이런 가운데 1975년 12월에 국내 최초의 고유 모델 자동차 포니가 생산되기 시작하였다. 포니의 생산을 통해 우리나라는 세계에서 16번째로 고유 모델 자동차를 생산한 국가가 되었다.

① 금융 실명제를 실시하였다.
② 농지 개혁법을 제정하였다.
③ 수출 100억 달러를 달성하였다.
④ 한미 자유 무역 협정(FTA)을 체결하였다.

47 다음 일기에 나타난 세시 풍속을 행하는 명절로 옳은 것은? [1점]

○○월 ○○일 ○요일
날씨:
오늘은 1년 중 밤이 가장 길고 낮이 가장 짧은 날이라고 한다. 아침부터 아빠와 함께 팥죽을 만들었다. 나는 찹쌀로 새알심을 만들었다. 팥죽을 먹어야 진짜 나이를 한 살 더 먹는다고 하는데, 오늘 만들어 먹었으니까 나도 이제 진짜로 열 살이 된 것 같아 기쁘다.

① 단오 ② 동지 ③ 추석 ④ 한식

48 다음 뉴스가 보도된 정부 시기의 사실로 옳은 것은? [2점]

어제 독일 바덴바덴에서 열린 IOC 총회에서 서울이 일본 나고야를 52대 27로 누르고 1988년 올림픽 개최지로 결정되었습니다.
88 올림픽, 서울 개최 결정

① 6월 민주 항쟁이 일어났다.
② 베트남에 국군을 파병하였다.
③ 신탁 통치 반대 운동이 전개되었다.
④ 경제 협력 개발 기구(OECD)에 가입하였다.

49 (가) 시기에 있었던 사실로 옳은 것은? [3점]

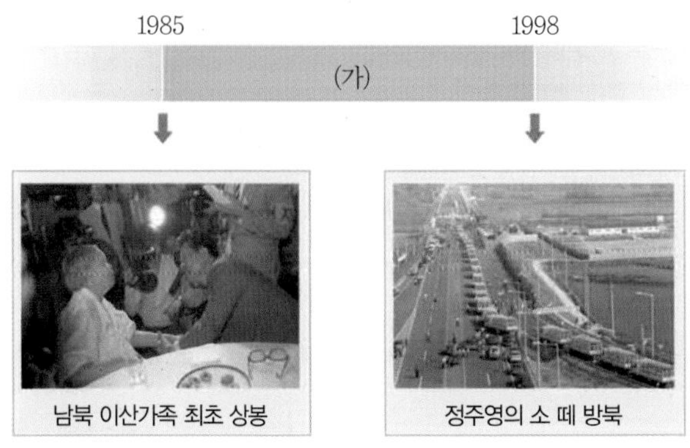

① 개성 공단 조성에 합의하였다.
② 남북 기본 합의서가 채택되었다.
③ 남북 조절 위원회가 설치되었다.
④ 6 · 15 남북 공동 선언이 발표되었다.

50 (가)에 해당하는 인물로 옳은 것은? [1점]

독도 인문학 교실

2020년 독도의 날을 맞이하여 우리 문화원에서 독도 인문학 교실을 마련하였습니다. 많은 관심과 참여를 부탁드립니다.

- 일시: 2020년 10월 25일 13:00~16:00
- 장소: △△문화원 소강의실
- 강의 시간표

시간	주제	제목
13:00~14:00	자연	독도의 터줏대감 괭이갈매기
14:00~15:00	인물	일본에 건너가 독도를 지켜낸 (가)
15:00~16:00	법령	대한 제국 칙령 제41호와 독도

① 안용복 ② 이범윤 ③ 정약전 ④ 최무선

제48회 한국사능력검정시험

모바일 OMR 자동채점 서비스 ▶ 

- 자신이 선택한 등급의 문제지인지 확인하시오.
- 문제지에 성명과 수험 번호를 정확히 써넣으시오.
- 답안지에 성명과 수험 번호를 써넣고, 또 수험 번호와 답을 정확히 표시하시오.
- 시험 시간은 70분입니다.

01 (가) 시대의 생활 모습으로 옳은 것은? [1점]

저희 모둠은 (가) 시대의 대표적 문화유산인 고인돌과 민무늬 토기를 소재로 우표를 제작하였습니다.

① 우경이 널리 보급되었다.
② 비파형 동검을 제작하였다.
③ 철제 농기구를 사용하였다.
④ 주로 동굴과 막집에서 거주하였다.

02 밑줄 그은 '이 나라'에 대한 설명으로 옳은 것은? [1점]

환웅과 웅녀 사이에서 태어난 단군왕검이 아사달에 도읍을 정하고 이 나라를 세웠다고 전해져요.

① 8조법으로 백성을 다스렸다.
② 영고라는 제천 행사를 열었다.
③ 지배자로 신지, 읍차 등이 있었다.
④ 읍락 간의 경계를 중시하는 책화가 있었다.

03 다음 자료에 해당하는 나라를 지도에서 옳게 고른 것은? [3점]

> 이 나라에는 여자가 열 살이 되기 전에 혼인을 약속하고, 신랑 집에서는 여자를 데려와 기른 후 성인이 되면 신부 집에 대가를 주고 며느리로 삼는 풍속이 있었다. 또한, 가족이 죽으면 뼈만 추려 보관하는 장례 풍습이 있었다.

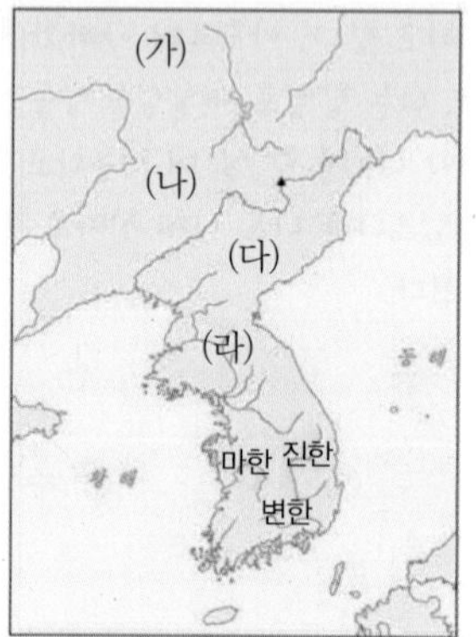

① (가) ② (나) ③ (다) ④ (라)

04 (가) 국가에 대한 설명으로 옳은 것은? [2점]

(가) 의 문화유산

① 진대법을 시행하였다.
② 상수리 제도를 두었다.
③ 지방에 22담로를 설치하였다.
④ 골품제라는 신분 제도가 있었다.

05 다음 사건이 일어난 시기를 연표에서 옳게 고른 것은? [3점]

나는 신라의 영토를
한강 유역까지 넓힌 것을
기념하여 이곳 북한산에
순수비를 세우노라.

475		523		642		660		676
백제 웅진 천도	(가)	백제 성왕 즉위	(나)	대야성 전투	(다)	황산벌 전투	(라)	신라 삼국 통일

① (가) ② (나) ③ (다) ④ (라)

06 밑줄 그은 '이 전투'로 옳은 것은? [1점]

나는 이 전투에서 우문술, 우중문이

① 귀주 대첩 ② 살수 대첩
③ 안시성 전투 ④ 처인성 전투

07 교사의 질문에 대한 학생의 대답으로 옳은 것은? [2점]

통일 신라의 대외 교역에 대해 말해 볼까요?
① 장보고가 청해진을 설치하여 해상 무역을 주도했어요.
② 무역소를 설치하여 여진과 교역했어요.
③ 개시와 후시를 통한 국경 무역이 활발했어요.
④ 낙랑과 왜에 철을 수출했어요.

08 (가)에 들어갈 인물로 옳은 것은? [2점]

이곳은 유네스코 세계 유산에 등재된 무성 서원으로 (가) 을/를 제향하고 있어요. 신라 6두품 출신인 그는 당의 빈공과에 합격하여 관직 생활을 했어요. 이후 귀국하여 진성 여왕에게 10여 조의 개혁안을 올리기도 했습니다.

① 강수 ② 설총
③ 최승로 ④ 최치원

09 (가)에 들어갈 문화유산으로 적절한 것은? [2점]

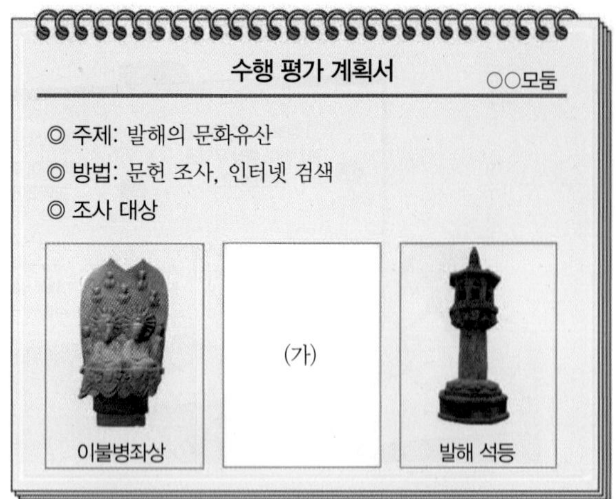

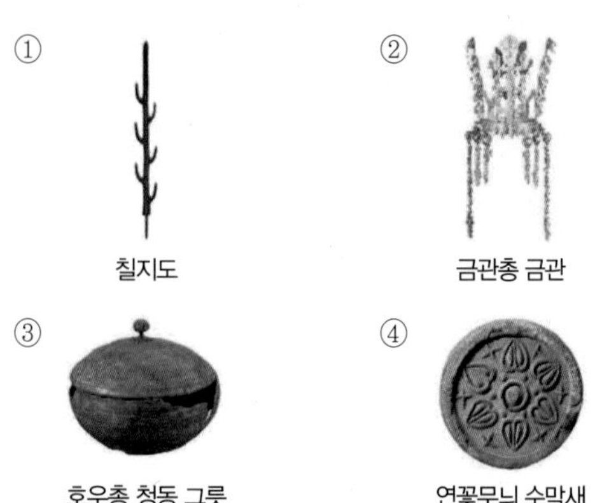

10 밑줄 그은 '나'에 해당하는 인물로 옳은 것은? [1점]

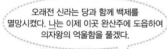

오래전 신라는 당과 함께 백제를 멸망시켰다. 나는 이제 이곳 완산주에 도읍하여 의자왕의 억울함을 풀겠다.

① 견훤　② 궁예　③ 만적　④ 양길

11 다음 역사 다큐멘터리의 제목으로 가장 적절한 것은? [2점]

노비를 안검하고 조사하여, 불법적으로 노비가 된 자가 있으면 양민으로 돌려놓도록 하시오.

① 광종, 왕권 강화를 도모하다.
② 인종, 서경 천도를 계획하다.
③ 태조, 북진 정책을 추진하다.
④ 현종, 지방 제도를 정비하다.

12 (가)에 들어갈 문화유산으로 옳은 것은? [2점]

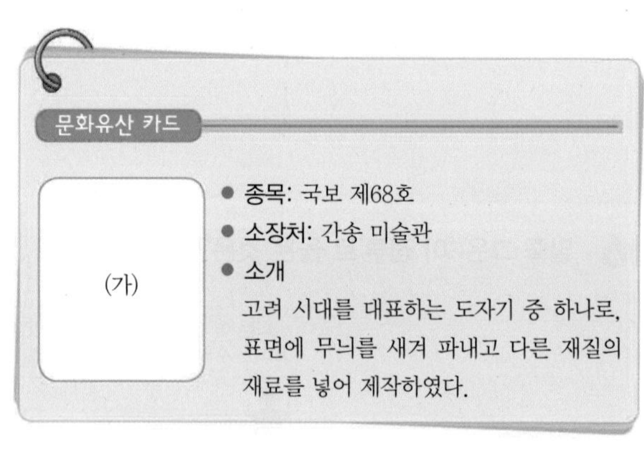

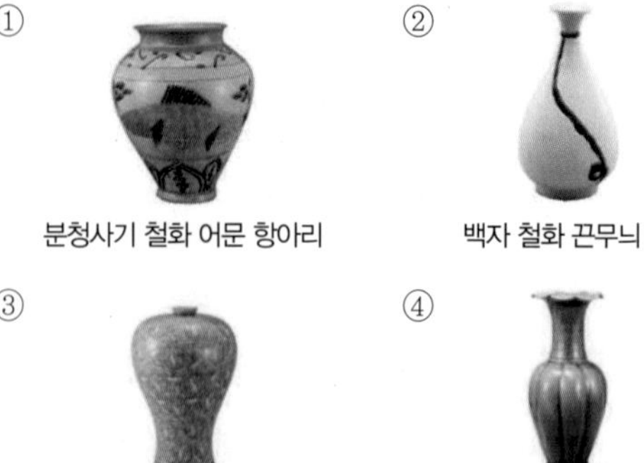

13 (가)에 들어갈 기구로 옳은 것은? [2점]

(가)에 대해 검색해 줘.
검색 결과입니다.
고려 시대의 중앙 정치 기구로 관리들의 비리를 감찰하고 정치의 잘잘못을 논하였다. 이 기구의 관원은 중서문하성의 낭사와 함께 대간으로 불렸다.

① 어사대 ② 의정부 ③ 중추원 ④ 도병마사

14 (가) 시기에 있었던 사실로 옳은 것은? [3점]

문신은 보이는 대로 모두 없애라!

이곳 진도에서 우리 삼별초는 적에 맞서 끝까지 항전할 것이다.

① 김헌창이 난을 일으켰다.
② 최우가 정방을 설치하였다.
③ 묘청이 금 정벌을 주장하였다.
④ 서희가 강동 6주를 획득하였다.

15 다음 퀴즈의 정답으로 옳은 것은? [1점]

1단계: 고려 성종 때 설립

① 경당 ② 향교
③ 국자감 ④ 주자감

16 (가)에 들어갈 학습 주제로 적절한 것은? [2점]

학습 주제: (가)

① 몽골의 침입과 항쟁
② 왜구의 침략과 격퇴
③ 여진 정벌과 동북 9성 축조
④ 서양 함대의 침입과 척화비 건립

17 (가)에 들어갈 내용으로 옳은 것은? [2점]

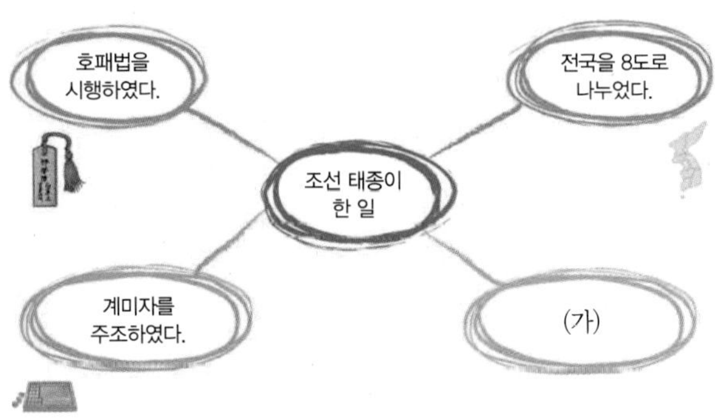

조선 태종이 한 일

① 균역법을 시행하였다.
② 직전법을 실시하였다.
③ 5군영 체제를 완성하였다.
④ 6조 직계제를 시행하였다.

18 다음 가상 뉴스 보도 이후에 전개된 사실로 옳은 것은? [2점]

드디어 새 궁궐의 이름이 경복궁으로 결정되었습니다. 경복궁이라는 이름에는 국왕과 백성이 함께 만년토록 태평하며 큰 복을 누리기를 바란다는 의미가 담겨 있습니다.
새 궁궐의 이름, 경복궁으로 결정

① 흑창이 운영되었다.
② 사심관 제도가 실시되었다.
③ 한양에 시전이 설치되었다.
④ 정동행성 이문소가 폐지되었다.

19 (가)에 들어갈 과학 기구로 옳은 것은? [1점]

(가) 는 자동으로 시간을 알려 주는 장치를 갖춘 물시계입니다. 이 시계가 알려 주는 시간에 따라 도성 문을 열고 닫았으며, 궁궐 호위병들은 임무를 교대하였습니다.

① 자격루 ② 측우기 ③ 혼천의 ④ 앙부일구

20 밑줄 그은 '이 왕'의 업적으로 옳은 것은? [1점]

우리 모둠에서는 존경하는 역사 인물로 이 왕을 선정하였습니다.
역사 인물 발표회
△△모둠
☆ 선정 이유 ☆
• 훈민정음을 창제하였다.
• 농사직설을 편찬하였다.

① 4군 6진을 개척하였다.
② 경국대전을 완성하였다.
③ 대동여지도를 제작하였다.
④ 백두산정계비를 건립하였다.

21 (가)에 들어갈 그림으로 옳은 것은? [2점]

이 작품은 조선 전기를 대표하는 그림으로, 안평 대군이 꿈에서 본 이상 세계에 대한 이야기를 듣고 안견이 그린 것입니다.

①
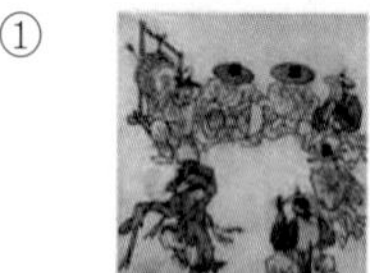
무동도

②

세한도

③

인왕제색도

④

몽유도원도

22 (가)에 들어갈 내용으로 옳은 것은? [2점]

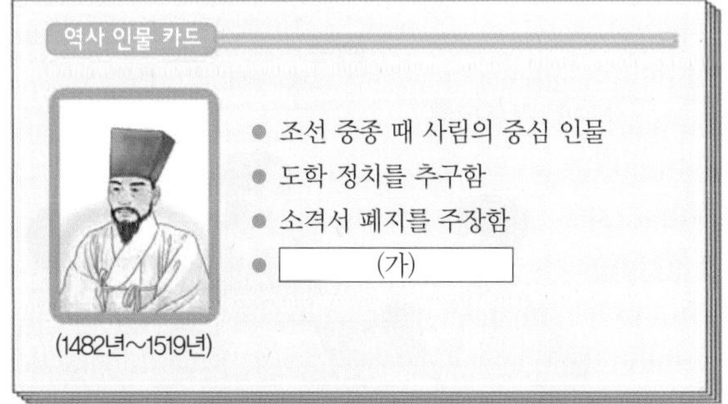

역사 인물 카드
● 조선 중종 때 사림의 중심 인물
● 도학 정치를 추구함
● 소격서 폐지를 주장함
● (가)
(1482년~1519년)

① 성학집요를 저술함
② 백운동 서원을 건립함
③ 현량과 실시를 건의함
④ 시헌력 도입을 주장함

23 (가) 전쟁 중에 있었던 사실로 옳은 것은? [2점]

진주성에서 진주 목사 김시민의 지휘 아래 관군과 백성들이 일본군에 맞서 싸우고 있습니다. 곽재우 등이 이끄는 의병 부대도 성 밖에서 이를 지원하고 있는데요. 이 전투가 일본의 침략으로 시작된 (가) 의 흐름에 어떤 영향을 미칠지 관심이 모아지고 있습니다.

① 천리장성이 축조되었다.
② 권율이 행주산성에서 승리하였다.
③ 황룡사 9층 목탑이 불타 없어졌다.
④ 윤관이 별무반 편성을 건의하였다.

24 (가) 왕의 정책으로 옳은 것은? [2점]

① 대전회통을 편찬하였다.
② 삼정이정청을 설치하였다.
③ 초계문신제를 실시하였다.
④ 대동법을 처음 시행하였다.

25 (가)~(다) 불상을 만들어진 순서대로 옳게 나열한 것은? [3점]

서산 용현리 마애 여래 삼존상 / 경주 석굴암 본존불상 / 파주 용미리 마애 이불 입상

① (가) – (나) – (다)
② (가) – (다) – (나)
③ (나) – (가) – (나)
④ (다) – (나) – (가)

26 다음에서 설명하는 명절로 옳은 것은? [1점]

음력 8월 15일에는 햇곡식과 햇과일로 차례를 지내고 성묘를 하는 풍습이 있습니다.
이날에는 함께 모여 송편을 빚어 먹고, 강강술래를 하며 풍년을 기원하기도 합니다.

① 단오 ② 설날 ③ 추석 ④ 한식

27 다음을 통해 알 수 있는 지역을 지도에서 옳게 고른 것은? [2점]

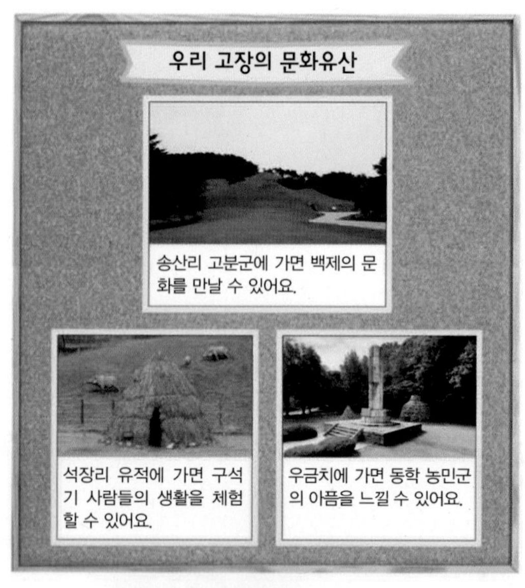

우리 고장의 문화유산
송산리 고분군에 가면 백제의 문화를 만날 수 있어요.
석장리 유적에 가면 구석기 사람들의 생활을 체험할 수 있어요.
우금치에 가면 동학 농민군의 아픔을 느낄 수 있어요.

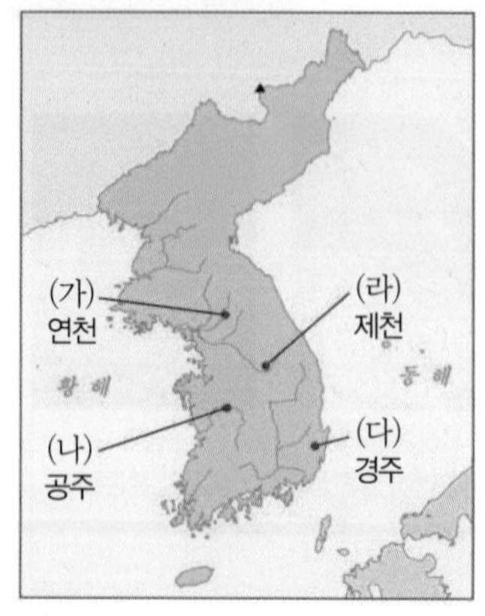

① (가) ② (나) ③ (다) ④ (라)

28 (가)에 들어갈 내용으로 옳지 않은 것은? [3점]

조선 후기 상업에 대해 이야기해 보자.
경강상인이 한강을 무대로 운송업에 종사했어.
(가)

① 내상이 일본과의 무역을 주도했어.
② 벽란도에서 송과의 무역이 이루어졌어.
③ 관청에 물품을 조달하는 공인이 활동했어.
④ 정기 시장인 장시가 전국 각지에서 열렸어.

29 다음 퀴즈의 정답으로 옳은 것은? [2점]

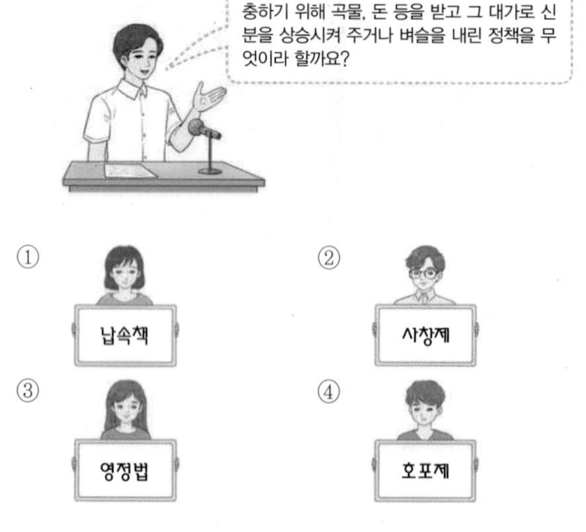

조선 시대에 정부가 부족한 국가 재정을 보충하기 위해 곡물, 돈 등을 받고 그 대가로 신분을 상승시켜 주거나 벼슬을 내린 정책을 무엇이라 할까요?
① 납속책
② 사창제
③ 영정법
④ 호포제

30 다음 가상 인터뷰의 주인공에 대한 설명으로 옳은 것은? [2점]

① 동학을 창시하였다.
② 추사체를 창안하였다.
③ 목민심서를 저술하였다.
④ 사상 의학을 확립하였다.

31 (가)에 들어갈 인물로 옳은 것은? [2점]

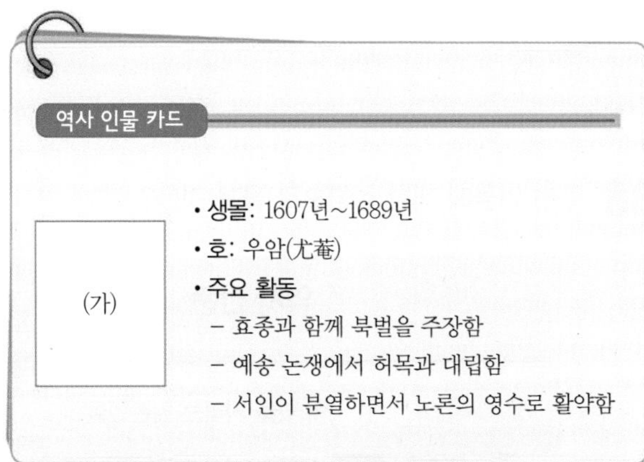
역사 인물 카드

(가)

- 생몰: 1607년~1689년
- 호: 우암(尤菴)
- 주요 활동
  - 효종과 함께 북벌을 주장함
  - 예송 논쟁에서 허목과 대립함
  - 서인이 분열하면서 노론의 영수로 활약함

① 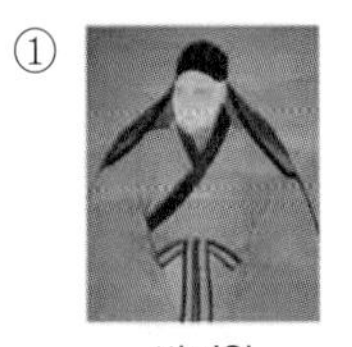
박지원

② 
송시열

③ 
정몽주

④ 
채제공

32 다음 학생이 생각하고 있는 기구로 옳은 것은? [2점]

왕실 도서관이자
학문 연구 기관으로
정조의 개혁 정치를
뒷받침했어.
이 기구에 소장된
고금도서집성의
기기도설을 참고하여
수원 화성을
축조했어.
유득공,
박제가와 같은
서얼 출신 인재들이
검서관으로
등용되었어.

① 규장각 ② 성균관 ③ 집현전 ④ 홍문관

33 다음 대화가 이루어진 시기에 볼 수 있는 모습으로 적절한 것은? [2점]

이것이 당백전일세.
우리가 원래 사용하던 엽전 한 닢의
백배에 해당한다는데, 실제 가치는
훨씬 못 미치네.
맞네. 이 당백전의
남발로 물가가 크게 올라
백성들의 형편이 매우
어려워지고 있다네.

① 원에 공녀로 끌려가는 여인
② 원산 총파업에 참여하는 노동자
③ 독립운동가를 감시하는 헌병 경찰
④ 경복궁 중건 공사에 동원되는 농민

34 (가)~(다)를 일어난 순서대로 옳게 나열한 것은? [2점]

(가) (나) (다)

① (가) – (나) – (다)
② (가) – (다) – (나)
③ (다) – (가) – (나)
④ (다) – (나) – (가)

35 다음에서 설명하는 사건의 영향으로 옳은 것은? [2점]

특강 주제: 개화 정책을 둘러싼 갈등

신식 군대인 별기군에 비해 차별 대우를 받던 구식 군인들은 밀린 봉급을 겨와 모래가 섞인 쌀로 지급받게 되었습니다. 이들은 결국 분노하여 난을 일으켰고, 일부 백성들도 이에 합세하였습니다.

① 운요호 사건이 일어났다.
② 통리기무아문이 설치되었다.
③ 외규장각 도서가 약탈되었다.
④ 청의 내정 간섭이 심화하였다.

36 다음 대화가 이루어진 시기에 볼 수 있는 모습으로 적절한 것은? [3점]

러시아와 전쟁을 하고 있는 일본이 군수 물자 수송을 위해 경부선 철도 건설을 서두르고 있다네요.

한창 농사일로 바쁜 시기에 마을 남자들을 강제로 끌고 가 고된 일을 시키면서 임금도 제대로 주지 않고 있어요.

① 조총으로 무장한 훈련도감 군인
② 황국 신민 서사를 암송하는 학생
③ 치안 유지법 위반으로 구속된 독립운동가
④ 일본의 황무지 개간권 요구에 반대하는 보안회 회원

37 (가) 단체의 활동으로 옳은 것은? [2점]

우리 대조선국이 독립국이 되어 세계 여러 나라와 어깨를 나란히 하니, 우리 동포 이천만이 오늘날 맞이한 행복이다. 여러 사람의 의견으로 (가) 을/를 조직하여 옛 영은문 자리에 독립문을 새로 세우고, 옛 모화관을 고쳐 독립관이라 하고자 한다. 이는 지난날의 치욕을 씻고 후손들에게 본보기를 보여 주고자 함이다.

① 형평 운동을 전개하였다.
② 만민 공동회를 개최하였다.
③ 한국 광복군을 창설하였다.
④ 한글 맞춤법 통일안을 제정하였다.

38 (가) 인물에 대한 설명으로 옳은 것은? [3점]

역사 신문

제△△호 ○○○○년 ○○월 ○○일

(가) 의 넋을 기리는 일본인들

일본 미야기현 다이린사에는 이토 히로부미를 처단한 후 뤼순 감옥에서 순국한 (가) 을/를 기리는 비석이 세워져 있다. 이 절에서 매년 열리는 추모 법회에는 한국인들뿐만 아니라 그의 사상에 감명 받은 일본인들도 참여하고 있다.

① 대종교를 창시하였다.
② 동양 평화론을 집필하였다.
③ 조선 혁명 선언을 작성하였다.
④ 파리 강화 회의에 파견되었다.

39 (가) 민족 운동에 대한 설명으로 옳은 것은? [2점]

가네코 후미코는 일제 강점기 최대 규모의 민족 운동인 (가) 을/를 목격하고 깊은 감동을 받았습니다. 이후 일본에서 박열 등과 함께 반제국주의 활동을 전개하다 체포되어 감옥에서 생을 마감하였습니다.
[외국인 독립 유공자]
로버트 그리어슨
조지 새넌 맥큔

후세 다쓰지
화면을 누르면 설명을 들을 수 있습니다.

① 순종의 인산일에 일어났다.
② 대한매일신보의 후원을 받았다.
③ 단발령에 대한 반발로 일어났다.
④ 만주, 연해주, 미주 등지로 시위가 확산되었다.

40 (가)에 들어갈 인물로 옳은 것은? [1점]

Today History
오늘의 역사

#인물 #8월_9일

좋아요 48

무슨 사진이야?

(가) 선수가 결승선을 통과하는 모습이야.

① 나운규　② 남승룡　③ 손기성　④ 안창남

41 교사의 질문에 대한 답변으로 옳은 것은? [3점]

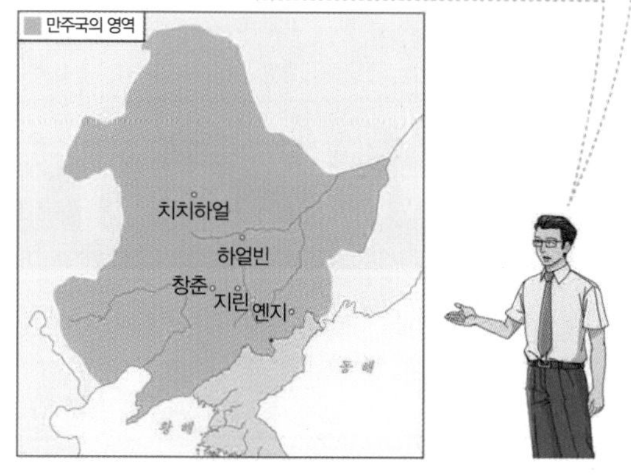

일제는 만주 사변을 일으키고 지도에 표시된 것과 같이 자신들의 꼭두각시 정권인 만주국을 세웠습니다. 이 지역에서 독립운동을 펼치던 세력은 당시 일제의 만주 침략에 어떻게 대응하였을까요?
만주국의 영역
치치하얼
하얼빈
창춘
지린
옌지

① 신간회를 결성하였습니다.
② 국민 대표 회의를 소집하였습니다.
③ 신흥 무관 학교를 설립하였습니다.
④ 한중 연합 작전을 전개하였습니다.

42 밑줄 그은 '이 시기'에 볼 수 있는 모습으로 적절한 것은? [2점]

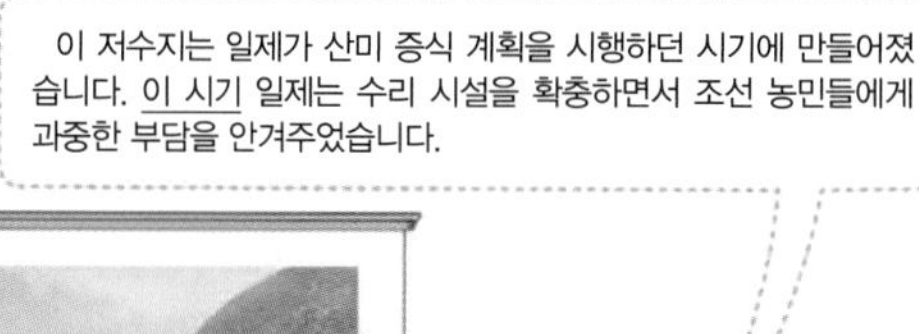

이 저수지는 일제가 산미 증식 계획을 시행하던 시기에 만들어졌습니다. 이 시기 일제는 수리 시설을 확충하면서 조선 농민들에게 과중한 부담을 안겨주었습니다.

대아 저수지(전북 완주)

① 제중원에서 환자를 돌보는 의사
② 광주 학생 항일 운동을 취재하는 기자
③ 교조 신원 운동에 참여하는 동학교도
④ 국채 보상 기성회에 성금을 내는 여성

43 밑줄 그은 '이 운동'으로 옳은 것은? [2점]

① 브나로드 운동
② 문자 보급 운동
③ 물산 장려 운동
④ 민립 대학 설립 운동

44 (가)에 해당하는 인물로 옳은 것은? [1점]

〈다큐멘터리 기획안〉

(가), 군국주의의 심장을 겨누다

▣ 기획 의도
평범한 조선 청년이 일제의 민족적 차별에 분노하며 독립운동가로 변해가는 모습을 통해 독립운동의 역사적 의미를 재조명해 본다.

▣ 구성
1부 식민지 조선 청년으로 살다.
2부 일제의 민족 차별에 눈을 뜨다.
3부 한인 애국단의 단원이 되다.
4부 도쿄에서 일왕에게 수류탄을 던지다.

①

김원봉

②

윤동주

③

윤봉길

④

이봉창

45 밑줄 그은 '위원회'로 옳은 것은? [2점]

이곳 덕수궁 석조전에서는 모스크바 3국 외상 회의에서 결정된 한반도의 임시 민주 정부 수립 문제를 협의하기 위해 위원회가 열렸습니다.

① 남북 조절 위원회
② 미소 공동 위원회
③ 조선 건국 준비 위원회
④ 반민족 행위 특별 조사 위원회

46 (가)~(라)에 들어갈 내용으로 적절한 것은? [3점]

<2020년 하계 한국사 특강>

대한민국 경제의 발자취

우리 연구소에서는 대한민국의 경제 상황을 시기별로 살펴보는 온라인 특강을 준비하였습니다. 관심 있는 분들의 많은 참여를 부탁드립니다.

▣ 특강 주제 ▣

제1강 1950년대, (가)
제2강 1960년대, (나)
제3강 1970년대, (다)
제4강 1980년대, (라)

- 일시: 2020년 ○○월 ○○일 10:00~17:00
- 주관: ○○○○ 연구소
- 신청: 홈페이지 공지 사항 참조

① (가) – 삼백 산업과 원조 경제 체제
② (나) – 중화학 공업의 육성과 석유 파동
③ (다) – 산업 구조의 재편과 3저 호황
④ (라) – 외환 위기 발생과 금 모으기 운동

47 (가)에 해당하는 인물로 옳은 것은? [2점]

> **○○신문**
>
> 제△△호 1970년 11월 14일 토요일
>
> **평화 시장 재단사, 병원서 끝내 숨져**
>
> 13일 오후 2시경 서울 청계천 부근 평화 시장에서 기업주의 근로기준법 준수를 요구하는 노동자들의 시위가 벌어졌다. 그 과정에서 온 몸에 기름을 뒤집어쓰고 분신한 (가) 이 병원으로 옮겨졌으나 끝내 사망하였다.

① 
김주열

② 
박종철

③ 
이한열

④ 
전태일

48 밑줄 그은 '이 사건'으로 옳은 것은? [2점]

이 문서가 미국 정부에서 공개한 자료인가요?
네. 우리 정부의 요청으로 추가 공개된 기밀문서입니다. 이 문서는 40년 전 이 사건 당시 광주 시민들이 민주주의의 회복과 계엄령 철폐를 요구하며 신군부에게 저항했던 상황을 조금 더 구체적으로 파악하는 데 도움을 줄 것으로 기대됩니다.

① 4 · 19 혁명
② 6월 민주 항쟁
③ 부마 민주 항쟁
④ 5 · 18 민주화 운동

49 (가) 정부 시기에 있었던 사실로 옳은 것은? [2점]

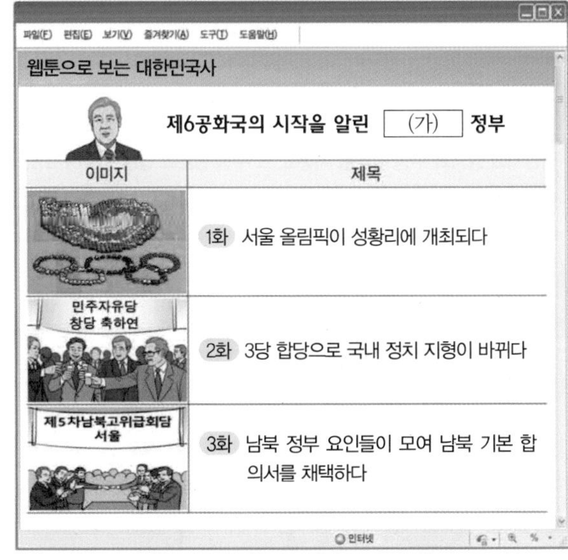

웹툰으로 보는 대한민국사

제6공화국의 시작을 알린 (가) 정부

이미지	제목
	1화 서울 올림픽이 성황리에 개최되다
민주자유당 창당 축하연	2화 3당 합당으로 국내 정치 지형이 바뀌다
제5차남북고위급회담 서울	3화 남북 정부 요인들이 모여 남북 기본 합의서를 채택하다

① 농지 개혁법이 제정되었다.
② 베트남에 국군이 파병되었다.
③ 소련 및 중국과 국교가 수립되었다.
④ 6 · 15 남북 공동 선언이 발표되었다.

50 (가)에 들어갈 사진으로 적절한 것은? [3점]

① 
경부 고속 도로 준공

② 
평창 동계 올림픽 개최

③ 
경제 협력 개발 기구 (OECD) 가입

④ 
아시아 · 태평양 경제 협력체 (APEC) 정상 회의 개최

제 47 회 한국사능력검정시험

모바일 OMR 자동채점 서비스 ▶ 

- 자신이 선택한 등급의 문제지인지 확인하시오.
- 문제지에 성명과 수험 번호를 정확히 써넣으시오.
- 답안지에 성명과 수험 번호를 써넣고, 또 수험 번호와 답을 정확히 표시하시오.
- 시험 시간은 70분입니다.

---

01 (가) 시대에 처음 제작된 유물로 옳은 것은? [1점]

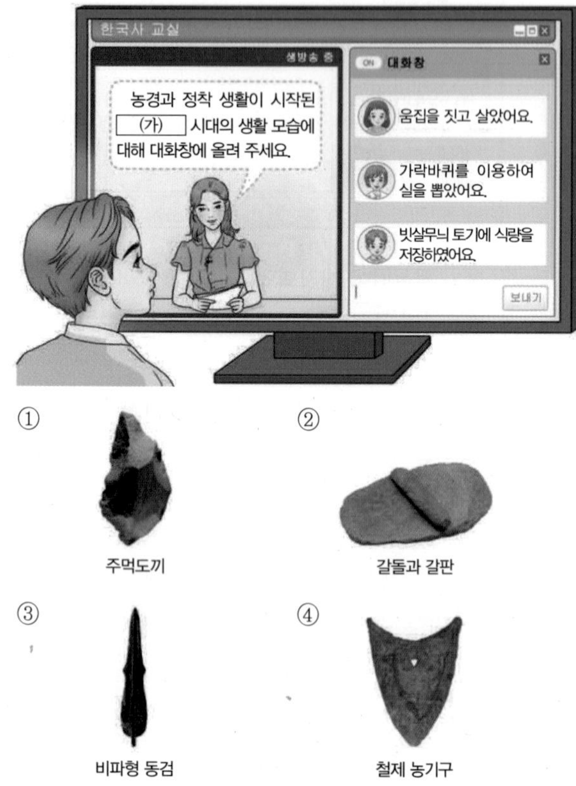

① 주먹도끼 ② 갈돌과 갈판
③ 비파형 동검 ④ 철제 농기구

02 (가)~(다)를 일어난 순서대로 옳게 나열한 것은? [2점]

① (가) - (나) - (다) ② (가) - (다) - (나)
③ (나) - (가) - (다) ④ (다) - (나) - (가)

03 밑줄 그은 '이 나라'에 대한 설명으로 옳은 것은? [3점]

이것은 솟대 모형이야. 솟대는 이 나라의 소도에서 유래했다고도 해.

이 나라에는 제사장인 천군도 있었어.

① 범금 8조로 백성을 다스렸다.
② 영고라는 제천 행사를 열었다.
③ 서옥제라는 혼인 풍습이 있었다.
④ 신지, 읍차 등의 지배자가 있었다.

04 다음 가상 인터뷰에 등장하는 왕으로 옳은 것은? [2점]

① 성왕 ② 법흥왕 ③ 지증왕 ④ 근초고왕

05 (가) 국가에 대한 설명으로 옳은 것은? [2점]

이곳은 (가) 이/가 고구려의 공격을 받아 옮긴 도읍으로 당시에는 웅진성이라 불렸습니다. 2015년 유네스코 세계 유산으로 등재되었습니다.
공주 공산성

① 과거제를 도입하였다.
② 기인 제도를 실시하였다.
③ 지방에 22담로를 두었다.
④ 신분 제도인 골품제가 있었다.

06 다음 대화 이후에 있었던 사실로 옳은 것은? [2점]

자네 소식 들었는가? 며칠 전 김유신 장군이 이끄는 우리 신라군이 황산벌 전투에서 마침내 승리하였다네.
나도 들었네. 계백이 이끄는 결사대와 싸워 힘겹게 승리했다더군.

① 대가야가 신라에 정복되었다.
② 고구려가 안시성에서 당군을 격퇴하였다.
③ 흑치상지가 백제 부흥 운동을 전개하였다.
④ 김춘추가 당과의 군사 동맹을 성사시켰다.

07 (가)에 해당하는 인물로 옳은 것은? [2점]

(가) 에 대해 검색해 줘.
검색 결과입니다.
귀족 출신의 신라 승려로 당에 유학하였다. 귀국 후 낙산사 등 여러 절을 창건하고, 관음 신앙을 전파하였다. 신라에서 화엄종을 개창하였으며 화엄일승법계도를 남겼다.

① 원효 ② 일연 ③ 의상 ④ 지눌

08 (가), (나) 사이의 시기에 있었던 사실로 옳은 것은? [3점]

(가) 헌덕왕 14년, 웅천주 도독 김헌창이 아버지 김주원이 왕위에 오르지 못함을 이유로 반란을 일으켜 국호를 장안, 연호를 경운이라 하였다.

(나) 진성왕 8년, 최치원이 시무 10여 조를 올리자 왕이 좋게 여겨 받아들이고 그를 아찬으로 삼았다.

① 원종과 애노가 봉기하였다.
② 김흠돌이 반란을 도모하였다.
③ 이사부가 우산국을 복속시켰다.
④ 을지문덕이 살수에서 대승을 거두었다.

09 다음 퀴즈의 정답으로 옳은 것은? [1점]

10 다음 가상 영화에서 볼 수 있는 장면으로 적절하지 <u>않은</u> 것은? [2점]

① #1 진포에서 왜구를 물리치는 최무선

② #2 왕위에서 쫓겨나는 궁예

③ #3 고려에 항복하는 경순왕

④ #4 일리천 전투에서 패배하는 신검

11 (가) 국가에 대한 설명으로 옳은 것은? [1점]

① 독서삼품과를 실시하였다.

② 낙랑과 왜에 철을 수출하였다.

③ 2군 6위의 군사 조직을 두었다.

④ 전성기에 해동성국이라 불렸다.

12 (가)에 들어갈 인물로 옳은 것은? [2점]

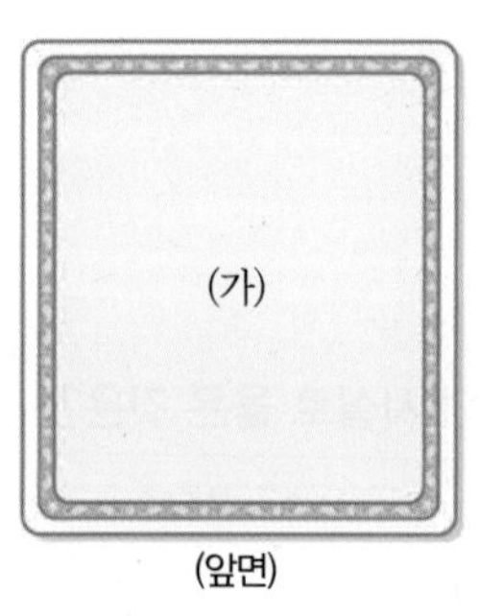

(앞면)

- 고려 전기의 관리
- 시무 28조를 성종에게 건의
- 유교 정치 이념에 근거한 통치 체제 확립에 기여

(뒷면)

① 김부식

② 
최승로

③ 정몽주

④ 이제현

13 (가)에 들어갈 내용으로 옳은 것은? [2점]

고려 시대에 관직 복무 등에 대한 대가로 전지와 시지를 차등 지급한 이 제도는 무엇일까요?

① 관료전 ② 대동법 ③ 전시과 ④ 호포제

14 다음 발표에 해당하는 국가의 경제 상황으로 옳은 것은? [2점]

주제: ○○의 화폐
뒷면에 한자로 동국이라는 글자를 새겨 넣은 것이 특징입니다.
은으로 만들어졌으며, 활구라고도 불렸습니다.
건원중보
은병

① 벽란도가 국제 무역항으로 번성하였다.
② 담배, 인삼 등의 상품 작물이 재배되었다.
③ 관청에 물품을 조달하는 공인이 활동하였다.
④ 시장을 감독하기 위한 동시전이 설치되었다.

15 밑줄 그은 '나'에 해당하는 인물로 옳은 것은? [1점]

나는 귀주에서 거란군을 크게 물리쳤습니다. 또한 개경에 나성을 쌓아 북방 세력의 침입에 대비할 것도 건의하였습니다.
귀주
동해
황해

① 서희 ② 강감찬 ③ 김종서 ④ 연개소문

16 (가)에 들어갈 문화유산으로 옳은 것은? [2점]

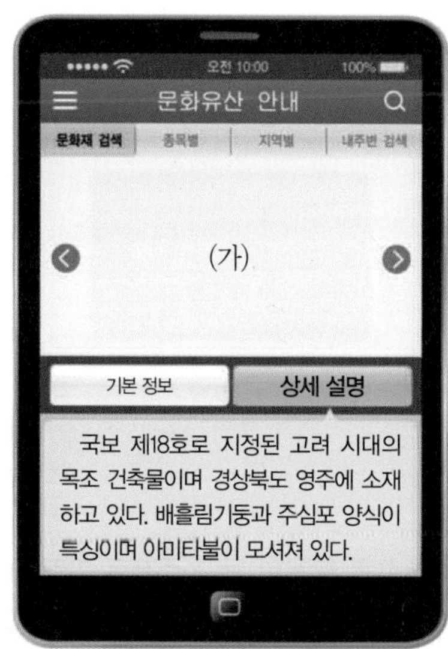

문화유산 안내
문화재 검색

내주변 검색

국보 제18호로 지정된 고려 시대의 목조 건축물이며 경상북도 영주에 소재하고 있다. 배흘림기둥과 주심포 양식이 특징이며 아미타불이 모셔져 있다.

①

진등사 대웅전

② 부석사 무량수전

③

금산사 미륵전

④

법주사 팔상전

17 다음 조치가 내려진 시기를 연표에서 옳게 고른 것은? [3점]

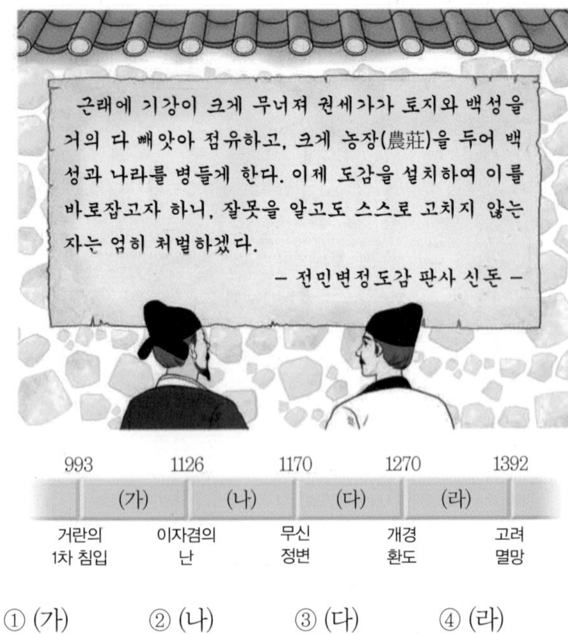

993		1126		1170		1270		1392
	(가)		(나)		(다)		(라)	
거란의 1차 침입		이자겸의 난		무신 정변		개경 환도		고려 멸망

① (가) ② (나) ③ (다) ④ (라)

18 다음 자료를 활용한 탐구 주제로 가장 적절한 것은? [2점]

> 우왕과 최영이 요동 공격을 결정하자 이성계가 이르기를, "지금 출병하는 것은 네 가지 이유로 불가합니다. 작은 나라가 큰 나라를 공격할 수 없는 것이 첫 번째요, 여름에 군사를 동원할 수 없는 것이 두 번째요, 왜구가 빈틈을 노릴 수 있는 것이 세 번째요, 장마철이어서 활은 아교가 풀어지고 질병이 돌 것이니 이것이 네 번째입니다."라고 하였다.

① 위화도 회군의 배경
② 동북 9성의 축조 과정
③ 훈련도감의 설치 목적
④ 고구려의 남진 정책 추진

19 (가)에 해당하는 인물로 옳은 것은? [2점]

오늘 (가) 이 조선경국전을 지어 바쳤으니 말과 비단, 백은을 상으로 내려주도록 하라.
분부대로 거행하겠습니다.
태조

① 송시열 ② 정도전 ③ 정약용 ④ 홍대용

20 (가)에 들어갈 문화유산으로 옳은 것은? [2점]

2020 달빛 야행
태종 때 이궁으로 세워진 (가) 으로 초대합니다. 조선의 정원 조경이 잘 보존된 후원까지 관람할 수 있는 이번 행사에 많은 참여 바랍니다.
◆ 달빛 따라 걷는 길

연경당 ▶ 후원 숲길 ▶ 돈화문

매주 목요일 20시~22시
◆ 주관: △△ 문화재단

① 경복궁 ② 경희궁 ③ 덕수궁 ④ 창덕궁

21 다음 대화 이후에 전개된 사실로 옳은 것은? [3점]

이조 전랑 김효원의 후임으로 심충겸을 추천했으면 합니다.

심충겸은 외척이므로 이조 전랑에 마땅치 않습니다.

① 기묘사화가 일어났다.
② 신진 사대부가 등장하였다.
③ 수양 대군이 권력을 장악하였다.
④ 사림이 동인과 서인으로 나뉘었다.

22 (가) 인물의 활동으로 옳은 것은? [3점]

이곳은 도산 서원 상덕사로 (가) 의 위패를 모신 사당입니다. 그는 풍기 군수, 성균관 대사성 등의 관직을 역임하였으며 예안 향약을 만들었습니다.

① 거중기를 설계하였다.
② 대마도를 정벌하였다.
③ 성학십도를 저술하였다.
④ 대동여지도를 제작하였다.

23 (가) 전쟁에 대한 탐구 활동으로 적절한 것은? [2점]

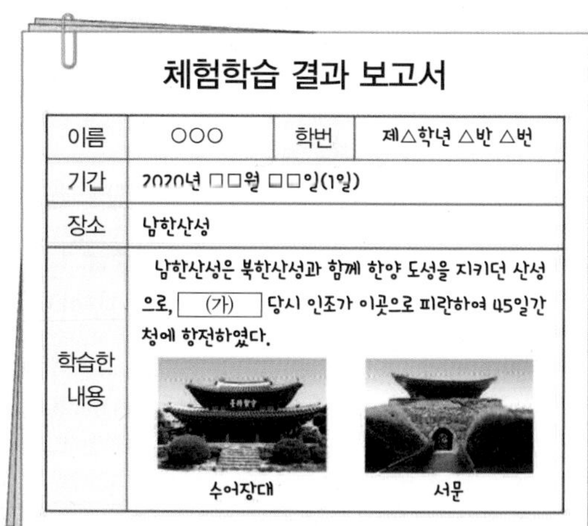

체험학습 결과 보고서

이름	○○○	학번	제△학년 △반 △번
기간	2020년 □□월 □□일(1일)		
장소	남한산성		
학습한 내용	남한산성은 북한산성과 함께 한양 도성을 지키던 산성으로, (가) 당시 인조가 이곳으로 피란하여 45일간 청에 항전하였다. 수어장대 / 서문		

① 보빙사의 활동을 조사한다.
② 삼별초의 이동 경로를 찾아본다.
③ 삼전도비의 건립 배경을 파악한다.
④ 을미의병이 일어난 계기를 살펴본다.

24 밑줄 그은 '왕'의 정책으로 옳은 것은? [2점]

조선 제22대 왕이 아버지 사도 세자의 묘를 참배하러 가기 위해 만든 만안교입니다. 그 옆에는 다리를 조성한 과정이 기록된 비석이 있습니다.
증강 현실로 만난 역사

① 장용영을 창설하였다.
② 집현전을 설치하였다.
③ 척화비를 건립하였다.
④ 경국대전을 반포하였다.

25 밑줄 그은 '거사'에 대한 설명으로 옳은 것은? [2점]

19세기 농민 봉기의 전개 과정을 역할극을 통해 표현할 수 있다.
광부를 모집한다고 알려 농민들을 모으겠습니다.
가산 다복동에서 거사하기로 정합시다.
격문은 제가 쓰겠습니다.

① 강화도 초지진에서 항전하였다.
② 서경 천도와 금국 정벌을 주장하였다.
③ 제물포 조약이 체결되는 결과를 가져왔다.
④ 서북 지역민에 대한 차별에 반발하여 일어났다.

26 (가)에 들어갈 인물로 옳은 것은? [1점]

이 작품은 (가) 이/가 북경에 갔을 때 우정을 나눈 청의 화가 나빙이 선물한 것입니다. (가) 은/는 4차례나 연행길에 올라 청의 지식인들과 교유하였고, 청의 제도와 문물을 소개한 북학의를 저술하였습니다.

① 이익 ② 김정희 ③ 박제가 ④ 유성룡

27 다음 다큐멘터리에서 볼 수 있는 장면으로 가장 적절한 것은? [2점]

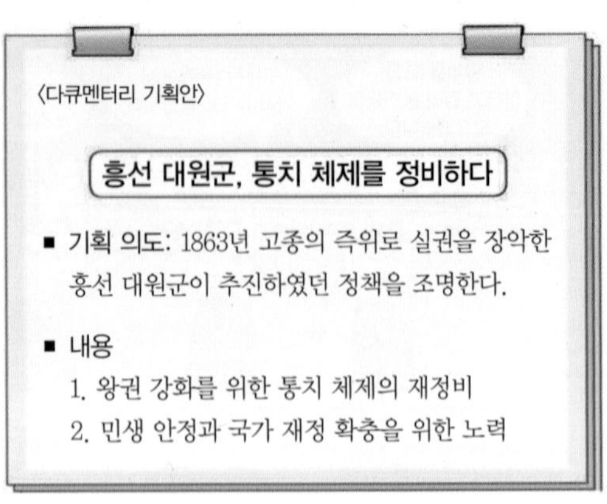
〈다큐멘터리 기획안〉

흥선 대원군, 통치 체제를 정비하다

- 기획 의도: 1863년 고종의 즉위로 실권을 장악한 흥선 대원군이 추진하였던 정책을 조명한다.
- 내용
  1. 왕권 강화를 위한 통치 체제의 재정비
  2. 민생 안정과 국가 재정 확충을 위한 노력

① 서원 철폐에 반대하는 양반
② 배재 학당에서 공부하는 학생
③ 탕평비 건립을 바라보는 유생
④ 만민 공동회에서 연설하는 백정

28 선생님의 질문에 대한 학생의 대답으로 옳지 않은 것은? [2점]

조선 후기의 경제 상황에 대해 말해 볼까요?
① 과전법이 실시되었어요.
② 모내기법이 확산되었어요.
③ 상평통보가 널리 유통되었어요.
④ 장시가 전국 곳곳에서 열렸어요.

[29~30] 다음 자료를 읽고 물음에 답하시오.

근대 역사의 현장

(가) 은/는 1884년 근대 우편 업무를 도입하기 위해 세워졌다. 그러나 개화당이 이곳에서 열린 개국 축하연을 기회로 삼아 (나) 을/를 일으켜 한동안 우편 업무가 중단되었다. 그 후 1895년 우체사가 설치되어 관련 업무가 재개되었다.

현재 복원된 모습 (서울시 종로구 소재)

29 (가)에 들어갈 기구로 옳은 것은? [1점]

① 기기창 ② 우정총국
③ 군국기무처 ④ 통리기무아문

30 (나) 사건에 대한 설명으로 옳은 것은? [3점]

① 구본신참을 개혁 원칙으로 내세웠다.
② 한성 조약이 체결되는 계기가 되었다.
③ 외규장각 도서가 약탈당하는 결과를 가져왔다.
④ 사태 수습을 위해 박규수가 안핵사로 파견되었다.

31 (가)에 대한 설명으로 옳은 것은? [2점]

□□신문

제△△호 2019년 ○○월 ○○일

(가)의 국가 기념일, 5월 11일로 지정되다

정부는 농민군이 황토현에서 관군을 물리친 5월 11일(음력 4월 7일)을 국가 기념일로 지정하였다.

(가)은/는 1894년 제폭구민과 보국안민을 기치로 부패한 정치를 개혁하고 외세에 맞서 싸우기 위해 봉기한 사건이다.

황토현 전적비

① 별기군을 창설하는 계기가 되었다.
② 대구에서 시작하여 전국으로 확산되었다.
③ 조선 총독부의 탄압과 방해로 실패하였다.
④ 집강소를 중심으로 폐정 개혁안을 실천하였다.

32 (가)에 들어갈 문화유산으로 옳은 것은? [1점]

역사 돋보기

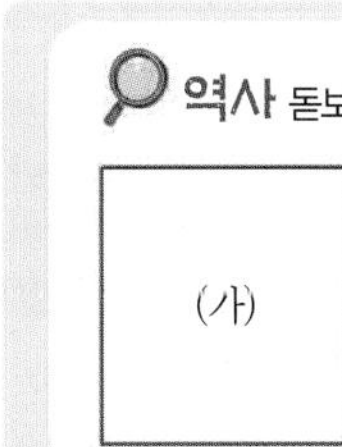

1897년 고종이 하늘에 제사 지내고 황제 즉위식을 거행한 장소이다. 국권 피탈 이후 일제가 헐어버렸고, 현재는 부속 건물인 황궁우가 남아 있다.

① 
종묘

② 
광혜원

③ 

사직단

④ 
환구단

33 다음 주장을 펼친 단체로 옳은 것은? [2점]

일본은 황무지 개간권 요구를 철회하라!
조그마한 땅도 절대 넘겨줄 수 없다!
종로상
휴업

① 권업회 ② 근우회 ③ 보안회 ④ 토월회

34 (가)에 해당하는 신문으로 옳은 것은? [1점]

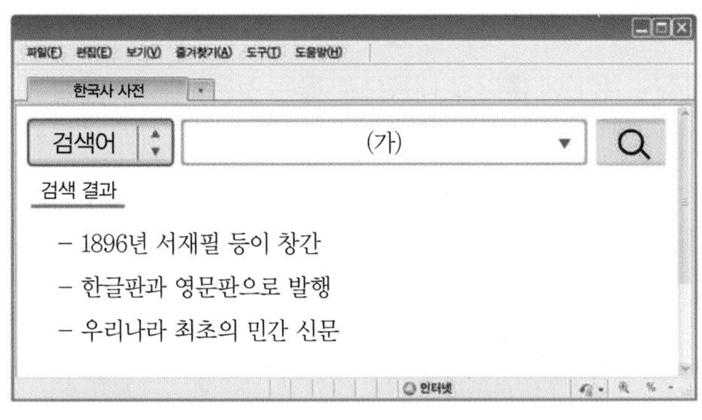

① 
독립신문

② 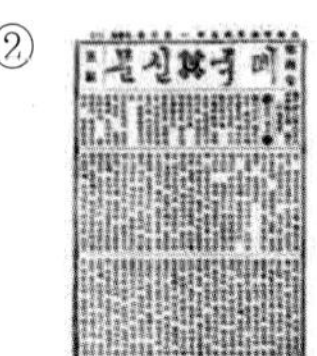
제국신문

③ 
해조신문

④ 대한매일신보

35 (가) 조약의 내용으로 옳은 것은? [2점]

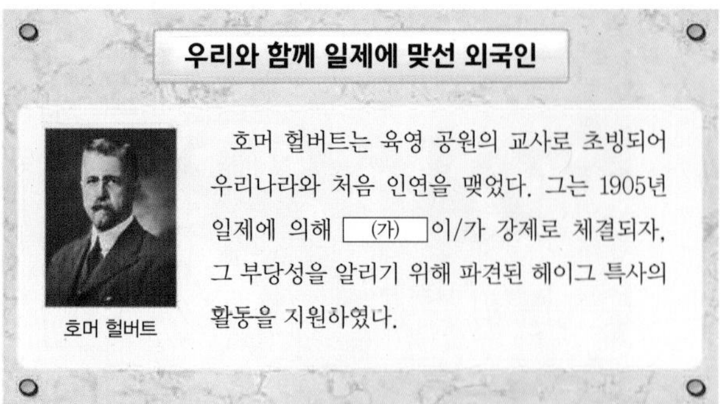

우리와 함께 일제에 맞선 외국인
호머 헐버트는 육영 공원의 교사로 초빙되어 우리나라와 처음 인연을 맺었다. 그는 1905년 일제에 의해 (가) 이/가 강제로 체결되자, 그 부당성을 알리기 위해 파견된 헤이그 특사의 활동을 지원하였다.
호머 헐버트

① 외교권 박탈
② 천주교 포교 허용
③ 화폐 정리 사업 실시
④ 대한 제국 군대 해산

36 (가)에 들어갈 내용으로 옳은 것은? [2점]

이 시는 만해 한용운의 작품입니다. 승려이자 독립운동가인 그는 3·1 운동 당시 민족 대표 33인 중 한 명으로 활동하였고, (가)

님은 갔습니다.
아아, 사랑하는 나의 님은 갔습니다.
푸른 산빛을 깨치고 단풍나무 숲을 향하여 난 작은 길을 걸어서 차마 떨치고 갔습니다.

① 대성 학교를 설립하였습니다.
② 잡지 어린이를 발간하였습니다.
③ 해동 천태종을 개창하였습니다.
④ 조선불교유신론을 저술하였습니다.

37 (가)~(다)를 일어난 순서대로 옳게 나열한 것은? [2점]

(가)
안중근, 이토 히로부미 저격

(나)

홍범도, 봉오동 전투 승리

(다)

윤봉길, 훙커우 공원 의거

① (가) - (나) - (다)　② (가) - (다) - (나)
③ (나) - (가) - (다)　④ (다) - (나) - (가)

38 밑줄 그은 '이 책'으로 옳은 것은? [3점]

일제 강점기에 단재 신채호가 저술했어요.

①

제왕운기

②
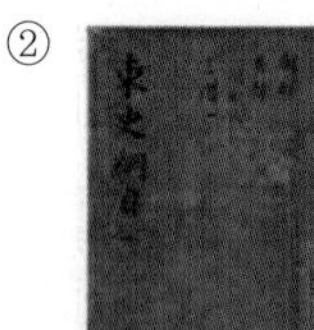
동사강목

③

연려실기술

④

조선상고사

39 (가)에 들어갈 인물로 옳은 것은? [2점]

호외요! 호외!
의열단원 (가) 이/가 조선 식산 은행과 동양 척식 주식회사에 폭탄을 던졌다!

① 
김규식

② 나석주

③ 안창호

④ 이육사

40 (가) 단체의 활동으로 옳은 것은? [3점]

강령
1. 우리는 정치적 · 경제적 각성을 촉진함.
1. 우리는 단결을 공고히 함.
1. 우리는 기회주의를 일체 부인함.
(가) 창립 총회
1927.2.15.

① 독립 공채를 발행하였다.
② 정부에 헌의 6조를 건의하였다.
③ 한글 맞춤법 통일안을 발표하였다.
④ 광주 학생 항일 운동에 조사단을 파견하였다.

41 (가) 독립군 부대에 대한 설명으로 옳은 것은? [2점]

이 사진은
대한민국 임시 정부가 1940년에 중국 충칭에서
창설한 (가) 의 훈련 모습입니다.

① 국내 진공 작전을 준비하였다.
② 고종의 밀지를 받아 조직되었다.
③ 간도 참변 이후 자유시로 이동하였다.
④ 청산리 전투에서 일본군에 승리하였다.

42 학생들이 공통으로 이야기하고 있는 지역을 지도에서 옳게 찾은 것은? [2점]

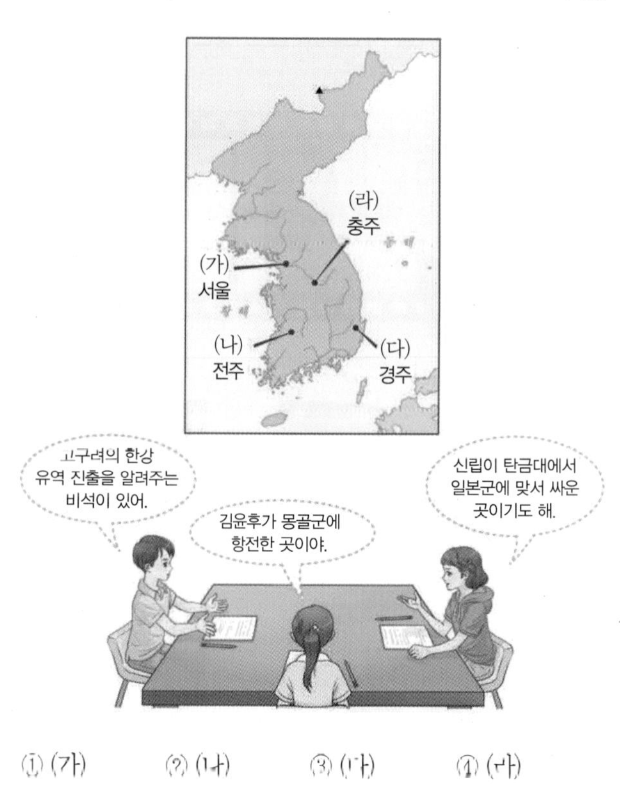

① (가) ② (나) ③ (다) ④ (라)

43 (가)에 들어갈 사건으로 옳은 것은? [3점]

이 조형물은 (가) 때 희생된 주민들을 추모하기 위해 만들어진 거란다. (가) 당시 남한만의 단독 선거에 반대하는 무장대와 이를 진압하려는 토벌대 간에 무력 충돌이 있었거든. 그 과정에서 수많은 주민이 희생되었지. 2000년에 진상 규명 등에 관한 특별법이 공포되었단다.

① 원산 총파업 ② 제암리 사건
③ 제주 4 · 3 사건 ④ 부마 민주 항쟁

44 (가)에 들어갈 사진으로 옳은 것은? [3점]

①

베트남 전쟁 파병

②

대한민국 정부 수립

③

신탁 통치 반대 운동 전개

④

제1차 미소 공동 위원회 개최

45 (가)에 들어갈 내용으로 옳은 것은? [2점]

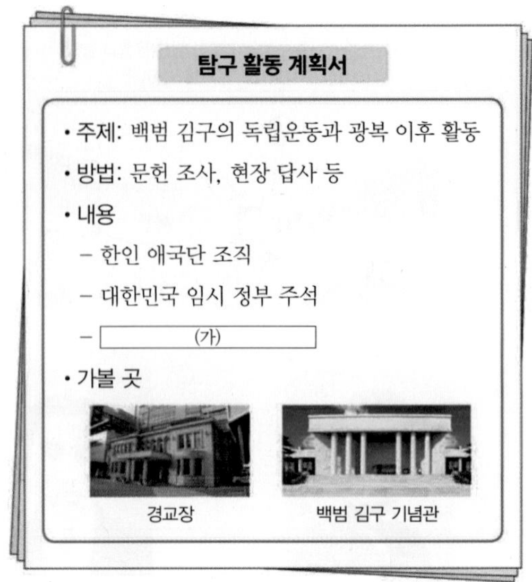

① 흥사단 결성
② 서전서숙 설립
③ 한국통사 저술
④ 남북 협상 추진

46 다음 행사에 해당하는 세시 풍속으로 옳은 것은? [1점]

① 설날 ② 단오 ③ 추석 ④ 한식

47 밑줄 그은 '전쟁' 중에 있었던 사실로 옳은 것은? [1점]

임시 수도인 부산을 비롯한 곳곳에 천막 학교가 세워져 전쟁 중에도 뜨거운 열기 속에 수업이 진행되었습니다.
피란 중에도 천막 학교 운영

① 금융 실명제가 실시되었다.
② 인천 상륙 작전이 전개되었다.
③ 여수 · 순천 10 · 19 사건이 일어났다.
④ 조선 건국 준비 위원회가 조직되었다.

48 (가) 민주화 운동에 대한 설명으로 옳은 것은? [2점]

답사 계획서

△학년 △반 이름: △△△

• 주제: (가)
• 날짜: 2020년 ○○월 ○○일
• 답사 장소

장소	사진	설명
구 남영동 치안본부 대공분실		박종철 학생이 물고문을 당한 끝에 사망한 장소
이한열 기념관		경찰이 쏜 최루탄에 맞아 사망한 이한열 학생의 민주 항쟁을 기념하기 위한 장소
대한성공회 서울주교좌 성당		'박종철군 고문 살인 은폐 · 조작 규탄 및 민주 헌법 쟁취 범국민 대회'가 개최된 장소

① 대통령이 하야하는 결과를 가져왔다.
② 유신 체제가 붕괴되는 계기가 되었다.
③ 5년 단임의 대통령 직선제 개헌을 이끌어냈다.
④ 신군부의 비상계엄 확대에 반대하여 일어났다.

49 (가)에 들어갈 사진으로 옳은 것은? [2점]

① 
수출 100억 달러 달성

② 서울 올림픽 대회 개최

③ 
경제 협력 개발 기구 (OECD) 가입

④ 
아시아 · 태평양 경제 협력체 (APEC) 정상 회의 개최

50 밑줄 그은 '정부'의 통일 노력으로 옳은 것은? [2점]

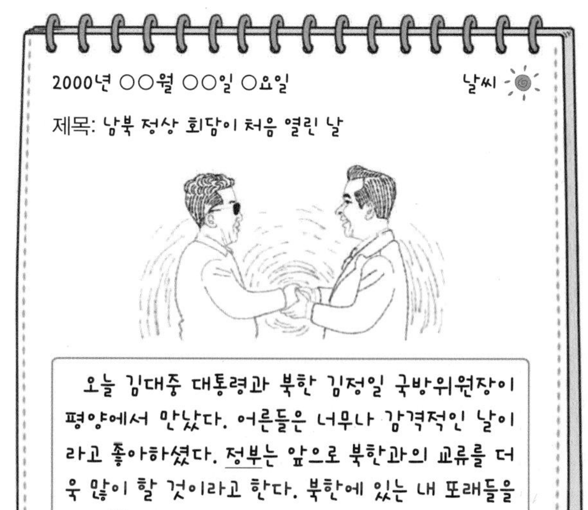

2000년 ○○월 ○○일 ○요일
날씨
제목: 남북 정상 회담이 처음 열린 날
오늘 김대중 대통령과 북한 김정일 국방위원장이 평양에서 만났다. 어른들은 너무나 감격적인 날이라고 좋아하셨다. 정부는 앞으로 북한과의 교류를 더욱 많이 할 것이라고 한다. 북한에 있는 내 또래들을 하루 빨리 만나고 싶다.

① 남북 조절 위원회를 개최하였다.
② 남북한이 유엔에 동시 가입하였다.
③ 6 · 15 남북 공동 선언을 발표하였다.
④ 최초로 남북 간 이산가족 상봉을 성사시켰다.

MEMO

한국사능력검정시험 답안지

성 명 : ______________________

〈수험생이 지켜야 할 일〉

1. 수험번호란에는 아라비아숫자로 기재하고 해당란에"●"와 같이 완전하게 표기하여야 합니다.
2. ① 답란에는 반드시 컴퓨터용 사인펜을 사용하여 표기해야 합니다.
   ② 답란은 "●"와 같이 완전하게 표기하여야 하며, 바르지 못한 표기를 하였을 경우에는 불이익을 받을 수 있습니다. (잘못된 표기 예시 ⓥ ⦶ ⊗ ◑ ◍)
3. 답안지에는 낙서를 하거나 불필요한 표기를 하였을 경우 불이익을 받을 수 있으므로 답안지를 최대한 깨끗한 상태로 제출하여야 합니다.

수험번호								
⓪	⓪	⓪	⓪	⓪	⓪	⓪	⓪	⓪
①	①	①	①	①	①	①	①	①
②	②	②	②	②	②	②	②	②
③	③	③	③	③	③	③	③	③
④	④	④	④	④	④	④	④	④
⑤	⑤	⑤	⑤	⑤	⑤	⑤	⑤	⑤
⑥	⑥	⑥	⑥	⑥	⑥	⑥	⑥	⑥
⑦	⑦	⑦	⑦	⑦	⑦	⑦	⑦	⑦
⑧	⑧	⑧	⑧	⑧	⑧	⑧	⑧	⑧
⑨	⑨	⑨	⑨	⑨	⑨	⑨	⑨	⑨

감독관 확인란 ※ 수험생은 표기하지 말 것	
결시자 확인	컴퓨터용 사인펜을 사용하여 수험번호란과 아래란을 표기
	○
감독관 확인	성명, 수험번호 표기가 정확한지 확인 후 아래란에 서명 또는 날인
	(인)

선택형답란														
1	①	②	③	④	21	①	②	③	④	41	①	②	③	④
2	①	②	③	④	22	①	②	③	④	42	①	②	③	④
3	①	②	③	④	23	①	②	③	④	43	①	②	③	④
4	①	②	③	④	24	①	②	③	④	44	①	②	③	④
5	①	②	③	④	25	①	②	③	④	45	①	②	③	④
6	①	②	③	④	26	①	②	③	④	46	①	②	③	④
7	①	②	③	④	27	①	②	③	④	47	①	②	③	④
8	①	②	③	④	28	①	②	③	④	48	①	②	③	④
9	①	②	③	④	29	①	②	③	④	49	①	②	③	④
10	①	②	③	④	30	①	②	③	④	50	①	②	③	④
11	①	②	③	④	31	①	②	③	④					
12	①	②	③	④	32	①	②	③	④					
13	①	②	③	④	33	①	②	③	④					
14	①	②	③	④	34	①	②	③	④					
15	①	②	③	④	35	①	②	③	④					
16	①	②	③	④	36	①	②	③	④					
17	①	②	③	④	37	①	②	③	④					
18	①	②	③	④	38	①	②	③	④					
19	①	②	③	④	39	①	②	③	④					
20	①	②	③	④	40	①	②	③	④					

절취선

기본

한국사능력검정시험 답안지

성 명 : ______________________

〈수험생이 지켜야 할 일〉

1. 수험번호란에는 아라비아숫자로 기재하고 해당란에"●"와 같이 완전하게 표기하여야 합니다.

2. ① 답란에는 반드시 컴퓨터용 사인펜을 사용하여 표기해야 합니다.

   ② 답란은 "●"와 같이 완전하게 표기하여야 하며, 바르지 못한 표기를 하였을 경우에는 불이익을 받을 수 있습니다. (잘못된 표기 예시 ⓥ ① ⊗ ◑ ◍)

3. 답안지에는 낙서를 하거나 불필요한 표기를 하였을 경우 불이익을 받을 수 있으므로 답안지를 최대한 깨끗한 상태로 제출하여야 합니다.

수험번호								
⓪	⓪	⓪	⓪	⓪	⓪	⓪	⓪	⓪
①	①	①	①	①	①	①	①	①
②	②	②	②	②	②	②	②	②
③	③	③	③	③	③	③	③	③
④	④	④	④	④	④	④	④	④
⑤	⑤	⑤	⑤	⑤	⑤	⑤	⑤	⑤
⑥	⑥	⑥	⑥	⑥	⑥	⑥	⑥	⑥
⑦	⑦	⑦	⑦	⑦	⑦	⑦	⑦	⑦
⑧	⑧	⑧	⑧	⑧	⑧	⑧	⑧	⑧
⑨	⑨	⑨	⑨	⑨	⑨	⑨	⑨	⑨

감독관 확인란 ※ 수험생은 표기하지 말 것	
결시자확인	컴퓨터용 사인펜을 사용하여 수험번호란과 아래란을 표기
	○
감독관확인	성명, 수험번호 표기가 정확한지 확인 후 아래란에 서명 또는 날인
	(인)

선택형답란														
1	①	②	③	④	21	①	②	③	④	41	①	②	③	④
2	①	②	③	④	22	①	②	③	④	42	①	②	③	④
3	①	②	③	④	23	①	②	③	④	43	①	②	③	④
4	①	②	③	④	24	①	②	③	④	44	①	②	③	④
5	①	②	③	④	25	①	②	③	④	45	①	②	③	④
6	①	②	③	④	26	①	②	③	④	46	①	②	③	④
7	①	②	③	④	27	①	②	③	④	47	①	②	③	④
8	①	②	③	④	28	①	②	③	④	48	①	②	③	④
9	①	②	③	④	29	①	②	③	④	49	①	②	③	④
10	①	②	③	④	30	①	②	③	④	50	①	②	③	④
11	①	②	③	④	31	①	②	③	④					
12	①	②	③	④	32	①	②	③	④					
13	①	②	③	④	33	①	②	③	④					
14	①	②	③	④	34	①	②	③	④					
15	①	②	③	④	35	①	②	③	④					
16	①	②	③	④	36	①	②	③	④					
17	①	②	③	④	37	①	②	③	④					
18	①	②	③	④	38	①	②	③	④					
19	①	②	③	④	39	①	②	③	④					
20	①	②	③	④	40	①	②	③	④					

한국사능력검정시험 답안지

성 명 :

〈수험생이 지켜야 할 일〉

1. 수험번호란에는 아라비아숫자로 기재하고 해당란에"●"와 같이 완전하게 표기하여야 합니다.
2. ① 답란에는 반드시 컴퓨터용 사인펜을 사용하여 표기해야 합니다.

   ② 답란은 "●"와 같이 완전하게 표기하여야 하며, 바르지 못한 표기를 하였을 경우에는 불이익을 받을 수 있습니다. (잘못된 표기 예시 ⓥ ⦶ ⊗ ◑ ◍)
3. 답안지에는 낙서를 하거나 불필요한 표기를 하였을 경우 불이익을 받을 수 있으므로 답안지를 최대한 깨끗한 상태로 제출하여야 합니다.

수 험 번 호								
⓪	⓪	⓪	⓪	⓪	⓪	⓪	⓪	⓪
①	①	①	①	①	①	①	①	①
②	②	②	②	②	②	②	②	②
③	③	③	③	③	③	③	③	③
④	④	④	④	④	④	④	④	④
⑤	⑤	⑤	⑤	⑤	⑤	⑤	⑤	⑤
⑥	⑥	⑥	⑥	⑥	⑥	⑥	⑥	⑥
⑦	⑦	⑦	⑦	⑦	⑦	⑦	⑦	⑦
⑧	⑧	⑧	⑧	⑧	⑧	⑧	⑧	⑧
⑨	⑨	⑨	⑨	⑨	⑨	⑨	⑨	⑨

감독관 확인란 ※ 수험생은 표기하지 말 것	
결시자 확인	컴퓨터용 사인펜을 사용하여 수험번호란과 아래란을 표기
	○
감독관 확인	성명, 수험번호 표기가 정확한지 확인 후 아래란에 서명 또는 날인
	(인)

선 택 형 답 란

번호					번호					번호				
1	①	②	③	④	21	①	②	③	④	41	①	②	③	④
2	①	②	③	④	22	①	②	③	④	42	①	②	③	④
3	①	②	③	④	23	①	②	③	④	43	①	②	③	④
4	①	②	③	④	24	①	②	③	④	44	①	②	③	④
5	①	②	③	④	25	①	②	③	④	45	①	②	③	④
6	①	②	③	④	26	①	②	③	④	46	①	②	③	④
7	①	②	③	④	27	①	②	③	④	47	①	②	③	④
8	①	②	③	④	28	①	②	③	④	48	①	②	③	④
9	①	②	③	④	29	①	②	③	④	49	①	②	③	④
10	①	②	③	④	30	①	②	③	④	50	①	②	③	④
11	①	②	③	④	31	①	②	③	④					
12	①	②	③	④	32	①	②	③	④					
13	①	②	③	④	33	①	②	③	④					
14	①	②	③	④	34	①	②	③	④					
15	①	②	③	④	35	①	②	③	④					
16	①	②	③	④	36	①	②	③	④					
17	①	②	③	④	37	①	②	③	④					
18	①	②	③	④	38	①	②	③	④					
19	①	②	③	④	39	①	②	③	④					
20	①	②	③	④	40	①	②	③	④					

절취선

기본 한국사능력검정시험 답안지

성 명 :

〈수험생이 지켜야 할 일〉

1. 수험번호란에는 아라비아숫자로 기재하고 해당란에"●"와 같이 완전하게 표기하여야 합니다.
2. ① 답란에는 반드시 컴퓨터용 사인펜을 사용하여 표기해야 합니다.

   ② 답란은 "●"와 같이 완전하게 표기하여야 하며, 바르지 못한 표기를 하였을 경우에는 불이익을 받을 수 있습니다. (잘못된 표기 예시 ⓥ ⦶ ⊗ ◑ ◍)
3. 답안지에는 낙서를 하거나 불필요한 표기를 하였을 경우 불이익을 받을 수 있으므로 답안지를 최대한 깨끗한 상태로 제출하여야 합니다.

수험번호								
⓪	⓪	⓪	⓪	⓪	⓪	⓪	⓪	⓪
①	①	①	①	①	①	①	①	①
②	②	②	②	②	②	②	②	②
③	③	③	③	③	③	③	③	③
④	④	④	④	④	④	④	④	④
⑤	⑤	⑤	⑤	⑤	⑤	⑤	⑤	⑤
⑥	⑥	⑥	⑥	⑥	⑥	⑥	⑥	⑥
⑦	⑦	⑦	⑦	⑦	⑦	⑦	⑦	⑦
⑧	⑧	⑧	⑧	⑧	⑧	⑧	⑧	⑧
⑨	⑨	⑨	⑨	⑨	⑨	⑨	⑨	⑨

감독관 확인란 ※ 수험생은 표기하지 말 것	
결시자확인	컴퓨터용 사인펜을 사용하여 수험번호란과 아래란을 표기
	○
감독관확인	성명, 수험번호 표기가 정확한지 확인 후 아래란에 서명 또는 날인
	(인)

선택형답란														
1	①	②	③	④	21	①	②	③	④	41	①	②	③	④
2	①	②	③	④	22	①	②	③	④	42	①	②	③	④
3	①	②	③	④	23	①	②	③	④	43	①	②	③	④
4	①	②	③	④	24	①	②	③	④	44	①	②	③	④
5	①	②	③	④	25	①	②	③	④	45	①	②	③	④
6	①	②	③	④	26	①	②	③	④	46	①	②	③	④
7	①	②	③	④	27	①	②	③	④	47	①	②	③	④
8	①	②	③	④	28	①	②	③	④	48	①	②	③	④
9	①	②	③	④	29	①	②	③	④	49	①	②	③	④
10	①	②	③	④	30	①	②	③	④	50	①	②	③	④
11	①	②	③	④	31	①	②	③	④					
12	①	②	③	④	32	①	②	③	④					
13	①	②	③	④	33	①	②	③	④					
14	①	②	③	④	34	①	②	③	④					
15	①	②	③	④	35	①	②	③	④					
16	①	②	③	④	36	①	②	③	④					
17	①	②	③	④	37	①	②	③	④					
18	①	②	③	④	38	①	②	③	④					
19	①	②	③	④	39	①	②	③	④					
20	①	②	③	④	40	①	②	③	④					

한국사능력검정시험 답안지

성 명 :

〈수험생이 지켜야 할 일〉

1. 수험번호란에는 아라비아숫자로 기재하고 해당란에"●"와 같이 완전하게 표기하여야 합니다.
2. ① 답란에는 반드시 컴퓨터용 사인펜을 사용하여 표기해야 합니다.

   ② 답란은 "●"와 같이 완전하게 표기하여야 하며, 바르지 못한 표기를 하였을 경우에는 불이익을 받을 수 있습니다. (잘못된 표기 예시 ⓥ ⓘ ⊗ ◑ ◍)
3. 답안지에는 낙서를 하거나 불필요한 표기를 하였을 경우 불이익을 받을 수 있으므로 답안지를 최대한 깨끗한 상태로 제출하여야 합니다.

수 험 번 호								
⓪	⓪	⓪	⓪	⓪	⓪	⓪	⓪	⓪
①	①	①	①	①	①	①	①	①
②	②	②	②	②	②	②	②	②
③	③	③	③	③	③	③	③	③
④	④	④	④	④	④	④	④	④
⑤	⑤	⑤	⑤	⑤	⑤	⑤	⑤	⑤
⑥	⑥	⑥	⑥	⑥	⑥	⑥	⑥	⑥
⑦	⑦	⑦	⑦	⑦	⑦	⑦	⑦	⑦
⑧	⑧	⑧	⑧	⑧	⑧	⑧	⑧	⑧
⑨	⑨	⑨	⑨	⑨	⑨	⑨	⑨	⑨

감독관 확인란 ※ 수험생은 표기하지 말 것	
결시자확인	컴퓨터용 사인펜을 사용하여 수험번호란과 아래란을 표기
	○
감독관확인	성명, 수험번호 표기가 정확한지 확인 후 아래란에 서명 또는 날인
	(인)

선택형답란														
1	①	②	③	④	21	①	②	③	④	41	①	②	③	④
2	①	②	③	④	22	①	②	③	④	42	①	②	③	④
3	①	②	③	④	23	①	②	③	④	43	①	②	③	④
4	①	②	③	④	24	①	②	③	④	44	①	②	③	④
5	①	②	③	④	25	①	②	③	④	45	①	②	③	④
6	①	②	③	④	26	①	②	③	④	46	①	②	③	④
7	①	②	③	④	27	①	②	③	④	47	①	②	③	④
8	①	②	③	④	28	①	②	③	④	48	①	②	③	④
9	①	②	③	④	29	①	②	③	④	49	①	②	③	④
10	①	②	③	④	30	①	②	③	④	50	①	②	③	④
11	①	②	③	④	31	①	②	③	④					
12	①	②	③	④	32	①	②	③	④					
13	①	②	③	④	33	①	②	③	④					
14	①	②	③	④	34	①	②	③	④					
15	①	②	③	④	35	①	②	③	④					
16	①	②	③	④	36	①	②	③	④					
17	①	②	③	④	37	①	②	③	④					
18	①	②	③	④	38	①	②	③	④					
19	①	②	③	④	39	①	②	③	④					
20	①	②	③	④	40	①	②	③	④					

절취선

기본

한국사능력검정시험 답안지

성 명 :

〈수험생이 지켜야 할 일〉

1. 수험번호란에는 아라비아숫자로 기재하고 해당란에"●"와 같이 완전하게 표기하여야 합니다.

2. ① 답란에는 반드시 컴퓨터용 사인펜을 사용하여 표기해야 합니다.

   ② 답란은 "●"와 같이 완전하게 표기하여야 하며, 바르지 못한 표기를 하였을 경우에는 불이익을 받을 수 있습니다. (잘못된 표기 예시 ⓥ ① ⊗ ◑ ◎)

3. 답안지에는 낙서를 하거나 불필요한 표기를 하였을 경우 불이익을 받을 수 있으므로 답안지를 최대한 깨끗한 상태로 제출하여야 합니다.

수험번호								
0	0	0	0	0	0	0	0	0
①	①	①	①	①	①	①	①	①
②	②	②	②	②	②	②	②	②
③	③	③	③	③	③	③	③	③
④	④	④	④	④	④	④	④	④
⑤	⑤	⑤	⑤	⑤	⑤	⑤	⑤	⑤
⑥	⑥	⑥	⑥	⑥	⑥	⑥	⑥	⑥
⑦	⑦	⑦	⑦	⑦	⑦	⑦	⑦	⑦
⑧	⑧	⑧	⑧	⑧	⑧	⑧	⑧	⑧
⑨	⑨	⑨	⑨	⑨	⑨	⑨	⑨	⑨

감독관 확인란 ※ 수험생은 표기하지 말 것	
결시자확인	컴퓨터용 사인펜을 사용하여 수험번호란과 아래란을 표기
	○
감독관확인	성명, 수험번호 표기가 정확한지 확인 후 아래란에 서명 또는 날인
	(인)

선택형답란														
1	①	②	③	④	21	①	②	③	④	41	①	②	③	④
2	①	②	③	④	22	①	②	③	④	42	①	②	③	④
3	①	②	③	④	23	①	②	③	④	43	①	②	③	④
4	①	②	③	④	24	①	②	③	④	44	①	②	③	④
5	①	②	③	④	25	①	②	③	④	45	①	②	③	④
6	①	②	③	④	26	①	②	③	④	46	①	②	③	④
7	①	②	③	④	27	①	②	③	④	47	①	②	③	④
8	①	②	③	④	28	①	②	③	④	48	①	②	③	④
9	①	②	③	④	29	①	②	③	④	49	①	②	③	④
10	①	②	③	④	30	①	②	③	④	50	①	②	③	④
11	①	②	③	④	31	①	②	③	④					
12	①	②	③	④	32	①	②	③	④					
13	①	②	③	④	33	①	②	③	④					
14	①	②	③	④	34	①	②	③	④					
15	①	②	③	④	35	①	②	③	④					
16	①	②	③	④	36	①	②	③	④					
17	①	②	③	④	37	①	②	③	④					
18	①	②	③	④	38	①	②	③	④					
19	①	②	③	④	39	①	②	③	④					
20	①	②	③	④	40	①	②	③	④					

한국사 기본 4·5·6급 능력검정시험

기출문제집 8회분

+ 무료 동영상 강의

기출 압축 수록(55~47회)

기본서가 필요 없는 상세한 해설

회차별 모바일 OMR 자동채점 서비스

별책 부록: PASSCODE 빅데이터 50가지 테마 미니북

학습 자료: 시대별 연표 PDF

무료 동영상 강의

✓ 유튜브 시대에듀 채널 ✓ 시대플러스 sdedu.co.kr/plus

Contents

※ 56, 53회 기본 시험 미시행

기 / 출 / 문 / 제 / 집

한국사능력검정시험

정답 및 해설

기본(4·5·6급)

제 55 회 한국사능력검정시험

01	02	03	04	05	06	07	08	09	10
④	④	③	③	②	④	①	④	④	③
11	**12**	**13**	**14**	**15**	**16**	**17**	**18**	**19**	**20**
②	④	①	③	①	①	④	③	②	①
21	**22**	**23**	**24**	**25**	**26**	**27**	**28**	**29**	**30**
①	①	②	③	③	④	②	②	①	①
31	**32**	**33**	**34**	**35**	**36**	**37**	**38**	**39**	**40**
①	③	②	④	④	④	①	③	②	③
41	**42**	**43**	**44**	**45**	**46**	**47**	**48**	**49**	**50**
③	④	③	②	③	④	②	①	③	②

미니북 04쪽

01 청동기 시대 정답 ④

빠른 정답 찾기 벼농사 + 처음 금속 도구를 만듦 + 반달 돌칼 ➡ 청동기 시대

자료 분석하기

청동기 시대에 일부 지역에서는 벼농사를 짓기 시작하면서 반달 돌칼을 이용하여 곡식을 수확하였다. 또한, 거푸집으로 비파형 동검을 제작하면서 금속 도구를 처음으로 만들어 사용하였다.

선택지 분석하기

① 우경이 널리 보급되었다.
··· 신라 지증왕 때 소를 이용한 우경이 시행되었으며 고려 시대에 일반화되었다.

② 철제 무기를 사용하였다.
··· 철기 시대에는 철제 무기 · 농기구 등을 제작하여 사용하였다.

③ 주로 동굴이나 막집에서 살았다.
··· 구석기 시대 사람들은 주로 동굴이나 막집에 살았으며 계절에 따라 이동 생활을 하였다.

✔ 지배자의 무덤으로 고인돌을 만들었다.
··· 청동기 시대에는 권력을 가진 군장이 등장하였는데 지배층이 죽으면 무덤으로 고인돌을 만들었다.

한발 더 다가가기

청동기 시대

시기	기원전 2,000~1,500년 전
유적지	부여 송국리, 울주 검단리, 창원 덕천리 등
유물	반달 돌칼, 비파형 동검, 거친무늬 거울, 미송리식 토기, 민무늬 토기, 고인돌
사회	계급 사회, 족장(군장) 출현, 벼농사 시작, 밭농사 중심

미니북 05쪽

02 고조선 정답 ④

빠른 정답 찾기 범금 8조 + 사람을 죽인 자는 사형 + 남에게 상해를 입힌 자는 곡식으로 갚음 + 도둑질한 자는 노비 + 50만 전 ➡ 고조선

자료 분석하기

고조선은 사회 질서를 유지하기 위해 8개 조항으로 이루어진 범금 8조를 만들었으며, 현재는 3개 조항만 전해진다. 범금 8조의 내용을 통해 인간의 생명 중시, 사유 재산 보호 등을 확인할 수 있다.

선택지 분석하기

① 낙랑과 왜에 철을 수출하였다.
··· 금관가야는 풍부한 철 생산과 해상 교통에 유리한 지역적 특색을 이용하여 낙랑과 왜에 철을 수출하였다.

② 영고라는 제천 행사를 열었다.
··· 부여에서는 12월에 풍성한 수확제이자 추수 감사제의 성격을 지닌 영고라는 제천 행사가 열렸다.

③ 서옥제라는 혼인 풍습이 있었다.
··· 고구려에는 혼인을 하면 신랑이 신부 집 뒤에 서옥이라는 집을 짓고 생활하다가, 자식을 낳아 그 자식이 어른이 되면 신랑 집으로 돌아가는 서옥제라는 혼인 풍습이 있었다.

✔ 건국 이야기가 삼국유사에 실려 있다.
··· 고려 때 승려 일연이 쓴 『삼국유사』는 불교사를 중심으로 저술된 역사서로, 단군을 우리 민족의 시조로 여겨 고조선의 건국 이야기를 수록하였다.

미니북 06쪽

03 신라 진흥왕 정답 ③

빠른 정답 찾기 한강 유역 차지 + 북한산 순수비 + 화랑도를 국가적인 조직으로 개편 ➡ 진흥왕

자료 분석하기

신라 진흥왕은 화랑도를 국가적인 조직으로 정비하였으며, 백제 성왕과 함께 고구려를 공격하여 한강 유역까지 진출하였다. 이후 나제 동맹을 깨고 백제를 기습 공격하여 한강 이남 지역을 장악한 뒤 이를 기념하기 위해 북한산 순수비를 세웠다.

선택지 분석하기

① 국학을 설립하였다.
⋯› 통일 신라 신문왕은 유교 정치를 확립시키기 위해 유학 교육 기관인 국학을 설립하였다.

② 병부를 설치하였다.
⋯› 신라 법흥왕은 군사에 관한 사무를 총괄하는 병부를 설치하였다.

③ 대가야를 정복하였다.
⋯› 신라 진흥왕은 대가야를 정복하여 영토를 확장하였다.

④ 독서삼품과를 실시하였다.
⋯› 통일 신라 원성왕은 국학의 학생들을 대상으로 독서삼품과를 실시하여 유교 경전의 이해 수준에 따라 관리로 채용하였다.

한발 더 다가가기

신라 주요 국왕의 업적

내물왕	• 김씨에 의한 왕위 계승권 확립 • 고구려 광개토 대왕의 도움을 받아 왜를 물리침 • 마립간 칭호 사용
법흥왕	• '건원' 연호 사용 • 불교 공인, 율령 반포, 병부 설치 • 골품제 정비, 상대등 제도 마련 • 금관가야 복속
진흥왕	• 화랑도를 국가 조직으로 개편 • 불교 정비, 황룡사 건립 • 한강 유역 차지(나제 동맹 결렬, 관산성 전투로 백제 성왕 전사) → 단양 적성비, 북한산 순수비 • 대가야 정복 → 창녕비 • 함경도 지역까지 진출 → 마운령비, 황초령비
무열왕	• 최초의 진골 출신 왕 • 시중의 권한 강화(신라 중대 시작) → 상대등의 세력 약화, 왕권의 전제화 • 백제 멸망(660)
문무왕	• 고구려 멸망(668) • 나당 전쟁 승리 → 삼국 통일 완수(676) • 외사정 파견(지방 감시)

미니북 25쪽

04 고구려의 대외 항쟁 정답 ③

빠른 정답 찾기 (가) 장수왕의 남진 정책 ➡ 살수 대첩 ➡ (나) 안시성 전투

자료 분석하기

(가) **장수왕의 한성 점령**(475): 고구려 장수왕은 국내성에서 평양으로 수도를 옮기고 남진 정책을 실시하였다. 이에 따라 백제의 수도 한성을 함락하고 개로왕을 죽임으로써 한강 유역을 장악하고 영토를 넓혔다.

(나) **안시성 전투**(645): 당이 연개소문의 정변을 구실로 고구려를 침략하면서 안시성을 공격하였다. 고구려군이 크게 저항하자 당군은 성벽보다 높게 흙산을 쌓아 성을 공격하였지만 갑자기 흙산이 무너졌고, 고구려군은 무너진 성벽 사이로 빠져 나와 흙산을 점령하여 당군을 물리쳤다.

선택지 분석하기

① 원종과 애노가 봉기하였다.
⋯› 통일 신라 말 진성 여왕 때 무분별한 조세 징수에 대한 반발로 사벌주(상주)에서 원종과 애노가 농민 봉기를 일으켰다(889).

② 김흠돌이 반란을 도모하였다.
⋯› 통일 신라 신문왕의 장인이었던 김흠돌이 반란을 도모하다가 발각되어 처형당하였다(681).

③ 을지문덕이 수의 군대를 물리쳤다.
⋯› 고구려의 을지문덕은 우중문이 이끄는 수의 30만 대군을 살수에서 공격하여 크게 무찔렀다(612).

④ 장문휴가 당의 산둥반도를 공격하였다.
⋯› 발해 무왕은 장문휴의 수군을 보내 당의 산둥반도를 공격하게 하였다(732).

미니북 06쪽

05 백제 정답 ②

빠른 정답 찾기 부여 능산리 절터에서 출토된 향로 + 도교와 불교 사상이 함께 표현 ➡ 백제 금동 대향로

자료 분석하기

백제 금동 대향로는 부여 능산리 고분군 절터에서 발견되었다. 이는 불교적인 관념과 도교의 이상향을 표현한 유물로 백제의 금속 공예 기술을 보여주는 걸작품으로서 국보 제287호로 지정되어 있다.

선택지 분석하기

① 노비안검법을 실시하였다.
⋯→ 고려 광종은 노비안검법을 실시하여 억울하게 노비가 된 사람들을 해방하고 호족의 세력을 약화시키고자 하였다.

② 지방에 22담로를 설치하였다.
⋯→ 백제 무령왕은 지방에 22담로를 설치하고 왕족을 파견하여 지방에 대한 통제를 강화하였다.

③ 화백 회의에서 국가의 중대사를 결정하였다.
⋯→ 신라는 귀족 합의체인 화백 회의에서 국가의 중대사를 만장일치제로 결정하여 국가를 운영하였다.

④ 여러 가(加)들이 별도로 사출도를 주관하였다.
⋯→ 부여는 왕 아래 마가, 우가, 저가, 구가의 가(加)들이 각자의 행정 구역인 사출도를 다스렸다.

미니북 25쪽

06 백제 부흥 운동 정답 ④

빠른 정답 찾기 백제 부흥군 + 지원 온 왜군 + 백강 + 나당 연합군
➡ (라) 백제 부흥 운동

자료 분석하기

- **사비성 함락**(660): 황산벌 전투에서 계백의 결사대가 김유신이 이끄는 신라군에게 패배하였고 결국 나당 연합군이 수도 사비성을 함락하면서 백제가 멸망하였다.
- **백제 부흥 운동**(660~663): 백제 멸망 이후 흑치상지와 복신, 도침이 왕자 부여풍을 왕으로 추대하고 임존성과 주류성을 중심으로 백제 부흥 운동을 전개하였다. 이후 왜의 수군이 백제 부흥군을 지원하고자 백강까지 진격하였으나 나당 연합군에게 패배하면서 백제 부흥 운동도 실패하게 되었다.

한발 더 다가가기

백제 부흥 운동

중심인물	• 왕족 복신과 승려 도침(주류성) • 흑치상지(임존성)
지원 세력	왜의 지원 → 백강 전투에서 당에 패배(663)
실패 요인	지원 세력인 왜의 패배와 지도층 사이 내분

미니북 46쪽

07 경주 불국사 삼층 석탑 정답 ①

빠른 정답 찾기 통일 신라의 석탑 + 경주 불국사 + 무구정광대다라니경
➡ 경주 불국사 삼층 석탑

자료 분석하기

경주 불국사 삼층 석탑(석가탑)은 경주 불국사 대웅전 앞에 있는 석탑으로 통일 신라 경덕왕 때 조성된 것으로 추측된다. 기단과 탑신이 각각 2층, 3층으로 구성되어 있으며 기단의 높이와 탑신이 서로 조화를 이루면서 안정된 느낌을 준다. 현재 국보 제21호로 지정되어 있으며 해체 · 수리 과정에서 사리 장엄구와 현존하는 세계에서 가장 오래된 목판 인쇄물인 무구정광대다라니경이 발견되었다.

선택지 분석하기

① 경주 불국사 삼층 석탑
⋯→ 국보 제21호 – 통일 신라

② 부여 정림사지 오층 석탑
⋯→ 국보 제9호 – 백제

③ 경주 분황사 모전 석탑
⋯→ 국보 제30호 – 신라

④ 익산 미륵사지 석탑
⋯→ 국보 제11호 – 백제

한발 더 다가가기

고대의 주요 석탑

익산 미륵사지 석탑 (백제)	경주 분황사 모전 석탑 (신라)	영광탑 (발해)

경주 감은사지 삼층 석탑(통일 신라)	경주 불국사 삼층 석탑(통일 신라)	경주 불국사 다보탑 (통일 신라)
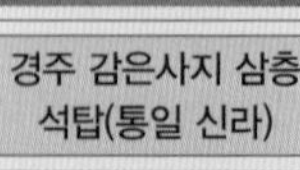		

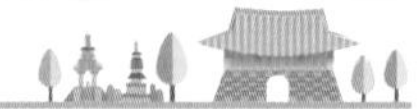

미니북 22쪽

08 최치원 정답 ④

빠른 정답 찾기 6두품 출신 + 당의 빈공과 합격 + 시무책 10여 조 ➡ 최치원

자료 분석하기

최치원은 통일 신라를 대표하는 6두품 출신의 학자이자 관리로, 12세 때 당으로 유학을 떠나 7년 만에 빈공과에 합격하였다. 이후 귀국한 뒤 신라의 부패와 반란, 농민 봉기 등을 목격하면서 진성 여왕에게 구체적인 개혁안인 시무책 10여 조를 건의하여 정치를 바로 잡으려고 하였으나 실현되지 않았다.

선택지 분석하기

① 설총
⋯› 설총은 통일 신라 6두품 출신으로 한자의 음(音)과 훈(訓)을 빌려 우리말을 표기하는 이두를 정리하였다.

② 이사부
⋯› 이사부는 신라 지증왕 때 실직주의 군주가 되었고, 이후 우산국(울릉도)을 정복하였다.

③ 이차돈
⋯› 이차돈은 신라에 불교를 전파하기 위해 노력하였으며, 법흥왕은 이차돈의 순교를 계기로 불교를 신라의 국교로 공인하였다.

④ 최치원
⋯› 최치원은 통일 신라 6두품 출신으로 당의 빈공과에 합격하였으며, 진성 여왕에게 시무 10여 조를 건의하였다.

미니북 07쪽

09 발해 정답 ④

빠른 정답 찾기 상경 용천부 + 석등 + 해동성국 ➡ 발해

자료 분석하기

발해는 문왕 때 상경 용천부로 수도를 옮겼으며, 선왕 때는 영토를 크게 확장하고 전성기를 누리면서 주변 국가들로부터 해동성국이라 불렸다. 발해 석등은 상경 용천부의 절터에서 발견되었고 고구려 문화를 계승하면서 통일 신라 석등 양식의 영향을 받아 제작되었다.

선택지 분석하기

① 기인 제도를 실시하였다.
⋯› 고려 태조는 지방 호족의 자제를 일정 기간 수도 개경에 머무르게 하는 기인 제도를 실시하여 호족 세력을 견제하였다.

② 9주 5소경을 설치하였다.
⋯› 통일 신라 신문왕 때 9주 5소경의 지방 행정 구역 체계를 확립하여 수도인 경주에 지역적으로 치우치는 현상을 보완하였다.

③ 한의 침략을 받아 멸망하였다.
⋯› 고조선은 한 무제의 침략을 받아 수도 왕검성이 함락되면서 멸망하였다.

④ 대조영이 동모산에서 건국하였다.
⋯› 고구려의 장군 출신인 대조영은 유민들을 이끌고 지린성 동모산에서 발해를 건국하였다.

미니북 22쪽

10 후삼국 통일 과정 정답 ③

빠른 정답 찾기 (나) 고려 건국 ➡ (가) 고창 전투 ➡ (다) 일리천 전투

자료 분석하기

(나) **고려 건국**(918): 후고구려의 궁예를 몰아내고 왕위에 오른 왕건은 고구려를 계승한다는 의미로 고려를 세운 뒤, 연호를 천수라 하여 건국하였다.

(가) **고창 전투**(930): 후백제의 견훤은 교통의 요충지였던 고창(안동)을 포위하여 고려를 공격하였으나 8,000여 명의 사상자를 내며 왕건에게 크게 패하였다. 그 결과 왕건은 경상도 일대에서 견훤 세력을 몰아내고 후삼국 통일의 기반을 마련하게 되었다.

(다) **일리천 전투**(936): 왕건은 귀순한 견훤과 함께 군사를 이끌고 경북 선산의 일리천에서 신검이 이끄는 후백제군과 격돌하였고 고려군이 승리하면서 후삼국을 통일하게 되었다.

한발 더 다가가기

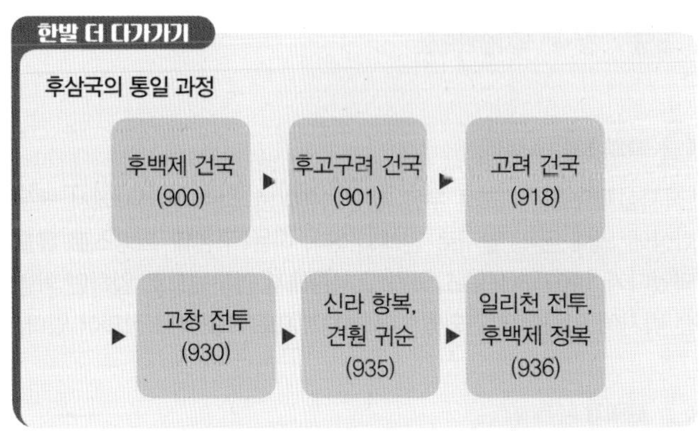

후삼국의 통일 과정
후백제 건국 (900)
후고구려 건국 (901)
고려 건국 (918)
고창 전투 (930)
신라 항복, 견훤 귀순 (935)
일리천 전투, 후백제 정복 (936)

미니북 08쪽

11 고려 성종 정답 ②

빠른 정답 찾기 최승로 + 시무 28조 + 유교 ➡ 고려 성종

자료 분석하기

고려 시대 유학자인 최승로는 성종에게 시무 28조를 올려 불교 행사 억제와 유교 발전, 민생 문제와 대외 관계 등의 해결책과 방향을 제시하였다(982). 성종은 유교 정치 실현을 위해 최승로의 의견을 받아들여 다양한 제도를 시행하고 통치 체제를 정비하였다.

선택지 분석하기

① 상대등이 설치되었다.
⋯→ 신라 법흥왕은 상대등을 설치하여 나랏일 전반을 담당하게 하였다(531).

✔ 12목에 지방관이 파견되었다.
⋯→ 고려 성종은 최승로의 시무 28조를 받아들여 12목을 설치하고 지방관을 파견하여 지방 세력을 견제하였다(983).

③ 쌍기의 건의로 과거제가 실시되었다.
⋯→ 고려 광종은 후주 출신 쌍기의 건의를 수용하여 과거제를 도입하고 신진 인사를 등용하였다(958).

④ 웅천주 도독 김헌창이 반란을 일으켰다.
⋯→ 통일 신라 헌덕왕 때 웅천주 도독 김헌창은 아버지 김주원이 왕위 쟁탈전에서 패배한 것에 불만을 품고 반란을 일으켰으나 관군에게 진압되면서 실패하였다(822).

미니북 53쪽

12 『직지심체요절』 정답 ④

빠른 정답 찾기 1377년 + 청주 흥덕사 + 박병선 박사 + 프랑스 국립 도서관 소장 ➡ 『직지심체요절』

자료 분석하기

『직지심체요절』은 고려 우왕 때인 1377년 청주 흥덕사에서 백운화상에 의해 금속 활자로 인쇄되었다. 이는 구한말 프랑스로 유출되었다가 1967년 프랑스 국립 도서관에서 연구원으로 일하던 박병선 박사에 의하여 발견되었으며 현재까지도 그곳에 소장되어 있다.

선택지 분석하기

① 김부식이 왕명을 받아 편찬하였다.
⋯→ 고려 인종 때 김부식은 왕명을 받아 삼국 시대의 역사서인 『삼국사기』를 편찬하였다.

② 사초와 시정기를 바탕으로 제작되었다.
⋯→ 『조선왕조실록』은 조선 시대에 왕이 죽은 뒤에 다음 왕이 즉위하면 춘추관에 실록청을 설치하여 사초와 시정기 등을 근거로 작성하는 방식으로 편찬되었다.

③ 우리나라 풍토에 맞는 농법을 소개하였다.
⋯→ 조선 세종은 정초, 변효문 등을 시켜 우리나라 풍토에 맞는 농법을 기술한 『농사직설』을 간행하였다.

✔ 현존하는 세계에서 가장 오래된 금속 활자본이다.
⋯→ 『직지심체요절』은 세계에서 가장 오래된 금속 활자본으로 유네스코 세계 기록 유산으로 등재되었다.

미니북 23쪽

13 서희 정답 ①

빠른 정답 찾기 소손녕 + 고려 + 거란 + 송 ➡ 서희

자료 분석하기

거란(요)은 송과의 대결에서 유리한 위치를 차지하기 위해 여러 차례 고려를 침략하였다. 고려 성종 때 80만 대군을 이끌고 1차 침입한 거란은 고려가 차지하고 있는 옛 고구려 땅을 내놓고 송과 교류를 끊을 것을 요구하였다. 서희는 소손녕과의 외교 담판을 통해 거란과 교류할 것을 약속하는 대신, 고려가 고구려를 계승하였음을 인정받고 압록강 동쪽의 강동 6주를 획득하는 성과를 거두었다.

선택지 분석하기

✔ 강동 6주를 확보하였다.
⋯→ 서희는 거란의 1차 침입 당시 소손녕과의 외교 담판을 통해 강동 6주를 획득하였다.

② 동북 9성을 축조하였다.
⋯→ 윤관은 여진족이 고려의 국경을 자주 침입하자 숙종에게 건의하여 별무반을 편성하였다. 이후 예종 때 윤관은 별무반을 이끌고 여진을 토벌하여 동북 9성을 축조하였다.

③ 화통도감을 설치하였다.
⋯→ 고려 우왕 때 최무선은 화통도감의 설치를 건의하여 화약과 화포를 제작하였고, 이를 활용하여 진포에서 왜구를 격퇴하였다.

④ 4군과 6진을 개척하였다.
⋯→ 조선 세종은 최윤덕을 시켜 여진족을 몰아내고 압록강 일대에 4군을 설치하였다. 또, 김종서를 시켜 두만강 일대에 6진을 설치하여 영토를 확장하였다.

14 만적의 난

정답 ③

빠른 정답 찾기 무신 정변 ➡ (가) ➡ 충주성 전투

자료 분석하기

- **무신 정변**(1170): 고려는 문벌 귀족들이 정치권력을 독차지하고 심지어 군대를 지휘하는 권한마저 장악하며 무신을 차별하였다. 그러던 중 보현원에서 수박희를 하다가 대장군 이소응이 문신 한뢰에게 뺨을 맞는 일이 벌어졌다. 이를 계기로 분노가 폭발한 무신들이 정중부와 이의방을 중심으로 무신 정변을 일으켜 의종을 폐위하고 명종을 즉위시키며 정권을 장악하였다.
- **충주성 전투**(1253): 몽골과의 충주성 전투 당시 김윤후는 식량이 떨어지는 등 전세가 어려워지자, 전투에서 승리하면 신분의 고하를 막론하고 모두 관작을 주겠다고 병사들을 독려하였다. 실제로 관노의 노비 문서를 불태우고 노획한 소와 말을 나누어 주어 병사뿐 아니라 백성들까지도 죽음을 무릅쓰고 싸워 몽골군을 물리쳤다.

선택지 분석하기

① 이자겸이 난을 일으켰다.

···› 고려 중기 이자겸은 왕의 외척으로서 최고 권력을 누리면서 국왕의 자리까지 넘보았다. 이에 인종이 이자겸을 제거하려다 실패하면서 이자겸의 난이 일어났다(1126).

② 묘청이 서경 천도를 주장하였다.

···› 고려 인종 때 묘청, 정지상 등을 중심으로 한 서경 세력은 서경 천도와 칭제 건원, 금 정벌 등을 주장하였으나 받아들여지지 않자 서경(평양)에서 반란을 일으켰다(1135).

✔③ 만적이 개경에서 봉기를 모의하였다.

···› 고려 최씨 무신 정권 때 최충헌의 노비인 만적이 개경의 송악산에서 신분 차별에 항거하는 반란을 도모하였으나 사전에 발각되어 실패하였다(1198).

④ 강감찬이 귀주에서 큰 승리를 거두었다.

···› 강감찬은 거란의 3차 침입 때 강동 6주의 반환 등을 요구한 소배압이 이끄는 10만 대군에 맞서 귀주에서 크게 승리하였다(귀주 대첩, 1019).

미니북 24쪽

15 고려의 경제 상황

정답 ①

빠른 정답 찾기 수도 개경 + 청자 ➡ 고려

자료 분석하기

국립 태안 해양 유물 전시관에는 태안 앞바다에서 발견된 고려 시대의 세곡선인 마도 1호선을 복원하여 전시하고 있다. 당시 고려는 아라비아 상인까지 찾아와 교역할 정도로 국제적인 무역항이 발달하였고, 선박을 국가 운영과 경제 활동에 적극적으로 이용하였다.

선택지 분석하기

✔① 전시과 제도가 실시되었다.

···› 고려는 직역의 대가로 관료에게 토지를 나눠주는 전시과를 시행하여 곡물을 거둘 수 있는 전지와 땔감을 얻을 수 있는 시지를 주었다.

② 고구마, 감자가 널리 재배되었다.

···› 조선 후기에는 구황 작물로 고구마, 감자 등이 전래되어 재배되기 시작하였다.

③ 모내기법이 전국적으로 확산되었다.

···› 조선 후기에 모내기법이 전국적으로 확산되면서 벼와 보리의 이모작이 가능해져 농업 생산량이 증가하였다.

④ 시장을 감독하기 위한 동시전이 설치되었다.

···› 신라 지증왕은 경주에 시장을 설치하고 이를 관리, 감독하기 위한 기구인 동시전을 설치하였다.

미니북 53쪽

16 백제의 문화유산

정답 ①

빠른 정답 찾기 산성 + 백제 + 웅진성 + 쌍수정, 연지 + 유네스코 세계 유산 ➡ 공산성

자료 분석하기

공주 공산성은 백제 당시 웅진성이라 불렸으며, 수도를 옮긴 후 이를 방어하기 위해 축조된 것으로 짐작된다. 공산성 안에는 여러 유적이 발견되었는데 이중 쌍수정은 공산성 안쪽 북서쪽에 위치해 있으며 조선 영조 때 처음 세운 정자이다. 연지는 공산성 안에 있는 연못 중 하나로, 백제 때부터 이용된 것으로 추정되며 돌을 쌓아 만들어졌다. 공산성을 비롯한 백제 유적 8곳이 '백제 역사 유적지구'로 2015년 유네스코 세계 유산에 등재되었다.

선택지 분석하기

✔ 공산성

⋯ 고구려 장수왕의 공격으로 한성을 함락당한 백제는 웅진(공주)으로 도읍을 옮기고 이를 방어하기 위해 공산성을 건축하였다.

② 삼랑성

⋯ 삼랑성은 강화도에 위치한 산성으로 정족산성이라고도 불린다. 성 안에는 전등사, 양헌수 승전비 등이 남아있으며, 사적 제130호로 지정되어 있다.

③ 삼년산성

⋯ 삼년산성은 충북 보은에 위치한 산성이다. 『삼국사기』에 따르면 5세기 후반 신라 자비왕 때 건축되었다고 전해지며, 사적 제235호로 지정되어 있다.

④ 오녀산성

⋯ 오녀산성은 중국 랴오닝성의 오녀산에 있는 고구려의 산성으로 졸본성을 방어하기 위해 건축된 것으로 추정되며, 고구려의 군사 방어 거점으로 이용되었다.

미니북 23쪽

17 이성계의 업적 정답 ④

빠른 정답 찾기 위화도 회군 + 정도전 + 조선 건국 ➡ 이성계

자료 분석하기

고려 우왕 때 요동 정벌을 추진하였다. 이에 이성계는 4불가론을 제시하며 반대하였으나 왕명에 따라 출병하게 되었다. 결국 의주 부근의 위화도에서 군사를 돌려 개경으로 회군하면서 최영 등 반대파를 제거하고 권력을 장악하였다. 이후 정도전, 남은 등 신진 사대부들과 함께 유교 사상을 바탕으로 개혁을 단행하였으며 마침내 1392년 공양왕을 쫓아내고 조선을 건국하였다.

선택지 분석하기

① 별무반을 편성함

⋯ 고려 숙종 때 부족을 통일한 여진족이 고려의 국경을 자주 침입하자 윤관이 왕에게 건의하여 신기군, 신보군, 항마군으로 구성된 별무반을 편성하였다.

② 우산국을 정벌함

⋯ 신라 지증왕은 이사부를 보내 우산국(울릉도)을 정벌하였다.

③ 전민변정도감을 설치함

⋯ 고려 공민왕은 전민변정도감을 설치하여 권문세족에 의해 빼앗긴 토지를 원래 주인에게 돌려주고 억울하게 노비가 된 자를 풀어주는 등 개혁을 진행하였다.

✔ 황산에서 왜구를 격퇴함

⋯ 고려 우왕 때 이성계는 황산에서 적장 아지발도를 죽이고 왜구를 격퇴하였다(황산 대첩).

18 제주도의 문화유산 정답 ③

빠른 정답 찾기 제주도 ➡ 항파두리성

선택지 분석하기

① 참성단

⋯ 참성단은 강화도 마니산에 위치하고 있으며 하늘에 제사를 지내기 위해 지은 제단으로 고려부터 조선까지 이곳에서 국가의 안정과 평화를 기원하는 도교적 제사를 거행하였다.

② 다산 초당

⋯ 다산 초당은 전남 강진군에 위치한 건물로 정약용이 유배 생활을 하였으며, 이곳에서 『목민심서』도 저술하였다.

✔ 항파두리성

⋯ 항파두리성은 제주시 애월읍에 위치한 성곽이다. 고려 조정이 몽골과 강화를 맺고 개경으로 환도하자 이에 반대한 삼별초는 김통정의 지휘 아래 이곳으로 들어와 성을 쌓고 대몽 항쟁을 전개하였다.

④ 부석사 무량수전

⋯ 부석사 무량수전은 고려 시대 때 지어진 목조 건물로 소조 여래 좌상이 모셔진 사찰이다. 경북 영주시에 위치해 있으며 국보 제18호로 지정되어 있다.

미니북 09쪽

19 조선 전기 문화 정답 ②

빠른 정답 찾기 박연 + 아악 정비 ➡ 조선 전기

자료 분석하기

박연은 세종 때 관습도감 제조로 부임하여 국가 행사에서 연주되는 아악(궁중 음악)을 정비하였다. 또한, 아악의 율조를 조사하고 악기의 그림을 실어 악서를 저술하는 등 조선 전기 음악을 완비하는 데 많은 기여를 하였다.

선택지 분석하기

① 단성사에서 공연하는 배우

⋯ 단성사는 1907년에 설립된 최초의 상설 극장으로, 이곳에서 수많은 연극이 공연되었고 영화 「아리랑」이 상영되었다.

✔ 집현전에서 연구하는 관리

⋯ 조선 세종 때 학문 연구 및 국왕의 자문 기관이자, 왕실 연구 기관이었던 집현전을 확대 · 개편하여 유교 정치의 활성화를 꾀하였다.

③ 청해진에서 교역하는 상인

⋯ 장보고는 통일 신라 흥덕왕 때 완도에 청해진을 설치하여 해상 무역을 전개하였다.

④ 해동통보를 주조하는 장인

⋯ 고려 숙종 때 상업이 활발해지면서 삼한통보, 해동통보, 해동중보 등의 동전과 활구(은병)를 만들어 화폐의 통용을 추진하였으나 널리 유통되지는 못하였다.

20 『경국대전』 정답 ①

빠른 정답 찾기 여섯 권 + 형전과 호전 + 세조 + 성종 반포 ➡ 『경국대전』

자료 분석하기

『경국대전』은 세조 때 편찬을 시작하여 성종 때 완성한 조선 최고의 법전으로, 정부 체제를 따라 6전(호전 · 형전 · 이전 · 예전 · 병전 · 공전)으로 구성되었다. 국가 조직, 재정, 의례, 군사 제도 등 통치 전반에 걸친 법령을 담고 있으며 국가 행정을 체계화하고 유교 질서를 확립하기 위해 편찬되었다.

선택지 분석하기

✔ 경국대전

⋯ 조선 세조 때 편찬되기 시작한 『경국대전』은 조선의 기본 법전으로, 성종 때 완성 · 반포되었다.

② 동국통감

⋯ 조선 성종 때 서거정이 고조선부터 고려 말까지의 역사를 편년체로 정리하여 『동국통감』을 편찬하였다.

③ 동의보감

⋯ 조선 선조의 명을 받아 허준이 집필을 시작한 『동의보감』은 각종 의학 지식과 치료법에 관한 의서로, 광해군 때 완성되었다.

④ 반계수록

⋯ 조선 후기 유형원은 『반계수록』에서 신분에 따라 토지를 차등 분배하고, 자영농을 육성하자는 균전제 실시를 주장하였다.

미니북 53쪽

21 종묘 정답 ①

빠른 정답 찾기 조선 역대 왕과 왕비의 신주 ➡ 종묘

자료 분석하기

문화재청은 2021년 6월 종묘 정전 수리를 위해 이곳에 봉안된 조선 역대 왕과 왕비의 신주(죽은 사람의 이름을 적은 나무)를 창덕궁 옛 선원전으로 옮기는 이안제를 진행하였다. 이는 1870년 종묘 정전과 영녕전 건물 수리로 대규모 이안을 한 이후 151년 만의 일이다.

선택지 분석하기

✔ 종묘

⋯ 종묘는 조선 시대 역대 왕과 왕비의 신주를 봉안한 사당이다. 왕이 국가와 백성의 안위를 기원하기 위해 문무백관과 함께 정기적으로 제사에 참여한 공간이며 왕실의 상징성과 정통성을 보여 준다.

② 사직단

⋯ 사직단은 조선 시대 토지신인 국사신과 곡물신인 국직신에게 풍년을 기원하며 제사를 드리기 위해 쌓은 제단이다.

③ 성균관

⋯ 성균관은 조선 시대 최고의 교육 기관으로 초시인 생원시와 진사시에 합격한 유생들이 우선적으로 입학할 수 있었다.

④ 도산 서원

⋯ 이황의 학덕을 추모하는 문인과 유생들이 상덕사라는 사당과 전교당을 지어 완성한 도산 서원은 이후 사액 서원이 되면서 영남 지방 유학의 중심지가 되었다.

미니북 32쪽

22 북벌론 정답 ①

빠른 정답 찾기 삼전도 + 용골대 + 청인(淸人) + 세 번 절하고 아홉 번 머리를 조아리는 예 ➡ 병자호란

자료 뜯어보기

왕이 세자와 신하들을 거느리고 삼전도*에 이르렀다. …… 용골대* 등이 왕을 인도하여 들어가 단 아래 북쪽을 향해 설치된 자리로 나아가도록 요청하였다. 청인(淸人)이 외치는 의식의 순서에 따라 왕이 세 번 절하고 아홉 번 머리를 조아리는 예를 행하였다.

*삼전도: 병자호란 당시 인조는 삼전도에서 청 태종 앞에 삼배구고두(세 번 절하고 아홉 번 머리를 조아리는 예)를 행하고 굴욕적인 항복을 하였다.
*용골대: 청의 장수로 병자호란 때 군사를 이끌고 조선을 침략하였다.
– 삼전도의 굴욕을 통해 병자호란을 유추할 수 있다.

자료 분석하기

후금이 국호를 청으로 고치고 조선에 군신 관계를 요구하였으나 조선이 이를 거부하자 청 태종이 10만 대군을 거느리고 조선을 침략하면서 병자호란이 발생하였다(1636). 인조는 남한산성에서 항전하였으나 강화도로 보낸 왕족과 신하들이 인질로 잡히자 삼전도에서 항복하였다. 이후 청에 볼모로 갔던 봉림 대군이 귀국 후 효종으로 즉위하면서 북벌을 준비하였다.

선택지 분석하기

① 송시열이 북벌론을 주장하였다.
··· 송시열은 효종에게 「기축봉사」를 올려 북벌론과 존주론을 내세우며, 중화를 계승할 나라는 조선밖에 없고, 청에게 당한 수모를 복수해야 한다고 주장하였다(1649). 이후 효종에게 발탁되어 북벌 계획의 핵심 인물이 되었다.

② 조광조가 위훈 삭제를 주장하였다.
··· 조선 중종 때 등용된 조광조는 위훈 삭제, 현량과 실시 등의 개혁을 주장하였다. 그러나 훈구 공신들의 반발로 인해 기묘사화가 발생하여 조광조를 비롯한 사림들이 제거되었다(1519).

③ 광해군이 인조반정으로 폐위되었다.
··· 광해군 때 북인이 집권하여 정계에서 밀려 있던 서인 세력이 광해군의 중립 외교 정책과 폐모살제 문제를 빌미로 인조반정을 일으켜 광해군이 폐위되고 인조가 왕위에 올랐다(1623).

④ 곽재우가 의령에서 의병을 일으켰다.
··· 곽재우는 임진왜란이 일어나자 의령에서 의병을 모아 왜군과 싸우며 활약한 의병장이다. 이후 진주성 전투, 화왕산성 전투에 참전하였다.

미니북 31쪽

23 추석 정답 ②

빠른 정답 찾기 명절 + 음력 8월 15일 + 송편 + 차례 + 성묘 ➡ 추석

자료 분석하기

추석은 정월 대보름과 함께 일 년 중 가장 밝고 둥근 달이 뜨는 날이다. 이날 보름달을 보면서 올해의 수확에 감사하고 이듬해의 풍작과 소망을 기원하였던 풍습이 이어져 내려오고 있다. 또한, 햅쌀로 송편을 만들어 먹으면서 한 해의 수확에 감사하고 조상의 차례상에 올려 제사를 지냈다.

선택지 분석하기

① 단오
··· 음력 5월 5일인 단오는 삼한에서 수릿날에 풍년을 기원하였던 행사가 세시 풍속으로 이어지면서 발전하였다. 이날에는 창포물에 머리 감기, 씨름, 그네뛰기, 앵두로 화채 만들어 먹기 등을 하였다.

② 추석
··· 추석은 음력 8월 15일로 한가위라 불리며 일 년 동안 기른 곡식을 거둬들인다. 이날에는 송편과 각종 음식을 만들어 조상들에게 차례를 지내고 성묘를 하였다.

③ 한식
··· 한식은 동지에서 105일째 되는 날로, 양력 4월 5, 6일경이다. 이날에는 일정 기간 동안 불의 사용을 금하여 찬 음식을 먹거나 조상의 묘를 돌보았다.

④ 정월 대보름
··· 정월 대보름은 한 해의 첫 보름이자 보름달이 뜨는 날로, 음력 1월 15일에 지내는 우리나라의 명절이다. 이날에는 생솔가지나 나뭇더미를 쌓아 달집을 짓고 달이 떠오르면 불을 놓아 복을 기원하는 달집태우기를 하였다.

미니북 43쪽

24 대동법 정답 ③

빠른 정답 찾기 공납 + 쌀, 옷감, 동전으로 납부 + 김육 ➡ 대동법

자료 분석하기

광해군 때 경기도에 처음으로 시행한 대동법은 공납을 전세화하여 공물 대신 쌀, 베, 동전 등으로 내도록 하였다. 이후 효종 때 김육이

충청도, 전라도, 경상도에 대동법을 실시하자고 주장하였다. 양반 지주들의 많은 반대에도 불구하고 경상도를 제외한 충청도와 전라도에서도 대동법이 실시되었고, 숙종 때 전국으로 확대되었다.

선택지 분석하기

① 과전법

··· 고려 공양왕 때 신진 사대부 조준 등의 건의로 경기 지역에 한해 과전법을 시행하여 전·현직 관리에게 과전을 지급하는 토지 제도 개혁을 단행하였다.

② 균역법

··· 조선 영조는 백성들의 군역 부담을 줄이기 위해 기존 1년에 2필씩 납부하던 군포를 1필로 줄이는 균역법을 실시하였다. 균역법의 시행으로 부족한 재정은 지주에게 토지 1결당 쌀 2두를 납부하는 결작을 부과하여 보충하였다.

③ 대동법

··· 조선 광해군 때 공납의 폐단을 해결하기 위해 공납을 전세화하여 공물 대신 토지 1결당 쌀 12두를 납부하도록 한 대동법을 실시하였다. 이에 따라 국가에 필요한 물품을 조달하는 공인이 등장하였다.

④ 영정법

··· 조선 인조는 농민들의 부담을 줄여주기 위해 영정법을 실시하여 풍흉에 관계없이 전세를 토지 1결당 쌀 4두로 고정시켰다.

한발 더 다가가기

조선 전·후기 수취 제도

구분	전기	후기
전세	공법(연분 9등법, 전분 6등법)	영정법(토지 1결당 쌀 4두)
군역	양인 개병제(방군 수포제, 군적 수포제 폐단 발생)	균역법(1년에 군포 2필 → 1필)
공납	가호별로 수취	대동법(토지 1결당 쌀 12두)

미니북 10쪽

25 정조의 업적 정답 ③

빠른 정답 찾기 『원행을묘정리의궤』 + 사도 세자의 아들 + 어머니 혜경궁 홍씨 + 수원 화성 ➡ 정조

자료 분석하기

『원행을묘정리의궤』는 1795년 정조의 어머니인 혜경궁 홍씨의 회갑연을 기념하는 수원 화성 행차를 그린 책으로 배다리 건설, 화성에서 실시한 문무과 별시 등 관련 내용이 상세히 기록되어 있다. 정조는 이날 행차 때 아버지 사도 세자의 무덤인 현륭원을 방문한 뒤 화성 봉수당에서 어머니의 회갑연을 열어 주민들에게 잔치를 베풀었다.

선택지 분석하기

① 경복궁을 중건하였다.

··· 흥선 대원군은 왕실의 권위 회복을 위해 임진왜란 때 불에 탄 경복궁을 중건하였다.

② 대마도를 정벌하였다.

··· 고려 창왕 때 왜구로 인한 피해가 크자 박위가 대마도를 토벌하였다. 이후 조선 세종 때 왜구가 자주 침입해 오자 이종무를 시켜 대마도를 정벌하게 하였다.

③ 장용영을 창설하였다.

··· 조선 정조는 왕권을 뒷받침하는 군사적 기반을 갖추기 위해 친위 부대인 장용영을 설치하였다.

④ 탕평비를 건립하였다.

··· 조선 영조는 붕당 정치의 폐해를 막고 능력에 따른 인재를 등용하기 위해 탕평책을 실시하였고, 이를 알리기 위한 탕평비를 성균관에 건립하였다.

미니북 16쪽

26 홍대용 정답 ④

빠른 정답 찾기 조선 후기 + 지전설 + 무한 우주론 + 과학 사상가이자 실학자 + 담헌 ➡ 홍대용

자료 분석하기

조선 후기의 실학자 담헌 홍대용은 서양 과학을 적극적으로 수용하였고, 저서 『의산문답』을 통해 지전설과 무한 우주론을 주장하면서 중국 중심의 성리학적 세계관을 비판하였다. 충남 천안시는 2014년 홍대용의 업적을 기리고 천문 과학을 체험하는 홍대용 과학관을 개관하였다.

선택지 분석하기

① 박제가

··· 조선 후기 서얼 출신의 실학자 박제가는 『북학의』를 저술하여 청의 문물을 수용할 것과 수레·배의 이용, 적극적인 소비를 주장하였다.

② 이순지

··· 조선 세종 때 이순지와 김담은 중국의 수시력과 아라비아의 회회력을 참고로 한 역법서인 『칠정산』을 편찬하였다.

③ 장영실

··· 조선 세종 때 과학자 장영실은 자격루, 앙부일구, 측우기, 혼천의 등을 발명하였다.

✔ 홍대용
⋯› 조선 후기 실학자 홍대용은 서양 과학을 적극적으로 수용하고 기술 혁신을 주장하였으며, 『담헌서』, 『의산문답』 등의 저서를 남겼다.

한발 더 다가가기

조선 후기 실학의 발달

농업 중심 개혁론	주장	• 농업 경영과 농촌 경제 진흥 • 토지 제도 개혁, 자영농 육성 중시
	대표적 학자	• 유형원: 신분에 따라 토지 차등 분배, 자영농 육성 주장 → 균전론 • 이익: 생활에 필요한 최소한의 토지인 영업전 매매 금지 → 한전론 • 정약용: 토지를 마을 단위로 공동 소유·공동 경작, 노동력에 따른 수확물 분배 주장 → 여전론
상공업 중심 개혁론	주장	• 상공업 진흥 및 기술 혁신 • 청의 선진 문물 수용 주장
	대표적 학자	• 홍대용: 기술 혁신, 문벌·과거 제도 폐지 주장 • 박지원: 수레·선박 이용, 화폐 유통의 필요성 강조 • 박제가: 수레·선박 이용, 소비 촉진을 통한 경제 활성화 강조

미니북 24쪽

27 조선 후기 사회 모습 정답 ②

빠른 정답 찾기 「심청전」, 「춘향전」 + 한글 소설을 전문적으로 읽어줌 + 전기수 ➡ 조선 후기

자료 분석하기

조선 후기에는 상공업이 발달하여 전국의 장시를 돌아다니며 판매 활동을 하는 보부상이 등장하였다. 또한, 서민 문화가 발전하여 한글 소설 「심청전」, 「춘향전」, 「홍길동전」 등이 대중화됨에 따라 직업적으로 소설을 낭독하고 돈을 받는 이야기꾼인 전기수가 등장하였다.

선택지 분석하기

① 변발과 호복이 유행하였다.
⋯› 고려 원 간섭기에는 지배층을 중심으로 몽골의 풍습인 변발과 호복, 발립 등이 유행하였다.

✔ 판소리와 탈춤이 성행하였다.
⋯› 조선 후기에는 서민 문화가 발달하여 판소리, 탈춤, 산대놀이 등이 성행하였다. 특히 탈춤은 지방의 정기 시장인 장시에서 자주 공연되었다.

③ 골품에 따라 일상생활을 규제하였다.
⋯› 신라는 골품제라는 특수한 신분 제도를 운영하였다. 골품에 따라 관직 승진에 제한을 두었으며, 가옥의 규모와 장식물, 복색, 수레의 크기 등 일상생활까지 규제하였다.

④ 특수 행정 구역인 향과 부곡이 있었다.
⋯› 신라 시대에는 특수 행정 구역인 향과 부곡이 형성되었다. 이는 촌락 중에서 크기가 일반 군현에 미치지 못하거나 왕조에 저항하던 집단의 거주지를 재편한 곳이었으며, 고려와 조선 전기까지 존재하였다.

미니북 38쪽

28 한성순보 정답 ②

빠른 정답 찾기 박문국 + 순 한문 + 열흘에 한 번 + 외국 소식 소개 ➡ 한성순보

자료 분석하기

개항 이후 개화 정책의 일환으로 출판 기관인 박문국이 설치되었고 이곳에서 최초의 근대적 신문인 한성순보를 발행하였다. 한성순보는 순 한문을 사용하고 열흘에 한 번씩 발행되었으며, 정부 관보의 성격을 가지고 있어 국내외의 정세를 소개하였다.

선택지 분석하기

① 만세보
⋯› 동학의 제3대 교주 손병희는 동학을 천도교로 개칭하고 국한문 혼용체 기관지인 『만세보』를 발행하여 민중 계몽 운동을 전개하였다.

✔ 한성순보
⋯› 개항 이후 박문국에서 최초의 근대적 신문인 한성순보를 발행하였다.

③ 황성신문
⋯› 황성신문은 양반과 지식인을 대상으로 남궁억이 창간한 국한문 혼용 신문이다. 장지연의 항일 논설 「시일야방성대곡」을 게재하여 을사늑약의 부당함을 주장하였다.

④ 대한매일신보
⋯› 양기탁과 영국인 베델이 주도하여 창간한 대한매일신보는 항일 민족 운동을 적극적으로 지원하고 국채 보상 운동을 전국적으로 확산시키는 데 기여하였다.

미니북 33쪽

29 신미양요

정답 ①

고종 즉위 ➡ (가) ➡ 강화도 조약

자료 분석하기

- **고종 즉위**(1863): 고종이 어린 나이에 즉위하자 흥선 대원군이 섭정을 실시하였다.
- **강화도 조약**(1876): 일본이 조선에 통상 조약을 강요하여 외국과 맺은 최초의 근대적 조약이자 불평등 조약인 강화도 조약이 체결되었다.

선택지 분석하기

✔ 신미양요

⋯› 미국이 제너럴 셔먼호를 이끌고 평양 대동강에 들어와 교역을 요구하다가 평양 관민들의 저항으로 배가 불태워진 사건이 발생하였다(제너럴 셔먼호 사건, 1866). 이후 미국이 이를 구실로 강화도에 침입하여 신미양요가 발생하였고, 어재연이 이끄는 조선 군대가 초지진, 광성보를 점령한 미국군에 항전하였다(1871).

② 보빙사 파견

⋯› 미국과 조미 수호 통상 조약을 체결한 뒤 미국 공사가 파견되자 조선은 이에 대한 답례로 민영익, 홍영식, 서광범 등을 보빙사로 미국에 파견하였다(1883).

③ 황룡촌 전투

⋯› 고부 군수 조병갑의 횡포에 반발한 농민들이 동학 농민 운동을 일으켰다. 이후 농민군은 황룡촌 전투와 황토현 전투에서 관군에 승리하며 전주성을 점령하고 전라도 일대를 장악하였다(1894).

④ 만민 공동회 개최

⋯› 독립 협회는 만민 공동회를 개최하여 민중에게 근대적 지식과 국권 · 민권 사상을 고취시켰다(1898).

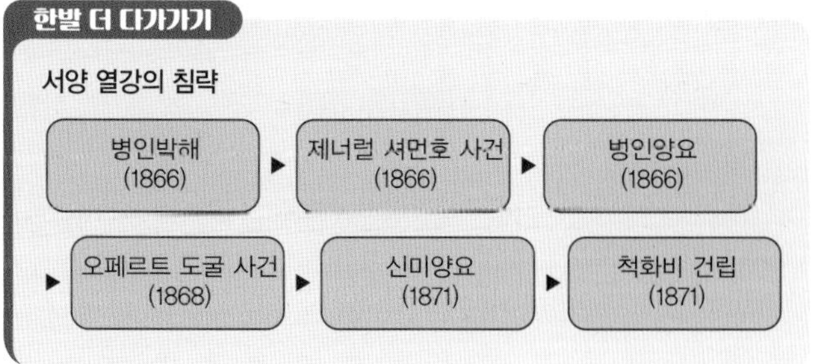

미니북 37쪽

30 임오군란

정답 ①

빠른 정답 찾기

1882년 + 개화 정책과 구식 군인 차별에 대한 불만 + 고관들의 집 파괴 + 일본 공사관 습격 + 도시 하층민 가세 + 청이 군대 파견 ➡ 임오군란

자료 분석하기

고종은 개화 정책의 일환으로 기존 5군영을 무위영과 장어영의 2군영으로 개편하고 신식 군대인 별기군을 설치하였다. 그러나 구식 군대인 2군영은 별기군에 비해 차별 대우를 받았고, 수개월간 밀린 봉급을 겨와 모래가 섞인 쌀로 지급받았다. 이에 분노한 구식 군대가 선혜청과 일본 공사관을 습격하면서 임오군란이 발생하였다. 군란은 민씨 세력의 요청으로 개입한 청군에 의해 진압되었고, 흥선 대원군이 청으로 압송되었다.

선택지 분석하기

✔ 임오군란

⋯› 신식 군대인 별기군과 차별 대우를 받던 구식 군대가 선혜청과 일본 공사관을 습격하면서 임오군란이 발생하였다.

② 삼국 간섭

⋯› 청일 전쟁에서 승리한 일본은 청과 시모노세키 조약을 체결하여 요동반도와 타이완을 장악하였다. 그러나 러시아, 독일, 프랑스의 삼국 간섭으로 요동반도를 반환하게 되었다.

③ 거문도 사건

⋯› 갑신정변 이후 조선을 둘러싼 열강들의 국제적 긴장이 높아졌다. 이때 조선에 대한 러시아의 세력 확장에 불안을 느낀 영국은 러시아의 남하 정책을 저지한다는 구실로 거문도를 불법으로 점령하였다.

④ 임술 농민 봉기

⋯› 조선 철종 때 삼정의 문란과 경상 우병사 백낙신의 수탈에 견디다 못한 농민들의 반발로 진주 지역의 몰락 양반 유계춘을 중심으로 임술 농민 봉기가 발생하였다.

미니북 50쪽

31 갑오개혁

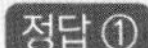

정답 ①

군국기무처 + 1894년 6월 + 김홍집 + 신분제 폐지 + 조혼 금지 ➡ 갑오개혁

자료 분석하기

일본의 강요로 설치된 군국기무처에서 제1차 갑오개혁을 주도하였으며, 영의정 김홍집이 총재관을 맡아 정치 · 군사에 관한 일체의

사무를 담당하였다. 청의 연호를 폐지하고 개국 연호를 사용하였으며, 국정과 왕실 사무를 분리하고 행정 기구를 기존 6조에서 8아문으로 개편하였다. 또한, 능력에 따라 인재를 등용하기 위해 과거제를 폐지하고 사회적으로는 공사 노비법을 혁파하여 법적으로 신분제를 폐지하고 연좌제, 조혼 등의 악습을 폐지하였다.

선택지 분석하기

✔ 지계를 발급하였다.
··· 대한 제국은 구본신참을 기본 정신으로 하여 광무개혁을 추진하였다. 이에 따라 양전 사업을 실시하여 지계아문을 통해 토지 소유 문서인 지계를 발급하여 근대적 토지 소유권을 확립하고자 하였다.

② 과거제를 폐지하였다.
③ 도량형을 통일하였다.
④ 연좌제를 금지하였다.
··· 제1차 갑오개혁 때 문벌을 없애고 과거제를 폐지하여 능력에 따라 관리를 등용하고자 하였다. 경제적으로는 은 본위제를 도입하고 도량형을 통일하였으며, 사회적으로는 연좌제와 조혼을 금지하고 과부의 재가를 허용하였다.

32 육영 공원 정답 ③

빠른 정답 찾기 신학문 + 공립 학교 + 영어, 수학, 자연 과학 + 헐버트 + 길모어 + 벙커 ➡ 육영 공원

자료 분석하기

고종 때인 1886년 개화 정책의 일환으로 우리나라 최초의 근대식 공립 학교인 육영 공원이 설립되었다. 학생을 7품 이상의 문무 현직 관료 중에서 선발하는 좌원과 양반 자제 중에서 선발하는 우원으로 구성되어 있었으며, 미국인 헐버트와 길모어, 벙커 등을 교사로 초빙하여 영어와 수학, 지리 등 근대 교육을 실시하였다.

선택지 분석하기

① 서전서숙
··· 이상설 등이 만주 용정촌에 서전서숙을 설립하여 민족 교육을 실시하였다.

② 배재 학당
··· 미국인 개신교 선교사 아펜젤러가 세운 배재 학당은 근대적 사립 학교로 신학문 보급에 기여하였다.

✔ 육영 공원
··· 최초의 근대식 공립 학교인 육영 공원은 헐버트, 길모어 등의 외국인 교사를 초빙하여 상류층 자제에게 근대 교육을 실시하였다.

④ 이화 학당
··· 미국의 선교사 스크랜턴 부인은 최초의 여성 교육 기관인 이화 학당을 설립하여 근대적 여성 교육에 기여하였다.

미니북 39쪽

33 신민회 정답 ②

빠른 정답 찾기 105인 사건 + 안창호 + 양기탁 + 비밀리에 결성 ➡ 신민회

자료 분석하기

안창호와 양기탁 등이 주도하여 결성한 비밀 결사 단체 신민회는 국권 회복과 공화 정체에 바탕을 둔 근대 국가 건설을 목표로 하였다. 신민회는 일제가 데라우치 총독 암살 미수 사건을 조작한 105인 사건으로 인해 많은 독립운동가들이 투옥되면서 조직이 와해되었다.

선택지 분석하기

① 보안회
··· 보안회는 일본의 황무지 개간권 요구에 대한 반대 운동을 전개하여 이를 저지하였다.

✔ 신민회
··· 신민회는 국권 회복과 공화 정체에 바탕을 둔 국민 국가 건설을 목표로, 민족 교육과 무장 투쟁을 위한 독립군 양성 등 다양한 활동을 전개하였다.

③ 대한 자강회
··· 대한 자강회는 교육과 산업 활동을 바탕으로 한 국권 회복을 목표로 하면서 고종의 강제 퇴위 반대 운동을 전개하였으나, 일제의 탄압으로 해산되었다.

④ 헌정 연구회
··· 헌정 연구회는 민족의 정치의식 고취와 입헌 군주제 수립을 위해 설립되었다.

한발 더 다가가기

애국 계몽 단체의 활동

보안회(1904)	• 독립 협회 정신 계승 • 황무지 개간권 요구 반대 운동
헌정 연구회(1905)	• 입헌 정체 수립 목적 • 일진회 규탄 중 해산
대한 자강회(1906)	• 교육과 산업의 진흥 • 전국에 25개 지회를 두고 월보 간행 • 고종의 강제 퇴위 반대 운동 중 강제 해산
신민회(1907)	• 안창호, 양기탁 등이 조직한 항일 비밀 결사 • 최초로 공화 정체 지향 • 실력 양성 운동: 태극 서관, 평양 자기 회사, 대성 학교, 오산 학교, 경학사 • 군사력 양성: 신흥 강습소(신흥 무관 학교) • 105인 사건으로 해산

미니북 38쪽

34 근대 문화유산 정답 ④

빠른 정답 찾기 근대 역사의 현장 + 고종의 접견실 + 서양식 건물 ➡ 덕수궁 석조전

자료 분석하기

- **우정총국**: 조선 고종 때 근대적 우편 제도를 담당하기 위한 관청인 우정총국이 세워졌다. 김옥균 등 급진 개화파 세력이 우정총국 개국 축하연 자리를 이용하여 갑신정변을 일으켜 폐지되었고, 현재는 서울 종로구에 여러 채의 건물 중 한 채만 남아 있다.
- **구 러시아 공사관**: 을미사변으로 신변의 위협을 느낀 고종은 친러파의 설득에 동의하여 러시아 공사관으로 거처를 옮겼고(아관 파천), 1년여 동안 이곳에 머물렀다. 공사관은 르네상스 양식으로 지어졌으며, 6·25 전쟁 때 대부분 파괴되고 현재는 서울 중구에 지하층과 옥상 부분만 남아 있다.

선택지 분석하기

① 황궁우

⋯ 하늘에 제사를 지내는 환구단(원구단)은 조선 세조 때 처음 설치되었다가 중단되었고, 아관 파천 이후 환궁한 고종의 황제 즉위식을 위해 1897년에 다시 설치되었다. 그러나 환구단은 일제 강점기 때 철거되었고 현재는 환구단 북쪽에 부속 건물로 지어졌던 삼층 팔각 석조물인 황궁우만 남아 있다.

② 명동 성당

⋯ 서울 중구에 있는 명동 성당은 고종 때 건립된 우리나라 유일의 순수 고딕 양식 건물로, 일제 강점기 때 이재명은 명동 성당 앞에서 을사오적 중 한 명인 이완용을 저격하여 중상을 입혔다.

③ 운현궁 양관

⋯ 서울 종로구의 운현궁은 고종이 임금으로 즉위하기 전에 생활하던 곳이며, 이중 양관은 1910년 르네상스 양식으로 건축되어 덕성 여자 대학교 본관으로 사용하기도 하였다.

✔ 덕수궁 석조전

⋯ 고종이 아관 파천 이후 경운궁(덕수궁)으로 환궁하면서 새로운 건물들이 갖춰지기 시작하였으며, 그해 9월 대한 제국을 선포하며 정궁이 되었다. 광복 이후에는 덕수궁 석조전에서 미소 공동 위원회가 열려 한반도 문제가 논의되기도 하였다.

35 윤희순 정답 ④

빠른 정답 찾기 여성의 의병 참여 독려 + 만주로 망명 + 항일 투쟁 + 「안사람 의병가」 ➡ 윤희순

자료 분석하기

고종 때 을미사변이 일어나고 단발령이 시행되자 유홍석이 을미의병을 주도하였다. 이때 며느리 윤희순은 「안사람 의병가」, 「병정의 노래」 등을 지어 여성의 의병 운동 참여를 독려하고 의병의 사기를 진작시켰다. 한일 병합 이후에는 만주로 망명하여 항일 의병 운동을 도모하였다.

선택지 분석하기

① 권기옥

⋯ 권기옥은 육군 항공대 창설과 비행사 양성을 구상하던 대한민국 임시 정부의 추천으로 운남 항공 학교에 입학하여 조선 여성 최초의 비행사가 되었다. 이후 남경 국민 정부 항공서의 비행사로 활동하였고, 의열단의 연락원으로도 활동하였다.

② 남자현

⋯ 남자현은 서로 군정서 등에서 활약한 여성 독립운동가로, 간도에서 여자 교육회를 조직하여 여성 계몽 운동에 힘썼다.

③ 박차정

⋯ 박차정은 일제 강점기 남경에서 조선 혁명 군사 정치 간부 학교 교관, 조선 의용대 부녀복무단장 등을 역임하면서 독립운동을 전개하였다.

✔ 윤희순

⋯ 윤희순은 조선 최초의 여성 의병 지도자로, 여성들의 항일 투쟁 활동을 장려하며 독립운동을 전개하였다.

미니북 11쪽

36 헤이그 특사 정답 ④

빠른 정답 찾기 1907년 만국 평화 회의의 특사 + 이준 + 이상설 + 이위종
➡ 헤이그 특사

자료 분석하기

고종은 1907년 네덜란드 헤이그에서 열린 만국 평화 회의에 이준, 이상설, 이위종을 특사로 파견하여 을사늑약의 무효를 알리고자 하였다. 그러나 을사늑약으로 인해 외교권이 없던 대한 제국은 일본의 방해와 주최국의 거부로 큰 성과를 거두지 못하였다.

선택지 분석하기

① 서양에 파견된 최초의 사절단이었다.
⋯ 조선 정부는 조미 수호 통상 조약 체결 이후 민영익, 홍영식, 서광범을 중심으로 한 사절단인 보빙사를 미국에 파견하였다. 보빙사는 서양 국가에 파견된 최초의 사절단으로, 40여 일간 미국에 머무르며 대통령을 만나고 다양한 기관들을 시찰하였다.

② 조선책략을 국내에 처음 소개하였다.
⋯ 2차 수신사로 파견되었던 김홍집은 청의 황준헌이 저술한 『조선책략』을 국내에 처음 소개하였다. 러시아의 남하 정책에 대비하기 위한 조선, 일본, 청 등 동양 3국의 외교 정책 방향을 제시한 내용으로, 미국과 외교 관계를 맺어야 한다는 여론이 형성되는 계기가 되었다.

③ 기기국에서 무기 제조 기술을 배우고 돌아왔다.
⋯ 개항 이후 김윤식을 중심으로 청에 파견된 영선사는 톈진 기기국에서 서양의 근대식 무기 제조 기술과 군사 훈련법을 시찰하고 돌아와 근대식 무기 제조 공장인 기기창을 설립하였다.

④ 을사늑약의 부당함을 전 세계에 알리고자 하였다.
⋯ 을사늑약 체결의 부당함을 알리기 위해 고종의 밀명을 받은 이준, 이상설, 이위종이 헤이그에서 열린 만국 평화 회의에 특사로 파견되었다.

37 조선 총독부 정답 ①

빠른 정답 찾기 일제 식민 통치의 최고 기구 + 청사 철거 + '역사 바로 세우기' 사업
➡ 조선 총독부

자료 분석하기

김영삼 정부는 민족정기 회복을 위한 '역사 바로 세우기' 사업의 일환으로 일제 식민 통치의 핵심적 기구였던 조선 총독부 청사 해체를 추진하였다. 광복 50주년을 맞는 1995년 8월 15일에 해체가 진행되었고, 이듬해 11월 철거가 완료된 뒤 해체된 건물의 부재들은 천안 독립기념관으로 이전되어 전시되었다.

선택지 분석하기

① 조선 총독부
⋯ 1910년 한일 병합 조약을 통해 대한 제국의 주권이 완전히 상실되었다. 이에 따라 일제는 일체의 정무를 관할하는 조선 총독부를 설치하고 초대 총독으로 데라우치를 임명하였다.

② 종로 경찰서
⋯ 일제 강점기 의열단의 단원 김상옥은 종로 경찰서에 폭탄을 투척하였고 일본 경찰과 총격전을 벌여 여러 명을 사살하고 순국하였다.

③ 서대문 형무소
⋯ 서대문 형무소는 일본이 조선에 대한 침략을 본격화하기 위해 1907년 건립한 근대 감옥으로, 일제 강점기 때 유관순, 강우규, 김구 등 수많은 독립운동가와 민족 지도자가 투옥되어 고문과 박해를 당한 곳이다.

④ 동양 척식 주식회사
⋯ 동양 척식 주식회사는 총독부가 빼앗은 조선의 토지와 자원을 일본인에게 헐값에 팔아넘기는 업무를 담당하는 식민 통치 기관이었다. 의열단원 나석주는 동양 척식 주식회사에 폭탄을 투척하는 의거 활동을 전개하였다.

미니북 12쪽

38 산미 증식 계획 정답 ③

빠른 정답 찾기 일제 강점기 + 군산항 + 자국의 식량 문제 해결 + 1920년 + 쌀 수탈 ➡ 산미 증식 계획

자료 분석하기

1920년대 제1차 세계 대전으로 공업화가 진전된 일본은 증가하는 도시 인구에 비해 농업 생산력이 부족하자 쌀값이 폭등하였다. 이에 조선에서 산미 증식 계획을 실시하여 일본 본토의 식량 부족 문제를 해결하고자 하였다(1920). 이를 위해 품종 개량, 수리 시설 구축, 개간 등을 통해 쌀 생산을 대폭 늘리려 하였으나 증산량은 계획에 미치지 못하였다. 그럼에도 불구하고 증산량보다 많은 양의 쌀을 일본으로 반출하면서 농민들의 경제 상황은 더욱 악화되었다.

선택지 분석하기

① 회사령
⋯ 1910년대 무단 통치기에 일제는 회사령을 공포하여 회사를 설립하거나 해산할 때 총독부의 허가를 받게 하고 민족 기업 설립

을 방해하였다(1910).

② 농지 개혁법

···› 이승만 정부는 유상 매수, 유상 분배를 원칙으로 농지 개혁법을 제정하였다(1949). 이에 따라 소작 제도를 폐지하고 농사를 짓는 사람이 토지를 소유하도록 하여 자작농이 증가하는 계기가 되었다.

③ 산미 증식 계획

···› 1920년대 일제는 자국의 부족한 쌀을 조선에서 수탈하기 위해 산미 증식 계획을 실시하였다.

④ 토지 조사 사업

···› 조선 총독부는 토지 조사 사업을 위해 토지 조사국을 설치하고 토지 조사령을 발표하였다(1912). 이에 따라 일정 기간 내 토지를 신고하도록 하고 신고하지 않은 토지는 총독부에서 몰수하여 일본인에게 헐값으로 팔아넘겼다.

39 손기정

정답 ②

빠른 정답 찾기 1936년 베를린 올림픽 + 마라톤 경기 우승 + 조선중앙일보 + 동아일보 + 일장기 삭제 + 일제의 탄압 ➡ 손기정

자료 분석하기

손기정은 1936년 개최된 제11회 독일 베를린 올림픽 대회 마라톤 경기에서 우승하여 부상으로 고대 그리스 청동 투구를 수여받았다. 이때 조선중앙일보, 동아일보 등이 사진에서 선수복 가슴에 있는 일장기를 삭제하여 보도하였고, 이로 인해 해당 신문들은 무기 정간 등 일제의 언론 탄압을 받았다.

선택지 분석하기

① 남승룡

···› 남승룡은 손기정이 우승한 1936년 베를린 올림픽 대회 마라톤 경기에서 3위를 차지하였다.

② 손기정

···› 손기정은 1936년 베를린 올림픽 대회에 참가하여 마라톤 경기에서 공인된 세계 최고 기록으로 우승을 차지하였다.

③ 안창남

···› 안창남은 우리나라 최초의 비행사로, 고국 방문 비행에서 1인승 비행기를 타고 서울 상공을 비행하였다.

④ 이중섭

···› 이중섭은 우리나라의 대표적인 근대 서양화가로, 「흰 소」, 「황소」, 「닭과 가족」 등의 작품을 그렸다.

미니북 26쪽

40 3·1 운동

정답 ③

빠른 정답 찾기 1919년 + 일제의 무단 통치 + 전국적 독립운동 ➡ 3·1 운동

자료 분석하기

1919년 학생과 시민 등 각계각층의 사람들이 일제의 무단 통치에 저항하여 일제 강점기 최대 규모의 민족 운동인 3·1 운동을 전개하였다. 이를 계기로 민족의 주체성을 확인한 국내외 독립운동가들은 조직적인 독립운동을 전개하기 위해 중국 상하이에 모여 대한민국 임시 정부를 수립하였다. 3·1 운동 이후 일제는 기존의 무단 통치 방식을 문화 통치로 바꾸게 되었다.

선택지 분석하기

① 개혁 추진을 위해 집강소가 설치되었다.

···› 동학 농민 운동 당시 농민군은 청과 일본의 군대 개입을 우려하여 조선 정부와 전주 화약을 맺고 집강소를 설치하여 폐정 개혁을 실시하였다.

② 조선 물산 장려회를 중심으로 전개되었다.

···› 일제 강점기 때 평양에서 조만식, 이상재의 주도로 조선 물산 장려회가 발족되어 '내 살림 내 것으로' 등의 구호를 내세운 물산 장려 운동이 전국으로 확산되었다.

③ 대한민국 임시 정부 수립의 계기가 되었다.

···› 3·1 운동은 각계각층의 사람들이 참여한 대규모 독립운동으로, 민족의 주체성을 확인하여 대한민국 임시 정부를 수립하는 계기가 되었다.

④ 신간회의 지원을 받아 민중 대회가 추진되었다.

···› 한국인 학생과 일본인 학생의 충돌로 광주 학생 항일 운동이 발생하자 신간회는 진상 조사단을 파견하고 서울에서 대규모 민중 대회를 추진하였다.

미니북 27쪽

41 6·10 만세 운동

정답 ③

빠른 정답 찾기 순종의 인산일 + 경성 + 만세 시위 + 학생들 + 격문 ➡ (다) 6·10 만세 운동

자료 분석하기

1926년 순종의 인산일을 기하여 장례 행렬이 경성 단성사 앞을 지날 때 중앙 고보 학생 300여 명이 '조선 독립 만세'를 부르고 격문을 뿌리며 시위를 전개하였다. 이를 시작으로 연희 전문학교와 조

선 학생 과학 연구회 학생, 군중들도 합세하면서 대규모 항일 운동인 6 · 10 만세 운동으로 확산되었으나 일제가 군대를 동원하여 저지하였다.

미니북 12쪽

42 국가 총동원법 정답 ④

빠른 정답 찾기 중일 전쟁 + 전시 체제 구축 + 국가 총동원 + 인적, 물적 자원 통제 운용 ➡ 국가 총동원법

자료 분석하기

일제는 1930년대 이후 민족 말살 통치기에 대륙 침략을 위해 한반도를 병참 기지화하고 중일 전쟁과 태평양 전쟁을 일으켰다. 1938년에는 국가 총동원법을 시행하여 전쟁 수행을 위한 한국의 인적, 물적 자원을 통제하고 동원하였다.

선택지 분석하기

① 헌병 경찰제가 실시되었어요.
··· 헌병 경찰제는 무단 통치기인 1910년대에 강압적 통치를 목적으로 실시되었다. 교사들까지 제복을 입고 칼을 차고 다니게 하였으며 조선 곳곳에 일본 헌병 경찰을 배치하였다.

② 경성 제국 대학이 설립되었어요.
··· 1920년대 한국인을 위한 고등 교육 기관을 설립하자는 민립 대학 설립 운동이 전개되었으나 일제는 이를 방해하기 위해 경성 제국 대학을 설립하였다(1924).

③ 국채 보상 운동이 전개되었어요.
··· 국채 보상 운동은 일본에서 도입한 차관 1,300만 원을 갚아 경제 주권을 회복하고자 김광제, 서상돈 등의 주도로 대구에서 처음 시작되었다(1907). 이후 서울에서 조직된 국채 보상 기성회를 중심으로 전국적으로 확산되었다.

④ 황국 신민 서사의 암송이 강요되었어요.
··· 일제는 민족의 정체성을 말살하기 위해 황국 신민화 정책을 시행하여 내선일체의 구호를 내세워 한글을 사용하지 못하게 하고 황국 신민 서사의 암송을 강요하였다(1937).

미니북 28쪽

43 한인 애국단 정답 ③

빠른 정답 찾기 1931년 + 김구 + 항일 의열 단체 + 이봉창 + 윤봉길 ➡ 한인 애국단

자료 분석하기

김구는 상하이에서 한인 애국단을 결성하여 적극적인 항일 투쟁 활동을 전개하였다. 단원 이봉창은 1932년 1월 도쿄에서 일본 국왕이 탄 마차의 행렬에 수류탄을 투척하였고, 윤봉길은 1932년 4월 상하이 훙커우 공원에서 열린 일왕 생일 및 일본군 전승 축하 기념식에 폭탄을 던져 일제 요인들에게 큰 타격을 주었다.

선택지 분석하기

① 중광단
··· 북간도로 이주한 한인들이 대종교를 중심으로 중광단을 조직하여 항일 무장 투쟁을 전개하였다.

② 흥사단
··· 안창호는 미국 샌프란시스코에서 국권 회복을 위해 민족 운동 단체인 흥사단을 조직하였다.

③ 한인 애국단
··· 김구는 상하이에서 한인 애국단을 결성하여 적극적인 투쟁 활동을 전개하면서 독립운동가를 지원하였으며, 단원으로 이봉창, 윤봉길 등이 활동하였다.

④ 대조선 국민 군단
··· 박용만이 미국 하와이에서 결성한 항일 군사 단체로, 독립군 양성을 바탕으로 한 무장 투쟁을 준비하였다.

44 윤동주 정답 ②

빠른 정답 찾기 일본 유학 + 독립운동 + 저항 시인 + 「서시」 + 「별 헤는 밤」 + 「쉽게 쓰여진 시」 ➡ 윤동주

자료 분석하기

윤동주는 일제 강점기에 연희 전문학교를 졸업하고 일본 도쿄에서 유학하였다. 문학 활동을 통해 일제의 탄압에 저항한 항일 시인이었으며, 일본 경찰에 체포되어 후쿠오카 형무소에서 수감 중에 생을 마감하였다. 광복 이후 동생 윤일주에 의해 유고집 『하늘과 바람과 별과 시』가 발간되었으며, 대표적 작품으로 「서시」, 「별 헤는 밤」, 「쉽게 쓰여진 시」 등이 있다.

선택지 분석하기

① 심훈
··· 심훈은 일제 강점기의 저항 시인이자 소설가로, 민족의식을 담은 저항시 「그날이 오면」, 브나로드 운동을 소재로 한 장편 소설 『상록수』 등을 발표하였다.

② 윤동주
··· 윤동주는 문학 활동을 통해 일제의 탄압에 저항한 항일 시인으

로 유고집 『하늘과 바람과 별과 시』를 남겼다.

③ 이육사

⋯› 이육사는 일제의 식민 통치를 극복하려는 의지를 표현한 「광야」, 「절정」 등의 작품을 통해 일제의 탄압에 저항하였다.

④ 한용운

⋯› 한용운은 독립운동가 겸 승려이자 시인으로 일제 강점기 때 『님의 침묵』을 출간하여 저항 문학에 앞장섰고, 불교의 현실 참여를 주장하였다.

미니북 28쪽

45 한국 광복군 정답 ③

빠른 정답 찾기 1940년 + 대한민국 임시 정부가 창설 + 지청천 ➡ 한국 광복군

자료 분석하기

대한민국 임시 정부는 이봉창과 윤봉길 의거 이후 일제의 탄압이 심해지자 충칭으로 근거지를 이동하였다. 이곳에서 지청천을 총사령관으로 하여 임시 정부의 직할 부대인 한국 광복군을 창설하였다(1940). 한국 광복군은 영국군의 요청으로 인도, 미얀마 전선에 파견되었으며 미군의 협조를 받아 국내 진공 작전을 준비하였다.

선택지 분석하기

① 자유시 참변으로 큰 타격을 입었다.

⋯› 연해주의 자유시로 근거지를 옮긴 대한 독립 군단은 군 지휘권을 둘러싼 분쟁에 휘말려 자유시 참변으로 큰 타격을 입었다(1921).

② 봉오동 전투에서 일본군을 격퇴하였다.

⋯› 홍범도가 이끄는 대한 독립군은 대한 국민회군, 군무도독부 등의 독립군과 연합하여 봉오동 전투에서 일본군을 상대로 승리를 거두었다(1920).

✔ 미군과 연계하여 국내 진공 작전을 계획하였다.

⋯› 대한민국 임시 정부의 직할 부대인 한국 광복군은 미군과 협조하여 국내 진공 작전을 추진하였다(1945).

④ 흥경성에서 중국 의용군과 연합 작전을 펼쳤다.

⋯› 양세봉의 조선 혁명군은 중국 의용군과 연합하여 흥경성 전투에서 일본군을 상대로 승리를 거두었다(1933).

미니북 29쪽

46 대한민국 정부 수립 과정 정답 ④

빠른 정답 찾기 8 · 15 광복 ➡ (가) ➡ 대한민국 정부 수립

자료 분석하기

- **8 · 15 광복**(1945.8.15.): 1945년 8월 15일 일제가 제2차 세계 대전에서 패망하면서 우리나라가 식민지 통치에서 벗어나게 되었다.
- **대한민국 정부 수립**(1948.8.15.): 5 · 10 총선거를 통해 구성된 제헌 국회에서 간선제 방식으로 대통령, 부통령을 선출하면서 1948년 8월 15일에 대한민국 정부 수립을 국내외에 선포하였다.

선택지 분석하기

① 5 · 10 총선거 실시
② 유엔 한국 임시 위원단 내한
③ 제1차 미소 공동 위원회 개최

⋯› 광복 직후 모스크바 3국 외상 회의의 결과에 따라 제1차 미소 공동 위원회가 개최되었으나 결렬되었다(1946.3.). 이후 제2차 미소 공동 위원회도 결렬되자 미국은 유엔에 한반도 문제를 상정하였고, 유엔 총회는 한반도에서 인구 비례에 따른 총선거 실시를 결정하고 유엔 한국 임시 위원단을 파견하였다(1948.1.). 그러나 소련이 38선 이북 지역의 입북을 거부하자 유엔 소총회에서 가능한 지역에서만 선거를 실시하고 임시 위원단이 선거를 감시하라는 결정을 내리면서 남한에서만 5 · 10 총선거가 실시되었다(1948.5.10.).

✔ 반민족 행위 특별 조사 위원회 활동

⋯› 제헌 국회는 일제의 잔재를 청산하고 민족정기를 바로잡기 위해 반민족 행위 처벌법을 제정하였다. 이에 따라 반민족 행위 특별 조사 위원회가 구성되어 활동하였다(1948.10.).

한발 더 다가가기

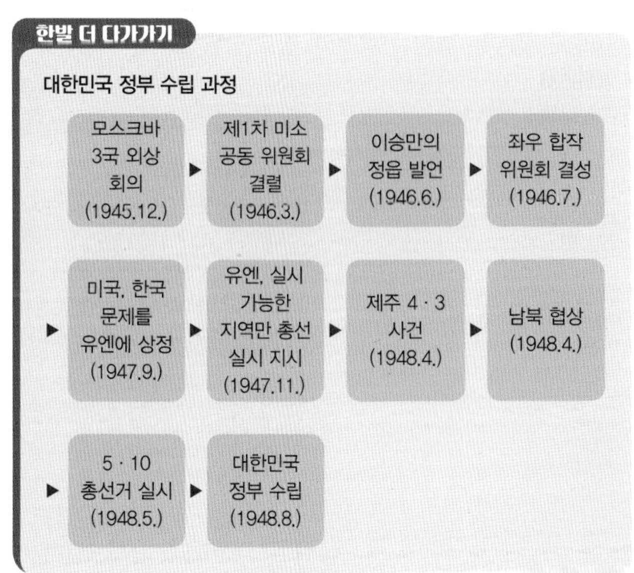

미니북 34쪽

47 6 · 25 전쟁 정답 ②

빠른 정답 찾기 1951년 11월 + 판문점 + 휴전 회담 + 중립 지대 ➡ 6 · 25 전쟁

자료 분석하기

1950년 북한의 남침으로 6 · 25 전쟁이 시작되었고, 서울을 점령당한 뒤 낙동강 방어선까지 밀려나게 되었다. 유엔군 파병 이후 국군은 낙동강을 사이에 두고 치열한 공방전을 펼쳤다. 전쟁이 1년여간 지속되자 소련 측의 제의로 미국과 소련이 개성 판문점에서 휴전 회담을 진행하기 시작하였다(1951.7.). 휴전 회담은 전쟁 포로 송환 원칙 문제, 군사 분계선 설정 문제 등으로 인해 2년여간 지속되었다.

선택지 분석하기

① 애치슨 선언이 발표되었다.
⋯ 미 국무 장관인 애치슨이 한국을 미국의 태평양 방위선에서 제외한다는 내용을 포함한 애치슨 선언을 발표하였다(1950.1.). 이는 6 · 25 전쟁 발발의 원인이 되었다는 비판을 받는다.

✔② 흥남 철수 작전이 전개되었다.
⋯ 중공군 개입 이후 국군과 유엔군이 퇴각하면서 원산 지역을 빼앗겨 전세가 불리해졌다. 이에 국군과 유엔군은 흥남 해상으로 철수 작전을 전개하여 병력 및 물자, 피난민을 철수시켰다(1950.12.).

③ 사사오입 개헌안이 가결되었다.
⋯ 이승만은 자신의 대통령 3선을 위해 초대 대통령에 한해 중임 제한을 철폐한다는 내용의 헌법 개정안을 발표하였으나 부결되었다. 그러자 1인 이하의 소수점 자리는 계산하지 않는다는 사사오입 논리로 개헌안을 통과시켜 장기 집권을 시도하였다(1954).

④ 한미 상호 방위 조약이 체결되었다.
⋯ 이승만 정부는 휴전 이후 한미 상호 방위 조약을 체결하였다(1953).

한발 더 다가가기

6 · 25 전쟁의 전개 과정

북한의 남침 (1950.6.25.)	북한군이 서울 점령 → 유엔군의 참전 → 낙동강을 사이에 두고 치열한 공방전
국군과 유엔군의 반격	인천 상륙 작전으로 전세 역전(1950.9.15.) → 압록강까지 진격(1950.10.)
중공군의 개입 (1950.10.)	흥남 철수(1950.12.) → 서울 함락(1951.1.4.) → 서울 재탈환 → 38도선 일대 교착 상태
휴전 회담 개최 (1951.7.)	소련이 유엔에 휴전 제의, 이승만 정부의 휴전 반대, 범국민 휴전 반대 운동 → 반공 포로 석방(1953.6.18.)
휴전 협정 체결 (1953.7.27.)	한미 상호 방위 조약 체결(1953.10.)

미니북 30쪽

48 4 · 19 혁명 정답 ①

빠른 정답 찾기 대구 학생 시위 + 김주열 군 + 마산 의거 + 비상계엄령 + 이승만 대통령 하야 ➡ 4 · 19 혁명

자료 분석하기

이승만 정권과 자유당이 3 · 15 정 · 부통령 선거 당선을 위해 부당한 선거 운동을 벌이자, 이에 항거한 대구 학생들이 2 · 28 민주 운동을 주도하였다. 이후 마산 해변가에 버려진 마산상고 학생 김주열의 시신이 발견되어 마산 의거가 발생하였고 정부는 비상계엄령을 선포하였다. 학생과 대학 교수단이 대통령의 하야를 요구하는 행진을 전개하면서 4 · 19 혁명은 전국적으로 확산되었고(1960), 결국 이승만이 하야하고 내각 책임제를 기본으로 하는 허정 과도 정부가 구성되었다.

선택지 분석하기

✔① 3 · 15 부정 선거에 항의하였다.
⋯ 이승만의 장기 집권과 자유당 정권의 3 · 15 부정 선거에 저항하여 4 · 19 혁명이 발발하였다(1960).

② 4 · 13 호헌 조치 철폐를 요구하였다.
⋯ 박종철 고문치사 사건과 전두환 신군부의 4 · 13 호헌 조치가 원인이 되어 6월 민주 항쟁이 전국적으로 확산되었다(1987). 시민들은 호헌 철폐와 독재 타도 등의 구호를 내세워 민주적인 헌법 개정을 요구하였다.

③ 유신 체제가 붕괴하는 계기가 되었다.

··· YH 무역 노동자들이 폐업에 항의하여 일으킨 농성이 신민당사 앞에서 일어나자 박정희 정부는 신민당 총재였던 김영삼을 국회의원직에서 제명하였다. 이로 인해 김영삼의 정치적 근거지인 부산, 마산에서 유신 정권에 반대하는 부마 민주 항쟁이 전개되었다(1979).

④ 신군부의 비상계엄 확대에 반대하였다.

··· 신군부의 비상계엄 확대와 무력 진압에 항거하여 광주에서 5 · 18 민주화 운동이 일어났다(1980).

미니북 20쪽

49 박정희 정부의 경제 상황 정답 ③

빠른 정답 찾기 경부 간 고속 도로 + 산업 근대화 ➡ 박정희 정부

자료 분석하기

박정희 정부는 국토를 개발하기 위해 서울과 부산 간의 주요 도시를 경유하는 고속 도로 개통을 추진하여 1968년 2월 1일 경부 고속 도로 공사에 착수하였다. 이는 단군 이래 최대의 토목 공사로 불리면서 1970년 7월 7일 준공되었다.

선택지 분석하기

① 서울에서 G20 정상 회의가 개최되었다.

··· 이명박 정부 때 아시아 국가 최초로 세계 경제 문제를 다루는 최상위급 정상 회의인 G20 정상 회의를 서울에서 개최하였다(2010).

② 한미 자유 무역 협정(FTA)이 체결되었다.

··· 노무현 정부는 미국과 자유 무역 협정(FTA)을 체결하였다(2007).

③ 제2차 경제 개발 5개년 계획이 추진되었다.

··· 박정희 정부는 제2차 경제 개발 5개년 계획을 진행하여 경공업과 수출을 중심으로 한 경제 발전을 추진하였다(1967).

④ 경제 협력 개발 기구(OECD)에 가입하였다.

··· 김영삼 정부 때 한국 경제의 세계화를 위해 경제 협력 개발 기구(OECD)에 가입하였다(1996).

미니북 20쪽

50 노태우 정부의 통일 노력 정답 ②

빠른 정답 찾기 남북한 유엔 동시 가입 + 남북 기본 합의서 + 한반도 비핵화 공동 선언 ➡ 노태우 정부

자료 분석하기

노태우 정부 때 북방 외교를 바탕으로 남북한의 유엔 동시 가입이 이루어졌다. 또한, 남북한 화해 및 불가침, 교류 · 협력 등에 관한 공동 합의서인 남북 기본 합의서를 채택하고 한반도 비핵화 공동 선언이 이루어졌다.

선택지 분석하기

① 개성 공단이 조성되었다.

··· 김대중 정부 때 최초로 남북 정상 회담이 이루어져 개성 공단 건설 운영에 관한 합의서를 체결하였다. 이후 2003년 노무현 정부 때 이르러서야 비로소 개성 공단 착공식이 이루어졌다.

② 서울 올림픽 대회가 개최되었다.

··· 노태우 정부 시기에 제24회 서울 올림픽 대회를 개최하였다.

③ 베트남 전쟁에 국군이 파병되었다.

··· 박정희 정부는 미국의 요청으로 베트남에 국군을 파병하였다. 그 대가로 미국으로부터 한국군 현대화를 위한 장비와 경제 원조를 제공받았다.

④ 국민 기초 생활 보장법이 제정되었다.

··· 김대중 정부 시기 극심한 양극화의 해소를 위한 복지 정책으로 생활 유지 능력이 없거나 생활이 어려운 국민의 최저 생활을 국가가 보장하는 국민 기초 생활 보장법을 제정하였다.

한발 더 다가가기

현대 정부의 통일 정책 변화

박정희 정부	• 강력한 반공 정책으로 남북 긴장 고조 • 남북 적십자 회담에서 이산가족 문제 협의(1971), 7 · 4 남북 공동 성명(1972), 6 · 23 평화 통일 선언(1973)
전두환 정부	• 민족 화합 민주 통일 방안(1982)에서 민족 통일 협의회 구성 • 남북 적십자 회담 재개로 최초의 이산가족 고향 방문(1985)
노태우 정부	• 한민족 공동체 통일 방안 제안(1989) • 북방 외교: 동유럽의 여러 나라 및 소련(1990) · 중국(1992)과 외교 관계 수립, 남북 고위급 회담 개최(1990) • 남북한 유엔 동시 가입, 남북 기본 합의서 채택, 한반도 비핵화 공동 선언(1991)
김영삼 정부	• 한민족 공동체 건설을 위한 3단계 통일 방안 제시(1994) • 북한 경수로 원자력 발전소 건설 사업 지원
김대중 정부	• 대북 화해 협력 정책(햇볕 정책) 추진 • 금강산 관광 사업 전개(1998) • 남북 정상 회담과 6 · 15 남북 공동 선언 발표(2000) • 경의선 복구 사업, 금강산 육로 관광 등 추진, 개성 공단과 이산가족 상봉 및 면회소 설치 합의
노무현 정부	• 제2차 남북 정상 회담 개최(2007)로 10 · 4 남북 공동 선언 채택 • 개성 공단 착공(2003)

제 54 회 한국사능력검정시험

01	02	03	04	05	06	07	08	09	10
③	②	①	③	②	④	①	③	④	②
11	**12**	**13**	**14**	**15**	**16**	**17**	**18**	**19**	**20**
④	①	④	③	②	①	③	②	②	④
21	**22**	**23**	**24**	**25**	**26**	**27**	**28**	**29**	**30**
②	②	③	④	①	②	③	③	①	①
31	**32**	**33**	**34**	**35**	**36**	**37**	**38**	**39**	**40**
②	①	④	①	①	④	②	④	③	③
41	**42**	**43**	**44**	**45**	**46**	**47**	**48**	**49**	**50**
④	③	①	④	①	④	②	③	①	①

미니북 04쪽

01 구석기 시대 정답 ③

빠른 정답 찾기 불을 처음 사용 + 동굴 + 막집 + 연천 전곡리 유적 ➡ 구석기 시대

자료 분석하기

구석기 시대에는 불을 처음으로 사용하였으며, 사람들은 동굴이나 강가, 바위 그늘에 막집을 짓고 살면서 계절에 따라 이동 생활을 하였다. 연천 전곡리 유적은 대표적인 구석기 시대 유적지로 1978년에 동아시아 최초로 아슐리안 주먹도끼가 발견된 곳이다.

선택지 분석하기

① 가락바퀴로 실을 뽑는 모습
⋯→ 신석기 시대에는 가락바퀴로 실을 뽑아 뼈바늘로 옷을 지어 입었다.

② 반달 돌칼로 벼이삭을 따는 모습
⋯→ 청동기 시대에 일부 지역에서 벼농사가 시작되었으며 반달 돌칼을 이용하여 벼를 수확하였다.

✔③ 주먹도끼로 짐승을 사냥하는 모습
⋯→ 구석기 시대 사람들은 주먹도끼, 찍개 등의 뗀석기를 이용하여 사냥과 채집을 하였다.

④ 거푸집으로 세형 동검을 만드는 모습
⋯→ 후기 청동기 시대와 초기 철기 시대에 거푸집을 이용하여 세형 동검을 제작하면서 독자적인 청동기 문화가 발달하였다.

한발 더 다가가기

구석기 시대

시기	약 70만 년 전
유적지	평남 상원 검은모루 동굴, 경기 연천 전곡리, 충남 공주 석장리, 충북 청원 두루봉, 충북 단양 수양개 등
유물	주먹도끼, 찍개, 팔매돌, 긁개, 밀개 등
사회	무리 생활, 사냥과 채집, 평등한 공동체 생활, 동굴이나 바위 그늘 · 강가에 지은 막집, 이동 생활

미니북 21쪽

02 삼한 정답 ②

빠른 정답 찾기 한반도 남부 + 철기 문화 + 신지 + 읍차 + 5월과 10월 계절제 ➡ 삼한

자료 분석하기

삼한은 한반도 남부에서 철기 문화를 바탕으로 성장하였으며 신지, 읍차라고 불린 지배자가 각 소국을 지배하였다. 또한, 벼농사가 발달하여 해마다 씨를 뿌리고 난 뒤인 5월과 추수를 마친 10월에 계절제를 열어 하늘에 제사를 지냈다.

선택지 분석하기

① 서옥제라는 혼인 풍습이 있었다.
⋯→ 고구려에는 혼인을 하면 신랑이 신부 집 뒤에 서옥이라는 집을 짓고 생활하다가 자식을 낳고, 그 자식이 자라서 어른이 되면 신랑 집으로 돌아가는 서옥제라는 혼인 풍습이 있었다.

✔② 소도라고 불리는 신성 구역이 있었다.
⋯→ 삼한은 소도라는 신성 지역을 따로 두어 제사장인 천군이 이를 관리하는 제정 분리 사회였다.

③ 범금 8조를 만들어 사회 질서를 유지하였다.
⋯→ 고조선은 사회 질서를 유지하기 위해 8개의 조항으로 이루어진 범금 8조를 만들었으나 현재는 3개의 조항만 전해진다.

④ 단궁, 과하마, 반어피 등의 특산물이 있었다.
⋯→ 동예는 단궁, 과하마, 반어피 등의 특산물이 유명하여 이를 낙랑과 왜에 수출하였다.

미니북 06쪽

03 고구려 소수림왕 정답 ①

빠른 정답 찾기 고구려 + 고국원왕 아들 + 제17대 왕 + 불교 수용 + 통치 체제 정비 ➡ 소수림왕

자료 분석하기

고구려 소수림왕은 고국원왕이 백제와의 평양성 전투에서 전사하자 그 뒤를 이어 왕위에 올랐다. 이후 중앙 집권적 국가의 기틀을 세우기 위해 율령을 반포하고 통치 체제를 정비하였다. 또한, 중국 전진의 승려 순도를 통해 불교를 수용하여 왕실의 권위를 높이고자 하였다.

선택지 분석하기

✔ 태학을 설립하였다.
⋯› 고구려 소수림왕은 국가 교육 기관인 태학을 설립하여 인재를 양성하였다.

② 병부를 설치하였다.
⋯› 신라 법흥왕은 병부를 설치하고 중앙 집권적 국가 체제를 갖추었다.

③ 화랑도를 정비하였다.
⋯› 신라 진흥왕은 화랑도를 국가 조직으로 개편 · 정비하였다.

④ 웅진으로 천도하였다.
⋯› 백제 개로왕이 고구려 장수왕의 공격으로 사망하고 한강 유역을 잃게 되면서 문주왕은 웅진(공주)으로 수도를 옮겼다.

한발 더 다가가기

고구려 주요 국왕의 업적

국왕	업적
고국천왕	왕위 부자 세습, 진대법 실시
미천왕	낙랑군 축출
소수림왕	불교 수용, 태학 설립, 율령 반포
광개토 대왕	• 영토 확장, 백제와 금관가야 공격 • 신라에 원군 파병(호우명 그릇)
장수왕	• 남진 정책, 평양 천도, 한강 유역 점령 • 광개토 대왕릉비, 충주 고구려비
영류왕	천리장성 축조
보장왕	연개소문 집권, 고구려 멸망(668)

04 백제의 문화유산 정답 ③

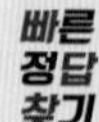

신선 사상 + 백제 문화유산 + 도교적 이상 세계 ➡ 산수무늬 벽돌

자료 분석하기

부여 외리 문양전 일괄(산수무늬 벽돌)은 충남 부여군 규암면 외리에 있는 옛 절터에서 출토되었다. 건축물의 바닥이나 벽면 등을 장식하는 데 사용하였던 것으로 추정되며, 도교의 신선 사상을 바탕으로 한 산수화가 새겨져 있다.

선택지 분석하기

① 천마도
⋯› 국보 제207호 – 신라

② 청자 상감 운학문 매병
⋯› 국보 제68호 – 고려

✔ 산수무늬 벽돌
⋯› 보물 제343호 – 백제

④ 강서대묘 현무도
⋯› 고구려

미니북 25쪽

05 기벌포 전투 정답 ②

매소성 전투 + 설인귀 + 당군 + 삼국 통일 ➡ 기벌포 전투

자료 분석하기

신라와 당이 동맹을 맺고 연합군을 결성하여 백제와 고구려를 멸망시켰다. 그러나 당이 고구려와 백제 땅을 분할해 주기로 한 약속을 어기고 신라까지 복속시키려 하자 분노한 신라의 선전포고로 나당 전쟁이 시작되었다. 신라는 675년 설인귀가 이끄는 당군이 침략하자 당의 보급로였던 매소성을 공격하여 크게 승리하였다. 이후 당은 매소성 전투의 패배를 만회하고자 설인귀를 보내 다시 신라를 공격하였다. 그러나 신라 문무왕이 기벌포 전투에서 승리하면서 당의 세력을 한반도에서 몰아내고 삼국을 통일하였다.

선택지 분석하기

① 살수 대첩
⋯› 수 양제가 우중문에게 30만 별동대를 주어 고구려 평양성을 공격하게 하자 을지문덕은 수의 군대를 살수로 유인하여 크게 무찔렀다.

✔ 기벌포 전투

⋯→ 신라 문무왕은 기벌포 전투에서 승리하면서 당의 세력을 한반도에서 몰아내고 삼국 통일을 완성하였다.

③ 안시성 전투

⋯→ 당은 연개소문의 정변을 구실로 고구려에 침입하여 안시성을 공격하였으나 안시성 성주 양만춘이 당군을 격퇴하였다.

④ 황산벌 전투

⋯→ 신라는 당과 동맹을 맺고 나당 연합군을 결성하여 백제를 공격하였다. 황산벌에서 계백의 결사대가 김유신이 이끄는 신라군에 맞서 싸웠으나 결국 패배하면서 백제가 멸망하였다.

06 금관가야 정답 ④

빠른 정답 찾기 김수로 + 국립 김해 박물관 + 김해 대성동 고분군 ➡ 금관가야

자료 분석하기

- **국립 김해 박물관**: 경남 김해에 위치하고 있으며 전기 가야 연맹의 중심지였던 금관가야의 철기 유물과 금동관 등이 전시된 고고학 중심 박물관이다.
- **김해 대성동 고분군**: 3~5세기 금관가야의 덧널무덤, 널무덤, 돌방무덤, 독무덤 등 여러 양식의 무덤이 모여 있다. 또한, 납작도끼, 덩이쇠 등 철제 화폐와 기승용 마구, 갑주 등 수많은 가야 유물이 출토된 곳으로 사적 제451호로 지정되어 있다.

선택지 분석하기

① 사비로 천도한 이유를 파악한다.

⋯→ 백제 성왕은 웅진(공주)에서 사비(부여)로 수도를 옮기고 국호를 남부여로 고쳐 새롭게 부흥을 도모하였다.

② 우산국을 복속한 과정을 살펴본다.

⋯→ 신라 지증왕은 이사부를 보내 우산국(울릉도)을 정복하였다.

③ 청해진을 설치한 목적을 조사한다.

⋯→ 장보고는 통일 신라 흥덕왕 때 완도에 청해진을 설치하여 해상 무역을 전개하였다.

✔ 구지가가 나오는 건국 신화를 분석한다.

⋯→ 「구지가」는 금관가야 시조 김수로의 건국 신화에서 전해져 내려오는 고대 가요이다. 『삼국유사』에 따르면 구지봉에서 사람들이 「구지가」를 부르자 하늘에서 6개의 황금알이 내려왔는데 그 중 제일 큰 알에서 나온 사람이 김수로라고 전해진다.

한발 더 다가가기

가야 연맹

정치	• 2~3세기경: 금관가야(김해) 주축 → 5세기경 고구려의 진출로 타격 • 5세기 이후: 대가야(고령) 중심 이동 • 6세기: 신라에 병합(법흥왕–금관가야, 진흥왕–대가야)
경제	낙랑 · 왜 등에 철을 수출, 중계 무역 장악
문화	• 철기 문화 발달(금동관, 철제 무기, 갑옷 등) • 토기: 수레 토기 → 일본 스에키 토기에 영향을 줌

미니북 44쪽

07 경주 배동 석조여래 삼존 입상 정답 ①

빠른 정답 찾기 경주 + 신라의 불교 문화유산 ➡ 배동 석조여래 삼존 입상

자료 분석하기

경주 배동 석조여래 삼존 입상은 신라의 7세기 초 불상으로 추정되며, 경주 남산 기슭에 흩어져 있던 불상들을 모아 1923년 지금의 자리에 세웠다. 중앙의 본존불과 양쪽의 보살상은 짧은 체구와 투박한 형태 등을 보아 중국 수의 영향을 받은 추상 표현주의적 양식이 나타난다.

선택지 분석하기

✔ 배동 석조여래 삼존 입상

⋯→ 보물 제63호 – 신라

② 관촉사 석조 미륵보살 입상

⋯→ 국보 제323호 – 고려

③ 미륵사지 석탑

⋯→ 국보 제11호 – 백제

④ 월정사 팔각 구층 석탑

⋯→ 국보 제48-1호 – 고려

미니북 22쪽

08 통일 신라 말 사회상 정답 ③

빠른 정답 찾기 혜공왕 이후 + 신라 ➡ 김헌창의 난

자료 분석하기

통일 신라 말 어린 나이로 즉위한 혜공왕은 재위 기간 동안 수많은 진골 귀족들의 반란을 겪었고, 이찬 김지정의 반란군에 의해 피살되었다(780). 이후 통일 신라는 귀족들이 서로 왕위를 차지하기 위해 반란을 일으키면서 큰 혼란에 빠지게 되었다.

선택지 분석하기

① 갑신정변
⋯› 김옥균, 박영효를 중심으로 한 급신 개화파는 일본의 군사적 지원을 약속받고 우정총국 개국 축하연 자리에서 갑신정변을 일으켰다(1884).

② 위화도 회군
⋯› 고려 말의 무신 이성계는 우왕 때 왕명에 따라 요동 정벌을 위해 출병하였다. 그러나 의주 부근의 위화도에서 말을 돌려 개경으로 회군하였다(1388).

③ 김헌창의 난
⋯› 통일 신라 헌덕왕 때 김주원이 왕위 쟁탈전에서 패배하자 아들인 웅천주(공주) 도독 김헌창이 반란을 일으켰지만, 관군에 의해 진압되면서 실패하였다(822).

④ 연개소문의 집권
⋯› 연개소문은 정변을 통해 영류왕을 몰아내고 보장왕을 왕위에 세운 뒤 스스로 대막리지가 되어 정권을 장악하였다(642).

미니북 07쪽

09 발해 정답 ④

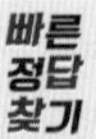

빠른 정답 찾기 치미 + 용머리상 + 대조영 + 고구려 계승 ➡ 발해

자료 분석하기

고구려의 장군 출신인 대조영은 유민들을 이끌고 지린성 동모산에서 발해를 건국하였다. 대표적인 유물인 발해 치미는 건물 지붕의 양 끝에 올리던 장식 기와인데 궁전지, 관청지, 사찰터에서 출토되는 것으로 보아 위용 있는 건물의 장식에 주로 사용되었던 것으로 추정된다. 발해 용머리상은 궁궐 건축에 조각품으로 사용된 것으로 보이며 오랜 기간 수도였던 상경 용천부 이외의 도시에서도 출토되었다.

선택지 분석하기

① 수의 침략을 물리쳤다.
⋯› 고구려의 을지문덕은 우중문이 이끄는 수의 30만 대군을 살수에서 공격하여 크게 무찔렀다.

② 기인 제도를 실시하였다.
⋯› 고려 태조는 지방 호족의 자제를 일정 기간 수도 개경에 머무르게 하는 기인 제도를 실시하여 호족 세력을 견제하였다.

③ 독서삼품과를 시행하였다.
⋯› 통일 신라 원성왕은 국학의 학생들을 대상으로 독서삼품과를 실시하여 유교 경전의 이해 수준에 따라 관리로 채용하였다.

④ 해동성국이라고도 불렸다.
⋯› 발해 선왕 때 영토를 크게 확장하여 전성기를 누리면서 주변 국가들로부터 해동성국이라 불렸다.

미니북 22쪽

10 견훤 정답 ②

빠른 정답 찾기 상주 가은현 + 공산 전투에서 고려에 승리 + 아들 신검 + 금산사 유폐 + 고려에 투항 ➡ 견훤

자료 분석하기

견훤은 통일 신라 말 상주 가은현의 농민으로 태어나 장군이 되었다. 이후 독자적인 세력을 형성한 견훤은 완산주(전주)를 도읍으로 후백제를 건국하였고, 수도인 금성으로 진격하였다. 이에 고려군이 신라를 지원하기 위해 출병하였으나 공산 전투에서 후백제군에 크게 패하여 김락과 신숭겸 등이 죽고 왕건도 간신히 몸을 피하였다. 이후 견훤이 후계자 문제로 장남 신검에 의해 금산사에 유폐되기도 하였으나 탈출에 성공하면서 고려에 투항하였고 일리천 전투에서 왕건과 함께 아들 신검을 공격하여 후백제를 멸망시켰다.

선택지 분석하기

① 철원으로 천도함
⋯› 궁예는 후고구려 건국 후 영토를 확장하여 철원으로 도읍을 옮겼다.

② 후백제를 건국함
⋯› 신라의 군인 출신인 견훤은 세력을 키워 완산주(전주)에 도읍을 정하고 후백제를 건국하였다.

③ 훈요 10조를 남김
⋯› 고려 태조는 후대의 왕들에게 숭불 정책, 북진 정책, 민생 안정책 등 10가지 지침이 담긴 훈요 10조를 남겼다.

④ 경주의 사심관으로 임명됨
⋯› 고려에 항복한 신라의 마지막 왕인 경순왕은 고려 태조의 사심관 제도에 따라 경주의 사심관으로 임명되어 그 지방의 자치를 감독하였다.

한발 더 다가가기

후백제와 후고구려

후백제(900)	후고구려(901)
• 견훤이 완산주(전주)에 도읍을 정함 • 충청도와 전라도 지역의 우세한 경제력을 토대로 군사적 우위 확보 • 신라에 적대적, 지나친 조세 수취, 호족 포섭 실패	• 신라 왕족의 후예인 궁예가 송악(개성)을 근거지로 건국 • 철원으로 천도(국호: 마진, 태봉), 관제 개혁 및 새로운 신분 제도 모색 • 지나친 조세 수취, 미륵 신앙을 이용한 전제 정치로 궁예가 축출됨

11 『삼국유사』

정답 ④

빠른 정답 찾기 승려 일연 + 역사서 + 왕력, 기이, 흥법 + 단군의 고조선 건국 이야기 ➡ 『삼국유사』

자료 분석하기

고려 충렬왕 때 승려 일연은 불교사를 중심으로 고조선에서부터 후삼국까지의 역사를 모아 전체 5권 2책으로 『삼국유사』를 편찬하였다. 권과는 별도로 왕력 · 기이 · 흥법 · 탑상 · 의해 · 신주 · 감통 · 피은 · 효선의 9편목으로 구성되어 각 편마다 다른 주제로 이야기가 수록되었다. 특히 단군을 우리 민족의 시초로 여겨 단군왕검의 건국 설화를 수록하였다.

선택지 분석하기

① 발해고
⋯› 조선 정조 때 서얼 출신인 유득공은 『발해고』를 저술하여, 발해를 우리의 역사로 인식하고 신라와 발해가 있던 시기를 남북국 시대라고 부를 것을 제안하였다.

② 동국통감
⋯› 조선 성종 때 서거정 등이 단군 조선부터 고려 말까지의 역사를 편년체로 정리하여 『동국통감』을 편찬하였다.

③ 동사강목
⋯› 조선 정조 때 안정복은 『동사강목』을 지술하여 고조선부터 고려 말까지의 역사를 정리하였다.

✔④ 삼국유사
⋯› 고려의 승려 일연은 원 간섭기인 충렬왕 때 불교사를 바탕으로 왕력과 함께 고대 민간 설화나 전래 기록을 수록한 『삼국유사』를 저술하였다.

한발 더 다가가기

『삼국사기』와 『삼국유사』 비교

구분	『삼국사기』	『삼국유사』
시기	고려 중기(1145)	고려 후기(1281)
저자	김부식	일연
사관	유교식 합리주의(기전체)	불교사 중심
성격	사대주의, 신라 계승 의식	자주 의식(단군 신화), 고구려 계승 의식

12 묘청의 서경 천도 운동

정답 ①

빠른 정답 찾기 서경에서 거사 + 수도를 옮김 + 금이 스스로 항복할 것이라고 주장 ➡ 묘청의 서경 천도 운동

자료 분석하기

이자겸의 난 이후 인종은 왕권을 회복시키고자 정치 개혁을 추진하였다. 이 과정에서 묘청, 정지상을 중심으로 한 서경 세력과 김부식을 중심으로 한 개경 세력 간의 대립이 발생하였다. 서경 세력은 서경(평양)으로 천도하고 대화궁을 지으면 천하를 통일할 수 있고 금도 항복할 것이라고 주장하였다. 하지만 대화궁 준공 뒤에도 달라진 것이 없고 인종의 서경 행차에서 폭풍우로 수많은 사람들이 죽자 결국 서경 천도 계획은 무산되었다. 그러자 묘청이 서경에서 반란을 일으켰고, 김부식의 관군에 의해 진압되었다.

선택지 분석하기

✔① 묘청의 난
⋯› 묘청, 정지상 등을 중심으로 한 서경 세력은 서경 천도와 칭제 건원, 금 정벌 등을 주장하였으나 받아들여지지 않자 서경에서 반란을 일으켰다.

② 김흠돌의 난
⋯› 통일 신라 신문왕은 장인인 김흠돌이 일으킨 반란을 진압하고 귀족 세력을 숙청하여 왕권을 강화하였다.

③ 홍경래의 난
⋯› 조선 후기 세도 정치와 삼정의 문란으로 인해 어려움을 겪던 농민들과 서북 지역 차별 대우에 불만을 품은 평안도 지방 사람들이 몰락 양반 출신 홍경래를 중심으로 봉기를 일으켰다.

④ 원종과 애노의 난
⋯› 통일 신라 말 진성 여왕 때 중앙 정권의 무분별한 조세 징수에 대한 반발로 사벌주(상주)에서 원종과 애노가 농민 봉기를 일으켰다.

한발 더 다가가기

서경파와 개경파

구분	서경파	개경파
배경	지방 출신	문벌 귀족 출신
사상	풍수지리, 불교	유교
성격	자주적	사대적, 보수적
외교 정책	북진 정책, 금 정벌	사대 정책
역사의식	고구려 계승	신라 계승
주장	서경 천도, 칭제 건원, 금 정벌	서경 천도 반대, 금에 대한 사대 관계 인정
주요 인물	묘청, 정지상	김부식

13 고려의 지방 제도

정답 ④

빠른 정답 찾기 공주 명학소 + 망이 · 망소이 봉기 + 유청신 + 고이부곡 ➡ 고려

자료 뜯어보기

○ 공주 명학소의 망이 · 망소이* 등이 무리를 모아서 봉기하자, 명학소를 충순현으로 승격하여 그들을 달래고자 하였다.

○ 사신을 따라 원에 간 유청신*이 통역을 잘하였으므로, 그 공을 인정하여 그의 출신지인 고이부곡을 고흥현으로 승격하였다.

*망이 · 망소이: 고려 무신 정권기에 공주 명학소에서 망이 · 망소이가 과도한 부역과 소 · 부곡민에 대한 차별 대우에 항거하여 반란을 일으켰다. 이에 고려 정부는 군대를 보냈으나 패배하자 공주 명학소를 충순현으로 승격시키고 현령과 현위를 파견하였다.
*유청신: 고이부곡 출생으로 선조가 대대로 그곳의 관리였다. 몽골어를 잘해 여러 차례 원에 사신으로 갔으며 그 공으로 충렬왕의 총애를 받았다. 고이부곡은 유청신이 외교에서 활약한 공을 인정받아 고흥현으로 승격되었다.
– 공주 명학소의 난과 고이부곡의 승격을 통해 고려의 지방 제도를 유추할 수 있다.

자료 분석하기

고려의 지방 행정 체제에는 특수 행정 구역인 향 · 부곡 · 소가 존재하였다. 향과 부곡은 신라 때부터 형성되어 이어진 군현 체제로, 농경지를 개간하여 조성된 촌락 중 크기가 일반 군현에 미치지 못하거나 왕조에 반항하던 집단의 거주지를 재편한 곳이었다. 소는 고려 때 형성된 것으로, 수공업이나 광업, 지방 특산물을 생산하는 지역이었다. 향 · 부곡 · 소의 백성들은 신분상 양인이었으나 일반 군현의 백성들에 비해 신분적으로 차별을 받았다.

선택지 분석하기

① 전국을 8도로 나누었다.
···› 조선 태종은 전국을 8도로 나누고 모든 군현에 수령을 파견하였다.

② 22담로에 왕족을 파견하였다.
···› 백제 무령왕은 지방에 22담로를 설치하고 왕족을 파견하여 지방에 대한 통제를 강화하였다.

③ 주요 지역에 5소경을 설치하였다.
···› 통일 신라 신문왕 때 9주 5소경의 지방 행정 구역 체계를 확립하여 수도 경주의 편재성을 보완하였다.

④ 군사 행정 구역으로 양계를 두었다.
···› 고려 현종은 전국을 5도와 양계, 경기로 나누어 지방 행정 제도를 확립하였고, 국경 지역인 양계에 병마사를 파견하였다.

한발 더 다가가기

고려의 지방 행정 제도

경기	수도에 인접한 특수 행정 구역
5도	• 일반 행정 구역 • 5도–주 · 군 · 현–촌, 향 · 소 · 부곡 • 양광도, 경상도, 전라도, 교주도, 서해도 • 안찰사 파견
양계	• 군사 행정 구역 • 동계, 북계 • 병마사 파견

미니북 23쪽

14 몽골의 고려 침입

정답 ③

빠른 정답 찾기 칸 + 살리타 + 저고여 ➡ 몽골(원)

자료 분석하기

몽골은 고려와 강동의 역을 계기로 외교 관계를 맺은 이후 많은 공물을 요구하며 고려를 압박하였다. 그러던 중 고려에 온 몽골 사신 저고여가 본국으로 돌아가다가 암살당한 사건이 발생하자 몽골은 이 사건을 구실로 고려와 국교를 단절하고 살리타가 이끄는 군대로 고려를 침입하였다.

선택지 분석하기

① 이자겸이 사대 요구를 수용하였다.
···› 여진족은 세력을 확장하여 만주를 장악하고 금을 건국하였다. 이후 거란을 멸망시킨 금이 인종 때 고려에 군신 관계를 요구하였고 당시 집권자인 이자겸은 금과의 무력 충돌을 피하고자 그 요구를 받아들였다.

② 서희가 소손녕과 외교 담판을 벌였다.
⋯ 거란의 1차 침입 때 서희가 소손녕과의 외교 담판을 통해 강동 6주를 획득하였다.

 김윤후 부대가 처인성에서 적장을 사살하였다.
⋯ 몽골의 2차 침입 때 승장 김윤후가 이끈 민병과 승군이 처인성에서 몽골군에 대항하여 적장 살리타를 사살하고 승리를 거두었다.

④ 강감찬이 군사를 이끌고 귀주에서 크게 승리하였다.
⋯ 거란의 3차 침입 때 강감찬이 10만 대군에 맞서 귀주에서 대승을 거두었다.

한발 더 다가가기

고려의 대외 관계

거란(요)	• 1차 침입: 서희의 외교 담판(강동 6주 획득) • 2차 침입: 양규의 활약 • 3차 침입: 강감찬의 귀주 대첩
여진(금)	윤관의 별무반 설치, 동북 9성 축조
몽골(원)	• 대몽 항쟁(김윤후의 처인성 전투, 삼별초의 항쟁) • 고려의 개경 환도 → 원 간섭기
홍건적, 왜구	• 홍건적: 공민왕의 안동 피난 • 왜구: 최영(홍산 대첩), 최무선(진포 대첩), 이성계(황산 대첩), 박위(쓰시마 섬 정벌)

미니북 08쪽

15 고려 숙종의 업적

정답 ②

빠른 정답 찾기 고려 제15대 왕 + 서적포 설치 + 남경에 궁궐을 세움 + 별무반 조직 ➡ 숙종

자료 분석하기

고려 숙종은 비서성에 보관하던 책판이 많아지자 최고 국립 교육 기관인 국자감에 서적포를 설치하여 모든 책판을 옮기고 인쇄와 출판을 담당하게 하였다. 또한, 도읍을 남경(서울)으로 옮길 것을 주장한 김위제의 건의에 따라 임시 관서인 남경개창도감을 두어 궁궐을 세웠으며, 여진족이 고려의 국경을 자주 침입하자 윤관의 건의로 신기군, 신보군, 항마군으로 구성된 별무반을 편성하였다.

선택지 분석하기

① 규장각을 설치하다
⋯ 조선 정조는 즉위 직후 왕실의 도서관이자 학문 연구 기관인 규장각을 설치하였다.

✔ 해동통보를 제작하다
⋯ 고려 숙종 때 승려 의천의 건의에 따라 화폐 주조를 전담하는 주전도감을 설치하고 해동통보와 삼한통보, 해동중보 등의 동전과 활구(은병)를 발행 · 유통하였다.

③ 노비안검법을 실시하다
⋯ 고려 광종은 노비안검법을 실시하여 억울하게 노비가 된 사람들을 해방하고 호족의 세력을 약화시키고자 하였다.

④ 쌍성총관부를 공격하다
⋯ 고려 공민왕은 쌍성총관부를 공격하여 원에 빼앗긴 철령 이북 지역의 땅을 되찾았다.

미니북 19쪽

16 지눌

정답 ①

빠른 정답 찾기 정혜결사 + 정혜쌍수 + 보조국사 ➡ 지눌

자료 분석하기

보조국사 지눌은 불교의 타락을 비판하고 혁신을 도모하여 수선사를 조직하고, 승려의 기본인 독경, 수행, 노동에 힘쓰자는 수선사 결사(정혜결사) 운동을 전개하였다. 이때 정혜쌍수를 사상적 바탕으로 철저한 수행을 강조하였다.

선택지 분석하기

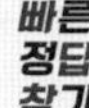 지눌
⋯ 고려 승려 지눌은 내가 곧 부처라는 깨달음을 위한 노력과 함께 꾸준한 수행으로 이를 확인하는 돈오점수를 강조하였다.

② 요세
⋯ 고려 승려 요세는 만덕사(백련사)에서 자신의 행동을 참회하는 법화 신앙에 중점을 두고 백련사 결사를 주도하였다.

③ 혜초
⋯ 통일 신라 승려 혜초는 인도와 중앙아시아를 순례하고 『왕오천축국전』을 저술하였다.

④ 원효
⋯ 신라 승려 원효는 불교 종파의 대립과 분열을 끝내고 화합을 이루기 위한 화쟁 사상을 주장하였다.

한발 더 다가가기

신라 · 고려의 주요 승려

신라	원효	• 불교의 사상적 이해 기준 확립: 『금강삼매경론』, 『대승기신론소』 • 종파 간 사상적 대립 극복 · 조화: 『십문화쟁론』 • 불교의 대중화: 나무아미타불, 「무애가」 • 정토종, 법성종 창시
	의상	• 화엄 사상 정립: 『화엄일승법계도』 • 관음 신앙: 현세의 고난 구제 • 부석사 건립, 불교 문화의 폭 확대
	혜초	인도, 중앙아시아 기행기 『왕오천축국전』 저술
고려	의천	• 교단 통합 운동: 해동 천태종 창시 • 교관겸수 · 내외겸전 주장: 이론 연마와 실천 강조
	지눌	• 수선사 결사 운동(송광사): 독경과 선 수행, 노동에 힘쓰자는 운동 • 돈오점수 · 정혜쌍수 제창: 참선(선종)과 지혜(교종)를 함께 수행
	요세	백련 결사 제창: 자신의 행동을 진정으로 참회하는 법화 신앙 강조
	혜심	유불 일치설 주장: 심성의 도야를 강조하여 장차 성리학 수용의 사상적 토대 마련

17 고려의 사회 모습 정답 ③

빠른 정답 찾기 의창 + 팔관회 + 여성 호주 ➡ 고려의 사회 모습

선택지 분석하기

① 의창이 운영되었습니다.

··· 고려 태조 때 실시한 흑창은 춘궁기에 곡식을 빌려주고 추수 후에 회수하던 제도로, 성종 때 쌀을 1만 석 보충하여 시행하면서 의창이라고 불렀다.

② 팔관회가 개최되었습니다.

··· 고려 시대에는 매년 개경과 서경에서 국가적 불교 행사인 팔관회가 열렸다. 고려 전역은 물론 송, 여진, 탐라 등 주변국과 서역의 대식국(아라비아) 상인들도 참여하였다.

③ 골품제가 실시되었습니다.

··· 신라는 중앙 집권 국가로 성장하면서 골품제라는 신분 제도를 통해 각 지역 부족장들의 신분을 규정하였다.

④ 여성이 호주가 될 수 있었습니다.

··· 고려 시대 여성은 호주(호적상의 대표)가 될 수 있었고, 호적 기록도 성별에 관계없이 나이순으로 기재되었다.

미니북 09쪽

18 태종 정답 ②

빠른 정답 찾기 왕자의 난 + 조선의 제3대 왕 + 6조 직계제 ➡ 태종

자료 분석하기

조선 초 태조 이성계의 왕자들 사이에서 왕위 계승권을 둘러싸고 발생한 왕자의 난을 거쳐 왕이 된 태종은 국왕 중심의 통치 체계를 확립하고자 하였다. 이를 위해 6조 직계제를 실시하여 6조는 의정부를 거치지 않고 국왕에게 직접 보고하고, 국왕이 바로 재가를 내리게 하였다.

선택지 분석하기

① 직전법을 제정하였어요.

··· 조선 세조는 과전법하에 세습되는 토지가 증가하면서 새로 지급할 토지가 부족해지자 이를 바로잡기 위해 현직 관리에게만 수조권을 지급하는 직전법을 실시하였다.

② 호패법을 시행하였어요.

··· 조선 태종은 정확한 인구 파악과 이에 따른 조세, 역 부과를 위해 16세 이상의 남자들에게 일종의 신분증명서인 호패를 발급하는 호패법을 실시하였다.

③ 장용영을 설치하였어요.

··· 조선 정조는 왕권을 뒷받침하는 군사적 기반을 갖추기 위해 국왕 친위 부대인 장용영을 설치하였다.

④ 척화비를 건립하였어요.

··· 흥선 대원군은 병인양요와 신미양요 등 서양의 침략을 극복한 이후 외세의 침입을 경계하였다. 이에 서양과의 통상 수교 거부를 알리기 위해 전국 각지에 척화비를 세웠다.

미니북 09쪽

19 세종의 업적 정답 ②

빠른 정답 찾기 한글 + 훈민정음 창제 ➡ 세종

자료 분석하기

세종은 말과 문자가 달라 일반 백성들이 자기의 뜻을 제대로 전달하지 못하는 상황을 안타까워하였다. 이에 집현전 학자들로 하여금 우리나라의 독창적인 문자인 훈민정음을 창제하고 이를 반포하였다.

선택지 분석하기

① 만권당을 세웠다.

…› 고려 충선왕은 왕위를 물려준 뒤 원의 연경에 만권당을 세우고 고려에서 이제현 등의 성리학자들을 데려와 원의 학자들과 교류하게 하였다.

✔ 농사직설을 간행하였다.

…› 조선 세종은 정초, 변효문 등을 시켜 우리 풍토에 맞는 농법을 기술한 『농사직설』을 간행하였다.

③ 대전회통을 편찬하였다.

…› 조선 고종 때 흥선 대원군은 법전인 『대전회통』을 편찬하여 통치 체제를 정비하였다.

④ 초계문신제를 시행하였다.

…› 조선 정조는 새롭게 관직에 오른 자 또는 기존 관리들 중 능력 있는 자들을 규장각에서 재교육시키는 초계문신제를 시행하였다.

한발 더 다가가기

세종의 분야별 업적

정치	의정부 서사제, 집현전 설치, 경연 활성화
군사	4군 6진 개척, 쓰시마 섬 토벌
과학	측우기, 자격루 등 농업 관련 기술 발달
문화	• 훈민정음 창제: 민족 문화의 기반 확립 • 편찬 사업: 『삼강행실도』, 『칠정산』, 『농사직설』, 『향약집성방』, 『의방유취』 등

미니북 53쪽

20 『조선왕조실록』 정답 ④

빠른 정답 찾기 전주 사고 + 사초와 시정기 등을 바탕으로 편찬 + 역사 ➡ 『조선왕조실록』

자료 분석하기

『조선왕조실록』은 편찬하면 모두 4부를 인쇄하여 4대 사고에 보관하였다. 사고(史庫)는 실록과 중요 서적을 보관하던 서고로, 서울의 춘추관과 충주 · 성주 · 전주에 있었다. 임진왜란 때 세 곳이 모두 불에 타고, 전주 사고만 남게 되자 조선 조정에서는 전주 사고본을 4부씩 인쇄하여 춘추관 · 묘향산 · 태백산 · 오대산 · 마니산 사고에 보관하였다.

선택지 분석하기

① 동의보감

…› 허준이 조선 선조의 명으로 집필한 『동의보감』은 각종 의학 지식과 치료법에 관한 의서로, 광해군 때 완성되었다.

② 경국대전

…› 조선 세조 때 편찬되기 시작한 『경국대전』은 조선의 기본 법전으로, 성종 때 완성되어 반포되었다.

③ 삼강행실도

…› 『삼강행실도』는 조선 세종 때 편찬되었으며, 우리나라와 중국의 서적에서 모범이 될 만한 충신, 효자, 열녀 등의 행적을 모아 글과 그림으로 설명한 윤리서이다.

✔ 조선왕조실록

…› 『조선왕조실록』은 왕이 죽은 뒤에 다음 왕이 즉위하면 춘추관에 실록청을 설치하여 사초와 시정기 등을 바탕으로 편찬되었다. 이러한 가치를 인정받아 『조선왕조실록』은 유네스코 세계 기록 유산으로 등재되었다.

미니북 14쪽

21 이이 정답 ②

빠른 정답 찾기 화폐 + 강릉 오죽헌 + 조선 시대 유학자 + 수미법 주장 ➡ 이이

자료 분석하기

이이는 강원도 강릉 오죽헌에서 태어났으며, 조선 시대를 대표하는 유학자이다. 그는 공납제의 폐단을 시정하기 위해 선조에게 전국의 모든 공납을 쌀로 대신 납부하게 하는 대공수미법을 건의하였으나 실현되지 못하였다.

선택지 분석하기

① 앙부일구를 제작하였다.

…› 조선 세종 때 장영실이 발명한 앙부일구는 조선 시대를 대표하는 해시계로, 햇빛에 의해 물체에 그림자가 생겼을 때 그림자의 위치로 시간을 측정하였다.

✔ 성학집요를 저술하였다.

…› 이이는 군주가 수양해야 할 덕목과 지식을 다룬 『성학집요』를 저술하여 선조에게 바쳤다.

③ 시무 28조를 건의하였다.

…› 최승로는 고려 성종에게 시무 28조를 올려 불교 행사 억제와 유교의 발전을 건의하였고 고려 초기 국가 체제 정비에 많은 영향을 끼쳤다.

④ 화통도감 설치를 제안하였다.

…› 고려 말 우왕 때 최무선이 화통도감의 설치를 건의하여 화약과 화포를 제작하였고, 화포를 활용하여 진포에서 왜구를 격퇴하였다.

미니북 32쪽

22 임진왜란

정답 ②

빠른 정답 찾기 『징비록』 + 삼도를 잃음 + 임금 피란 + 명의 군대 ➡ 임진왜란

자료 분석하기

선조 때 일본이 조선을 침입하면서 임진왜란이 발생하였고 보름 만에 수도 한양(서울)이 함락되었다. 선조는 수도를 버리고 개성과 평양을 거쳐 의주까지 피란하였으며, 왜군은 계속 북진하면서 개성과 평양을 점령하였다. 유성룡은 전쟁이 끝난 뒤에 『징비록』을 저술하여 7년에 걸친 임진왜란의 원인과 전쟁 상황 등을 자세히 기록하였다.

선택지 분석하기

① 이종무가 쓰시마 섬을 토벌하였다.
⋯› 조선 초기 왜구가 자주 침입해오자 세종은 이종무를 시켜 쓰시마 섬을 정벌하게 하였다.

② 정문부가 의병을 모아 왜군을 격퇴하였다.
⋯› 임진왜란 당시 정문부는 함경도 길주에서 의병을 조직하여 왜구를 물리쳤다.

③ 배중손이 삼별초를 이끌고 몽골군과 싸웠다.
⋯› 고려 정부가 강화도에서 개경으로 환도하자 배중손, 김통정을 중심으로 한 삼별초가 이에 반대하여 강화도, 진도, 제주도로 이동하며 대몽 항쟁을 전개하였다.

④ 최영이 군대를 지휘하여 홍건적을 물리쳤다.
⋯› 최영은 홍건적이 서경(평양)을 함락하자 이방실 등과 함께 이를 물리쳤다. 이후 홍건적이 다시 고려를 침입하여 개경(개성)까지 점령하였지만 최영이 군사를 이끌고 적을 격퇴하였다.

한발 더 다가가기

임진왜란의 전개 과정

시기		전투 내용
1592	4.13.	임진왜란 발발(부산포)
	4.14.	부산진성 전투(첫 전투)
	4.28.	충주 전투 패배(신립) → 선조 의주 피난
	5.2.	한양 함락
	5.7.	옥포 해전(이순신) → 첫 승리
	5.29.	사천포 해전(거북선 사용)
	7.	한산도 대첩(학익진 전법)
	10.	진주 대첩 → 김시민 전사
1593	1.	평양성 탈환(조명 연합군)
	2.	행주 대첩(권율)
1597	1.	정유재란
	9.	명량 해전(이순신)
1598	11.	노량 해전 → 이순신 전사

미니북 10쪽

23 광해군

정답 ③

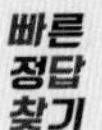

빠른 정답 찾기 인조반정으로 폐위 + 제주도 유배 ➡ 광해군

자료 분석하기

조선 광해군 때 북인이 집권하여 정계에서 밀려 있던 서인 세력이 광해군의 중립 외교 정책과 폐모살제 문제를 빌미로 인조반정을 일으켰다(1623). 인조반정으로 인조가 왕위에 올랐으며 폐위된 광해군은 강화도로 유배되었다가 다시 제주도로 옮겨졌고 그곳에서 사망하였다.

선택지 분석하기

① 집현전이 설치되었다.
⋯› 조선 세종은 집현전을 설치하고 학문 연구와 경연, 서연을 담당하게 하여 유교 정치의 활성화를 꾀하였다(1420).

② 비변사가 폐지되었다.
⋯› 고종 즉위 이후 정치적 실권을 잡은 흥선 대원군은 비변사를 폐지하고 의정부의 권한을 강화하였다(1865).

③ 대동법이 시행되었다.
⋯› 조선 광해군 때 실시한 대동법은 공납을 전세화하여 공물 대신 쌀이나 베, 동전 등으로 내도록 하였다(1608).

④ 4군 6진이 개척되었다.

⋯› 조선 세종은 최윤덕을 시켜 여진족을 몰아내고 압록강 일대에 4군을 설치하고(1443), 김종서를 시켜 두만강 일대에 6진을 설치하여(1449) 영토를 확장하였다.

미니북 24쪽

24 조선 후기 문화 정답 ④

빠른 정답 찾기 김홍도의 풍속화 ➡ 조선 후기

자료 분석하기

조선 후기에는 서민들의 일상생활 모습을 생동감 있게 표현한 풍속화가 유행하였다. 대표적 풍속화가인 김홍도는 도화서 화원 출신으로 「서당」, 「자리짜기」, 「씨름도」 등의 작품을 남겼다.

선택지 분석하기

① 한글 소설을 읽는 여인
② 청화 백자를 만드는 도공
③ 판소리 공연을 하는 소리꾼

⋯› 조선 후기에는 서민 문화가 발달하여 『홍길동전』과 『춘향전』 등 한글 소설이 간행되었고, 판소리가 유행하였다. 또한, 흰 바탕에 푸른색으로 그림을 그린 청화 백자도 많이 제작되었다.

④ 초조대장경을 제작하는 장인

⋯› 고려 현종 때 거란의 침입을 부처님의 힘으로 물리치고자 초조대장경을 제작하였다.

한발 더 다가가기

조선 후기 서민 문화

한글 소설	현실 사회의 모순과 양반의 부조리 비판, 서민의 감정이나 남녀 간의 애정을 솔직하게 표현, 평등 의식 고취, 봉건 사회의 모순과 비리 풍자
판소리	구체적 이야기를 창과 사설로 엮어 냄, 직접적이고 솔직한 감정 표현
탈춤	농촌에서 풍년을 기원하며 드리던 굿에서 발전, 춤과 노래나 사설로 서민들의 감정을 솔직하게 표현
풍속화	• 김홍도: 농민이나 수공업자의 일상생활을 사실적으로 표현 • 신윤복: 한량이나 기녀 중심으로 남녀 간의 애정 등을 주요 소재로 함 • 김득신: 순간적인 상황을 생동감 있게 표현하여 해학적 표현미가 돋보이는 풍속화를 그림

미니북 16쪽

25 정약용 정답 ①

빠른 정답 찾기 거중기 + 『기기도설』 참고 + 수원 화성 축조 ➡ 정약용

자료 분석하기

정약용은 조선 후기의 대표적인 실학자로 『기기도설』을 참고하여 거중기를 제작하였다. 이는 수원 화성을 축조할 때 사용되어 공사 기간과 비용을 줄이는 데 기여하였다. 화성 축조와 관련된 내용은 김종수가 『화성성역의궤』에 기록하였다.

선택지 분석하기

① 여전론을 주장하였다.

⋯› 정약용은 여전론을 통해 마을 단위로 토지의 공동 소유, 공동 경작, 노동력에 따른 수확물의 분배를 주장하였다.

② 추사체를 창안하였다.

⋯› 김정희는 여러 필법을 연구하여 추사체라는 독자적인 글씨체를 완성하였다.

③ 북학의를 저술하였다.

⋯› 박제가는 『북학의』를 저술하여 청 문물 수용과 수레 · 배의 이용을 주장하였다.

④ 몽유도원도를 그렸다.

⋯› 조선 전기 화가인 안견은 안평 대군의 꿈 이야기를 듣고 「몽유도원도」를 그렸다.

26 『대동여지도』 정답 ②

빠른 정답 찾기 김정호 + 22첩의 목판본 지도 + 10리마다 눈금 표시 ➡ 『대동여지도』

자료 분석하기

『대동여지도』는 22첩으로 구성된 절첩식(병풍식) 지도첩이다. 우리나라에서 가장 큰 전국 지도이며 보기 편하고 가지고 다니기 쉽게 책자처럼 만든 지도이다.

선택지 분석하기

① 동국지도

⋯› 조선 영조 때 정상기는 최초로 100리 척을 사용한 동국지도를 제작하였다.

✔ 대동여지도

···› 『대동여지도』는 조선 후기 김정호가 10리마다 눈금을 표시하여 거리를 알 수 있게 하였다. 각 지역의 지도를 1권의 책으로 접어서 엮었으며, 목판으로 제작되어 대량 인쇄가 가능하였다.

③ 곤여만국전도

···› 조선 후기에 청에서 마테오 리치가 제작한 세계 지도인 곤여만국전도가 전해졌다.

④ 혼일강리역대국도지도

···› 조선 태종 때 김사형, 이무, 이회 등이 우리나라 최초의 세계 지도이자 동양에서 현존하는 가장 오래된 지도인 혼일강리역대국도지도를 제작하였다.

미니북 48쪽

27 경신환국 정답 ③

빠른 정답 찾기 기해예송 ➡ (가) ➡ 탕평비 건립

자료 분석하기

- **기해예송**(1659): 현종 때 효종의 왕위 계승에 대한 정통성과 관련하여 자의 대비의 복상 문제를 놓고 서인과 남인 사이에 예송 논쟁이 발생하였다. 기해예송 당시 서인은 효종이 둘째 아들이므로 자의 대비의 복상 기간을 1년으로 주장하였고, 남인은 효종을 장자로 대우하여 3년 복상을 주장하였으나 서인 세력이 승리하였다.
- **탕평비 건립**(1742): 영조는 붕당 정치의 폐해를 막고 능력에 따른 인재를 등용하기 위해 탕평책을 실시하였다. 이를 알리기 위해 성균관에 탕평비를 건립하였다.

선택지 분석하기

① 무오사화

···› 연산군 때 사관 김일손이 영남 사림파 스승인 김종직의 조의제문을 사초에 기록하였다. 그러자 사림 세력과 대립 관계였던 유자광, 이극돈 등의 훈구 세력이 이를 문제 삼아 연산군에게 알리면서 무오사화가 발생하였다(1498).

② 병자호란

···› 후금이 국호를 청으로 고치고 조선에 군신 관계를 요구하였으나 조선이 사대 요구를 거부하면서 병자호란이 일어났다(1636).

✔ 경신환국

···› 남인의 영수인 허적이 궁중에서 쓰는 천막을 허락 없이 사용한 문제로 숙종과 갈등을 빚었다. 이후 허적의 서자인 허견의 역모 사건으로 허적을 비롯한 남인이 몰락하고 서인이 집권하게 되었다(1680).

④ 임술 농민 봉기

···› 삼정의 문란과 경상 우병사 백낙신의 수탈에 견디다 못한 농민들이 반발하자 진주 지역의 몰락 양반인 유계춘을 중심으로 한 임술 농민 봉기가 발생하였다(1862).

미니북 50쪽

28 군국기무처 정답 ③

빠른 정답 찾기 제1차 갑오개혁 + 과거제 · 노비제 · 연좌제 등 폐지 ➡ 군국기무처

자료 분석하기

제1차 갑오개혁을 통해 국정과 왕실 사무를 분리하여 국정은 의정부, 왕실 사무는 궁내부가 담당하게 하였다. 청의 연호를 폐지하고 개국 기원을 사용하였으며, 문벌을 폐지하고 재능에 따라 인재를 등용하기 위해 과거제를 폐지하였다. 또한, 사회적으로는 공사 노비법을 없애 신분제가 법적으로 폐지되었으며, 연좌제와 조혼 등 악습을 폐지하였다.

선택지 분석하기

① 정방

···› 고려 무신 정권기에 최우는 자신의 집에 정방을 설치하여 모든 관직에 대한 인사권을 장악하였다.

② 교정도감

···› 고려 무신 정권기에 최충헌은 교정도감을 설치하고 자신이 이 기구의 우두머리인 교정별감이 되어 중요한 정책을 결정하였다.

✔ 군국기무처

···› 군국기무처는 갑오개혁을 시행하기 위해 설치한 기구로 김홍집이 총재관을 맡아 정치, 군사에 관한 모든 사무를 담당하였다.

④ 통리기무아문

···› 고종은 국내외의 군국 기무를 총괄하는 업무를 맡은 관청인 통리기무아문을 설치하고 그 아래 12사(司)를 두어 행정 업무를 맡게 하였다.

미니북 33쪽

29 병인양요 정답 ①

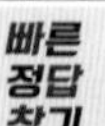

빠른 정답 찾기 문수산성 + 한성근 + 프랑스군 + 양헌수 + 정족산성 ➡ 병인양요

자료 분석하기

프랑스 로즈 제독이 함대를 이끌고 강화도에 침입하면서 병인양요가 발생하였다(1866.9.). 프랑스군은 문수산성을 정찰하려다 미리 매복한 한성근 부대의 공격으로 큰 피해를 입었다. 이후 정족산성을 공격하였으나 양헌수가 이끄는 조선군에 패배하였다.

선택지 분석하기

① 흥선 대원군 집권기에 일어났다.
···› 흥선 대원군이 천주교에 대한 탄압을 단행하면서 병인박해가 발생하였다(1866.1.). 이때 프랑스 선교사 9명이 처형당한 것을 빌미로 프랑스 군대가 강화도를 침략하면서 병인양요가 발생하였다.

② 제너럴 셔먼호 사건의 배경이 되었다.
···› 미국 상선 제너럴 셔먼호가 대동강까지 들어와 조선에 통상을 요구하다가 평양 관민들의 반대에 부딪혀 불에 타게 되었다(1866). 이 제너럴 셔먼호 사건이 원인이 되어 미군이 강화도를 침략한 신미양요가 발생하였다(1871).

③ 삼정이정청이 설치되는 결과를 가져왔다.
···› 임술 농민 봉기를 조사하기 위해 안핵사로 파견된 박규수는 민란의 원인이 삼정의 문란에 있다고 보고 삼정이정청을 설치하여 폐단을 해결하려고 노력하였다(1862).

④ 군함 운요호가 강화도에 접근하여 위협하였다.
···› 일본은 조선의 해안을 조사한다는 구실로 운요호를 강화도에 보내 초지진을 공격하였다(운요호 사건, 1875). 이에 조선 군대가 방어적 공격을 하자 일본이 이를 빌미로 강화도 조약 체결을 강요하였다.

미니북 37쪽

30 임오군란 정답 ①

빠른 정답 찾기 개화 정책에 반발 + 구식 군인 + 일본 공사 ➡ 임오군란

자료 분석하기

신식 군대인 별기군과 차별 대우를 받던 구식 군대가 선혜청을 습격하면서 임오군란이 발생하였다(1882). 구식 군인들은 흥선 대원군을 찾아가 지지를 요청하였고, 정부 고관들의 집과 일본 공사관을 습격하였다. 『전보 조선사건』은 일본 공사 하나부사 요시모토가 당시 상황과 일본 측의 피해 등에 대한 보고서를 정리한 책이다. 임오군란 직후 일본은 군란으로 인한 일본 공사관의 피해와 일본인 교관 피살에 대해 사과 사절단 파견, 주모자 처벌, 배상금 지불, 공사관 경비병의 주둔 등을 요구하며 조선과 제물포 조약을 체결하였다.

선택지 분석하기

① 청군의 개입으로 진압되었다.
···› 임오군란 때 민씨 일파의 요청으로 청군이 개입하여 군란을 진압하였고 이때 재집권한 흥선 대원군은 청으로 압송되었다.

② 조선책략이 유입되는 결과를 가져왔다.
···› 2차 수신사로 일본에 파견되었던 김홍집은 당시 청국 주일 공사관 황쭌셴이 지은 『조선책략』을 국내에 소개하였다.

③ 우금치에서 일본군과의 전투가 벌어졌다.
···› 갑오개혁 등 일본의 내정 간섭이 심화되자 반외세를 내걸고 재봉기한 동학 농민군은 공주 우금치 전투에서 관군 및 일본군에게 패배하였다.

④ 우정총국 개국 축하연에서 정변이 일어났다.
···› 김옥균을 중심으로 한 급진 개화파는 일본의 군사적 지원을 받아 우정총국 개국 축하연 자리에서 갑신정변을 일으켰다.

미니북 11쪽

31 보빙사 정답 ②

빠른 정답 찾기 민영익 + 미국 대통령 + 두 나라가 조약을 맺음 + 사절단 ➡ 보빙사

자료 분석하기

조선 정부는 조미 수호 통상 조약 체결 이후 민영익, 홍영식, 서광범을 중심으로 한 사절단인 보빙사를 미국에 파견하였다. 보빙사는 워싱턴에 도착하여 미국 아서 대통령을 접견하고 국서를 전달하였으며, 40여 일간 미국의 다양한 기관들을 시찰하였다.

선택지 분석하기

① 수신사
···› 조선은 강화도 조약을 체결한 이후 문호를 개방하여 개화 정책을 추진하였다. 이에 고종은 두 차례에 걸쳐 수신사를 파견하여 일본의 신식 기관과 각종 근대 시설을 시찰하게 하였다.

② 보빙사
···› 보빙사는 서양 국가에 파견된 최초의 사절단으로 미국에 머무르며 외국 박람회, 공업 제조 회관, 병원, 신문사, 육군 사관 학교 등을 방문 · 시찰하였다.

③ 영선사
···› 김윤식을 중심으로 청에 파견된 영선사는 톈진에서 근대 무기 제조 기술과 군사 훈련법을 배우고 돌아왔다.

④ 조사 시찰단
···› 고종은 개화 반대 여론을 의식해 암행어사 형태로 비밀리에 조사 시찰단을 일본에 파견하였다. 이때 파견된 박정양 등은 일본의 근대 문물을 시찰하고 돌아왔다.

한발 더 다가가기

조선 근대 사절단

구분	내용
수신사 (일본)	• 강화도 조약 체결 후 근대 문물 시찰 • 2차 수신사 때 김홍집이 『조선책략』 유입
조사 시찰단 (일본)	• 국내 위정척사파의 반대로 암행어사로 위장해 일본에 파견 • 근대 시설 시찰
영선사 (청)	• 김윤식을 중심으로 청 톈진 일대에서 무기 공장 시찰 및 견습 • 임오군란과 풍토병으로 1년 만에 조기 귀국 • 근대식 무기 제조 공장 기기창 설립
보빙사 (미국)	• 조미 수호 통상 조약 체결의 결과 • 미국 공사 파견에 답하여 민영익, 서광범, 홍영식 등 파견

미니북 38쪽

32 독립신문

정답 ①

빠른 정답 찾기 서재필 + 신문 + 민중 계몽 + 순 한글 + 영문판 ➡ 독립신문

자료 분석하기

갑신정변 이후 미국에서 돌아온 서재필은 1896년 정부의 지원을 받아 우리나라 최초의 민간 신문인 독립신문을 창간하였다. 이는 최초의 한글 신문이기도 하며 외국인을 위한 영문판도 제작되었다.

선택지 분석하기

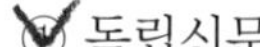

① 독립신문

⋯➝ 독립신문은 서재필이 정부의 지원을 받아 창간하였으며, 한글판과 영문판 두 종류로 발행되었다.

② 제국신문

⋯➝ 제국신문은 민중 계몽과 자주독립 의식을 고취하기 위해 이종일이 한글로 간행한 신문이다. 주로 서민층과 부녀자들을 대상으로 하였다.

③ 해조신문

⋯➝ 연해주로 이주한 동포들은 순 한글 신문인 해조신문을 발간하여 독립의식을 고취하면서 국권 회복을 위해 힘썼다.

④ 대한매일신보

⋯➝ 대한매일신보는 양기탁과 영국인 베델이 창간하였으며, 항일 민족 운동을 적극적으로 지원하였다. 또한, 국채 보상 운동을 전국적으로 확산시키는 데 기여하였다.

한발 더 다가가기

개항 이후 근대 신문

신문	특징
한성순보 (1883)	• 순 한문, 10일마다 발간 • 최초의 근대적 신문 • 관보 역할: 개화 정책의 취지 설명, 국내외 정세 소개
한성주보 (1886)	• 한성순보 계승, 국한문 혼용, 주간 신문 • 최초로 상업 광고 게재
독립신문 (1896)	• 한글판과 영문판, 일간지 • 최초의 민간 신문 • 민중 계몽
황성신문 (1898)	• 국한문 혼용 • 일제의 침략 정책과 매국노 규탄, 보안회 지원 • 을사늑약 이후 「시일야방성대곡」 게재
제국신문 (1898)	• 순 한글, 일반 서민층과 부녀자 대상 • 민중 계몽, 자주독립 의식 고취
대한매일신보 (1904)	• 순 한글, 국한문, 영문판 • 발행인: 양기탁, 영국인 베델 • 항일 운동 적극 지원, 국채 보상 운동 주도
만세보 (1906)	• 국한문 혼용 • 천도교 기관지, 민중 계몽, 여성 교육

미니북 46쪽

33 경천사지 십층 석탑

정답 ④

빠른 정답 찾기 고려 후기 + 대한 제국 시기에 일본인에게 약탈 + 국립 중앙 박물관 전시 ➡ 경천사지 십층 석탑

자료 분석하기

개성 경천사지 십층 석탑은 원의 석탑 양식에 영향을 받아 만들어진 고려 원 간섭기의 다각 다층 대리석 불탑이다. 일제 강점기에 일본 헌병들이 탑을 무력으로 불법 반출하자 당시 대한매일신보의 발행인 베델과 코리아 리뷰(Korea Review)의 발행인 헐버트가 석탑 반출의 불법성에 대해 지속적으로 기고하였다. 특히 베델이 헤이그 만국 평화 회의에 밀사로 파견되었을 때 현지 신문에 탑의 불법 약탈을 알리며 반환을 위해 노력한 끝에 1919년 국내로 반환되었다. 당시 경복궁 회랑에 보관되었다가 2005년부터 국립 중앙 박물관에 전시되어 있다.

선택지 분석하기

① 불국사 다보탑

⋯➝ 경주 불국사 다보탑은 경주시 불국사에 있는 통일 신라 시대의 화강석 석탑으로, 다보여래의 사리를 모신 탑이며 국보 제20호로 지정되어 있다.

② 분황사 모전 석탑
⋯→ 경주 분황사 모전 석탑은 현존하는 신라 석탑 중 가장 오래된 석탑이다. 석재를 벽돌 모양으로 만들어 쌓아 올린 것이 특징이며, 국보 제30호로 지정되어 있다.

③ 정림사지 오층 석탑
⋯→ 부여 정림사지 오층 석탑은 충남 부여에 위치하며 국보 제9호로 지정되어 있다. 목탑의 구조와 비슷하지만 돌의 특성을 잘 살린 탑으로, 미륵사지 석탑과 함께 백제 시대의 대표적인 석탑이다.

④ 경천사지 십층 석탑
⋯→ 개성 경천사지 십층 석탑은 고려 후기인 원 간섭기 때 대리석을 재료로 만들어진 석탑이다. 원의 석탑 양식에 영향을 받았으며, 국보 제86호로 지정되어 있다.

미니북 12쪽

34 일제의 식민 통치 법령 정답 ①

빠른 정답 찾기 (가) 조선 태형령 실시 ➡ (나) 치안 유지법 제정 ➡ (다) 국가 총동원법 공포

자료 분석하기

(가) **조선 태형령**(1912): 1910년대 무단 통치기에 일제는 조선 태형령을 제정하여 곳곳에 배치된 헌병 경찰들이 조선인들에게 태형을 통한 형벌을 가하도록 하였다.
(나) **치안 유지법**(1925): 1920년대 중반 사회주의가 확산되자 일제는 치안 유지법을 시행하여 식민지 지배에 저항하는 민족 해방 운동과 사회주의 독립운동을 탄압하였다.
(다) **국가 총동원법**(1938): 1930년대 이후 일제는 대륙 침략을 위해 한반도를 병참 기지화하였다. 이에 따라 국가 총동원법을 공포하여 전쟁 수행을 위해 한국의 인적·물적 자원을 통제하고 동원할 수 있게 하였다.

미니북 28쪽

35 봉오동 전투 정답 ①

빠른 정답 찾기 홍범도 + 독립군 연합 부대 + 봉오동에서 일본군을 물리침 ➡ (가) 봉오동 전투

자료 분석하기

홍범도는 의병장 출신으로 대한 독립군을 이끌면서 1920년 대한국민회군, 군무 도독부 등의 독립군과 연합하여 봉오동 전투에서 일본군을 상대로 큰 승리를 거두었다. 대한민국 임시 정부는 독립신문에 북간도 독립군의 승전보를 발표하였고, 봉오동 전투의 작전 계획과 전투 상황, 결과에 대해 보노하였다.

미니북 40쪽

36 미주 지역의 독립운동 정답 ④

빠른 정답 찾기 대조선 국민 군단 + 박용만 + 한인 비행 학교 + 노백린 + 김종림 ➡ 미주 지역

자료 분석하기

- **대조선 국민 군단**: 박용만이 1914년 미국 하와이에서 결성한 항일 군사 단체로, 독립군 양성을 바탕으로 무장 투쟁을 준비하였다.
- **한인 비행 학교**: 독립운동가 노백린은 미국 캘리포니아에서 공군의 중요성을 강조하며 비행사 양성을 주장하였다. 이후 김종림의 재정적 지원을 받아 1920년 독립군 비행사 양성을 위한 한인 비행 학교를 세웠다.

선택지 분석하기

① 서전서숙이 세워졌다.
⋯→ 이상설이 주도하여 만주 용정촌에 서전서숙을 설립하고 민족 교육을 실시하였다.

② 권업회가 조직되었다.
⋯→ 연해주 지역에서 이상설을 중심으로 자치 조직인 권업회가 설립되어 권업신문을 발행하고 학교, 도서관 등을 건립하였다.

③ 신흥 강습소가 설립되었다.
⋯→ 신민회 회원인 이상룡, 이회영 등이 중심이 되어 만주 삼원보에 독립군 양성 학교인 신흥 강습소(훗날 신흥 무관 학교)를 설립하였다.

④ 대한인 국민회가 결성되었다.
⋯→ 미국 샌프란시스코의 한인들은 한인 사회를 구성하여 학교와 교회 등을 세웠고, 자치 단체인 대한인 국민회를 조직하여 외교 활동을 펼치며 독립운동을 전개하였다.

미니북 27쪽

37 신간회 정답 ②

빠른 정답 찾기 이상재 + 일체의 기회주의 부인 + 민족 유일당 운동 ➡ 신간회

자료 분석하기

1920년대 중반 사회주의 세력과 민족주의 세력이 연대하여 민족 유일당을 결성할 수 있다는 공감대가 형성되었다. 이에 따라 국내의 민족 해방 운동 진영은 정우회 선언을 계기로 1927년 좌우 합작 조직인 신간회를 결성하고, 민족 지도자 이상재를 초대 회장으로 추대하였다. 이 해에 이상재가 사망하자 10만여 명의 추모객이 모

인 사회장이 거행되었다. 이후 신간회는 기회주의를 부인하고, 정치적 · 경제적 · 사회적 각성을 촉진하며, 단결을 공고히 한다는 3대 강령을 내걸고 활동하였고 일제 강점기 최대 규모의 사회단체로 성장하였다.

선택지 분석하기

① 보안회

⋯ 보안회는 일본의 황무지 개간권 요구에 대한 반대 운동을 전개하여 이를 저지하였다.

② 신간회

⋯ 신간회는 1920년대 중반 사회주의 세력과 민족주의 세력이 연대하여 민족 유일당 운동의 일환으로 결성된 좌우 합작 단체이다.

③ 진단 학회

⋯ 이병도와 손진태는 한국과 인근 지역 문화를 독자적으로 연구하기 위해 진단 학회를 창립하여 실증주의 사학을 발달시켰다.

④ 조선 형평사

⋯ 일제 강점기에 백정들은 사회적 차별을 철폐하기 위해 조선 형평사를 결성하고 형평 운동을 전개하였다.

한발 더 다가가기

신간회의 활동과 의의

결성 (1927)	• 정우회 선언을 계기로 비타협적 민족주의 세력과 사회주의 세력이 연대하여 결성 • 초대 회장 이상재, 부회장 권동진
활동	• 민중 계몽, 노동 · 농민 · 여성 및 형평 운동 지원 • 원산 총파업 지원, 광주 학생 항일 운동에 진상 조사단 파견(민중 대회 계획)
해소 (1931)	일제 탄압, 집행부 내부에 타협주의 대두, 사회주의 계열 이탈 등
의의	• 민족 협동 전선 추구 • 대중의 지지 • 국내 최대 규모 항일 운동 단체

38 안동

정답 ④

빠른 정답 찾기 태사묘 + 고창 전투 + 도산 서원 + 퇴계 이황 + 임청각 + 석주 이상룡 생가 ➡ (라) 안동

자료 분석하기

■ **태사묘**: 안동 태사묘는 고창 전투 때 후백제 견훤에 맞서 싸워 고려가 승리하는 데 공을 세운 안동 권씨의 삼태사(시조 권행, 안동 김씨의 시조 김선평, 안동 장씨의 시조 장정필)를 기리기 위해 만들어진 사당이다. 삼공신묘라고도 불리며 경상북도 기념물 제15호로 지정되어 있다.

■ **도산 서원**: 퇴계 이황은 주자학을 집대성한 성리학자로 조선 유학의 길을 정립하였고 일본 유학의 부흥에도 크게 기여하였다. 선조 때 이황을 추모하는 문인과 유생들이 안동에 도산 서원을 건립하였으며, 이후 사액 서원이 되면서 영남 지방 사림의 중심지가 되었다.

■ **임청각**: 안동 임청각은 조선 중종 때 건립된 건물로, 일제 강점기 때 상하이 임시 정부의 초대 국무령을 지낸 석주 이상룡의 생가이다. 조선 중기 건물이나 보존 상태가 양호하여 보물 제182호로 지정되었다.

미니북 28쪽

39 조선 의용대

정답 ③

빠른 정답 찾기 김원봉 + 중국 측의 지원 + 중국 관내에서 결성된 최초의 한인 무장 조직 + 화북 지방으로 이동 + 한국 광복군에 합류 ➡ 조선 의용대

자료 분석하기

1930년대에는 주로 국외에서 한중 연합 군사 작전이 전개되었다. 조선 의용대는 김원봉의 주도로 1938년 중국 국민당의 지원을 받아 중국 관내에서 결성된 최초의 한인 무장 조직으로, 조선 민족 전선 연맹 산하에 있었다. 이후 일부는 화북 지방으로 이동하여 조선 의용대 화북지대를 결성하고, 남은 일부는 충칭으로 이동하여 한국 광복군에 합류하였다.

선택지 분석하기

① 별기군

⋯ 조선 정부는 기존 5군영을 무위영과 장어영의 2군영으로 개편하고 신식 군대인 별기군을 설치하였다.

② 북로 군정서

⋯ 북로 군정서는 북간도에서 서일 등의 대종교도를 중심으로 결성된 중광단이 3 · 1 운동 직후 무장 독립운동을 수행하기 위해 정의단으로 확대 개편되면서 조직한 단체이다. 이후 김좌진이 이끄는 북로 군정서군은 일본군과의 청산리 전투에서 큰 승리를 거두었다.

③ 조선 의용대

⋯ 김원봉이 주도하여 중국 국민당의 지원을 받아 중국 관내 최초의 한인 무장 부대인 조선 의용대를 창설하였다.

④ 동북 항일 연군

⋯ 동북 항일 연군은 1936년 중국 공산당의 주도로 만주에서 활동하던 한국인과 중국인의 유격 부대를 통합한 군사 조직이다.

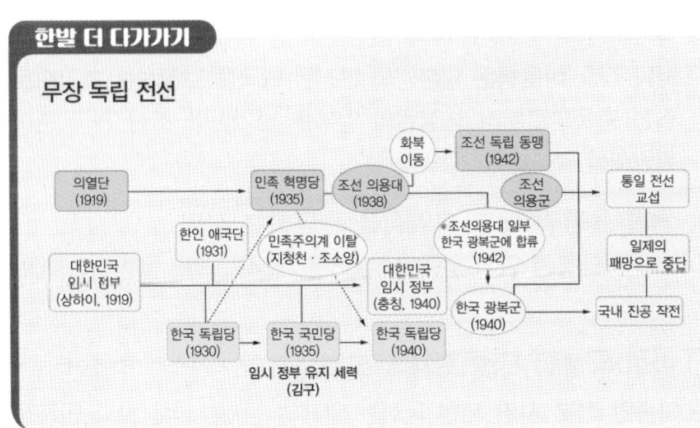

미니북 26쪽

40 대한민국 임시 정부 정답 ③

빠른 정답 찾기 독립 공채 + 3 · 1 운동 이후 + 독립운동 목적
➡ 대한민국 임시 정부

자료 분석하기

1919년 학생과 시민 등 각계각층의 사람들이 참여하여 일제 강점기 최대 규모의 민족 운동인 3 · 1 운동을 전개하였다. 이를 계기로 민족의 주체성을 확인하고 대한민국 임시 정부가 수립되었다. 대한민국 임시 정부는 국외 거주 동포들에게 독립 공채를 발행하여 독립 자금을 마련하였다. 광복 이후 1983년 대한민국 정부는 독립 공채 상환에 관한 특별조치법을 제정하여 임시 정부 명의로 발행한 독립 공채의 상환이 가능하도록 근거를 마련하였다. 2000년까지 총 57건의 신고가 접수되어 독립 공채 상환이 이루어졌다.

선택지 분석하기

① 집강소를 설치하였다.
→ 동학 농민 운동 당시 농민군은 청과 일본의 군대 개입을 우려하여 조선 정부와 전주 화약을 맺고 집강소를 설치하여 폐정 개혁을 실시하였다.

② 만민 공동회를 개최하였다.
→ 독립 협회는 만민 공동회를 개최하여 민중에게 근대적 지식과 국권 · 민권 사상을 고취시켰다. 또한, 가장 천대받던 계층인 백정 출신의 박성춘이 연설을 하는 등 관민이 함께 국정에 대하여 논의하기도 하였다.

③ 연통제와 교통국을 운영하였다.
→ 대한민국 임시 정부는 비밀 행정 조직으로 연통제와 교통국을 운영하여 국내와의 연락망을 확보하고 독립운동 자금을 모았다.

④ 개벽, 신여성 등의 잡지를 발간하였다.
→ 동학은 제3대 교주였던 손병희를 중심으로 교명을 천도교로 개칭하고 교단 조직을 새롭게 정비하였다. 천도교는 제2의 3 · 1 운동을 계획하여 자주 독립 선언문을 발표하였으며, 『개벽』, 『신여성』 등의 잡지를 발간하여 민족의식을 고취하였다.

미니북 28쪽

41 윤봉길 정답 ④

빠른 정답 찾기 1932년 상하이 훙커우 공원 + 일왕 생일 및 상하이 사변 축하 기념식 + 폭탄 투척 + 도시락 폭탄 ➡ 윤봉길

자료 분석하기

한인 애국단에 소속되어 활동하던 윤봉길은 1932년 상하이 훙커우 공원에서 열린 일왕 생일 및 일본군 전승 축하 기념식에 폭탄을 던져 일제 요인들에게 큰 타격을 주었다. 윤봉길의 의거는 이후 중국 국민당 정부가 대한민국 임시 정부의 항일 독립운동에 협력하는 계기가 되었다.

선택지 분석하기

① 안창호
→ 안창호는 양기탁 등과 함께 신민회를 결성하여 대성 학교와 오산 학교를 세워 민족 교육을 실시하였으며, 태극 서관과 자기 회사를 설립하여 민족 기업을 육성하였다. 또한, 미국 샌프란시스코에서 민족 운동 단체인 흥사단을 조직하여 활동하기도 하였다.

② 이육사
→ 이육사는 일제의 식민 통치를 극복하려는 의지를 표현한 「광야」, 「절정」 등의 작품을 통해 일제의 탄압에 저항하였다.

③ 한용운
→ 한용운은 독립운동가 겸 승려이자 시인으로 일제 강점기 때 『님의 침묵』을 출간하여 저항 문학에 앞장섰고, 불교의 현실 참여를 주장하였다.

④ 윤봉길
→ 윤봉길은 한인 애국단 단원으로 상하이 훙커우 공원에서 열린 일본 국왕 생일 기념식에 폭탄을 투척하였다.

미니북 29쪽

42 제주 4 · 3 사건 정답 ③

빠른 정답 찾기 떼죽음 + 『순이 삼촌』 + 남한만의 단독 정부 수립에 반대 + 토벌대의 진압 과정에서 많은 주민 희생 ➡ 제주 4 · 3 사건

자료 분석하기

제주 4 · 3 사건은 1948년 남한만의 단독 정부 수립에 반대한 남로당 제주도당의 무장 봉기를 미군정과 경찰이 강경 진압하면서 발생하였다. 진압 과정에서 법적 절차를 거치지 않고 총기 등을 사용하여 무고한 민간인까지 사살하면서 제주도민들이 큰 피해를 입었다. 이후 1978년 현기영은 반공 정권하에 왜곡되고 은폐되었던 제주 4 · 3 사건을 배경으로 한 소설 『순이 삼촌』을 발표하였다.

선택지 분석하기

① 간도 참변

⋯› 일제는 봉오동 전투와 청산리 전투의 패배에 대한 보복으로 독립군의 근거지를 소탕하기 위해 간도 지역의 수많은 한국인을 학살하는 만행을 저질렀다.

② 6 · 3 시위

⋯› 박정희 정부가 한일 회담을 진행하면서 한일 국교 정상화 추진에 대한 협정 내용이 공개되자 학생과 야당을 주축으로 굴욕적 대일 외교에 반대하는 6 · 3 시위가 전개되었다.

③ 제주 4 · 3 사건

⋯› 남한만의 단독 정부 수립에 반대한 남로당 제주도당이 무장 봉기를 일으키자 미군정과 경찰이 이를 강경 진압하면서 민간인을 학살하는 제주 4 · 3 사건이 발생하였다.

④ 제암리 학살 사건

⋯› 제암리 학살 사건은 3 · 1 운동 때 만세 운동이 일어났던 수원(화성) 제암리에서 일본군이 주민들을 학살하고 교회당과 민가를 방화한 사건이다.

43 박정희 정부 시기 사회 모습 정답 ①

빠른 정답 찾기 제임스 시노트 + 인민 혁명당 재건 위원회 사건 + 유신 헌법 ➡ 박정희 정부

자료 분석하기

박정희 정권은 종신 집권을 위해 유신 헌법을 제정하였다. 각계각층에서 이에 저항하며 시위를 전개하자 1974년 긴급 조치 4호를 선포하여 유신 반대 투쟁을 벌인 전국 민주 청년 학생 총연맹을 수사하였다. 그리고 전국 민주 청년 학생 총연맹의 배후에 '인민 혁명당 재건 위원회'를 지목하여 사건을 조작하고 이들을 탄압하였다(인혁당 사건). 당시 천주교 사제 제임스 시노트 신부가 인혁당 사건의 불법 재판을 폭로하였고, 대한민국 민주화에 기여한 공로를 인정받아 2020년 국민포장을 수여받았다.

선택지 분석하기

① 거리에서 장발을 단속하는 경찰

⋯› 1960~70년대 자유의 상징으로 여겨졌던 미니스커트와 장발은 박정희 정부 시기 유신 체제하에 퇴폐적인 풍조로 규정되어 단속의 대상이 되었다.

② 조선 건국 준비 위원회에 참여하는 학생

⋯› 해방 직후 여운형은 일본인의 안전한 귀국을 보장하는 조건으로 조선 총독부로부터 행정권의 일부를 넘겨받아 조선 건국 준비 위원회를 결성하였다(1945).

③ 서울 올림픽 대회 개막식을 관람하는 시민

⋯› 노태우 대통령 임기 첫해인 1988년 제24회 서울 올림픽이 개최되었다.

④ 반민족 행위 특별 조사 위원회에서 조사받는 기업인

⋯› 이승만 정부 시기 제헌 국회는 일제의 잔재를 청산하고 민족정기를 바로잡기 위해 반민족 행위 처벌법을 제정하였다(1948). 이에 따라 반민족 행위 특별 조사 위원회가 구성되어 활동하였다.

44 평양 정답 ④

빠른 정답 찾기 장수왕이 도읍으로 삼음 + 물산 장려 운동 시작 + 남북 정상 회담 최초로 개최 ➡ 평양

자료 분석하기

- 고구려 장수왕은 광개토 대왕의 뒤를 이어 즉위하였으며, 평양으로 수도를 옮기고 남진 정책을 추진하여 영토를 확장하였다.
- 일제 강점기 때 평양에서 조만식, 이상재의 주도로 조선 물산 장려회가 발족되어 '내 살림 내 것으로' 등의 구호를 내세운 물산 장려 운동이 전국으로 확산되었다.
- 김대중 정부는 2000년에 평양에서 분단 이후 최초로 남북 정상 회담을 개최하여 6 · 15 남북 공동 선언을 발표하였다.

45 전두환 정부 정답 ①

빠른 정답 찾기 삼청 교육대 + 국풍 81 + 교복 자율화 ➡ 전두환 정부

자료 분석하기

전두환을 중심으로 한 신군부 세력은 쿠데타를 일으켜 권력을 장악하였고, 이에 반대하는 5 · 18 민주화 운동이 전개되었으나 무력으로 진압하였다(1980). 이후 전국 각지에 삼청 교육대를 설치하여 사회악을 뿌리 뽑겠다는 사회 정화책의 명분하에 가혹 행위를 일삼고 인권을 유린하였다. 전두환 정부는 5 · 18 민주화 운동 1주기를 앞두고 정권에 대한 저항을 약화시키고 대학생들의 주의를 분산시키기 위해 대규모 문화 축제인 '국풍 81'을 개최하였다. 또한, 국민 유화 정책을 실시하여 중고생 두발 및 교복 자율화를 실시하기도

하였다.

선택지 분석하기

✔ 야간 통행금지가 해제되었다.

⋯› 무력으로 정권을 잡은 전두환 정부는 국민 유화 정책으로 야간 통행금지 해제 조치를 실시하였다(1982).

② 베트남 전쟁에 국군이 파병되었다.

⋯› 박정희 정부는 미국의 요청으로 베트남에 국군을 파병하면서 그 대가로 미국으로부터 한국군 현대화를 위한 장비와 경제 원조를 제공받았다(1964).

③ 한미 상호 방위 조약이 체결되었다.

⋯› 이승만 정부는 휴전 이후 한미 상호 방위 조약을 체결하였다(1953).

④ 제1차 경제 개발 5개년 계획이 실시되었다.

⋯› 박정희 정권의 주도로 제1차 경제 개발 5개년 계획이 추진되었다(1962~1966).

46 종묘제례

정답 ④

빠른 정답 찾기 국가 무형 문화재 + 조선의 역대 왕과 왕비의 신위를 모신 사당 ➡ 종묘제례

자료 분석하기

종묘제례는 조선 시대 역대 왕과 왕비의 신위를 모셔 놓은 사당인 종묘에서 지내는 제사를 말한다. 정시제와 임시제로 나뉘어 정시제는 4계절의 첫 번째 달인 1, 4, 7, 10월에, 임시제는 나라에 좋은 일이나 나쁜 일이 있을 때 지냈다. 일제 강점기 때 축소되었고 해방 후에는 전쟁 등으로 중단되었다가 1969년부터 다시 거행되었다. 중요 무형 문화재 제56호로 지정되었으며, 종묘제례악과 함께 유네스코 세계 인류 무형 유산으로도 등재되었다.

선택지 분석하기

① 연등회

⋯› 연등회는 정월 대보름에 부처에게 복을 비는 불교 행사로, 신라 진흥왕 때 팔관회와 함께 시작되어 고려 시대에 국가적 행사로 거행되었다.

② 승전무

⋯› 승전무는 통영 지역의 북춤으로, 충무공 이순신을 추앙하는 내용이 있으며 궁중에서는 무고라는 이름으로 전승되었다.

③ 석전대제

⋯› 석전대제는 성균관 대성전에서 공자를 비롯한 성현들에게 제사를 지내는 의식으로, 모든 유교적 의식 중 가장 규모가 큰 제사이다.

✔ 종묘제례

⋯› 종묘제례는 조선 시대 역대 왕과 왕비의 신주를 봉안한 종묘에서 행해지는 제사 의례이다.

미니북 31쪽

47 설날

정답 ②

빠른 정답 찾기 새해의 첫날 + 구정(舊正) + 음력으로 명절을 쇠는 전통 ➡ 설날

자료 분석하기

설날은 우리 민족의 고유 명절로, 음력 1월 1일에 차례를 지내고 어른들께 세배하며 덕담을 나누기도 하였다. 근대에 들어서며 양력이 사용되자 두 개의 설이 생겼고, 일제 강점기 때에는 전통 문화를 말살시키기 위해 전통적 설날인 음력설을 구정(舊正)으로 부르며 억압하였다. 그러나 음력으로 설날을 쇠는 풍속은 사라지지 않았고 1985년 '민속의 날'이라는 국가 공휴일로 지정되었다가 1989년 고유 명칭인 '설날'로 변경되며 3일간 연휴로 지정되었다.

선택지 분석하기

① 화전놀이

⋯› 삼짇날은 음력 3월 3일로 교외나 야산으로 꽃놀이를 나갔는데 이를 화전놀이라고 불렀다. 진달래꽃을 꺾어 찹쌀가루에 반죽하여 참기름을 발라가면서 둥글게 지져 먹었는데 이것을 화전(花煎)이라고 하였다.

✔ 세배하기

⋯› 설날은 음력 1월 1일로, 어른들께 세배를 하고 웃어른들을 찾아뵙고 인사하며 덕담을 나누었다.

③ 창포물에 머리 감기

⋯› 단오는 음력 5월 5일로, 삼한에서 수릿날에 풍년을 기원하였던 행사가 세시 풍속으로 이어지면서 발전하였다. 이날에는 창포물에 머리 감기, 씨름, 그네뛰기, 앵두로 화채 만들어 먹기 등을 하였다.

④ 보름달 보며 소원 빌기

⋯› 정월 대보름은 한 해의 첫 보름이자 보름달이 뜨는 날인 음력 1월 15일에 지내는 우리나라의 명절이다. 이날에는 생솔가지나 나뭇더미를 쌓아 달집을 짓고 보름달이 떠오르면 불을 놓아 복을 기원하였다.

한발 더 다가가기

세시 풍속

세시 풍속	내용
설날	• 음력 1월 1일 • 차례, 세배, 윷놀이, 널뛰기, 연날리기 • 떡국, 시루떡, 식혜
정월 대보름	• 음력 1월 15일 • 줄다리기, 지신밟기, 놋다리밟기, 차전놀이, 쥐불놀이, 석전, 부럼 깨기, 달집태우기, 달맞이 • 부럼, 오곡밥, 약밥, 묵은 나물
삼짇날	• 음력 3월 3일 • 화전놀이, 각시놀음 • 화전(花煎), 쑥떡
단오 (수릿날)	• 음력 5월 5일 • 창포물에 머리 감기, 그네뛰기, 씨름, 봉산 탈춤, 송파 산대놀이, 수박희(택견) • 수리취떡, 앵두화채, 쑥떡
칠석	• 음력 7월 7일 • 걸교: 부녀자들이 마당에 음식을 차려놓고 직녀에게 바느질과 길쌈 재주가 좋아지기를 비는 일
추석 (한가위)	• 음력 8월 15일 • 차례, 성묘, 강강술래, 소싸움, 줄다리기, 씨름, 고사리 꺾기 • 송편, 토란국
동지	• 양력 12월 22일경 • 관상감에서 새해 달력을 만들어 벼슬아치에게 나누어 줌, 왕이 신하들에게 부채를 나누어 줌 • 팥죽, 팥시루떡
한식	• 양력 4월 5일경 • 일정 기간 동안 불의 사용을 금함, 성묘를 하고 조상의 묘가 헐었으면 떼를 다시 입힘(개사초), 산신제 • 찬 음식

미니북 30쪽

48 5 · 18 민주화 운동 정답 ③

빠른 정답 찾기 박기순 + 전남도청 + 계엄군 + 시민군 + 윤상원 + 영혼결혼식 ➡ 5 · 18 민주화 운동

자료 분석하기

전두환 신군부의 12 · 12 쿠데타에 저항하여 '서울의 봄'이라는 대규모 민주화 운동이 일어나자 비상계엄 조치가 전국으로 확대되었다. 광주에서는 비상계엄 해제와 신군부 퇴진, 김대중 석방 등을 요구하며 5 · 18 민주화 운동이 전개되었다(1980). 이때 희생된 박기순, 윤상원의 영혼결혼식을 내용으로 하는 음악극에서 이들을 추모하기 위해 「임을 위한 행진곡」이라는 노래가 쓰였는데, 이후 서울과 전국으로 확산되어 한국 민주화 운동을 대표하는 민중가요가 되었다.

선택지 분석하기

① 4 · 19 혁명
⋯› 이승만의 장기 집권과 자유당 정권의 3 · 15 부정 선거에 저항하여 4 · 19 혁명이 발발하였다(1960).

② 6월 민주 항쟁
⋯› 박종철 고문치사 사건과 4 · 13 호헌 조치가 원인이 되어 발생한 6월 민주 항쟁이 전국적으로 확산되었다(1987). 시민들은 호헌 철폐와 독재 타도 등의 구호를 내세워 민주적인 헌법 개정을 요구하였다. 이 결과 정부는 5년 단임의 대통령 직선제를 골자로 하는 6 · 29 민주화 선언을 발표하였다.

✔③ 5 · 18 민주화 운동
⋯› 신군부의 비상계엄 확대와 무력 진압에 항거하여 광주에서 5 · 18 민주화 운동이 일어났다(1980).

④ 3선 개헌 반대 운동
⋯› 1967년 대통령 선거에서 재선된 박정희는 장기 집권을 위해 대통령의 3선 연임을 허용하는 3선 개헌을 강행하였다(1969). 대학생들을 중심으로 가두시위, 성토대회, 단식 투쟁 등 다양한 3선 개헌 반대 운동이 전개되었으나 국회에서 변칙 통과되었다.

미니북 20쪽

49 박정희 정부의 경제 상황 정답 ①

빠른 정답 찾기 (가) 이승만 정부 ➡ 박정희 정부 ➡ (나) 전두환 정부

자료 분석하기

(가) **이승만 정부의 농지 개혁법**(1949): 이승만 정부는 농지 개혁법을 제정하여 유상 매수, 유상 분배를 원칙으로 농지 개혁을 실시하였다. 소작 제도를 폐지하고 농사를 짓는 사람이 토지를 소유하도록 하였다. 이 결과 자작농이 증가하는 계기가 되었다.

(나) **전두환 정부의 3저 호황**(1986~1988): 전두환 정부는 저금리, 저유가, 저달러의 3저 호황으로 물가가 안정되고 수출이 증가하면서 높은 경제 성장률을 기록하였다. 또한, 산업 구조를 재편하여 1979년 제2차 석유 파동으로 인한 경제 위기를 부분적으로 회복하였다.

선택지 분석하기

✔① 수출 100억 달러를 처음 달성하였다.
⋯› 박정희 정부 때 처음으로 수출 100억 달러를 달성하였다(1977).

② G20 정상 회의를 서울에서 개최하였다.
⋯› 이명박 정부 때 아시아 국가 최초로 세계 경제 문제를 다루는 최상위급 정상 회의인 G20 정상 회의를 서울에서 개최하였다(2010).

③ 미국과 자유 무역 협정(FTA)을 체결하였다.
⋯› 노무현 정부 때 미국과 자유 무역 협정(FTA)을 체결하였다(2007).

④ 경제 협력 개발 기구(OECD)에 가입하였다.
⋯› 김영삼 정부 때 한국 경제의 세계화를 위해 경제 협력 개발 기구(OECD)에 가입하였다(1996).

한발 더 다가가기

현대 정부별 경제 정책

이승만 정부	• 전후 경제 복구 정책 • 미국의 원조 경제: 면화, 설탕, 밀가루 등 소비재 산업 원료 지원 → 삼백 산업 발달
5 · 16 군정 시기	제1차 경제 개발 5개년 계획 발표(1962)
박정희 정부	• 제1 · 2차 경제 개발 5개년 계획: 경공업 중심, 수출 주도형 • 제3 · 4차 경제 개발 5개년 계획: 중화학 공업 중심 • 수출 100억 달러 달성(1977) • 제2차 석유 파동 → 원유 가격 폭등으로 경제 위기
전두환 정부	3저 호황(저유가, 저달러, 저금리)
노태우 정부	제6 · 7차 경제 개발 5개년 계획 → 고성장 정책 추진
김영삼 정부	• 경제 협력 개발 기구(OECD) 가입, 금융 실명제 도입 • 무역 적자, 금융 기관 부실 → 외환 위기
김대중 정부	신자유주의 정책을 바탕으로 구조 조정 → 외환 위기 극복
노무현 정부	• 신자유주의 정책 계승 → 친경쟁적 규제 및 시장 개방과 노동 유연화 추구 • 칠레와 FTA 체결(2004), 미국과 FTA 체결(2007), 경부 고속 철도 개통, APEC 정상 회의 개최
이명박 정부	• 4대강 사업, 자유 무역 협정(FTA) 체결 확대 • 기업 활동 규제 완화 • G20 정상 회의 개최(서울)

미니북 20쪽

50 김대중 정부의 통일 노력 정답 ①

빠른 정답 찾기 남북 화해 · 협력 + 햇볕 정책 + 냉전 종식 + 2000년 베를린 자유대학 ➡ 김대중 정부

자료 분석하기

김대중 정부는 북한과의 화해 협력 기조를 유지하며 교류를 확대하였다. 2000년 3월 베를린 자유대학 연설에서 흡수 통일을 추구하지 않고 남북이 화해와 협력을 통해 냉전을 종식해야 한다는 햇볕 정책의 핵심적 내용을 발표하였다. 이후 남북 분단 이후 최초로 평양에서 남북 정상 회담을 개최하고 6 · 15 남북 공동 선언을 발표하였다(2000).

선택지 분석하기

① 개성 공단 조성에 합의하였다.
⋯› 김대중 정부 시기 최초로 남북 정상 회담이 이루어져 개성 공단 건설 운영에 관한 합의서를 체결하였다(2000).

② 남북 기본 합의서를 채택하였다.
③ 남북한이 유엔에 동시 가입하였다.
⋯› 노태우 정부 당시 적극적인 북방 외교 정책을 통해 남북의 유엔 동시 가입과 남북 기본 합의서 채택, 한반도 비핵화 공동 선언이 이루어졌다(1991).

④ 7 · 4 남북 공동 성명을 발표하였다.
⋯› 박정희 정부 시기 서울과 평양에서 7 · 4 남북 공동 성명이 발표되었다(1972).

제 52 회 한국사능력검정시험

01	02	03	04	05	06	07	08	09	10
①	①	③	②	③	①	①	④	④	④
11	**12**	**13**	**14**	**15**	**16**	**17**	**18**	**19**	**20**
③	④	②	④	④	①	④	②	①	③
21	**22**	**23**	**24**	**25**	**26**	**27**	**28**	**29**	**30**
②	①	②	①	③	④	③	①	④	①
31	**32**	**33**	**34**	**35**	**36**	**37**	**38**	**39**	**40**
④	③	①	②	④	②	①	③	②	③
41	**42**	**43**	**44**	**45**	**46**	**47**	**48**	**49**	**50**
②	③	④	②	②	④	③	③	②	②

미니북 04쪽

01 신석기 시대 정답 ①

빠른 정답 찾기 암사동 유적 + 빗살무늬 토기 ➡ 신석기 시대

자료 분석하기

서울 암사동 유적은 신석기 시대를 대표하는 유적지이며 사적 제267호로 지정되어 있다. 이곳에서는 수렵과 채집 생활을 통해 취락을 형성한 것으로 추정되는 집터와 빗살무늬 토기가 발견되었다. 또한, 돌도끼 · 돌화살촉 등의 생활 도구와 돌낫 · 보습과 같은 농기구 등의 석기가 대량 발굴되었다.

선택지 분석하기

✔ 가락바퀴를 이용하여 실을 뽑았다.
⋯› 신석기 시대에는 가락바퀴로 실을 뽑아 뼈바늘로 옷을 지어 입었다.

② 지배층의 무덤으로 고인돌을 만들었다.
⋯› 청동기 시대에는 권력을 가진 군장이 등장하였는데 지배층이 죽으면 무덤으로 고인돌을 만들었다.

③ 거푸집으로 비파형 동검을 제작하였다.
⋯› 청동기 시대에는 거푸집으로 비파형 동검을 제작하면서 독자적인 청동기 문화를 형성하였다.

④ 철제 농기구를 사용하여 농사를 지었다.
⋯› 철기 시대에는 쟁기, 호미, 쇠스랑 등 철제 농기구를 사용하여 농사를 지었다.

미니북 21쪽

02 부여 정답 ①

빠른 정답 찾기 사출도 + 12월 영고 ➡ 부여

자료 분석하기

부여는 왕 아래 마가, 우가, 저가, 구가의 가(加)들이 각자의 행정구역인 사출도를 다스렸으며, 왕이 통치하는 중앙과 합쳐 5부를 구성하는 연맹 왕국이었다. 또한, 12월에 풍성한 수확제이자 추수 감사제의 성격을 지닌 영고라는 제천 행사를 열었다.

선택지 분석하기

 (가)
⋯› 부여는 만주 쑹화강 유역의 비옥한 평야 지대에서 성장하였으며, 1책 12법이라는 엄격한 법률이 있어 남의 물건을 훔치면 12배로 갚도록 하였다.

② (나)
⋯› 고구려는 왕 아래 상가, 고추가 등의 대가들이 사자, 조의, 선인 등의 관리를 거느렸다. 또한, 귀족 회의인 제가 회의를 통해 국가의 중대사를 결정하였다.

③ (다)
⋯› 옥저는 여자가 어렸을 때 혼인할 남자의 집에서 생활하다가 성인이 된 후에 혼인을 하는 민며느리제가 있었다.

④ (라)
⋯› 동예는 각 부족의 영역을 중요시하여 그 영역을 침범하는 경우 노비와 소, 말로 갚게 하는 책화라는 제도가 있었다.

미니북 06쪽

03 신라 지증왕 정답 ③

빠른 정답 찾기 국호 신라 + 임금의 칭호 '왕' ➡ 지증왕

자료 분석하기

신라 지증왕은 재위 기간 중에 국호를 신라로 확정하였으며, 임금의 칭호를 마립간에서 왕으로 고쳤다(503).

선택지 분석하기

① 불교가 공인되었다.
⋯› 신라 법흥왕은 이차돈의 순교를 계기로 불교를 신라의 국교로 공인하였다(527).

② 노비안검법이 시행되었다.
··· 고려 광종은 노비안검법을 실시하여 억울하게 노비가 된 사람들을 해방하고 호족의 세력을 약화시키고자 하였다(956).

✓ 이사부가 우산국을 정벌하였다.
··· 신라 지증왕은 이사부를 보내 우산국(울릉도)을 정벌하였다(512).

④ 황룡사 구층 목탑이 건립되었다.
··· 신라 선덕 여왕 때 승려 자장이 건의하여 황룡사 구층 목탑을 건립하였다(645).

미니북 06쪽

04 호우명 그릇 정답 ②

빠른 정답 찾기 보물 제1878호 + 경주의 고분에서 출토 + 광개토 대왕을 나타내는 글자 + 신라와 고구려의 관계 ➡ 호우명 그릇

자료 분석하기

경주 호우총 출토 광개토 대왕명 호우(호우명 그릇)는 보물 제1878호로 지정되어 있으며, 현재는 국립 중앙 박물관에 소장되어 있다. 호우명 그릇의 밑바닥에는 광개토 대왕을 나타내는 '을묘년국강상광개토지호태왕호우십'이라는 글자가 새겨져 있으며, 광개토 대왕을 기념하는 의례에 사용하기 위해 만든 것이다. 고구려의 그릇이 신라 고분에서 발견되었다는 점을 통해 당시 고구려와 신라의 관계를 유추할 수 있다.

선택지 분석하기

① 금동 연가 7년명 여래 입상
··· 국보 제119호 – 고구려

✓ 호우명 그릇
··· 보물 제1878호 – 삼국 시대

③ 철제 판갑옷과 투구
··· 가야

④ 산수무늬 벽돌
··· 보물 제343호 – 백제

미니북 06쪽

05 백제 무령왕 정답 ③

빠른 정답 찾기 충청남도 공주 + 무덤 + 중국 남조의 영향 + 벽돌 + 묘지석 ➡ 무령왕릉

자료 분석하기

충남 공주 송산리 고분군(사적 제13호)은 웅진 백제 시대 왕들의 무덤이 모여 있는 곳이다. 그중 제7호분인 무령왕릉은 묘지석이 출토되어 유일하게 무덤에 묻혀 있는 사람과 축조 연대를 확인할 수 있는 무덤이다. 또한, 널길과 널방을 벽돌로 쌓은 벽돌무덤이며 중국 남조의 영향을 받았다.

선택지 분석하기

① 성왕
··· 백제 성왕은 웅진(공주)에서 사비(부여)로 수도를 옮기고 국호를 남부여로 고쳤다. 또한, 신라 진흥왕과 함께 고구려를 공격하였다.

② 고이왕
··· 백제 고이왕은 율령을 반포하고 6좌평제와 16관등제를 정비하여 중앙 집권 국가의 토대를 마련하였다.

✓ 무령왕
··· 백제 무령왕은 지방에 22담로를 설치하고 왕족을 파견하여 지방에 대한 통제를 강화하였다.

④ 근초고왕
··· 백제 근초고왕은 고구려 평양성을 공격하여 고국원왕을 전사시키고 백제의 전성기를 이끌었다.

06 설총 정답 ①

빠른 정답 찾기 신라의 유학자 + 원효 대사의 아들 + 「화왕계」 + 이두 ➡ 설총

자료 분석하기

설총은 원효 대사의 아들이자 통일 신라의 6두품 출신 유학자이다. 그는 한자의 음(音)과 훈(訓)을 빌려 우리말을 표기하는 이두를 정리하고 한문을 국어화하여 유학, 한학의 연구를 쉽고 빠르게 발전시켰다.

선택지 분석하기

✓ 설총
··· 설총은 통일 신라 신문왕에게 「화왕계」를 올려 유교적 도덕 정치의 중요성을 전하였다.

② 안향
··· 안향은 고려 충렬왕 때 원으로부터 성리학을 도입하였다.

③ 김부식
··· 김부식은 고려 인종 때 유교적 합리주의 사관에 기초하여 기전

체 형식의 『삼국사기』를 편찬하였다.

④ 최치원
···› 최치원은 통일 신라 6두품 출신으로 당의 빈공과에 합격하였으며, 진성 여왕에게 시무 10여 조를 건의하였다.

한발 더 다가가기

통일 신라 유학의 발전

• 유학의 정치 이념화 및 유교 진흥 정책 전개

신문왕	국학 설립
원성왕	독서삼품과 실시

• 통일 신라의 대표적 유학자

강수	대당 외교 문서 작성에 탁월한 능력 발휘
설총	•「화왕계」 저술 → 유교적 도덕 정치 강조 • 이두 정리 → 유교 경전 보급에 기여
최치원	• 당의 빈공과에 급제, 시무 10여 조 건의 • 골품제 비판 및 개혁 사상 제시

미니북 25쪽

07 삼국의 통일 과정 정답 ①

빠른 정답 찾기 김춘추의 고구려 원병 요청 ➡ (가) ➡ 황산벌 전투

자료 분석하기

■ **김춘추의 고구려 원병 요청**(642): 신라는 백제 의자왕의 공격으로 대야성을 비롯하여 서쪽 40여 개 성을 빼앗겼다. 이에 김춘추는 고구려에 군사 지원을 요청하였지만 고구려는 신라가 빼앗아 간 죽령 서북 땅을 돌려줄 것을 먼저 요구하였다. 김춘추가 이를 거절하자 연개소문은 그를 감옥에 가두었고 겨우 탈출할 수 있었다.

■ **황산벌 전투**(660): 백제 의자왕은 계백에게 5천 명의 결사대를 주어 김유신이 이끄는 신라군을 막도록 하였다. 이에 계백은 황산벌에서 신라군에 맞서 싸워 4번 모두 승리하였다. 그러나 신라 화랑들의 치열한 저항을 본 신라군은 사기가 크게 올라 백제에 총공격을 가하였다. 결국 황산벌 전투에서 백제군은 크게 패하고 계백이 전사하였다.

선택지 분석하기

① 신라와 당이 동맹을 맺었다.
···› 신라 김춘추는 나당 동맹을 성사시키고(648), 나당 연합군을 결성하여 백제와 고구려를 공격하였다.

② 백제가 수도를 사비로 옮겼다.
···› 백제 성왕은 웅진(공주)에서 사비(부여)로 수도를 옮기고 국호를 남부여로 고쳐 새롭게 부흥을 도모하였다(538).

③ 대가야가 가야 연맹을 주도하였다.
···› 고구려 광개토 대왕이 금관가야를 침입하면서 가야 연맹을 이끌던 금관가야는 쇠퇴하게 되었다. 이후 고령 지방의 대가야가 후기 가야 연맹을 주도하였다.

④ 고구려가 살수에서 수의 대군을 격파하였다.
···› 고구려의 을지문덕은 우중문이 이끄는 수의 30만 대군을 살수에서 공격하여 크게 무찔렀다(612).

한발 더 다가가기

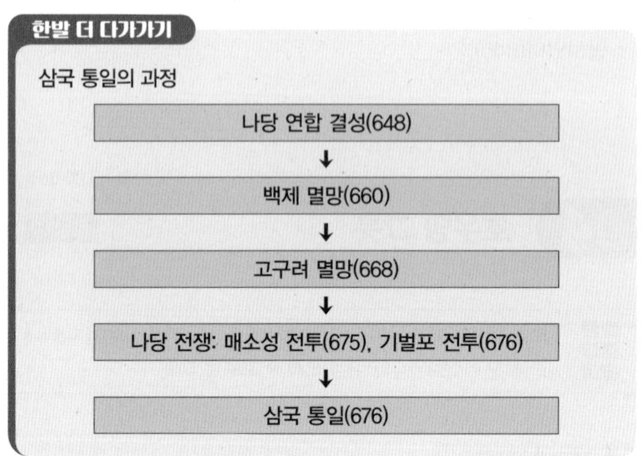
삼국 통일의 과정

나당 연합 결성(648)
↓
백제 멸망(660)
↓
고구려 멸망(668)
↓
나당 전쟁: 매소성 전투(675), 기벌포 전투(676)
↓
삼국 통일(676)

미니북 22쪽

08 통일 신라 말 사회상 정답 ④

빠른 정답 찾기 김헌창의 난 + 적고적의 난 ➡ 통일 신라 말

자료 분석하기

통일 신라 헌덕왕 때 웅천주 도독 김헌창은 아버지 김주원이 왕위 쟁탈전에서 패배한 것에 불만을 품고 반란을 일으켰으나 관군에 의해 진압되면서 실패하였다. 진성 여왕 때는 적고적이라 불리는 도적들이 일어나 경주의 서쪽까지 와서 노략질을 하였다.

선택지 분석하기

① 만적의 난
···› 고려 최씨 무신 정권 때 최충헌의 노비인 만적이 개경(개성)의 송악산에서 신분 차별에 항거하는 반란을 도모하였으나 사전에 발각되어 실패하였다.

② 홍경래의 난
···› 조선 순조 때 세도 정치로 인한 삼정의 문란과 서북 지역 차별에 대한 불만으로 평안도 지역 농민들이 몰락 양반 출신의 홍경래를 중심으로 우군칙, 김창시 등과 함께 가산 지역에서 봉기를 일으켰다.

③ 망이 · 망소이의 난
···› 고려 무신 정권 시기 공주 명학소에서 망이 · 망소이가 과도한

부역과 특수 행정 구역인 소에 대한 차별 대우에 항의하여 농민 봉기를 일으켰다.

✓ 원종과 애노의 난

⋯› 통일 신라 말 진성 여왕 때 무분별한 조세 징수에 대한 반발로 사벌주(상주)에서 원종과 애노가 농민 봉기를 일으켰다.

한발 더 다가가기

통일 신라 말 사회 모습

왕위 쟁탈	경덕왕 사후 나이 어린 혜공왕 즉위 → 진골 귀족들의 왕위 쟁탈전
지방 세력 반란	웅진(웅천주) 도독 김헌창의 난(822), 장보고의 난(846)
농민 봉기	원종과 애노의 난(889)
새로운 세력의 등장	• 6두품 세력: 골품제 비판, 새로운 정치 이념과 사회상 제시 • 호족 세력: 중앙 정부의 통제에서 벗어나 성주·장군 자처, 지방의 행정권과 군사권 장악
새로운 사상 유행	선종, 풍수지리설, 유교

미니북 07쪽

09 발해

정답 ④

빠른 정답 찾기 오소도 + 당 빈공과 + 해동성국 + 상경성 ➡ 발해

자료 분석하기

오소도는 발해 경왕 때 당에 건너가 빈공과에 진사로 합격하였으며, 이때 함께 응시했던 신라인 이동보다 등수가 높았다. 상경성은 발해의 수도로 문왕 때 이곳으로 수도를 옮겼으며, 선왕 때는 영토를 크게 확장하고 전성기를 누리면서 주변 국가들로부터 해동성국이라 불렸다.

선택지 분석하기

① 글과 활쏘기를 가르치는 경당을 두었다.

⋯› 경당은 고구려 일반 평민층이 자제들을 교육하기 위하여 설립한 민간 교육 기관으로 경전 독서, 활쏘기 연습 등의 학문과 무예를 교육하였다.

② 정사암에서 국가의 중대사를 결정하였다.

⋯› 백제의 귀족들은 정사암이라는 바위에서 회의를 통해 재상을 선출하고 국가의 중대사를 결정하였다.

③ 청해진을 중심으로 해상 무역을 전개하였다.

⋯› 장보고는 통일 신라 흥덕왕 때 완도에 청해진을 설치하여 해상 무역을 전개하였다.

✓ 5경 15부 62주로 지방 행정 제도를 정비하였다.

⋯› 발해는 선왕 때 영토를 크게 확장하여 지방 행정 제도를 5경 15부 62주로 정비하였다.

미니북 08, 22쪽

10 태조 왕건

정답 ④

빠른 정답 찾기 고려 + 신라의 항복 + 후백제 격파 + 후삼국 통일 ➡ 왕건

자료 분석하기

935년 신라의 마지막 왕인 경순왕 김부가 고려에 항복하면서 왕건은 신라를 차지하게 되었다. 이후 936년 일리천 전투에서 신검의 후백제군과 싸워 크게 승리하면서 후백제가 멸망하고 고려가 후삼국을 통일하였다.

선택지 분석하기

① 전국을 8도로 나누었다.

⋯› 조선 태종은 전국을 8도로 나누고 모든 군현에 수령을 파견하였다.

② 천리장성을 축조하였다.

⋯› 고구려 영류왕 때 당의 공격에 대비하여 동북의 부여성부터 발해만의 비사성까지 천리장성을 축조하였다. 이후 고려 현종 때에는 거란의 침입에 대비하기 위해 압록강 하구부터 동해안까지 천리장성을 쌓아 국경 수비를 강화하였다.

③ 화통도감을 설치하였다.

⋯› 고려 말 우왕 때 최무선이 화통도감의 설치를 건의하여 화약과 화포를 제작하였고, 화포를 활용하여 진포에서 왜구를 격퇴하였다.

✓ 사심관 제도를 시행하였다.

⋯› 고려 태조 왕건은 지방 호족을 견제하고 지방 통치를 강화하기 위해 지방 호족 출신자를 그 지역의 사심관으로 임명하였다.

한발 더 다가가기

고려 초기 국왕의 업적

태조 왕건	민생 안정, 호족 통합 정책(결혼, 기인 제도, 사심관 제도), 북진 정책
광종	노비안검법, 과거 제도, 공복 제정, 칭제 건원
경종	전시과 제정(시정 전시과)
성종	최승로의 시무 28조 수용, 지방관 파견, 향리 제도 마련, 중앙 통치 기구, 유학 교육 진흥(국자감), 과거 제도 정비

미니북 08쪽

11 고려 성종 정답 ③

빠른 정답 찾기 고려 제6대 왕 + 최승로의 시무 28조 수용 + 2성 6부 ➡ 성종

자료 분석하기

고려 제6대 왕인 성종은 최승로의 시무 28조를 받아들여 다양한 제도를 시행하고 통치 체제를 정비하였다. 당의 제도를 모방하여 2성 6부로 이루어진 중앙 관제를 구성하였다.

선택지 분석하기

① 녹읍 폐지

→ 통일 신라 신문왕은 왕권을 강화하기 위해 귀족의 경제 기반인 녹읍을 폐지하고 관료전을 지급하였다.

② 대마도 정벌

→ 고려 창왕 때 왜구로 인한 피해가 크자 박위가 대마도를 토벌하였다. 이후 조선 세종 때 왜구가 자주 침입해 오자 이종무를 시켜 대마도를 정벌하게 하였다.

✔ 지방에 12목 설치

→ 고려 성종은 최승로의 시무 28조를 받아들여 12목을 설치하고 지방관을 파견하여 지방 세력을 견제하였다.

④ 북한산 순수비 건립

→ 신라 진흥왕은 한강 유역을 장악하고 이를 기념하기 위해 북한산 순수비를 세웠다.

미니북 35쪽

12 고려의 정치 기구 정답 ④

빠른 정답 찾기 중서문하성과 중추원의 고위 관료 + 국방과 군사 문제 논의 + 고려 정치 기구 ➡ 도병마사

자료 분석하기

고려의 도병마사는 재신(중서문하성의 2품 이상)과 추밀(중추원의 2품 이상)이 모여 국방 및 군사 문제를 논의하는 임시 회의 기구였다. 그러나 원 간섭기인 충렬왕 때 최고 정무 기구인 도평의사사로 개편되면서 나랏일 전반에 관여하게 되었고 이후 권문세족이 정치 권력을 행사하는 데 이용되었다.

선택지 분석하기

① 삼사

→ 고려의 삼사는 곡식의 출납 및 회계를 담당하였다. 조선의 삼사는 사헌부, 사간원, 홍문관으로 구성되어 서경 · 간쟁 · 봉박 등의 권한을 가지고 있었다.

② 어사대

→ 어사대는 정치의 잘잘못을 논의하고 풍속을 교정하며 관리의 비리를 감찰하고 탄핵하였다. 어사대의 관원은 중서문하성의 낭사와 함께 대간이라고 불리며, 서경 · 간쟁 · 봉박의 권한을 가지고 있었다.

③ 의정부

→ 의정부는 영의정, 좌의정, 우의정의 3정승 합의제로 운영되었으며, 정책을 심의 · 결정하고 국정을 총괄하였다.

✔ 도병마사

→ 도병마사는 중서문하성의 재신과 중추원의 추밀로 구성된 국방 회의 기구로, 점차 그 기능이 강화되어 국정 전반에 모두 관여하기도 하였다.

한발 더 다가가기

고려의 중앙 정치 기구

기구	내용	
2성 6부	• 당의 제도를 모방하여 2성 6부로 이루어진 중앙 관제 구성 • 중서문하성(국정 총괄)과 상서성(6부 관리) → 수상은 문하시중	
중추원	송의 제도 모방, 왕의 비서 기구로 군사 기밀(추밀)과 왕명 출납(승선) 담당	
도병마사	국방 및 군사 문제 논의	재신(중서문하성)과 추밀(중추원)의 합의제로 운영
식목도감	법률 · 제도 제정	
어사대	감찰 기구, 풍속 교정	
삼사	화폐 · 곡식의 출납, 회계	
대간	어사대의 관원은 중서문하성의 낭사와 함께 대간으로 불림 → 간쟁, 봉박, 서경권	

미니북 23쪽

13 고려의 대외 관계 정답 ②

빠른 정답 찾기 (나) 귀주 대첩 ➡ (다) 별무반 편성 ➡ (가) 삼별초 항쟁

자료 분석하기

(나) **귀주 대첩**(1019): 강감찬은 거란의 소배압이 강동 6주의 반환 등을 요구하며 10만 대군을 이끌고 침입하자 귀주에서 맞서 싸워 승리하였다.

(다) **별무반 편성**(1104): 고려 숙종 때 부족을 통일한 여진족이 고려의 국경을 자주 침입하자 윤관이 왕에게 건의하여 신기군, 신보군, 항마군으로 구성된 별무반을 편성하였다. 이후 예종 때

윤관은 별무반을 이끌고 여진을 몰아내어 동북 9성을 축조하였다.

(가) **삼별초 항쟁**(1270~1273): 무신 정권이 해체되고 강화도에 있던 고려 조정이 개경으로 돌아가면서 몽골과의 강화가 성립되었다. 이에 반발한 삼별초는 배중손, 김통정의 지휘하에 진도와 제주도로 이동하며 대몽 항쟁을 전개하였다.

미니북 24쪽

14 고려의 경제 상황 정답 ④

빠른 정답 찾기 국제 무역 + 송 + 벽란도 ➡ 고려

자료 분석하기

고려는 당시 송에서 유행하던 청동 거울의 무늬와 글자를 본 떠 수많은 청동 거울을 제작하여 송과 활발히 교류하였음을 짐작하게 해 준다. 고려 시대의 국제 무역항인 벽란도는 예성강 하구에 위치하였고 이곳을 통해 송, 아라비아 상인들과 활발한 교역을 전개하였다.

선택지 분석하기

① 고구마, 감자 등이 재배되었다.
··· 조선 후기에는 구황 작물로 고구마, 감자 등이 전래되어 재배되기 시작하였다.

② 모내기법이 전국적으로 확산되었다.
··· 조선 후기에 모내기법이 전국적으로 확산되면서 벼와 보리의 이모작이 가능해져 농업 생산량이 증가하였다.

③ 만상, 내상 등이 활발하게 활동하였다.
··· 조선 후기 상업의 발달로 등장한 사상이 전국 각지에서 활발한 상업 활동을 전개하였다. 그중 의주의 만상은 대청 무역을 통해 부를 축적하였으며, 동래의 내상은 왜관에서 인삼을 판매하며 일본 상인과의 무역을 주도하였다.

 활구라고 불린 은병이 화폐로 사용되었다.
··· 고려 숙종 때 상업이 활발해지면서 삼한통보, 해동통보, 해동중보 등의 동전과 활구(은병)를 만들었으나 일반적인 거래는 곡식이나 삼베를 사용하였기 때문에 크게 유통되지는 못하였다.

미니북 08쪽

15 공민왕의 업적 정답 ④

빠른 정답 찾기 원에 볼모 + 고려의 왕 + 신돈 등용 + 전민변정도감 설치 + 노국 대장 공주 + 몽골식 풍습 금지 + 친원 세력 제거 ➡ 공민왕

자료 분석하기

원에 볼모로 있던 공민왕은 1351년 원이 충정왕을 폐위시키자 고려로 돌아가 왕위에 올랐다. 이후 공민왕은 대외적으로 친원 세력을 몰아내는 반원 자주 정책을, 대내적으로는 왕권을 강화하기 위한 개혁 정책을 추진하였다. 이러한 정책의 일환으로 변발과 호복 등 몽골의 풍습을 금지하고 기철 등 친원 세력을 제거하였다. 또한, 신돈을 전민변정도감의 책임자로 임명하여 권문세족이 빼앗은 토지를 돌려주고 노비가 된 자를 풀어주는 등 개혁을 진행하였다. 원 황실의 노국 대장 공주는 공민왕과 결혼하여 공민왕의 반원 자주 개혁을 적극적으로 지지하였으며, 신원 세력들이 이에 불만을 품기도 하였다. 공민왕은 노국 대장 공주가 아이를 낳다가 죽은 후부터 나라를 돌보지 않고 그녀를 그린 그림을 벽에 걸고 밤낮으로 보면서 슬퍼하였다.

선택지 분석하기

① 균역법을 시행하였다.
··· 조선 영조는 백성들의 군역 부담을 줄이기 위해 기존 1년에 2필씩 납부하던 군포를 1필로 줄이는 균역법을 실시하였다.

② 독서삼품과를 실시하였다.
··· 통일 신라 원성왕은 국학의 학생들을 대상으로 독서삼품과를 실시하여 유교 경전의 이해 수준에 따라 관리로 채용하였다.

③ 삼강행실도를 편찬하였다.
··· 『삼강행실도』는 조선 세종 때 편찬되었으며, 우리나라와 중국의 서적에서 모범이 될 만한 충신, 효자, 열녀 등의 행적을 모아 글과 그림으로 설명한 윤리서이다.

 철령 이북의 땅을 되찾았다.
··· 고려 공민왕은 쌍성총관부를 공격하여 철령 이북 지역의 땅을 되찾았다.

16 무형 문화유산 정답 ①

빠른 정답 찾기 샅바 + 민속놀이 + 2018년 유네스코 무형 문화유산 ➡ 씨름

자료 분석하기

씨름은 2명의 선수가 샅바(허리에 두른 천으로 된 띠)를 찬 상태에서 서로의 샅바를 잡고 상대를 바닥에 넘어뜨리기 위해 다양한 기술을 쓰는 민속놀이이다. 원래 남한과 북한은 따로 씨름의 문화유산 등재를 신청했지만 유네스코 측에서 남북의 씨름은 사회 · 문화적 공통점이 있다고 판단하면서 한반도 평화와 화해를 위해 공동 등재가 추진되었다. 이로써 씨름은 2018년 '한국 전통 레슬링(씨름)'이라는 공식 명칭으로 유네스코 무형 문화유산에 남북 공동으로 등재되었다.

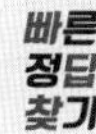

선택지 분석하기

✔ 씨름

⋯→ 씨름은 두 사람이 샅바를 잡고 힘과 기술을 겨루어 상대를 넘어뜨리는 것으로, 승부를 겨루는 우리나라 전통의 민속놀이이자 운동 경기이다. 2018년 유네스코 무형 문화유산에 등재되었다.

② 택견

⋯→ 택견은 유연하고 율동적인 춤과 같은 동작으로 상대를 공격하거나 다리를 걸어 넘어뜨리는 한국 전통 무술이다. 2011년 유네스코 무형 문화유산에 등재되었다.

③ 강강술래

⋯→ 강강술래는 주로 추석날 밤이나 정월 대보름날 밤에 대대적으로 행해졌다. 손을 맞잡아 둥그렇게 원을 만들어 돌며 노래를 부르는 민속놀이로, 2009년 유네스코 무형 문화유산에 등재되었다.

④ 남사당놀이

⋯→ 남사당놀이는 주로 농어촌이나 성곽 밖의 서민층 마을을 대상으로 하여 모심는 계절부터 추수가 끝나는 늦가을까지 행해졌다. 노래와 춤, 놀이가 결합된 민속 공연으로 2009년 유네스코 무형 문화유산에 등재되었다.

미니북 23, 53쪽

17 팔만대장경 정답 ④

빠른 정답 찾기 합천 해인사 장경판전 + 고려 시대 ➡ 팔만대장경

자료 분석하기

팔만대장경은 고려 현종 때 만들어진 초조대장경이 몽골군의 침입으로 불타자 당시의 집권자인 최우 등을 중심으로 대장도감을 설치하여 16년 만에 완성하였다. 합천 해인사 장경판전은 세계 유일의 대장경판 보관용 건물로, 대장경판이 상하지 않도록 각 칸마다 크기가 다른 서로 다른 창을 내어 바람이 지나가게 하였다. 또한, 안쪽 흙바닥 속에 숯과 횟가루, 소금을 모래와 함께 차례로 넣어서 알맞은 습도를 유지하도록 하였다. 이는 1995년 유네스코 세계 유산으로 지정되어 그 가치를 인정받고 있다.

선택지 분석하기

① 승정원에서 편찬하였다.

⋯→ 『승정원일기』는 왕명의 출납을 담당하던 승정원에서 왕의 하루 일과와 지시 내용, 각 부처에서 보고한 내용, 신하들이 올린 상소문 등을 기록하였다.

② 시정기와 사초를 바탕으로 제작하였다.

⋯→ 『조선왕조실록』은 왕이 죽은 뒤에 다음 왕이 즉위하면 춘추관에 실록청을 설치하여 사초와 시정기 등을 근거로 작성하는 방식으로 편찬되었다.

③ 현존하는 가장 오래된 금속 활자본이다.

⋯→ 『직지심체요절』은 세계에서 가장 오래된 금속 활자본으로 고려 우왕 때 청주 흥덕사에서 백운 화상이 간행하였다.

✔ 부처의 힘으로 몽골의 침입을 물리치고자 만들었다.

⋯→ 팔만대장경은 고려 고종 때 몽골이 침입하자 부처의 힘으로 몽골군을 물리치고자 만들어졌다.

한발 더 다가가기

목판 인쇄물과 금속 활자본

구분	명칭	내용
목판 인쇄물	무구정광 대다라니경	• 경주 불국사 삼층 석탑(석가탑)에서 발견 • 현존하는 가장 오래된 목판 인쇄물
	초조대장경	• 11세기 거란 침입기에 제작 • 대구 부인사에서 보관하다가 몽골 침입기에 소실
	팔만대장경	• 몽골 침입기에 강화도, 진주 등에서 제작 • 합천 해인사에 보관
금속 활자본	상정고금 예문	가장 오래된 금속 활자본(현존 ×)
	직지심체 요절	• 현존하는 가장 오래된 금속 활자본 • 프랑스로 유출, 유네스코 세계 기록 유산

미니북 08, 09쪽

18 조선의 건국 과정 정답 ②

빠른 정답 찾기 과전법 실시 + 조선 건국 + 한양 천도 + 사직단 + 종묘 ➡ 조선의 건국 과정

자료 분석하기

고려 말 이성계는 창왕을 폐위하고 공양왕을 즉위시켰다. 공양왕은 1391년 신진 사대부 조준 등의 건의로 과전법을 시행하여 토지 제도를 개혁하였다. 그 후 이성계 일파를 반대한 정몽주가 이방원에게 피살되었고 정도전, 조준 등이 이성계를 왕으로 추대하였다. 이로써 1392년 고려의 마지막 왕인 공양왕은 폐위되고 이성계가 조선을 건국하였다. 이후 1394년 태조 이성계는 고려의 수도였던 개경에서 한양으로 수도를 옮기고 경복궁을 지으면서 왼쪽에 종묘, 오른쪽에 사직단을 세웠다.

선택지 분석하기

① 비변사 혁파

⋯→ 조선 중후기에 비변사의 기능이 강화되면서 의정부와 6조 중심의 행정 체계는 유명무실해졌다. 세도 정치 시기에는 비변사를 중심으로 요직을 독점한 유력 가문들이 권력을 장악하였다. 이후 집권한 흥선 대원군은 약해진 왕권을 강화하기 위해 비변사

를 혁파하였다.

✔ 위화도 회군

···› 고려 우왕 때 명이 원에서 관리한 철령 이북의 땅을 반환하라고 요구하자 최영을 중심으로 요동 정벌을 추진하게 되었다. 이성계는 4불가론을 제시하며 이에 반대하였으나 왕명에 따라 출정하게 되자 압록강의 위화도에서 개경으로 돌아가 최영을 제거하고 우왕을 폐위한 뒤 창왕을 즉위시켰다.

③ 대전회통 편찬

···› 조선 고종 때 흥선 대원군은 법전인 『대전회통』을 편찬하여 통치 체제를 정비하였다.

④ 훈민정음 창제

···› 조선 세종은 1443년 우리나라의 독창적인 문자인 훈민정음을 창제하고 3년 후 반포하였다.

미니북 52쪽

19 인천 정답 ①

빠른 정답 찾기 비류 + 미추홀 + 강화도 조약으로 개항 + 2014년 제17회 아시아 경기 대회 ➡ (가) 인천

자료 분석하기

- **비류 설화**: 『삼국사기』에 따르면 주몽이 부여에 있을 때 낳은 아들 유리가 고구려에 와서 태자가 되자 비류와 온조는 함께 따르는 신하들을 거느리고 한강 유역으로 내려왔다고 한다. 신하들이 모두 한강 남쪽에 자리 잡자고 권하자 동생인 온조는 하남 위례성에 터를 잡았으나 비류는 이를 듣지 않고 오늘날 인천 지역인 미추홀에 자리를 잡았다. 그러나 미추홀은 땅이 습하고 물이 짜서 백성들이 편히 살지 못하였고 이를 부끄럽게 여긴 비류는 후회하면서 죽었다고 전해진다.
- **강화도 조약**: 1876년 강화도 조약이 체결되면서 부산 이외의 두 항구를 20개월 이내에 개항하여 통상을 해야 한다는 제5조의 내용에 따라 인천, 원산이 개항되었다.
- **제17회 아시아 경기 대회**: 제17회 아시아 경기 대회는 인천에서 2014년 9월 19일부터 10월 4일까지 개최되었으며, 총 45개국 13,000여 명이 참가하였다.

20 조선의 과학 기술 정답 ③

빠른 정답 찾기 국립 고궁 박물관 + 미국에서 귀환 + 조선 시대 과학 기구 + 해시계 ➡ 앙부일구

자료 분석하기

문화재청과 국외 소재 문화재 재단은 미국에서 경매에 나온 앙부일구를 2020년 6월에 국내로 매입해 국립 고궁 박물관에서 전시하고 있다. 앙부일구는 '솥뚜껑을 뒤집어 놓은 듯한 모습을 한 해시계'라는 뜻으로, 우리나라의 대표적인 해시계이다. 또한, 시간 외에도 절기를 알 수 있도록 시각선과 직각으로 13개의 절기선을 새겨 넣어 동지, 하지, 소한, 입춘 등 24절기를 나타내었다.

선택지 분석하기

① 자격루

···› 조선 세종 때 장영실이 만든 물시계인 자격루는 물의 증가량 또는 감소량으로 시간을 측정하는 장치이며 정해진 시간에 종과 징, 북이 저절로 울리도록 제작되었다.

② 측우기

···› 조선 세종 때 왕명에 따라 장영실이 제작한 측우기는 전국적으로 강우량을 관측할 수 있도록 설치되었다.

✔ 앙부일구

···› 조선 세종 때 장영실이 발명한 앙부일구는 조선 시대를 대표하는 해시계로 햇빛에 의해 물체에 그림자가 생겼을 때 그림자의 위치로 시간을 측정하였다.

④ 혼천의

···› 조선 세종 때 장영실이 천체의 위치를 측정하는 천문 관측기구인 간의를 발명한 이후 이를 더욱 발전시켜 천체의 운행과 그 위치를 측정하는 혼천의를 만들어 냈다.

미니북 31쪽

21 한식 정답 ②

빠른 정답 찾기 동지 후 105일 + 찬 음식 + 풍년을 기원 + 성묘 ➡ 한식

자료 분석하기

한식은 동지로부터 105일째 되는 날로, 설날 · 단오 · 추석과 함께 4대 명절에 해당한다. 한식에는 글자 그대로 찬 음식을 먹는다고 해서 유래되었다. 이날 나라에서는 종묘와 각 능원에 제사를 하고, 민간에서는 산소에 올라가 술, 과일, 떡 등의 음식으로 제사를 지냈으며, 개사초라고 하여 무덤이 헐었으면 잔디를 새로 입혔다. 또한, 한식은 농사가 시작되는 시기로 농작물의 씨를 뿌리고 풍년을 기원하였다.

선택지 분석하기

① 설날

···› 설날은 음력 1월 1일로, 차례를 지내고 웃어른들을 찾아뵙고 세

배를 하며 덕담을 나누었다.

✔ 한식

⋯ 한식은 동지에서 105일째 되는 날로, 양력 4월 5, 6일경이다. 이날에는 일정 기간 동안 불의 사용을 금하여 찬 음식을 먹거나 조상의 묘를 돌보았다.

③ 중양절

⋯ 중양절은 음력 9월 9일로, 중국에서 유래한 명절이다. 이날은 국화전을 부쳐 먹기도 하였으며 계절 음식을 준비하여 조상에게 차례를 지내기도 하였다.

④ 정월 대보름

⋯ 정월 대보름은 음력 1월 15일로, 이날에는 한 해의 풍농을 기원하여 쌀, 조, 수수, 팥, 콩 등을 섞은 오곡밥을 먹고, 건강과 안녕을 기원하는 의미로 땅콩이나 호두, 밤 등 부럼을 깨물기도하였다.

미니북 14쪽

22 유성룡 정답 ①

빠른 정답 찾기 병산 서원 + 임진왜란 + 훈련도감 설치 건의 ➡ 유성룡

자료 분석하기

경북 안동시에 있는 병산 서원은 유성룡의 학문과 업적을 추모하기 위해 만들어진 곳으로, 흥선 대원군의 서원 정리에도 남아 있던 47개의 서원 중 하나이다. 유성룡은 임진왜란 때 새로운 군사 조직의 필요성을 느껴 포수, 사수, 살수의 삼수병으로 편성된 훈련도감의 설치를 건의하였다.

선택지 분석하기

✔ 징비록을 저술하였다.

⋯ 유성룡은 7년에 걸친 임진왜란의 원인과 전쟁 상황 등을 기록한 『징비록』을 저술하였다.

② 4군 6진을 개척하였다.

⋯ 조선 세종은 최윤덕을 시켜 여진족을 몰아낸 뒤 압록강 일대에 4군을 설치하고, 김종서를 시켜 두만강 일대에 6진을 설치하여 영토를 확장하였다.

③ 서경 천도를 주장하였다.

⋯ 고려 중기 묘청, 정지상을 중심으로 한 서경 세력은 서경 천도와 칭제 건원, 금 정벌 등을 주장하였다.

④ 대동여지도를 제작하였다.

⋯ 김정호는 조선 후기에 10리마다 눈금을 표시하여 거리를 알 수 있게 한 대동여지도를 제작하였다. 이는 목판으로 제작되어 대량 인쇄가 가능하였다.

23 하멜 정답 ②

빠른 정답 찾기 제주도 표류 + 네덜란드 + 조선 ➡ 하멜

자료 분석하기

1653년 네덜란드 동인도 회사 소속의 상인 하멜이 일본 나가사키로 향하던 중 일행과 함께 바다를 표류하다가 제주도에 도착하였다. 당시 조선은 병자호란 이후 청에 볼모로 갔던 봉림 대군이 효종으로 즉위하면서 북벌 운동을 추진하고 있었다. 이에 효종은 네덜란드 사람 하멜을 훈련도감에 배치하여 조총과 화포 등의 무기를 개량 · 보수하는 데 동원하였다. 이후 14년 동안 조선에 억류되었다가 일본으로 달아난 하멜은 네덜란드로 돌아가 조선에서의 억류 과정, 당시 조선의 문물과 생활 풍속 등을 기록한 『하멜표류기』를 저술하여 조선을 유럽에 처음 소개하였다.

선택지 분석하기

① 베델

⋯ 어니스트 베델은 일제의 한국 침략을 전 세계에 고발하고, 일본 제국주의 저항 운동에 앞장선 영국 출신 언론인이다. 양기탁과 함께 대한매일신보를 창간하여 항일 민족 운동을 적극적으로 지원하였다.

✔ 하멜

⋯ 헨드릭 하멜은 네덜란드 상인으로 일본 나가사키로 가던 중 표류하다가 제주도에 도착하였다. 이후 조선에 억류되었다가 본국으로 돌아가 『하멜표류기』를 저술하여 조선을 유럽에 소개하였다.

③ 매켄지

⋯ 프레더릭 매켄지는 영국 언론 데일리 메일의 종군 기자이자 특파원 자격으로 대한 제국에 입국하여 1907년 정미의병의 모습을 담은 사진을 촬영하였다. 그는 체류 기간 동안 일제의 각종 만행과 이에 저항하는 항일 의병의 독립운동 활동을 직접 취재하여 『대한 제국의 비극』을 발간하기도 하였다.

④ 헐버트

⋯ 호머 헐버트는 길모어 등과 함께 최초의 근대식 공립 학교인 육영 공원의 외국인 교사로 초빙되어 양반 자제들에게 영어 교육과 근대 교육을 실시하였다. 또한, 을사늑약 체결 이후 고종의 특별 밀사로 헤이그 특사의 활동을 지원하면서 국제 사회의 도움과 지지를 받기 위해 노력하였다.

미니북 48쪽

24 예송 논쟁 정답 ①

빠른 정답 찾기 (가) 인조반정 ➡ 예송 논쟁 ➡ (나) 탕평비 건립

자료 뜯어보기

(가) 대비의 명으로 인조가 즉위하였다. 광해군을 폐위시켜 강화로 내쫓고 이이첨* 등을 처형한 다음 전국에 대사령을 내렸다.

(나) 영조가 '두루 원만하고 치우치지 않음이 군자의 공정한 마음이요, 치우치고 두루 원만하지 못함이 소인의 사사로운 마음이다.'라는 내용을 담은 탕평비*를 성균관 입구에 세우게 하였다.

* **이이첨**: 광해군 때 집권한 대북파의 영수이다. 영창 대군을 유배 보내 살해하였으며, 인목 대비의 폐모론을 주장하여 대비를 경운궁(덕수궁)에 유폐시키는 등 폐모살제(어머니를 폐하고 동생을 죽임)에 앞장서 권력을 장악하였다.
* **탕평비**: 영조는 『논어』 위정편 14장에 있는 구절을 재구성하여 탕평비에 새긴 뒤 성균관에 세우며 탕평책을 실시하였다.
  - 이를 통해 광해군과 영조 시기 사이에 발생한 예송 논쟁이 정답임을 유추할 수 있다.

자료 분석하기

(가) **인조반정**(1623): 광해군 때 북인이 집권하여 정계에서 밀려 있던 서인 세력은 광해군의 중립 외교 정책과 폐모살제 문제를 빌미로 인조반정을 일으켰다. 능양군(인조)과 서인들은 경운궁에 갇혀있던 인목 대비 김씨에게 옥새를 바쳤다. 이후 인목 대비는 능양군을 즉위시켰으며, 광해군을 강화도로 유배시키고 대북파 이이첨, 정인홍 등 수십 명을 처형하였다.

(나) **탕평비 건립**(1742): 영조는 붕당 정치의 폐해를 막고 능력에 따른 인재를 등용하기 위해 탕평책을 실시하였다. 이를 알리기 위해 성균관에 탕평비를 건립하였다.

선택지 분석하기

✔ 예송이 발생하였다.

⋯› 조선 현종 때 효종과 효종비의 국상 당시 자의 대비의 복상 문제로 기해예송(1659)과 갑인예송(1674)이 발생하였고, 서인과 남인 사이의 대립이 심화되었다.

② 3포 왜란이 일어났다.

⋯› 조선 중종 때 3포(부산포, 제포, 염포)에 거주하고 있던 왜인들이 조선 조정의 통제에 불만을 품고 대마도의 지원을 받아 3포 왜란을 일으켰다(1510).

③ 경국대전이 완성되었다.

⋯› 조선 세조 때 편찬되기 시작한 『경국대전』은 조선의 기본 법전으로, 성종 때 완성되어 반포되었다(1485).

④ 정동행성이 설치되었다.

⋯› 고려 충렬왕 때 원이 일본 원정을 위해 설치한 정동행성은 이후에 고려의 내정 간섭 기구로 유지되었다(1280).

미니북 24쪽

25 상평통보 정답 ③

빠른 정답 찾기 조선 숙종 + 화폐 + 물품 구입 + 세금 납부 ➡ 상평통보

자료 분석하기

상평통보는 조선 인조 때 처음 주조 · 유통되다가 중지되었고, 숙종 때 영의정 허적의 건의에 따라 다시 주조하여 한양과 서북 지역 일부에서 유통하게 하였다. 이후 점차 전국적으로 유통하게 하여 공식 화폐로 지정하였다. 또한, 화폐의 사용을 장려하기 위해서 죄를 지은 사람들의 벌금이나 세금을 상평통보로 받았으며, 상업이 발달한 18세기 후반부터는 일상생활에서 널리 쓰이게 되었다.

선택지 분석하기

① 건원중보

⋯› 고려 성종 때 우리나라 최초의 화폐인 건원중보가 발행되었는데, 뒷면에 '동국(東國)'이라는 글자를 새겨 넣은 것이 특징이다.

② 해동통보

⋯› 고려 숙종 때 상업이 활발해지면서 삼한통보, 해동통보, 해동중보 등의 동전과 활구(은병)를 만들어 화폐의 통용을 추진하였으나 널리 유통되지는 못하였다.

✔ 상평통보

⋯› 조선 인조 때 처음 상평통보가 만들어졌다가 중지된 이후 숙종 때 허적의 건의에 따라 다시 주조되어 전국적으로 유통되었다.

④ 백동화

⋯› 백동화는 조선 말 개항 이후의 재정 위기를 해결하기 위하여 1892년 전환국에서 주조하여 유통시킨 화폐이다.

한발 더 다가가기

고려 · 조선 시대의 화폐

시대	화폐
고려	• 성종: 건원중보 • 숙종: 삼한통보, 해동통보, 활구(은병) • 충렬왕: 쇄은 • 충혜왕: 소은병 • 공양왕: 저화
조선	• 세종: 조선통보 • 인조: 상평통보 • 숙종: 상평통보(공식 화폐 지정) • 고종: 당백전(흥선 대원군)

26 조선 통신사 정답 ④

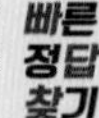
빠른 정답 찾기 일본 에도 막부 + 조선 + 외교 사절단 ➡ 통신사

자료 분석하기

조신은 임진왜란 이후 에도 막부의 요청으로 일본과 기유약조를 체결하고 국교를 재개하여 부산에 왜관을 설치하였다. 또한, 1607년부터 1811년까지 12회에 걸쳐 통신사를 파견하여 조선의 선진 문화를 일본에 전파하였다. 조선 통신사의 왕래로 조선과 일본 사이에 유학과 의학을 비롯한 다양한 분야에서 활발한 교류가 이루어졌다.

선택지 분석하기

① 보빙사

···› 보빙사는 서양 국가에 파견된 최초의 사절단으로, 미국 워싱턴에 도착하여 아서 대통령을 접견하였다. 그 후 40여 일간 외국 박람회, 공업 제조 회관, 병원, 신문사, 육군 사관 학교 등을 방문 · 시찰하였다.

② 연행사

···› 연행사는 조선 후기 청에 보낸 사신으로, 이들을 통해 지도, 천문서, 역법서, 천리경, 자명종, 서양 화포 등 서양의 과학 지식과 기술이 전래되었다.

③ 영선사

···› 영선사는 개항 이후 청으로 보내진 사절단으로, 김윤식을 중심으로 톈진 기기국에서 서양의 근대식 무기 제조 기술과 군사 훈련법을 시찰하고 돌아와 근대식 무기 제조 공장인 기기창을 설립하였다.

✔ 통신사

···› 임진왜란 이후 일본 에도 막부는 꾸준히 조선에 국교 재개와 사절 파견을 요청하였다. 이에 조선은 통신사를 파견하여 일본과 교류하였다.

미니북 10쪽

27 정조의 업적 정답 ③

빠른 정답 찾기 봉수당 + 융릉 + 용주사 + 혜경궁 홍씨 + 사도 세자 ➡ 정조

자료 분석하기

■ **봉수당**: 화성 행궁의 정전 건물이자 화성 유수부의 동헌 건물로 1795년 정조 때 어머니 혜경궁 홍씨의 회갑연 진찬례가 이 건물에서 열렸다.

■ **융릉**: 정조는 왕위에 오른 뒤에 아버지인 사도 세자의 무덤을 수은묘에서 영우원으로 바꾸고 존호도 사도에서 장헌으로 개칭하였으며, 서울 배봉산에 있는 무덤을 현재의 위치인 경기 화성시로 옮기었다. 이후 고종 때 사도 세자를 장조로 추존하고 무덤의 이름도 융릉으로 바꾸었다.

■ **용주사**: 정조는 사도 세자의 무덤을 화성으로 옮긴 후 아버지의 명복을 빌기 위해 사찰 건설을 추진하였다. 이에 전국에서 시주 8만 7천 냥을 거두었으며, 승려 혜경으로 하여금 공사를 담당하게 하여 4년 만에 용주사를 건설하였다.

선택지 분석하기

① 장용영을 설치하였다.

···› 조선 정조는 왕권을 뒷받침하는 군사적 기반을 갖추기 위해 친위 부대인 장용영을 설치하였다.

② 금난전권을 폐지하였다.

···› 조선 정조 때 채제공의 건의에 따라 신해통공을 시행하여 육의전을 제외한 시전 상인들의 금난전권이 폐지되었다.

✔ 농사직설을 편찬하였다.

···› 조선 세종은 정초, 변효문 등을 시켜 우리 풍토에 맞는 농법을 기술한 『농사직설』을 간행하였다.

④ 초계문신제를 실시하였다.

···› 조선 정조는 새롭게 관직에 오른 자 또는 기존 관리들 중 능력 있는 자들을 규장각에서 재교육시키는 초계문신제를 시행하였다.

한발 더 다가가기

정조의 개혁 정치

구분	내용
왕권 강화	• 초계문신제 실시: 새로운 관리 및 하급 관리 중에서 유능한 인재들 재교육 • 장용영 설치: 왕의 친위 부대로 왕권의 군사적 기반 강화 • 규장각 설치: 인재를 양성하고 정책을 연구하는 기능과 더불어 왕실 도서관이면서 왕을 보좌하는 업무까지 담당 • 수원 화성 건립: 정치적 · 군사적 기능을 부여하고 상업 활동 육성
문물제도 정비	• 서얼 차별 완화: 서얼 출신들을 규장각 검서관에 등용 • 신해통공 실시: 육의전을 제외한 시전 상인의 금난전권 폐지 • 편찬 사업: 『대전통편』, 『동문휘고』, 『무예도보통지』

28 서당 정답 ①

빠른 정답 찾기 현재의 초등학교 + 조선 시대 + 『천자문』 + 『동몽선습』 + 『소학』 ➡ 서당

자료 분석하기

서당은 나라에서 세운 지방의 공립 학교인 향교나 사림들이 세운 서원과 달리 일정한 조건이나 규칙이 없었기 때문에 자유롭게 세워졌다. 마을에서 선생님을 모셔와 서당을 차리거나 양반 유학자가 자기 집에 서당을 차려 동네 아이들을 가르치는 경우도 있었다. 조선 후기에는 상민들도 자식들을 공부시키면서 수요가 늘어났고, 몰락한 양반들이 생계를 위해 서당을 차리면서 그 수가 크게 늘어났다. 공부 내용은 주로 『천자문』, 『동몽선습』을 통해 한자의 음과 뜻을 익힌 후에 『명심보감』, 『격몽요결』 등의 짧은 문장을 외우고 교훈적인 내용을 익히는 것이었다. 이후 『소학』을 통해 유학의 기본을 공부하고 본격적으로 유교 경전인 『사서삼경』을 배웠다.

선택지 분석하기

✔ 서당
⋯› 서당은 조선 시대 초등 교육을 담당한 교육 기관으로 양반과 평민의 자제가 교육을 받을 수 있었다.

② 태학
⋯› 고구려 소수림왕은 국가 교육 기관인 태학을 설립하여 인재를 양성하였다.

③ 성균관
⋯› 성균관은 조선 시대 최고의 교육 기관으로 초시인 생원시와 진사시에 합격한 유생들이 우선적으로 입학할 수 있었다.

④ 주자감
⋯› 주자감은 발해의 교육 기관으로 왕족과 귀족을 대상으로 유교 교육을 실시하였으며 당의 국자감 제도를 받아들여 운영하였다.

미니북 51쪽

29 창경궁 정답 ④

빠른 정답 찾기 조선 시대 + 동궐 + 일제에 의해 동물원과 식물원 설치 ➡ 창경궁

자료 분석하기

창경궁은 세종이 즉위한 1418년에 상왕 태종을 위한 수강궁을 세운 것에서 시작되었다. 이후 성종은 3명의 대비를 위한 공간으로 수강궁을 확장 공사하면서 창경궁이라는 이름을 새로 붙였고, 창덕궁과 함께 동궐로 불렸다. 1907년 고종이 강제 퇴위되면서 순종이 즉위하자 거처를 경운궁(덕수궁)에서 창덕궁으로 옮기었다. 이에 일제는 순종을 위로한다는 명목으로 창경궁의 전각을 헐고 그 자리에 동물원과 식물원을 만들었으며, 궁궐의 이름도 창경원으로 바꾸어 궁궐이 갖는 왕권과 왕실의 상징성을 격하시켰다. 광복 후 1983년부터 창경궁 복원이 시작되어 동물원과 식물원을 철거하고 본래의 모습을 되살리는 노력이 계속 되고 있다.

선택지 분석하기

① 경복궁
⋯› 경복궁은 태조 이성계가 조선 건국 이후 도읍을 개경에서 한양으로 옮기면서 창건되었다. 이후 임진왜란 때 불타 없어졌다가 고종 때 흥선 대원군이 왕실의 권위를 회복하기 위해 중건하였다.

② 경희궁
⋯› 경희궁은 광해군 때 만들어졌다. 임진왜란 때 경복궁이 불탄 후 흥선 대원군이 중건하기 전까지 동궐인 창덕궁과 창경궁이 정궁이 되었고, 서궐인 경희궁이 이궁으로 사용되었다.

③ 덕수궁
⋯› 덕수궁은 월산 대군의 거처였으나 임진왜란 이후 임시 궁궐로 사용하면서 광해군이 경운궁이라는 이름을 붙였다. 이후 1907년에 덕수궁으로 개칭하였다.

✔ 창경궁
⋯› 창경궁은 세종이 즉위하고 상왕인 태종을 모시기 위해 지어진 궁으로 본래 이름은 수강궁이다. 이후 성종 때 3명의 대비를 모시기 위해 새롭게 중건하여 이름을 창경궁으로 바꾸었다.

미니북 52쪽

30 독도 정답 ①

빠른 정답 찾기 10월 25일 + 대한 제국 칙령 41호 ➡ 독도

자료 분석하기

1900년 대한 제국은 울릉도, 독도의 행정 관리를 강화하기 위해 대한 제국 칙령 제41호를 발표하였다. 이를 통해 울릉도를 군으로 승격시키고 독도를 관할하게 하여 우리의 영토임을 명시하였다. 2004년 독도 수호대는 독도의 날을 국가 기념일로 제정하기 위한 서명 운동을 진행하고 관련 청원서를 국회에 제출하기도 하였다. 이에 2005년 경상북도 의회가 매년 10월을 독도의 달로 정하는 내용의 조례를 통과시켰고, 매년 관련 행사를 진행하고 있다.

미니북 36쪽

31 임술 농민 봉기 정답 ④

빠른 정답 찾기 유계춘 + 백낙신 + 환곡의 폐단 ➡ 임술 농민 봉기

자료 분석하기

삼정의 문란과 경상 우병사 백낙신의 수탈에 견디다 못한 농민들의 반발로 진주 지역의 몰락 양반인 유계춘을 중심으로 한 임술 농민 봉기가 발생하였다.

선택지 분석하기

① 소격서를 폐지하였다.
···› 조선 중종 때 등용된 조광조와 사림 세력은 도교를 이단으로 배척하였다. 이에 따라 궁중에서 도교적 제사(초제)를 주관하는 소격서의 폐지를 주장하여 이를 폐지하였다.

② 직전법을 실시하였다.
···› 조선 세조는 과전의 세습화로 과전 부족 등을 초래하자 이를 바로잡기 위해 현직 관리에게만 수조권을 지급하는 직전법을 실시하였다.

③ 척화비를 건립하였다.
···› 흥선 대원군은 병인양요와 신미양요 등 서양의 침략을 극복한 이후 외세의 침입을 경계하였다. 이에 서양과의 통상 수교 거부 의지를 알리기 위해 전국 각지에 척화비를 세웠다.

④ 삼정이정청을 설치하였다.
···› 임술 농민 봉기를 조사하기 위해 안핵사로 파견된 박규수는 민란의 원인이 삼정의 문란에 있다고 보고 삼정이정청을 설치하여 삼정의 폐단을 해결하려고 노력하였다.

32 위정척사 운동 정답 ③

빠른 정답 찾기 (나) 이항로의 척화 주전론 ➡ (가) 최익현의 왜양일체론 ➡ (다) 영남 만인소

자료 분석하기

(나) **이항로의 척화 주전론**(1866): 이항로는 병인양요가 일어나자 흥선 대원군에게 외적과 화친하지 말고 싸워야 한다는 척화 주전론을 올렸으며, 천주교를 이단으로 규정하였다. 또한, 서양의 경제적 침략성을 간파하여 서양 제품의 사용 금지론과 불매불용론을 제시하기도 하였다.

(가) **최익현의 왜양일체론**(1876): 최익현은 일본이 강화도 조약 체결을 요구하자 일본과 서양은 같다는 왜양일체론을 주장하며 지부복궐척화의소라는 상소를 올려 일본과의 수교를 반대하였다.

(다) **영남 만인소**(1881): 김홍집이 청에서 『조선책략』을 들여온 이후 러시아를 견제하고 미국과 외교 관계를 맺어야 한다는 여론이 형성되자 이만손을 중심으로 한 영남 유생들은 만인소를 올려 이를 반대하였다.

미니북 37쪽

33 갑신정변 정답 ①

빠른 정답 찾기 1884년 + 우정총국 개국 축하연 + 청군의 개입 + 3일 만에 실패 ➡ 갑신정변

자료 분석하기

1884년 급진 개화파(개화당)는 우정총국의 개국 축하연을 계기로 갑신정변을 일으켰다. 이에 고종과 명성 황후를 경우궁으로 옮기고 군사 지휘권을 가진 수구파 한규직, 윤태준 등과 민씨 세력인 민태호, 민영목 등을 제거하였다. 갑신정변으로 정권을 잡은 이들은 14개조 정강을 발표하고 청과의 사대 관계 폐지, 입헌 군주제, 능력에 따른 인재 등용을 주장하였으나 청군의 개입으로 3일 만에 실패하였다.

선택지 분석하기

① 갑신정변
···› 김옥균, 박영효를 중심으로 한 급진 개화파는 일본의 군사적 지원을 약속받고 우정총국의 개국 축하연 자리에서 갑신정변을 일으켰다.

② 을미사변
···› 삼국 간섭 이후 일본의 세력이 위축되면서 민씨 세력이 러시아를 통해 일본을 견제하려 하였다. 이에 일본은 자객을 보내 경복궁을 습격하여 명성 황후를 시해하는 을미사변을 일으켰다.

③ 임오군란
⋯› 신식 군대인 별기군과 차별 대우를 받던 구식 군대가 선혜청과 일본 공사관을 습격하면서 임오군란이 발생하였다.

④ 아관 파천
⋯› 을미사변으로 신변의 위협을 느낀 고종은 러시아 공사관으로 피신하였다.

미니북 41쪽

34 동학 농민 운동 정답 ②

빠른 정답 찾기 백산 집결 + 황룡촌 전투 + 전주성 점령 + 우금치 전투
➡ 동학 농민 운동

자료 분석하기

고부 군수 조병갑의 횡포에 반발한 농민들이 동학교도인 전봉준을 중심으로 동학 농민 운동을 일으켰다. 이후 농민군은 백산에 집결하여 4대 강령을 발표하고 제폭구민, 보국안민을 기치로 내걸고 봉기하여 황토현 전투와 황룡촌 전투에서 승리하며 전주성을 점령하고 전라도 일대를 장악하였다. 조정에서 이들을 진압하기 위해 청에 원군을 요청하자 톈진 조약에 의해 일본도 군대를 파견하였다. 이에 청과 일본의 군대 개입을 우려한 농민군은 정부와 전주 화약을 맺고 해산하였다. 그러나 청일 전쟁이 발발하고 일본의 내정 간섭이 심해지자 동학 농민군의 남접과 북접이 연합하여 다시 봉기하였다. 이후 우금치 전투에서 일본군에게 패배하고 전봉준이 한양으로 압송되면서 와해되었다.

선택지 분석하기

① 외규장각 도서가 약탈되었다.
⋯› 병인박해를 구실로 로즈 제독이 이끄는 프랑스 군대가 양화진을 공격하며 병인양요가 발생하였다. 이때 프랑스군은 외규장각 도서를 약탈하였다.

② 집강소를 설치하여 폐정 개혁을 추진하였다.
⋯› 동학 농민 운동 당시 농민군은 청과 일본의 군대 개입을 우려하여 조선 정부와 전주 화약을 맺고 집강소를 설치하여 폐정 개혁을 실시하였다.

③ 홍의 장군 곽재우가 의병장으로 활약하였다.
⋯› 홍의 장군 곽재우는 임진왜란이 일어나자 의령에서 의병을 모아 왜군과 싸우며 활약한 의병장이다. 이후 진주성 전투, 화왕산성 전투에 참전하였다.

④ 서북인에 대한 차별이 원인이 되어 일어났다.
⋯› 세도 정치와 삼정의 문란으로 인해 어려움을 겪던 농민들과 서북 지역 차별 대우에 불만을 품은 평안도 지방 사람들이 몰락 양반 출신 홍경래를 중심으로 봉기를 일으켰다.

35 최재형 정답 ④

빠른 정답 찾기 연해주 독립운동 + 안중근의 하얼빈 의거를 도움 + 권업회 조직
➡ 최재형

자료 분석하기

최재형은 일제 강점기 정치적 영향력과 경제력을 바탕으로 연해주 한인 사회를 이끈 대표적인 인물이다. 1907년 한일 신협약으로 군대가 강제 해산되자 이를 계기로 러시아에 모여든 군인들에게 군량과 군자금을 제공하였다. 또한, 1910년 블라디보스토크에서 발간된 대동공보가 재정난으로 인해 폐간되자 이를 인수하여 언론 투쟁을 전개하기도 하였다. 이후 1920년 4월 일제가 러시아 시베리아로 쳐들어오자 재러 한인 의병을 모아 무장 투쟁을 전개하다가 순국하였다.

선택지 분석하기

① 박은식
⋯› 박은식은 독립운동의 수단으로 민족사 연구에 몰두하여 일본의 침략 과정을 다룬 『한국통사』를 저술하였다.

② 이봉창
⋯› 한인 애국단 소속의 이봉창은 도쿄에서 일본 국왕의 마차에 폭탄을 투척하였다.

③ 주시경
⋯› 국문 연구소가 설립된 이후 주시경은 국문 연구소 위원으로 한글의 정리와 국어의 이해 체계 확립에 힘쓰면서 국문법을 정리하였다.

④ 최재형
⋯› 최재형은 안중근과 함께 이토 히로부미 처단을 모의하고 총을 마련해 주는 등 하얼빈 의거를 지원하였다. 또한, 연해주에서 권업회를 조직하고 초대 회장으로 활동하였다.

미니북 49쪽

36 독립 협회 정답 ②

빠른 정답 찾기 만민 공동회 + 러시아 군사 교관 철수 요구 + 러시아의 절영도 조차 요구 반대 ➡ 독립 협회

자료 분석하기

독립 협회는 만민 공동회를 개최하면서 러시아의 군사 교관과 재정 고문관의 철수를 요구하며 정부에 강력히 건의하였다. 이에 정부는 러시아와 교섭하여 군사 교관과 재정 고문관을 철수시키게 되었다. 이후 러시아가 부산의 절영도 조차를 요구한 사실이 알려지자 독립

협회는 정부에 사실 해명을 요구하였다. 정부로부터 과거 일본에 빌려준 전례에 따라 조차 요구를 허가했다는 답변을 들은 독립 협회는 러시아의 요구를 거부하는 것은 물론 이미 허가해준 일본의 절영도 석탄고 기지도 돌려받아야 한다고 주장하며 민중 집회를 통해 압력을 행사하였다. 결국 러시아는 절영도 조차 요구를 철회하였고, 일본도 절영도 석탄고 기지를 반환하였다.

선택지 분석하기

① 태극 서관을 운영하였다.
··· 신민회는 국내의 산업 활동을 육성하여 민족 산업의 기반을 다지기 위해 대구에 태극 서관을 설립하여 운영하였다.

② 독립문 건립을 주도하였다.
··· 독립 협회는 청의 사신을 맞던 영은문을 헐고 그 자리에 독립문을 세워 독립 정신을 높였다.

③ 고종 강제 퇴위를 반대하였다.
··· 대한 자강회는 교육과 산업 활동을 바탕으로 한 국권 회복을 목표로 하면서 고종의 강제 퇴위 반대 운동을 전개하였으나, 일제의 탄압으로 해산되었다.

④ 국채 보상 운동을 지원하였다.
··· 국채 보상 운동은 대한매일신보, 황성신문 등 여러 언론 기관들의 지원을 받아 전국으로 확산되었다.

한발 더 다가가기

독립 협회의 활동

자주 국권 운동	• 독립문 건립, 독립신문 발간 • 고종의 환궁, 칭제 건원 요구 • 러시아의 절영도 조차 요구 저지 • 러시아의 군사 교련단과 재정 고문단 철수 요구 • 한러 은행 폐쇄 요구
자유 민권 운동	• 신체 · 재산권 보호 운동 • 언론 · 집회의 자유권 쟁취 운동 전개
자강 개혁 운동	• 헌의 6조 채택(관민 공동회, 국권 수호, 민권 보장, 국정 개혁) • 박정양 진보 내각 설립(의회 설립 운동) → 중추원 관제(관선 25명, 민선 25명) 반포

미니북 40쪽

37 대한 광복회

정답 ①

빠른 정답 찾기 박상진 + 1915년 + 대구 + 공화 정치 + 독립 전쟁 자금 모금 + 친일파 처단 ➡ 대한 광복회

자료 분석하기

1915년 박상진을 중심으로 대구에서 결성된 대한 광복회는 공화 정체의 국민 국가 건설을 목표로 활동하였다. 이후 독립 자금을 모금하기 위해 전국의 부호들을 대상으로 모금 활동을 하였고, 친일파를 처단하는 등 독립운동을 전개하였다.

선택지 분석하기

① 대한 광복회
··· 대한 광복회는 대구에서 조직된 독립운동 단체로 공화 정체의 근대 국민 국가 수립을 지향하였다.

② 조선어 학회
··· 조선어 학회는 한글 맞춤법 통일안과 표준어를 제정하고 『조선말 큰사전』의 편찬을 시작하여 해방 이후 완성하였다.

③ 조선 형평사
··· 일제 강점기에 백정들은 사회적 차별을 철폐하기 위해 조선 형평사를 결성하고 형평 운동을 전개하였다.

④ 한인 애국단
··· 김구는 상하이에서 한인 애국단을 결성하여 적극적인 투쟁 활동을 전개하면서 독립운동가를 지원하였다.

한발 더 다가가기

1910년대 국내외 독립운동

국내	독립 의군부	• 임병찬 등이 고종의 밀지를 받고 조직한 복벽주의 단체 • 조선 총독에게 국권 반환 요구서 제출
	대한 광복회	• 박상진을 중심으로 결성된 항일 독립운동 단체 • 공화 정치 지향 • 군자금 조달, 친일파 처단
국외	간도	• 명동 학교, 서전서숙 • 신흥 무관 학교
	연해주	• 대한 광복군 정부 • 한인 사회당 결성
	미주	• 대한인 국민회 • 대조선 국민 군단

미니북 26쪽

38 제암리 사건 정답 ③

빠른 정답 찾기: 스코필드 + 제암리 + 일본군 + 교회에 마을 사람들을 모이게 하고 사격을 가한 후 불을 지름 ➡ (다) 제암리 사건

자료 분석하기

제암리 사건은 1919년 3·1 운동 때 만세 시위가 일어났던 화성 제암리에서 일본군이 주민들을 학살하고 교회당과 민가를 방화한 사건이다. 이때 프랭크 스코필드는 제암리 학살 사건의 처참한 현장 사진과 기록을 국외로 보내 일본의 비인도적 만행을 세계에 알렸다.

미니북 15쪽

39 안창호 정답 ②

빠른 정답 찾기: 도산 + 대성 학교 설립 + 흥사단 조직 ➡ 안창호

자료 분석하기

도산 안창호는 양기탁 등과 함께 신민회를 결성하고 대성 학교와 오산 학교를 세워 민족 교육을 실시하였으며, 태극 서관과 자기 회사를 설립하여 민족 기업을 육성하였다. 또한, 박은식, 이동휘 등과 서북 학회를 조직하여 애국 계몽 운동을 전개하였고, 국권 회복을 위해 미국 샌프란시스코에서 민족 운동 단체인 흥사단을 조직하여 활동하기도 하였다.

선택지 분석하기

① 김규식
⋯› 김규식은 상하이에서 신한 청년당을 조직하고 파리 강화 회의에 참석하여 독립 청원서를 제출하였다.

✔② 안창호
⋯› 안창호는 양기탁 등과 함께 신민회를 결성하고 평양에 대성 학교를 세워 민족 교육을 실시하였으며 미국에서 흥사단을 조직하기도 하였다.

③ 여운형
⋯› 여운형은 일본인의 안전한 귀국을 보장하는 조건으로 조선 총독부로부터 행정권의 일부를 넘겨받아 조선 건국 준비 위원회를 결성하였다.

④ 이동휘
⋯› 이동휘는 이상설 등과 함께 자치 조직인 권업회를 조직하고, 대한 광복군 정부를 창설하여 군사 활동을 준비하였다.

미니북 40쪽

40 신흥 강습소 정답 ③

빠른 정답 찾기: 이상룡 + 이회영 + 만주 삼원보 ➡ 신흥 강습소

자료 분석하기

임청각은 경북 안동시에 있으며, 보물 제182호로 지정되어 있는 석주 이상룡의 생가이다. 이곳은 이상룡을 비롯해 독립운동가 9명을 배출하였으며, 원래는 99칸 규모의 집이었다. 그러나 독립운동가를 다수 배출한 집이라는 이유로 일제가 중앙선 철로를 내어 훼손하고 50여 칸의 행랑채와 부속 건물을 철거하였다.

선택지 분석하기

① 동문학
⋯› 개항 이후 조선 정부는 동문학을 설치하여 통역관 양성을 위한 영어 교육을 실시하였다.

② 배재 학당
⋯› 미국인 선교사 아펜젤러는 근대적 사립 학교인 배재 학당을 세워 신학문 보급에 기여하였다.

✔③ 신흥 강습소
⋯› 신민회 회원인 이상룡, 이회영 등이 중심이 되어 만주 삼원보에 독립군 양성 학교인 신흥 강습소(훗날 신흥 무관 학교)를 설립하였다.

④ 한성 사범 학교
⋯› 갑오개혁 이후 고종은 교육 입국 조서를 발표하고 교육의 중요성을 강조하면서 교사 양성을 위해 한성 사범 학교를 세웠다.

미니북 12쪽

41 1910년대 무단 통치 정답 ②

빠른 정답 찾기: 헌병 경찰 + 칼을 휴대한 교사 ➡ 1910년대 무단 통치

자료 분석하기

헌병 경찰제는 무단 통치기인 1910년대에 강압적 통치를 목적으로 실시되었다. 당시 교사들까지 제복을 입고 칼을 차고 다니게 하였으며 조선 곳곳에 일본 헌병 경찰을 배치하였다.

선택지 분석하기

① 별기군

··· 조선 정부는 기존 5군영을 무위영과 장어영의 2군영으로 개편하고 신식 군대인 별기군을 설치하였다(1881).

② 토지 조사 사업

··· 조선 총독부는 토지 조사국을 설치하고 토지 조사령을 발표하여 일정 기간 내 토지를 신고하도록 하는 토지 조사 사업을 실시하였다(1912).

③ 산미 증식 계획

··· 급격한 공업화로 일본 본토의 쌀이 부족하자 일제는 부족한 쌀을 조선에서 수탈하기 위해 산미 증식 계획을 실시하였다(1920).

④ 강제 공출

··· 일제는 1930년대 이후 전쟁 물자가 부족해지자 민가에서 사용하던 놋그릇과 금속제 물건들을 가져갔으며, 군량미 확보를 위해 미곡 공출 제도를 실시하였다.

한발 더 다가가기

일제 강점기 경제 수탈

1910년대	• 토지 조사 사업: 총독부의 토지 약탈 • 회사령, 어업령, 광업령: 회사 설립과 주요 산업의 허가제 전환
1920년대	• 산미 증식 계획: 일본 본토의 식량 부족 문제를 해결하기 위해 쌀 유출 → 국내 식량 사정 악화, 몰락 농민 증가 • 일본 상품에 대한 관세 철폐
1930년대	• 남면북양 정책 • 병참 기지화 정책: 전쟁 수행에 필요한 물자 조달 • 국가 총동원법: 침략 전쟁을 위한 인적 · 물적 자원 수탈

미니북 28쪽

42 의열단 정답 ③

빠른 정답 찾기 조선 혁명 선언 + 김원봉 + 신채호 + 김익상 + 김상옥 + 박재혁 + 종로 경찰서 + 폭파 + 요인 처단 ➡ 의열단

자료 분석하기

김원봉이 1919년 만주에서 조직한 의열단은 신채호가 1923년 작성한 조선 혁명 선언을 활동 강령으로 삼아 식민 통치 기관 파괴, 요인 암살, 테러 등 직접적인 항일 무장 투쟁을 전개하였다. 의열단원인 박재혁은 부산 경찰서, 김익상은 조선 총독부, 김상옥은 종로 경찰서, 나석주는 조선 식산 은행과 동양 척식 주식회사에 폭탄을 투척하였다.

선택지 분석하기

① 근우회

··· 근우회는 신간회의 자매단체로 조직되었으며, 강연회를 개최하는 등 여성 계몽 활동과 여성 지위 향상 운동을 전개하였다.

② 보안회

··· 보안회는 일본의 황무지 개간권 요구에 대한 반대 운동을 전개하여 이를 저지하였다.

③ 의열단

··· 김원봉이 결성한 의열단은 신채호가 작성한 조선 혁명 선언을 활동 지침으로 삼아 직접적인 투쟁 방법인 암살, 파괴, 테러 등을 통해 독립운동을 전개하였다

④ 중광단

··· 북간도로 이주한 한인들이 대종교를 중심으로 중광단을 조직하여 항일 투쟁을 전개하였다.

한발 더 다가가기

의열단의 의거 활동

인물	내용
박재혁	부산 경찰서에 폭탄 투척(1920)
최수봉	밀양 경찰서에 폭탄 투척(1920)
김익상	조선 총독부에 폭탄 투척(1921)
김상옥	종로 경찰서에 폭탄 투척, 일경과 교전 처단(1923)
김지섭	일본 도쿄 왕궁에 폭탄 투척(1924)
나석주	조선 식산 은행과 동양 척식 주식회사에 폭탄 투척(1926)

미니북 27쪽

43 광주 학생 항일 운동 정답 ④

빠른 정답 찾기 조선인 학생이 일본인 학생의 희롱에 격분 + 민족 차별 + 광주 학생 + 대규모 시위 ➡ 광주 학생 항일 운동

자료 분석하기

광주에서 나주로 가는 통학 열차 안에서 일본인 학생이 한국인 여학생을 희롱하자 한국인과 일본인 학생 간의 충돌이 일어났다. 일본 경찰은 차별적으로 일본인 학생의 편을 들었고 이 소식이 알려지자 광주고보 학생들은 광주 길거리에서 시위를 벌였다. 광주 학생 항일 운동은 한국인 학생에 대한 차별과 식민지 교육에 저항하는 항일 운동으로 발전하였으며, 이는 3 · 1 운동 이후 가장 큰 규모의 항일 운동이었다.

선택지 분석하기

① 통감부가 설치되다.
···› 1905년 을사늑약이 체결되면서 대한 제국의 외교권이 박탈되었다. 이듬해 서울에 통감부가 설치되었고, 이토 히로부미가 초대 통감으로 부임하였다.

② 2 · 8 독립 선언서를 작성하다.
···› 일본 도쿄 유학생들이 결성한 조선 청년 독립단은 대표 11인을 중심으로 도쿄에서 2 · 8 독립 선언서를 작성하여 발표하였다.

③ 일제가 치안 유지법을 공포하다.
···› 1920년대 중반 사회주의가 확산되자 일제는 치안 유지법을 시행하여 식민지 지배에 저항하는 민족 해방 운동과 사회주의 독립운동을 탄압하였다.

④ 신간회 등이 지원하여 전국으로 확산되다.
···› 한국인 학생과 일본인 학생의 충돌로 광주 학생 항일 운동이 발생하자 신간회가 진상 조사단을 파견하였다.

44 「아리랑」 정답 ②

빠른 정답 찾기 나운규 + 영화 + 주인공 영진 + 단성사 ➡ 「아리랑」

자료 분석하기

영화 「아리랑」은 나운규가 직접 각본 · 각색하고 출연한 첫 번째 작품이다. 일제의 검열을 피하기 위해 감독으로 김창선이라는 한국명을 갖고 있던 일본인 쓰모리 히데카츠를 내세웠다. 이 영화는 3 · 1 운동 때 잡혀서 일제의 고문으로 정신 이상자가 된 주인공 영진의 삶을 보여준다. 「아리랑」은 단성사에서 개봉하여 전국의 극장에서 큰 성공을 거두었으며, 이 영화의 영향으로 한국 영화가 발전하는 한편 민족 영화 제작이 활발해지는 계기가 되었다.

선택지 분석하기

① 미몽
···› 영화 「미몽」은 양주남 감독의 첫 작품으로 우리나라에서 현존하는 가장 오래된 영화이다. 1930년대 당시 영화 문법과 기술적 진보를 가늠해 볼 수 있는 작품이다.

② 아리랑
···› 나운규는 일제 강점기 때 영화인으로 다양한 작품을 제작하였다. 특히 제작과 감독, 주연을 맡은 영화 「아리랑」은 단성사에서 개봉하여 한국 영화가 비약적으로 발전하는 데 기여하였다.

③ 자유 만세
···› 영화 「자유 만세」는 1946년에 상영된 최인규 감독의 항일 작품이다. 이 영화는 민족 독립 투사의 항일 투쟁과 이들의 우정 · 사랑을 그린 내용으로 광복 영화의 시작을 알렸다.

④ 시집 가는 날
···› 영화 「시집 가는 날」은 이병일 감독이 1954년 동아 영화사를 설립하고 만든 작품으로 오영진의 희곡 「맹 진사댁 경사」를 원작으로 하고 있다. 세도가의 가문과 결혼하려다 벌어지는 상황을 풍자한 희극 영화이다.

미니북 12쪽

45 민족 말살 통치 정답 ②

빠른 정답 찾기 황국 신민 서사 + 국민학교 + 제국 신민 ➡ 민족 말살 통치

자료 분석하기

일제는 1930~40년대에 민족 말살 통치를 시행하였다. 이를 위해 1937년에 황국 신민 서사를 만들어 학교나 직장뿐만 아니라 모임에서도 이를 암송하도록 하였다. 이는 일왕에 대한 충성심을 세뇌시키고자 한 목적이었다. 또한, 일제는 1941년 제3차 조선 교육령을 공포하여 일왕의 칙령에 따라 소학교를 '황국 신민의 학교'라는 의미인 국민학교로 개칭하였다.

선택지 분석하기

① 대동법 시행에 반대하는 지주
···› 조선 광해군 때 공납의 폐단을 해결하기 위해 공납을 전세화하여 공물 대신 쌀을 납부하도록 하는 대동법이 경기도부터 실시되었다(1608).

② 신사 참배를 강요당하는 청년
···› 1930년대 일제는 관공서를 비롯한 학교 학생들에게 의무적으로 신사 참배를 요구하였으며, 중일 전쟁 이후에는 황국 신민화 정책에 따라 일반인들은 물론 교회까지 신사 참배를 강요하였다.

③ 암태도 소작 쟁의에 참여하는 농민
···› 전남 신안군 암태도에서는 한국인 지주 문재철의 횡포와 이를 비호하는 일본 경찰에 맞서 일제 강점기 최대의 소작 쟁의가 발생하였다(1923).

④ 박문국에서 한성순보를 발간하는 관리
···› 개항 이후 개화 정책의 일환으로 박문국을 설치하고 최초의 근대 신문인 한성순보를 발행하였다(1883). 한성순보는 순 한문을 사용하고 10일마다 발행되었으며, 정부 관보의 성격을 가지고 있었다.

미니북 29쪽

46 대한민국 정부 수립 과정 정답 ④

빠른 정답 찾기 신탁 통치 반대 집회 ➡ (가) ➡ 대한민국 정부 수립

자료 분석하기

- **신탁 통치 반대 집회**(1945.12.28.): 모스크바 삼국 외상 회의를 통해 미소 공동 위원회의 설치와 최대 5년간의 신탁 통치 협정이 결정되었다. 이러한 소식이 국내에 알려지자 김구, 이승만 등을 중심으로 전국적인 신탁 통치 반대 운동이 전개되었다.
- **대한민국 정부 수립**(1948.8.15.): 5 · 10 총선거를 통해 구성된 제헌 국회는 국호를 '대한민국'으로 정하고 대통령 중심제를 근간으로 하는 제헌 헌법을 공포하였다. 대통령 선거는 국회에서 간선제 방식으로 치러져 초대 대통령에 이승만, 부통령에 이시영이 당선되면서 1948년 8월 15일에 대한민국 정부의 수립을 국내외에 선포하였다.

선택지 분석하기

① 경부 고속 도로 개통
···› 박정희 정부 시기인 1968년 2월 1일에 착공된 경부 고속 도로는 단군 이래 최대의 토목 공사로 불리면서 1970년 7월 7일에 개통되었다.

② 4 · 19 혁명
···› 이승만의 장기 집권과 자유당 정권의 3 · 15 부정 선거에 저항하여 4 · 19 혁명이 발발하였다(1960). 그 결과 이승만 대통령이 하야하고 내각 책임제를 기본으로 하는 허정 과도 정부가 구성되었다.

③ 유신 헌법 공포
···› 박정희 정부는 장기 집권을 위해 유신 헌법을 선포하여 대통령에게 국회의원 1/3 추천 임명권, 긴급 조치권 등 강력한 권한을 부여하였다(1972).

✔④ 5 · 10 총선거
···› 우리나라 역사상 최초의 민주주의 선거인 5 · 10 총선거를 통해 임기 2년의 제헌 국회 의원이 선출되었다(1948.5.10.).

미니북 34쪽

47 6 · 25 전쟁 정답 ③

빠른 정답 찾기 이우근 + 학도의용군 + 포항여중 전투 + 북한군 + 동족상잔의 비극 ➡ 6 · 25 전쟁

자료 분석하기

이우근은 포항여중 전투에서 전사한 학도병으로 시신에서 어머니에게 쓴 편지가 발견되었으며, 편지에는 동족상잔의 비극과 어머니에 대한 그리움이 담겨져 있었다. 포항여중 전투는 8월 11일 새벽 4시부터 11시간 동안 이어졌는데, 이때 71명의 학도병 중 47명이 전사하고 4명이 실종되었으며 13명이 포로가 되었다. 이와 같은 학도병들의 저항으로 북한군의 포항 시내 진출이 지연됨으로써 제3사단 사령부와 기타 지원 부대 및 경찰, 그리고 행정 기관이 무사히 안전지대로 철수할 수 있었다.

선택지 분석하기

① 미국이 애치슨 선언을 발표하였다.
···› 애치슨 선언은 미 국무 장관인 애치슨이 한국을 미국의 태평양 방위선에서 제외한다는 내용을 포함하여 발표한 것으로, 6 · 25 전쟁 발발의 원인을 제공하였다(1950.1.).

② 조선 건국 준비 위원회가 결성되었다.
···› 여운형은 일본인의 안전한 귀국을 보장하는 조건으로 조선 총독부로부터 행정권의 일부를 넘겨받아 조선 건국 준비 위원회를 결성하였다(1945).

✔③ 16개국으로 구성된 유엔군이 참전하였다.
···› 6 · 25 전쟁이 발발하자 유엔 안전 보장 이사회에서 한국 군사 지원 결의안이 채택되었다(1950.6.28.). 이에 한국을 돕기 위해 16개국으로 구성된 유엔군이 참전하였다.

④ 13도 창의군이 서울 진공 작전을 전개하였다.
···› 한일 신협약으로 해산된 군인들이 이인영을 총대장으로 추대하고 13도 창의군을 조직하여 서울 진공 작전을 전개하였으나 실패하였다(1908).

미니북 30쪽

48 6월 민주 항쟁 정답 ③

빠른 정답 찾기 고문 살인 + 호헌 철폐 + 1987년 + 성공회 대성당 + 박종철 + 민주 헌법 쟁취 국민 운동 본부 ➡ 6월 민주 항쟁

자료 분석하기

1987년 1월 14일 서울대 재학생 박종철이 남영동 대공분실에서 조사를 받던 중 경찰의 고문으로 사망하는 사건이 발생하였다. 이에 시민들이 항의하며 민주화 운동으로 이어졌고 각계각층에서는 군사 정권 유지를 위한 호헌 조치 반대 성명 등 민주 시국 선언을 잇따라 내놓았다. 이에 5월 23일 '박종철 고문 살인 은폐 조작 규탄 범국민 대회 준비 위원회'가 결성되고 이들은 6월 10일에 규탄 대회를 갖기로 결정하였다. 이후 '민주 헌법 쟁취 국민 운동 본부'가 주관하여 대한 성공회 서울 주교좌 대성당에서 '박종철군 고문치사 조작, 은폐 규탄 및 호헌 철폐 국민 대회'를 개최하였고, 거리에는

시민들이 호헌 철폐와 독재 타도 등의 구호를 내세우며 민주적인 헌법 개정을 요구하였다.

선택지 분석하기

① 대통령이 하야하는 결과를 가져왔다.
⋯ 이승만과 자유당 정권의 3·15 부정 선거에 대한 항거로 4·19 혁명이 발발하였고 대통령이 하야하는 결과를 가져왔다.

② 굴욕적인 한일 국교 정상화에 반대하였다.
⋯ 박정희 정부 당시 한일 국교 정상화 회담이 진행되자 학생과 야당을 주축으로 굴욕적 대일 외교를 반대하는 6·3 시위가 전개되었다.

③ ~~5년 단임의 대통령 직선제 개헌~~을 이끌어냈다.
⋯ 6월 민주 항쟁이 전국적으로 일어나자 결국 전두환 정부는 국민들의 민주화 요구를 수용하게 되었고, 5년 단임의 대통령 직선제 개헌을 이끌어냈다.

④ 전개 과정에서 시민군이 자발적으로 조직되었다.
⋯ 신군부의 비상계엄 확대에 항거하여 광주에서 일어난 5·18 민주화 운동은 신군부가 공수 부대를 동원하여 무력 진압에 나서자 광주 학생과 시민들이 시민군을 조직하여 계엄군에 대항하면서 격화되었다.

한발 더 다가가기

민주화 운동

구분	내용
4·19 혁명 (1960)	3·15 부정 선거 → 김주열 학생 시신 발견 → 대학 교수단의 시국 선언, 대통령 하야 요구 행진 → 시위 전국 확산 → 이승만 하야
부마 민주 항쟁 (1979)	YH 무역 사건 → 야당 총재 김영삼 국회의원 제명 → 부산, 마산에서 시위 전개 → 10·26 사태(박정희 피살), 유신 체제 붕괴
5·18 민주화 운동 (1980)	12·12 쿠데타로 전두환 등 신군부 집권 → 신군부 반대 민주화 운동 → 비상계엄 전국 확대, 계엄군 투입 무력 진압 → 광주에서 신군부 퇴진, 민주화 요구 시위 → 공수 부대 동원 무력 진압
6월 민주 항쟁 (1987)	박종철 고문치사 사건 및 4·13 호헌 조치 → 직선제 개헌, 민주화 요구 시위 → 연세대 이한열 시위 도중 사망 → 시위 전국 확산('호헌 철폐, 독재 타도' 구호) → 6·29 민주화 선언으로 5년 단임의 대통령 직선제 개헌

미니북 20쪽

49 김대중 정부

정답 ②

빠른 정답 찾기 2월 25일 + 국민의 정부 + 외환 위기 속에서 출발 + 금 모으기 운동 ➡ 김대중 정부

자료 분석하기

1998년 2월 25일 김대중 대통령이 취임하면서 국민의 정부가 탄생하였다. 그러나 1997년 외환 위기의 여파가 지속되고 있었으며, 경제 회복이라는 시급한 문제를 안고 있었다. 이에 김대중 정부는 기업 구조조정과 투명성 강화, 금융 개혁 등을 시행하여 2001년 8월에 예상보다 3년을 앞당겨 국제 통화 기금(IMF) 차입금을 전부 갚게 되었다. 국민들도 외환 위기를 극복하기 위해 자신들이 소유한 금을 나라에 기부하는 금 모으기 운동을 전개하였다. 전국에서 약 351만 명이 참가했으며, 총 227톤의 금이 모였다. 국민들이 모은 금은 다른 나라로 수출되었고, 그 대가로 받은 외화는 외환 위기를 극복하는 데 도움이 되었다.

선택지 분석하기

① 소련, 중국과의 국교가 수립되었다.
⋯ 노태우 정부는 적극적인 북방 외교 정책을 통해 동유럽의 여러 국가 및 소련(1990), 중국(1992)과 국교를 수립하였다.

② ~~한일 월드컵 축구 대회~~를 개최하였다.
⋯ 김대중 정부는 월드컵 역사상 첫 공동 개최였던 한일 월드컵 축구 대회를 개최하였다(2002).

③ 제1차 경제 개발 5개년 계획을 추진하였다.
⋯ 박정희 정부는 제1차 경제 개발 5개년 계획을 진행하여 경공업을 중심으로 한 경제 발전을 추진하였다(1962).

④ 경제 협력 개발 기구(OECD)에 가입하였다.
⋯ 김영삼 정부는 한국 경제의 세계화를 위해 경제 협력 개발 기구(OECD)에 가입하였다(1996).

미니북 20쪽

50 7·4 남북 공동 성명

정답 ②

빠른 정답 찾기 1972년 + 통일 방안 + 서울과 평양에서 동시 발표 + 남북 조절 위원회 ➡ 7·4 남북 공동 성명

자료 분석하기

1971년 박정희 정부는 이산가족 상봉을 위한 적십자 회담을 제안하였고, 비밀리에 판문점에서 남북 회담이 열리게 되었다. 이 과정에서 7·4 남북 공동 성명이 채택되었고 정치 문제를 다루기 위한

남북 조절 위원회가 만들어졌다. 이후 1972년 7월 4일에 남한과 북한은 각각 서울과 평양에서 '통일의 3대 원칙'을 비롯한 여러 가지 합의 사항을 담은 7 · 4 남북 공동 성명을 발표하였다.

선택지 분석하기

① 남북 기본 합의서

…› 노태우 정부의 북방 외교를 바탕으로 남북한 화해 및 불가침, 교류 · 협력 등에 관한 공동 합의서인 남북 기본 합의서를 채택하였다.

② 7 · 4 남북 공동 성명

…› 박정희 정부는 북한에 남북 간의 교류를 제의하였고, 남북 회담을 진행한 뒤 각각 서울과 평양에서 7 · 4 남북 공동 성명을 발표하였다.

③ 6 · 15 남북 공동 선언

…› 김대중 정부 당시 북한과의 교류가 크게 확대되어 평양에서 최초로 남북 정상 회담이 이루어지면서 6 · 15 남북 공동 선언이 발표되었다.

④ 10 · 4 남북 정상 선언

…› 노무현 정부는 제2차 남북 정상 회담을 진행하여 6 · 15 남북 공동 선언을 계승한 10 · 4 남북 정상 선언을 채택하였다.

한발 더 다가가기

통일을 위한 노력

7 · 4 남북 공동 성명 (1972)	'자주 · 평화 · 민족적 대단결'의 통일 원칙에 합의
남북한 유엔 동시 가입 (1991)	남북 화해 가능성과 국제적 지위 향상
남북 기본 합의서 (1991)	• 남북한이 서로 상대방의 실체 인정 • 남북 간 화해와 상호 불가침 및 교류 협력 확대
한반도 비핵화 선언 (1991)	핵전쟁의 위협 제거와 평화 통일에 유리한 조건 조성
6 · 15 남북 공동 선언 (2000)	• 최초 남북 정상 회담 개최 • 개성 공업 지구 조성 등 남북 교류 협력 사업 확대
10 · 4 남북 공동(정상) 선언(2007)	• 제2차 남북 정상 회담 개최 • 남북 관계 발전, 평화 번영 노력

제 51 회 한국사능력검정시험

01	02	03	04	05	06	07	08	09	10
③	④	①	④	②	④	②	②	④	③
11	**12**	**13**	**14**	**15**	**16**	**17**	**18**	**19**	**20**
④	③	③	④	④	②	④	①	①	③
21	**22**	**23**	**24**	**25**	**26**	**27**	**28**	**29**	**30**
②	③	①	①	①	③	④	②	①	③
31	**32**	**33**	**34**	**35**	**36**	**37**	**38**	**39**	**40**
②	②	①	③	④	②	①	②	③	②
41	**42**	**43**	**44**	**45**	**46**	**47**	**48**	**49**	**50**
②	③	④	①	①	②	③	②	①	④

미니북 04쪽

01 청동기 시대 정답 ③

빠른 정답 찾기 고인돌 + 노동력 동원 + 권력을 가진 지배자 ➡ 청동기 시대

자료 분석하기

청동기 시대 무덤인 고인돌의 거대한 규모를 통해 당시 많은 사람들이 동원되었다는 것과 무덤의 주인이 권력을 가진 지배자라는 것을 알 수 있다.

선택지 분석하기

① 우경이 널리 보급되었다.
⋯› 신라 지증왕 때 소를 이용한 우경이 시행되었으며 고려 시대에 일반화되었다.

② 주로 동굴이나 막집에서 거주하였다.
⋯› 구석기 시대 사람들은 주로 동굴이나 막집에 살았으며 계절에 따라 이동 생활을 하였다.

 반달 돌칼을 사용하여 벼를 수확하였다.
⋯› 청동기 시대에 일부 지역에서 벼농사가 시작되었으며 반달 돌칼을 이용하여 벼를 수확하였다.

④ 실을 뽑기 위해 가락바퀴를 처음 사용하였다.
⋯› 신석기 시대 사람들은 가락바퀴로 실을 뽑아 뼈바늘로 옷을 지어 입었다.

한발 더 다가가기

선사 시대의 생활상

시대	생활상
구석기 시대	• 동굴이나 강가의 막집에서 생활 • 계절에 따라 이동 생활 • 주먹도끼, 찍개 등의 뗀석기 사용
신석기 시대	• 강가나 바닷가에 움집을 짓고 정착 생활 • 뼈낚시, 그물, 돌창, 돌화살을 사용하여 채집 · 수렵 생활 • 조 · 피 등을 재배하는 농경 시작, 목축 • 빗살무늬 토기를 이용하여 음식을 조리하거나 저장 • 가락바퀴로 실을 뽑아 뼈바늘로 옷을 지어 입기도 함
청동기 및 초기 철기 시대	• 밭농사 중심, 벼농사 시작 • 가축 사육 증가, 농업 생산력 향상 • 움집의 지상 가옥화, 배산임수의 취락 형성 • 사유 재산과 계급의 발생, 선민사상, 족장의 출현 • 청동제 의기, 토우, 바위그림(풍요를 기원하는 주술적 의미)

미니북 06쪽

02 고구려 정답 ④

빠른 정답 찾기 무용총 + 수렵도 ➡ 고구려

자료 분석하기

고구려 무용총에서 수렵도와 여러 고분 벽화가 발견되었다. 이를 통해 고구려인들의 생활과 풍속을 짐작할 수 있다.

선택지 분석하기

① 22담로에 왕족을 파견했어요.
⋯› 백제 무령왕은 지방에 22담로를 설치하고 왕족을 보내 지방에 대한 통제를 강화하였다.

② 한의 침략을 받아 멸망했어요.
⋯› 고조선은 한 무제의 침략에 저항하였으나, 왕검성이 함락되면서 멸망하였다.

③ 신지, 읍차 등의 지배자가 있었어요.
⋯› 삼한은 신지, 읍차라고 불린 지배자가 각 소국을 지배하였다.

 빈민 구제를 위해 진대법을 실시했어요.
⋯› 고구려 고국천왕은 봄에 곡식을 빌려주고 겨울에 갚게 하는 빈민 구제책인 진대법을 실시하였다.

03 금관가야의 경제 상황 정답 ①

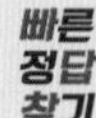

김수로왕 + 허황옥 + 김해 대성동 고분군 ➡ 금관가야

자료 분석하기

건국 설화에 따르면 김수로왕이 하늘에서 내려온 알에서 태어나 금관가야를 세우고, 인도 아유타국에서 온 공주 허황옥과 결혼하였다고 전해진다. 김해 대성동 고분군은 3~5세기 금관가야의 덧널무덤, 널무덤, 돌방무덤, 독무덤 등 여러 무덤과 납작도끼, 덩이쇠 등 철재 화폐와 기승용 마구, 갑주 등 수많은 유물이 출토된 곳으로 사적 제451호로 지정되어 있다.

선택지 분석하기

① 낙랑과 왜에 철을 수출하였다.
··· 금관가야는 풍부한 철 생산과 해상 교통에 유리한 지역적 특색을 이용하여 낙랑과 왜에 철을 수출하였다.

② 모내기법이 전국으로 확산하였다.
··· 조선 후기에 볍씨를 모판에 길러서 논에 옮겨 심는 모내기법이 전국으로 확산되었다.

③ 물가 조절을 위해 상평창을 두었다.
··· 고려 성종 때 개경(개성)과 서경(평양)에 물가를 조절하는 기구인 상평창을 설치하여 민생을 안정시키고자 하였다.

④ 활구라고도 불린 은병을 제작하였다.
··· 고려 숙종 때 상업이 활발해지면서 활구(은병)를 만들어 화폐의 사용을 추진하였으나 널리 유통되지는 못하였다.

미니북 46쪽

04 불국사 삼층 석탑 정답 ④

국보 제21호 + 경주 + 통일 신라 + 무구정광대다라니경 발견
➡ 불국사 삼층 석탑

자료 분석하기

불국사 삼층 석탑(석가탑)은 경북 경주시 불국사에 있는 석탑으로 통일 신라 경덕왕 때 조성된 것으로 추측된다. 현재 국보 제21호로 지정되어 있으며 해체 · 수리 과정에서 사리 장엄구와 현존하는 세계에서 가장 오래된 목판 인쇄물인 무구정광대다라니경이 발견되었다.

선택지 분석하기

① 화엄사 사사자 삼층 석탑
··· 국보 제35호 – 통일 신라

② 정림사지 오층 석탑
··· 국보 제9호 – 백제

③ 감은사지 삼층 석탑
··· 국보 제112호 – 통일 신라

④ 불국사 삼층 석탑
··· 국보 제21호 – 통일 신라

한발 더 다가가기

고대의 주요 석탑

미륵사지 석탑 (백제)	분황사 모전 석탑 (신라)	영광탑 (발해)

감은사지 삼층 석탑 (통일 신라)	불국사 삼층 석탑 (통일 신라)	불국사 다보탑 (통일 신라)

미니북 06쪽

05 신라 법흥왕의 업적 정답 ②

신라의 제23대 왕 + 병부 설치 + 율령 반포 ➡ 법흥왕

자료 분석하기

신라 법흥왕은 병부와 상대등을 설치하고 관등을 정비하였으며 율령 반포로 통치 질서를 확립하였다.

선택지 분석하기

① 녹읍을 폐지하였다.
··· 통일 신라 신문왕은 관료전을 지급하고 녹읍을 폐지하여 귀족들의 세력을 약화시키고자 하였다.

✔ 불교를 공인하였다.
···› 신라 법흥왕은 이차돈의 순교를 계기로 불교를 신라의 국교로 공인하였다.

③ 독서삼품과를 시행하였다.
···› 통일 신라 원성왕은 국학의 학생들을 대상으로 독서삼품과를 시행하여 유교 경전의 이해 수준에 따라 관리를 채용하였다.

④ 북한산에 순수비를 세웠다.
···› 신라 진흥왕은 한강 유역을 장악하고 이를 기념하기 위해 북한산 순수비를 세웠다.

06 칠지도 정답 ④

빠른 정답 찾기 백제가 왜에 보낸 문화유산 + 백제와 왜의 교류 ➡ 칠지도

자료 분석하기

일본에서 발견된 칠지도는 백제 근초고왕이 왜에 하사하였다고 알려져 있다. 이를 통해 백제가 왜와 교류하면서 다양한 선진 문물을 전파하였다는 것을 확인할 수 있다.

선택지 분석하기

① 금동 연가 7년명 여래 입상
···› 국보 제119호 – 고구려

② 앙부일구
···› 보물 제845호 – 조선

③ 호우명 그릇
···› 보물 제1878호 – 삼국 시대

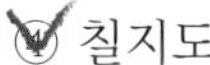 칠지도
···› 백제

07 골품 제도 정답 ②

빠른 정답 찾기 신라 + 진골 + 승진 · 집 크기 제한 ➡ 골품 제도

자료 분석하기

신라의 고유한 신분 제도인 골품 제도는 관료의 관직이나 관복뿐만 아니라 집의 크기, 옷 등 일상생활까지도 제한하였다.

선택지 분석하기

① 화랑도
···› 신라의 화랑도는 화랑을 우두머리로 한 청소년 수련 단체로 교육적 · 군사적 · 사교적 기능을 가지고 있었다.

✔ 골품 제도
···› 신라는 중앙 집권 국가로 성장하면서 골품 제도라는 신분 제도를 통해 각 지역 부족장들의 신분을 규정하였다.

③ 화백 회의
···› 신라는 귀족 합의체인 화백 회의에서 국가의 중대사를 만장일치제로 결정하여 국가를 운영하였다.

④ 상수리 제도
···› 통일 신라 때 지방 세력을 견제하기 위해 이들을 일정 기간 수도 금성(경주)에 머무르게 하는 상수리 제도를 실시하였다.

한발 더 다가가기

신라의 골품 제도

등급	관등명	공복	진골	6두품	5두품	4두품
1	이벌찬	자색				
2	이찬					
3	잡찬					
4	파진찬					
5	대아찬					
6	아찬	비색				
7	일길찬					
8	사찬					
9	급벌찬					
10	대나마	청색				
11	나마					
12	대사	황색				
13	사지					
14	길사					
15	대오					
16	소오					
17	조위					

미니북 25쪽

08 살수 대첩 정답 ②

빠른 정답 찾기 을지문덕 + 우중문 + 고구려를 침략한 수 ➡ 살수 대첩

자료 분석하기

『삼국사기』 을지문덕전에 기록되어 있는 한시로서, 고구려 을지문덕이 수의 장수 우중문에게 보내어 상대에 대한 거짓 찬양을 통해

적을 조롱하는 내용이다. 을지문덕은 작전을 통해 수의 군대를 깊숙이 유인하고, 후퇴하는 수의 군대가 살수를 건너고 있을 때 공격하여 크게 승리하였다.

선택지 분석하기

① 명량 대첩
⋯› 임진왜란 때 이순신이 12척의 배로 울돌목의 좁은 수로를 활용하여 일본 수군 133척의 배에 맞서 싸워 큰 승리를 거두었다.

살수 대첩
⋯› 수 양제가 우중문에게 30만 별동대를 주어 평양성을 공격하게 하자 고구려의 을지문덕은 수의 군대를 살수로 유인하여 크게 무찔렀다.

③ 황산 대첩
⋯› 고려 우왕 때 이성계는 황산에서 왜구를 크게 물리쳤다.

④ 한산도 대첩
⋯› 임진왜란 때 이순신이 한산도에서 학익진 전법을 활용하여 일본 수군을 물리치고 크게 승리하였다.

09 신라 촌락 문서 정답 ④

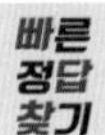
빠른 정답 찾기 일본 도다이사 쇼소인 + 서원경 + 4개 촌락의 경제 상황 기록 ➡ 신라 촌락 문서

자료 분석하기

신라 촌락 문서는 민정 문서라고도 불리며 통일 신라 촌락에 대한 기록 문서이다. 이 문서에는 755년경 서원경 인근 4개 마을에 대한 인구, 토지, 마전, 가축 등을 조사한 내용이 담겨 있다. 촌주는 3년마다 이를 작성하였으며, 통일 신라의 경제 상황에 대해 알 수 있는 중요한 자료이다.

선택지 분석하기

① 단군의 건국 이야기가 수록되어 있어요.
⋯› 고려 때 이승휴가 쓴 『제왕운기』는 서사시로 저술된 역사서이다. 단군의 고조선 건국 이야기를 시작으로 고려 충렬왕까지의 역사를 다루고 있다.

② 병인양요 때 프랑스군에게 약탈당하였어요.
⋯› 병인양요 때 프랑스군은 강화도에 침입하여 조선 왕실의 중요한 행사 등을 글과 그림으로 상세하게 기록한 외규장각 의궤를 약탈하였다.

③ 유네스코 세계 기록 유산으로 등재되었어요.
⋯› 『직지심체요절』은 세계에서 가장 오래된 금속 활자본으로 유네스코 세계 기록 유산으로 등재되었다.

노동력 동원과 세금 징수를 위해 작성되었어요.
⋯› 신라 촌락 문서는 노동력 징발을 위해 나이, 남녀 인구를 조사하였고 조세와 공납을 징수하기 위해 토지, 가축의 수, 과실나무의 수 등 개인의 재산 정도를 기록하였다.

미니북 07쪽

10 발해 정답 ③

빠른 정답 찾기 해동성국 + 대조영 + 상경 용천부 ➡ 발해

자료 분석하기

고구려의 장군 출신인 대조영은 유민들을 이끌고 지린성 동모산에서 발해를 건국하였다. 이후 문왕 때 확대된 영토를 효과적으로 다스리고자 중경 현덕부에서 상경 용천부로 수도를 옮겼으며, 선왕 때 영토를 크게 확장하여 전성기를 누리면서 주변 국가들로부터 해동성국이라 불렸다.

선택지 분석하기

① 6진을 개척하는 김종서
⋯› 조선 세종은 김종서를 시켜 여진족을 몰아내고 두만강 일대에 6진을 설치하여 영토를 확장하였다.

② 처인성에서 싸우는 김윤후
⋯› 몽골의 2차 침입 때 승장 김윤후가 이끄는 민병과 승군이 처인성에서 몽골군에 대항하여 적장 살리타를 죽이고 승리를 거두었다.

당의 등주를 공격하는 장문휴
⋯› 발해 무왕은 장문휴의 수군으로 당의 등주를 공격하고 요서 지역에서 당의 군대와 격돌하였다.

④ 정족산성에서 교전하는 양헌수
⋯› 병인박해로 인해 프랑스 군대가 강화도를 공격하면서 병인양요가 발생하였다. 이에 양헌수가 이끄는 부대가 정족산성에서 프랑스 군대를 물리쳤다.

미니북 22쪽

11 신라 멸망 정답 ④

빠른 정답 찾기 신라 경순왕 항복 + 신라의 왕경을 경주로 개편 + 경주 사심관 임명 ➡ (라) 신라 멸망

자료 분석하기

- **고창 전투**(930): 후백제의 견훤은 교통의 요충지였던 고창(안동)을 포위하여 공격하였으나 8,000여 명의 사상자를 내며 왕건에게 크게 패하였다. 그 결과 왕건은 경상도 일대에서 견훤 세력을 몰아내고 후삼국 통일의 기반을 마련하게 되었다.
- **신라 멸망**(935): 견훤은 후계자 문제로 장남 신검에 의해 금산사에 유폐되었으나 탈출하여 왕건에게 귀순하였다. 이러한 사태가 발생하자 더 이상 보호국의 처지에서 나라를 유지하는 것이 의미 없다는 판단을 내린 신라의 마지막 왕인 경순왕 김부는 고려에 항복하였다. 이에 왕건은 사심관 제도에 따라 김부를 경주의 사심관으로 임명하였고 신라는 멸망하게 되었다.
- **후백제 멸망**(936): 왕건의 고려군과 신검의 후백제군이 일리천에서 전투를 벌여 고려군이 크게 승리하였고, 후백제는 멸망하게 되었다.

미니북 08쪽

12 고려 광종의 업적 정답 ③

빠른 정답 찾기 광덕, 준풍 등 독자적인 연호 + 쌍기 + 과거 제도 시행 ➡ 광종

자료 분석하기

고려 광종은 국왕의 권위를 높이기 위해 황제라 칭하고 광덕, 준풍 등의 독자적인 연호를 사용하였다. 또한, 후주 출신 쌍기의 건의를 받아들여 과거 제도를 시행하였다.

선택지 분석하기

① 훈요 10조를 남겼어.
··· 고려 태조는 후대의 왕들에게 숭불 정책, 북진 정책, 민생 안정책 등 10가지 지침이 담긴 훈요 10조를 남겼다.

② 교정도감을 설치하였어.
··· 고려 무신 집권기에 최충헌은 교정도감을 설치하고 자신이 이 기구의 우두머리인 교정별감이 되어 중요한 정책을 결정하였다.

 노비안검법을 실시하였어.
··· 고려 광종은 노비안검법을 실시하여 강제로 노비가 된 자를 해방시킴으로써 호족의 세력을 약화시켰다.

④ 12목에 지방관을 파견하였어.
··· 고려 성종은 최승로의 시무 28조를 받아들여 12목을 설치하고 지방관을 파견하여 지방 세력을 견제하였다.

미니북 23쪽

13 강감찬 정답 ③

빠른 정답 찾기 거란의 3차 침입 + 귀주에서 격파 ➡ 강감찬

자료 분석하기

강감찬은 강동 6주의 반환 등을 요구하며 침입한 거란 소배압의 10만 대군에 맞서 귀주에서 큰 승리를 거두었다.

선택지 분석하기

① 서희
··· 서희는 거란의 1차 침입 때 소손녕과 외교 담판을 통해 거란과 교류할 것을 약속하는 대신, 고려가 고구려를 계승하였음을 인정받고 압록강 동쪽의 강동 6주를 획득하는 성과를 거두었다.

② 윤관
··· 윤관은 여진족이 고려의 국경을 자주 침입하자 왕에게 건의하여 별무반을 편성하였다. 이후 윤관은 별무반을 이끌고 여진을 토벌하여 동북 9성을 축조하였다.

 강감찬
··· 강감찬은 거란의 3차 침입 때 귀주에서 소배압이 이끄는 거란군에 맞서 크게 승리하였다.

④ 최무선
··· 최무선은 화통도감의 설치를 건의하여 화약과 화포를 제작하였고, 이를 활용하여 진포에서 왜구를 격퇴하였다.

미니북 08, 23쪽

14 원 간섭기 정답 ④

빠른 정답 찾기 삼별초 항쟁 ➡ (가) ➡ 쌍성총관부 탈환

자료 분석하기

- **삼별초 항쟁**(1270~1273): 고려 조정이 도읍을 강화도에서 개경으로 옮기면서 몽골과의 강화가 성립되었다. 이에 반대한 삼별초는 배중손, 김통정 등을 중심으로 강화도, 진도, 제주도로 이동하며 대몽 항쟁을 전개하였다.
- **쌍성총관부 탈환**(1356): 고려 공민왕은 원의 간섭에서 벗어나 고려의 자주성을 회복하기 위해 개혁을 실시하였다. 이러한 정책의 일환으로 쌍성총관부를 공격하여 철령 이북 지역의 영토를 되찾았다.

선택지 분석하기

① 별무반이 편성되었다.

⋯› 고려 숙종 때 여진족이 고려의 국경을 자주 침입하자 윤관이 왕에게 건의하여 별무반을 편성하였다(1104).

② 김헌창이 난을 일으켰다.

⋯› 통일 신라 헌덕왕 때 웅천주 도독 김헌창은 아버지 김주원이 왕위 쟁탈전에서 패배한 것에 불만을 품고 반란을 일으켰으나 관군에게 진압되면서 실패하였다(822).

③ 김부식이 삼국사기를 편찬하였다.

⋯› 고려 인종 때 김부식은 왕명을 받아 삼국 시대의 역사서인 『삼국사기』를 편찬하였다(1145).

 지배층을 중심으로 변발과 호복이 유행하였다.

⋯› 고려는 원 간섭기 당시 지배층을 중심으로 원의 변발과 호복 등 몽골 풍습이 유행하였다.

미니북 24쪽

15 고려청자 정답 ④

빠른 정답 찾기 표면에 무늬 새기기 + 무늬에 다른 색의 흙 메우기 + 다른 색 흙을 긁어내기 ➡ 청자 상감 모란문 표주박 모양 주전자

자료 분석하기

청자 상감 모란문 표주박 모양 주전자는 고려의 독보적인 장식 기법인 상감 기법이 사용되었다. 이는 고려 도공들이 개발한 것으로, 다른 장식 기법보다도 높은 기술이 필요하다. 목의 윗부분에 흑백 상감으로 구름과 학 무늬를 그려 넣었고, 병의 아랫부분 몸통에는 활짝 핀 모란과 피지 않은 봉오리, 잎들이 꽉 짜인 채 전체를 장식하고 있다. 이 부분은 표현 기법상 중심 소재인 모란꽃과 잎들은 제외하고 그 바탕이 되는 부분을 백토로 메워서 나타내고자 하는 문양이 태토(도자기를 만드는 흙입자)의 색깔대로 드러나게 되는 역상감 기법을 사용하였다.

선택지 분석하기

① 기마 인물형 토기

⋯› 국보 제91호 – 신라

② 백자 철화 끈무늬 병

⋯› 보물 제1060호 – 조선

③ 청자 참외 모양 병

⋯› 국보 제94호 – 고려

✔ 청자 상감 모란문 표주박 모양 주전자

⋯› 국보 제116호 – 고려

미니북 24쪽

16 문익점의 목화씨 정답 ②

빠른 정답 찾기 문익점 + 원 + 씨 + 정천익 ➡ 목화

자료 분석하기

원에 사신으로 갔던 문익점은 고려로 돌아올 때 목화씨를 몰래 가져와 장인 정천익에게 나누어 주고 함께 시험 재배를 하였다. 처음에는 재배 기술을 몰라 한 그루만을 겨우 살릴 수 있었으나 3년간의 노력 끝에 성공하여 전국에 목화씨가 퍼지게 되었다.

선택지 분석하기

① 인삼

⋯› 인삼은 고려 시대 국제 무역항 벽란도를 통해 송과 일본에 수출하면서 대표적인 교역 상품이 되었다. 조선 후기에는 상공업이 발달하여 농민들이 인삼을 상품 작물로 재배하기도 하였다.

 목화

⋯› 고려 말에 문익점이 원에서 목화를 들여와 목화가 한반도에서 재배되기 시작하였다.

③ 고구마 · ④ 옥수수

⋯› 조선 후기에는 고구마, 옥수수 등이 전래되어 구황 작물로 재배되기 시작하였다.

미니북 43쪽

17 과전법 정답 ④

빠른 정답 찾기 공양왕 3년 + 조준, 정도전 등의 건의 ➡ 과전법

자료 분석하기

고려 공양왕 때 신진 사대부 조준, 정도전 등의 건의로 과전법이 시행되었다. 이에 따라 개인에게 지급하는 사전의 지역을 경기도로 제한하고, 농민이 수조권자에게 수확량의 절반을 내던 병작반수제를 금지하였다. 또한, 수조권을 행사하여 농민의 농지를 빼앗지 못하도록 규정하여 권문세족의 경제적 기반을 약화시키고 농민에 대한 수탈을 제한하였다.

선택지 분석하기

① 공인이 등장하는 배경이 되었어요.

⋯› 조선 광해군 때 공납의 폐단을 해결하기 위해 공납을 전세화하여 공물 대신 쌀을 납부하도록 한 대동법을 실시하였다. 이 결과

국가에 필요한 물품을 조달하는 공인이 등장하였다.

② 토지 소유자에게 지계를 발급하였어요.

⋯ 대한 제국은 지계아문을 설치하고 지계를 발급하여 근대적 토지 소유권을 확립하고자 하였다.

③ 전지와 시지를 품계에 따라 나누어 주었어요.

⋯ 고려는 직역의 대가로 관료에게 토지를 나누어 주는 전시과를 시행하여 곡물을 거둘 수 있는 전지와 땔감을 얻을 수 있는 시지를 주었다.

④ 전 · 현직 관리에게 토지의 수조권을 지급하였어요.

⋯ 과전법은 전 · 현직 관리에게 토지의 수조권을 지급하여 관리들의 경제적 기반을 보장하였다. 원칙적으로 세습이 허용되지는 않았으나 수신전 · 휼양전 등의 형태로 일부 세습이 가능하였다.

미니북 52쪽

18 개성

정답 ①

빠른 정답 찾기 만월대 + 선죽교 + 고려 첨성대 ➡ 개성

자료 분석하기

- **만월대**: 만월대는 개성에 있는 궁궐터로, 고려 태조가 송악산 남쪽 기슭에 도읍을 정하고 궁궐을 창건한 이래 1361년 공민왕 때 홍건적의 침입으로 소실될 때까지 고려 왕의 주된 거처였다.
- **선죽교**: 선죽교는 개성에 있는 돌다리로, 고려 말 정몽주가 이성계를 문병하고 오다가 이방원에게 피살된 곳으로 유명하다.
- **고려 첨성대**: 고려(개성) 첨성대는 개성에 위치한 만월대 서쪽에 있으며, 천문 관측소로 사용되었을 것이라 추측되는 석조물이다.

19 조선의 교육 기관

정답 ①

빠른 정답 찾기 4부 학당 + 성균관 + 서원 ➡ 조선의 교육 기관

자료 분석하기

조선은 중앙에 국립 대학인 성균관을 두고, 중등 교육을 위하여 서울에 4부 학당을, 지방에 향교를 설치하였다. 조선 중기 이후에는 서원이 각지에 세워지면서 향촌 사회의 교화와 지방의 양반 자제들을 교육하여 많은 인재를 길러냈다.

선택지 분석하기

① 책을 읽고 활쏘기를 익히는 경당이 있었어요.

⋯ 경당은 고구려의 평민 자제들을 교육하기 위하여 설립한 민간 교육 기관으로 경전 독서, 활쏘기 등의 학문과 무예를 가르쳤다.

② 서울의 4부 학당에서는 중등 교육을 담당했어요.

⋯ 4부 학당은 조선 시대 중앙의 관학으로 중등 교육을 담당하였으며, 성균관의 부속 학교 성격을 가지고 있었다.

③ 최고 교육 기관으로 성균관이 있었어요.

⋯ 성균관은 조선 시대 최고의 교육 기관으로 초시인 생원시와 진사시에 합격한 유생들이 우선적으로 입학할 수 있었다.

④ 사림이 세운 서원이 있었어요.

⋯ 서원은 선현에 대한 제사와 양반 자제의 교육을 담당하는 지방 사립 교육 기관으로 사림의 세력 기반 역할을 하였다.

한발 더 다가가기

조선의 교육 기관

관학	성균관: 조선 최고 국립 교육 기관, 생원 · 진사 입학 가능
	• 4부 학당: 중등 교육 기관(중앙에 설립) • 향교: 중등 교육 기관(지방에 설립), 교수와 훈도 파견
사학	서원: 사림 세력의 기반, 향촌 사회 교화
	서당: 초등 교육 담당, 양반 · 평민 자제 교육

미니북 35쪽

20 승정원

정답 ③

빠른 정답 찾기 조선의 중앙 정치 기구 + 왕명의 출납 + 6명의 승지 ➡ 승정원

자료 분석하기

승정원은 오늘날 대통령 비서실과 비슷한 역할을 담당하는 곳으로, 주로 신하들에게 왕명을 전달하는 역할을 하는 조선의 중앙 정치 기구 중 하나였다. 6명의 승지로 구성되어 총책임자인 도승지가 이조, 좌승지가 호조, 우승지가 예조, 좌부승지가 병조, 우부승지가 형조, 동부승지가 공조를 맡아 6조와 협의하며 왕을 보필하였다.

선택지 분석하기

① 사간원 · ② 사헌부

⋯ 사간원은 왕과 정치에 대한 언론을 담당하였고, 사헌부는 관리의 비리를 감찰하였다. 또한, 사간원과 사헌부는 함께 양사 또는 대간이라 하여 5품 이하 관리에 대한 서경권을 행사하였다.

✔ 승정원
⋯ 승정원은 조선 시대 왕명의 출납을 관장하던 관청으로 정원, 후원, 은대, 대언사 등으로 불리기도 하였다.

④ 홍문관
⋯ 홍문관은 조선 성종 때 집현전을 계승하여 설치되었으며, 사간원, 사헌부와 함께 삼사를 구성하였다. 또한, 왕의 자문 역할과 경연, 경서, 사적 관리, 언론의 역할을 담당하였다.

미니북 09쪽

21 『경국대전』 정답 ②

빠른 정답 찾기 조선 + 성종 + 국가 운영 전반에 대한 법률 ➡ 『경국대전』

자료 분석하기

『경국대전』은 세조 때 편찬을 시작하여 성종 때 완성한 조선 최고의 법전으로, 정부 체제를 따라 6전으로 구성되었다. 국가 조직, 재정, 의례, 군사 제도 등 통치 전반에 걸친 법령을 담고 있으며 국가 행정을 체계화하고 유교 질서를 확립하기 위해 편찬되었다.

선택지 분석하기

① 택리지
⋯ 조선 영조 때 이중환은 현지답사를 통해 각 지방의 산천, 인물, 풍속 등에 대해 기록한 인문 지리서인 『택리지』를 저술하였다.

✔ 경국대전
⋯ 조선 세조 때 편찬되기 시작한 『경국대전』은 조선의 기본 법전으로, 성종 때 완성되어 반포되었다.

③ 농사직설
⋯ 조선 세종은 정초, 변효문 등을 시켜 우리 풍토에 맞는 농서인 『농사직설』을 간행하였다.

④ 동의보감
⋯ 조선 선조의 명을 받아 허준이 집필을 시작한 『동의보감』은 각종 의학 지식과 치료법에 관한 의서로, 광해군 때 완성되었다.

미니북 14쪽

22 조광조 정답 ③

빠른 정답 찾기 현량과 실시 건의 + 위훈 삭제 건의 + 기묘사화 ➡ 조광조

자료 분석하기

조선 중종은 반정으로 왕위에 오른 후 훈구파를 견제하고 연산군의 폐정을 개혁하기 위해 사림파를 중용하였다. 이때 등용된 조광조는 천거제의 일종인 현량과 실시를 건의하여 사림이 대거 등용될 수 있는 발판을 마련하였다. 또한, 훈구 정치의 개혁을 추진하면서 반정 공신들의 위훈 삭제를 주장하였으나 훈구파의 반발로 기묘사화가 발생하면서 조광조는 사약을 받게 되었다.

선택지 분석하기

① 거중기를 설계하였다.
⋯ 정약용이 『기기도설』을 참고하여 제작한 거중기는 수원 화성 축조에 사용되어 공사 기간과 비용을 줄이는 데 큰 역할을 하였다.

② 조선경국전을 저술하였다.
⋯ 정도전은 조선의 개국 공신으로, 『조선경국전』을 편찬하여 조선의 유교적 통치 기반을 확립하였다.

✔ 소격서 폐지를 주장하였다.
⋯ 조광조를 비롯한 사림 세력은 도교를 이단으로 배척하였다. 이에 궁중에서 지내는 도교적 제사(초제)를 주관하였던 소격서의 폐지를 주장하여 결국 폐지되었다.

④ 만권당에서 원의 학자들과 교류하였다.
⋯ 고려 충선왕은 왕위를 물려준 뒤 원의 연경에 만권당을 세우고 고려에서 이제현 등의 성리학자들을 데려와 원의 학자들과 교류하였다.

한발 더 다가가기

조광조의 개혁 정책
- **현량과 실시**: 추천제, 사림 세력 등용 발판
- **향약 시행**: 향촌 사회 자치, 사림의 세력 기반 마련
- **소격서 폐지**: 불교와 도교 행사 폐지, 유교 질서 강화
- **위훈 삭제 추진**: 훈구 공신 세력의 반발, 기묘사화의 결정적 원인

23 동학 정답 ①

빠른 정답 찾기 최제우 + 『동경대전』 + 시천주 + 인내천 ➡ 동학

자료 분석하기

최제우가 창시한 동학은 유교, 불교, 도교, 민간 신앙의 요소를 결합하였으며, 마음속에 한울님을 모시는 시천주와 사람이 곧 하늘이라는 인내천 사상을 강조하였다. 동학의 2대 교주인 최시형은 교세를 확장하면서 최제우가 저술한 교리책인 『동경대전』과 『용담유사』를 간행하였다.

선택지 분석하기

✔ 동학

··· 최제우가 유 · 불 · 선을 바탕으로 민간 신앙까지 포함하여 창시한 동학은 사람이 곧 하늘이라는 인내천 사상을 통해 인간 평등을 주장하였다.

② 대종교

··· 나철 등이 창시한 대종교는 단군 숭배를 통해 민족의식을 고취하였다. 또한, 간도에서 중광단, 북로 군정서군 등을 조직하여 적극적인 항일 투쟁을 전개하였다.

③ 원불교

··· 박중빈이 창시한 원불교는 새생활 운동을 전개하여 허례허식 폐지, 근검절약, 협동, 단결 등을 추구하고, 개간 사업과 저축 운동을 적극적으로 장려하였다.

④ 천주교

··· 조선 후기에 청에 다녀온 사신들을 통해 서학으로 소개된 천주교는 조상에 대한 제사를 거부하면서 조선 정부로부터 사교로 규정되어 탄압을 받았다.

미니북 43쪽

24 균역법 정답 ①

빠른 정답 찾기 조선 후기 수취 체제 + 영조 + 군포 납부액을 2필에서 1필로 줄임 + 결작 ➡ 균역법

자료 분석하기

조선 후기 영조는 군역으로 인한 농민들의 부담을 줄이기 위해 균역법을 시행하였다. 농민은 1년에 2필이던 군포를 1필만 부담하게 되었고, 이로 인해 감소된 재정 수입은 지주에게 결작을 부과하여 토지 1결당 쌀 2두를 거두었다.

선택지 분석하기

✔ 균역법

··· 조선 영조는 백성들의 군역 부담을 줄여주기 위해 기존 1년에 2필씩 납부하던 군포를 1필로 줄이는 균역법을 실시하였다.

② 대동법

··· 조선 광해군 때 실시한 대동법은 공납을 전세화하여 공물 대신 쌀이나 베, 동전 등으로 내도록 하였다.

③ 영정법

··· 조선 인조는 농민들의 부담을 줄여주기 위해 영정법을 실시하여 풍흉에 관계없이 전세를 토지 1결당 쌀 4두로 고정시켰다.

④ 직전법

··· 조선 세조는 과전의 세습화로 과전 부족 등을 초래하자 이를 바로잡기 위해 현직 관리에게만 수조권을 지급하는 직전법을 실시하였다.

미니북 16쪽

25 유형원의 균전제 정답 ①

빠른 정답 찾기 유형원 + 『반계수록』 ➡ 균전제

자료 분석하기

조선 후기 실학자 유형원은 전북 부안에서 『반계수록』을 저술하여 토지 제도에 관한 개혁안인 균전제를 제시하였다. 이를 통해 토지는 국가가 공유하며 신분에 따라 토지를 차등 분배하고, 자영농을 육성하여 민생의 안정과 국가 경제를 바로잡아야 한다고 주장하였다.

선택지 분석하기

✔ 균전제 실시

··· 유형원은 『반계수록』에서 신분에 따라 토지를 차등 분배하고, 자영농을 육성하자는 균전제 실시를 주장하였다.

② 정혜결사 제창

··· 지눌은 불교 수행의 핵심이 되는 정혜쌍수론을 바탕으로, 불교의 타락을 비판하고 승려의 기본인 독경, 수행, 노동에 힘쓰자고 주장하면서 결사 운동인 정혜결사를 전개하였다.

③ 훈련도감 창설

··· 유성룡은 임진왜란 중 군제 개편의 필요성을 느껴 포수, 사수, 살수의 삼수병으로 편성된 훈련도감 창설을 건의하였다.

④ 전민변정도감 설치

··· 고려 공민왕은 전민변정도감을 설치하여 권문세족에 의해 빼앗긴 토지를 원래 주인에게 돌려주고 억울하게 노비가 된 자를 풀어주는 등 개혁을 진행하였다.

미니북 32쪽

26 인조반정 정답 ③

빠른 정답 찾기 임진왜란 곽재우의 활약 ➡ (가) ➡ 효종의 북벌 운동

자료 분석하기

■ **임진왜란**(1592~1598) **곽재우의 활약**: 홍의 장군 곽재우는 임진왜란이 발발하자 고향인 경남 의령에서 재산을 내놓고 의병을 모집하여 의병장으로 참여하였다. 또한, 제1차 진주성 전투에 참

전하여 진주성 외곽에서 왜군을 교란해 승전에 기여하였으며, 정유재란 때는 화왕산성을 지키는 등 크고 작은 전공을 세우며 활약하였다.

- **효종(1649~1659)의 북벌 운동**: 병자호란 이후 청에 볼모로 갔던 봉림 대군이 효종으로 즉위하면서 북벌을 준비하였다. 이에 성을 다시 쌓고 훈련도감의 군액을 증대시켰으며, 어영청과 수어청을 정비·개편하는 등 군사력을 강화하였다. 그러나 서인을 중심으로 한 사대부의 반발과 효종의 죽음으로 북벌은 좌절되고 말았다.

선택지 분석하기

① 서경으로 수도를 옮기고 금나라를 정벌하자!

···› 고려 인종 때 묘청, 정지상 등을 중심으로 한 서경 세력은 서경 천도와 칭제 건원, 금 정벌 등을 주장하였으나 받아들여지지 않자 서경(평양)에서 반란을 일으켰다(1135).

② 요동 정벌은 불가하다. 개경으로 회군하라.

···› 고려 우왕 때 명이 원에서 관리한 철령 이북의 땅을 반환하라고 요구하자 최영을 중심으로 요동 정벌을 추진하게 되었다. 이성계는 4불가론을 제시하며 이에 반대하였으나 왕명에 따라 출병하게 되었고 압록강 의주 부근의 위화도에서 말을 돌려 개경으로 회군하였다(1388).

③ 광해군이 유배 가는 모습을 보니 세상 참 덧없군.

···› 광해군 때 북인이 집권하여 정계에서 밀려 있던 서인 세력은 광해군의 중립 외교 정책과 폐모살제 문제를 빌미로 인조반정을 일으켜 광해군이 폐위되고 인조가 왕위에 올랐다(1623).

④ 나 이종무가 대마도를 정벌하러 왔다.

···› 조선 초기 왜구가 자주 침입하자 세종은 이종무를 시켜 대마도를 정벌하게 하였다(1419).

미니북 36쪽

27 홍경래의 난

정답 ④

빠른 정답 찾기 평서대원수 + 관서 지역 + 평안도 놈 ➡ 홍경래의 난

자료 뜯어보기

> 평서대원수*는 급히 격문을 띄우노니 관서 지역*의 모든 사람들은 들으라. …… 조정에서는 관서 지역을 썩은 흙과 같이 버렸다. 심지어 권세가의 노비들도 관서 사람을 보면 반드시 '평안도 놈*'이라고 한다. 어찌 억울하고 원통하지 않겠는가.

* **평서대원수**: 홍경래는 난을 일으키면서 스스로를 평서대원수라고 불렀다.
* **관서 지역**: 평안도 지역의 별칭이다.
* **평안도 놈**: 평안도 사람(서북인)에 대한 지역 차별을 확인할 수 있다.
  - 이를 통해 평안도(서북 지역) 차별에 대한 불만으로 일어난 홍경래의 난을 유추할 수 있다.

자료 분석하기

조선 순조 때 세도 정치로 인한 삼정의 문란과 서북 지역 차별에 대한 불만으로 평안도 지역 농민들이 몰락 양반 출신의 홍경래를 중심으로 우군칙, 김창시 등과 함께 가산 지역에서 봉기를 일으켰다(1811).

선택지 분석하기

① 무신들이 정권을 장악하였다.

···› 고려 중기 문벌귀족들이 정치권력을 독차지하고 군대를 지휘하는 권한마저 장악하는 등 문신과 무신에 대한 차별 대우에 무신들의 불만은 쌓여가고 있었다. 그러던 중 보현원에서 수박희를 하다가 대장군 이소응이 문신 한뢰에게 뺨을 맞는 일이 벌어졌다. 이를 계기로 분노가 폭발한 무신들이 정중부와 이의방을 중심으로 무신 정변을 일으켜 의종을 폐위하고 명종을 즉위시키며 정권을 장악하였다(1170).

② 신식 군대인 별기군이 창설되었다.

···› 조선 고종은 군사력 강화를 위해 5군영을 무위영과 장어영의 2군영 체제로 통합 개편하고, 신식 군대인 별기군을 창설하였다(1881).

③ 최치원이 시무 10여 조를 건의하였다.

···› 최치원은 통일 신라 말 6두품 출신 유학자로 당의 빈공과에 합격하였다. 이후 신라로 돌아와 진성 여왕에게 시무 10여 조를 건의하였으나 받아들여지지 않았다(894).

④ 수령과 향리의 수탈로 삼정이 문란하였다.

···› 조선 후기 세도 정치기에는 수취 제도인 삼정(전정·군정·환정)의 운영이 제대로 작동하지 않자 수령과 향리의 수탈로 삼정이 문란하였다. 이에 큰 고통을 겪은 백성들이 홍경래의 난(1811)과 임술 농민 봉기(1862) 등 전국 각지에서 봉기를 일으켰다.

한발 더 다가가기

홍경래의 난과 임술 농민 봉기

구분	홍경래의 난 (순조, 1811)	임술 농민 봉기 (철종, 1862)
배경	세도 정치, 평안도 사람에 대한 지역 차별	• 세도 정치, 백성에 대한 수탈 강화(삼정의 문란) • 경상 우병사 백낙신의 부정부패
전개	• 몰락 양반 홍경래를 중심으로 농민, 중소 상인, 광산 노동자 합세 • 평북 가산에서 봉기 → 청천강 이북 지역 장악(정주성)	진주 농민 봉기(유계춘을 중심으로 봉기) → 삼정의 문란 시정 요구 → 정부가 안핵사 박규수 파견
결과	정주성에서 정부군에 의해 진압	삼정이정청 설치 → 삼정의 문란 시정 실패

미니북 33쪽

28 흥선 대원군의 정책

정답 ②

빠른 정답 찾기 양반에게도 군포를 걷음 + 왕의 아버지 ➡ 흥선 대원군

자료 분석하기

고종이 어린 나이에 왕위에 오르면서 정치적 실권을 잡은 흥선 대원군은 세도 정치로 인해 혼란에 빠진 국가 체제를 복구하고 왕권을 회복하고자 하였다. 또한, 국가의 재정을 확충하기 위해 양반에게도 군포를 부과하는 호포제를 시행하였다(1871).

선택지 분석하기

① 장용영이 창설되었다.
⋯ 조선 정조는 왕권을 뒷받침하는 군사적 기반을 갖추기 위해 친위 부대인 장용영을 창설하였다(1793).

✔ 척화비가 건립되었다.
⋯ 병인양요와 신미양요 등 서양의 침략을 극복한 흥선 대원군은 외세의 침입을 경계하고, 서양과의 통상 수교 반대 의지를 알리기 위해 전국 각지에 척화비를 세웠다(1871).

③ 청해진이 설치되었다.
⋯ 통일 신라 때 장보고는 완도에 청해진을 설치하여 해상 무역을 장악하였다(828).

④ 칠정산이 편찬되었다.
⋯ 조선 세종 때 이순지, 김담은 중국의 수시력과 아라비아의 회회력을 참고로 하여 한양(서울)을 기준으로 천체 운동을 계산한 역법서인 『칠정산』을 완성하였다(1442).

한발 더 다가가기

흥선 대원군의 정책

대내적	국왕 중심 통치 체제 정비	• 세도 정치 타파 • 비변사 철폐 • 경복궁 중건 • 『대전회통』, 『육전조례』 편찬
	민생 안정과 국가 재정 강화	• 호포제 실시 • 서원 정리 • 사창제 실시
대외적	통상 수교 거부 정책	• 병인양요 · 신미양요 극복 • 척화비 건립 • 군비 강화

미니북 51쪽

29 경복궁

정답 ①

빠른 정답 찾기 조선의 법궁 + 북궐 + 근정전 + 경회루 + 향원정 ➡ 경복궁

자료 분석하기

경복궁은 조선의 법궁이면서 도성의 북쪽에 있다고 하여 북궐이라고 불렸다. 경복궁의 정전인 근정전에서는 국왕의 즉위식이나 행사가 진행되었으며, 경회루는 외국 사신을 접견하기 위해 만들어졌지만 임금과 신하들이 함께 연회를 베푸는 공간으로도 자주 활용되었다. 향원정은 고종 때 연못 위에 세워진 정자로 왕의 휴식 공간으로 사용되었다.

선택지 분석하기

✔ 경복궁
⋯ 경복궁은 태조 이성계의 조선 건국 이후 도읍을 개경(개성)에서 한양(서울)으로 옮기면서 창건되었으며, 임진왜란 때 소실된 후 흥선 대원군 때 중건되었다.

② 덕수궁
⋯ 덕수궁은 월산 대군의 집이었으나 임진왜란 이후 임시 궁궐로 사용하면서 광해군이 경운궁이라는 이름을 붙였다. 이후 1907년 고종이 강제 퇴위되고 이곳에 머무르면서 덕수궁으로 이름을 바꾸었다.

③ 창경궁
⋯ 창경궁은 세종이 즉위하고 상왕인 태종을 모시기 위해 지어진 궁으로 본래 이름은 수강궁이다. 이후 성종 때 3명의 대비를 모시기 위해 새롭게 중건하여 이름을 창경궁으로 바꾸었다.

④ 창덕궁
⋯ 창덕궁은 태종 때 경복궁의 이궁으로 동쪽에 지어졌으며, 임진왜란 때 경복궁이 불타면서 법궁 역할을 담당하였다.

미니북 11, 37쪽

30 조사 시찰단 파견 이후 상황 정답 ③

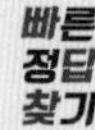

일본 + 조사 시찰단 + 고종 + 홍영식 ➡ 개화 정책 추진

자료 분석하기

고종은 개화 정책을 추진하는 과정에서 일본을 보고 배울 필요가 있다는 주장에 따라 박정양, 홍영식 등 젊은 관리들로 구성된 조사 시찰단을 일본에 파견하였다(1881). 도쿄에 도착한 시찰단은 일본 정부 부처와 육군, 세관, 산업시설, 도서관, 박물관 등을 살펴보며 약 두 달 반에 걸친 조사 일정을 마치고 귀국하였다. 이 결과 일본의 선진 문물을 자세히 알게 되었으며, 국내에 개화 여론을 확대하는 데 큰 역할을 하였다.

선택지 분석하기

① 삼정이정청이 설치되었다.

⋯› 임술 농민 봉기를 수습하기 위해 안핵사로 파견된 박규수는 민란의 원인이 삼정의 문란에 있다고 보았다. 이에 삼정이정청을 설치하여 삼정의 폐단을 해결하려고 노력하였다(1862).

② 어재연 부대가 미군에 맞서 싸웠다.

⋯› 제너럴 셔먼호 사건을 구실로 미국 함대가 강화도에 침입하여 초지진, 광성보를 공격하고 어재연이 이끄는 조선군과 전투를 벌였다(1871).

③ 구식 군인들이 임오군란을 일으켰다.

⋯› 신식 군대와의 차별 대우로 인해 불만이 쌓인 구식 군대가 임오군란을 일으켜 선혜청과 일본 공사관을 습격하였다(1882).

④ 평양 관민이 제너럴 셔먼호를 불태웠다.

⋯› 미국 상선 제너럴 셔먼호는 교역을 요구하며 평양 대동강까지 들어왔으나 평양 관민들이 저항하며 배를 불태워 버렸다(1866).

미니북 41쪽

31 집강소 정답 ②

농민군 + 전주에서 정부와 화해 + 탐관오리 처벌 + 전봉준 ➡ 집강소

자료 분석하기

동학 농민군이 전주성을 점령하면서 전라도 일대를 장악하자 조선 정부에서는 이들을 진압하기 위해 청에 원군을 요청하였고, 톈진 조약에 의해 일본도 군대를 파견하였다. 청과 일본의 군대 개입을 우려한 동학 농민군은 정부와 전주 화약을 맺고 집강소를 설치하여 개혁을 시도하였다. 그러나 일본이 군대를 철수하지 않고 경복궁을 점령하며 내정 간섭을 시도하자 동학 농민군의 남접과 북접이 연합하여 다시 봉기하였다.

선택지 분석하기

① 기기창

⋯› 김윤식을 중심으로 청에 파견된 영선사는 톈진에서 근대 무기 제조 기술과 군사 훈련법을 배워서 돌아왔다. 이를 계기로 근대식 무기 제조 공장인 기기창이 설립되었다.

② 집강소

⋯› 동학 농민 운동 당시 농민군은 청과 일본의 군대 개입을 우려하여 정부와 전주 화약을 맺고 집강소를 설치하여 폐정 개혁을 실시하였다.

③ 도평의사사

⋯› 고려의 도병마사는 국방 문제를 논의하던 임시 회의 기구였으나 충렬왕 때 최고 정무 기구인 도평의사사로 개편되어 권문세족이 정치권력을 행사하는 데 이용되었다.

④ 통리기무아문

⋯› 고종은 국내외의 군국 기무를 총괄하는 업무를 맡은 관청인 통리기무아문을 설치하고 그 아래 12사(司)를 두어 행정 업무를 맡게 하였다.

한발 더 다가가기

동학 농민 운동의 전개 과정

삼례 집회(교조 신원 운동) → 전봉준 중심으로 고부 관아 점령 → 관군과의 황토현 전투 승리 → 관군과의 황룡촌 전투 승리 → 전주성 점령 → 청군 · 일본군 조선 상륙 → 전주 화약 체결 → 집강소 설치 → 청일 전쟁 발생 → 전봉준 · 김개남 2차 봉기 → 우금치 전투 패배 → 전봉준 체포

미니북 11쪽

32 방곡령 정답 ②

조일 통상 장정 + 함경도 + 배상금 + 조병식 + 곡식을 타지방이나 타국으로 유출하는 것을 금함 ➡ 방곡령

자료 분석하기

조선이 일본과 체결한 조일 통상 장정의 조항 중에는 천재 · 변란 등에 의한 식량 부족의 우려가 있을 때 방곡령을 선포하는 조항이 포함되어 있었다. 이후 함경도 관찰사 조병식은 흉년으로 곡식이 부족해지자 일본으로 곡식이 유출되는 것을 막기 위해 방곡령을 선포하였다. 이에 일본이 손해를 입으면서 반발하자 조선은 배상금을 지불하게 되었다.

선택지 분석하기

① 단발령

⋯→ 단발령은 김홍집 내각이 성년 남자의 상투를 자르도록 내린 명령으로 을미개혁 때 시행되었다.

✔② 방곡령

⋯→ 방곡령은 일본으로의 곡식 유출을 잠정적으로 금지하는 법령으로, 해당 지역의 지방관은 직권으로 방곡령을 선포할 수 있었다.

③ 삼림령

⋯→ 삼림령은 일제가 식민지 삼림 정책을 수행하기 위해 시행한 것으로, 기한 내에 신고하지 않은 삼림을 국유로 몰수하면서 조선 사람들의 임야를 박탈하였다.

④ 회사령

⋯→ 회사령은 일제가 회사를 설립하거나 해산할 때 총독부의 허가를 받게한 조치로, 민족 기업 설립을 방해하였다.

미니북 15쪽

33 안중근 정답 ①

빠른 정답 찾기 1909년 + 하얼빈 의거 + 이토 히로부미 저격 ➡ 안중근

자료 분석하기

안중근은 이토 히로부미가 러시아 대신 코코프체프와 협상하기 위해 하얼빈에 온다는 소식을 접한 뒤 우덕순, 조도선 등과 함께 이토 히로부미 처단을 준비하였다. 당일 이토 히로부미를 태운 열차는 하얼빈역에 도착하였고, 안중근은 의장대를 사열하던 이토 히로부미에게 권총을 발사하여 가슴과 복부에 명중시키며 '코레아 우라(한국 만세)'를 외친 뒤 러시아 헌병에 붙잡혔다. 피격 당한 이토 히로부미는 사망하고 안중근은 뤼순 감옥에 수감되어 사형을 선고 받았다.

선택지 분석하기

✔① 동양 평화론을 집필하였다.

⋯→ 안중근은 감옥 안에서 한국, 일본, 청 동양 3국이 협력하여 서양 세력의 침략을 방어하며 동양 평화 및 세계 평화를 실현해야 한다는 사상을 담은 『동양 평화론』을 집필하였으나 일제가 사형을 집행하면서 미완성으로 남게 되었다.

② 영남 만인소를 주도하였다.

⋯→ 김홍집이 『조선책략』을 들여온 이후 미국과 외교 관계를 맺어야 한다는 여론이 형성되었다. 이에 이만손을 중심으로 한 영남 유생들이 만인소를 올려 『조선책략』을 비판하고 김홍집의 처벌을 요구하였다.

③ 조선 의용대를 창설하였다.

⋯→ 김원봉이 주도하여 중국 국민당의 지원을 받아 중국 관내 최초의 한인 무장 부대인 조선 의용대를 창설하였다.

④ 헤이그에 특사로 파견되었다.

⋯→ 이준, 이상설, 이위종은 을사늑약 체결의 부당함을 알리기 위해 고종의 밀명을 받아 헤이그에서 열린 만국 평화 회의에 특사로 파견되었다.

미니북 11쪽

34 을사늑약 정답 ③

빠른 정답 찾기 광무 9년 11월 + 대한 제국의 외교권을 일본에게 넘겨준 새 조약 + 5적 이지용, 이근택, 박제순 등 ➡ 을사늑약

자료 뜯어보기

> 나인영은 진술하기를 "광무 9년 11월*에 우리 대한 제국의 외교권을 일본에 넘겨준 새 조약은 일본의 강제에 따른 것으로 황제 폐하가 윤허하지 않았고, 참정대신이 동의하지도 않았습니다. 슬프게도 5적* 이지용, 이근택, 박제순 등이 제멋대로 가(可)하다고 쓰고 속여 2천만 민족을 노예로 내몰았습니다."라고 하였다.

* 광무 9년 11월: 1905년 11월
* 5적(을사오적): 을사늑약에 찬성한 5명의 대신인 박제순, 이지용, 이근택, 이완용, 권중현을 말한다.
  - 이를 통해 대한 제국의 외교권을 일제에 빼앗긴 을사늑약을 유추할 수 있다.

자료 분석하기

일제는 이토 히로부미를 앞세워 고종과 대신들을 위협하며 을사늑약 체결을 강요하였다. 이에 참정대신 한규설은 끝까지 반대하였지만, 학부대신인 이완용과 군부대신 이근택, 내부대신 이지용, 외부대신 박제순, 농상공부대신 권중현이 조약에 찬성하면서 을사늑약이 체결되었다. 을사늑약에 따라 대한 제국은 외교에 관한 모든 일을 할 때 일본의 허락을 받게 되었고, 외국에 있는 대한 제국의 공사관들은 모두 철수하게 되었다.

선택지 분석하기

① 운요호 사건을 계기로 체결되었다.
④ 외국과 맺은 최초의 근대적 조약이었다.

⋯→ 일본은 조선의 해안을 조사한다는 구실로 운요호를 강화도에 보내 초지진을 공격하였다(운요호 사건). 이에 조선 군대가 방어적 공격을 하자 일본이 이를 빌미로 강화도 조약의 체결을 강요하였다. 이 결과 외국과 맺은 최초의 근대적 조약이자 불평등 조약인 강화도 조약이 체결되었다.

제51회

② 최혜국 대우를 처음으로 규정하였다.

⋯› 조미 수호 통상 조약은 조선과 미국 간에 체결된 국교와 통상을 목적으로 한 조약으로, 최혜국 대우를 처음으로 규정하였다.

 통감부가 설치되는 결과를 가져왔다.

⋯› 일제의 강압으로 을사늑약을 체결하면서 대한 제국의 외교권이 박탈되고 통감부가 설치되었다.

한발 더 다가가기

일제의 국권 침탈 과정

한일 의정서 (1904.2.)	• 러일 전쟁을 빌미로 체결 • 일본이 전쟁 시 한국의 영토를 군사 기지로 사용할 수 있는 권리 획득 • 한국에 대한 내정 간섭
제1차 한일 협약 (1904.8.)	• 재정 고문(메가타)과 외교 고문(스티븐스) 파견 • 메가타의 화폐 정리 사업 추진
을사늑약 (1905)	• 한국의 외교권 박탈 • 통감부 설치: 외교 업무 등 내정 간섭
고종 강제 퇴위 (1907)	• 헤이그 특사 파견 구실로 퇴위 강요 • 고종의 강제 퇴위 후 순종 즉위
한일 신협약 (정미 7조약, 1907)	• 통감의 권한 강화: 한국의 법령 제정, 관리의 임면 등 내정권 장악 • 부속 각서 체결: 행정 각부에 일본인 차관 임명, 대한 제국의 군대 해산
기유각서 (1909)	사법권, 감옥 관리권 강탈
한일 병합 조약 (1910)	• 경찰권 박탈 • 한국의 국권 강탈: 조선 총독이 권력 장악

미니북 52쪽

35 원산 정답 ④

빠른 정답 찾기 강화도 조약에 따라 개항 + 1929년 대규모 총파업 ➡ (라) 원산

자료 분석하기

- 강화도 조약의 체결로 부산, 원산, 인천이 개항되면서 외국인의 출입과 무역을 허용한 개항장이 형성되었다.
- 원산 총파업은 라이징 선 석유 회사의 일본인 감독이 조선인 노동자를 구타한 사건이 발단이 되었다. 파업 후 노동자의 요구를 받아주겠다던 회사가 약속을 이행하지 않자 원산 노동자 연합회를 중심으로 총파업에 돌입하였다.

미니북 31쪽

36 세시 풍속 정답 ②

빠른 정답 찾기 달집 태우기 + 음력 1월 15일 ➡ 정월 대보름

자료 분석하기

정월 대보름은 한 해의 첫 보름이자 보름달이 뜨는 날로 음력 1월 15일에 지내는 우리나라의 명절이다. 이날에는 생솔가지나 나뭇더미를 쌓아 달집을 짓고 달이 떠오르면 불을 놓아 복을 기원하는 달집 태우기를 하였다.

선택지 분석하기

① 부럼 깨기 · ③ 쥐불놀이 · ④ 오곡밥 먹기

⋯› 정월 대보름에는 한 해의 풍농을 기원하여 쌀, 조, 수수, 팥, 콩 등을 섞은 오곡밥을 먹고, 건강과 안녕을 기원하는 의미로 땅콩이나 호두, 밤 등 부럼을 깨물기도 하였다. 또한, 이날 행해지는 놀이로 쥐불놀이, 줄다리기, 다리밟기 등이 있다.

 창포물에 머리 감기

⋯› 음력 5월 5일인 단오는 삼한에서 수릿날에 풍년을 기원하였던 행사가 세시 풍속으로 이어지면서 발전하였다. 이날에는 창포물에 머리 감기, 씨름, 그네뛰기, 앵두로 화채 만들어 먹기 등을 하였다.

미니북 12쪽

37 1910년대 무단 통치 정답 ①

빠른 정답 찾기 국권 피탈 이후 실시 + 헌병 경찰 제도 ➡ 1910년대 무단 통치기

자료 분석하기

1910년대 통치기에 일제는 강압적 통치를 목적으로 헌병 경찰 제도를 시행하였으며 조선 곳곳에 일본 헌병 경찰을 배치하여 독립운동가의 동태를 감시하였다.

선택지 분석하기

✓ 제복을 입고 칼을 찬 교사

⋯› 일제는 1910년대 무단 통치 당시 권위를 보이고 위압감을 주기 위해 군국주의적 복제를 제정 · 공포하였으며, 초대 총독 데라우치는 총독부 훈령 제52호를 통해 교사들도 제복을 입고 칼을 차고 다니게 하였다.

② 브나로드 운동에 참여하는 학생
···› 1930년대 초 언론사를 중심으로 농촌 계몽 운동이 전개되었다. 동아일보는 문맹 퇴치 운동의 일환으로 브나로드 운동을 전개하여 학생들을 대상으로 한글을 가르치고 교재를 나누어 주었다.

③ 조선책략 유포에 반발하는 유생
···› 김홍집이 『조선책략』을 들여온 이후 미국과 외교 관계를 맺어야 한다는 여론이 형성되었다. 이에 이만손을 중심으로 한 영남 유생들이 만인소를 올려 이를 비판하였다(1881).

④ 치안 유지법 위반으로 구속된 독립운동가
···› 일제는 치안 유지법을 시행하여 식민지 지배에 저항하는 민족 해방 운동과 사회주의 및 독립운동을 탄압하였다(1925).

한발 더 다가가기

일제 강점기 식민 통치

구분 / 시기	통치 내용	경제 침탈
무단 통치 (1910~1919)	• 조선 총독부 설치 • 헌병 경찰제 • 조선 태형령	• 토지 조사 사업 • 회사령 실시
기만적 문화 통치 (1919~1931)	• 3 · 1 운동 이후 통치 체제의 변화 → 보통 경찰제 • 민족 신문 발행 • 경성 제국 대학 설립	• 산미 증식 계획 시행 → 일본 본토로 식량 반출 • 회사령 폐지 → 일본 자본의 유입
민족 말살 통치 (1931~1945)	• 황국 신민화 정책 • 신사 참배 강요 • 창씨개명 강요 • 황국 신민 서사 암송 • 조선어, 역사 과목 등 폐지	• 국가 총동원령 시행 • 병참 기지화 정책

미니북 26쪽

38 3 · 1 운동 정답 ②

빠른 정답 찾기 탑골 공원 + 독립 선언서 낭독 + 만세 시위 ➡ 3 · 1 운동

자료 분석하기

국내외 민족 지도자들은 윌슨의 민족 자결주의와 도쿄 유학생들의 2 · 8 독립 선언의 영향을 받아 국내외에 독립을 선언하며 3 · 1 운동을 전개하였다. 학생과 시민 등 각계각층의 사람들이 참여한 시위는 서울에서 시작하여 전국으로 확산되었고, 중국의 5 · 4 운동과 인도의 독립운동에도 큰 영향을 주었다. 이는 민족의 주체성을 확인하는 계기가 되었으며, 대한민국 임시 정부 수립이라는 결과를 가져왔다.

선택지 분석하기

① 순종의 인산일에 전개되었다.
···› 순종의 인산일에 사회주의자들과 학생들이 대규모 만세 운동을 준비하였으나 사회주의자들이 발각되어 학생들만 6 · 10 만세 운동을 전개하였다.

✔ 만주, 연해주, 미주 등지로 확산하였다.
···› 3 · 1 운동은 서울에서 시작하여 전국에서 전개되었고, 그 여파가 만주, 연해주, 미주 등지로 확산되었다.

③ 일제의 황무지 개간권 요구를 철회시켰다.
···› 보안회는 일제의 황무지 개간권 요구에 대한 반대 운동을 벌여 이를 철회시켰다.

④ 러시아의 내정 간섭과 이권 침탈을 규탄하였다.
···› 독립 협회는 만민 공동회를 개최하여 러시아의 내정 간섭과 이권 침탈을 규탄하였다. 이 결과 러시아의 군사 교련단과 재정 고문단을 철수시켰으며, 러시아의 절영도 조차 요구도 저지하였다.

미니북 12쪽

39 산미 증식 계획 정답 ③

빠른 정답 찾기 식량 공급 기지 + 1920년부터 추진한 농업 정책 + 조선을 이용하여 식량 부족 문제 해결 ➡ 산미 증식 계획

자료 분석하기

문화 통치가 시행된 1920년대 당시 일본은 제1차 세계 대전 이후 공업화가 진전되면서 인구 급증과 도시화로 인해 쌀값이 폭등하고 식량 부족 문제가 발생하였다. 이에 조선에서 산미 증식 계획을 실시하여 일본 본토의 식량 부족 문제를 해결하고자 하였다. 이를 위해 품종 개량, 수리 시설 구축, 개간 등을 통해 쌀 생산을 대폭 늘리려 하였으나 증산량은 계획에 미치지 못하였다. 그럼에도 불구하고 증산량보다 많은 양의 쌀을 일본으로 보내면서 조선 농민들의 경제 상황은 더욱 악화되었다.

선택지 분석하기

① 미곡 공출제
···› 중일 전쟁 이후 일제는 군량미 조달을 위해 미곡 공출제를 시행하여 조선 사람들의 생활이 더욱 어려워졌다.

② 새마을 운동
···› 1970년대 박정희 정부 당시 공업화로 인해 상대적으로 낙후된 농어촌 근대화를 목표로 새마을 운동이 추진되었다.

✔ 산미 증식 계획
···› 1920년대 급격한 공업화로 일본 본토의 쌀이 부족해지자 일제는 조선에서 산미 증식 계획을 시행하였다.

④ 토지 조사 사업

··· 일제는 1910년대 토지 조사국을 설치하고 토지 조사령을 발표하여 일정 기간 내 토지를 신고하도록 하였다. 이에 신고하지 않은 토지는 총독부에서 몰수하여 일본인에게 헐값으로 팔아넘겼다.

미니북 27쪽

40 물산 장려 운동 정답 ②

빠른 정답 찾기 물산 장려 + 토산으로 원료 ➡ 물산 장려 운동

자료 분석하기

1920년대 민족 자본 육성을 통한 경제 자립을 위해 자급자족, 국산품 애용, 소비 절약 등을 강조하는 물산 장려 운동이 전개되었다. 평양에서 조만식, 이상재의 주도로 조선 물산 장려회가 발족되어 '내 살림 내 것으로' 등의 구호를 내세운 물산 장려 운동이 전국으로 확산되었다.

선택지 분석하기

① 대한매일신보의 후원을 받았다.

··· 국채 보상 운동은 대한매일신보, 황성신문 등 여러 언론 기관들의 지원을 받아 전국으로 확산되었다.

② 평양에서 시작하여 전국으로 확산하였다.

··· 민족 기업을 육성하여 경제적 자립을 이루자는 물산 장려 운동은 '조선 사람, 조선 것, 내 살림 내 것으로'라는 구호를 내걸고 평양에서 시작하여 전국으로 확산하였다.

③ 황국 중앙 총상회를 중심으로 전개되었다.

··· 조청 상민 수륙 무역 장정이 체결되면서 외국 상인들로 인해 어려움을 겪게 된 시전 상인들은 황국 중앙 총상회를 설립하여 상권 수호 운동을 전개하였다.

④ 독립문 건립을 위한 모금 활동이 추진되었다.

··· 독립 협회는 자주독립의 상징인 독립문을 건립하기 위해 독립문 건립 모금 운동을 진행하였다. 각계각층의 호응을 바탕으로 전국적인 모금 운동이 추진되어 마련한 성금으로 독립문이 완공되었다.

미니북 27쪽

41 근우회 정답 ②

빠른 정답 찾기 신간회의 자매단체 + 여성의 단결과 지위 향상 도모 ➡ 근우회

자료 분석하기

신간회의 자매단체로 조직된 근우회는 강연회를 개최하는 등 여성 계몽 활동과 여성 지위 향상 운동을 전개하였다. 또한, 전국 대회를 열어 교육의 성차별 철폐, 여자의 보통 교육 확장, 조혼 폐지 등을 담은 구체적 행동 강령을 채택하였다.

선택지 분석하기

① 권업회

··· 권업회는 연해주 지역에서 이상설을 중심으로 설립되었다. 권업 신문을 발행하고 학교, 도서관 등을 건립하며 항일 독립운동을 전개하였다.

② 근우회

··· 근우회는 신간회의 자매단체로 조직되어 여성 문제 토론회와 강연회 개최, 야학 실시, 문맹 퇴치 등의 활동을 전개하였다.

③ 보안회

··· 보안회는 일본이 황무지 개간권을 요구하자 이에 대한 반대 운동을 전개하여 저지하였다.

④ 송죽회

··· 송죽회는 평양에서 조직된 항일 비밀 여성 단체로 토론회, 역사 강좌, 교육 등의 활동을 하였다.

한발 더 다가가기

1920년대 사회적 민족 운동

구분	내용
민족 유일당 운동	• 민족주의 계열과 사회주의 계열이 이념을 초월하여 민족 운동 추진 • 신간회: 비타협적 민족주의계와 사회주의계의 연합, 노동 · 농민 · 청년 · 여성 운동과 형평 운동 등을 지원
농민 운동	• 농민의 생존권 투쟁 • 항일 민족 운동으로 변화
노동 운동	• 노동자들의 생존권 투쟁(합법 투쟁) • 원산 노동자 총파업
청년 운동	조선 청년 연합회, 서울 청년회, 조선 청년 총동맹 등
소년 운동	• 천도교 소년회, 조선 소년 연합회 • 어린이날 제정
여성 운동	근우회 결성: 신간회의 자매단체, 기관지 발행
형평 운동	• 백정에 대한 사회적 차별에 항거 • 경남 진주에서 조선 형평사 설립 • 여러 사회단체들과 연합하여 각종 파업과 소작 쟁의에 참가

42 청산리 전투

미니북 28쪽

정답 ③

빠른 정답 찾기 만주 지역 + 박영희 + 1920년 + 북로 군정서군 + 대한 독립군 + 일본군과 10여 차례 교전을 벌여 승리 ➡ 청산리 전투

자료 분석하기

박영희는 일제 강점기 때 신흥 무관 학교의 교관과 북로 군정서 사관 연성소 학도단장 등으로 활동한 독립운동가이며, 1920년 청산리 전투에도 참여하였다. 이후 러시아에서 자유시 참변을 겪으면서 다시 만주로 돌아와 신민부 결성에 참여하고 보안사령이 되었다.

선택지 분석하기

① 쌍성보 전투 · ④ 대전자령 전투

⋯› 지청천을 중심으로 북만주에서 결성된 한국 독립군은 중국 호로군과 연합하여 쌍성보 전투, 대전자령 전투에서 일본군을 물리치고 승리하였다.

② 영릉가 전투

⋯› 양세봉은 남만주 지역에서 조선 혁명군을 결성하고 중국 의용군과 연합하여 영릉가 전투를 승리로 이끌었다.

 청산리 전투

⋯› 김좌진이 이끄는 북로 군정서군과 홍범도가 이끄는 대한 독립군이 연합한 독립군 부대는 청산리 전투에서 일본군에 대승을 거두었다.

43 한인 애국단

미니북 28쪽

정답 ④

빠른 정답 찾기 윤봉길 + 상하이 훙커우 공원 의거 ➡ 한인 애국단

자료 분석하기

한인 애국단에 소속되어 활동하던 윤봉길은 상하이 훙커우 공원에서 열린 일본군의 전승 축하 기념식에서 폭탄을 던져 일제 요인들에게 큰 타격을 주었다. 윤봉길 의거는 이후 중국 국민당 정부가 대한민국 임시 정부의 항일 독립운동에 협력하는 계기가 되었다.

선택지 분석하기

① 의열단

⋯› 의열단은 김원봉을 중심으로 만주에서 결성되었으며, 신채호가 작성한 조선 혁명 선언을 기본 행동 강령으로 하였다. 직접적인 투쟁 방법인 암살, 파괴, 테러 등을 통해 독립운동을 전개하였다.

② 중광단

⋯› 북간도로 이주한 한인들이 대종교를 중심으로 교리를 체계화하고 중광단이라는 항일 독립운동 단체를 조직하였다. 이후 만주 지역에서 적극적인 항일 무장 투쟁을 전개하였다.

③ 대한 광복회

⋯› 대한 광복회는 공화 정체의 근대 국민 국가의 수립을 지향하였다. 박상진을 총사령, 김좌진을 부사령으로 하여 만주에 독립군 기지를 만들고 사관 학교를 설립하여 독립군을 양성하였다.

④ 한인 애국단

⋯› 김구는 상하이에서 한인 애국단을 결성하여 적극적인 투쟁 활동을 전개하면서 독립운동가를 지원하였다. 단원으로는 이봉창, 윤봉길 등이 활동하였다.

44 민족 말살 통치

미니북 12쪽

정답 ①

빠른 정답 찾기 황국 신민 서사 + 창씨개명 ➡ 민족 말살 통치

자료 분석하기

일제는 1930~40년대에 민족 말살 통치를 시행하였다. 일왕에 대한 충성심을 세뇌시키고자 1937년에 황국 신민 서사를 만들어 학교나 직장뿐만 아니라 일반인의 모임에서도 이를 암송하도록 하였다. 또한, 1939년에 창씨개명을 시행하여 조선인의 성과 이름을 일본식으로 바꾸도록 강요하였다. 창씨개명을 하지 않은 사람은 학교에 들어가지 못하였고 식량 배급에서 차별을 받고 강제로 노동에 동원되었다.

선택지 분석하기

① 민족 말살 정책의 내용을 조사한다.

⋯› 1930년대에 일제는 우리 민족의 정체성을 말살하기 위해 황국 신민화 정책을 시행하였다. 이 정책의 일환으로 내선일체의 구호를 내세워 신사 참배 및 황국 신민 서사 암송, 창씨개명 등을 강요하였다.

② 조선 형평사의 설립 취지를 살펴본다.

⋯› 갑오개혁 이후 법적으로 신분제가 폐지되었으나 일제 강점기에 백정에 대한 차별은 더욱 심해졌다. 백정들은 이러한 차별을 없애기 위해 진주에서 조선 형평사를 결성하였다.

③ 교육 입국 조서의 발표 배경을 파악한다.

⋯› 고종은 갑오개혁 이후 교육 입국 조서를 발표하여 교육의 중요성을 강조하면서 소학교, 중학교, 한성 사범 학교 등을 세웠다.

④ 동양 척식 주식회사의 주요 업무를 알아본다.

⋯› 일제는 동양 척식 주식회사를 설립하여 총독부가 빼앗은 조선의 토지와 자원을 일본인에게 헐값에 팔아넘겼다.

45 신채호 정답 ①

빠른 정답 찾기 『독사신론』 + 『조선상고사』 + 민족주의 사학자 + 동방 무정부주의 연맹 활동 ➡ 신채호

자료 분석하기

신채호는 『독사신론』을 저술하여 민족을 역사 서술의 중심에 두었다. 『조선사연구초』와 『조선상고사』를 통해 우리 고대 문화의 우수성과 독자성을 강조하였으며, 과거의 사대주의적 이념에 근거를 두고 한국사를 서술한 유학자들과 식민주의 역사가들을 비판하였다. 또한, 점차 무정부주의 독립운동에 관심을 갖고 이필현과 함께 동방 무정부주의 연맹에 가입하여 조선 대표로 참석하는 등 적극적으로 활동하였다.

선택지 분석하기

 ① 조선 혁명 선언을 집필하였다.
⋯› 신채호는 김원봉의 요청을 받아 의열단의 행동 강령인 조선 혁명 선언을 작성하였다.

② 파리 강화 회의에 파견되었다.
⋯› 상하이에서 조직된 신한 청년당은 파리 강화 회의에 김규식을 파견하여 독립 청원서를 제출하였다.

③ 대조선 국민 군단을 창설하였다.
⋯› 박용만은 하와이에서 항일 군사 단체 대조선 국민 군단을 결성하고 독립군 양성을 바탕으로 한 무장 투쟁을 준비하였다.

④ 조선말 큰사전 편찬을 주도하였다.
⋯› 장지영, 최현배 등이 주도하여 설립한 조선어 학회는 『조선말 큰사전』의 편찬을 시도하였으나 일제의 탄압으로 인해 해방 후인 1957년에 완성하였다.

미니북 29쪽

46 남북 협상 정답 ②

빠른 정답 찾기 이승만 + 미소 공동 위원회 결렬 + 남방만이라도 임시 정부 혹은 위원회 조직 ➡ 정읍 발언

자료 분석하기

이승만은 제1차 미소 공동 위원회가 결렬되고 북한에 사실상의 정부가 수립되자 1946년 6월에 정읍에서 남한 단독 정부 수립을 주장하였다.

선택지 분석하기

① 한국 광복군이 창설되었다.
⋯› 한국 광복군은 충칭에서 대한민국 임시 정부의 직할 부대로 결성되었다(1940). 영국군의 요청으로 인도, 미얀마 전선에 파견되었으며 미군의 협조를 받아 국내 진공 작전을 준비하였다.

② 김구가 남북 협상을 추진하였다.
⋯› 미소 공동 위원회가 결렬되고 유엔 한국 임시 위원단의 입국이 거부되자 유엔은 선거가 가능한 지역에서 총선거를 실시하도록 하였다. 남한만의 단독 선거에 반대한 김구와 김규식은 평양으로 가서 김일성과 남북 협상을 전개하였으나 큰 성과를 거두지는 못하였다(1948).

③ 모스크바 삼국 외상 회의가 개최되었다.
⋯› 모스크바 삼국 외상 회의는 미국 · 영국 · 소련의 3개국 외상이 한반도의 신탁 통치 문제를 포함한 7개 분야의 의제를 다룬 회의이다(1945). 이 회의를 통해 미소 공동 위원회 설치와 최대 5년간의 신탁 통치 협정이 결정되었다.

④ 여운형이 조선 건국 준비 위원회를 결성하였다.
⋯› 여운형은 일본인의 안전한 귀국을 보장하는 조건으로 조선 총독부로부터 행정권의 일부를 넘겨받아 조선 건국 준비 위원회를 결성하였다(1945).

한발 더 다가가기

남북 협상

배경	• 유엔 총회: 인구 비례에 따른 남북한 총선거 실시 결정 → 유엔 한국 임시 위원단 파견 → 소련이 유엔 한국 임시 위원단 입국 거부 • 유엔 소총회: 유엔 한국 임시 위원단의 접근 가능 지역인 남한에서만 총선거 실시 결정(1948.2.)
전개	• 김구, 김규식 등이 북측에 통일 정부 수립을 위한 남북한 정치 지도자 회담 제안 • 평양에서 남북 지도자 회의 개최 • 결의문 채택: 단독 정부 수립 반대, 미소 양국 군대의 철수 요구
결과	미소 양국의 합의안 미수용, 남북 각각 단독 정부 수립 진행 → 남북 협상 실패

미니북 20쪽

47 농지 개혁법 정답 ③

빠른 정답 찾기 지가 증권 + 농지 매입 + 농민들에게 유상으로 분배 ➡ 농지 개혁법

자료 분석하기

이승만 정부는 1949년에 농지 개혁법을 제정하여 농지 개혁을 실시하고자 하였다. 그러나 당시 재정이 부족했던 정부는 현금이나 현물 대신 지가 증권을 지주에게 주고 농지를 매입하였다. 지가 증권에는 지주가 보상받을 수 있는 수량이 현물로 기록되어 있었고, 피보상자, 보상 기간, 매년 보상액 및 지불기일이 기록되어 있었다.

선택지 분석하기

① 친일파 청산을 목적으로 하였다.
⋯→ 제헌 국회는 일제의 잔재를 청산하고 민족정기를 바로잡기 위해 반민족 행위 처벌법을 제정하였다. 이에 반민족 행위 특별 조사 위원회가 구성되어 활동하였다.

② 서재필, 이상재 등이 주도하였다.
⋯→ 서재필, 이상재 등의 주도로 독립 협회가 설립되어 자주 국권, 자유 민권, 자강 개혁을 위한 정치 운동을 전개하였다.

③ 자작농이 증가하는 계기가 되었다.
⋯→ 이승만 정부는 유상 매수, 유상 분배를 원칙으로 농지 개혁을 실시하여 소작 제도를 폐지하고 농사를 짓는 사람이 토지를 소유하도록 하였다. 이는 자작농이 증가하는 계기가 되었다.

④ 농광 회사가 설립되는 배경이 되었다.
⋯→ 일제가 조선의 토지를 개간한다는 구실로 조선 땅을 침탈하려 하자 이에 맞서 개간 사업을 목적으로 한 농광 회사를 설립하였다.

미니북 34쪽

48 6 · 25 전쟁 정답 ②

빠른 정답 찾기 1951년 + 동족상잔의 비극 ➡ 6 · 25 전쟁

자료 분석하기

1951년에는 전시하 교육 특별 조치를 통해 피란 학교 설치, 임시 교사 양성, 전시 교재 발행과 배부 등이 진행되었다. 특히 전쟁의 어려운 상황 속에서도 발행된 『3500문제 수험생의 전시 입학시험 공부』는 중학교 입학시험 대비 문제집으로, 표지에 그려진 공군과 전투기 이미지가 전시 상황을 반영하고 있다. 이처럼 전쟁 중에도 별도의 수험서가 출간될 정도로 교육을 향한 국민들의 열정이 높았음을 보여준다.

선택지 분석하기

① 제물포 조약의 내용을 살펴본다.
⋯→ 신식 군대인 별기군에 비해 차별 대우를 받던 구식 군대가 선혜청과 일본 공사관을 습격하면서 임오군란이 발생하였다. 군란 직후 일본은 조선에 군란으로 입은 피해에 대한 책임을 물었다. 이에 사과 사절단 파견, 주모자 처벌, 배상금 지불, 공사관 경비병 주둔 등의 내용을 담은 제물포 조약을 체결하게 되었다.

② 인천 상륙 작전의 과정을 조사한다.
⋯→ 북한의 불법 남침으로 인해 시작된 6 · 25 전쟁 때 낙동강 방어선까지 밀렸던 국군은 유엔군의 파병과 인천 상륙 작전 성공으로 서울을 되찾고 압록강까지 진격하였다.

③ 경의선 철도의 부설 배경을 파악한다.
⋯→ 경의선은 서울과 신의주를 잇는 철도로 일본이 중국 대륙 침략을 목적으로 부설하였다. 평시에는 원료 공급, 공업 제품의 수송을 맡았으나, 전시에는 군인과 군수 물자를 수송하였다.

④ 신흥 무관 학교의 설립 목적을 알아본다.
⋯→ 신민회는 항일 무장 투쟁의 필요성을 인식하여 서간도 삼원보에 독립군 양성 학교인 신흥 강습소를 세웠다. 이는 1919년 본부를 옮기면서 신흥 무관 학교로 명칭이 바뀌었다.

미니북 30쪽

49 4 · 19 혁명 정답 ①

빠른 정답 찾기 1960년 + 3 · 15 부정 선거 ➡ 4 · 19 혁명

자료 분석하기

이승만의 독재와 3 · 15 부정 선거에 저항하여 4 · 19 혁명이 발발하였고, 학생과 대학 교수단이 대통령의 하야를 요구하는 행진을 전개하는 등 시위는 전국적으로 확산되었다. 결국 이승만이 하야하고 내각 책임제를 기본으로 하는 허정 과도 정부가 구성되었다.

선택지 분석하기

① 4 · 19 혁명
⋯→ 이승만과 자유당 정권이 자행한 3 · 15 부정 선거에 항거하여 마산에서 발생한 규탄 시위에서 마산상고 학생이었던 김주열이 사망하였다. 이를 계기로 시위가 전국적으로 확산되며 4 · 19 혁명이 발발하였다.

② 6월 민주 항쟁
⋯→ 전두환 정부의 박종철 고문치사 사건과 4 · 13 호헌 조치에 반

발하여 직선제 개헌과 민주 헌법 제정을 요구하는 시위가 확대되었다. 시위 도중 연세대 재학생 이한열이 사망하자 시위는 더욱 격화되어 6월 민주 항쟁이 진국적으로 확대되었다.

③ 부마 민주 항쟁

…→ YH 무역 노동자들의 농성이 신민당사 앞에서 일어난 것을 빌미로 박정희 정부는 김영삼을 국회의원에서 제명하였다. 이를 계기로 김영삼의 정치적 근거지인 부산, 마산에서 박정희 정권의 유신 체제에 반대하는 시위가 일어나면서 부마 민주 항쟁이 전개되었다.

④ 5 · 18 민주화 운동

…→ 신군부의 비상계엄 확대에 항거하여 광주에서 일어난 5 · 18 민주화 운동은 신군부가 계엄군을 동원하여 무력으로 진압하였다. 이에 학생과 시민들이 시민군을 결성하여 대항하면서 격화되었다.

미니북 20쪽

50 박정희 정부 정답 ④

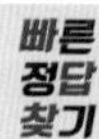

빠른 정답 찾기 한일 국교 정상화 + 한일 회담 반대 시위 ➡ 6 · 3 시위

자료 분석하기

박정희 정부가 한일 회담을 진행하면서 한일 국교 정상화 추진에 대한 협정 내용이 공개되자 학생과 야당을 주축으로 이에 반대하는 6 · 3 시위가 전개되었고 정부는 비상계엄령을 선포하였다(1964).

선택지 분석하기

① 3선 개헌안이 통과되었다.

…→ 박정희 정부는 장기 집권을 위해 대통령의 3선 연임을 허용하는 3선 개헌안을 추진하여 6차 개헌을 통과시켰다(1969).

② 베트남에 국군이 파병되었다.

…→ 박정희 정부는 미국의 요청으로 베트남에 국군을 파병하면서 그 대가로 미국으로부터 한국군 현대화를 위한 장비와 경제 원조를 제공받았다(1964~1973).

③ 경제 개발 5개년 계획이 추진되었다.

…→ 박정희 정부는 경제 개발 5개년 계획을 추진하여 정부 주도의 외자 도입 및 수출 정책 등을 바탕으로 고도의 경제 성장을 이루어냈다.

④ 한일 월드컵 축구 대회가 개최되었다.

…→ 김대중 정부는 월드컵 역사상 첫 공동 개최였던 한일 월드컵 축구 대회를 개최하였다(2002).

제 50 회 한국사능력검정시험

01	02	03	04	05	06	07	08	09	10
②	④	①	③	④	④	②	③	②	④
11	**12**	**13**	**14**	**15**	**16**	**17**	**18**	**19**	**20**
④	①	④	①	①	②	③	③	②	③
21	**22**	**23**	**24**	**25**	**26**	**27**	**28**	**29**	**30**
④	②	③	②	②	④	③	②	④	①
31	**32**	**33**	**34**	**35**	**36**	**37**	**38**	**39**	**40**
③	④	②	①	①	③	①	③	④	③
41	**42**	**43**	**44**	**45**	**46**	**47**	**48**	**49**	**50**
②	①	①	④	①	②	③	①	③	③

미니북 04쪽

01 신석기 시대 정답 ②

빠른 정답 찾기 농경과 정착 생활 시작 + 가락바퀴 + 갈돌과 갈판 + 움집
➡ 신석기 시대

자료 분석하기

신석기 시대에는 농경이 시작되면서 조 · 피 등을 재배하였고 강가나 바닷가에 갈대나 억새를 엮어 만든 지붕을 덮어 움집을 짓고 살았다. 또한, 갈돌과 갈판으로 곡식을 갈아서 음식을 만들어 먹었으며, 가락바퀴로 실을 뽑아 뼈바늘로 옷을 지어 입었다.

선택지 분석하기

① 주먹도끼
⋯➝ 구석기 시대 사람들은 주먹도끼, 찍개 등의 뗀석기를 사용하였다.

✔② 빗살무늬 토기
⋯➝ 신석기 시대에는 빗살무늬 토기에 식량을 저장하였다.

③ 청동 방울
⋯➝ 청동기 시대에는 의례를 할 때 청동 방울이나 거울 등을 제작하여 사용하였다.

④ 철제 판갑옷
⋯➝ 철제 판갑옷은 가야의 발달된 철기 문화를 알 수 있는 유물로, 대가야의 유적지인 고령 지산동 32호분에서 출토되었다.

미니북 21쪽

02 부여 정답 ④

빠른 정답 찾기 만주 쑹화강 유역 + 도둑질한 자는 12배로 갚게 함 + 12월 영고
➡ 부여

자료 분석하기

부여는 만주 쑹화강 유역의 비옥한 평야 지대에서 성장하였으며, 남의 물건을 훔치면 12배로 갚도록 하는 1책 12법이라는 엄격한 법률이 있었다. 또한, 12월에 풍성한 수확제이자 추수 감사제의 성격을 지닌 영고라는 제천 행사가 열렸다.

선택지 분석하기

① 소도라고 불리는 신성 지역이 있었다.
⋯➝ 삼한은 소도라는 신성 지역을 따로 두어 제사장인 천군이 이를 관리하는 제정 분리 사회였다.

② 읍락 간의 경계를 중시한 책화가 있었다.
⋯➝ 동예에는 각 부족의 영역을 중요시하여 그 영역을 침범하는 경우 노비와 소, 말로 변상하게 하는 책화라는 제도가 있었다.

③ 범금 8조를 통해 사회 질서를 유지하였다.
⋯➝ 고조선은 사회 질서를 유지하기 위해 8개의 조항으로 이루어진 범금 8조를 만들었으나 현재는 3개의 조항만 전해진다.

✔④ 여러 가(加)들이 별도로 사출도를 주관하였다.
⋯➝ 부여는 왕 아래 마가, 우가, 저가, 구가의 가(加)들이 각자의 행정 구역인 사출도를 다스렸다. 또한, 왕이 통치하는 중앙과 합쳐 5부를 구성하는 연맹 왕국이었다.

한발 더 다가가기

연맹 왕국 여러 국가들의 특징

부여	• 사출도(마가, 우가, 저가, 구가), 반농반목 • 풍습: 순장, 1책 12법, 우제점법, 형사취수제 • 제천 행사: 영고(12월)
고구려	• 5부족 연맹체, 제가 회의, 약탈 경제(부경) • 풍습: 서옥제, 형사취수제 • 제천 행사: 동맹(10월)
옥저	• 읍군, 삼로(군장) • 소금과 해산물 풍부, 고구려에 공물 바침 • 풍습: 민며느리제, 가족 공동묘
동예	• 읍군, 삼로(군장) • 명주, 삼베, 단궁, 과하마, 반어피 등 • 풍습: 족외혼, 책화 • 제천 행사: 무천(10월)
삼한	• 제정 분리: 정치적 지배자(신지, 읍차), 제사장(천군) → 소도 주관 • 벼농사(저수지 축조), 철 생산량 많음(낙랑 · 왜에 수출, 화폐로 이용) • 제천 행사: 수릿날(5월), 계절제(10월)

미니북 06쪽

03 백제 성왕 정답 ①

빠른 정답 찾기 사비로 도읍을 옮김 + 국호 남부여 + 신라와 연합하여 한강 하류 지역을 되찾음 ➡ 성왕

자료 분석하기

백제 성왕은 왕권 강회를 위해 사비(부여)로 도읍을 옮기고 국호를 남부여로 고쳐 백제의 중흥을 도모하였다. 이후 신라 진흥왕과 함께 고구려를 공격하여 한강 유역을 차지하였으나 진흥왕이 나제 동맹을 깨고 백제가 차지한 지역까지 점령하였다. 이에 성왕은 신라를 공격하였지만 관산성 전투에서 전사하였다.

선택지 분석하기

① 성왕
···› 백제 성왕은 웅진(공주)에서 사비(부여)로 도읍을 옮기고 국호를 남부여로 고쳤다.

② 무열왕
···› 신라 무열왕 김춘추는 신라 최초의 진골 출신 왕으로 당과 동맹을 결성하였고 나당 연합군을 동원하여 백제를 멸망시켰다.

③ 근초고왕
···› 백제 근초고왕은 백제의 전성기를 이끌면서 고구려의 평양성을 공격하여 고국원왕을 전사시켰다.

④ 소수림왕
···› 고구려 소수림왕은 중앙 집권적 국가의 기틀을 세우기 위해 율령을 반포하고 국가 조직을 정비하였다. 또한, 불교를 수용하여 왕실의 권위를 높이고자 하였다.

한발 더 다가가기

백제 주요 국왕의 업적

고이왕	• 율령 반포(관등, 관복제 정비) • 한강 유역 장악(목지국 공격)
근초고왕	• 마한 정복, 고구려 평양성 공격(고국원왕 전사) • 해외 진출(요서, 산둥, 규슈) • 왕위의 부자 상속제 확립
침류왕	불교 수용 및 공인
무령왕	• 22담로 설치(왕족 파견) → 지방 통제 강화 • 무령왕릉
성왕	• 사비 천도, 중앙 22부 정비 • 국호 변경(남부여) • 불교 진흥(노리사치계 일본 파견) • 나제 동맹 결렬(관산성 전투로 사망)
무왕	• 『삼국유사』에 기록된 서동 설화의 주인공 • 익산에 미륵사 창건
의자왕	• 신라 40여 개의 성 차지(대야성 함락) • 백제 멸망(660) ↔ 신라 김춘추(무열왕)

미니북 44쪽

04 금동 연가 칠년명 여래 입상 정답 ③

빠른 정답 찾기 국보 제119호 + 고구려의 불상 + 경상남도 의령 출토 + 연가 7년 ➡ 금동 연가 칠년명 여래 입상

자료 분석하기

금동 연가 칠년명 여래 입상은 경남 의령 지방에서 출토된 고구려의 불상이다. 국보 제119호로 지정되어 있으며, 강렬한 느낌을 주는 불상 양식에서 고구려적인 특징이 잘 나타나 있다.

선택지 분석하기

① 금동 미륵보살 반가 사유상
···› 국보 제83호 – 삼국 시대

② 석굴암 본존불
···› 통일 신라

③ 금동 연가 칠년명 여래 입상
···› 국보 제119호 – 고구려

④ 이불 병좌상
···› 발해

미니북 06쪽

05 진대법 정답 ④

빠른 정답 찾기 고국천왕 + 을파소 + 봄에 곡식을 빌려주고 겨울에 갚게 함 ➡ 진대법

자료 분석하기

고구려 고국천왕은 국상인 을파소의 건의에 따라 먹을거리가 부족한 봄에 곡식을 빌려주고 겨울에 갚게 하는 빈민 구제책인 진대법을 실시하였다.

선택지 분석하기

① 의창
···› 고려 태조 때 실시한 흑창은 춘궁기에 곡식을 빌려주고 추수 후에 회수하던 제도로, 성종 때 쌀을 1만 석 보충하여 시행하면서 이를 의창이라고 하였다.

② 환곡
···› 조선 시대에 실시한 환곡은 흉년이나 춘궁기에 굶주린 백성들에게 곡식을 빌려주고 추수기에 되돌려 받던 제도이다.

③ 사창제

⋯ 조선 후기 고종이 어린 나이에 왕위에 오르면서 정치적 실권을 잡은 흥선 대원군은 환곡의 폐단을 해결하기 위해 향촌에서 마을 단위로 공동 운영하는 사창제를 실시하였다.

④ 진대법

⋯ 고구려 고국천왕은 국상인 을파소의 건의에 따라 먹을거리가 부족한 봄에 곡식을 빌려주고 겨울에 갚게 하는 빈민 구제책인 진대법을 실시하였다.

미니북 25쪽

06 안시성 전투 정답 ④

빠른 정답 찾기 고구려군 + 당군 + 흙산 ➡ (라) 안시성 전투

자료 분석하기

연개소문은 정변을 통해 영류왕을 몰아내고 보장왕을 왕위에 세운 후 대막리지가 되어 정권을 장악하였다(642). 이후 당은 연개소문의 정변을 구실로 고구려를 공격하여 요동성, 백암성을 함락시키고 안시성을 공격하였다(645). 고구려군이 크게 저항하자 당군은 성벽보다 높게 흙산을 쌓아 성을 공격하였지만 갑자기 흙산이 무너졌고, 고구려군은 무너진 성벽 사이로 빠져 나와 흙산을 점령하였다. 결국 안시성의 성주 양만춘을 중심으로 당군을 몰아낼 수 있었다.

한발 더 다가가기

고구려와 수 · 당 전쟁

고구려 – 수 전쟁 (612)	• 고구려: 요서 지방 선제 공격 • 수 양제의 113만 대군 침공 • 살수 대첩: 승리
고구려 – 당 전쟁 (645)	• 초기: 친선 관계 유지 • 고구려의 천리장성 축조 • 당 태종의 침략으로 요동성 함락 → 안시성 전투 → 고구려 양만춘의 승리

미니북 19쪽

07 원효 정답 ②

빠른 정답 찾기 일심 사상 + 「무애가」 + 불교의 대중화 + 『대승기신론소』 ➡ 원효

자료 분석하기

신라의 승려 원효는 모든 것은 한 마음에서 나온다는 일심 사상을 주장하였다. 또한, 불교의 대중화를 위해 불교의 교리를 쉬운 노래로 표현한 「무애가」를 지었으며, 불교의 사상적 이해 기준을 확립한 『대승기신론소』 등을 저술하였다.

선택지 분석하기

① 세속 5계를 지었다.

⋯ 신라 진평왕 때 원광은 화랑도의 생활 규범으로 사군이충, 사친이효, 교우이신, 임전무퇴, 살생유택의 내용이 담긴 세속 5계를 제시하였다.

② 십문화쟁론을 저술하였다.

⋯ 신라의 승려 원효는 불교 종파의 대립과 분열을 끝내고 화합을 이루기 위한 화쟁 사상을 주장하였다. 이에 불교적 논리를 모아서 정리한 『십문화쟁론』을 저술하였다.

③ 수선사 결사를 제창하였다.

⋯ 고려의 승려 지눌은 불교의 타락을 비판하고 승려의 기본인 독경, 수행, 노동에 힘쓰자는 수선사 결사 운동을 전개하였다. 이를 위한 사상적 기반으로 정혜쌍수와 돈오점수를 주장하였다.

④ 영주 부석사를 건립하였다.

⋯ 신라의 승려 의상은 당에 가서 지엄으로부터 화엄에 대한 가르침을 받고 돌아와 화엄 사상을 펼쳤다. 이후 부석사를 건립하여 수많은 제자들을 양성하였다.

미니북 46쪽

08 불국사 정답 ③

빠른 정답 찾기 석가탑 + 다보탑 + 신라 + 경주 + 8세기 중엽 김대성이 조성 ➡ 불국사

자료 분석하기

불국사(사적 제502호)는 통일 신라 경덕왕 때 김대성에 의해 조성된 사찰로, 과거 · 현재 · 미래의 부처가 사는 정토, 즉 이상향을 구현하고자 하였던 신라인들의 정신세계가 잘 드러나 있다. 불국사에 있는 석가탑(경주 불국사 삼층 석탑, 국보 제21호)과 다보탑(국보 제20호)은 우리나라의 가장 대표적인 석탑으로 대웅전과 자하문 사이의 뜰 동서쪽에 마주 보고 서 있다.

선택지 분석하기

① 금산사

⋯ 금산사(사적 제496호)는 전북 김제시 모악산에 자리하고 있으며 백제 무왕 때 창건한 사찰로 전해진다. 통일 신라 시대 진표율사가 중창한 이후 미륵 신앙의 맥을 이어오고 있으며, 후백제 견훤의 유배지로 알려진 사찰이기도 하다. 미륵전(국보 제62호)을 비롯하여 고려 시대 석조 문화재 및 조선 후기의 목조 건축 등 다량의 국가 지정 문화재가 보존되어 있다.

② 법주사

⋯ 법주사(사적 제503호)는 충북 보은군 속리산에 자리하고 있으며 신라 진흥왕 때 창건되었다고 전해진다. 또한, 우리나라에 히나 밖에 없는 목탑인 팔상전(국보 제55호)이 있으며, 훌륭한 조각 솜씨로 조각한 쌍사자 석등(국보 제5호)이 있다.

③ 불국사

⋯ 불국사는 경북 경주시 토함산 서쪽 중턱에 있으며, 통일 신라 경덕왕 때 김대성에 의해 건립된 사찰이다. 임진왜란 때는 왜군의 방화와 파괴 등으로 큰 피해를 입었으며, 전쟁이 끝나고 선조 때부터 복구와 중건이 계속해서 이루어졌다. 이후 불국사는 뛰어난 건축 기술과 예술성을 인정받아 1995년 유네스코 세계 유산으로 등재되었다.

④ 수덕사

⋯ 수덕사는 충남 예산군 덕숭산에 있는 사찰로 백제 때 창건된 것으로 전해진다. 석가모니 불상을 모셔 놓은 대웅전(국보 제49호)은 고려 충렬왕 때 지어진 건물로, 그 시기를 정확하게 알 수 있는 우리나라에서 가장 오래된 목조 건물 중의 하나이다.

미니북 07쪽

09 발해

정답 ②

빠른 정답 찾기 남쪽에 신라 + 남북국 ➡ 발해

자료 뜯어보기

옛날 북쪽에 고구려, 서남쪽에 백제, 동남쪽에 신라가 있어서 이것을 삼국이라 하였다. 여기에는 마땅히 삼국사가 있어야 하고, 고려가 편찬하였으니 잘한 일이다.

고구려와 백제가 망한 다음에 남쪽에 신라, 북쪽에 (가) 이/가 있으니 이를 남북국*이라 하였다. 여기에는 마땅히 남북국사가 있어야 하는데, 고려가 편찬하지 않은 것은 잘못이다.

*남북국: 조선 정조 때 서얼 출신 유득공이 저술한 『발해고』는 발해를 우리의 역사로 인식하고 최초로 '남북국'이라는 용어를 사용하였다.
– 이를 통해 (가) 에 들어갈 나라가 발해임을 유추할 수 있다.

자료 분석하기

제시문은 조선 후기 실학자 유득공이 지은 『발해고』 서문의 내용이다. 발해를 우리나라의 역사로 인식하면서 신라와 발해가 있던 시기를 남북국 시대라고 부를 것을 제안하고 있다.

선택지 분석하기

① 지방에 22담로를 두었다.

⋯ 백제 무령왕은 지방에 22담로를 설치하고 왕족을 파견하여 지방에 대한 통제를 강화하였다.

② 전성기에 해동성국이라 불렸다.

⋯ 발해 선왕 때 영토를 크게 확장하여 진싱기를 누리면서 주변 국가들로부터 해동성국이라 불렸다.

③ 중앙군으로 9서당을 설치하였다.

⋯ 통일 신라 신문왕은 중앙군을 9서당, 지방군을 10정으로 편성하여 군사 조직을 정비하였다.

④ 영락이라는 독자적 연호를 사용하였다.

⋯ 고구려 광개토 대왕은 영락이라는 독자적 연호를 사용하고, 정복 활동을 통해 영토를 크게 확장하였다.

한발 더 다가가기

발해 주요 국왕의 업적

국왕	업적
고왕 (대조영)	• 건국: 동모산 기슭에 발해 건국 • 고구려 계승 의식
무왕 (대무예)	• 독자적 연호 사용(인안) • 당의 산둥반도 공격(장문휴) • 돌궐, 일본과 연결하는 외교 관계 수립
문왕 (대흠무)	• 독자적 연호 사용(대흥) • 외교: 당과 친선, 신라와 교류(신라도) • 천도(중경 → 상경)
선왕 (대인수)	• 말갈족 복속, 요동 진출(고구려의 옛 땅 대부분 회복) • 발해의 전성기(해동성국)

미니북 22쪽

10 궁예

정답 ④

빠른 정답 찾기 신라 왕실의 후예 + 양길의 부하 + 송악 도읍 + 스스로를 미륵불이라 칭함 ➡ 궁예

자료 분석하기

신라의 왕족 출신인 궁예는 북원(원주)에서 반란을 일으킨 양길의 부하로 들어가 세력을 키워 송악(개성)에 도읍을 정하고 후고구려를 세웠다. 그는 광평성을 중심으로 정치 기구를 새롭게 마련하였으나 미륵 신앙을 바탕으로 한 전제 정치로 인해 백성과 신하들의 원성을 사게 되어 왕건에 의해 축출되었다.

선택지 분석하기

① 훈요 10조를 남겼다.

⋯ 고려 태조는 후대의 왕들에게 숭불 정책, 북진 정책, 민생 안정책 등 10가지 지침이 담긴 훈요 10조를 남겼다.

② 청해진을 설치하였다.
⋯› 통일 신라 때 장보고는 완도에 청해진을 설치하여 해상 무역을 장악하였다.

③ 백제 계승을 내세웠다.
⋯› 신라의 군인 출신인 견훤은 세력을 키워 완산주(전주)에 도읍을 정하고 백제 계승을 내세우며 후백제를 건국하였다.

④ 국호를 태봉으로 바꾸었다.
⋯› 궁예는 후고구려 건국 후 영토를 확장하여 철원으로 도읍을 옮기고 국호를 마진으로 바꿨다가 다시 태봉으로 바꾸기도 하였다.

미니북 08쪽

11 공민왕의 업적 정답 ④

빠른 정답 찾기 고려 제31대 왕 + 정동행성 이문소 폐지 + 원의 간섭을 물리치기 위해 많은 노력 ➡ 공민왕

자료 분석하기

고려의 제31대 공민왕은 친원 세력을 몰아내는 반원 자주 정책을 추진하였다. 이러한 정책의 일환으로 원에서 고려에 대한 내정 간섭 기구로 이용하였던 정동행성 이문소를 폐지하였으며, 변발과 호복 등 몽골의 풍습을 금지하였다. 또한, 왕실 호칭과 관제를 복구하는 등 원의 흔적을 지우기 위해 노력하였다.

선택지 분석하기

① 교정도감을 설치하였다.
⋯› 고려 무신 정권기에 최충헌은 교정도감을 설치하고 자신이 이 기구의 우두머리인 교정별감이 되어 중요한 정책을 결정하였다.

② 천리장성을 축조하였다.
⋯› 고구려 영류왕 때 당의 공격에 대비하여 동북의 부여성부터 발해만의 비사성까지 천리장성을 축조하였다. 이후 고려 현종 때에는 거란의 침입에 대비하기 위해 압록강 하구부터 동해안까지 천리장성을 쌓아 국경 수비를 강화하였다.

③ 쓰시마 섬을 정벌하였다.
⋯› 고려 창왕 때 일본 해적인 왜구가 쓰시마 섬(대마도)을 근거지로 노략질을 일삼아 피해가 극심해지자 박위가 함선 100여 척을 이끌고 쳐들어가 정벌하였다.

④ 쌍성총관부를 공격하였다.
⋯› 고려 공민왕은 개혁 정치를 실시하면서 반원 자주 정책의 일환으로 쌍성총관부를 공격하여 철령 이북 지역의 영토를 되찾았다.

한발 더 다가가기

공민왕의 개혁 정책

반원 자주 정책	• 친원 세력 숙청 • 몽골풍 금지 • 왕실 호칭 및 관제 복구 • 쌍성총관부 탈환
왕권 강화 정책	• 정방 폐지(인사권 장악) • 신진 사대부 등용(성균관 정비) • 전민변정도감 설치(신돈 등용)

미니북 22쪽

12 후삼국의 통일 과정 정답 ①

빠른 정답 찾기 금성(나주) 점령 ➡ (가) ➡ 경순왕의 항복 ➡ 일리천 전투

자료 분석하기

- **금성(나주) 점령**(903): 왕건은 궁예의 부하로 있었을 때 수군을 거느리고 후백제의 배후인 금성(나주) 지역을 공격하여 점령하였다. 후백제의 견훤은 나주 지역을 되찾기 위해 계속해서 공격을 하였지만 거듭 패배하면서 포기하고 물러났다. 이를 통해 고려는 후백제의 해상 활동을 위축시킬 수 있었다.
- **경순왕의 항복**(935): 견훤은 후계자 문제로 장남 신검에 의해 금산사에 유폐되었으나 탈출하여 왕건에게 귀순하게 되었다. 이러한 사태가 발생하자 더 이상 보호국의 처지에서 나라를 유지하는 것이 의미 없다는 판단을 내린 신라의 마지막 왕인 경순왕 김부는 고려에 항복하였다.
- **일리천 전투**(936): 왕건은 견훤과 함께 군사를 이끌고 경북 선산의 일리천에서 신검이 이끄는 후백제와 격돌하였다. 크게 패배한 후백제는 퇴각하였지만 왕건이 끝까지 추격하여 공격하자 신검은 아우인 양검, 용검과 함께 문무 관료들을 데리고 항복하면서 고려가 후삼국을 통일하게 되었다.

선택지 분석하기

① 고창 전투
⋯› 공산 전투에서 승리한 견훤은 교통의 요충지였던 고창(안동)을 포위하여 공격하였으나 8,000여 명의 사상자를 내며 왕건에게 크게 패하였다(929).

② 진포 대첩
⋯› 고려 우왕 때 진포에 왜구가 500여 척을 이끌고 노략질을 하기 위해 침입하자 나세, 심덕부, 최무선은 군선 100여 척을 이끌고 화포를 이용하여 왜구를 물리치며 크게 승리하였다(1380).

③ 삼별초 항쟁
⋯› 무신 정권 해체 이후 강화도에 있던 고려 조정이 개경으로 환도

하면서 몽골과의 강화가 성립되었다. 이에 반발한 삼별초는 배중손, 김통정의 지휘하에 진도와 제주도로 이동하며 대몽 항쟁을 전개하였다(1270~1273).

④ 위화도 회군

⋯› 고려 우왕 때 명이 원에서 관리한 철령 이북의 땅을 반환하라고 요구하자 최영을 중심으로 요동 정벌을 추진하게 되었다. 이성계는 4불가론을 제시하며 이에 반대하였으나 왕명에 따라 출병하게 되었고 압록강 의주 부근의 위화도에서 말을 돌려 개경으로 회군하였다(1388).

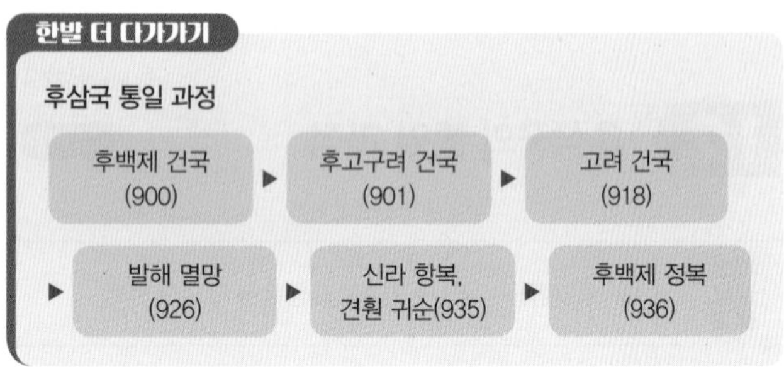

한발 더 다가가기
후삼국 통일 과정
후백제 건국 (900)
후고구려 건국 (901)
고려 건국 (918)
발해 멸망 (926)
신라 항복, 견훤 귀순(935)
후백제 정복 (936)

미니북 23쪽

13 윤관 정답 ④

빠른 정답 찾기 별무반 + 여진 정벌 + 신기군 · 신보군 · 항마군 ➡ 윤관

자료 분석하기

고려 숙종 때 부족을 통일한 여진족이 고려의 국경을 자주 침입하자 윤관이 왕에게 건의하여 신기군, 신보군, 항마군으로 구성된 별무반을 편성하였다.

선택지 분석하기

① 우산국을 정복하였다.

⋯› 신라 지증왕은 이사부를 보내 우산국(울릉도)을 정복하였다.

② 4군 6진을 설치하였다.

⋯› 조선 세종은 최윤덕을 시켜 여진족을 몰아내고 압록강 일대에 4군을 설치하고, 김종서를 시켜 두만강 일대에 6진을 설치하여 영토를 확장하였다.

③ 강동 6주를 확보하였다.

⋯› 고려 성종 때 서희는 거란의 1차 침입 당시 소손녕과의 외교 담판을 통해 강동 6주를 획득하였다.

④ 동북 9성을 축조하였다.

⋯› 고려 예종 때 윤관은 별무반을 이끌고 여진을 몰아내어 동북 9성을 축조하였다.

미니북 24쪽

14 고려의 경제 상황 정답 ①

빠른 정답 찾기 벽란도 + 송에서 인삼을 사려 옴 ➡ 고려

자료 분석하기

고려는 예성강 하구에 위치한 벽란도를 통해 송과 무역을 전개하여 비단, 서적 등을 수입하고 종이, 인삼 등을 수출하였다.

선택지 분석하기

① 건원중보를 발행하였다.

⋯› 고려 성종 때 우리나라 최초의 주화인 건원중보가 발행되었는데, 뒷면에 '동국(東國)'이라는 글자를 새겨 넣은 것이 특징이다.

② 신해통공을 단행하였다.

⋯› 조선 정조 때 채제공이 시전상인의 금난전권 폐지를 건의하여 신해통공이 시행되었다.

③ 연분 9등법을 시행하였다.

⋯› 조선 세종 때 연분 9등법을 시행하여 풍흉의 정도에 따라 차등을 두어 조세를 부과하였다.

④ 관수 관급제를 실시하였다.

⋯› 조선 성종 때 과도한 수취로 수조권이 남용되자 국가가 수확량을 조사하여 조세를 징수한 후 관리에게 지급하는 관수 관급제를 실시하였다.

미니북 08쪽

15 성종의 업적 정답 ①

빠른 정답 찾기 고려의 통치 체제 마련 + 시무 28조 수용 + 국자감 정비 + 상평창 설치 + 경학 박사 지방 파견 + 2성 6부제 마련 ➡ 성종

자료 분석하기

고려 성종은 최승로의 시무 28조를 받아들여 다양한 제도를 시행하고 통치 체제를 정비하였다. 당의 제도를 모방하여 2성 6부로 이루어진 중앙 관제를 구성하였으며, 최고 교육 기관인 국자감을 설치하고 지방에 경학 박사와 의학 박사를 파견하여 유학 교육을 활성화하고자 하였다. 또한, 물가 조절을 통한 민생 안정을 위해 개경과 서경(평양)에 상평창을 설치하였다.

선택지 분석하기

✅ 12목 설치

⋯ 고려 성종은 지방관을 파견하고 향리제를 마련하여 지방 세력을 견제하였다. 전국의 주요 지역에 12목을 설치하고 목사를 파견하였으며, 지방의 중소 호족을 향리로 편입하여 통제하였다.

② 집현전 개편

⋯ 조선 세종 때 학문 연구 및 국왕의 자문 기관이자 왕실 연구 기관이었던 집현전을 확대 · 개편하여 유교 정치의 활성화를 꾀하였다.

③ 경국대전 편찬

⋯ 조선 세조 때 편찬되기 시작한 『경국대전』은 조선의 기본 법전으로, 성종 때 완성되어 반포되었다.

④ 독서삼품과 실시

⋯ 통일 신라 원성왕은 국학의 학생들을 대상으로 독서삼품과를 실시하여 유교 경전의 이해 수준에 따라 관리로 채용하였다.

미니북 24쪽

16 『직지심체요절』 정답 ②

빠른 정답 찾기 청주 흥덕사에서 간행 + 금속 활자본 + 프랑스 국립 도서관에서 발견 ➡ 『직지심체요절』

자료 분석하기

청주 흥덕사에서 간행한 『직지심체요절』은 현존하는 세계에서 가장 오래된 금속 활자본으로 공인받고 있다. 프랑스 국립 도서관에서 연구원으로 일하던 박병선 박사에 의하여 발견되었으며 현재까지도 그곳에 소장되어 있다.

선택지 분석하기

① 신증동국여지승람

⋯ 『신증동국여지승람』은 조선 성종 때 편찬된 『동국여지승람』을 중종 때 내용을 보태 다시 펴낸 관찬 지리지이다.

✅ 직지심체요절

⋯ 세계에서 가장 오래된 금속 활자본인 『직지심체요절』은 고려 우왕 때 청주 흥덕사에서 백운 화상이 간행하였다.

③ 왕오천축국전

⋯ 통일 신라 때 혜초는 인도와 중앙아시아를 순례하고 『왕오천축국전』을 저술하였다.

④ 무구정광대다라니경

⋯ 현존하는 세계에서 가장 오래된 목판 인쇄물인 『무구정광대다라니경』은 불국사 삼층 석탑의 보수 과정에서 발견되었다.

미니북 09쪽

17 호패 정답 ③

빠른 정답 찾기 조선 시대 16세 이상의 남자 + 신분 증명 ➡ 호패

자료 분석하기

호패법은 조선 태종 때 처음 실시되었다. 호패는 신분에 따라 재질이나 모양이 달랐지만 주인의 이름과 출생 연도, 과거 급제 사실, 직위 등의 정보가 적혀 있었다. 이를 활용하여 백성의 인구를 파악하고 조세 징수와 군역을 부과하였으며, 호패를 지니지 않으면 처벌을 받았다.

선택지 분석하기

① 교지

⋯ 교지는 국왕의 명령이나 의중을 담은 문서로, 국왕이 신하에게 관직 및 과거 합격 증서, 토지나 노비 및 기타 특권을 내리는 문서 등을 통칭하였다.

② 족보

⋯ 족보는 같은 성씨(姓氏)의 씨족 구성원을 차례대로 도식화하여 기록한 계보를 의미한다. 조선 시대 지배 계층 내에서도 유력 가문에서만 만들어졌으나 이후 일반 양반 가문에서도 보편화되면서 양반 계층이 그 신분을 증명하는 근거로 사용되었다.

✅ 호패

⋯ 조선 태종은 정확한 인구 파악과 이에 따른 조세, 역 부과를 위해 16세 이상의 남자들에게 일종의 신분증명서인 호패를 발급하는 호패법을 실시하였다.

④ 공명첩

⋯ 임진왜란 이후 조선 정부는 재정 악화를 해결하기 위해 돈이나 곡식을 받고 명예직 임명장인 공명첩을 팔았다.

미니북 09쪽

18 『삼강행실도』 정답 ③

빠른 정답 찾기 충신, 효자, 열녀의 이야기 + 세종 때 편찬된 책 + 효자 최루백 ➡ 『삼강행실도』

자료 분석하기

조선 세종 때 편찬된 『삼강행실도』에는 최루백의 이야기가 수록되어 있다. 그의 아버지가 사냥을 하다가 호랑이에게 물려 죽자 최루백은 그 호랑이를 죽이고 뼈와 살을 거두어 홍법산 서쪽에 안장한 다음 장사를 지내고 무덤을 지켰다고 전해진다.

선택지 분석하기

① 동의보감

⋯› 조선 선조의 명을 받아 허준이 집필을 시작한 『동의보감』은 각종 의학 지식과 치료법에 관한 의서로, 광해군 때 완성되었다.

② 악학궤범

⋯› 조선 성종 때 성현 등이 왕명에 따라 의궤와 악보를 정리한 『악학궤범』을 저술하였다.

③ 삼강행실도

⋯› 『삼강행실도』는 조선 세종 때 편찬되었으며, 우리나라와 중국의 서적에서 모범이 될 만한 충신, 효자, 열녀 등의 행적을 모아 글과 그림으로 설명한 윤리서이다.

④ 용비어천가

⋯› 조선 세종 때 만들어진 「용비어천가」는 직계 선조인 목조부터 태종까지 6대의 행적에 대해 지은 서사시이다. 선조들의 행적이 하늘의 명을 받은 중국의 제왕과 부합한다는 내용을 통해 조선 왕조 건국의 정통성을 강조하고 있다.

한발 더 다가가기

세종 시기의 편찬 서적

서적	내용
『삼강행실도』	충신, 효자, 열녀 등의 행적을 그림과 함께 설명
『총통등록』	화약 무기 제작법
『칠정산』	최초로 한양을 기준으로 천체 운동 계산한 역법서
『향약집성방』	우리 풍토에 맞는 약재와 치료 방법 개발 · 정리
『의방유취』	의학 백과사전
『농사직설』	우리나라 최초의 농서로 우리 실정에 맞는 농사법 소개
『신찬팔도지리지』	조선 왕조 최초의 지리서

미니북 09쪽

19 세조의 정책

정답 ②

빠른 정답 찾기 조선 제7대 국왕 + 6조 직계제 다시 시행 + 왕권 강화 ➡ 세조

자료 분석하기

조선 세조는 왕권을 강화하기 위해 의정부가 왕의 명령이나 6조의 업무를 중간에서 관리하는 의정부 서사제를 폐지하였다. 이후 태종 때 시행되었던 6조 직계제를 부활시켜 6조의 업무를 왕에게 직접 보고하게 하였다.

선택지 분석하기

① 경복궁을 중건하였다.

⋯› 흥선 대원군은 왕실의 권위 회복을 위해 임신왜란 때 불에 탄 경복궁을 중건하였다.

② 직전법을 실시하였다.

⋯› 조선 세조는 과전의 세습화로 과전 부족 등을 초래하자 이를 바로잡기 위해 현직 관리에게만 수조권을 지급하는 직전법을 실시하였다.

③ 초계문신제를 시행하였다.

⋯› 조선 정조는 새롭게 관직에 오른 자 또는 기존 관리들 중 능력 있는 자를 규장각에서 재교육시키는 초계문신제를 시행하였다.

④ 5군영 체제를 완성하였다.

⋯› 조선 숙종은 금위영을 설치하여 5군영 체제를 확립하고 국왕 수비와 수도 방어를 강화하였다.

미니북 32쪽

20 임진왜란

정답 ③

빠른 정답 찾기 충주 탄금대 전투 ➡ (가) ➡ 명량 해전

자료 분석하기

- **충주 탄금대 전투**(1592): 임진왜란 때 왜군이 부산포로 침입하여 북상해오자 조정에서는 신립을 삼도순변사로 임명하여 이를 막게 하였다. 신립은 충주 탄금대에서 배수진을 치고 맞서 싸웠으나 패배하였다.
- **명량 해전**(1597): 이순신은 12척의 배로 울돌목의 좁은 수로를 활용하여 왜군의 133척의 배에 맞서 큰 승리를 거두었다.

선택지 분석하기

① 최영이 홍산에서 왜구를 물리쳤다.

⋯› 최영은 고려 말 왜구가 충남 내륙 지방까지 올라오며 노략질을 일삼자 홍산(부여)에서 왜구를 무찌르며 크게 승리하였다(홍산 대첩, 1376).

② 강감찬이 귀주에서 거란을 격퇴하였다.

⋯› 강감찬은 강동 6주의 반환 등을 요구하며 거란이 다시 고려를 침입하자 귀주에서 거란의 소배압이 이끄는 10만 대군에 맞서 대승을 거두었다(1019).

③ 권율이 행주산성에서 대승을 거두었다.

⋯› 권율은 임진왜란 때 행주산성에 진지를 구축하고 화차와 화포를 이용하여 공격해온 왜군 3만여 명을 물리치며 큰 승리를 거두었다(행주 대첩, 1593).

④ 김윤후가 처인성에서 적을 막아내었다.

···› 몽골의 2차 침입 때 승장 김윤후가 이끄는 민병과 승군이 처인성에서 몽골군에 대항하여 적장 살리타를 죽이고 승리를 거두었다(1232).

한발 더 다가가기

임진왜란 당시 관군과 의병의 활약

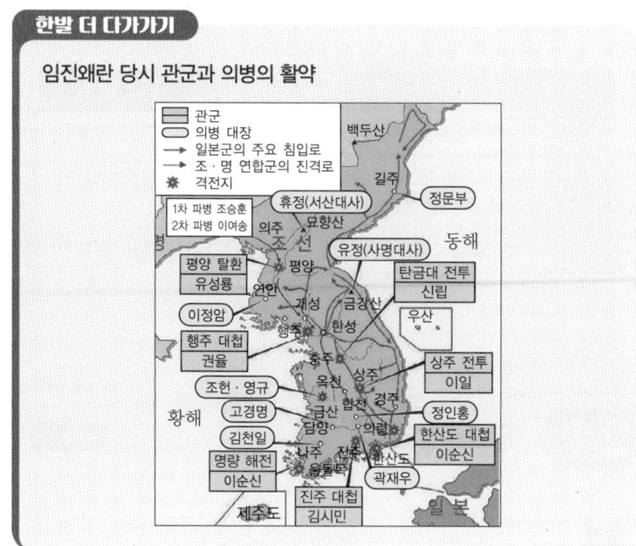

미니북 35쪽

21 홍문관 정답 ④

빠른 정답 찾기 교리 + 궁궐 내의 서적 관리 + 왕의 각종 자문에 응하는 기구 + 사헌부, 사간원과 함께 삼사로 불림 ➡ 홍문관

자료 분석하기

홍문관은 조선 시대 사헌부, 사간원과 함께 삼사를 구성하며 언론의 역할을 담당하였다. 청요직의 상징으로 옥당이라고도 불리며 고위 관리들은 거의 예외 없이 이곳을 거쳐 갔다. 교리는 홍문관에 둔 정5품 관직으로 주로 글 짓는 일을 담당하였고, 경연관, 사관 등을 겸임하였다.

선택지 분석하기

① 승정원

···› 승정원은 조선 시대 왕의 비서 기관으로 왕명 출납을 담당하였다.

② 어사대

···› 어사대는 고려 시대 때 풍속 교정은 물론 백관을 규찰하고 탄핵하는 임무까지 수행하였다. 어사대의 관원과 중서문하성의 낭사는 대간이라고 불리며 서경·간쟁·봉박의 권한을 가지고 있었다.

③ 집사부

···› 집사부는 통일 신라의 중앙 행정 기구로 왕명 출납과 국가 기밀 사무를 담당하였다. 집사부를 중심으로 그 아래 위화부를 비롯한 13부를 두어 행정 업무를 분담하였다.

✔ 홍문관

···› 홍문관은 조선 성종 때 집현전을 계승한 기구로 왕의 자문 역할과 경연, 경서, 서적 관리 등의 업무를 담당하였다.

한발 더 다가가기

조선 시대 중앙 정치 기구

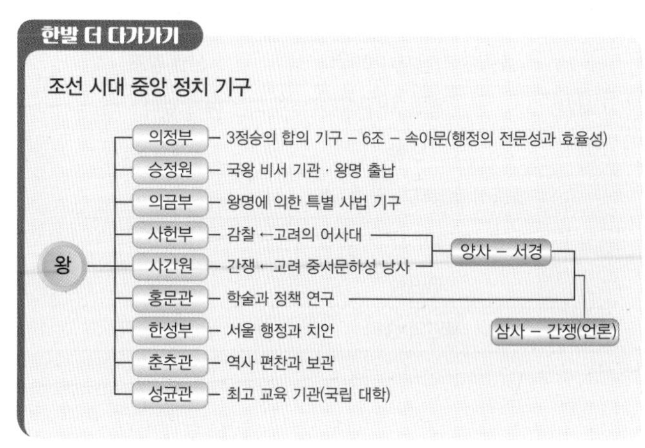

미니북 48쪽

22 예송 논쟁 정답 ②

빠른 정답 찾기 현종 + 두 차례의 예송 ➡ 예송 논쟁

자료 분석하기

조선 현종 때 효종과 효종비의 국상 당시 두 번의 예송 논쟁이 발생하여 서인과 남인 간의 대립이 심화되었다. 처음 효종의 국상 당시 인조의 계비인 자의 대비의 복상 문제를 놓고 서인과 남인이 대립하여 서인들이 승리하였다(기해예송). 이후 효종비 국상때에는 같은 문제로 서인과 남인이 대립하여 남인들의 주장이 받아들여졌다(갑인예송).

선택지 분석하기

① 서인과 남인이 예법을 둘러싸고 대립한 것이에요.
③ 자의 대비가 상복을 입는 기간이 문제가 되었어요.
④ 효종과 효종비가 죽은 뒤 각각 일어났어요.

···› 조선 현종 때 효종과 효종비 사후 당시 효종의 왕위 계승에 대한 정통성과 관련하여 자의 대비의 복상 문제를 놓고 서인과 남인 사이에 두 차례 예송 논쟁이 전개되었다.

✔ 조광조 일파가 축출되는 결과를 가져왔어요.

···› 조선 중종은 반정으로 왕위에 오른 후 훈구파를 견제하고 연산군의 폐정을 개혁하기 위해 사림파를 중용하였다. 이때 등용된 조광조는 반정 공신들의 위훈 삭제를 주장하였으나 훈구파의 반발로 기묘사화가 발생하면서 조광조를 비롯한 많은 사림파가 정계에서 축출되었다.

한발 더 다가가기

예송 논쟁

구분	기해예송	갑인예송
시기	효종 사후	효종비 사후
내용	자의 대비의 복상 기간을 어떻게 정해야 하는가?	
서인	효종은 적장자가 아니다.	신권 강조
	왕과 사대부에게 적용되는 예가 같다.	
	1년설	9개월설
남인	효종이 적장자가 될 수 있다.	왕권 강조
	왕과 사대부에게 적용되는 예는 다르다.	
	3년설	1년설
결과	서인의 승리	남인의 승리

미니북 43쪽

23 대동법 정답 ③

빠른 정답 찾기 선혜청에서 주관 + 특산물 대신 쌀, 베, 동전으로 납부 + 토지 결수를 기준으로 공납을 부과 ➡ 대동법

자료 분석하기

조선 광해군 때 공납의 폐단을 해결하기 위해 대동법을 경기도부터 실시하였다. 이는 공납을 전세화하여 특산물 대신 토지 결수를 기준으로 토지 1결당 쌀 12두를 납부하도록 하는 제도였으며, 선혜청에서 주관하였다.

선택지 분석하기

① 과전법
⋯ 고려 공양왕 때 신진 사대부인 조준 등의 건의로 과전법을 시행하였다. 이를 통해 지급 대상 토지를 원칙적으로 경기 지역에 한정하는 토지 제도의 개혁을 단행하여 권문세족의 경제적 기반을 약화시켰다.

② 균역법
⋯ 조선 영조는 백성들의 군역 부담을 줄여주기 위해 기존 1년에 2필씩 납부하던 군포를 1필로 줄이는 균역법을 실시하였다. 균역법의 시행으로 부족한 재정은 지주에게 토지 1결당 쌀 2두를 납부하는 결작을 부과하여 보충하였다.

✔③ 대동법
⋯ 조선 광해군 때 공납의 폐단을 해결하기 위해 실시된 대동법의 영향으로 국가에 필요한 물품을 조달하는 공인이 등장하였고 상품 화폐 경제가 발달하였다.

④ 영정법
⋯ 조선 인조는 농민들의 부담을 줄여주기 위해 영정법을 실시하여 풍흉에 관계없이 전세를 토지 1결당 쌀 4두로 고정시켰다.

한발 더 다가가기

조선 전·후기 수취 제도

구분	전기	후기
전세	공법(연분 9등법, 전분 6등법)	영정법(토지 1결당 쌀 4두)
군역	양인 개병제(방군 수포제, 군적 수포제 폐단 발생)	균역법(1년에 군포 2필 → 1필)
공납	가호별로 수취	대동법(토지 1결당 쌀 12두)

미니북 10쪽

24 영조의 업적 정답 ②

빠른 정답 찾기 탕평비 + 두루 원만하고 치우치지 않음 ➡ 영조

자료 분석하기

조선 영조는 붕당 정치의 폐해를 막고 능력에 따른 인재를 등용하기 위해 탕평책을 실시하였다. 이를 알리기 위해 성균관에 탕평비를 건립하였다.

선택지 분석하기

① 비변사를 혁파하였다.
⋯ 조선 중후기에 비변사의 기능이 강화되면서 상대적으로 의정부와 6조의 권한이 약화되었다. 세도 정치 시기에는 비변사를 중심으로 요직을 독점한 유력 가문들이 권력을 장악하였다. 이후 집권한 흥선 대원군은 약해진 왕권을 강화하기 위해 비변사를 혁파하였다.

✔② 속대전을 편찬하였다.
⋯ 조선 영조는 『경국대전』 편찬 이후에 시행된 법령을 통합한 『속대전』을 편찬하고 통치 체제를 정비하였다.

③ 나선 정벌을 단행하였다.
⋯ 조선 효종 때 러시아가 만주 지역까지 침략해 오자 청이 조선에 원병을 요청하였다. 이에 조선은 두 차례에 걸쳐 조총 부대를 출병시켜 나선 정벌을 단행하였다.

④ 백두산정계비를 건립하였다.
⋯ 조선 숙종 때 간도 지역을 두고 청과 국경 분쟁이 발생하자 두 나라 대표가 백두산 일대를 답사하고 국경을 확정하여 백두산정계비를 세웠다.

미니북 16쪽

25 박지원 정답 ②

빠른 정답 찾기 연암 + 「양반전」, 「허생전」 저술 + 수레와 선박의 이용 강조 ➡ 박지원

자료 분석하기

조선 후기 중상주의 실학자였던 연암 박지원은 상공업 진흥과 수레·선박의 이용 및 화폐 유통의 필요성을 강조하였다. 또한, 「양반전」, 「허생전」, 「호질」 등을 저술하여 양반의 무능과 허례를 풍자하고 비판하였다.

선택지 분석하기

① 몽유도원도를 그렸다.

··· 조선 전기 화가인 안견은 안평 대군의 꿈 이야기를 듣고 「몽유도원도」를 완성하였다.

② 열하일기를 저술하였다.

··· 박지원은 청에 다녀온 뒤 『열하일기』를 저술하여 상공업 발달의 중요성과 화폐 유통의 필요성에 대해 주장하였다.

③ 사상 의학을 정립하였다.

··· 조선 후기 이제마는 『동의수세보원』을 저술하고 사상 의학을 정립하여 사람의 체질을 태양인, 태음인, 소양인, 소음인으로 구분하였다.

④ 대동여지도를 제작하였다.

··· 조선 후기 김정호는 10리마다 눈금을 표시하여 거리를 알 수 있게 한 대동여지도를 제작하였다. 이는 목판으로 제작되어 대량 인쇄가 가능하였다.

한발 더 다가가기

조선 후기 실학의 발달

농업 중심 개혁론	주장	• 농업 경영과 농촌 경제 진흥 • 토지 제도 개혁, 자영농 육성 중시
	대표적 학자	• 유형원: 신분에 따라 토지 차등 분배, 자영농 육성 주장 → 균전론 • 이익: 생활에 필요한 최소한의 토지인 영업전 매매 금지 → 한전론 • 정약용: 토지를 마을 단위로 공동 소유·공동 경작, 노동력에 따른 수확물 분배 주장 → 여전론
상공업 중심 개혁론	주장	• 상공업 진흥 및 기술 혁신 • 청의 선진 문물 수용 주장
	대표적 학자	• 홍대용: 기술 혁신, 문벌제도 폐지 주장 • 박지원: 수레·선박 이용, 화폐 유통의 필요성 강조 • 박제가: 수레·선박 이용, 소비 촉진을 통한 경제 활성화 강조

미니북 24쪽

26 조선 후기 경제·문화적 특징 정답 ④

빠른 정답 찾기 전기수 + 상평통보 ➡ 조선 후기

자료 분석하기

조선 후기에 상공업이 발달함에 따라 금속 화폐인 상평통보가 전국적으로 유통되었고, 전국의 장시를 돌아다니며 판매 활동을 하는 보부상이 등장하였다. 또한, 소설의 대중화에 따라 직업적으로 소설을 낭독하는 이야기꾼인 전기수도 등장하였다.

선택지 분석하기

① 중인층의 시사 활동이 활발하였다.

··· 조선 후기에 중인층과 서민층의 문학 창작 활동이 활발해지면서 한양(서울)을 중심으로 문학 단체인 시사를 조직하기도 하였다.

② 춘향가 등의 판소리가 성행하였다.

··· 조선 후기에 판소리가 성행하였으나 이후 「춘향가」, 「심청가」, 「흥보가」, 「수궁가」, 「적벽가」의 다섯 마당을 제외한 나머지는 모두 전승되지 못하였다.

③ 기존 형식에서 벗어난 사설시조가 유행하였다.

··· 조선 후기 당시 서민 사회의 생활상을 반영하고 기존 시조의 형식을 파괴한 사설시조가 유행하였다.

④ 단군의 건국 이야기를 담은 제왕운기가 저술되었다.

··· 고려 때 이승휴가 쓴 『제왕운기』는 서사시로 저술된 역사서로 단군의 고조선 건국 이야기를 시작으로 고려 충렬왕까지의 역사를 다루고 있다.

27 천주교 정답 ③

빠른 정답 찾기 교황 + 서소문 순교 성지 + 이승훈 + 현양탑 ➡ 천주교

자료 분석하기

조선 순조 때 노론 벽파가 천주교에 대한 대대적인 탄압을 가하였다. 이로 인해 이승훈, 정약종, 주문모 등 300여 명이 처형되고, 정약전, 정약용 등이 유배를 가는 등 천주교 전파에 앞장섰던 실학자들과 많은 천주교 신자들이 피해를 입은 신유박해가 발생하였다.

선택지 분석하기

① 중광단 결성을 주도하였다.
⋯› 대종교는 일제 강점기에 교리를 체계화하고 중광단, 북로 군정서 등의 항일 독립운동 단체를 조직하여 만주 지역에서 무장 투쟁을 전개하였다.

② 기관지로 만세보를 발간하였다.
⋯› 동학의 제3대 교주 손병희는 동학을 천도교로 개칭하고 국한문 혼용체 기관지인 『만세보』를 발행하여 민중 계몽 운동을 전개하였다.

 초기에는 서학으로 소개되었다.
⋯› 조선 후기 청에 다녀온 사신들을 통해 서학으로 소개된 천주교는 조상에 대한 제사를 거부하여 조선 정부로부터 사교로 규정되고 탄압받았다.

④ 동경대전을 기본 경전으로 삼았다.
⋯› 동학의 2대 교주인 최시형은 교세를 확장하면서 최제우가 저술한 교리책인 『동경대전』과 『용담유사』를 간행하였고 이를 기본 경전으로 삼았다.

미니북 33쪽

28 신미양요 정답 ②

빠른 정답 찾기 어재연 + 미군 + 통상을 강요하며 강화도 침략 + 광성보
➡ 신미양요

자료 분석하기

미국은 평양 대동강에서 발생한 제너럴 셔먼호 사건을 구실로 손해 배상을 청구하는 동시에 조선에 통상 수교를 요구하며 군함 5척을 동원하여 강화도를 공격하였다. 교전 끝에 어재연 장군이 전사하였고 미군은 광성보를 점거하였다. 하지만 흥선 대원군의 통상 수교 거부 정책에 부닥쳐 조선 개항을 포기하고 철수하였다.

선택지 분석하기

① 삼국 간섭이 일어나는 배경이 되었다.
⋯› 청일 전쟁에서 승리한 일본은 청과 시모노세키 조약을 체결하여 요동반도와 타이완을 장악하였다. 그러나 러시아, 독일, 프랑스의 삼국 간섭으로 요동반도를 반환하게 되었다.

✔ 제너럴 셔먼호 사건이 빌미가 되었다.
⋯› 미국 상선 제너럴 셔먼호는 교역을 요구하며 평양 대동강까지 들어왔으나 평양 관민들이 저항하며 배를 불태워 버렸다. 이 사건을 구실로 미군이 강화도를 공격하면서 신미양요가 발생하였다.

③ 운요호의 초지진 공격으로 시작되었다.
⋯› 일본은 조선의 해안을 조사한다는 구실로 운요호를 강화도에 보내 초지진을 공격하였다(운요호 사건). 이에 조선 군대가 방어적 공격을 하자 일본이 이를 빌미로 강화도 조약 체결을 강요하였고, 최초의 근대적 조약이자 불평등 조약인 강화도 조약이 체결되었다.

④ 제물포 조약이 체결되는 계기가 되었다.
⋯› 신식 군대인 별기군에 비해 차별 대우를 받던 구식 군대가 일본 공사관과 선혜청을 습격하면서 임오군란이 발생하였다. 군란 직후 일본은 조선에 군란으로 입은 피해에 대한 책임을 물었다. 이에 사과 사절단 파견, 주모자 처벌, 배상금 지불, 공사관 경비병 주둔 등의 내용을 담은 제물포 조약을 체결하게 되었다.

미니북 11쪽

29 통리기무아문 정답 ④

빠른 정답 찾기 별기군 창설 + 미국에 보빙사 파견 + 기기창 설립
➡ 1880년대 조선 정부의 개화 정책

자료 분석하기

1880년대 조선 정부는 개화 정책을 추진하여 기존 5군영을 무위영과 장어영의 2군영으로 개편하고 신식 군대인 별기군을 설치하였다(1881). 개항 이후 김윤식을 중심으로 청에 파견된 영선사는 톈진 기기국에서 서양의 근대식 무기 제조 기술과 군사 훈련법을 시찰하고 돌아와 근대식 무기 제조 공장인 기기창을 설립하였다(1883). 또한, 조미 수호 통상 조약이 체결된 후 조선 주재 미국 공사가 파견되자 조선 정부는 민영익, 홍영식, 서광범 등을 미국에 보빙사로 파견하였다(1883).

선택지 분석하기

① 교정청 · ② 군국기무처
⋯› 동학 농민군과 전주 화약을 체결한 후 조선 정부에서는 교정청을 설치하여 자주적인 내정 개혁을 시도하였다. 그러나 일본군이 경복궁을 포위하고 고종을 협박하여 내정 개혁 기관으로 군국기무처를 설치하였다(1894).

③ 도평의사사
⋯› 고려 시대 국가 최고 회의 기구였던 도병마사가 충렬왕 때 도평의사사로 개편되어 최고 정무 기구로 발전하였다(1279).

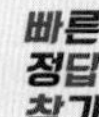 통리기무아문
⋯› 고종은 국내외의 군국 기무를 총괄하는 관청인 통리기무아문을 설치하고 그 아래 12사(司)를 두어 행정 업무를 맡게 하였다(1880).

미니북 39쪽

30 정미의병 정답 ①

빠른 정답 찾기 1907년 + 영국 기자 매켄지가 의병을 취재 ➡ 정미의병

자료 분석하기

영국 언론 '데일리 메일'의 종군 기자 프레더릭 매켄지는 특파원 자격으로 대한 제국에 입국하여 1907년 정미의병의 모습을 담은 사진을 촬영하였다. 그는 체류 기간 동안 일제의 각종 만행과 이에 저항하는 항일 의병의 독립운동 활동을 직접 취재하여『대한 제국의 비극』을 발간하기도 하였다.

선택지 분석하기

✔ 13도 창의군을 결성하였어요.
···› 한일 신협약으로 강제 해산된 군인들이 정미의병 활동에 가담하면서 의병 전쟁이 전국적으로 확대되자 허위와 이인영을 중심으로 13도 창의군이 결성되었다. 이들은 각국 공사관에 국제법상 교전 단체로 인정해 줄 것을 요구하면서 서울 진공 작전을 추진하였다.

② 정부에 헌의 6조를 건의하였어요.
···› 독립 협회는 만민 공동회와 관민 공동회를 개최하며 중추원 개편을 통한 의회 설립 방안이 담겨 있는 헌의 6조를 고종에게 건의하였다.

③ 백산에 집결하여 4대 강령을 발표하였어요.
···› 전봉준이 이끄는 동학 농민군은 고부의 백산에 집결하여 4대 강령을 발표하였다.

④ 곽재우, 고경명 등이 의병장으로 활약하였어요.
···› 임진왜란 당시 곽재우, 고경명, 조헌 등이 의병장으로 활약하였다.

한발 더 다가가기

항일 의병 활동

구분	배경	활동 내용
을미의병 (1895)	• 을미사변 • 단발령	• 동학 잔여 세력 참여 • 국왕의 해산 조칙으로 자진 해산
을사의병 (1905)	을사늑약	• 신돌석(최초의 평민 출신 의병장) • 최익현(대마도에서 유배 중 사망) • 민종식(홍주성 점령)
정미의병 (1907)	• 고종의 강제 퇴위 • 군대 강제 해산	• 의병 조직화(해산 군인 참여) • 국제법상 교전 단체로 인정해 줄 것을 요구 • 서울 진공 작전(실패) • 남한 대토벌 작전 • 만주, 연해주로 이동 • 국권 피탈 이후 독립군으로 계승

미니북 39쪽

31 신민회 정답 ③

빠른 정답 찾기 안창호, 양기탁 + 비밀 결사 + 국권 회복과 공화 정체의 근대 국가 건설을 목표 + 105인 사건으로 해산 ➡ 신민회

자료 분석하기

안창호와 양기탁을 중심으로 결성된 신민회는 국권 회복과 공화 정체에 바탕을 둔 근대 국가 건설을 목표로 하였다. 신민회는 민족 교육을 위해 대성 학교와 오산 학교를 설립하였고, 장기적인 독립 전쟁 수행을 위해 국외에 독립운동 기지 건설을 추진하여 삼원보에 경학사를 조직하고 신흥 강습소를 설치하였다. 그러나 일제가 조작한 105인 사건으로 인해 많은 독립운동가들이 투옥되면서 해체되었다.

선택지 분석하기

① 독립신문을 창간하였다.
···› 대한민국 임시 정부는 독립신문을 창간하여 독립 의지와 민족의식을 고취시켰다.

② 한성 사범 학교를 설립하였다.
···› 고종은 갑오개혁 이후 교육 입국 조서를 발표하여 교육의 중요성을 강조하면서 소학교, 중학교, 한성 사범 학교 등을 세웠다.

✔ 태극 서관, 자기 회사를 운영하였다.
···› 신민회는 국내의 산업 활동을 육성하여 민족 산업의 기반을 다지기 위해 대구에 태극 서관, 평양에 자기 회사를 설립·운영하였다.

④ 일본의 황무지 개간권 요구를 저지하였다.
···› 보안회는 일본의 황무지 개간권 요구에 대한 반대 운동을 전개하여 이를 저지하였다.

한발 더 다가가기

애국 계몽 단체들의 활동

단체	활동
보안회 (1904)	• 독립 협회의 정신 계승 • 황무지 개간권 요구 반대 운동
헌정 연구회 (1905)	• 입헌 정체 수립 목적 • 일진회 규탄 중 해산
대한 자강회 (1906)	• 교육과 산업의 진흥 • 전국에 25개 지회를 두고 월보 간행 • 고종의 강제 퇴위 반대 운동 중 강제 해산
신민회 (1907)	• 안창호, 양기탁 등이 조직한 항일 비밀 결사 • 최초로 공화 정체 지향 • 실력 양성 운동(태극 서관, 평양 자기 회사, 대성 학교, 오산 학교, 경학사) • 군사력 양성(신흥 무관 학교) • 105인 사건으로 해산

미니북 38쪽

32 국채 보상 운동 정답 ④

빠른 정답 찾기 대구 + 민족 운동 + 국채 보상 기성회 + 여성들은 비녀와 가락지를 모아 성금으로 냄 ➡ 국채 보상 운동

자료 분석하기

국채 보상 운동은 일본에서 도입한 차관을 갚아 경제 주권을 회복하고자 김광제, 서상돈 등의 주도로 대구에서 처음 시작되었다. 이후 서울에서 조직된 국채 보상 기성회를 중심으로 전국적으로 확산되어 일본에서 도입한 차관 1,300만 원을 갚아 주권을 회복하고자 하였다.

선택지 분석하기

① 근우회의 후원으로 확산되었어요.
⋯› 신간회의 자매단체로 조직된 근우회는 강연회를 개최하는 등 여성 계몽 활동과 여성 지위 향상 운동을 전개하였다.

② 조선 총독부의 방해로 실패했어요.
⋯› 이상재 등이 조선 민립 대학 기성회를 조직하면서 민립 대학 설립 운동을 전개하였지만 조선 총독부의 방해로 실패하였다.

③ 김홍집 등이 중심이 되어 활동했어요.
⋯› 김홍집 등이 중심이 된 친일 내각은 갑오개혁과 을미개혁을 주도하며 활동하였다.

④ 대한매일신보 등 언론의 지원을 받았어요.
⋯› 국채 보상 운동은 대한매일신보, 황성신문 등 여러 언론 기관들의 지원을 받아 전국으로 확산되었다.

한발 더 다가가기

경제적 구국 운동

구분	내용
방곡령 시행	• 함경도·황해도 지방관들이 곡물 유출을 막기 위해 방곡령 시행 • 외교적 문제로 확대 → 조일 통상 장정 근거로 방곡령 철회 요구 → 방곡령 철회, 일본 상인에 배상금 지불
서울 상인들의 상권 수호 운동	• 외국 상인의 상권 침탈 심화 • 황국 중앙 총상회 조직
독립 협회의 이권 수호 운동	• 러시아의 절영도 조차 요구 반대 • 러시아의 한러은행 폐쇄
황무지 개간권 반대 운동	• 보안회 활동으로 일제의 개간권 요구 저지 • 농광 회사를 건립하여 직접 황무지 개간 노력
국채 보상 운동	• 1907년 대구에서 서상돈 등의 제안으로 일본에서 도입한 차관 1,300만 원을 갚아 주권을 회복하고자 하는 취지에서 시작 • 통감부의 탄압으로 실패

미니북 12쪽

33 일제 강점기 경제 수탈 정답 ②

빠른 정답 찾기 (가) 토지 조사령 ➡ (다) 산미 증식 계획 ➡ (나) 공출제

자료 분석하기

(가) **토지 조사령**(1912): 조선 총독부는 1910년대에 토지 조사 사업을 위해 토지 조사국을 설치하고 토지 조사령을 발표하여 일정 기간 내 토지를 신고하도록 하였다. 신고하지 않은 토지는 총독부에서 몰수하여 일본인에게 헐값으로 팔아넘겼다.

(다) **산미 증식 계획**(1920): 1920년대에는 자본주의가 발전하면서 인구가 급증하고 도시화가 진행되어 쌀값이 폭등하는 등 식량 부족 문제가 발생하였다. 이에 일제는 부족한 쌀을 조선에서 수탈하기 위해 산미 증식 계획을 실시하였다.

(나) **공출제**(1940): 일제는 1930년대 이후 대륙 침략을 위해 한반도를 병참 기지화하고 물적 수탈을 하였다. 또한, 군량미 확보를 위한 식량 배급 및 미곡 공출 제도를 실시하였다.

미니북 27쪽

34 6·10 만세 운동 정답 ①

빠른 정답 찾기 1926년 + 순종 장례 + 중앙 고보 학생들이 격문을 뿌리며 만세를 외침 + 조선 학생 과학 연구회 학생이 경찰에 의해 체포 ➡ 6·10 만세 운동

자료 분석하기

6·10 만세 운동 당일 순종의 장례 행렬이 단성사 앞을 지날 때, 중앙 고보 학생 300여 명이 '조선 독립 만세'를 부르고 격문을 뿌리며 시위하였다. 이를 시작으로 연희 전문학교와 조선 학생 과학 연구회 학생 등이 독립 만세를 부르며 격문을 뿌리는 등 시위를 전개하였다. 이에 군중들도 합세하여 대규모 항일 운동으로 커졌으나 일제가 군대까지 동원하며 이를 저지하였다. 6·10 만세 운동 때 서울에서 일본 경찰에 붙잡힌 학생의 수는 210여 명이었고, 전국적으로는 1,000여 명이나 되었다.

선택지 분석하기

① 신간회 창립의 계기가 되었다.
⋯› 6·10 만세 운동의 준비 과정에서 조선 공산당을 중심으로 한 사회주의 세력과 천도교를 중심으로 한 민족주의 세력이 연대하여 민족 유일당을 결성할 수 있다는 공감대가 형성되었다. 이에 따라 국내의 민족 해방 운동 진영은 1926년 11월에 발표한 정우회 선언을 계기로 좌우 합작 조직인 신간회를 결성하였다.

② 을미사변에 반발하여 일어났다.
⋯→ 을미사변과 을미개혁으로 인한 단발령에 반발하여 유인석과 이소응 등을 중심으로 전국적인 의병 활동이 전개되었다.

③ 대한민국 임시 정부 수립에 영향을 끼쳤다.
⋯→ 3 · 1 운동은 각계각층의 사람들이 참여한 대규모 독립운동으로, 민족의 주체성을 확인하는 계기가 되어 대한민국 임시 정부 수립이라는 결과를 가져왔다.

④ 동아일보의 적극적인 지원을 받아 진행되었다.
⋯→ 1930년대 초 언론사를 중심으로 농촌 계몽 운동이 전개되었으며, 동아일보는 문맹 퇴치 운동의 일환으로 브나로드 운동을 전개하였다.

미니북 27쪽

35 형평 운동

정답 ①

빠른 정답 찾기 일제 강점기 + 백정 + 평등한 사회 + 저울 ➡ 형평 운동

자료 분석하기

갑오개혁 이후 법적으로 신분제가 폐지되었으나 일제 강점기에 백정에 대한 차별은 더욱 심해졌다. 백정들은 이러한 차별을 철폐하기 위해 진주에서 조선 형평사를 결성하였다(1923). '형평'이란 수평으로 된 저울을 의미하는 것으로, 백정들은 저울처럼 평등한 사회를 꿈꾸며 '백정 신분 해방 운동'으로서 형평 운동을 전개하였다.

선택지 분석하기

✔ 형평사 제6회 전선 정기 대회 포스터(1928)
⋯→ 일제 강점기에 백정들은 사회적 차별을 철폐하기 위해 진주에서 조선 형평사를 결성하고 형평 운동을 전개하였다.

② 평양 조선 물산 장려회의 근검절약 및 토산품 애용 포스터(1922)
⋯→ 평양에서 조만식, 이상재의 주도로 조선 물산 장려회가 발족되어 '내 살림 내 것으로' 등의 구호를 내세운 물산 장려 운동이 전국으로 확산되었다.

③ 5월 첫 일요일 어린이날 포스터(1932)
⋯→ 방정환, 김기전 등을 주축으로 한 천도교 소년회는 1923년 5월 1일을 어린이날로 제정하고, 『어린이』라는 잡지를 간행하였다.

④ 동아일보의 브나로드 운동 포스터(1931)
⋯→ 1930년대 초 언론사를 중심으로 농촌 계몽 운동이 전개되었다. 이에 동아일보는 문맹 퇴치 운동의 일환으로 브나로드 운동을 전개하였다.

미니북 31쪽

36 추석

정답 ③

빠른 정답 찾기 세시 풍속 + 음력 8월 15일 명절 + 보름달 + 송편 ➡ 추석

자료 분석하기

추석은 정월 대보름과 함께 일 년 중 가장 밝고 둥근 달이 뜨는 날이다. 이에 보름달을 보면서 올해의 수확에 감사하고, 이듬해의 풍작과 소망을 기원하는 풍습이 이어져 내려오고 있다. 또한, 햇곡식을 빻아 송편을 만들어 먹으면서 한 해의 수확에 감사하며 제사를 지냈다.

선택지 분석하기

① 단오
⋯→ 단오는 음력 5월 5일로 삼한에서 수릿날에 풍년을 기원하였던 행사가 세시 풍속으로 이어지면서 발전하였다. 남자들은 씨름, 택견, 활쏘기를 하였고, 여자들은 그네뛰기, 앵두로 화채 만들어 먹기, 창포물에 머리 감기 등을 하였다.

② 동지
⋯→ 동지는 24절기 중 스물두 번째 절기로 일 년 중에서 밤이 가장 길고 낮이 가장 짧은 날이며, 음기가 극성한 가운데 양기가 새로 생겨나는 때이므로 한 해의 시작으로 여겼다. 이날이면 가정에서는 팥죽을 쑤어 먹었고 관상감에서는 달력을 만들어 벼슬아치들에게 나누어 주었다고 한다.

 추석
⋯→ 추석은 음력 8월 15일로 한가위라 불리며 일 년 동안 기른 곡식을 거둬들인다. 이날에는 송편과 각종 음식을 만들어 조상들에게 차례를 지내고 성묘를 하였다.

④ 한식
⋯→ 한식은 동지에서 105일째 되는 날로 양력 4월 5, 6일경이다. 이날에는 일정 기간 동안 불의 사용을 금하여 찬 음식을 먹거나 성묘를 하고 조상의 묘가 헐었으면 떼를 입혔으며 산신제, 제기차기, 그네뛰기 등을 하였다.

미니북 28쪽

37 대한 독립군

정답 ①

빠른 정답 찾기 만주 + 봉오동 전투 + 홍범도 장군 ➡ 대한 독립군

자료 분석하기

홍범도의 대한 독립군은 대한 국민회군, 군무 도독부 등의 독립군과 연합하여 봉오동 전투에서 일본군을 상대로 큰 승리를 거두었다.

선택지 분석하기

① 대한 독립군
···› 대한 독립군은 만주에서 조직된 단체로 사령관 홍범도, 부사령관 주건이 지휘하였으며, 봉오동 전투와 조선 총독부 예하 일본군과의 전투에서 큰 전과를 올렸다.

② 조선 의용대
···› 김원봉이 주도하여 중국 국민당의 지원을 받아 중국 관내 최초의 한인 무장 부대인 조선 의용대가 창설되었다.

③ 조선 혁명군
···› 남만주 지역에서 양세봉이 이끄는 조선 혁명군은 중국 의용군과 연합하여 흥경성 · 영릉가 전투에서 승리하였다.

④ 한국 광복군
···› 한국 광복군은 충칭에서 대한민국 임시 정부의 직할 부대로 결성되었다. 영국군의 요청을 받아 인도, 미얀마 전선에 파견되었으며 미군의 협조를 받아 국내 진공 작전을 준비하였다.

한발 더 다가가기

1920년대 무장 독립운동

배경	• 1910년대 서간도에 독립운동 기지 건설 • 3 · 1 운동 이후 조직적 무장 투쟁 필요성 절감
전개	• 봉오동 전투: 홍범도의 대한 독립군 • 청산리 전투: 김좌진의 북로 군정서 • 고난: 간도 참변, 자유시 참변 • 재정비: 3부(참의부 · 정의부 · 신민부)의 성립

미니북 15쪽

38 이육사 정답 ③

빠른 정답 찾기 대구 형무소 + 이름이 형무소 수인 번호와 관련 + 「광야」
➡ 이육사

자료 분석하기

이육사는 항일 저항 시인으로 조국의 독립을 위해 노력하면서 「광야」, 「청포도」 등의 작품을 남겼다. '264'는 이육사 시인이 의열단 활동으로 대구 형무소에 수감되었을 때의 수인 번호이기도 하다.

선택지 분석하기

① 윤동주
···› 윤동주는 문학 활동을 통해 일제의 탄압에 저항한 항일 시인이다. 유고집 『하늘과 바람과 별과 시』를 남겼으며 대표적인 작품으로 「서시」, 「별 헤는 밤」 등이 있다.

② 이상화
···› 이상화는 저항시를 통해 민족의 혼을 일깨웠으며 「나의 침실로」, 「빼앗긴 들에도 봄은 오는가」 등의 작품을 남겼다.

③ 이육사
···› 이육사는 일제의 식민 통치를 극복하려는 의지를 표현한 「광야」, 「절정」 등의 작품을 통해 일제의 탄압에 저항하였다.

④ 한용운
···› 한용운은 독립운동가 겸 승려이자 시인으로 일제 강점기 때 『님의 침묵』을 출간하여 저항 문학에 앞장섰고, 불교의 현실 참여를 주장하였다.

39 프랭크 스코필드 정답 ④

빠른 정답 찾기 영국 태생 캐나다 의학자 + 제암리 학살 사건의 참상을 외국 언론에 제보 + 국립 서울 현충원에 안장된 최초의 외국인
➡ 프랭크 스코필드

자료 분석하기

캐나다 장로회 소속 선교사인 프랭크 스코필드는 한국에 와서 세브란스 의학 전문학교 교수로 활동하였다. 그는 일제 강점기 우리 민족의 고통과 3 · 1 운동을 직접 목격하고 만세 시위 현장의 사진을 찍어 해외에 알렸다. 또한, 화성 제암리에서 발생한 학살 사건 당시의 처참한 현장 사진과 기록을 국외로 보내 일본의 비인도적 만행을 세계에 알렸다. 외국인으로서 우리나라 독립운동에 큰 기여를 한 스코필드는 1968년 건국 훈장 독립장을 수여받았고, 사후에는 외국인 최초로 서울 국립 현충원에 안장되었다.

선택지 분석하기

① 호머 헐버트
···› 호머 헐버트는 길모어 등과 함께 최초의 근대식 공립 학교인 육영 공원의 외국인 교사로 초빙되어 양반 자제들에게 영어 교육과 근대 교육을 실시하였다. 또한, 을사늑약 체결 이후 고종의 특별 밀사로 파견된 헤이그 특사의 활동을 지원하면서 국제 사회의 도움과 지지를 받기 위해 노력하였다.

② 메리 스크랜튼
···› 메리 스크랜튼은 미국의 선교사로 최초의 여성 교육 기관인 이화 학당을 설립하여 근대적 여성 교육에 기여하였다.

③ 어니스트 베델
⋯› 어니스트 베델은 일제의 한국 침략을 전 세계에 고발하고, 일본 제국주의 저항 운동에 앞장선 영국 출신 언론인이다. 양기탁과 함께 대한매일신보를 창간하여 항일 민족 운동을 적극적으로 지원하였다.

✔② 프랭크 스코필드
⋯› 프랭크 스코필드는 의학자 · 선교사로 한국에 방문하여 세브란스 의학 전문학교 교수로 활동하였다. 또한, 3 · 1 운동 때 일제의 만행을 외국에 알리며 독립운동에 기여하였다.

미니북 27쪽

40 원산 총파업 정답 ③

빠른 정답 찾기 1920년대 + 라이징 선 석유 회사 + 조선인을 구타한 일본인 감독 + 8시간 노동제 + 최저 임금제 ➡ 원산 총파업

자료 분석하기

원산 총파업은 라이징 선(Rising Sun) 석유 회사의 일본인 감독이 조선인 노동자를 구타한 사건이 발단이 되었다. 노동자들은 일본인 감독 파면, 최저 임금제 실시, 해고 수당제 실시 등을 내세우며 파업을 계속하였다. 이후 원산 노동자 연합회를 중심으로 단결하여 4개월간 파업이 지속되면서 전국적인 관심을 끌었다. 결국 총파업은 실패하였지만 민족 운동에서 노동 운동의 역할과 중요성을 부각시켰다.

선택지 분석하기

① 6 · 3 시위
⋯› 박정희 정부 당시 한일 국교 정상화 회담이 진행되자 학생과 야당을 주축으로 굴욕적 대일 외교를 반대하는 6 · 3 시위가 전개되었다.

② 새마을 운동
⋯› 1970년대에 박정희 정부 당시 공업화로 인해 상대적으로 낙후된 농어촌 근대화를 목표로 새마을 운동이 추진되었다.

✔③ 원산 총파업
⋯› 원산 총파업은 일제 강점기에 영국인이 경영하는 회사에서 일본인 감독이 조선인 노동자를 구타한 사건에서 시작되었다. 파업 후 요구를 받아주겠다던 회사가 약속을 이행하지 않자 노동자들은 원산 노동자 연합회를 중심으로 총파업에 돌입하였다.

④ 제주 4 · 3 사건
⋯› 제주 4 · 3 사건은 남한만의 단독 정부 수립에 반대한 남로당 제주도당의 무장 봉기를 미군정과 경찰이 강경 진압하면서 발생하였다. 진압 과정에서 법적 절차를 거치지 않고 총기 등을 사용하여 무고한 민간인까지 사살하면서 제주도민들이 큰 피해를 입었다.

41 주시경 정답 ②

한글 연구 + 한힌샘 + 주보따리 ➡ 주시경

자료 분석하기

한힌샘 주시경은 우리의 말과 글로 나라를 지키고자 한 한글 학자이자 독립운동가로, '언문'으로 천시 받던 훈민정음을 '한글'로 이름 짓고 일생을 한글 연구에 바쳤다. 그는 책을 큰 보따리에 들고 다니며 바쁜 수업 일정을 소화한 탓에 별명이 '주보따리'이기도 하였다.

선택지 분석하기

① 토월회를 결성하여 신극 운동을 펼쳤다.
⋯› 박승희를 중심으로 도쿄 유학생들이 민중 계몽을 위한 연극을 하자고 주장하며 토월회를 결성하고 신극 운동을 전개하였다.

✔② 국문 연구소 위원으로 국문법을 정리하였다.
⋯› 국문 연구소가 설립된 이후 주시경은 국문 연구소 위원으로 한글의 정리와 국어의 이해 체계 확립에 힘쓰면서 국문법을 정리하였다.

③ 원불교를 창시하고 새생활 운동을 전개하였다.
⋯› 박중빈이 창시한 원불교는 새생활 운동을 전개하여 허례허식 폐지, 근검절약, 협동, 단결 등을 추구하였다. 또한, 개간 사업과 저축 운동을 적극적으로 장려하였다.

④ 일제의 침략 과정을 다룬 한국통사를 저술하였다.
⋯› 박은식은 독립운동의 수단으로 민족사 연구에 몰두하여 일본의 침략 과정을 다룬 『한국통사』를 저술하였다.

미니북 26쪽

42 대한민국 임시 정부 정답 ①

상하이(1919) + 충칭(1940) ➡ 대한민국 임시 정부

자료 분석하기

대한민국 임시 정부는 1919년 상하이에서 수립되었으나 1932년 윤봉길 의거 이후 주목을 받으면서 일제의 추격을 피해 근거지를 옮겨다녔다. 임시 정부는 상하이를 떠나 항저우, 전장, 창사, 광저우, 류저우, 치장을 거쳐 1940년 9월 충칭에 안착하기까지 중국 대륙 곳곳을 누비며 1만 3천 리(5,200km)를 이동하였다.

선택지 분석하기

✓ 신흥 무관 학교를 설립하였습니다.
⋯ 신민회는 항일 무장 투쟁의 필요성을 인식하여 서간도 삼원보 지역에 독립군 양성 학교인 신흥 강습소를 설립하였다. 이는 1919년에 본부를 옮기면서 신흥 무관 학교로 명칭이 바뀌었다.

② 연통제를 운영하였습니다.
⋯ 대한민국 임시 정부는 비밀 행정 조직으로 연통제를 실시하여 국내와의 연락망을 확보하고 독립운동 자금을 모았다.

③ 미국에 구미 위원부를 두었습니다.
⋯ 대한민국 임시 정부는 결성 초기 미국에 구미 위원부를 설치하여 외교 활동을 담당하게 하였다.

④ 독립 공채를 발행하였습니다.
⋯ 대한민국 임시 정부는 국외 거주 동포들에게 독립 공채를 발행하여 독립 자금을 마련하였다.

한발 더 다가가기

대한민국 임시 정부

수립	• 최초의 민주 공화제 • 여러 지역의 임시 정부 통합(상하이)
활동	• 군자금 모집: 연통제, 교통국(비밀 행정 조직), 애국 공채, 이륭양행, 백산 상회 • 외교 활동: 파리 강화 회의에 대표(김규식) 파견, 구미 위원부 설치 • 문화 활동: 독립신문 간행, 사료 편찬소
분열	• 무장 투쟁론, 외교 독립론의 갈등 • 국민 대표 회의 결렬 • 임시 정부의 충칭 이동

미니북 52쪽

43 독도 정답 ①

빠른 정답 찾기 우리나라의 가장 동쪽에 위치 + 숙종 때 안용복이 일본에 가서 우리 영토임을 밝힘 ➡ 독도

자료 분석하기

조선 숙종 때 동래에 살던 안용복이 울릉도와 독도에 왕래하는 일본 어부들을 쫓아내고, 일본에 건너가 우리나라의 영토임을 확인받았다. 이후에도 일본 어민들의 왕래가 끊이질 않자, 조선 조정은 일본 측에 항의하며 육지에 살고 있는 백성을 울릉도에 이주시키고 관리를 파견하였다.

미니북 52쪽

44 전주 정답 ④

빠른 정답 찾기 후백제의 도읍 + 동학 농민군이 정부와 화약을 맺은 곳 + 태조 이성계의 어진이 있는 경기전 ➡ 전주

선택지 분석하기

① 견훤이 세운 후백제의 도읍이 있던 곳이에요.
⋯ 신라의 군인 출신인 견훤은 완산주(전주)에 도읍을 정하고 후백제를 건국하였다.

② 동학 농민군이 정부와 화약을 맺은 곳이에요.
⋯ 동학 농민 운동 당시 농민군은 청과 일본의 군대 개입을 우려하여 정부와 전주 화약을 맺고 집강소를 설치하여 폐정 개혁을 실시하였다.

③ 태조 이성계의 어진이 있는 경기전이 있어요.
⋯ 태조 이성계의 초상화(어진)를 모신 전주 경기전에는 『조선왕조실록』을 보관하던 전주 사고와 국내 유일의 어진 전문 박물관도 자리하고 있다.

✓ 국보 제9호인 정림사지 오층 석탑이 있어요.
⋯ 국보 제9호 정림사지 오층 석탑은 충남 부여군에 있는 백제 시대의 대표적인 석탑으로 목탑 양식을 띠는 것이 특징이다.

미니북 18쪽

45 김규식 정답 ①

빠른 정답 찾기 우사 + 신한 청년단 대표로 파리 강화 회의 파견 ➡ 김규식

자료 분석하기

우사 김규식은 상하이에서 신한 청년당을 조직하고 파리 강화 회의에 참석하여 독립 청원서를 제출하였다. 또한, 김원봉과 함께 민족혁명당 설립에 참여하였으며, 대한민국 임시 정부의 임시 헌장(5차 개헌)을 통해 부주석으로 임명되기도 하였다.

선택지 분석하기

✓ 남북 협상 참석
⋯ 미소 공동 위원회가 결렬되자 미국은 유엔 총회에 한반도 문제를 상정하였다. 그러나 유엔 총회에서 결의한 전체 한반도 내 선거가 무산되자 유엔 소총회에서 가능한 지역에서만 선거를 실시하라는 결정이 내려졌다. 이에 남북 분단을 우려한 김규식은 김구와 함께 평양에서 김일성을 만나 남북 협상을 개최하였으나 큰 성과를 거두지는 못하였다.

② 단독 정부 수립 주장
···› 이승만은 제1차 미소 공동 위원회가 결렬되고 북한에 사실상의 정부가 수립되자 1946년 6월 정읍에서 남한 단독 정부 수립을 주장하였다.

③ 조선 혁명 선언 작성
···› 신채호는 김원봉의 요청을 받아 의열단의 행동 강령인 조선 혁명 선언을 작성하였다.

④ 종로 경찰서 폭탄 투척
···› 의열단원인 김상옥은 종로 경찰서에 폭탄을 투척하였다.

미니북 29쪽

46 대한민국 정부 수립 과정 정답 ②

빠른 정답 찾기 모스크바 3국 외상 회의 + 좌우 합작 운동 + 5 · 10 총선거
➡ 대한민국 정부 수립 과정

자료 분석하기

- **모스크바 3국 외상 회의**(1945.12.): 모스크바 3국 외상 회의를 통해 미소 공동 위원회 설치와 최대 5년간의 신탁 통치 협정이 결정되었다.
- **좌우 합작 위원회 결성**(1946.7.): 제1차 미소 공동 위원회가 결렬된 후 이승만이 단독 정부 수립을 주장하자 여운형, 김규식 등 중도 세력들이 미군정의 지원을 받으면서 좌우 합작 위원회를 결성하였다. 이들은 좌우 합작 7원칙을 발표하고 좌우 합작 운동을 전개하였다.
- **5 · 10 총선거 실시**(1948.5.): 제2차 미소 공동 위원회가 결렬되자 미국은 유엔 총회에 한반도 문제를 상정하였다. 유엔 총회는 한반도에서 인구 비례에 따른 총선거 실시와 유엔 한국 임시 위원단 파견을 결의하였다(1947). 그러나 소련이 38선 이북 지역의 입북을 거부하자 유엔 소총회에서 선거 실시가 가능한 지역에서만 선거를 실시하고 임시 위원단이 선거를 감시하라는 결정을 내리면서 남한에서만 5 · 10 총선거가 실시되었다.

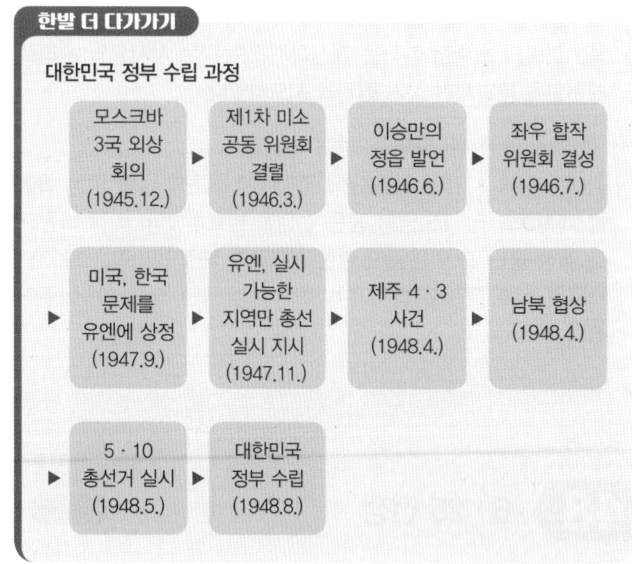

미니북 20쪽

47 이승만 정부 정답 ③

빠른 정답 찾기 반민족 행위 특별 조사 위원회 + 친일파 청산 + 비협조적 태도
➡ 이승만 정부

자료 분석하기

제헌 국회는 일제의 잔재를 청산하고 민족정기를 바로잡기 위해 반민족 행위 처벌법을 제정하였고, 이에 따라 반민족 행위 특별 조사 위원회(반민 특위)가 구성되어 활동하였다. 그러나 반민 특위는 이승만 정부의 소극적이고 비협조적인 태도와 친일 잔재 세력의 집요한 방해 공작에 시달리면서 제대로 된 성과를 거두지 못하고 해체되었다.

선택지 분석하기

① 금융 실명제를 실시하였다.
···› 김영삼 정부는 경제적 부정부패와 탈세를 없애기 위해 금융 실명제를 실시하였다.

② 중국, 소련 등과 수교하였다.
···› 노태우 정부는 1988년 서울 올림픽의 성공적인 개최를 기점으로 중국 · 소련 · 동유럽 등의 사회주의 국가 및 북한을 대상으로 북방 외교 정책을 추진하였다. 이에 따라 1990년 6월 4일 노태우 대통령과 고르바초프 소련 대통령의 정상 회담이 개최되었고, 같은 해 9월 30일에 한국 · 소련 수교가 이루어졌다. 또한, 1992년 8월에는 외교 단절로 사실상 적대국이었던 중국과의 수교도 성사되었다.

③ 사사오입 개헌안을 가결하였다.
···› 이승만은 자신의 대통령 3선을 위해 초대 대통령에 한해 중임 제한을 철폐한다는 내용의 헌법 개정안을 발표하였으나, 국회에

서 의결 정족수의 3분의 2를 채우지 못하고 부결되었다. 그러나 1인 이하의 소수점 자리는 계산하지 않는다는 사사오입 논리로 개헌안을 통과시켜 상기 집권을 시도하였다.

④ 개성 공단 건설 사업을 실현하였다.

··· 김대중 정부 시기인 2000년에 평양에서 최초의 남북 정상 회담을 개최하고 6 · 15 남북 공동 선언을 발표하였다. 이를 바탕으로 개성 공단 건설 운영에 관한 합의서가 체결되었으나 2003년 노무현 정부 때 이르러서야 비로소 개성 공단 착공식이 이루어졌다.

미니북 34쪽

48 6 · 25 전쟁 정답 ①

빠른 정답 찾기 1950년에 일어난 전쟁 + 이산가족 + 경의선 장단역 증기 기관차 ➡ 6 · 25 전쟁

자료 분석하기

경의선 장단역 증기 기관차는 6 · 25 전쟁 당시 연합군 군수 물자 수송을 위해 개성역에서 황해도 한포역까지 올라갔다가 전세가 악화되어 남쪽으로 내려오던 중 경의선 장단역에서 피폭되어 멈춰선 증기 기관차이다. 부식된 채로 반세기 넘게 비무장 지대 안에 방치되어 있었는데, 문화재청은 이를 남북 분단의 뼈아픈 역사적 상징물로 보호 · 관리하기 위해 국가 등록 문화재 제78호로 등록하였다.

선택지 분석하기

✔ 인천 상륙 작전을 전개하였다.

··· 북한의 불법 남침으로 인해 시작된 6 · 25 전쟁으로 낙동강 방어선까지 밀렸던 국군은 유엔군의 파병과 인천 상륙 작전 성공으로 서울을 수복하고 압록강까지 진격하였다.

② 김원봉이 의열단을 조직하였다.

··· 김원봉이 결성한 의열단은 신채호가 작성한 조선 혁명 선언을 기본 행동 강령으로 하여 직접적인 투쟁 방법인 암살, 파괴, 테러 등을 통해 독립운동을 전개하였다.

③ 미소 공동 위원회를 개최하였다.

··· 모스크바 3국 외상 회의의 결정에 따라 서울 덕수궁 석조전에서 미소 공동 위원회가 개최되었다.

④ 쌍성보에서 한중 연합 작전을 펼쳤다.

··· 지청천을 중심으로 북만주에서 결성된 한국 독립군은 중국 호로군과 연합하여 쌍성보 전투, 사도하자 전투, 대전자령 전투에서 일본군에 승리하였다.

미니북 30쪽

49 부마 민주 항쟁 정답 ③

빠른 정답 찾기 1979년 + 야당 총재의 국회의원직 제명 + 유신 독재에 저항한 민주화 운동 + 2019년 국가 기념일로 지정 ➡ 부마 민주 항쟁

자료 분석하기

유신 체제 당시 YH 무역 노동자들이 폐업에 항의하여 일으킨 농성이 신민당사 앞에서 일어나자 박정희 정부는 야당 총재 김영삼을 국회의원직에서 제명하였다. 이로 인해 김영삼의 정치적 근거지인 부산, 마산에서 유신 정권에 반대하는 시위가 전개되었다(1979). 부마 민주 항쟁은 유신 헌법과 긴급 조치 발동 등 유신 체제에 대한 반대 운동으로, 4 · 19 혁명과 5 · 18 민주화 운동 그리고 6월 민주 항쟁과 함께 한국 현대사의 4대 민주 항쟁으로 인정받고 있으며 2019년부터 국가 기념일로 지정되었다.

선택지 분석하기

① 4 · 19 혁명

··· 이승만의 장기 집권과 자유당 정권의 3 · 15 부정 선거에 저항하여 4 · 19 혁명이 발발하였다(1960). 그 결과 이승만 대통령이 하야하고 내각 책임제를 기본으로 하는 허정 과도 정부가 구성되었다.

② 6월 민주 항쟁

··· 전두환 정부의 4 · 13 호헌 조치와 박종철 고문치사 사건에 반발하여 직선제 개헌과 민주 헌법 제정을 요구하는 시위가 확대되었다. 시위 도중 연세대 재학생 이한열이 사망하자 시위는 더욱 격화되어 6월 민주 항쟁이 전국적으로 확산되었다(1987).

✔ 부마 민주 항쟁

··· YH 무역 노동자들이 폐업에 항의하여 일으킨 농성이 신민당사 앞에서 일어나자 박정희 정부는 신민당 총재였던 김영삼을 국회의원직에서 제명하였다. 이로 인해 김영삼의 정치적 근거지인 부산, 마산에서 유신 정권에 반대하는 부마 민주 항쟁이 전개되었다(1979).

④ 5 · 18 민주화 운동

··· 신군부의 비상계엄 확대에 항거하여 광주에서 일어난 5 · 18 민주화 운동은 신군부가 공수 부대를 동원하여 무력 진압에 나서자 학생과 시민들이 시민군을 결성하여 계엄군에 대항하면서 격화되었다(1980).

한발 더 다가가기

유신 체제

성립	7차 개헌(유신 헌법, 1972)
탄압	• 긴급 조치 발표 • 김대중 납치 사건(1973) • 제2차 인혁당 사건
저항	• 개헌 청원 100만 인 서명 운동(1973) • 3 · 1 민주 구국 선언 • YH 무역 사건 • 부마 민주 항쟁
붕괴	10 · 26 사태(1979)

미니북 20쪽

50 6 · 15 남북 공동 선언 정답 ③

빠른 정답 찾기 2000년 + 김대중 대통령과 김정일 국방 위원장 + 분단 이후 처음으로 만나 평양에서 회담 ➡ 6 · 15 남북 공동 선언

자료 분석하기

김대중 대통령과 김정일 국방 위원장은 2000년 6월 13일부터 15일까지 평양에서 분단 이후 최초로 남북 정상 회담을 개최하였다. 이를 통해 이산가족 문제 해결 노력, 경제 및 사회 · 문화 교류 확대 등 5개 항목이 담긴 6 · 15 남북 공동 선언에 합의하였다.

선택지 분석하기

① 남북 기본 합의서 · ④ 한반도 비핵화 공동 선언

…› 노태우 정부 당시 적극적인 북방 외교 정책을 통해 남북의 유엔 동시 가입과 남북 기본 합의서 채택, 한반도 비핵화 공동 선언이 이루어졌다(1991).

② 7 · 4 남북 공동 성명

…› 박정희 정부는 남북 간의 교류를 제의하여 서울과 평양에서 7 · 4 남북 공동 성명을 발표하고 남북 조절 위원회를 설치하였다(1972).

③ 6 · 15 남북 공동 선언

…› 김대중 정부 출범 이후 북한과의 교류가 확대되어 평양에서 최초로 남북 정상 회담을 실시하고 6 · 15 남북 공동 선언을 발표하였다(2000).

한발 더 다가가기

통일 정책의 변화

이승만 정부	북한과 적대적 관계 지속, 반공 강조, 북진 통일론 주장, 평화 통일론 탄압(진보당 사건)
장면 정부	• 민간에서는 활발한 통일 논의 • 정부는 소극적 대응(선 민주, 후 통일)
박정희 정부	• 강력한 반공 정책으로 남북 긴장 고조 • 남북 관계 진전: 남북 적십자 회담에서 이산가족 문제 협의(1971), 7 · 4 남북 공동 성명(1972), 6 · 23 평화 통일 선언(1973)
전두환 정부	• 민족 화합 민주 통일 방안(1982)에서 민족 통일 협의회 구성 • 남북 적십자 회담 재개로 최초의 이산가족 고향 방문(1985)
노태우 정부	• 한민족 공동체 통일 방안 제안(1989) • 북방 외교 추진: 동유럽의 여러 나라 및 소련(1990) · 중국(1992)과 외교 관계 수립, 남북 고위급 회담 개최(1990) • 남북한 유엔 동시 가입(1991) • 남북 기본 합의서 채택(1991) • 한반도 비핵화 공동 선언(1991)
김영삼 정부	• 한민족 공동체 건설을 위한 3단계 통일 방안 제시(1994) • 북한 경수로 원자력 발전소 건설 사업 지원
김대중 정부	• 대북 화해 협력 정책(햇볕 정책) 추진 • 금강산 관광 사업 전개(1998) • 남북 정상 회담과 6 · 15 남북 공동 선언 발표(2000) • 경의선 복구 사업, 금강산 육로 관광 등 추진, 개성 공단과 이산가족 상봉 및 면회소 설치 합의
노무현 정부	• 대북 화해 협력 정책 계승 • 제2차 남북 정상 회담 개최(2007)로 10 · 4 남북 공동 선언 채택 • 개성 공단 착공(2003)
이명박 정부	• 금강산 관광 중단(2008) • 천안함 피격과 연평도 포격 사건으로 대북 관계 경색
박근혜 정부	개성 공단 폐쇄(2016), 대북 강경 정책 지속

제 49 회 한국사능력검정시험

01	02	03	04	05	06	07	08	09	10
③	④	①	④	②	②	①	③	③	④
11	**12**	**13**	**14**	**15**	**16**	**17**	**18**	**19**	**20**
①	②	①	③	③	④	②	④	②	②
21	**22**	**23**	**24**	**25**	**26**	**27**	**28**	**29**	**30**
②	④	①	③	②	①	①	④	④	④
31	**32**	**33**	**34**	**35**	**36**	**37**	**38**	**39**	**40**
③	④	③	①	③	④	④	③	①	①
41	**42**	**43**	**44**	**45**	**46**	**47**	**48**	**49**	**50**
③	③	②	④	①	③	②	①	②	①

미니북 04쪽

01 구석기 시대 정답 ③

빠른 정답 찾기 주먹도끼 + 찍개 ➡ 구석기 시대

자료 분석하기

구석기 시대 사람들은 돌을 깨뜨려 만든 주먹도끼, 찍개, 긁개 등의 뗀석기를 이용하여 사냥과 채집을 하였으며, 동물의 가죽을 벗기는 용도 등으로 사용하였다.

선택지 분석하기

① 철제 농기구로 농사를 지었다.
⋯ 철기 시대에는 쟁기, 호미, 쇠스랑 등의 철제 농기구를 제작하여 농업에 이용하였다.

② 토기를 만들어 식량을 저장하였다.
⋯ 신석기 시대에는 빗살무늬 토기를 만들어 음식을 조리하거나 저장하는 용도로 이용하였다.

③ 주로 동굴이나 막집에서 거주하였다.
⋯ 구석기 시대 사람들은 동굴이나 바위 그늘에 막집을 짓고 살면서 계절에 따라 이동 생활을 하였다.

④ 거푸집을 사용하여 청동기를 제작하였다.
⋯ 청동기 시대에는 거푸집으로 비파형 동검을 제작하면서 독자적인 청동기 문화를 형성하였다.

미니북 05쪽

02 고조선 정답 ④

빠른 정답 찾기 청동기 문화 + 평양성 도읍 + 범금 8조 + 한 무제의 공격으로 멸망 ➡ 고조선

자료 분석하기

고조선은 기원전 2333년에 단군이 건국한 국가이다. 청동기 문화를 바탕으로 발전하였으며, 평양성을 도읍으로 삼고 만주와 한반도에 걸쳐 세력을 넓혔다. 이후 연과 대립할 만큼 강성하였으나 위만 조선에 이르러 한 무제의 공격과 지배층의 내분으로 멸망하였다. 고조선은 사회 질서를 유지하기 위해 8개의 조항으로 이루어진 범금 8조를 만들었는데 현재는 3개의 조항만 전해진다.

미니북 06쪽

03 백제 정답 ①

빠른 정답 찾기 호암사 + 정사암 ➡ 백제

자료 뜯어보기

호암사에는 정사암*이 있다. 이 나라에서 장차 재상을 의논할 때에 뽑을 만한 사람 서너 명의 이름을 써서 상자에 넣고 봉하여 바위 위에 두었다가, 얼마 후에 열어 보아 이름 위에 도장이 찍힌 자국이 있는 사람을 재상으로 삼았기 때문에 정사암이라고 하였다.
- 『삼국유사』* -

* **정사암**: 백제의 귀족 회의
  - 제가 회의(고구려), 화백 회의(신라)
* **삼국유사**: 고려 충렬왕 때 승려 일연이 고조선부터 후삼국까지의 유사(遺事)를 모아서 지은 역사서
  - 삼국유사를 통해 고려 이전의 시대임을 유추할 수 있다.

자료 분석하기

『삼국유사』에 따르면 백제의 귀족들은 부여 부소산에 있는 천정대라는 바위를 '정사암'이라 불렀다. 정사암 회의를 통해 재상을 선출하였고 국가의 중대사를 결정하였다고 한다.

선택지 분석하기

① 22담로를 두었다.
⋯ 백제 무령왕은 지방에 22담로를 설치하고 왕족을 파견하여 지방 통제를 강화하였다.

② 국학을 설립하였다.
⋯ 통일 신라 신문왕은 유교 정치를 확립시키기 위해 유학 교육 기

관인 국학을 설립하였다.

③ 진대법을 실시하였다.

⋯› 고구려 고국천왕은 국상인 을파소의 건의에 따라 먹을거리가 부족한 봄에 곡식을 빌려주고 겨울에 갚게 하는 진대법을 실시하였다.

④ 골품제라는 신분제가 있었다.

⋯› 신라는 중앙 집권 국가로 성장하면서 골품제라는 신분 제도를 통해 각 지역 부족장들의 신분을 규정하였다.

미니북 06쪽

04 고구려 장수왕 정답 ④

빠른 정답 찾기 남진 정책 + 한강 유역 진출 + 개로왕 + 도림 ➡ 장수왕

자료 분석하기

『삼국사기』 백제본기 개로왕조의 도림 스님 이야기에 따르면 고구려 장수왕은 백제 개로왕이 바둑을 좋아한다는 사실을 알고 '바둑 스파이' 도림을 백제로 보냈다. 그리고 개로왕의 신임을 얻은 도림으로 하여금 백제가 국력을 탕진하도록 하여 한성을 함락시키고 한강 유역을 차지할 수 있게 되었다고 한다.

선택지 분석하기

① 태학을 설립하였다.

⋯› 고구려 소수림왕은 국가 교육 기관인 태학을 설립하여 인재를 양성하였다.

② 우산국을 정벌하였다.

⋯› 신라 지증왕은 이사부를 보내 우산국(울릉도)을 정벌하였다.

③ 왜에 칠지도를 보냈다.

⋯› 일본에서 발견된 칠지도는 백제 근초고왕이 왜에 하사한 것으로 전해진다. 이를 통해 백제가 교류를 통해 왜에 다양한 선진 문물을 제공하였다는 것을 확인할 수 있다.

④ 광개토 대왕릉비를 건립하였다.

⋯› 광개토 대왕릉비는 장수왕이 아버지 광개토 대왕의 업적을 칭송하기 위해 세운 것이다. 비문에는 고구려가 신라의 요청을 받아 왜를 격퇴한 내용이 기록되어 있다.

한발 더 다가가기

고구려 주요 국왕의 업적

국왕	업적
고국천왕	왕위 부자 세습, 진대법 실시
미천왕	낙랑군 축출
소수림왕	불교 수용, 태학 설립, 율령 반포
광개토 대왕	• 영토 확장, 백제와 금관가야 공격 • 신라에 원군 파병(호우명 그릇)
장수왕	• 남진 정책, 평양 천도, 한강 유역 점령 • 광개토 대왕릉비, 충주 고구려비
영류왕	천리장성 축조
보장왕	연개소문 집권, 고구려 멸망(668)

05 가야의 문화유산 정답 ②

빠른 정답 찾기 철의 왕국 + 지산동(고령) + 옥전(합천) + 말이산(함안) + 교동과 송현동(창녕) + 대성동(김해) ➡ 가야

자료 분석하기

가야는 풍부한 철 생산을 바탕으로 철기 문화가 발전하였다. 제시된 김해 대성동 고분군(사적 제341호), 함안 말이산 고분군(사적 제515호), 합천 옥전 고분군(사적 제326호), 고령 지산동 고분군(사적 제79호), 창녕 교동과 송현동 고분군(사적 제514호)은 가야 고분군에 포함되어 있다. 문화재청은 여기에 고성 송학동 고분군(사적 제119호), 남원 유곡리와 두락리 고분군(사적 제542호)까지 더하여 모두 7곳으로 구성된 연속 유산인 가야 고분군의 유네스코 세계 유산 등재를 추진하고 있다.

선택지 분석하기

① 금관

⋯› 국보 제138호 – 가야

② 금동 대향로

⋯› 국보 제287호 – 백제

③ 말머리 가리개

⋯› 가야

④ 기마인물형 뿔잔

⋯› 국보 제275호 – 가야

미니북 25쪽

06 검모잠 정답 ②

빠른 정답 찾기 고구려 부흥군 + 고연무 장군 + 안승을 왕으로 세워 당에 대항 ➡ 검모잠

자료 분석하기

고구려 멸망 이후 검모잠, 고연무 등이 보장왕의 서자 안승을 왕으로 추대하고 각각 한성(황해도 재령)과 오골성을 근거로 고구려 부흥 운동을 전개하였다.

선택지 분석하기

① 계백

⋯› 백제의 계백은 군대를 이끌고 황산벌에서 김유신의 신라군과 접전을 벌였으나 패배하면서 백제가 멸망하게 되었다.

② 검모잠

⋯› 고구려가 멸망한 이후 검모잠은 고구려 유민들을 모아 대동강 남쪽으로 진출하였다. 한성을 근거지로 삼아 안승을 왕으로 추대하고 고구려 부흥 운동을 전개하였으나 내분으로 인해 안승에게 피살되었다.

③ 김유신

⋯› 김유신은 황산벌 전투에서 계백의 결사대를 격파하고, 당의 연합군과 함께 사비성을 점령하여 백제를 멸망시키며 신라의 삼국 통일을 이끌었다.

④ 흑치상지

⋯› 흑치상지는 백제의 멸망 이후 복신, 도침 등과 함께 왕자 부여풍을 왕으로 추대하고 임존성, 주류성을 거점으로 백제 부흥 운동을 전개하여 소정방이 이끄는 당의 군대를 격퇴하였다.

한발 더 다가가기

백제와 고구려의 부흥 운동

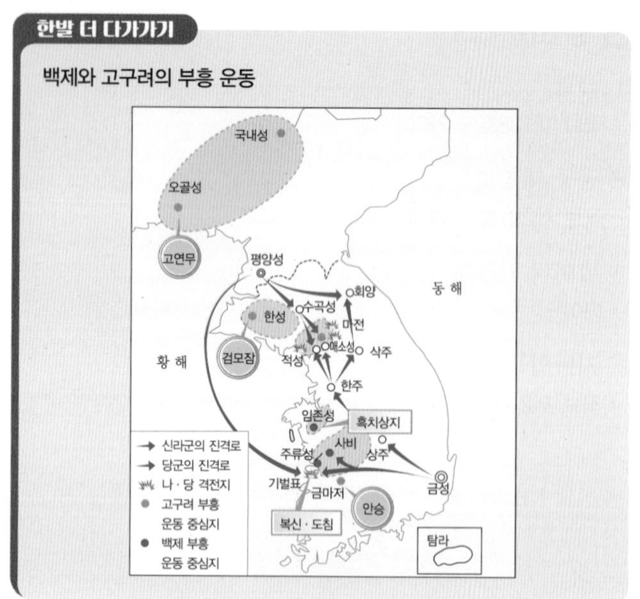

미니북 46쪽

07 익산 미륵사지 석탑 정답 ①

빠른 정답 찾기 백제 무왕 + 미륵사 터 + 건립 연대가 명확하게 밝혀진 한국의 석탑 중 가장 크고 오래됨 ➡ 익산 미륵사지 석탑

자료 분석하기

백제의 익산 미륵사지 석탑은 국보 제11호로 지정되어 있으며, 백제 무왕 때 건립된 것으로 추정된다. 목탑의 형태로 만들어진 석탑으로 당시 백제의 건축 기술을 확인할 수 있다. 또한, 건립 연대가 명확하게 밝혀진 우리나라 석탑 중 가장 크고 오래된 것이다.

선택지 분석하기

① 목탑 양식을 반영하였다.

⋯› 익산 미륵사지 석탑은 목탑 양식을 반영하여 당시 백제의 건축 기술을 확인할 수 있으며, 석탑 보수 과정에서 금제 사리 봉안기 등이 발견되었다.

② 돌을 벽돌 모양으로 다듬어 쌓아 올렸다.

⋯› 경주 분황사 모전 석탑은 국보 제30호로 지정되어 있다. 현존하는 신라 석탑 중 가장 오래된 석탑으로 석재를 벽돌 모양으로 만들어 쌓아 올린 것이 특징이다.

③ 원의 영향을 받아 대리석으로 제작되었다.

⋯› 개성 경천사지 십층 석탑은 고려 말 원 간섭기에 대리석으로 만들어진 석탑으로, 원의 석탑 양식에 영향을 받았다.

④ 내부에서 무구정광대다라니경이 발견되었다.

⋯› 경주 불국사 삼층 석탑 내부에서 세계에서 가장 오래된 목판 인쇄물인 『무구정광대다라니경』이 발견되었다.

미니북 22쪽

08 장보고 정답 ③

빠른 정답 찾기 완도 청해진 + 해적 소탕 + 당, 일본과의 해상 무역 주도 ➡ 장보고

자료 분석하기

신라의 삼국 통일 이후 한강 하류의 당항성을 중심으로 당의 산둥 반도와 이어지는 해상 무역이 활발해졌다. 장보고는 완도에 청해진을 설치하고 해적을 소탕하여 당, 신라, 일본 간 해상 무역권을 장악하였다.

선택지 분석하기

① 원효

⋯→ 원효는 대립과 분열을 종식시키고 화합을 이루기 위한 화쟁 사상을 주장하면서 불교 논리를 집대성한 『십문화쟁론』을 지었다. 또한, 「무애가」를 바탕으로 불교의 대중화를 위해 노력하였다.

② 설총

⋯→ 설총은 통일 신라 시대 6두품 출신으로 한자의 음(音)과 훈(訓)을 빌려 우리말을 표기하는 이두를 정리하였다. 또한, 신문왕에게 「화왕계」를 올려 유교적 도덕 정치의 중요성을 완곡하게 전하였다.

 장보고

⋯→ 장보고는 통일 신라 때 완도에 청해진을 설치하여 해상 무역을 주도하였다. 이후 독자적인 해상 세력으로 성장하였다.

④ 최치원

⋯→ 최치원은 통일 신라 말 6두품 출신 유학자로 당의 빈공과에 합격하였다. 이후 신라로 돌아와 진성 여왕에게 시무 10여 조를 건의하였으나 받아들여지지 않았다.

미니북 22쪽

09 후고구려 정답 ③

빠른 정답 찾기 궁예 + 수도를 철원으로 옮김 ➡ 후고구려

자료 분석하기

신라 왕족 출신인 궁예는 북원 양길의 부하로 들어가 세력을 키워 송악(개성)에 도읍을 정하고 후고구려를 세웠다. 이후 영토를 확장하여 도읍을 철원으로 옮기고 국호를 마진으로 바꿨다가 다시 태봉으로 바꾸기도 하였다. 태봉의 철원 도성 터는 문재인 정부의 DMZ 평화 지대 구상에 따라 발굴 및 복원 작업이 추진되었다. 이는 4·27 판문점 선언의 '비무장 지대 평화 지대화'와 9·19 남북 군사 합의서의 '비무장지대 내 역사 유적 공동 조사·발굴 군사적 보장' 합의에 따라 추진되는 협력 사업의 일환이기도 하다.

선택지 분석하기

① 독서삼품과를 실시하였다.

⋯→ 통일 신라 원성왕은 국학의 학생들을 대상으로 독서삼품과를 시행하여 유교 경전의 이해 수준에 따라 관리를 채용하였다.

② 지방에 12목을 설치하였다.

⋯→ 고려 성종은 최승로의 시무 28조를 받아들여 12목을 설치하고 지방관을 파견하여 지방 세력을 견제하였다.

✔ 정치 기구로 광평성을 두었다.

⋯→ 궁예는 국호를 마진으로 고치고 관제를 정비하면서 정치 기구로 광평성을 두어 내정을 통괄하게 하였다.

④ 국경 지역에 천리장성을 쌓았다.

⋯→ 고구려 영류왕 때 당의 공격에 대비하여 동북의 부여성부터 발해만의 비사성까지 천리장성을 축조하였다. 이후 고려 현종 때에는 거란의 침입에 대비하기 위해 강감찬의 건의로 압록강 하구부터 동해안까지 천리장성을 쌓아 국경 수비를 강화하였다.

미니북 07쪽

10 발해 정답 ④

빠른 정답 찾기 고구려 문화의 영향(온돌 시설, 치미) + 고구려의 옛 영토를 대부분 회복 + 해동성국 ➡ 발해

자료 분석하기

발해는 고구려의 문화를 계승하고 당의 문화를 받아들여 발전하였다. 그중 온돌 시설은 발해가 고구려 계통의 문화를 이어받았음을 알 수 있는 대표적인 유적이다. 또한, 발해 치미는 건물 지붕의 양 끝에 올리던 장식 기와인데, 발해의 궁전지, 관청지, 사찰터에서 출토되는 것으로 보아 위용 있는 건물의 장식에 주로 사용되었던 것으로 추정된다. 고구려의 궁성인 평양 안학궁에서도 이와 동일한 대형의 치미가 출토되어 고구려와 발해의 문화적 연관성을 확인할 수 있다. 발해 선왕 때에는 고구려의 옛 영토를 대부분 회복하면서 영토를 크게 확장하여 주변 국가들로부터 해동성국이라 불렸다.

선택지 분석하기

① 상수리 제도를 실시하였다.

⋯→ 통일 신라 때 지방 세력을 견제하기 위해 지방 호족의 자제 1명을 뽑아 중앙에서 머물게 하는 상수리 제도를 실시하였다.

② 전국에 9주 5소경을 두었다.

⋯→ 통일 신라 신문왕 때 9주 5소경의 지방 행정 구역 체계를 확립하여 수도 경주의 편재성을 보완하였다.

③ 제가 회의에서 중요한 일을 결정하였다.

⋯→ 고구려는 귀족 회의인 제가 회의를 통해 국가의 중대사를 결정하였다.

✔ 인안, 대흥 등의 독자적인 연호를 사용하였다.

⋯→ 발해 무왕은 인안, 문왕은 대흥이라는 독자적인 연호를 사용하였다.

제49회

미니북 07, 08쪽

11 신문왕과 광종의 업적 정답 ①

빠른 정답 찾기
- 관료전 지급 ➡ 신라 신문왕
- 노비안검법 실시 + 쌍기 ➡ 고려 광종

자료 분석하기

(가) **신라 신문왕**: 삼국 통일 이후 왕권을 강화하기 위해 다양한 정치 개혁을 단행하여 귀족의 경제 기반인 녹읍을 폐지하고 관료전을 지급하였다.

(나) **고려 광종**: 공신과 호족의 세력을 약화시키고 왕권을 강화하기 위해 다양한 개혁을 실시하였다. 이에 따라 노비안검법을 시행하여 국가 재정을 튼튼히 하는 동시에 호족의 세력을 약화시켰다. 또한, 후주 출신인 쌍기의 건의를 수용하여 과거제를 실시하고 신진 인사를 등용하였다.

미니북 23쪽

12 서희 정답 ②

빠른 정답 찾기
거란의 침입 + 외교 담판 + 고려는 고구려의 후계자 ➡ 서희

자료 분석하기

10세기 초에 통일 국가를 세운 거란(요)은 송과 대결에서 유리한 위치를 차지하기 위해 여러 차례에 걸쳐 고려를 침략하였다. 1차 침입 때 거란의 장수 소손녕은 80만 대군을 이끌고 침략하여 고려가 차지하고 있는 옛 고구려 땅을 내놓고 송과 교류를 끊을 것을 요구하였다. 이에 외교 담판에 나선 서희가 거란과 교류할 것을 약속하는 대신, 고려가 고구려를 계승하였음을 인정받고 압록강 동쪽의 강동 6주를 획득하는 성과를 거두었다.

선택지 분석하기

① 4군 6진을 설치하였다.
··· 조선 세종은 최윤덕과 김종서를 보내 여진을 정벌하여 압록강과 두만강까지 영토를 확장하고 4군 6진을 설치하였다.

✔ 강동 6주를 획득하였다.
··· 고려의 서희는 거란의 1차 침입 때 소손녕과 외교 담판을 통해 강동 6주를 획득하였다.

③ 동북 9성을 축조하였다.
··· 고려 예종 때 윤관은 별무반을 이끌고 여진을 토벌하여 동북 9성을 축조하였다.

④ 쌍성총관부를 공격하였다.
··· 고려 공민왕은 개혁 정치를 실시하면서 반원 자주 정책의 일환으로 쌍성총관부를 공격하여 철령 이북 지역의 영토를 되찾았다.

한발 더 다가가기

고려의 대외 관계

구분	내용
거란(요)	• 1차 침입: 서희의 외교 담판(강동 6주 획득) • 2차 침입: 양규의 활약 • 3차 침입: 강감찬의 귀주 대첩
여진(금)	윤관의 별무반 설치, 동북 9성 축조
몽골(원)	• 대몽 항쟁(김윤후의 처인성 전투, 삼별초의 항쟁) • 고려의 개경 환도 → 원 간섭기
홍건적, 왜구	• 홍건적: 공민왕의 안동 피난 • 왜구: 최영(홍산 대첩), 최무선(진포 대첩), 이성계(황산 대첩), 박위(쓰시마 섬 정벌)

미니북 14쪽

13 김부식 정답 ①

빠른 정답 찾기
인종 + 묘청이 서경에서 반란 + 진압군의 원수 ➡ 김부식

자료 분석하기

고려 중기 묘청은 서경(평양) 천도가 좌절되자 개경에서 파견된 관리들을 잡아 가두고 국호를 대위국, 연호를 천개라 선포하며 서경에서 반란을 일으켰다. 이에 인종은 김부식을 평서원수로 임명하고 반란 진압을 맡게 하였다. 김부식은 여러 차례에 걸쳐 반란군에 항복을 권유하였고, 반란군의 주모자인 조광은 형세가 불리해지자 묘청의 목을 베어 개경으로 보냈으나 항복을 해도 죄를 면할 수 없을 것으로 판단하여 끝까지 항전하였다. 그러나 반란군은 식량 부족과 관군의 총공격으로 조광이 자결하면서 1년 만에 진압되었다.

선택지 분석하기

✔ 삼국사기를 편찬하였다.
··· 김부식은 인종의 명을 받아 현존하는 가장 오래된 역사서인 『삼국사기』를 편찬하였다. 이 역사서는 유교적 합리주의 사관에 기초하여 기전체 형식으로 서술되었으며 신라 계승 의식이 반영되어 있다.

② 금국 정벌을 주장하였다.
··· 묘청, 정지상 등을 중심으로 한 서경 세력은 서경 천도와 칭제 건원, 금 정벌 등을 주장하였으나 받아들여지지 않자 서경에서 반란을 일으켰다.

③ 화약 무기를 개발하였다.
··· 고려 우왕 때 최무선이 화통도감의 설치를 건의하여 화약과 화포를 제작하였고, 화포를 활용하여 진포 대첩에서 왜구를 격퇴하였다.

④ 고려에 성리학을 소개하였다.
⋯→ 고려 충렬왕 때 학자 안향에 의해 원으로부터 성리학이 처음 소개되었다.

한발 더 다가가기

서경파와 개경파

구분	서경파	개경파
배경	지방 출신	문벌 귀족 출신
사상	풍수지리, 불교	유교
성격	자주적	사대적, 보수적
외교 정책	북진 정책, 금 정벌	사대 정책
역사의식	고구려 계승	신라 계승
주장	서경 천도, 칭제 건원, 금 정벌	서경 천도 반대, 금에 대한 사대 관계 인정
주요 인물	묘청, 정지상	김부식

미니북 23쪽

14 원 간섭기 정답 ③

빠른 정답 찾기 원의 공주를 왕비로 맞아들임 + 몽골식 변발과 발립이 유행 + 소주를 제조하는 방법이 전해짐 + 소줏고리 ➡ 원 간섭기

자료 분석하기

원 간섭기에 고려는 국왕이 원의 공주와 혼인하여 부마국이 되면서 왕실의 호칭과 관제도 격하되었다. 또한, 지배층을 중심으로 몽골의 풍습인 변발과 호복 및 발립 등이 유행하였으며, 소주 제조법이 전해져 개성과 안동, 제주도 등 몽골군의 주둔지에서 소줏고리를 이용하여 소주를 빚기 시작하였다.

선택지 분석하기

① 정동행성이 설치되었다.
⋯→ 고려 원 간섭기에 일본 원정을 위해 원에서 설치한 정동행성은 이후 내정 간섭 기구로 이용되었다.

② 권문세족이 높은 관직을 독점하였다.
⋯→ 고려 원 간섭기에 친원적 성격의 권문세족이 도평의사사를 중심으로 권력을 장악하고 높은 관직을 독점하면서 대농장을 소유하는 등 특권을 누렸다.

③ 여진 정벌을 위해 별무반이 편성되었다.
⋯→ 고려 숙종 때 부족을 통일한 여진족이 고려의 국경을 자주 침입하자 윤관이 왕에게 건의하여 신기군, 신보군, 항마군으로 이루어진 별무반을 조직하였다.

④ 결혼도감을 통해 여성들이 공녀로 보내졌다.
⋯→ 고려 원 간섭기에 결혼도감을 설치하여 고려의 처녀들을 원에 공녀로 바쳤다.

미니북 23쪽

15 김윤후의 충주성 전투 정답 ③

빠른 정답 찾기 충주성 + 신분을 가리지 않고 벼슬을 줌 + 노비 문서 불태움 + 김윤후 ➡ (다) 김윤후의 충주성 전투

자료 분석하기

몽골의 2차 침입 당시 처인성 전투를 승리로 이끈 김윤후는 몽골의 5차 침입 때 충주산성에서 적을 물리쳤다(1253). 충주성 전투 당시 김윤후는 식량이 떨어지는 등 전세가 어려워지자, 전투에서 승리하면 신분의 고하를 막론하고 모두 관작을 주겠다고 병사들을 독려하였다. 실제로 관노의 노비 문서를 불태우고 노획한 소와 말을 나누어 주어 병사뿐 아니라 백성들까지도 죽음을 무릅쓰고 싸워 몽골군을 물리쳤다.

미니북 24쪽

16 고려 시대 경제 상황 정답 ④

빠른 정답 찾기 송의 사신 + 서긍의 사행 + 벽란정 + 개경 ➡ 고려

자료 분석하기

고려 시대 도읍인 개경을 후배지로 두었던 벽란도는 세계적인 국제 무역항으로 발전하였는데 당시의 모습은 송의 사신으로 고려에 다녀간 서긍의 『고려도경』에 잘 나타나 있다.

선택지 분석하기

① 모내기법이 전국으로 보급되었다.
⋯→ 모내기법은 고려 말 일부 남부 지방에 도입되었으나, 조선 초기 조정에서는 가뭄의 우려로 인해 금지하였다. 이후 조선 후기에 수리 시설이 확충되어 모내기법이 전국적으로 확산되었으며 경작지의 규모가 확대되어 광작이 증가하였다.

② 보부상이 전국의 장시를 연결하였다.
⋯→ 조선 후기 상업의 발달로 전국 각지에서 장시가 활성화되면서 보부상들은 장날에 따라 이동하며 각 장시들을 연계한 하나의 유통망을 형성하였다.

③ 담배, 면화 등이 상품 작물로 재배되었다.
⋯→ 조선 후기에 상업의 발달로 담배, 면화, 인삼 등 상품 작물이 재배되었다.

제49회

✔ 활구라고도 불린 은병이 화폐로 사용되었다.

··· 고려 숙종 때 상업이 활발해지면서 삼한통보, 해동통보, 해동중보 등의 동전과 활구(은병)를 만들어 화폐의 동용을 추진하였으나 널리 유통되지는 못하였다.

한발 더 다가가기

고려의 대외 무역 활동

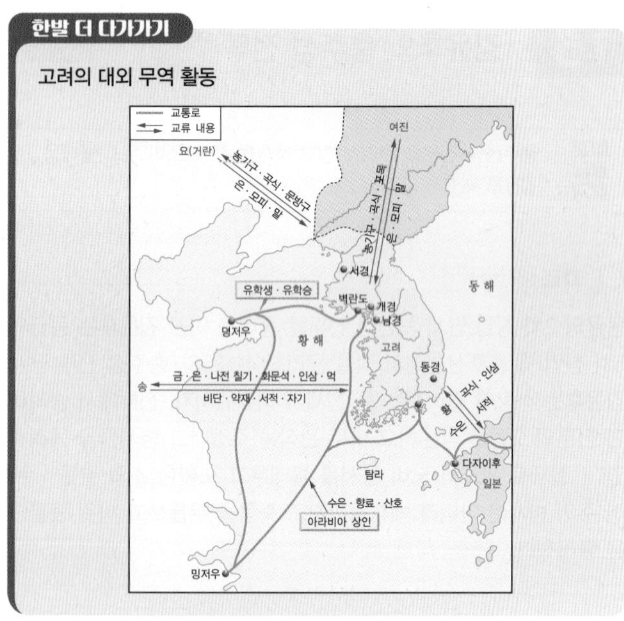

미니북 44쪽

17 고려의 문화유산 정답 ②

빠른 정답 찾기 나전 국화 넝쿨무늬 합 + 월정사 팔각 구층 석탑 ➡ 고려의 문화유산

자료 분석하기

- **나전 국화 넝쿨무늬 합**: 전복패와 온화한 색감의 대모(바다거북 등껍질), 금속선을 이용한 치밀한 장식 등 고려 나전칠기 특유의 아름다움이 고스란히 반영된 수작으로 평가받고 있다. 2020년에 문화재청의 노력으로 일본에서 환수된 나전 합은 하나의 큰 합(모합)에 들어가는 여러 개의 작은 자합 중 하나로 전 세계에서 단 3점만이 온전한 형태로 전해지고 있다.
- **월정사 팔각 구층 석탑**: 국보 제48-1호의 평창 월정사 팔각 구층 석탑은 자장율사가 창건한 월정사 안에 있는 탑으로, 그 앞에는 공양하는 모습의 석조 보살 좌상이 마주 보며 앉아 있다. 고려 시대에는 사각형 평면에서 벗어난 다각 다층 석탑이 북쪽 지방에서 주로 유행하였는데 이 탑도 그러한 흐름 속에서 만들어진 것으로, 고려 전기 석탑을 대표하는 작품이다.

선택지 분석하기

① 이불병좌상

··· 이불병좌상은 발해의 수도였던 동경 용원부 유적지에서 발견되었으며 고구려 양식을 계승하였다.

✔ 안동 이천동 마애 여래 입상

··· 안동 이천동 마애 여래 입상은 보물 제115호로 지정되어 있으며 고려 시대에 유행하던 지방하된 거구의 불상 가운데 하나로 당시 불상 양식 연구의 중요한 자료가 되고 있다.

③ 석굴암 본존불상

··· 경주 석굴암 본존불상은 경북 경주시에 위치한 통일 신라 시대의 불상이다. 석굴암 본존불상이 안치되어 있는 석굴암 석굴은 국보 제24호로 지정되어 있으며, 유네스코 세계 유산으로도 등재되었다.

④ 서산 용현리 마애여래 삼존상

··· 서산 용현리 마애 여래 삼존상은 충남 서산시에 위치한 백제 후기 화강석 불상으로 국보 제84호로 지정되어 있다. 백제의 아름다움을 잘 나타낸 불상으로 '백제의 미소'로도 알려져 있다.

미니북 09쪽

18 『칠정산내편』 정답 ④

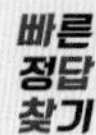

빠른 정답 찾기 세종 + 우리 실정에 맞는 역법서 ➡ 『칠정산내편』

자료 분석하기

조선 세종 때 이순지, 김담은 중국의 수시력과 아라비아의 회회력을 참고로 하여 한양을 기준으로 천체 운동을 계산한 역법서인 『칠정산』을 완성하였다. 칠정산은 최초로 한양을 기준으로 천체 운동을 계산하였으며, 내편(內篇)과 외편(外篇)으로 구성되어 있다.

선택지 분석하기

① 금양잡록

··· 조선 성종 때 강희맹이 사계절의 농경 방법과 농작물에 대한 주의사항을 기록한 『금양잡록』을 저술하였다.

② 농사직설

··· 조선 세종은 정초, 변효문 등을 시켜 우리 풍토에 맞는 농서인 『농사직설』을 간행하였다.

③ 삼강행실도

··· 조선 세종의 명에 따라 설순 등이 우리나라와 중국의 서적에서 군신 · 부자 · 부부의 삼강에 모범이 될만한 충신 · 효자 · 열녀의 행실을 모아 그림과 함께 설명한 『삼강행실도』를 편찬하였다.

✔ 칠정산내편

··· 조선 세종 때 이순지, 김담 등이 편찬한 『칠정산내편』은 원의 수시력에 대한 해설서로 천체의 운행에 관한 자료를 다루었다.

미니북 42쪽

19 무오사화 정답 ②

빠른 정답 찾기 훈구 + 사림 + 이극돈 + 조의제문 + 연산군 + 김종직 ➡ 무오사화

자료 분석하기

조선 연산군 때 춘추관의 사관이었던 사림 김일손은 사초에 김종직의 조의제문을 실었다. 훈구파 이극돈은 이를 세조가 단종으로부터 왕위를 빼앗은 일을 비방한 것이라 하고, 이를 문제 삼아 연산군에게 알리면서 무오사화가 발생하였다. 이때 연산군은 김일손 등을 심문하고 이미 죽은 김종직의 관을 파헤쳐 시체의 목을 베었으며, 많은 사림파들을 처형하거나 귀양을 보냈다.

선택지 분석하기

① 경신환국

···› 조선 숙종 때 남인의 영수인 허적이 궁중에서 쓰는 천막을 허락 없이 사용한 문제로 왕과 갈등을 겪었다. 이후 허적의 서자 허견의 역모 사건으로 첫 환국인 경신환국이 발생하여 허적, 윤휴 등의 남인이 대거 축출되고 서인이 집권하게 되었다.

✅ 무오사화

···› 조선 연산군 때 김일손이 그의 스승 김종직의 조의제문을 사초에 기록하였는데 유자광, 이극돈 등이 이를 연산군에게 알려 무오사화가 발생하였다.

③ 인조반정

···› 조선 광해군 때 북인이 집권하여 정계에서 밀려 있던 서인 세력이 광해군의 중립 외교 정책과 폐모살제 문제를 빌미로 인조반정을 일으켜 광해군이 폐위되고 인조가 왕위에 올랐다.

④ 임오군란

···› 신식 군대와의 차별 대우로 인해 불만이 쌓인 구식 군대가 임오군란을 일으켜 일본 공사관과 선혜청을 습격하였다.

한발 더 다가가기

조선 시대 사화

사화	내용
무오사화(1498)	• 배경: 김일손이 스승 김종직의 조의제문을 사초에 기록 • 훈구파(유자광, 이극돈)와 사림파(김일손)의 대립
갑자사화(1504)	• 배경: 폐비 윤씨 사사 사건 • 무오사화 때 피해를 면한 사림과 일부 훈구 세력까지 피해
기묘사화(1519)	• 배경: 조광조의 개혁 정치 • 위훈 삭제로 인한 훈구 세력의 반발 • 주초위왕 사건
을사사화(1545)	• 배경: 인종의 외척 윤임(대윤파)과 명종의 외척 윤원형(소윤파)의 대립 • 명종의 즉위로 문정 왕후 수렴청정 → 집권한 소윤파가 대윤파를 공격

20 성균관 정답 ②

빠른 정답 찾기 조선 최고 교육 기관 + 소과에 합격한 생원, 진사 + 원점 300점인 자에게 관시 응시 자격 부여 ➡ 성균관

자료 분석하기

성균관은 조선 시대 최고의 교육 기관으로 초시인 생원시와 진사시에 합격한 유생들이 우선적으로 입학할 수 있었다. 합격 이후 성균관에 입학한 유생들이 가급적 성균관에서 생활하도록 장려하는 조치가 원점(圓點)이었다. 아침과 저녁 식사에 모두 참석하면 원점 1점을 얻고, 한번만 참석하면 반점을 얻게 되었는데, 원래 원점이란 말은 출석을 표시하기 위해 찍은 둥근 점을 가리킨다. 원점 300점이 되어야 성균관 유생들을 대상으로 실시하는 문과의 첫 단계 시험인 관시에 응시할 자격이 주어졌다.

선택지 분석하기

① 향교

···› 향교는 성균관의 하급 관학으로서 지방의 부 · 목 · 군 · 현에 설립되어 지방민에 대한 교육을 담당하였다. 중앙에서는 향교의 규모와 지역에 따라 교관인 교수 또는 훈도를 파견하였다.

✅ 성균관

···› 고려 충렬왕 때 국학을 성균관으로 개칭한 이후 공민왕 때 순수한 유교 교육 기관으로 개편되었다. 이후 성균관은 조선 시대 최고 교육 기관으로 자리잡으며 유교 경전을 교육하였다.

③ 육영 공원

···› 최초의 근대식 공립 학교인 육영 공원은 헐버트, 길모어 등의 외국인 교사를 초빙하여 상류층 자제에게 근대 교육을 실시하였다.

④ 4부 학당

···› 4부 학당은 조선 시대 중앙의 관학으로 중등 교육을 담당하며 성균관의 부속 학교 성격을 가지고 있었다.

미니북 14쪽

21 유성룡 정답 ②

빠른 정답 찾기 『징비록』 + 이순신 천거 + 훈련도감 설치 건의 ➡ 유성룡

자료 분석하기

유성룡은 임진왜란 발발 이후 이순신과 권율 등의 명장을 천거하였고 군대 양성과 군비 확충 및 무기 제조 등 국방 강화를 위해 노력하였다. 더불어 공납의 폐단을 막기 위해 수미법을 주장하였으며,

임진왜란 중에는 포수, 사수, 살수의 삼수병으로 편성된 훈련도감의 설치를 건의하였다. 또한, 7년에 걸친 임진왜란의 원인 · 전황 등을 기록한 『징비록』을 저술하였다. 이 책은 임진왜란 전후의 상황을 연구하는 데 귀중한 자료로 평가되어 국보 제132호로 지정되어 있다.

선택지 분석하기

① 박지원

⋯› 박지원은 조선 후기 중상주의 실학자로 청에 다녀온 뒤 『열하일기』를 저술하여 상공업의 발달과 화폐 유통의 필요성을 주장하였다. 또한, 「양반전」, 「허생전」, 「호질」 등을 통해 양반의 무능과 허례를 풍자하고 비판하였다.

✔ 유성룡

⋯› 유성룡은 임진왜란 중 전시 상황의 군사 업무를 담당하였으며, 전국에 격문을 보내 의병을 모집하게 하고 훈련도감을 설치하여 군대를 편성하였다.

③ 임경업

⋯› 임경업은 병자호란 당시 의주의 백마산성을 지켰으며, 압록강에서 철군하는 청의 배후를 공격하여 300여 명을 죽이고 포로로 끌려가던 백성을 구출하였다.

④ 정약용

⋯› 정약용은 조선 후기의 대표적인 실학자로, 지방 행정 개혁 방향을 제시한 『목민심서』, 중앙 행정 개혁에 대한 『경세유표』, 형법 개혁에 대한 『흠흠신서』 등을 저술하였다. 또한, 『기기도설』을 참고하여 제작한 거중기를 통해 수원 화성을 축조할 때 사용되는 공사 기간과 비용을 줄이는 데 기여하였다.

미니북 10쪽

22 숙종 정답 ④

빠른 정답 찾기 백두산정계비 + 청과 국경 문제 + 박권 파견 ➡ 숙종

자료 분석하기

조선 숙종 때 간도 지역을 두고 청과 국경 분쟁이 발생하자 조선과 청은 각각 박권과 목극등을 파견하여 백두산 일대를 답사하고 국경을 확정하여 백두산정계비를 세웠다(1712).

선택지 분석하기

① 장용영에서 훈련하는 군인

⋯› 조선 정조는 왕권을 뒷받침하는 군사적 기반을 갖추기 위해 친위 부대인 장용영을 설치하였다(1793).

② 만민 공동회에서 연설하는 백정

⋯› 독립 협회는 만민 공동회를 개최하여 민중에게 근대적 지식과 국권 · 민권 사상을 고취시켰다. 또한, 가장 천대받던 계층인 백정 출신의 박성춘이 연설을 하는 등 관민이 함께 국정에 대하여 논의하기도 하였다(1898).

③ 집현전에서 학문을 연구하는 관리

⋯› 조선 세종은 집현전을 설치하고 학문 연구와 경연, 서연을 담당하게 하여 유교 정치의 활성화를 꾀하였다(1420).

✔ 시전에서 상평통보를 사용하는 상인

⋯› 조선 후기 상공업의 발달로 화폐의 유통이 활발해졌는데, 숙종 때 상평통보가 주조되어 전국적으로 유통되었다(1678).

미니북 32쪽

23 효종의 북벌 운동 정답 ①

빠른 정답 찾기 효종 + 병자호란 + 소현 세자와 함께 청나라 심양에 볼모로 잡혀 감 ➡ 북벌 운동

자료 분석하기

병자호란 발생 직후 인조는 남한산성에서 항전하였다. 그러나 강화도로 보낸 왕족과 신하들이 인질로 잡히자 삼전도에서 굴욕적인 항복을 하였고, 소현 세자와 봉림 대군 등이 볼모로 청에 압송되었다. 이후 소현 세자가 8년의 인질 생활을 끝내고 귀국한 지 두 달 만에 의문의 죽음을 당하면서 봉림 대군이 효종으로 즉위하여 청을 정벌하자는 북벌 운동을 추진하였다.

선택지 분석하기

✔ 북벌을 추진했어.

⋯› 조선 효종은 즉위 이후에 반청 인물들을 등용하면서 북벌을 추진하였다. 이에 성곽 수리, 무기 정비, 군대 양성 등을 진행하였다.

② 경복궁을 중건했어.

⋯› 고종 때 흥선 대원군은 왕실의 권위 회복을 위해 임진왜란 때 소실된 경복궁을 중건하였다. 이에 필요한 재정을 확보하기 위해 당백전을 발행하였다.

③ 중립 외교를 펼쳤어.

⋯› 조선 광해군은 즉위 후 급박하게 변하는 국제 정세를 파악하고 명과 후금 사이에 중립 외교를 펼치면서 실리를 추구하였다.

④ 대전통편을 만들었어.

⋯› 조선 정조는 법전인 『대전통편』을 편찬하여 통치 체제를 정비하였다.

한발 더 다가가기

조선과 청의 관계

병자호란	• 배경: 청의 사대 요구 → 조선 거부 • 전개: 청 태종의 침략 → 인조의 남한산성 항전 → 조선의 항복(삼전도의 굴욕) → 소현 세자, 봉림 대군 등 볼모로 압송
↓	
북벌론	• 효종 즉위 • 청에 대한 복수심으로 북벌 준비(성곽 수리, 무기 정비, 군대 양성) • 나선 정벌(조선의 승리) • 효종의 죽음으로 좌절
↓	
북학론	• 18세기 이후 청의 선진 문화를 받아들이자는 북학 운동 전개 • 중상학파 실학자들을 중심으로 수용

미니북 36쪽

24 임술 농민 봉기 정답 ③

빠른 정답 찾기 유계춘 + 백낙신 + 박규수 + 세도 정치 시기 + 진주 ➡ 임술 농민 봉기

자료 분석하기

세도 정치로 인한 삼정의 문란과 경상 우병사 백낙신의 수탈에 견디다 못한 농민들의 반발로 진주 지역의 몰락 양반인 유계춘을 중심으로 한 임술 농민 봉기가 발생하였다(1862).

선택지 분석하기

① 흑창을 두었다.
⋯› 고려 태조는 빈민을 구제하기 위하여 춘궁기에 곡식을 대여해 주고 추수 후에 돌려받는 흑창을 설치하였다(918).

② 신해통공을 실시하였다.
⋯› 조선 정조는 자유로운 상업 활동을 도모하기 위해 시전 상인들의 금난전권을 폐지하는 신해통공을 실시하였다(1791).

 삼정이정청을 설치하였다.
⋯› 조선 철종 때 임술 농민 봉기를 조사하기 위해 안핵사로 파견된 박규수는 민란의 원인이 삼정의 문란에 있다고 보고 삼정이정청을 설치하여 삼정의 폐단을 해결하려고 노력하였다(1862).

④ 전민변정도감을 운영하였다.
⋯› 고려 공민왕은 전민변정도감을 설치하여 권문세족에 의해 빼앗긴 토지를 원래 주인에게 돌려주고 억울하게 노비가 된 자를 풀어주는 등 개혁을 단행하였다(1352).

한발 더 다가가기

임술 농민 봉기

배경	• 세도 정치, 백성에 대한 수탈 심화 → 삼정의 문란 • 탐관오리 경상 우병사 백낙신의 부정부패와 횡포
전개 과정	• 진주에서 몰락 양반 유계춘을 중심으로 봉기 → 전국으로 확산 → 삼정의 문란 시정 요구 • 정부의 대응: 안핵사 박규수 파견
결과	• 삼정이정청 설치 • 근본적인 문제(삼정의 문란) 해결 실패

미니북 47쪽

25 조선 후기 진경산수화 정답 ②

빠른 정답 찾기 조선 후기 + 진경산수화 ➡ 「인왕제색도」

자료 분석하기

진경산수화는 옛 작품을 모방하던 전통적인 산수화와는 달리 우리나라의 빼어난 명승지를 직접 보고 그린 것으로, 조선 후기 화가 정선이 개척한 화풍이다. 그의 대표적인 작품으로는 「인왕제색도」, 「금강전도」 등이 있다.

선택지 분석하기

① 수렵도
⋯› 고구려

 인왕제색도
⋯› 정선 – 조선 후기

③ 몽유도원도
⋯› 안견 – 조선 전기

④ 고사관수도
⋯› 강희안 – 조선 전기

미니북 33쪽

26 병인박해 정답 ①

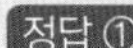

빠른 정답 찾기 양헌수 + 정족산성 + 프랑스군 ➡ 병인양요

자료 분석하기

프랑스 로즈 제독이 병인박해를 빌미로 함대를 이끌고 강화도에 침

입하면서 병인양요가 발생하였다(1866). 이에 양헌수가 이끄는 조선군은 비밀리에 정족산성에서 매복하여 프랑스군이 오기를 기다렸다. 한편 정족산성에서 농성을 하고 있다는 보고를 받은 프랑스는 군대를 이끌고 진격하였으나, 매복한 조선군의 기습을 받으면서 패배하였고, 사기가 떨어져 강화도에서 철수하였다.

선택지 분석하기

✔ 병인박해가 일어났다.
⋯› 흥선 대원군이 천주교에 대한 탄압을 단행하면서 병인박해가 발생하였다(1866). 이때 프랑스 선교사 9명이 처형당한 것을 빌미로 프랑스 군대가 강화도를 침략하면서 병인양요가 발생하였다.

② 영국이 거문도를 점령하였다.
⋯› 영국은 남하하는 러시아를 저지하기 위해 거문도를 불법으로 점령하였다(1885).

③ 오페르트가 남연군 묘를 도굴하려 하였다.
⋯› 독일 상인 오페르트가 흥선 대원군의 아버지인 남연군의 묘를 도굴하려다 실패하였다(1868).

④ 서인 정권이 친명배금 정책을 추진하였다.
⋯› 인조반정(1623) 이후 명에 대한 의리를 지켜야 한다고 주장하는 서인 정권을 중심으로 친명배금 정책을 추진하였다. 이는 정묘호란의 원인을 제공하였다.

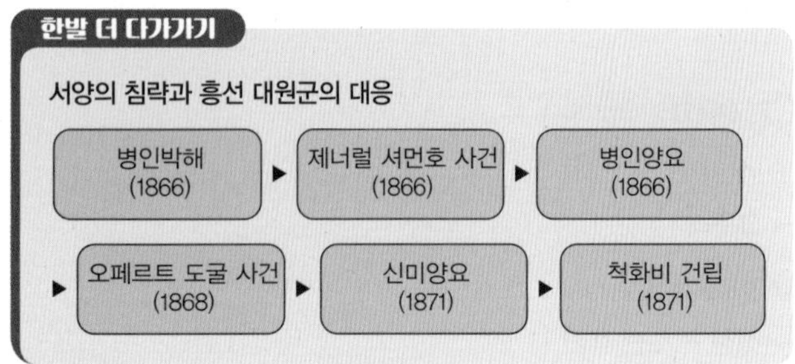

한발 더 다가가기
서양의 침략과 흥선 대원군의 대응
병인박해 (1866)
제너럴 셔먼호 사건 (1866)
병인양요 (1866)
오페르트 도굴 사건 (1868)
신미양요 (1871)
척화비 건립 (1871)

미니북 11쪽

27 조미 수호 통상 조약 정답 ①

『조선책략』 + 청이 적극적으로 알선하여 조약 체결 + 서양 국가와 맺은 최초의 근대적 조약 ➡ 조미 수호 통상 조약

자료 분석하기

조미 수호 통상 조약은 1882년 조선이 서양 국가와 맺은 최초의 조약으로, 거중 조정, 치외 법권, 최혜국 대우 인정 등의 조항이 포함된 불평등 조약이었다. 청은 러시아와 일본을 견제하고 조선에 대한 청의 종주권을 확인할 목적으로 체결을 알선하였다.

선택지 분석하기

✔ 보빙사가 파견되었다.
⋯› 조미 수호 통상 조약이 체결된 후 조선 주재 미국 공사가 파견되자 조선 정부는 민영익, 홍영식, 서광범 등을 미국에 보빙사로 파견하였다(1883).

② 별기군이 창설되었다.
⋯› 고종은 군사력 강화를 위해 5군영을 무위영과 장어영의 2군영 체제로 통합 개편하고, 신식 군대인 별기군을 창설하였다(1881).

③ 탕평비가 건립되었다.
⋯› 조선 영조는 붕당 정치의 폐해를 막고 능력에 따른 인재를 등용하기 위해 탕평책을 실시하였다. 이를 알리기 위한 탕평비를 성균관에 건립하였다(1742).

④ 통리기무아문이 설치되었다.
⋯› 고종은 국내외의 군국 기무를 총괄하는 관청인 통리기무아문을 설치하고 그 아래 12사(司)를 두어 행정 업무를 관장하도록 하였다(1880).

미니북 38쪽

28 대한매일신보 정답 ④

빠른 정답 찾기 양기탁과 베델이 창간 + 국채 보상 논설 ➡ 대한매일신보

자료 분석하기

대한매일신보는 1904년에 양기탁과 영국인 베델을 중심으로 창간되었다. 항일 민족 운동을 적극적으로 지원하였고, 국채 보상 운동을 전국적으로 확산시키는 데 기여하였다. 또한, 고종의 '을사조약 무효화 선언'을 게재하는 등 을사늑약의 불법성과 부당성을 주장한 항일 언론이었다.

선택지 분석하기

① 만세보
⋯› 천도교는 국한문 혼용 신문인 만세보를 발행하여 일진회의 반민족 행위를 비판하였다.

② 독립신문
⋯› 독립신문은 서재필이 정부의 지원을 받아 창간한 최초의 민간 신문으로 한글판과 영문판 두 종류로 발행되었다.

③ 해조신문
⋯› 연해주로 이주한 동포들은 순 한글 신문인 해조신문을 발간하여 독립의식을 고취하면서 국권 회복을 위해 힘썼다.

✔ 대한매일신보
⋯› 양기탁과 영국인 베델을 중심으로 창간된 대한매일신보는 항일

민족 운동을 적극적으로 지원하였다. 또한, 국채 보상 운동을 전국적으로 확산시키는 데 기여하였다.

미니북 11쪽

29 아관 파천 정답 ④

빠른 정답 찾기 왕과 세자는 가마를 타고 몰래 궁을 떠남 + 러시아 공사관 ➡ (라) 아관 파천

자료 분석하기

- **을미사변**(1895): 삼국 간섭 이후 조선 내 일본의 세력이 위축되었고 명성 황후와 조선 정부는 러시아 공사 베베르와 제휴하여 친일 세력을 제거하기 시작하였다. 이에 다급해진 일본은 미우라 공사의 주도로 일본 낭인들을 시켜 건청궁 안의 옥호루를 습격하여 명성 황후를 시해하였고 시신에 석유를 뿌린 뒤 불태워 뒷산에 묻어 버렸다.
- **아관 파천**(1896): 을미사변과 단발령을 계기로 전국에 의병이 봉기하자 김홍집 내각은 중앙의 친위대까지 동원하면서 수도 경비에 공백이 생기게 되었다. 이 기회를 틈타 친러파는 고종을 러시아 공사관으로 옮기려는 모의를 하였고, 을미사변으로 신변의 위협을 느낀 고종도 이에 동의하면서 왕세자(순종)와 함께 새벽에 궁녀의 가마를 타고 몰래 경복궁 영추문을 빠져나와 러시아 공사관으로 파천하였다.

미니북 11, 50쪽

30 을미개혁 정답 ④

빠른 정답 찾기 제1차 갑오개혁 ➡ (가) ➡ 광무개혁

자료 분석하기

- **제1차 갑오개혁**(1894): 군국기무처는 갑오개혁 시행을 위해 설치된 기구로 김홍집이 총재관을 맡아 정치, 군사에 관한 일체의 사무를 담당하였다. 갑오개혁 때 청의 연호를 폐지하고 개국 기원을 사용하였으며, 과거제와 신분제를 폐지하였다.
- **광무개혁**(1897): 대한 제국은 광무개혁 때 양지아문을 설치하여 양전 사업을 실시하였고, 지계아문을 통해 토지 소유 문서인 지계를 발급하여 근대적 토지 소유권을 확립하고자 하였다.

선택지 분석하기

① 당백전이 발행되었다.
⋯› 흥선 대원군은 왕실의 권위 회복을 위해 임진왜란 때 소실된 경복궁을 중건하였으며, 이에 필요한 재정을 확보하기 위해 당백전을 발행하였다(1866).

② 동시전이 설치되었다.
⋯› 신라 지증왕은 경주에 시장을 설치하고 이를 관리, 감독하기 위한 기구인 동시전을 설치하였다(509).

③ 속대전이 편찬되었다.
⋯› 조선 영조는 『경국대전』 편찬 이후에 시행된 법령을 통합하여 『속대전』을 편찬하고 통치 체제를 정비하였다(1746).

④ 태양력이 채택되었다.
⋯› 을미사변 이후 을미개혁이 추진되어 건양 연호와 태양력을 사용하게 되었다(1895).

미니북 11쪽

31 일제의 국권 침탈 정답 ③

빠른 정답 찾기 (나) 헤이그 특사 파견 ➡ (다) 고종 강제 퇴위 ➡ (가) 한일 신협약(정미 7조약)

자료 분석하기

(나) **헤이그 특사 파견**(1907.6.): 고종은 을사늑약 체결의 부당함을 알리기 위해 이준, 이상설, 이위종을 헤이그에서 열린 만국 평화 회의에 비밀 특사로 파견하였다.

(다) **고종 강제 퇴위**(1907.7.19.): 헤이그 특사 파견은 일본과 영국의 방해로 성과를 거두지 못하였다. 게다가 일제와 친일파 매국 대신들은 특사 파견이 한일 협약에 위배된다는 이유로 고종을 강제 퇴위시켰다.

(가) **한일 신협약**(정미 7조약, 1907.7.24.): 고종을 강제 퇴위시킨 일제는 순종을 즉위시키고 한일 신협약(정미 7조약)을 체결하여 각 부에 일본인 차관을 배치하고 대한 제국의 군대를 해산시켰다. 이에 박승환은 분개하며 권총으로 자결하였다.

미니북 17쪽

32 최익현 정답 ④

빠른 정답 찾기 흥선 대원군을 비판하는 상소 + 일본과의 조약 체결에 반대하는 상소 + 항일 의병 운동을 전개하다가 일본에 의해 유배 ➡ 최익현

자료 분석하기

최익현은 1873년에 만동묘와 서원 철폐 등 흥선 대원군의 정책을 비판하며 고종의 친정을 주장하는 '계유상소'를 올렸다. 이는 흥선 대원군이 물러나게 되는 결정적 계기를 만들었으나 왕의 아버지를 논박하였다는 이유로 체포되어 제주도에 유배되었다가 1875년에 풀려났다. 이후 일본과의 통상이 논의되자 '지부복궐척화의소'를 올

려 일본과의 강화도 조약 체결을 반대하다가 흑산도에 유배되었다. 그 외에도 단발령에 반발하는 상소를 올렸으며, 을사늑약 이후에는 태인에서 의병을 모집하여 의병 활동을 전개하였다. 그러나 순창에서 관군과 일본군에 체포되었고, 쓰시마 섬(대마도)에 유배되어 그곳에서 순국하였다.

선택지 분석하기

① 허위

··· 총대장 이인영과 군사장 허위가 주도하여 조직한 13도 창의군은 서울 진공 작전을 계획하였으나 실패하였다.

② 신돌석

··· 신돌석은 을미사변과 단발령을 계기로 전국에서 의병이 봉기하자 19세의 젊은 나이로 경북 영해에서 봉기한 평민 출신의 의병장이다.

③ 유인석

··· 을미사변과 단발령으로 인해 유인석, 이소응 등의 유생들이 중심이 되어 을미의병을 일으켰다.

④ 최익현

··· 최익현은 왜양일체론에 입각하여 강화도 조약 체결에 반대하는 상소를 올렸다. 또한, 을사늑약 체결 이후 태인에서 의병 활동을 전개하다 체포되어 쓰시마 섬에 유배되었다.

미니북 52쪽

33 부산

정답 ③

빠른 정답 찾기 내상의 활동 근거지 + 임진왜란 때 송상현이 동래성에서 순절 + 초량 왜관 + 2002년 아시아 경기 대회 개최 ➡ 부산

자료 분석하기

- **내상**: 조선 후기 동래의 내상은 왜관에서 인삼을 판매하고 일본 상인과의 무역을 주도하여 부를 축적하였다.
- **송상현**: 왜군이 부산을 시작으로 조선을 침공하면서 임진왜란이 발발하자 송상현은 동래성에서 관민과 힘을 합쳐 끝까지 항전하였지만 성이 함락되면서 전사하였다.
- **초량 왜관**: 임진왜란 이후 왜와 단절되었던 국교가 재개되면서 1678년 부산 초량에 왜관이 설치되고 개시 무역이 실시되었다.
- **2002년 아시아 경기 대회**: 2002년 9월 29일부터 10월 14일까지 '아시아를 하나로 부산을 세계로(One Asia Global Busan)'라는 표어하에 부산에서 제14회 아시아 경기 대회가 개최되었다.

미니북 28쪽

34 북로 군정서

정답 ①

빠른 정답 찾기 김좌진 + 중광단 + 청산리 전투 ➡ 북로 군정서

자료 분석하기

김좌진이 이끄는 북로 군정서는 청산리 전투를 승리로 이끈 무장 독립운동 단체이다. 북간도로 이주한 한인들이 대종교를 중심으로 조직한 중광단을 모체로 하여 1919년 북간도에서 조직된 정의단이 명칭을 북로 군정서로 개칭하였다. 북로 군정서는 사관 훈련소를 설립하여 군사 훈련을 실시하고 독립군을 양성하였다.

선택지 분석하기

① 북로 군정서

··· 북로 군정서는 북간도에서 서일 등의 대종교도를 중심으로 결성된 중광단이 3 · 1 운동 직후 무장 독립운동을 수행하기 위해 정의단으로 확대 개편되면서 조직한 단체이다. 이후 김좌진이 이끄는 북로 군정서군은 일본군과의 청산리 전투에서 큰 승리를 거두었다.

② 조선 의용대

··· 조선 의용대는 김원봉이 주도하여 중국 국민당의 지원을 받아 중국 관내에서 결성된 최초의 한인 무장 부대로, 조선 민족 전선 연맹 산하에 있었다.

③ 조선 혁명군

··· 조선 혁명군은 양세봉이 주도하여 남만주 지역에서 조직되었다. 이들은 조선 혁명당 산하의 군사 조직으로 중국 의용군과 연합하여 흥경성 · 영릉가 전투를 승리로 이끌었다.

④ 한국 광복군

··· 한국 광복군은 충칭에서 대한민국 임시 정부의 직할 부대로 결성되었다. 영국군의 요청을 받아 인도 · 미얀마 전선에 파견되었으며 미군의 협조를 받아 국내 진공 작전을 준비하였다.

미니북 26쪽

35 대한민국 임시 정부

정답 ③

빠른 정답 찾기 3 · 1 운동을 계기로 상하이에서 수립 + 독립을 위한 다양한 활동 전개 ➡ 대한민국 임시 정부

자료 분석하기

3 · 1 운동은 각계각층의 사람들이 참여한 대규모 독립운동으로, 국내외 민족의 주체성을 확인하는 계기가 되어 상하이에 대한민국 임

시 정부의 수립이라는 결과를 가져왔다. 대한민국 임시 정부는 독립을 위한 다양한 활동을 전개하고 독립운동가들을 지원하였다.

선택지 분석하기

① 연통제를 실시하였다.
⋯→ 대한민국 임시 정부는 비밀 행정 조직인 연통제와 교통국을 통해 국내와의 연락망을 확보하였다.

② 독립 공채를 발행하였다.
⋯→ 대한민국 임시 정부는 국외 거주 동포들에게 독립 공채를 발행하여 독립운동 자금을 마련하였다.

③ 신흥 강습소를 설립하였다.
⋯→ 신민회 회원인 이상룡, 이회영 등이 중심이 되어 만주 삼원보에 민족 운동 단체인 경학사를 조직하고 신흥 강습소(훗날 신흥 무관 학교)를 설립하였다.

④ 한일 관계 사료집을 발간하였다.
⋯→ 대한민국 임시 정부는 사료 편찬소를 설치하여 국제 연맹 회의에 우리 민족의 독립을 요청하기 위해 『한일 관계 사료집』을 발간하였다.

미니북 28쪽

36 의열단

정답 ④

빠른 정답 찾기 김익상 + 김원봉이 조직 + 조선 총독부에 폭탄 투척 + 나석주 + 김상옥 ➡ 의열단

자료 분석하기

김원봉을 중심으로 만주 지역에서 결성된 의열단은 일제 요인 암살, 기관 파괴, 테러 등 직접적인 투쟁 방식으로 독립운동을 전개하였다. 의열단원인 김익상은 조선 총독부, 나석주는 동양 척식 주식회사와 식산 은행, 김상옥은 종로 경찰서에 폭탄을 투척하였다.

선택지 분석하기

① 105인 사건으로 해체되었다.
⋯→ 안창호와 양기탁을 중심으로 결성된 신민회는 국권 회복과 공화 정체에 바탕을 둔 국민 국가 건설을 목표로 다양한 활동을 전개하였다. 그러나 일제에 의해 날조된 105인 사건으로 해체되었다.

② 고종의 밀지를 받아 결성되었다.
⋯→ 고종의 밀지를 받아 임병찬이 조직한 독립 의군부는 복벽주의를 내세우며 의병 전쟁을 준비하였다. 또한, 1914년에는 조선 총독부에 국권 반환 요구서를 발송하였다.

③ 파리 강화 회의에 대표를 파견하였다.
⋯→ 상하이에서 조직된 신한 청년당은 파리 강화 회의에 대표로 김규식을 파견하였다. 또한, 『신한청년보』를 기관지로 발간·배포하면서 독립운동을 전개하였다.

④ 조선 혁명 선언을 활동 지침으로 삼았다.
⋯→ 김원봉을 중심으로 만주 지역에서 결성된 의열단은 신채호가 작성한 조선 혁명 선언을 기본 행동 강령으로 하여 독립운동을 전개하였다.

미니북 12쪽

37 조선어 학회

정답 ④

빠른 정답 찾기 한글 맞춤법 통일안 + 외래어 표기법 통일안 ➡ 조선어 학회

자료 분석하기

조선어 학회는 한글의 우수성을 알리는 한편 올바른 한글 사용을 위한 맞춤법 통일안 마련에 힘을 기울였다. 그 결과 1933년 우리나라 최초의 '한글 맞춤법 통일안'을 발표하였으며, 1941년 외래어와 외국 인명 및 지명에 관한 표기를 통일한 '외래어 표기법 통일안'을 발표하였다. 그러나 일제가 조선어 학회를 독립운동 단체로 간주하여 관련 인사들을 체포하고 학회를 강제 해산시키는 조선어 학회 사건이 발생하였다.

선택지 분석하기

① 보안회
⋯→ 보안회는 일제의 황무지 개간권 요구를 반대하는 운동을 전개하여 요구를 철회시켰다.

② 독립 협회
⋯→ 독립 협회는 만민 공동회와 관민 공동회를 개최하여 민중에게 근대적 지식과 국권·민권 사상을 고취시켰다.

③ 대한 광복회
⋯→ 대한 광복회는 대구에서 조직된 독립운동 단체로 공화 정체의 근대 국민 국가 수립을 지향하였다.

④ 조선어 학회
⋯→ 1931년 조선어 연구회가 조선어 학회로 확대·개편되었다. 조선어 학회는 한글 맞춤법 통일안과 표준어를 제정하고 『조선말 큰사전』의 편찬을 시작하여 해방 이후 완성하였다.

한발 더 다가가기

한글 연구 단체

국문 연구소	• 정음청 이후 최초의 한글 연구 기관 • 주시경, 지석영 등 활동
조선어 연구회	• 가갸날 제정 • 『한글』 잡지 간행
조선어 학회	• 표준어 제정 • 한글 맞춤법 통일안 제정 • 『조선말 큰사전』 편찬 시작 • 조선어 학회 사건(1942)
한글 학회	『조선말 큰사전』 완성

미니북 28쪽

38 대전자령 전투

정답 ③

빠른 정답 찾기 지청천 + 한국 독립군 + 중국 호로군 + 대전자령
➡ (다) 대전자령 전투

자료 분석하기

1933년 지청천이 지휘하는 한국 독립군과 중국 호로군은 일본 19사단 소속 간도 파견군이 연길현으로 이동한다는 첩보를 입수하고, 일본군이 오는 길목인 대전자령에 매복하였다. 이후 일본군이 대전자령에 깊숙이 들어오고 후미가 산중턱에 이르렀을 때 한중 연합군은 일제히 사격을 퍼부었다. 기습을 받은 일본군은 대부분 죽거나 달아났고, 연합군은 막대한 전리품을 노획하며 큰 승리를 거두었다.

한발 더 다가가기

1930년대 항일 무장 투쟁

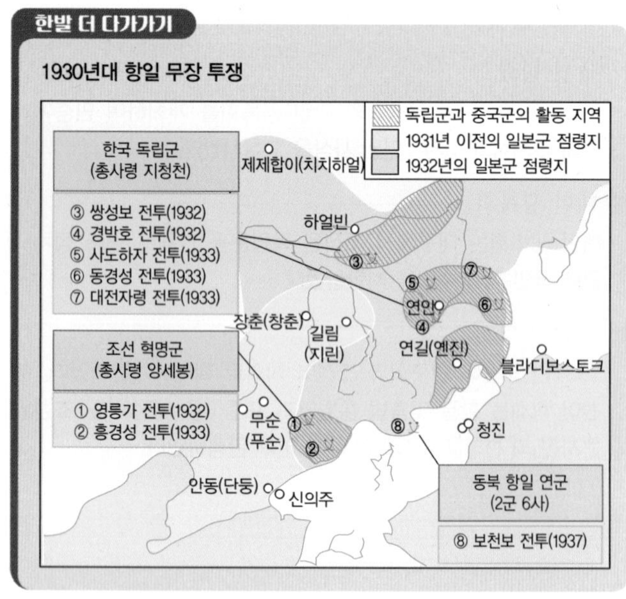

미니북 27쪽

39 천도교

정답 ①

빠른 정답 찾기 동학 계승 + 「개벽」, 「신여성」 발간 ➡ 천도교

자료 분석하기

동학의 제3대 교주 손병희를 중심으로 교명을 천도교로 개칭하고 교단 조직을 새롭게 정비하였다. 천도교는 제2의 3 · 1 운동을 계획하여 자주 독립 선언문을 발표하였으며, 『개벽』, 『신여성』 등의 잡지를 발간하였다.

선택지 분석하기

① 어린이날 제정에 기여했어요.
··· 방정환, 김기전 등이 주축이 된 천도교 소년회는 1923년 5월 1일을 어린이날로 제정하고, 『어린이』라는 잡지를 발행하였다.

② 여성 교육을 위해 이화 학당을 설립했어요.
··· 개신교의 미국인 선교사 스크랜턴 부인은 최초의 여성 교육 기관인 이화 학당을 설립하여 근대적 여성 교육에 기여하였다.

③ 을사오적 처단을 위해 자신회를 결성했어요.
··· 나철 등은 을사늑약을 체결하는 데 일본에 협력한 친일파 박제순, 이지용, 이근택, 이완용, 권중현 다섯을 암살하기 위해 자신회를 조직하여 활동하였다.

④ 항일 무장 투쟁 단체인 의민단을 조직했어요.
··· 만주 지역에서 천주교도를 중심으로 독립운동 단체인 의민단이 조직되었다. 이 단체의 목적은 국내 진공이었고, 청산리 전투에도 참여하는 등 항일 무장 투쟁을 전개하였다.

한발 더 다가가기

일제 강점기의 주요 종교의 활동

구분	활동 내용
개신교	• 교육 · 의료 사업 • 신사 참배 거부 운동 → 일제의 탄압
천주교	• 고아원, 양로원 등 사회 사업 전개 • 의민단 조직 → 무장 투쟁
원불교	• 박중빈 창시 • 새생활 운동 → 허례 폐지, 근검절약, 협동, 단결 등
대종교	• 간도에서 적극적인 항일 무장 투쟁 전개 • 중광단 조직
천도교	• 제2의 독립 선언 계획(1922) • 청년 · 여성 · 소년 운동 전개 • 『개벽』, 『어린이』, 『학생』, 『신여성』 등의 잡지 간행 • 민중의 자각과 근대 문물의 보급에 기여
불교	• 불교 대중화 노력(한용운) • 조선 불교 유신회 조직 → 일제 불교 통제(사찰령)에 저항

미니북 12쪽

40 민족 말살 통치 정답 ①

빠른 정답 찾기 전시에 국가 총동원 + 제국 신민 징용 + 총동원 업무에 종사
➡ 국민 징용령

자료 분석하기

중일 전쟁(1937)과 태평양 전쟁(1941)을 일으킨 일제는 전쟁 수행을 위해 한반도를 병참 기지화하는 정책을 시행하였다. 또한, 국가 총동원령(1938)을 선포하여 전시에 필요한 인적 · 물적 자원을 조선에서 수탈할 수 있도록 하였다. 이에 따라 한국인의 노동력을 착취하기 위해 국민 징용령을 실시하였으며, 전쟁에 강제 동원하였다.

선택지 분석하기

✔ 징병제를 실시하였다.
··· 일제는 학도 지원병 제도(1943), 징병제(1944) 등을 실시하여 젊은이들을 전쟁터로 강제 징집하였다. 또한, 여자 정신대 근무령(1944)을 공포하여 젊은 여성들을 일본군 '위안부'로 삼는 만행을 저질렀다.

② 조선 태형령을 제정하였다.
··· 무단 통치기에 일제는 조선 태형령을 제정하여 곳곳에 배치된 헌병 경찰들이 조선인들에게 태형을 통한 형벌을 가하였다(1912).

③ 토지 조사령을 공포하였다.
··· 무단 통치기에 일제는 토지 조사국을 설치하고 토지 조사령을 공포하여 일정 기간 내 토지를 신고하도록 하였다(1912). 신고하지 않은 토지는 총독부에서 몰수하여 일본인에게 헐값으로 팔아넘겼다.

④ 헌병 경찰제를 실시하였다.
··· 무단 통치기에 일제는 강압적 통치를 목적으로 헌병 경찰 제도를 시행하였다(1910).

미니북 27쪽

41 광주 학생 항일 운동 정답 ③

빠른 정답 찾기 나주역 사건 + 한일 학생 충돌 + 광주 지역 학생들의 대규모 시위 + 3 · 1 운동 이후 최대 규모의 항일 민족 운동
➡ 광주 학생 항일 운동

자료 분석하기

광주 학생 항일 운동은 광주에서 나주로 가는 통학 열차 안에서 일본인 학생이 한국인 여학생을 희롱하자 학생들 간에 발생한 충돌을 계기로 일어났다. 일본 경찰은 차별적으로 일본인 학생의 편을 들었고 이 소식이 알려지자 광주고보 학생들은 광주에서 가두시위를 벌였다. 이는 한국인 학생에 대한 차별과 식민지 교육에 저항하는 항일 운동으로 발전하였으며, 3 · 1 운동 이후 가장 큰 규모의 항일 운동이었다.

선택지 분석하기

① 순종의 인산일을 계기로 일어났다.
··· 순종의 인산일에 사회주의자들과 학생들이 대규모 만세 운동을 준비하였으나 사회주의자들이 사전에 발각되어 학생들을 중심으로 6 · 10 만세 운동을 진행하였다.

② 국민 대표 회의 개최의 배경이 되었다.
··· 대한민국 임시 정부는 교통국과 연통제 조직이 일제에 의해 와해되자 국민 대표 회의를 소집하여 독립운동의 새로운 방향을 모색하였다.

✔ 신간회에서 진상 조사단을 파견하였다.
··· 한국인 학생과 일본인 학생 간의 충돌 사건을 계기로 한국인 학생에 대한 차별과 식민지 교육에 저항하여 광주 학생 항일 운동이 발생하자 신간회가 진상 조사단을 파견하여 지원하였다.

④ 통감부의 방해와 탄압으로 실패하였다.
··· 대구에서 시작된 국채 보상 운동은 대한매일신보, 황성신문 등 언론 기관이 참여하여 전국으로 확산되었으나 통감부의 방해와 탄압으로 실패하였다.

미니북 18쪽

42 조소앙 정답 ③

빠른 정답 찾기 삼균주의 + 한국 독립당 결성 + 정치, 경제, 교육의 균등 ➡ 조소앙

자료 분석하기

조소앙은 개인과 개인, 민족과 민족, 국가와 국가 간의 완전한 균등을 실현하기 위해서는 정치 · 경제 · 교육의 균등을 실현해야 한다는 삼균주의를 주창하였다. 이후 대한민국 임시 정부는 조소앙의 삼균주의에 바탕을 둔 건국 강령을 발표하였다.

선택지 분석하기

① 박은식입니다.
⋯› 박은식은 독립운동의 수단으로 민족사 연구에 몰두하여 일본의 침략 과정을 서술한 『한국통사』를 저술하였다. 또한, 갑신정변부터 3 · 1 운동까지의 역사에 초점을 맞춰 민족의 항일 운동 역사를 다룬 『한국독립운동지혈사』를 저술하였다.

② 신채호입니다.
⋯› 신채호는 『독사신론』을 저술하여 민족을 역사 서술의 중심에 두었다. 또한, 『조선사연구초』와 『조선상고사』를 통해 우리 고대 문화의 우수성과 독자성을 강조하고, 과거의 사대주의적 이념에 입각하여 한국사를 서술한 유학자들과 식민주의 역사가들을 비판하였다.

③ 조소앙입니다.
⋯› 조소앙은 한국 독립당을 창당하였으며 광복 이후에는 귀국하여 국민 의회를 조직하였다. 또한, 단독 정부 수립에 반대하며 김구와 함께 남북 협상에 참가하였다.

④ 한용운입니다.
⋯› 한용운은 독립운동가 겸 승려이자 시인으로 일제 강점기 때 『님의 침묵』을 출간하여 저항 문학에 앞장섰고, 불교의 현실 참여를 주장하였다.

미니북 18쪽

43 여운형 정답 ②

빠른 정답 찾기 신한 청년당 결성 + 조선 건국 준비 위원회 위원장 + 좌우 합작 위원회 조직 + 혜화동에서 피살 ➡ 여운형

자료 분석하기

여운형은 상하이에서 신한 청년당을 결성하여 독립운동을 전개하였고, 1919년에는 조선 독립을 알리기 위해 파리 강화 회의에 대표를 파견하였다. 또한, 상하이 임시 정부 초대 내각의 외무부 차장을 역임하기도 하였으며, 광복 이후 조선 건국 준비 위원회를 결성하였다. 제1차 미소 공동 위원회가 결렬된 이후에는 좌우 대립이 격화되면서 분단의 위기감을 느끼고 중도파 세력 김규식 등과 함께 좌우 합작 위원회를 조직하여 좌우 합작 운동을 전개하였다. 그러나 1947년 혜화동 로터리에서 극우파 한지근에 의해 피살되었다.

선택지 분석하기

① 안창호
⋯› 안창호는 양기탁 등과 함께 신민회를 결성하고 평양에 대성 학교를 세워 민족 교육을 실시하였으며 미국에서 흥사단을 조직하기도 하였다.

② 여운형
⋯› 여운형은 일본인의 안전한 귀국을 보장하는 조건으로 조선 총독부로부터 행정권의 일부를 넘겨받아 조선 건국 준비 위원회를 결성하였다.

③ 김구
⋯› 김구는 상하이에서 한인 애국단을 결성하여 적극적인 투쟁 활동을 전개하였다. 해방 이후에는 남북 분단을 우려하여 북한에서 김일성을 만나 남북 협상을 개최하였으나 큰 성과를 거두지는 못하였다.

④ 김규식
⋯› 김규식은 상하이에서 신한 청년당을 조직하고 파리 강화 회의에 참석하여 독립 청원서를 제출하였다. 또한, 해방 이후 여운형 등과 함께 좌우 합작 위원회를 결성하였으며, 중도적 사상의 통일 정부를 수립하는 것을 목적으로 좌우 합작 7원칙을 합의하여 제정하였다.

미니북 30쪽

44 박정희 정부 이후 사건 정답 ④

빠른 정답 찾기 긴급 조치 해제 + 구속 인사 무조건 석방 + 인혁당 등 조작된 사건 ➡ 박정희 정부 시기

자료 뜯어보기

> 먼저 긴급 조치의 해체와 구속 인사 전원에 대한 즉각적인 무조건 석방이 이루어져야 합니다. …… 석방되어야 할 사람들은 첫째, 긴급 조치 9호* 위반자 전원, 둘째, 긴급 조치 1호, 4호 위반자로 현재까지 구속 중에 있는 인사 전원, 셋째, 반공법의 인혁당* 등 조작된 사건에 연루된 인사들입니다.
>
> 1977.7.18. 양심범 가족 협의회

*긴급 조치 9호: 서울 농대생 김상진이 유신 체제에 항거하며 자결하자 유신 헌법 철폐와 정권 퇴진을 요구하는 민주화 운동이 일어났고 이를 탄압하기 위해 1975년에 선포된 긴급 조치이다.
*인혁당: 박정희 정권이 장기 집권을 위한 유신 헌법을 제정하자 각계각층에서 저항하며 시위를 전개하였다. 이에 1974년 긴급 조치 4호를 선포하여 유신 반대 투쟁을 벌였던 전국 민주 청년 학생 총연맹을 수사하였다. 그리고 전국 민주 청년 학생 총연맹의 배후에 '인민 혁명당 재건 위원회'를 지목하여 사건을 조작하고 이들을 탄압하였다(인혁당 사건).
– 긴급 조치와 인혁당 사건을 통해 박정희 정부 때 발생한 사건임을 유추할 수 있으며 선택지에서 1970년대 이후 발생한 사건인 5 · 18 민주화 운동이 정답임을 알 수 있다.

자료 분석하기

박정희 정부는 장기 집권을 위해 유신 헌법을 선포하여 대통령에게 긴급 조치권, 국회의원 1/3 추천 임명권 등 강력한 권한을 부여하였다. 유신 헌법 제53조에 규정된 대통령 긴급 조치권은 단순한 행정 명령 하나만으로도 국민의 자유와 권리를 무제한으로 제약할 수 있는 초헌법적 권한이었다. 긴급 조치권을 발동할 수 있는 조건에 대한 판단도 대통령이 독자적으로 내릴 수 있어 사실상 반유신 세력에 대한 탄압 도구로 악용되었다.

선택지 분석하기

① 4 · 19 혁명
⋯› 이승만의 독재와 3 · 15 부정 선거에 저항하여 4 · 19 혁명이 발발하였다(1960). 대학 교수단이 대통령의 하야를 요구하는 행진을 전개하는 등 시위는 전국적으로 확산되었다. 결국 이승만이 하야하고 내각 책임제를 기본으로 하는 허정 과도 정부가 구성되었다.

② 5 · 10 총선거
⋯› 제헌 국회를 구성하기 위해 실시하였던 5 · 10 총선거는 우리나라 역사상 최초의 민주적 보통 선거였으며, 38도선 이남 지역에서만 실시되었다(1948).

③ 5 · 16 군사 정변
⋯› 5 · 16 군사 정변으로 정권을 장악한 박정희 군부 세력은 반공을 국시로 내건 '혁명 공약'을 발표하고 계엄을 선포하였다(1961).

④ 5 · 18 민주화 운동
⋯› 반유신 운동 이후 김재규가 박정희를 암살한 10 · 26 사태가 발생하였다(1979). 10 · 26 사태의 수습 과정에서 보안사령관 전두환을 중심으로 한 12 · 12 사태를 통해 신군부 세력이 집권하게 되었다. 군부의 재집권 야욕에 대한 국민적 저항은 학생 운동을 중심으로 다양하게 표출되다가 1980년 5월 18일 광주 시민들이 군사 독재와 통치를 반대하고, 계엄령 철폐, 민주 정치 지도자 석방 등을 요구하며 민주화 운동을 벌였다.

미니북 34쪽

45 6 · 25 전쟁

정답 ①

빠른 정답 찾기 1950년~1953년 + 이산가족 + 민간인 사망 + 전쟁고아
➡ 6 · 25 전쟁

자료 분석하기

6 · 25 전쟁은 1950년 북한의 불법 남침으로 발발하였으며, 1953년까지 한반도 전체가 전쟁의 비극을 겪게 되었다. 전쟁의 결과로 수많은 전쟁고아가 생겨났고, 가족과 흩어진 이산가족이 무려 천 만여 명이나 발생하였다. 특히 민간인의 피해가 심하였으며, 국토는 황폐화되었고 산업 시설의 대부분이 파괴되었다.

선택지 분석하기

① 인천 상륙 작전이 전개되었다.
⋯› 국군과 유엔군은 인천 상륙 작전을 감행하여 전세를 역전시켰고(1950.9.15.) 기세를 몰아 압록강 인근까지 북진하였다.

② 모스크바 3상 회의가 개최되었다.
⋯› 모스크바 3국 외상 회의는 미국 · 영국 · 소련의 3개국 외상이 한반도의 신탁 통치 문제를 포함한 7개 분야의 의제를 다룬 회의이다(1945). 이 회의를 통해 미소 공동 위원회 설치와 최대 5년간의 신탁 통치 협정이 결정되었다.

③ 미국이 애치슨 선언을 발표하였다.
⋯› 애치슨 선언은 미 국무 장관인 애치슨이 한국을 미국의 태평양 방위선에서 제외한다는 내용을 포함하여 발표한 선언이다(1950.1.12.). 이 선언은 6 · 25 전쟁 발발의 원인이 되었다는 비판을 받는다.

④ 반민족 행위 처벌법이 제정되었다.
⋯› 제헌 국회는 일제의 잔재를 청산하고 민족정기를 바로잡기 위해 반민족 행위 처벌법을 제정하였다. 이에 따라 반민족 행위 특별 조사 위원회가 구성되어 활동하였다(1948).

한발 더 다가가기

6 · 25 전쟁의 전개 과정

북한의 남침 (1950.6.25.)	북한군이 서울 점령 → 유엔군의 참전 → 낙동강을 사이에 두고 치열한 공방전
↓	
국군과 유엔군의 반격	인천 상륙 작전으로 전세 역전(1950.9.15.) → 압록강까지 진격(1950.10.)
↓	
중공군의 개입 (1950.10.)	서울 함락(1951.1.4.) → 서울 재탈환 → 38도선 일대 교착 상태
↓	
휴전 회담 개최 (1951.7.)	소련이 유엔에 휴전 제의, 이승만 정부의 휴전 반대, 범국민 휴전 반대 운동 → 반공 포로 석방(1953.6.18.)
↓	
휴전 협정 체결 (1953.7.27.)	한미 상호 방위 조약 체결(1953.10.)

미니북 20쪽

46 박정희 정부 정답 ③

빠른 정답 찾기 1973년 중화학 공업화 추진 + 1975년 생산된 포니 자동차 ➡ 박정희 정부

자료 분석하기

박정희 정부는 제3 · 4차 경제 개발 5개년 계획으로 중화학 공업 중심의 산업 발전을 추진하였다. 정부의 육성하에 현대자동차는 1975년부터 1985년까지 후륜 구동 승용차인 포니를 생산하였다. 포니가 개발되면서 한국은 일본에 이어 아시아에서 두 번째, 세계에서 16번째로 고유 자동차 모델을 보유한 나라가 되었다.

선택지 분석하기

① 금융 실명제를 실시하였다.
⋯ 김영삼 정부는 경제적 부정부패와 탈세를 뿌리 뽑겠다는 의지로 금융 실명제를 실시하였다(1993).

② 농지 개혁법을 제정하였다.
⋯ 이승만 정부는 농지 개혁법을 제정하여(1949) 유상 매수, 유상 분배를 원칙으로 농지 개혁을 실시하였다(1950).

 수출 100억 달러를 달성하였다.
⋯ 박정희 정부 시기인 1970년대에 수출의 증대로 수출 100억 달러를 달성하였다(1977).

④ 한미 자유 무역 협정(FTA)을 체결하였다.
⋯ 노무현 정부는 미국과 자유 무역 협정(FTA)을 체결하였다(2007).

미니북 31쪽

47 동지 정답 ②

빠른 정답 찾기 1년 중 밤이 가장 길고 낮이 가장 짧은 날 + 팥죽 ➡ 동지

자료 분석하기

24절기의 하나인 동지는 북반구에서 일 년 중 낮이 가장 짧고 밤이 가장 긴 날로, 양력 12월 22일이나 23일경이다. 이날이면 가정에서는 팥죽을 쑤어 먹었고 관상감에서는 달력을 만들어 벼슬아치들에게 나누어 주었다고 한다.

선택지 분석하기

① 단오
⋯ 단오는 음력 5월 5일로, 삼한에서 수릿날에 풍년을 기원하였던 행사가 세시 풍속으로 이어지면서 발전하였다. 남자들은 씨름, 택견, 활쏘기를 하였고, 여자들은 그네뛰기, 앵두로 화채 만들어 먹기, 창포물에 머리 감기 등을 하였다.

 동지
⋯ 동지는 일 년 중 낮이 가장 짧고 밤이 가장 긴 날로 음기가 극성한 가운데 양기가 새로 생겨나는 때이므로 한 해의 시작으로 간주하였다.

③ 추석
⋯ 추석은 음력 8월 15일로 한가위라 불리며 일 년 동안 기른 곡식을 거둬들인다. 이날에는 송편과 각종 음식을 만들어 조상들에게 차례를 지내고 성묘를 하였다.

④ 한식
⋯ 한식은 동지에서 105일째 되는 날로 양력 4월 5, 6일경이다. 이날에는 일정 기간 동안 불의 사용을 금하여 찬 음식을 먹거나 조상의 묘를 돌보았다.

미니북 20, 30쪽

48 전두환 정부 정답 ①

빠른 정답 찾기 독일 바덴바덴에서 열린 IOC 총회 + 서울이 1988년 올림픽 개최지로 결정 ➡ 전두환 정부

자료 분석하기

전두환 정부 때인 1981년 9월 30일 독일 바덴바덴에서 열린 국제 올림픽 위원회 총회에서 1988년 하계 올림픽 개최지로 서울이 선정되는 쾌거를 알렸으나 국내 상황은 여전히 민주주의를 억압하는 열악한 상황이었다.

선택지 분석하기

✅ 6월 민주 항쟁이 일어났다.
⋯› 전두환 정부는 국민들의 민주화 요구를 거부하고, 일체의 개헌 논의를 중단시킨 4 · 13 호헌 조치를 발표하였다. 이에 저항하는 6월 민주 항쟁이 일어나면서 시위는 전국적으로 확산되었다(1987).

② 베트남에 국군을 파병하였다.
⋯› 박정희 정부는 미국의 요청으로 베트남에 국군을 파병하였다(1964). 이후 베트남 파병 증파에 대한 보상으로 한국군의 현대화, 장비 제공 및 차관 제공을 약속한 브라운 각서를 체결하였다(1966).

③ 신탁 통치 반대 운동이 전개되었다.
⋯› 광복 후 모스크바 3국 외상 회의를 통해 미소 공동 위원회 설치와 최대 5년간의 신탁 통치 협정이 결정되었다(1945). 이에 비상 국민 회의가 발족하여 신탁 통치 반대 운동이 전개되었다(1946).

④ 경제 협력 개발 기구(OECD)에 가입하였다.
⋯› 김영삼 정부는 한국 경제의 세계화를 위해 경제 협력 개발 기구(OECD)에 가입하였다(1996).

미니북 20쪽

49 노태우 정부의 통일 정책 정답 ②

빠른 정답 찾기 남북 이산가족 최초 상봉 ➡ (가) ➡ 정주영의 소 떼 방북

자료 분석하기

- **남북 이산가족 최초 상봉**(1985): 전두환 정부 때 서울과 평양에서 남북 이산가족 상봉이 최초로 이루어졌다.
- **정주영의 소 떼 방북**(1998): 김대중 정부 때 정주영 현대 그룹 명예 회장은 소 500마리를 이끌고 판문점을 통해 북한을 방문하였다.

선택지 분석하기

① 개성 공단 조성에 합의하였다.
⋯› 김대중 정부 시기 평양에서 최초의 남북 정상 회담을 개최하고 개성 공단 조성에 관해 합의하였다(2000).

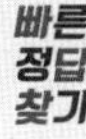
✅ 남북 기본 합의서가 채택되었다.
⋯› 노태우 정부의 적극적인 북방 외교 정책을 통해 남북한의 유엔 동시 가입이 이루어졌다. 또한, 남북 기본 합의서와 한반도 비핵화에 관한 공동 선언이 채택되었다(1991).

③ 남북 조절 위원회가 설치되었다.
⋯› 박정희 정부 시기 서울과 평양에서 7 · 4 남북 공동 성명을 발표하였으며 이때 남북 조절 위원회가 설치되었다(1972).

④ 6 · 15 남북 공동 선언이 발표되었다.
⋯› 김대중 정부 출범 이후 북한과의 교류가 확대되어 평양에서 최초로 실시된 남북 정상 회담을 통해 6 · 15 남북 공동 선언이 발표되었다(2000).

미니북 52쪽

50 안용복 정답 ①

빠른 정답 찾기 독도 + 일본에 건너감 ➡ 안용복

자료 분석하기

대한 제국은 울릉도, 독도의 행정 관리를 강화하기 위해 대한 제국 정부 칙령 제41호를 통해 울릉도를 군으로 승격시키고 독도를 관할하게 하여 우리의 영토임을 밝혔다(1900).

선택지 분석하기

✅ 안용복
⋯› 조선 숙종 때 동래에 살던 안용복은 울릉도와 독도를 왕래하는 일본 어부들을 쫓아내고, 일본에 건너가 독도가 우리나라의 영토임을 확인받았다.

② 이범윤
⋯› 의화단 운동으로 청의 관심이 소홀해진 틈을 타 러시아가 간도를 점령하였다. 이에 대한 제국은 간도에 살고 있는 조선인을 보호하기 위해 이범윤을 간도 관리사로 파견하였다.

③ 정약전
⋯› 조선 순조 때 정약전은 흑산도에서 유배 중 인근 바다의 수산 생물의 종류와 습성 등을 기록한 『자산어보』를 집필하였다.

④ 최무선
⋯› 고려 말 우왕 때 최무선은 화통도감의 설치를 건의하여 화약과 화포를 제작하였고, 이를 활용하여 진포 대첩에서 왜구를 격퇴하였다.

제 48 회 한국사능력검정시험

01	02	03	04	05	06	07	08	09	10
②	①	③	③	②	②	①	④	④	①
11	**12**	**13**	**14**	**15**	**16**	**17**	**18**	**19**	**20**
①	③	①	②	③	②	④	③	①	①
21	**22**	**23**	**24**	**25**	**26**	**27**	**28**	**29**	**30**
④	③	②	④	①	③	②	②	①	③
31	**32**	**33**	**34**	**35**	**36**	**37**	**38**	**39**	**40**
②	①	④	②	④	④	②	②	④	③
41	**42**	**43**	**44**	**45**	**46**	**47**	**48**	**49**	**50**
④	②	③	④	②	①	④	④	③	④

미니북 04쪽

01 청동기 시대 정답 ②

빠른 정답 찾기 고인돌 + 민무늬 토기 ➡ 청동기 시대

자료 분석하기

청동기 시대의 대표적인 유물에는 고인돌, 민무늬 토기, 비파형 동검, 반달 돌칼, 거친무늬 거울 등이 있다.

선택지 분석하기

① 우경이 널리 보급되었다.
⋯ 신라 지증왕 때 소를 이용한 우경을 실시하면서 깊이갈이가 가능해져 농업 생산량이 증대되었다. 이후 고려 시대에 이르러 우경이 일반화되었다.

② 비파형 동검을 제작하였다.
⋯ 청동기 시대에는 거푸집으로 비파형 동검을 제작하면서 독자적인 청동기 문화를 형성하였다.

③ 철제 농기구를 사용하였다.
⋯ 철기 시대부터 철제 농기구 제작이 가능해지면서 이를 이용하여 농사를 짓기 시작하였다.

④ 주로 동굴과 막집에서 거주하였다.
⋯ 구석기 시대 사람들은 주로 동굴이나 막집에 거주하였으며 계절에 따라 이동 생활을 하였다.

미니북 05쪽

02 고조선 정답 ①

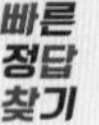
빠른 정답 찾기 환웅 + 웅녀 + 단군왕검 + 아사달 ➡ 고조선

자료 분석하기

단군 신화에 따르면 하늘에서 내려온 환웅이 세상을 다스리다가 곰에서 사람으로 변한 웅녀와 혼인하여 단군왕검을 낳았다고 한다. 단군왕검은 아사달에 도읍을 정하고 고조선을 세워 1,500여 년간 다스렸다.

선택지 분석하기

① 8조법으로 백성을 다스렸다.
⋯ 고조선은 사회 질서를 유지하기 위해 8개의 조항으로 이루어진 8조법을 만들었으나 현재는 3개의 조항만 전해진다.

② 영고라는 제천 행사를 열었다.
⋯ 부여에서는 12월에 풍성한 수확제이자 추수 감사제의 성격을 지닌 영고라는 제천 행사가 열렸다.

③ 지배자로 신지, 읍차 등이 있었다.
⋯ 삼한에는 신지, 읍차라는 정치적 지배자와 천군이라는 제사장이 있는 제정 분리 사회였다.

④ 읍락 간의 경계를 중시하는 책화가 있었다.
⋯ 동예는 각 부족의 영역을 중요시하여 다른 부족의 영역을 침범하는 경우 노비와 소, 말로 변상하게 하는 책화라는 제도가 있었다.

미니북 21쪽

03 옥저 정답 ③

빠른 정답 찾기 신랑 집에 여자를 데려와 성인이 되면 신부 집에 대가를 주고 며느리로 삼는 풍속 + 가족이 죽으면 뼈만 추려 보관하는 장례 풍습 ➡ 옥저

자료 분석하기

(가) 부여 (나) 고구려 (다) 옥저 (라) 동예

옥저는 여자가 어렸을 때 혼인할 남자의 집에서 생활하다가 성인이 된 후에 혼인을 하는 민며느리제가 있었다. 또한, 가족이 죽으면 뼈만 추려 가매장하였다가 나중에 가족 공동 무덤인 커다란 목곽에 안치하는 장례 풍습인 골장제를 행하였다.

미니북 06쪽

04 백제 정답 ③

빠른 정답 찾기 정림사지 5층 석탑 + 금동 대향로 + 산수무늬 벽돌 ➡ 백제

자료 분석하기

- **정림사지 5층 석탑**: 부여 정림사지 5층 석탑은 국보 제9호로 지정되어 있으며, 목탑의 구조와 비슷하지만 돌의 특성을 잘 살린 탑으로 백제의 대표적인 석탑이다.
- **금동 대향로**: 백제 금동 대향로는 도교적 이상향을 표현한 유물로 부여 능산리 고분군에서 발견되었으며 국보 제287호로 지정되어 있다.
- **산수무늬 벽돌**: 부여 외리 문양전 일괄(산수무늬 벽돌)은 백제의 불교 건축용 벽돌로 보물 제343호로 지정되어 있다.

선택지 분석하기

① 진대법을 시행하였다.
⋯› 고구려 고국천왕은 국상인 을파소의 건의에 따라 먹을거리가 부족한 봄에 곡식을 빌려주고 겨울에 갚게 하는 진대법을 실시하였다.

② 상수리 제도를 두었다.
⋯› 통일 신라 때 지방 세력을 견제하기 위해 지방 호족의 자제 1명을 뽑아 중앙에서 머물게 하는 상수리 제도를 실시하였다.

③ 지방에 22담로를 설치하였다.
⋯› 백제 무령왕은 지방에 22담로를 설치하고 왕족을 파견하여 지방에 대한 통제를 강화하였다.

④ 골품제라는 신분 제도가 있었다.
⋯› 신라에는 골품제라는 특수한 신분 제도가 있었으며 골품에 따라 관직 승진에 제한을 두었다.

미니북 06쪽

05 신라 진흥왕 정답 ②

빠른 정답 찾기 신라의 영토를 한강 유역까지 넓힘 ➡ (나) 신라 진흥왕의 북한산 순수비 건립

자료 분석하기

- **백제 성왕 즉위**(523): 백제 제26대 성왕은 웅진(공주)에서 사비(부여)로 도읍을 옮기고 국호를 남부여로 고쳤다. 또한, 신라 진흥왕과 함께 고구려를 공격하여 한강 유역을 차지하면서 백제의 중흥을 도모하였다. 그러나 진흥왕이 나제 동맹을 깨고 백제가 차지한 지역을 점령하자 이에 분노하여 신라를 공격하였으나 관산성 전투에서 전사하였다(554).
- **신라 진흥왕의 북한산 순수비 건립**(6세기 중엽): 신라 진흥왕은 활발한 정복 활동을 전개하여 고구려가 차지하고 있던 한강 유역을 빼앗고 대가야를 정복하였다. 이후 한강 유역을 차지한 것을 기념하기 위해 북한산 순수비를 세웠다.
- **대야성 전투**(642): 백제 의자왕은 즉위 초 신라의 대야성을 비롯한 40여 개의 성을 함락시키는 등 세력을 확장하였다.

한발 더 다가가기

신라 주요 국왕의 업적

왕	업적
내물왕	• 김씨에 의한 왕위 계승권 확립 • 고구려 광개토 대왕의 도움을 받아 왜를 물리침 • 마립간 칭호 사용
법흥왕	• '건원' 연호 사용 • 불교 공인, 율령 반포, 병부 설치 • 골품제 정비, 상대등 제도 마련 • 금관가야 복속
진흥왕	• 화랑도를 국가 조직으로 개편 • 불교 정비, 황룡사 건립 • 한강 유역 차지(나제 동맹 결렬, 관산성 전투로 백제 성왕 전사) → 단양 적성비, 북한산 순수비 • 대가야 정복 → 창녕비 • 함경도 지역까지 진출 → 마운령비, 황초령비
무열왕	• 최초의 진골 출신 왕 • 시중의 권한 강화(신라 중대 시작) → 상대등의 세력 약화, 왕권의 전제화 • 백제 멸망(660)
문무왕	• 고구려 멸망(668) • 나당 전쟁 승리 → 삼국 통일 완수(676) • 외사정 파견(지방 감시)
신문왕	• 김흠돌의 난 → 귀족 숙청, 왕권 강화 • 제도 정비(9주 5소경), 관료전 지급, 녹읍 폐지, 국학 설립

미니북 25쪽

06 살수 대첩 정답 ②

빠른 정답 찾기 우문술, 우중문이 이끄는 수의 30만 대군 격퇴 ➡ 살수 대첩

자료 분석하기

수 양제는 113만 대군을 이끌고 직접 고구려의 요동성을 공격하였으나 실패하자 우중문을 시켜 30만 별동대로 평양성을 공격하도록 하였다. 그러나 을지문덕이 살수에서 활약하여 수의 30만 군사 중에서 2,700여 명만 살아남고 전멸하였다.

선택지 분석하기

① 귀주 대첩

⋯› 고려의 강감찬은 강동 6주의 반환 등을 요구한 거란이 침입하자 귀주에서 거란의 소배압이 이끄는 10만 대군에 맞서 큰 승리를 거두었다.

✔ 살수 대첩

⋯› 수 양제가 우중문에게 30만 별동대를 주어 평양성을 공격하게 하자 고구려의 을지문덕은 수의 군대를 살수로 유인하여 크게 무찔렀다.

③ 안시성 전투

⋯› 당 태종은 연개소문의 정변을 구실로 고구려를 공격하여 요동성, 백암성을 함락시키고 안시성을 공격하였다. 이에 안시성 성주 양만춘을 중심으로 병사와 백성들이 함께 힘을 모아 저항하며 당군을 몰아냈다.

④ 처인성 전투

⋯› 몽골의 2차 침입 당시 고려의 승장 김윤후가 이끄는 민병과 승군이 처인성에서 몽골군에 대항하여 적장 살리타를 죽이고 승리를 거두었다.

미니북 22쪽

07 통일 신라의 대외 교역 정답 ①

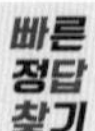

장보고가 청해진을 설치하여 해상 무역 주도
➡ 통일 신라의 대외 교역

자료 분석하기

통일 신라 시대에는 삼국 통일 이후 한강 하류의 당항성을 중심으로 당의 산둥반도와 이어지는 해상 무역이 발전하였다. 장보고는 이를 바탕으로 완도에 청해진을 설치하고 해적을 소탕하여 당, 신라, 일본 간 해상 무역을 장악하였다.

선택지 분석하기

✔ 장보고가 청해진을 설치하여 해상 무역을 주도했어요.

⋯› 장보고는 완도에 청해진을 설치하고 해적을 소탕하여 당, 신라, 일본 간 해상 무역을 주도하였다.

② 무역소를 설치하여 여진과 교역했어요.

⋯› 조선 태종 때 여진에 대한 회유책으로 경성과 경원에 무역소를 두어 국경 무역을 할 수 있도록 하였다.

③ 개시와 후시를 통한 국경 무역이 활발했어요.

⋯› 조선 후기 청과의 무역이 활발하였던 국경 지역을 중심으로 공적 무역인 개시 무역과 사적 무역인 후시 무역이 이루어졌다.

④ 낙랑과 왜에 철을 수출했어요.

⋯› 가야는 해상 교통에 유리한 지역적 특색을 통해 낙랑과 왜의 규슈 지방을 연결하는 중계 무역이 번성하였다. 또한, 철 생산이 풍부하여 낙랑과 왜에 수출하였다.

미니북 22쪽

08 최치원 정답 ④

무성 서원 + 신라 6두품 출신 + 당의 빈공과에 합격 + 진성 여왕에게 10여 조의 개혁안을 올림 ➡ 최치원

자료 분석하기

통일 신라 시대 6두품 출신인 최치원의 위패를 모신 전북 정읍시 칠보면 무성 서원(사적 제166호)은 2019년에 유네스코 세계 문화유산으로 지정되었다. 이곳은 전라북도 유일의 서원으로 흥선 대원군의 서원 철폐 때도 역사적 · 학문적 가치를 인정받아 존속한 47개 서원 중 하나이다.

선택지 분석하기

① 강수

⋯› 통일 신라 시대 6두품 출신인 강수는 유학자이면서 뛰어난 문장가로 국제 외교 분야에서 활약하였다. 특히 당에 억류되어 있던 무열왕의 아들 김인문을 석방해 줄 것을 청한 「청방인문표」를 작성하여 풀려나도록 하였다.

② 설총

⋯› 통일 신라 시대 6두품 출신인 설총은 한자의 음(音)과 훈(訓)을 빌려 우리말을 표기하는 이두를 정리하였다. 또한, 신문왕에게 「화왕계」를 올려 유교적 도덕 정치의 중요성을 완곡하게 전하였다.

③ 최승로

⋯› 고려 시대 유학자인 최승로는 시무 28조를 올려 불교 행사의 억제와 유교의 발전을 요구하면서 역대 왕들의 업적에 대한 잘잘못을 평가하여 교훈으로 삼도록 하였다. 성종은 유교 정치 실현을 위해 최승로의 의견을 받아들여 다양한 제도를 시행하고 통치 체제를 정비하였다.

✔ 최치원

⋯› 통일 신라 말 6두품 출신 유학자인 최치원은 당의 빈공과에 합격하였다. 이후 신라로 돌아와 진성 여왕에게 시무 10여 조를 건의하였으나 받아들여지지 않았다.

한발 더 다가가기

통일 신라 유학의 발전

• 유학의 정치 이념화 및 유교 진흥 정책 전개

신문왕	국학 설립
원성왕	독서삼품과 실시

• 대표적 유학자

강수	대당 외교 문서 작성에 탁월한 능력 발휘
설총	• 「화왕계」 저술 → 유교적 도덕 정치 강조 • 이두 정리 → 유교 경전 보급에 기여
최치원	• 당의 빈공과에 급제, 시무 10여 조 건의 • 골품제 비판 및 개혁 사상 제시

09 발해의 문화유산

정답 ④

빠른 정답 찾기 이불병좌상 + 발해 석등 ➡ 발해의 문화유산

자료 분석하기

■ **이불병좌상**: 이불병좌상은 발해의 수도였던 동경 용원부 유적지에서 발견되었으며, 고구려 양식을 계승하고 있는 발해의 대표적인 문화유산이다.

■ **발해 석등**: 발해 석등은 중국 흑룡강성 상경 용천부에 세워진 발해 시대 석등이다. 고구려 문화를 계승하면서 통일 신라 석등 양식의 영향을 받아 제작되었다.

■ **연꽃무늬 수막새**: 연꽃무늬 수막새는 발해의 막새기와로 발해의 수도였던 상경성 및 동경 용원부 등에서 출토되었다. 발해의 건축 양식을 알 수 있게 해 주는 유물 중 하나이며, 제작 방식이나 구조, 무늬를 통해 고구려 문화의 영향을 받았음을 알 수 있다.

선택지 분석하기

① 칠지도
⋯› 백제

② 금관총 금관
⋯› 국보 제87호 – 신라

③ 호우총 청동 그릇
⋯› 보물 제1878호 – 삼국 시대

④ 연꽃무늬 수막새 ✔
⋯› 발해

한발 더 다가가기

발해의 문화유산

발해 석등	영광탑(발해 오층 전탑)	발해 이불병좌상

발해 치미	정효 공주 고분 벽화	발해 귀면와
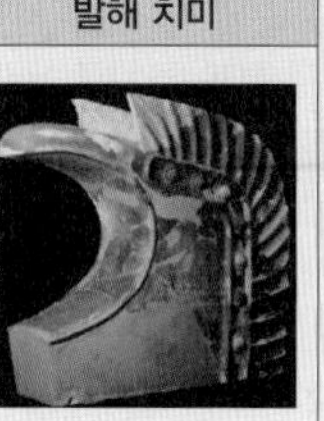		

미니북 22쪽

10 견훤

정답 ①

빠른 정답 찾기 완산주에 도읍 ➡ 견훤

자료 분석하기

통일 신라 말 군인 출신인 견훤은 세력 기반을 확대하여 완산주(전주)에 도읍을 정하고 후백제를 건국하였다. 이후 신라의 수도인 금성을 급습하고 공산 전투에서 고려에 승리하면서 세력을 발전시켰으나, 고창 전투에서 왕건의 고려군에게 패배하였다.

선택지 분석하기

① 견훤 ✔
⋯› 신라의 군인 출신인 견훤은 세력을 키워 완산주(전주)에 도읍을 정하고 후백제를 건국하였다.

② 궁예
⋯› 신라 왕족 출신인 궁예는 북원(원주) 지방 양길의 부하로 들어가 세력을 키워 송악(개성)에 도읍을 정하고 후고구려를 세웠다.

③ 만적
⋯› 고려 최씨 무신 정권 때 최충헌의 노비인 만적이 개경(개성)의 송악산에서 노비들을 모아 놓고 신분 차별에 항거하는 반란을 도모하였으나 사전에 발각되어 실패하였다.

④ 양길
⋯› 북원(원주)의 호족 출신인 양길은 통일 신라 말 진성 여왕이 즉위하면서 정치적 혼란이 심화되고 재해가 잇달아 일어나자 봉기를 이끌었다. 이후 투항해 온 궁예를 거느리면서 그의 활약에 힘

입어 강원도 일대로 세력을 넓혔다.

한발 더 다가가기

후백제와 후고구려

후백제(900)	후고구려(901)
• 견훤이 완산주(전주)에 도읍을 정함 • 충청도와 전라도 지역의 우세한 경제력을 토대로 군사적 우위 확보 • 신라에 적대적, 지나친 조세 수취, 호족 포섭 실패	• 신라 왕족의 후예인 궁예가 송악(개성)을 근거지로 건국 • 철원으로 천도(국호: 마진, 태봉), 관제 개혁 및 새로운 신분 제도 모색 • 지나친 조세 수취, 미륵 신앙을 이용한 전제 정치로 궁예가 축출됨

미니북 08쪽

11 고려 광종의 업적

정답 ①

빠른 정답 찾기 노비를 안검하고 조사 + 불법적으로 노비가 된 자가 있으면 양민으로 되돌려 놓음 ➡ 광종

자료 분석하기

고려 광종은 노비안검법을 실시하여 강제로 노비가 된 자를 해방하고 국가 재정을 튼튼히 하여 호족의 세력을 약화시켰다.

선택지 분석하기

✔ 광종, 왕권 강화를 도모하다.

⋯› 고려 광종은 다양한 개혁을 통해 공신과 호족의 세력을 약화시키고 왕권을 강화하고자 노력하였다. 우선 국왕을 황제라 칭하고 광덕, 준풍 등의 독자적 연호를 사용하였다. 또한, 백관의 공복을 제정하여 위계질서를 확립하였으며 후주 출신인 쌍기의 건의에 따라 과거제를 실시하여 신진 인사를 등용하였다.

② 인종, 서경 천도를 계획하다.

⋯› 고려 인종은 이자겸의 난 이후 문벌 귀족의 세력을 약화시키고 왕권을 회복시키기 위한 정치 개혁을 진행하면서 서경(평양) 출신의 승려 묘청을 등용하였다. 묘청, 정지상 등의 서경 세력은 서경 천도 및 금 정벌을 주장하였으나 김부식을 중심으로 한 개경(개성) 세력의 반대 등으로 계획이 좌절되자 반란을 일으켰다.

③ 태조, 북진 정책을 추진하다.

⋯› 고려 태조 왕건은 고구려의 옛 영토를 회복하기 위해 서경(평양)을 중시하고 북진 정책을 추진하였다.

④ 현종, 지방 제도를 정비하다.

⋯› 고려 현종은 성종 때부터 시작된 지방 제도의 정비를 마무리 지은 후 전국을 5도와 양계, 경기로 나누고 일반 행정 구역인 5도에 지방관인 안찰사를 파견하였다.

한발 더 다가가기

고려 초기 국왕의 업적

태조 왕건	• 민생 안정책, 호족 통합 정책(결혼, 기인 제도, 사심관 제도) • 북진 정책
광종	노비안검법, 과거 제도, 공복 제정, 칭제 건원
경종	전시과 제정: 시정 전시과
성종	• 최승로의 시무 28조 수용: 12목 설치(→ 지방관 파견), 향리 제도 마련. • 중앙 통치 제도 정비: 국자감 설치(유학 교육 진흥), 과거 제도 정비

미니북 24쪽

12 고려청자

정답 ③

빠른 정답 찾기 국보 제68호 + 고려 시대 + 표면에 무늬를 새겨 파내고 다른 재질의 재료를 넣어 제작 ➡ 청자 상감 운학문 매병

자료 분석하기

청자 상감 운학문 매병은 고려 시대의 대표적인 청자 매병이다. 그릇 표면을 파낸 자리에 백토나 흑토 등을 메워 무늬를 내는 고려의 상감 기법을 이용하여 제작되었으며, 국보 제68호로 지정되어 있다.

선택지 분석하기

① 분청사기 철화 어문 항아리

⋯› 보물 제787호 – 조선

② 백자 철화 끈무늬 병

⋯› 보물 제1060호 – 조선

✔ 청자 상감 운학문 매병

⋯› 국보 제68호 – 고려

④ 청자 참외 모양 병

⋯› 국보 제94호 – 고려

미니북 35쪽

13 어사대

정답 ①

빠른 정답 찾기 고려 시대의 중앙 정치 기구 + 관리들의 비리를 감찰 + 정치의 잘잘못을 논함 + 대간 ➡ 어사대

자료 분석하기

고려 시대 어사대는 정치의 잘잘못을 논의하고 풍속을 교정하며 관리의 비리를 감찰하고 탄핵하는 임무를 수행하는 중앙 정치 기구였다. 어사대의 관원과 중서문하성의 낭사는 대간이라고 불리며 서경 · 간쟁 · 봉박의 권한을 가지고 있었다. 이러한 권한은 왕이나 고위 관리들의 활동을 제약하여 정치 운영에 견제와 균형을 이루었다.

선택지 분석하기

 어사대

⋯ 고려 시대 어사대는 정치의 잘잘못을 논의하고 풍속을 교정하며 관리의 비리를 감찰하고 탄핵하였다.

② 의정부

⋯ 조선 시대 의정부는 영의정, 좌의정, 우의정의 3정승 합의 체제로 운영되었으며, 정책을 심의 · 결정하고 국정을 총괄하였다.

③ 중추원

⋯ 고려 시대 중추원은 왕의 비서 기구로서 추밀(2품 이상)은 군사 기밀을, 승선(3품 이하)은 왕명 출납을 담당하였다.

④ 도병마사

⋯ 고려 시대 도병마사는 재신(중서문하성의 2품 이상)과 추밀(중추원의 2품 이상)이 모여 국방 및 군사 문제를 논의하였다.

미니북 08쪽

14 무신 집권기 정답 ②

빠른 정답 찾기 무신 정변 ➡ (가) ➡ 삼별초 항쟁

자료 분석하기

- **무신 정변**(1170): 고려 의종이 무신들을 천대하고 향락에 빠져 실정을 일삼자 무신들의 불만이 쌓여가고 있었다. 그러던 중 보현원에서 수박희를 하다가 대장군 이소응이 문신 한뢰에게 뺨을 맞는 사건이 발생하였고, 이를 계기로 그동안의 불만과 분노가 폭발한 무신들이 정변을 일으켰다. 정중부와 이의방을 중심으로 조정을 장악한 무신들은 의종을 폐위시키고 거제도로 추방한 뒤 명종을 즉위시켰다.
- **삼별초 항쟁**(1270~1273): 고려 정부가 강화도에서 개경으로 환도하자 배중손, 김통정을 중심으로 한 삼별초가 이에 반대하여 강화도, 진도, 제주도로 이동하며 대몽 항쟁을 전개하였다.

선택지 분석하기

① 김헌창이 난을 일으켰다.

⋯ 통일 신라 헌덕왕 때 아버지 김주원이 왕위 쟁탈전에서 패배한 것에 불만을 품은 웅천주 도독 김헌창이 반란을 일으켰으나 관군에게 진압되면서 실패하였다(822).

 최우가 정방을 설치하였다.

⋯ 무신 집권기 최충헌의 뒤를 이어 집권한 최우는 자신의 집에 인사 행정을 담당하는 기관인 정방을 설치하고 인사권을 완전히 장악하였다(1225).

③ 묘청이 금 정벌을 주장하였다.

⋯ 고려 인종 때 묘청을 중심으로 한 서경 세력은 풍수지리설을 바탕으로 서경 천도와 칭제 건원, 금 정벌을 주장하였으나 받아들여지지 않았다. 이에 묘청은 서경에서 반란을 일으켰으나 김부식의 관군에 의해 진압되었다(1135).

④ 서희가 강동 6주를 획득하였다.

⋯ 고려는 거란의 1차 침입 당시 소손녕이 80만 대군을 이끌고 침략해오자, 서희가 소손녕을 찾아가 고려가 고구려의 후예임을 내세워 현재 거란이 가진 땅이 고려의 영토임을 주장하였다(993). 이 외교 담판으로 고려는 강동 6주를 획득하여 영토를 확장하였다.

미니북 24쪽

15 국자감 정답 ③

빠른 정답 찾기 고려 성종 때 설립 + 유학과 기술 교육을 담당 + 고려의 최고 교육 기관 ➡ 국자감

자료 분석하기

고려 성종 때 설치된 국립 교육 기관인 국자감은 유학부와 기술학부로 나뉘어 유학부에서는 국자학 · 태학 · 사문학을, 기술학부에서는 율학 · 서학 · 산학을 교육하였다. 고려 예종 때는 사학이 융성하면서 관학 교육의 진흥을 위해 국자감을 재정비하고 전문 강좌인 7재와 장학 재단인 양현고를 설치하였다.

선택지 분석하기

① 경당

⋯ 경당은 고구려 일반 평민층이 자제들을 교육하기 위하여 설립한 민간 교육 기관으로 경전 독서, 활쏘기 연습 등의 학문 · 무예 교육을 실시하였다.

② 향교

⋯ 향교는 조선 시대 지방민의 교육을 위해 부 · 목 · 군 · 현에 하나씩 설립된 국립 교육 기관으로 중앙에서 규모에 따라 교수 또는 훈도를 파견하였다.

✔ 국자감

⋯ 국자감은 고려 성종 때 설치된 국립 교육 기관으로, 유학부와 기술학부로 나뉘어 유학부에서는 국자학 · 태학 · 사문학을, 기술학부에서는 율학 · 서학 · 산학을 교육하였다.

④ 주자감

··· 주자감은 발해의 교육 기관으로 왕족과 귀족을 대상으로 유교 교육을 실시하였으며 당의 국자감 제도를 받아들여 운영하였다.

미니북 23쪽

16 고려 말 왜구의 침입 정답 ②

빠른 정답 찾기

홍산 대첩(최영) + 진포 대첩(최무선) + 황산 대첩(이성계) ➡ 왜구의 침략과 격퇴

자료 분석하기

고려 말 왜구가 강화도를 약탈하고 개경(개성)을 위협할 정도로 극성을 부리며 자주 침입하자 조세 운반이 어려워졌고 내륙 지역까지 큰 피해를 입게 되었다. 이에 최영은 홍산 대첩, 최무선은 진포 대첩, 이성계는 황산 대첩을 통해 왜구의 침입을 격퇴하였다. 이 과정에서 이들은 신흥 무인 세력이라는 새로운 권력층으로 성장하였다.

선택지 분석하기

① 몽골의 침입과 항쟁

··· 몽골은 고려와 강동의 역을 계기로 외교 관계를 맺은 이후 많은 공물을 요구하며 고려를 압박하였다. 그러던 중 고려에 온 몽골 사신 저고여가 본국으로 돌아가다가 암살당한 사건이 발생하자 몽골은 이 사건을 핑계로 고려와 국교를 단절하고 6차례에 걸쳐 고려를 침입하였다.

✔② 왜구의 침략과 격퇴

··· 최영은 홍산 대첩을 통해 충청남도 내륙 지역까지 올라온 왜구를 전멸시켰다. 최무선은 화통도감을 설치하여 화약과 화포를 제작하였고 이를 활용하여 진포 대첩에서 왜구를 격퇴하였다. 이성계는 황산 대첩에서 왜구의 우두머리인 아지발도를 죽이고 큰 승리를 거두었다.

③ 여진 정벌과 동북 9성 축조

··· 고려 숙종 때 부족을 통일한 여진족이 고려의 국경을 자주 침입하자 윤관이 왕에게 건의하여 별무반을 편성하였다. 예종 때 윤관의 별무반은 여진족을 물리치고, 동북 9성을 설치하였다.

④ 서양 함대의 침입과 척화비 건립

··· 병인양요와 신미양요 등 서양의 침략을 극복한 흥선 대원군은 외세의 침입을 경계하고, 서양과의 통상 수교 반대 의지를 알리기 위해 전국 각지에 척화비를 세웠다.

미니북 09쪽

17 태종의 정책 정답 ④

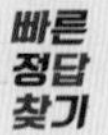

빠른 정답 찾기

호패법 + 전국 8도 + 계미자 ➡ 조선 태종

자료 분석하기

왕자의 난을 거치고 왕위를 차지한 태종은 왕권 강화를 위해 사병을 혁파하고 사간원을 독립시켰다. 국가 재정 기반을 확보하기 위해 16세 이상의 남자들에게 호패를 발급하는 호패법을 시행하였으며 양전 사업도 실시하였다. 또한, 주자소를 설치하여 금속 활자인 계미자를 주조하였으며 혼일강리역대국도지도를 제작하였다. 더불어 백성의 억울함을 직접 들어주기 위해 신문고를 설치하였으며 시전을 설치하고 사원의 토지를 몰수하는 등의 정책을 시행하였다.

선택지 분석하기

① 균역법을 시행하였다.

··· 조선 영조는 백성들의 군역 부담을 줄여주기 위해 기존 1년에 2필씩 납부하던 군포를 1필로 줄이는 균역법을 실시하였다.

② 직전법을 실시하였다.

··· 조선 세조는 과전의 세습화로 과전 부족 등을 초래하였던 과전법의 폐단을 바로잡기 위해 현직 관리에게만 수조권을 지급하는 직전법을 실시하였다.

③ 5군영 체제를 완성하였다.

··· 조선 숙종은 금위영을 설치하여 5군영 체제를 확립하고 국왕 수비와 수도 방어를 강화하였다.

✔④ 6조 직계제를 시행하였다.

··· 조선 태종은 국왕 중심의 통치 체제를 정비하기 위해 왕이 6조에 바로 명령하고 6조도 왕에게 직접 보고하는 6조 직계제를 시행하였다.

한발 더 다가가기

6조 직계제와 의정부 서사제

• 6조 직계제

국왕
명령
의정부(정승)
보고
6조(판서)

• 의정부 서사제

국왕
재가
건의
의정부(정승)
명령
보고
6조(판서)

미니북 09쪽

18 한양 천도와 경복궁 창건

정답 ③

빠른 정답 찾기 새 궁궐 경복궁 ➡ 한양에 시전 설치

자료 분석하기

태조 이성계가 조선을 건국하고 도읍을 한양으로 옮기기로 하면서 1394년에 신도궁궐조성도감을 설치하고 궁궐을 창건하기 시작하여 1395년에 완성하였다. 궁궐의 이름은 『시경』 주아에 나오는 글귀에서 두 자를 가져와 경복궁이라고 지었다.

선택지 분석하기

① 흑창이 운영되었다. · ② 사심관 제도가 실시되었다.

⋯› 고려 태조는 민생 안정을 위해 춘궁기에 곡식을 대여해주고 추수 후에 회수하는 흑창을 설치하였다(918). 또한, 지방 통치를 강화하고 지방 호족들을 견제하기 위해 유력 호족 출신의 중앙 관료를 출신 지역의 사심관으로 임명하여 부호장 이하의 관직을 맡게 하였다(935).

③ 한양에 시전이 설치되었다.

⋯› 조선 태종 때 한양에 시전이 설치되었으며 상인들에게 이를 빌려주고 그 대가로 공랑세를 받았다. 또한, 감독 기관으로 경시감을 설치하여 물가 조절, 상세 징수 등을 주관하게 하였다.

④ 정동행성 이문소가 폐지되었다.

⋯› 고려 공민왕은 반원 정책을 추진하여 기철 등의 친원 세력을 제거하고 원이 내정 간섭을 위해 설치한 정동행성 이문소를 폐지하였다(1356).

미니북 09쪽

19 자격루

정답 ①

빠른 정답 찾기 자동으로 시간을 알려 주는 장치 + 물시계 ➡ 자격루

자료 분석하기

조선 세종 때 삼국 시대부터 이용하던 물시계의 시각 알림 장치를 자동화하고 '스스로 치는 시계'라는 뜻의 자격루를 제작하였다. 임금의 명에 따라 장영실이 1434년 완성한 자격루는 경회루 남쪽 보루각이라는 전각에 설치하여 국가의 표준 시계로 삼았다. 이 시계는 도성의 문을 열고 닫는 시간을 알려 주었을 뿐만 아니라 한양(서울) 사람들에게 아침 · 점심 · 저녁의 때를 알려 주었다.

선택지 분석하기

① 자격루

⋯› 조선 세종 때 왕명을 받은 장영실이 자동으로 시간을 알려 주는 물시계인 자격루를 만들었다.

② 측우기

⋯› 조선 세종 때 왕명에 따라 장영실이 제작한 측우기는 전국적으로 강우량을 관측할 수 있도록 설치되었다.

③ 혼천의

⋯› 조선 세종 때 장영실이 천체의 위치를 측정하는 천문 관측기구인 간의를 발명하였다. 이후 이를 더욱 발전시켜 천체의 운행과 그 위치를 측정하는 혼천의를 만들었다.

④ 앙부일구

⋯› 조선 세종 때 장영실이 발명한 앙부일구는 조선 시대를 대표하는 해시계로, 햇빛에 의해 물체에 그림자가 생겼을 때 그림자의 위치로 시간을 측정하였다.

미니북 09쪽

20 세종의 업적

정답 ①

빠른 정답 찾기 훈민정음 창제 + 『농사직설』 편찬 ➡ 세종

자료 분석하기

조선 세종은 우리나라의 독창적인 문자인 훈민정음을 창제하고 반포하였다. 또한, 정초, 변효문 등을 시켜 우리 풍토에 맞는 농서인 『농사직설』을 편찬하도록 하였다.

선택지 분석하기

① 4군 6진을 개척하였다.

⋯› 조선 세종 때 여진을 성벌하고 최윤덕이 압록강 상류 시역에 4군을, 김종서가 두만강 하류 지역에 6진을 설치하였다.

② 경국대전을 완성하였다.

⋯› 조선 세조 때 편찬되기 시작한 『경국대전』은 조선의 기본 법전으로, 성종 때 완성되어 반포되었다.

③ 대동여지도를 제작하였다.

⋯› 조선 철종 때 김정호가 완성한 대동여지도는 산맥, 하천, 도로 등이 매우 정확하고 자세하게 표시되어 있으며 10리마다 눈금을 표시하여 거리를 알 수 있게 하였다.

④ 백두산정계비를 건립하였다.

⋯› 조선 숙종 때 간도 지역을 두고 청과 국경 분쟁이 발생하였다. 이에 두 나라 대표가 백두산 일대를 답사하고 국경을 확정하여 백두산정계비를 세웠다.

한발 더 다가가기

세종의 분야별 업적

정치	의정부 서사제, 집현전 설치, 경연 활성화
군사	4군 6진 개척, 쓰시마 섬 토벌
과학	측우기, 자격루 등 농업 관련 기술 발달
문화	• 훈민정음 창제: 민족 문화의 기반 확립 • 편찬 사업: 『삼강행실도』, 『칠정산』, 『농사직설』, 『향약집성방』, 『의방유취』 등

미니북 47쪽

21 「몽유도원도」

정답 ④

빠른 정답 찾기 조선 전기 + 안평 대군이 꿈에서 본 이상 세계 + 안견 ➡ 「몽유도원도」

자료 분석하기

「몽유도원도」는 안평 대군이 도원에서 노닐었던 꿈을 들은 안견이 4일 만에 완성한 그림이다. 안평 대군을 포함해 김종서, 신숙주, 박팽년, 성삼문, 정인지, 서거정 등 당대 최고의 명사 21명이 찬시를 적어 회화와 서예가 어우러진 걸작이면서 당시의 예술과 사상이 집결된 조선 전기의 대표적 회화 작품이다. 현재는 일본의 국보로 덴리 대학에 소장되어 있다.

선택지 분석하기

① 무동도
⋯› 김홍도 – 조선 후기

② 세한도
⋯› 김정희 – 조선 후기

③ 인왕제색도
⋯› 정선 – 조선 후기

✔④ 몽유도원도
⋯› 안견 – 조선 전기

한발 더 다가가기

조선 전 · 후기 대표적 회화 작품

• 조선 전기

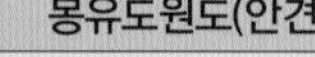

몽유도원도(안견)

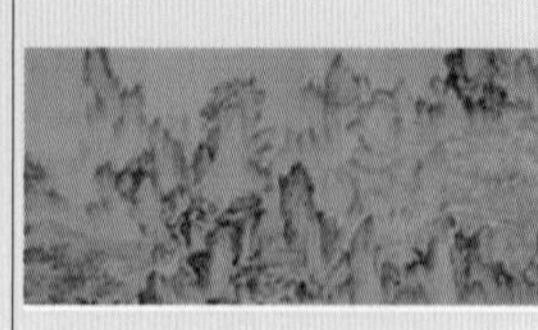

고사관수도(강희안)

초충도(신사임당)

묵죽도(이정)

• 조선 후기

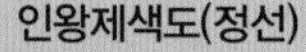

인왕제색도(정선)

단오풍정(신윤복)

무동도(김홍도)

파적도(김득신)

미니북 14쪽

22 조광조

정답 ③

빠른 정답 찾기 중종 + 사림 + 도학 정치 추구 + 소격서 폐지 주장 ➡ 조광조

자료 분석하기

조선 중종은 반정으로 왕위에 오른 후 훈구파를 견제하기 위해 사림파를 중용하여 유교 정치를 발전시키고자 하였다. 이에 따라 등용된 조광조는 유교적 이상 정치, 즉 도학 정치를 구현하기 위해 다양한 정치 개혁을 시도하였다. 이에 따라 경연 강화, 조정 내 언론

활동 활성화, 도교 행사를 주관하던 소격서 폐지, 반정 공신들의 위훈 삭제, 성리학 이념 전파, 『소학』 보급, 향약 시행, 향촌 질서 개편 등을 주장하였다.

선택지 분석하기

① 성학집요를 저술함
⋯› 조선 중기의 유학자 이이는 군주가 배워야 할 덕목과 지식을 다룬 『성학집요』를 저술하였다.

② 백운동 서원을 건립함
⋯› 조선 중종 때 풍기 군수 주세붕은 안향을 기리기 위해 경북 영주에 백운동 서원을 건립하였다. 이후 백운동 서원은 명종 때 이황의 건의로 최초의 사액 서원인 소수 서원으로 사액되었다.

 현량과 실시를 건의함
⋯› 조선 중종 때 조광조는 천거제의 일종인 현량과 실시를 건의하여 사림이 대거 등용될 수 있는 발판을 마련하였다.

④ 시헌력 도입을 주장함
⋯› 조선 인조 때 김육은 새로운 역법인 시헌력의 도입을 건의하였다. 시헌력은 태음력에 태양력의 원리를 적용하여 24절기의 시각과 하루의 시각을 정밀하게 계산하여 만든 역법이다.

미니북 32쪽

23 임진왜란 정답 ②

빠른 정답 찾기 진주성 + 김시민 + 일본군 + 곽재우 + 의병 ➡ 임진왜란

자료 분석하기

조선 선조 때 20만 왜군이 부산포를 시작으로 조선을 침략하면서 임진왜란이 발발하였다. 이후 왜군은 순식간에 한양까지 함락하였으나 평양성에서 조명 연합군의 공격으로 다시 후퇴하게 되었다. 당시 왜군은 군량미 부족에 시달렸고 호남 지역을 통한 안정적인 군수 물자 보급을 위해 반드시 진주성을 차지해야 하는 상황이었다. 이에 호남의 길목인 진주가 임진왜란 최대의 격전지가 되었다. 제1차 진주성 전투는 임진왜란의 3대 대첩 중의 하나로, 김시민이 이끈 조선군이 왜군 2만 명을 무찌르면서 승리하였다. 이때 의병을 이끌던 곽재우는 휘하의 군사들을 원군으로 보내 이를 도왔다. 그러나 제2차 진주성 전투에서는 왜군이 이전의 5배가 넘는 수의 대군을 이끌고 쳐들어와 진주성이 함락되고 말았다.

선택지 분석하기

① 천리장성이 축조되었다.
⋯› 고구려 영류왕 때 당의 공격에 대비하여 동북의 부여성에서 발해만의 비사성에 이르는 천리장성을 축조하였다. 이후 고려 현종 때에는 거란의 침입에 대비하기 위해 강감찬의 건의로 나성을 쌓아 개경을 방비하였고 압록강 하구부터 동해안까지 천리장성을 쌓아 국경 수비를 강화하였다.

 권율이 행주산성에서 승리하였다.
⋯› 임진왜란 때 조명 연합군이 평양성을 공격하여 탈환하자 후퇴한 왜군은 행주산성을 공격하였다. 이에 권율을 중심으로 한 조선 군대와 백성들이 항전하여 왜군에 승리를 거두었다.

③ 황룡사 9층 목탑이 불타 없어졌다.
⋯› 신라 선덕 여왕 때 자장의 건의로 세워진 황룡사 9층 목탑은 고려 때 몽골의 침입으로 소실되었으며 지금은 경주에 터만 남아 있다.

④ 윤관이 별무반 편성을 건의하였다.
⋯› 고려 숙종 때 부족을 통일한 여진족이 고려의 국경을 자주 침입하자 윤관이 왕에게 건의하여 별무반을 편성하였다. 예종 때 윤관의 별무반은 여진족을 물리치고, 동북 9성을 설치하였다.

미니북 10쪽

24 광해군의 정책 정답 ④

빠른 정답 찾기 중립 외교 + 묘 + 인조반정 ➡ 광해군

자료 분석하기

임진왜란 이후 명이 쇠퇴하고, 여진이 부족을 통합하여 후금을 건국하였다. 이에 광해군은 명과 후금 사이에서 중립 외교 정책을 추진하였다. 그러나 당시 북인이 집권하면서 정계에서 밀려났던 서인 세력이 광해군의 중립 외교 정책과 영창 대군 사사 사건, 인목 대비 유폐 문제를 빌미로 인조반정을 일으켜 광해군은 폐위되고 인조가 왕위에 올랐다.

선택지 분석하기

① 대전회통을 편찬하였다.
⋯› 조선 고종 때 흥선 대원군은 법전인 『대전회통』을 편찬하여 통치 체제를 정비하였다.

② 삼정이정청을 설치하였다.
⋯› 조선 철종 때 임술 농민 봉기가 일어나자 안핵사로 파견된 박규수는 민란의 원인이 삼정에 있다고 보고 삼정이정청을 설치하였다.

③ 초계문신제를 실시하였다.
⋯› 조선 정조 때 새롭게 관직에 오른 자 또는 기존 관리들 중 능력 있는 관리들을 규장각에서 재교육시키는 초계문신제를 실시하였다.

✔ 대동법을 처음 시행하였다.

⋯› 광해군 때 공납의 폐단을 해결하기 위해 공납을 전세화하여 공물 대신 쌀을 납부하도록 하는 대동법을 경기도부터 시행하였다.

한발 더 다가가기

광해군의 정책

전후 복구 정책	• 토지 개간, 토지 대장과 호적 정비, 성곽과 무기 수리, 대동법 실시 • 농민 생활 안정과 국가 재정 확충 도모
중립 외교 정책	• 명과 후금 사이에서 중립 외교 정책 추진 • 서인들의 반발 → 인조반정

미니북 44쪽

25 한국의 석조 불상 정답 ①

빠른 정답 찾기 (가) 서산 용현리 마애 여래 삼존상 ➡ (나) 경주 석굴암 본존불상 ➡ (다) 파주 용미리 마애 이불 입상

자료 분석하기

(가) **서산 용현리 마애 여래 삼존상**(백제): 충남 서산시에 위치한 백제 후기 화강석 불상이며 국보 제84호로 지정되어 있다. 백제의 아름다움을 잘 나타낸 불상으로 '백제의 미소'로도 잘 알려져 있다.

(나) **경주 석굴암 본존불상**(통일 신라): 경북 경주시에 위치한 통일 신라 시대 불상이다. 본존불상이 안치되어 있는 석굴암 석굴은 국보 제24호이고, 유네스코 세계 유산으로도 등재되어 있다.

(다) **파주 용미리 마애 이불 입상**(고려): 경기 파주시에 위치한 고려 시대 불상으로 거대한 천연 암벽에 2구의 불상을 우람하게 새겼으며, 머리 위에는 돌갓을 얹어 토속적인 분위기를 느끼게 한다. 신체 비율이 잘 맞지 않는 고려 시대의 지방화된 불상 양식을 보여주는 귀중한 불상이며 보물 제93호로 지정되어 있다.

미니북 31쪽

26 추석 정답 ③

빠른 정답 찾기 음력 8월 15일 + 차례 + 성묘 + 송편 + 강강술래 ➡ 추석

자료 분석하기

추석은 정월 대보름과 함께 일 년 중 가장 밝고 둥근 달이 뜨는 날이다. 보름달을 보면서 올해의 수확에 감사하고, 이듬해의 풍작과 소망을 기원하는 민속놀이인 강강술래를 하였다. 또한, 햇곡식을 빻아 송편을 만들어 먹으면서 한 해의 수확에 감사하고 조상의 차례상에 올려 제사를 지냈다.

선택지 분석하기

① 단오

⋯› 단오는 음력 5월 5일로 창포물에 머리 감기, 그네뛰기, 씨름 등의 놀이를 즐기고 수리취떡을 만들어 먹었다.

② 설날

⋯› 설날은 음력 1월 1일로 차례를 지내고 어른들께 세배를 하며, 웃어른들을 찾아뵙고 인사하며 덕담을 나누었다.

✔ 추석

⋯› 추석은 음력 8월 15일로 한가위라고 부르기도 하며 일 년 동안 기른 곡식을 거둬들이고 송편과 각종 음식을 만들어 조상들에게 차례를 지내고 성묘를 하였다.

④ 한식

⋯› 한식은 동지에서 105일째 되는 날로 양력 4월 5, 6일경이다. 이때는 일정 기간 동안 불의 사용을 금하여 찬 음식을 먹지 않고 조상의 묘를 돌보았다.

한발 더 다가가기

세시 풍속

설날 (구정)	• 차례, 세배, 윷놀이, 널뛰기, 연날리기 • 떡국, 시루떡
정월 대보름	• 줄다리기, 지신밟기, 놋다리밟기, 차전놀이, 쥐불놀이, 석전, 부럼 깨기, 달집태우기, 달맞이 • 오곡밥, 약밥, 묵은 나물
삼짇날	• 화전놀이, 각시놀음 • 화전, 쑥떡
한식	• 일정 기간 동안 불의 사용을 금함, 성묘를 하고 조상의 묘가 헐었으면 떼를 다시 입힘(개사초), 산신제 • 찬 음식
단오 (수릿날)	• 창포물에 머리 감기, 그네뛰기, 씨름, 봉산 탈춤, 송파 산대놀이, 수박희(택견) 등 • 수리취떡
칠석	걸교(부녀자들이 마당에 음식을 차려놓고 직녀에게 바느질과 길쌈 재주가 좋아지기를 비는 일)
추석 (한가위)	• 차례, 성묘, 강강술래, 소싸움, 줄다리기, 씨름, 고사리 꺾기 • 송편
동지	• 관상감에서 새해 달력을 만들어 벼슬아치에게 나누어 줌, 왕이 신하들에게 부채를 나누어 줌 • 팥죽
섣달그믐	집안 곳곳에 불을 밝히고 잠을 자지 않는 풍속, 묵은 세배
유두	• 동쪽으로 흐르는 물에 머리 감기, 몸 씻기, 탁족놀이를 통해 더위 쫓기, 밀가루로 만든 구슬 모양의 오색면을 색실에 꿰어 액운 막기 • 경단, 수단, 밀전병

미니북 52쪽

27 공주 정답 ②

빠른 정답 찾기 송산리 고분군 + 백제의 문화 + 석장리 유적 + 우금치 ➡ 공주

자료 분석하기

- **공주 송산리 고분군**: 백제가 웅진(공주)으로 수도를 옮기고 재위하였던 왕과 왕족들의 무덤이 있는 곳으로 사적 제13호로 지정되어 있다.
- **공주 석장리 유적**: 구석기 시대의 대표적인 유적지로 사적 제334호로 지정되어 있다. 이곳에서 찍개, 긁개, 주먹도끼 등의 석기류와 집터가 출토되었다.
- **우금치 전투**: 1894년 공주 우금치에서는 동학 농민군이 관군과 일본군을 상대로 전투가 벌어졌다. 동학 농민군은 우금치 전투에서 크게 패배하면서 동학 농민 운동도 실패하게 되었다.

미니북 24쪽

28 조선 후기 경제 상황 정답 ②

빠른 정답 찾기 경강상인 ➡ 조선 후기 상업

자료 분석하기

조선 후기에는 상업의 발전으로 사상이 전국 각지에서 활발하게 활동하였다. 그중 경강상인은 한강 지역을 중심으로 선박을 통한 대동미 운수업 등 각종 상업 활동을 전개하였다.

선택지 분석하기

① 내상이 일본과의 무역을 주도했어.
⋯ 조선 후기에 성장한 사상 중 동래의 내상은 왜관에서 일본 상인과의 무역을 주도하여 부를 쌓았다.

② 벽란도에서 송과의 무역이 이루어졌어.
⋯ 고려 시대의 국제 무역항 벽란도는 예성강 하구에 위치하였으며, 이곳에서 송 · 아라비아의 상인들과 활발한 교역이 이루어졌다.

③ 관청에 물품을 조달하는 공인이 활동했어.
⋯ 조선 광해군 때 공납의 폐단을 해결하기 위해 공납을 전세화하여 공물 대신 쌀을 납부하도록 한 대동법을 실시하였다. 이에 따라 국가에 필요한 물품을 조달하는 공인이 등장하였으며 상품 화폐 경제가 발달하였다.

④ 정기 시장인 장시가 전국 각지에서 열렸어.
⋯ 조선 후기 상업의 발달로 전국 각지에서 장시가 활성화되면서 보부상들은 장날에 따라 이동하며 각 장시들을 연계한 하나의 유통망을 형성하였다.

29 납속책 정답 ①

빠른 정답 찾기 조선 시대 + 부족한 국가 재정 보충 + 곡물, 돈 등을 받음 + 신분을 상승시켜 주거나 벼슬을 내림 ➡ 납속책

자료 분석하기

납속이 제도화된 것은 임진왜란 당시 군량미를 모으는 과정에서였다. 전쟁이 끝난 뒤에도 궁궐과 성을 복구하는 데 필요한 재정을 확보하기 위해 계속 실시되었다. 이를 통해 돈이나 곡식을 받고 명예직 임명장인 공명첩을 팔았으며, 그 밖에도 양인에게 군역의 의무를 면제해 주거나 서얼이 과거와 벼슬에 나가는 것을 허용해 주었다.

선택지 분석하기

① 납속책
⋯ 조선 정부는 임진왜란 이후 악화된 국가 재정을 해결하기 위해 돈이나 곡식을 받고 명예직 임명장인 공명첩을 파는 납속책을 실시하였다.

② 사창제
⋯ 조선 고종이 어린 나이에 왕위에 오르면서 정치적 실권을 잡은 흥선 대원군은 환곡의 폐단을 해결하기 위해 향촌에서 마을 단위로 공동 운영하는 사창제를 실시하였다.

③ 영정법
⋯ 조선 인조는 개간을 권장하여 경작지를 확충하고 농민 부담을 줄이기 위해 영정법을 실시하여 풍흉에 관계없이 전세를 토지 1결당 쌀 4~6두로 고정하였다.

④ 호포제
⋯ 흥선 대원군은 군정의 문란을 해결하기 위해 호포제를 실시하여 양반에게도 군포를 부과하였다.

미니북 16쪽

30 정약용 정답 ③

빠른 정답 찾기 토지 개혁론 + 마을 단위로 농민이 함께 경작 + 생산물을 일한 양에 따라 분배 + 여전론 ➡ 정약용

자료 분석하기

조선 후기 실학자 정약용은 토지 개혁의 일환으로 마을 단위의 토지 공동 소유 · 공동 경작, 노동력에 따른 생산물 분배 등의 내용이 담긴 여전론을 주장하였다.

선택지 분석하기

① 동학을 창시하였다.
⋯ 최제우는 동학을 창시하고 인내천 사상을 통한 인간 평등을 주장하였다.

② 추사체를 창안하였다.
⋯ 김정희는 여러 필법을 연구하여 추사체라는 독자적인 글씨체를 완성하였다.

③ 목민심서를 저술하였다.
⋯ 정약용은 지방 행정의 개혁 방향을 제시한 『목민심서』를 저술하여 수령이 지켜야 할 지침을 밝혔다.

④ 사상 의학을 확립하였다.
⋯ 이제마는 『동의수세보원』을 저술하고 사상 의학을 확립하여 사람의 체질을 태양인, 태음인, 소양인, 소음인으로 구분하였다.

31 송시열 정답 ②

빠른 정답 찾기 우암 + 효종과 함께 북벌 주장 + 예송 논쟁에서 허목과 대립 + 노론의 영수 ➡ 송시열

자료 분석하기

우암 송시열은 조선 효종에게 「기축봉사」를 올려 명에 대한 의리를 지키고 청에게 당한 수모를 갚아주자고 주장하여 효종의 북벌 계획의 핵심 인물이 되었다. 또한, 노론의 영수로서 현종 때 효종의 왕위 계승에 대한 정통성과 관련하여 자의 대비의 복상 문제를 놓고 서인과 남인 사이에 벌어졌던 예송 논쟁에서 허목 등의 남인 세력과 대립하였다.

선택지 분석하기

① 박지원
⋯ 박지원은 조선 후기의 대표적인 실학자로 「양반전」, 「허생전」, 「호질」 등을 통해 양반의 무능과 허례를 풍자하고 비판하였다.

② 송시열
⋯ 송시열은 「기축봉사」를 올려 북벌론과 존주론을 내세우며, 중화를 계승할 나라는 조선밖에 없고, 청에게 당한 수모를 복수해야 한다고 주장하였다. 이에 효종에게 발탁되어 북벌 계획의 핵심 인물이 되었다.

③ 정몽주
⋯ 정몽주는 고려 말 대표적 온건 개혁파로 이성계를 문병하고 귀가하던 도중 선죽교에서 이방원에게 피살되었다.

④ 채제공
⋯ 채제공은 정조 때 신해통공을 건의하여 육의전을 제외한 시전의 금난전권을 폐지하고 일반 상인들의 활동을 보장하였다.

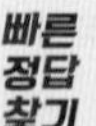
미니북 10쪽

32 규장각 정답 ①

빠른 정답 찾기 왕실 도서관 + 학문 연구 기관 + 정조의 개혁 정치 뒷받침 + 『기기도설』 소장 + 유득공, 박제가와 같은 서얼 출신을 검서관으로 등용 ➡ 규장각

자료 분석하기

조선 정조는 즉위 직후 왕실의 도서관이자 학문 연구 기관인 규장각을 설치하고, 서얼 출신의 유득공, 박제가 등을 규장각 검서관으로 기용하여 많은 서적을 편찬하도록 하였다. 또한, 정약용은 규장각에 소장되어 있던 『고금도서집성』에 포함된 『기기도설』을 참고하여 제작한 거중기를 통해 수원 화성을 축조할 때 공사 기간과 비용을 줄이는 데 기여하였다.

선택지 분석하기

① 규장각
⋯ 규장각은 조선 정조 때 새로운 인재를 양성하고 정책을 연구하기 위해 설치되었으며, 유득공, 이덕무, 박제가 등 서얼 출신들이 규장각 검서관으로 등용되기도 하였다.

② 성균관
⋯ 성균관은 조선 시대의 최고 국립 교육 기관으로, 초시인 생원시와 진사시에 합격한 유생들이 우선적으로 입학할 수 있었다.

③ 집현전
⋯ 집현전은 조선 세종이 설치하여 학문 연구와 경연, 서연을 담당하게 하면서 유교 정치의 활성화를 꾀하였다.

④ 홍문관
⋯ 홍문관은 조선 성종 때 집현전의 학문 연구 기능을 계승하기 위해 설치된 기구였다. 왕의 자문 역할과 경연, 경서, 사적 관리 등의 업무를 담당하였으며 사헌부, 사간원과 함께 삼사를 구성하였다.

한발 더 다가가기

정조의 개혁 정치

왕권 강화	• 초계문신제 실시: 새로운 관리 및 하급 관리 중에서 유능한 인재들의 재교육 목적 • 장용영 설치: 왕의 친위 부대로 왕권의 군사적 기반 강화 • 규장각 설치: 인재를 양성하고 정책을 연구하는 기능과 더불어 왕실 도서관이면서 왕을 보좌하는 업무까지 담당 • 수원 화성 건립: 정치적 · 군사적 기능을 부여하고 상업 활동 육성
문물제도 정비	• 서얼에 대한 차별 완화: 서얼 출신들을 규장각 검서관에 등용 • 신해통공 실시: 육의전을 제외한 시전 상인의 금난전권 폐지 • 편찬 사업: 『대전통편』, 『동문휘고』, 『무예도보통지』

미니북 33쪽

33 흥선 대원군의 정책 정답 ④

빠른 정답 찾기 당백전 ➡ 흥선 대원군의 정책

자료 분석하기

흥선 대원군은 세도 정치기에 실추된 왕실의 권위를 회복하기 위해 경복궁 중건 공사를 무리하게 강행하였다. 국가 재정이 악화되자 당시 유통되었던 상평통보의 100배 가치를 가진 당백전을 다량으로 주조 · 발행하면서 일시적으로 국가 재정을 충당하였다. 그러나 화폐 유통 질서가 큰 혼란에 빠지면서 화폐 가치는 하락하고 물가가 폭등하면서 백성들이 큰 고통을 겪었다.

선택지 분석하기

① 원에 공녀로 끌려가는 여인

⋯ 고려 원 간섭기에는 결혼도감을 설치하여 고려의 처녀들을 공녀로 원에 바쳤다(1274).

② 원산 총파업에 참여하는 노동자

⋯ 원산 총파업은 일제 강점기에 영국인이 경영하는 회사에서 일본인 감독이 조선인 노동자를 구타한 사건에서 시작되었다. 파업 후 노동자의 요구를 받아주겠다던 회사가 약속을 이행하지 않자 원산 노동자 연합회를 중심으로 총파업에 돌입하였다(1929).

③ 독립운동가를 감시하는 헌병 경찰

⋯ 1910년대 일제의 무단 통치기에는 강압적 통치를 목적으로 헌병 경찰 제도를 실시하여 곳곳에 헌병이 배치되었다.

④ 경복궁 중건 공사에 동원되는 농민

⋯ 조선 고종 때 흥선 대원군은 왕실의 권위 회복을 위해 임진왜란 때 소실된 경복궁을 중건하였다. 이에 필요한 재정을 확보하기 위해 당백전을 발행하였다(1866).

미니북 11쪽

34 개항 이후 국권 피탈 과정 정답 ②

빠른 정답 찾기 (가) 강화도 조약 체결 ➡ (다) 을사늑약 체결 ➡ (나) 조선 총독부 설치

자료 분석하기

(가) **강화도 조약 체결**(1876): 일본은 운요호 사건을 계기로 조선에 통상 조약 체결을 요구하였다. 이로 인해 최초의 근대적 조약이자 불평등 조약인 강화도 조약을 체결하게 되었다.

(다) **을사늑약 체결**(1905): 일제의 강압으로 을사늑약을 체결하면서 대한 제국의 외교권이 박탈되고 통감부가 설치되었다.

(나) **조선 총독부 설치**(1910): 일제는 한일 병합 조약을 체결하면서 최고 식민 통치 기구인 조선 총독부를 설치하였다.

미니북 37쪽

35 임오군란 정답 ④

빠른 정답 찾기 신식 군대인 별기군 + 차별 대우 + 구식 군인 + 밀린 봉급을 겨와 모래가 섞인 쌀로 지급 받음 ➡ 임오군란

자료 분석하기

고종은 개화 정책의 일환으로 기존 5군영을 무위영과 장어영의 2군영으로 개편하고 신식 군대인 별기군을 설치하였다. 그러나 무위영과 장어영 소속의 구식 군대는 별기군에 비해 열악한 대우를 받았으며, 봉급도 제대로 지급받지 못하는 상황이었다. 또한, 밀린 봉급을 겨와 모래가 섞인 쌀로 지급받았고 그 양도 반이나 모자랐다. 결국 분노한 구식 군대가 선혜청과 일본 공사관을 습격하면서 임오군란이 발생하였다(1882).

선택지 분석하기

① 운요호 사건이 일어났다.

⋯ 일본은 조선의 해안을 조사한다는 구실로 군함인 운요호를 강화도에 보내 초지진을 공격하였다(1875).

② 통리기무아문이 설치되었다.

⋯ 고종은 국내외 군국 기무를 총괄하는 업무를 맡은 관청인 통리기무아문을 설치하고 그 아래 12사(司)를 두어 행정 업무를 맡게 하였다(1880).

③ 외규장각 도서가 약탈되었다.
···› 병인박해를 구실로 로즈 제독이 이끄는 프랑스 군대가 양화진을 공격하며 병인양요가 발생하였다(1866). 이때 프랑스군은 외규장각을 불태우고 의궤 등을 약탈해 갔다.

④ 청의 내정 간섭이 심화하였다.
···› 임오군란 때 민씨 일파의 요청으로 청군이 개입하여 군란을 진압하였다. 이후 흥선 대원군은 청으로 압송되었고, 조청 상민 수륙 무역 장정을 체결하여(1882) 치외 법권, 양화진에 점포 개설권, 내륙 통상권, 연안 무역권 등을 규정하며 청의 내정 간섭이 심화하였다.

미니북 39쪽

36 일본의 이권 침탈 정답 ④

빠른 정답 찾기 러시아와 전쟁을 하고 있는 일본 + 경부선 철도 건설
➡ 1900년대 일본의 이권 침탈

자료 분석하기

개항 이후 일제는 철도 부설권, 광산 채굴권, 연안 어획권 등 각종 경제적 이권을 침탈하였다. 또한, 러일 전쟁(1904)을 수행하던 시기에 군수 물자를 수송하기 위해 서울과 부산을 연결하는 경부선을 개통하였다(1905).

선택지 분석하기

① 조총으로 무장한 훈련도감 군인
···› 임진왜란 중 유성룡의 건의에 따라 포수, 사수, 살수의 삼수병으로 편성된 훈련도감을 설치하였다(1593).

② 황국 신민 서사를 암송하는 학생
···› 일제는 1930~40년대에 민족의 정체성을 말살하기 위해 황국 신민화 정책을 시행하였다. 이에 내선일체의 구호를 내세워 황국 신민 서사 암송과 창씨개명, 신사 참배 등을 강요하였다.

③ 치안 유지법 위반으로 구속된 독립운동가
···› 일제는 치안 유지법을 시행하여 식민지 지배에 저항하는 민족 해방 운동과 사회주의 및 독립운동을 탄압하였다(1925).

④ 일본의 황무지 개간권 요구에 반대하는 보안회 회원
···› 보안회는 일제의 황무지 개간권 요구에 대한 반대 운동을 벌여 이를 철회시켰다(1904).

미니북 49쪽

37 독립 협회 정답 ②

빠른 정답 찾기 영은문 자리에 독립문을 세움 + 모화관을 고쳐 독립관이라 함
➡ 독립 협회

자료 뜯어보기

> 우리 대조선국이 독립국이 되어 세계 여러 나라와 어깨를 나란히 하니, 우리 동포 이천만이 오늘날 맞이한 행복이다. 여러 사람의 의견으로 (가) 을/를 조직하여 옛 영은문 자리에 독립문*을 새로 세우고, 옛 모화관을 고쳐 독립관*이라 하고자 한다. 이는 지난날의 치욕을 씻고 후손들에게 본보기를 보여 주고자 함이다.

*독립문: 독립 협회는 1897년 청의 사신을 맞던 영은문을 헐어 그 자리에 독립문을 건립하였다.
*독립관: 독립 협회는 청의 사신을 접대하는 사대의 상징적인 건물인 모화관을 고쳐 독립관이라 부르고 독립 협회의 사무실로 사용하였다.
– 이를 통해 (가) 단체가 독립 협회임을 유추할 수 있다.

자료 분석하기

갑신정변 이후 미국에서 돌아온 서재필 등이 창립한 독립 협회는 청의 사신을 맞던 영은문을 헐고 그 자리에 독립문을 세웠다. 또한, 명과 청의 사신을 영접하던 모화관을 독립관으로 고쳐 독립 정신을 높였다.

선택지 분석하기

① 형평 운동을 전개하였다.
···› 일제 강점기에 백정들은 사회적 차별을 철폐하기 위해 진주에서 조선 형평사를 결성하고 형평 운동을 전개하였다.

② 만민 공동회를 개최하였다.
···› 독립 협회는 만민 공동회와 관민 공동회를 개최하여 민중에게 근대적 지식과 국권 · 민권 사상을 고취시켰다.

③ 한국 광복군을 창설하였다.
···› 한국 광복군은 충칭에서 대한민국 임시 정부의 직할 부대로 결성되었다. 영국군의 요청으로 인도, 미얀마 전선에 파견되었으며 미군의 협조를 받아 국내 진공 작전을 준비하였다.

④ 한글 맞춤법 통일안을 제정하였다.
···› 조선어 학회는 한글 맞춤법 통일안과 표준어를 제정하고 『조선말 큰사전』 편찬을 시작하여 해방 이후 완성하였다.

한발 더 다가가기

독립 협회의 활동

자주 국권 운동	• 독립문 건립, 독립신문 발간 • 고종의 환궁, 칭제 건원 요구 • 러시아의 절영도 조차 요구 저지 • 러시아의 군사 교련단과 재정 고문단 철수 요구 • 한러 은행 폐쇄 요구
자유 민권 운동	• 신체 · 재산권 보호 운동 • 언론 · 집회의 자유권 쟁취 운동
자강 개혁 운동	• 헌의 6조 채택(관민 공동회, 국권 수호, 민권 보장, 국정 개혁) • 박정양 진보 내각 설립(의회 설립 운동) → 중추원 관제(관선 25명, 민선 25명) 반포

미니북 15쪽

38 안중근 정답 ②

빠른 정답 찾기 이토 히로부미 처단 + 뤼순 감옥에서 순국 ➡ 안중근

자료 분석하기

안중근은 하얼빈역에서 이토 히로부미를 저격하고 중국 뤼순 감옥에 수감되었다. 당시 간수를 맡았던 일본 헌병 지바 도시치는 안중근의 인품에 감화되어 처형 직전 그에게서 받은 유묵 '위국헌신 군인본분(爲國獻身 軍人本分)'과 위패를 미야기현 다이린사에 모시고 평생 명복을 빌었다. 지금도 다이린사 앞에는 안중근의 휘호를 새긴 추모비가 있으며 매년 추도식이 열리고 있다.

선택지 분석하기

① 대종교를 창시하였다.
⋯ 나철, 오기호 등은 일제의 탄압에 대항하기 위해 민족을 부흥시켜야 한다며 단군을 숭상하는 대종교를 창시하였다.

② 동양 평화론을 집필하였다.
⋯ 안중근은 감옥 안에서 한국, 일본, 청 동양 3국이 협력하여 서양 세력의 침략을 방어하며 동양 평화 및 세계 평화를 실현해야 한다는 사상을 담은 『동양 평화론』을 집필하였으나 일제가 사형을 집행하면서 미완성으로 남게 되었다.

③ 조선 혁명 선언을 작성하였다.
⋯ 신채호는 김원봉으로부터 의열단의 선언문을 작성해 달라는 부탁을 받고 조선 혁명 선언을 작성하였다. 의열단은 이를 기본 행동 강령으로 삼아 활동하였다.

④ 파리 강화 회의에 파견되었다.
⋯ 상하이 임시 정부의 모체인 신한 청년당은 파리 강화 회의에 김규식을 파견하여 독립 청원서를 제출하였다.

미니북 26쪽

39 3 · 1 운동 정답 ④

빠른 정답 찾기 일제 강점기 최대 규모의 민족 운동 ➡ 3 · 1 운동

자료 분석하기

가네코 후미코는 1919년 3 · 1 운동 당시 조선인들의 독립 의지에 크게 감명받고 식민지 한국인 처지에 공감하여 박열과 함께 일본 제국주의에 저항하였다. 이후 일제의 탄압 정책을 비판하는 한편 박열을 도와 일왕 부자를 암살하기 위해 폭탄을 반입하려 하다가 체포되었고 투옥 중 숨졌다.

선택지 분석하기

① 순종의 인산일에 일어났다.
⋯ 순종의 인산일에 사회주의자들과 학생들이 대규모 만세 운동을 준비하였으나 사회주의자들이 발각되어 학생들을 중심으로 6 · 10 만세 운동을 전개하였다.

② 대한매일신보의 후원을 받았다.
⋯ 국채 보상 운동은 각종 계몽 단체와 대한매일신보, 황성신문, 제국신문 등 언론 기관의 지원을 받아 전국 각지로 확산되었다.

③ 단발령에 대한 반발로 일어났다.
⋯ 단발령과 을미사변에 대한 반발로 전국적인 의병 활동이 전개되었다. 을미의병은 유인석, 이소응 등의 유생들을 중심으로 농민들이 가담하였으나 아관 파천 이후 고종의 권고로 해산하였다.

④ 만주, 연해주, 미주 등지로 시위가 확산되었다.
⋯ 3 · 1 운동은 학생과 시민 등 각계각층의 사람들이 참여한 시위로, 서울에서 시작하여 전국으로 확산되었고 그 여파가 만주, 연해주, 미주 등 국외 지역까지 미쳤다. 이는 민족의 주체성을 확인하는 계기가 되었으며, 대한민국 임시 정부 수립이라는 결과를 가져왔다.

40 손기정 정답 ③

빠른 정답 찾기 베를린 올림픽 + 마라톤 금메달리스트 ➡ 손기정

자료 분석하기

손기정 선수는 1936년 개최된 제11회 독일 베를린 올림픽에 참가하였으며 마라톤 경기에서 공인된 세계 최고 기록으로 우승을 차지하였다.

선택지 분석하기

① 나운규
⋯➝ 나운규는 일제 강점기 때 활동한 영화인으로 다양한 작품을 제작하였다. 특히 영화 「아리랑」은 1926년 단성사에서 상영되면서 한국 영화가 비약적으로 발전하는 데 기여하였다.

② 남승룡
⋯➝ 남승룡 선수는 손기정 선수가 우승한 베를린 올림픽 마라톤 대회에서 3위를 차지하였다.

✔③ 손기정
⋯➝ 손기정 선수는 베를린 올림픽 마라톤 대회에서 1위를 차지하여 금메달을 거머쥐었다. 이때 동아일보 등 일부 신문들이 사진에서 선수복 가슴에 있는 일장기를 삭제하여 보도한 일장기 말소 사건으로 인해 해당 신문들은 무기 정간 등 일제의 언론 탄압을 받았다.

④ 안창남
⋯➝ 안창남은 우리나라 최초의 비행사로, 고국 방문 비행에서 1인승 비행기를 타고 서울 상공을 비행하였다.

미니북 28쪽

41 1930년대 한중 연합 작전 정답 ④

빠른 정답 찾기 만주 사변 + 만주국 + 일제의 만주 침략에 대응 ➡ 한중 연합 작전

자료 분석하기

일본 관동군은 1931년 만주 침략 전쟁을 전개하여 만주 전역을 점령한 뒤 괴뢰 정권인 만주국을 세워 실질적인 지배권을 행사하였다. 이에 중국은 당시 만주 지역에서 항일 투쟁을 펼치던 조선의 독립군들과 연합 작전을 전개하였다. 대표적인 한중 연합 부대로는 지청천을 중심으로 북만주에서 결성된 한국 독립군과 중국 호로군, 양세봉이 이끌던 남만주 지역의 조선 혁명군과 중국 의용군이 있었다.

선택지 분석하기

① 신간회를 결성하였습니다.
⋯➝ 신간회는 정우회 선언을 계기로 민족주의 세력과 사회주의 세력이 연대하여 민족 유일당을 결성할 수 있다는 공감대가 형성되어 결성되었다.

② 국민 대표 회의를 소집하였습니다.
⋯➝ 독립운동 단체들이 상하이에 모여 국민 대표 회의를 통해 임시 정부의 활동과 독립운동의 방법을 놓고 격론을 벌였으나 개조파와 창조파로 분열되면서 성과를 거두지 못하였다.

③ 신흥 무관 학교를 설립하였습니다.
⋯➝ 신민회는 항일 무장 투쟁의 필요성을 인식하여 서간도 삼원보에 독립군 양성 학교인 신흥 강습소를 세웠다. 이는 1919년 본부를 옮기면서 신흥 무관 학교로 명칭이 바뀌었다.

✔④ 한중 연합 작전을 전개하였습니다.
⋯➝ 1930년대 이후 국외 항일 무장 투쟁은 주로 한중 연합 작전으로 전개되었다. 이에 지청천의 한국 독립군과 중국 호로군은 쌍성보·사도하자·대전자령 전투에서, 양세봉의 조선 혁명군과 중국 의용군은 영릉가·흥경성 전투에서 일본군을 상대로 승리를 거두었다.

미니북 12쪽

42 1920년대 사회 모습 정답 ②

빠른 정답 찾기 산미 증식 계획 + 수리 시설 확충 ➡ 1920년대

자료 분석하기

문화 통치가 시행된 1920년대 당시 일본은 제1차 세계 대전 이후 공업화가 진전되면서 인구 급증과 도시화로 인해 쌀값이 폭등하고 식량 부족 문제가 발생하였다. 이에 조선에서 산미 증식 계획을 실시하여 일본 본토의 식량 부족 문제를 해결하고자 하였다. 이를 위해 품종 개량, 수리 시설 구축, 개간 등을 통해 쌀 생산을 대폭 늘리려 하였으나 증산량은 계획에 미치지 못하였다. 그럼에도 불구하고 증산량보다 많은 양의 쌀을 일본으로 반출하면서 조선 농민들의 경제 상황은 더욱 악화되었다.

선택지 분석하기

① 제중원에서 환자를 돌보는 의사
⋯➝ 개항 이후 미국인 선교사이자 조선 왕실의 의사였던 알렌의 건의로 최초의 서양식 병원인 광혜원이 설립되었다. 설립 직후 제중원으로 명칭이 바뀌었다(1885).

✔② 광주 학생 항일 운동을 취재하는 기자
⋯➝ 한국인 학생과 일본인 학생 간의 충돌 사건을 계기로 한국인 학

생에 대한 차별과 식민지 교육에 저항하여 광주 학생 항일 운동이 발생하였다(1929).

③ 교조 신원 운동에 참여하는 동학교도

⋯› 동학교도들은 세상을 어지럽히고 백성을 현혹한다는 죄로 처형당한 교주 최제우의 교조 신원 운동을 전개하였다(1892).

④ 국채 보상 기성회에 성금을 내는 여성

⋯› 국채 보상 운동은 김광제, 서상돈 등의 제안으로 대구에서 시작되었다(1907). 이후 서울에서 조직된 국채 보상 기성회를 중심으로 전국적으로 확산되어 일본에서 도입한 차관 1,300만 원을 갚아 주권을 회복하고자 하였다.

미니북 27쪽

43 물산 장려 운동 정답 ③

빠른 정답 찾기 조만식 + 내 살림 내 것으로 ➡ 물산 장려 운동

자료 분석하기

고당 조만식은 3 · 1 운동 이후 평양에서 제2차 만세 운동을 계획하다 옥고를 치른 후 1922년에 민족 경제의 자립과 발전을 위해 조선 물산 장려 운동을 전개하여 전국적으로 확산시켰다. 1923년에는 조선 민립 대학 기성회를 조직하였으며, 1927년에는 신간회 결성에 참여하여 활동하는 등 조국의 독립을 위해 헌신하였다. 광복 후에는 통일 조국을 완성하기 위해 다양한 활동을 전개하였으며 현재 오두산 통일 전망대에 조만식의 동상이 세워져 있다.

선택지 분석하기

① 브나로드 운동 · ② 문자 보급 운동

⋯› 1930년대 초 언론사를 중심으로 농촌 계몽 운동이 전개되었다. 동아일보는 문맹 퇴치 운동의 일환으로 브나로드 운동을 전개하였고, 조선일보는 한글 교재의 보급과 순회강연을 통한 문자 보급 운동을 전개하였다.

③ 물산 장려 운동

⋯› 1920년대 민족 자본 육성을 통한 경제 자립을 위해 자급자족, 국산품 애용, 소비 절약 등을 강조하는 물산 장려 운동이 전개되었다. 평양에서 조만식, 이상재의 주도로 조선 물산 장려회가 발족되어 '내 살림 내 것으로' 등의 구호를 내세운 물산 장려 운동이 전국으로 확산되었다.

④ 민립 대학 설립 운동

⋯› 1920년대 이상재, 이승훈, 윤치호 등을 중심으로 조선 민립 대학 기성회가 조직되어 한국인을 위한 고등 교육 기관인 민립 대학 설립 운동이 전개되었다.

미니북 28쪽

44 이봉창 정답 ④

빠른 정답 찾기 한인 애국단 단원 + 도쿄에서 일왕에게 수류탄을 던짐 ➡ 이봉창

자료 분석하기

이봉창은 독립운동에 투신할 것을 맹세하며 1930년 중국 상하이로 건너갔다. 이후 한국인 거류민단 사무실을 찾아가 독립운동에 헌신할 것을 호소하였으나 민단 간부들이 수상하게 여겨 받아 주지 않았다. 얼마 뒤 김구가 이봉창의 진심을 알고 자신이 조직한 한인 애국단에 가입시켜 일본 국왕 폭살 계획을 추진하였다. 이후 이봉창은 1932년 도쿄 요요키 연병장에서 경시청 앞을 지나가는 일왕에게 수류탄을 던졌으나 명중시키지 못하고 체포되었다. 비공개 재판에서 사형 선고를 받은 이봉창은 이치가야 형무소에서 교수형을 선고받아 순국하였다.

선택지 분석하기

① 김원봉

⋯› 김원봉은 의열단을 결성하여 직접적인 투쟁 방법인 암살, 파괴, 테러 등을 통해 독립운동을 전개하였다.

② 윤동주

⋯› 윤동주는 문학 활동을 통해 일제의 탄압에 저항한 항일 시인이다. 대표적인 작품으로 「서시」, 「별 헤는 밤」 등이 있고, 유고집 『하늘과 바람과 별과 시』를 남겼다.

③ 윤봉길

⋯› 윤봉길은 한인 애국단 단원으로 상하이 훙커우 공원에서 열린 일본 국왕 생일 기념식에 폭탄을 투척하였다.

④ 이봉창

⋯› 이봉창은 한인 애국단 단원으로 도쿄에서 일본 국왕이 탄 마차의 행렬에 수류탄을 투척하였다.

미니북 29쪽

45 미소 공동 위원회 정답 ②

빠른 정답 찾기 덕수궁 석조전 + 모스크바 3국 외상 회의 + 한반도의 임시 민주 정부 수립 문제 협의 ➡ 미소 공동 위원회

자료 분석하기

광복 이후 개최된 모스크바 3국 외상 회의에서 미소 공동 위원회 설치와 최대 5년간의 신탁 통치 협정이 결정되어 덕수궁 석조전에서 미소 공동 위원회가 개최되었다. 제1차 미소 공동 위원회는 민

주주의 임시 정부 수립에 관한 협의에 참여할 단체의 범위를 두고 미국과 소련의 의견이 대립하면서 결렬되었다.

선택지 분석하기

① 남북 조절 위원회

⋯› 박정희 정부는 남북 간의 교류를 제의하여 서울과 평양에서 7 · 4 남북 공동 성명을 발표하고 남북 조절 위원회를 설치하였다.

✔② 미소 공동 위원회

⋯› 모스크바 3국 외상 회의의 결정에 따라 임시 정부 수립을 위해 덕수궁 석조전에서 두 차례에 걸쳐 미소 공동 위원회가 개최되었다.

③ 조선 건국 준비 위원회

⋯› 조선 건국 동맹의 여운형은 일본인의 안전한 귀국을 보장하는 조건으로 조선 총독부로부터 행정권의 일부를 넘겨받아 조선 건국 준비 위원회를 결성하였다.

④ 반민족 행위 특별 조사 위원회

⋯› 제헌 국회는 일제의 잔재를 청산하고 민족정기를 바로잡기 위해 반민족 행위 처벌법을 제정하였다. 이에 따라 반민족 행위 특별 조사 위원회가 설치되었다.

미니북 20쪽

46 대한민국의 시기별 경제 상황 정답 ①

빠른 정답 찾기 1950년대 대한민국 경제 상황 ➡ 삼백 산업과 원조 경제 체제

자료 분석하기

1950년대 한국에서는 미국의 원조에 의존하면서 전후 복구를 위한 경제 체제가 운영되었으며, 미국에서 들여온 밀과 원당(설탕 원료)을 가공 시설이 비교적 잘 갖춰진 자본가에게 먼저 지급하였다. 이로 인해 일부 특혜를 받은 기업들이 삼백 산업을 독과점하면서 크게 성장하였으나, 미국의 원조 정책이 바뀜에 따라 더 이상의 호황을 누리지 못하게 되었다.

선택지 분석하기

✔① 삼백 산업과 원조 경제 체제

⋯› 1950년대 이승만 정부 시기에는 6 · 25 전쟁 이후 미국의 원조에 기반을 두고 면화, 설탕, 밀가루를 중심으로 한 삼백 산업이 활성화되어 소비재 공업이 성장하였다.

② 중화학 공업의 육성과 석유 파동

⋯› 1970년대 박정희 정부는 중화학 공업을 중심으로 제3 · 4차 경제 개발 5개년 계획을 실시하여 경제 성장을 이루었다. 그러나 제2차 석유 파동으로 원유 가격이 폭등하면서 경제 위기를 맞게 되었다(1978~1980).

③ 산업 구조의 재편과 3저 호황

⋯› 1980년대 전두환 정부는 중복 투자와 부실기업을 정리하고 금융 시장 일부를 개방하는 등 산업 구조를 재편하여 1970년대 후반의 경제 위기를 부분적으로 회복하였다. 또한, 저금리, 저유가, 저달러의 3저 호황으로 물가가 안정되고 수출이 증가하면서 높은 경제 성장률을 기록하였다.

④ 외환 위기 발생과 금 모으기 운동

⋯› 1990년대 김영삼 정부 말 외환 위기로 인해 국제 통화 기금(IMF)으로부터 구제 금융을 받게 되어 기업 구조 조정, 대규모 실업 등의 사태가 발생하였다. 이후 김대중 정부 시기에는 이를 극복하기 위해 국민들이 자발적으로 금 모으기 운동을 전개하였다.

47 전태일 분신 사건 정답 ④

빠른 정답 찾기 1970년 + 기업주의 근로기준법 준수를 요구하는 노동자들의 시위 + 온 몸에 기름을 뒤집어쓰고 분신 ➡ 전태일

자료 분석하기

1960년대 급속한 산업화로 인해 노동자들은 저임금과 열악한 노동 환경에서 고통을 겪었다. 이에 1970년 11월 전태일은 '근로 기준법을 지켜라', '우리는 기계가 아니다' 등의 구호를 외치고 분신하며 비인간적인 노동 현실을 고발하였다.

선택지 분석하기

① 김주열

⋯› 이승만과 자유당 정권이 자행한 3 · 15 부정 선거에 항거하여 마산에서 발생한 규탄 시위에 참가하였다가 실종된 김주열 학생의 시신이 발견되었다. 이를 계기로 시위가 전국적으로 확산되며 4 · 19 혁명이 발발하였다.

② 박종철 · ③ 이한열

⋯› 1987년에 4 · 13 호헌 조치와 박종철 고문치사 사건으로 민주화, 대통령 직선제의 헌법 개정을 요구하는 시위가 확대되었다. 시위 도중 연세대 재학생 이한열이 최루탄에 맞아 사망하면서 시위는 더욱 격화되어 6월 민주 항쟁이 전국적으로 확대되었다.

✔④ 전태일

⋯› 청계천 평화 시장의 노동자였던 전태일은 저임금과 열악한 노동 환경을 사회에 알리기 위해 근로기준법 준수를 요구하며 분신하였다.

한발 더 다가가기

1970~1980년대 노동 운동

구분		내용
배경		• 정부와 기업이 노동자의 권리 제한 • 지속적인 저임금 정책에 따른 노동자들의 낮은 임금 • 열악한 작업 환경에서 장시간 노동 강행
전개	1970년대	• 전태일 분신 사건(1970) 이후 노동 조건에 대한 사회적 관심 증가 • YH 무역 사건(여성 노동자 중심의 생존권 보장 투쟁)과 노동조합 설립 움직임 • 정부의 노동 운동 탄압
	1980년대	• 민주화의 진전 → 노동 운동 활성화, 노동조합 증가 • 임금 인상과 노동 환경 개선 및 민주 노동조합 인정 등을 요구하는 대규모 노동 운동 전개

미니북 30쪽

48 5 · 18 민주화 운동 정답 ④

빠른 정답 찾기 광주 시민 + 민주주의의 회복과 계엄령 철폐 요구 + 신군부에 저항 ➡ 5 · 18 민주화 운동

자료 분석하기

한국 외교부는 2019년에 외교 경로를 통해 미국에 5 · 18 민주화 운동 관련 문서의 비밀 해제 검토를 공식 요청하였다. 이에 미국 측은 2020년 5월 비밀 해제된 미 국무부 문서 총 43건(약 140쪽 분량)을 완전히 공개하였다.

선택지 분석하기

① 4 · 19 혁명
⋯› 이승만의 장기 집권과 자유당 정권의 3 · 15 부정 선거에 저항하여 4 · 19 혁명이 발발하였고, 대학 교수단이 대통령의 하야를 요구하는 행진을 전개하는 등 시위가 전국적으로 확산되었다. 결국 이승만 대통령이 하야하고 내각 책임제를 기본으로 하는 허정 과도 정부가 구성되었다.

② 6월 민주 항쟁
⋯› 박종철 고문치사 사건과 4 · 13 호헌 조치에 반발하여 직선제 개헌과 민주 헌법 제정을 요구하는 시위가 전개되었다. 경찰의 최루탄에 맞아 연세대 재학생 이한열이 사망하자 시위는 더욱 격화되어 6월 민주 항쟁이 전국적으로 확산되었다. 시민들은 호헌 철폐와 독재 타도 등의 구호를 내세워 민주적인 헌법 개정을 요구하였다.

③ 부마 민주 항쟁
⋯› YH 무역 노동자들이 폐업에 항의하여 일으킨 농성이 신민당사 앞에서 일어나자 박정희 정부는 신민당 총재였던 김영삼을 국회의원직에서 제명하였다. 이로 인해 김영삼의 정치적 근거지인 부산, 마산에서 유신 정권에 반대하는 부마 민주 항쟁이 전개되었다.

④ 5 · 18 민주화 운동
⋯› 신군부의 비상계엄 확대에 항거하여 광주에서 일어난 5 · 18 민주화 운동은 신군부가 공수 부대를 동원하여 무력 진압에 나서자 학생과 시민들이 시민군을 결성하여 계엄군에 대항하면서 격화되었다.

미니북 20쪽

49 노태우 정부 정답 ③

빠른 정답 찾기 제6공화국 + 서울 올림픽 개최 + 3당 합당 + 남북 기본 합의서 채택 ➡ 노태우 정부

자료 분석하기

임기 첫해에 제24회 서울 올림픽(1988)을 성공적으로 개최한 노태우 대통령은 여소야대의 정국을 극복하기 위해 3당 합당을 추진하였다. 이에 1990년 1월 여당인 민주정의당과 야당인 통일 민주당, 신민주 공화당이 민주자유당으로 합당하였다. 또한, 남북 고위급 회담을 개최하였으며, 남북 유엔 동시 가입, 남북 기본 합의서 채택, 한반도 비핵화 공동 선언 등의 성과를 거두었다(1991).

선택지 분석하기

① 농지 개혁법이 제정되었다.
⋯› 이승만 정부는 농지 개혁법을 제정하여 유상 매수, 유상 분배를 원칙으로 한 농지 개혁을 통해 소작 제도를 폐지하고 농사를 짓는 사람이 토지를 소유하도록 하였다(1949).

② 베트남에 국군이 파병되었다.
⋯› 박정희 정부는 미국의 요청으로 베트남에 국군을 파병하였다. 그 대가로 미국으로부터 한국군 현대화를 위한 장비와 경제 원조를 제공받았다(1964~1973).

③ 소련 및 중국과 국교가 수립되었다.
⋯› 노태우 정부는 적극적인 북방 외교 정책을 통해 동유럽 국가와 수교하였고 사회주의 국가인 소련(1990) 및 중국(1992)과도 국교를 수립하였다.

④ 6 · 15 남북 공동 선언이 발표되었다.
⋯› 김대중 정부 시기에는 적극적으로 북한과의 교류를 확대하였고, 평양에서 최초로 남북 정상 회담이 이루어지면서 6 · 15 남북 공동 선언이 발표되었다(2000). 이를 통해 금강산 관광 사업 활성화, 개성 공단 건설 운영에 관한 합의서 체결, 이산가족 상봉, 경의선 복원 등이 실현되었다.

미니북 20쪽

50 노무현 정부

정답 ④

빠른 정답 찾기

10 · 4 남북 공동 선언 + 행복 중심 복합 도시 건설 시작
➡ 노무현 정부

자료 분석하기

노무현 정부는 제2차 남북 정상 회담을 진행하여 6 · 15 남북 공동 선언을 계승한 10 · 4 남북 공동 선언을 채택하였다(2007). 또한, 국토 균형 발전을 위한 행정 수도 이전 계획에 따라 세종시를 행정 수도로 추진하였으나 2004년 헌법재판소의 위헌 결정으로 청와대와 국회를 제외한 일부 행정 부처만 이전하는 방향으로 수정되었다.

선택지 분석하기

① 경부 고속 도로 준공
··· 박정희 정부 시기인 1968년 2월 1일에 착공된 경부 고속 도로는 단군 이래 최대의 토목 공사로 불리면서 1970년 7월 7일에 개통되었다.

② 평창 동계 올림픽 개최
··· 문재인 정부 때인 2018년 강원도 평창군에서 동계 올림픽 대회가 개최되었으며, 북한의 참가와 남북한 공동 입장, 남북 단일팀 구성이 이루어졌다.

③ 경제 협력 개발 기구(OECD) 가입
··· 김영삼 정부 때인 1996년에 한국 경제의 세계화를 위해 경제 협력 개발 기구(OECD)에 가입하였다.

④ 아시아 · 태평양 경제 협력체(APEC) 정상 회의 개최
··· 노무현 정부 때인 2005년에 부산에서 제13차 아시아 · 태평양 경제 협력체(APEC) 정상 회의가 개최되었다.

제 47 회 한국사능력검정시험

01	02	03	04	05	06	07	08	09	10
②	③	④	②	③	③	③	①	④	①
11	12	13	14	15	16	17	18	19	20
④	②	③	①	②	②	④	①	②	④
21	22	23	24	25	26	27	28	29	30
④	③	③	①	④	③	①	①	②	②
31	32	33	34	35	36	37	38	39	40
④	④	③	①	①	④	①	④	②	④
41	42	43	44	45	46	47	48	49	50
①	④	③	②	④	②	②	③	①	③

미니북 04쪽

01 신석기 시대 정답 ②

빠른 정답 찾기 농경과 정착 생활 시작 + 움집 + 가락바퀴 + 빗살무늬 토기 ➡ 신석기 시대

자료 분석하기

신석기 시대에는 강가나 바닷가에 움집을 짓고 살며 채집 · 수렵 생활을 하였다. 가락바퀴로 실을 뽑아 뼈바늘로 옷을 지어 입기도 하였으며, 빗살무늬 토기에 식량을 저장하였다. 또한, 조 · 피 등을 재배하는 농경 생활이 시작되었고 가축을 기르기도 하였다.

선택지 분석하기

① 주먹도끼
⋯› 구석기 시대에는 주먹도끼, 찍개, 슴베찌르개 등의 뗀석기를 사용하였다.

✔② 갈돌과 갈판
⋯› 신석기 시대에는 열매와 곡물의 껍질을 벗기거나 갈아서 가루를 만드는 데에 갈돌과 갈판을 사용하였다.

③ 비파형 동검
⋯› 청동기 시대에는 거푸집으로 비파형 동검을 제작하여 사용하였다.

④ 철제 농기구
⋯› 철기 시대에는 철제 농기구를 제작하여 농업에 활용하였다.

미니북 06쪽

02 고구려의 발전 과정 정답 ③

빠른 정답 찾기 (나) 태학 설립 ➡ (가) 영락 연호 사용 ➡ (다) 평양 천도

자료 분석하기

(나) **태학 설립**(372): 소수림왕은 국가 교육 기관인 태학을 설립하여 인재를 양성하였다.
(가) **영락 연호 사용**(391): 광개토 대왕은 고구려의 최전성기를 이끌었으며, 최초로 영락이라는 독자적 연호를 사용하였다.
(다) **평양 천도**(427): 장수왕은 광개토 대왕의 뒤를 이어 즉위하였으며, 평양으로 천도하고 남진 정책을 추진하여 영토를 확장하였다.

미니북 21쪽

03 삼한 정답 ④

빠른 정답 찾기 솟대 + 소도 + 제사장인 천군 ➡ 삼한

자료 분석하기

솟대는 삼한에서 제사를 지내던 장소인 소도에서 유래되었으며 수호신 및 경계의 상징으로 소도 입구에 세워졌다. 솟대 위에 새의 형상을 올려놓았는데, 당시 사회에서 새는 하늘과 사람을 이어 주는 존재로 여겨졌다.

선택지 분석하기

① 범금 8조로 백성을 다스렸다.
⋯› 고조선은 사회 질서 유지를 위해 범금 8조를 두었으나 현재는 3개의 조항만 전해진다.

② 영고라는 제천 행사를 열었다.
⋯› 부여에는 매년 12월에 풍성한 수확제이자 추수 감사제의 성격을 지닌 영고라는 제천 행사가 열렸다.

③ 서옥제라는 혼인 풍습이 있었다.
⋯› 고구려에는 혼인을 하면 신랑이 신부 집 뒤에 서옥이라는 집을 짓고 생활하다가 자식을 낳고, 그 자식이 자라서 어른이 되면 신랑 집으로 돌아가는 서옥제라는 혼인 풍습이 있었다.

✔④ 신지, 읍차 등의 지배자가 있었다.
⋯› 삼한은 신지, 읍차 등의 정치적 지배자가 있고, 제사장인 천군이 신성 지역인 소도를 따로 관리하는 제정 분리 사회였다.

미니북 06쪽

04 신라 법흥왕 정답 ②

빠른 정답 찾기 이차돈의 순교를 계기로 불교 공인 + 금관가야 병합 ➡ 법흥왕

자료 분석하기

신라 법흥왕은 '건원'이라는 연호를 사용하였고, 이차돈의 순교를 계기로 불교를 신라의 국교로 공인하였다. 또한, 금관가야를 병합하여 영토를 넓혔고, 병부와 상대등 설치, 공복 제정과 율령 반포를 통해 통치 질서를 확립하였다.

선택지 분석하기

① 성왕
··· 백제 성왕은 웅진(공주)에서 사비(부여)로 도읍을 옮기고 국호를 남부여로 고쳐 새롭게 백제를 일으키고자 하였다.

② 법흥왕
··· 신라 법흥왕은 이차돈의 순교를 계기로 불교를 국교로 공인하였으며, 금관가야를 병합하여 영토를 넓혔다.

③ 지증왕
··· 신라 지증왕은 국호를 신라로 확정하고 마립간 대신 왕이라는 칭호를 사용하였다.

④ 근초고왕
··· 백제 근초고왕은 마한을 정복하고 고구려의 평양성을 공격하여 고국원왕이 전사하는 등 백제의 전성기를 이끌었다.

미니북 06쪽

05 백제 정답 ③

빠른 정답 찾기 공주 공산성(웅진성) + 고구려의 공격을 받아 도읍을 옮김 ➡ 백제

자료 분석하기

백제는 고구려 장수왕의 남진 정책에 따른 공격으로 개로왕이 사망하고 한강 유역을 잃게 되면서 문주왕 때 웅진(공주)으로 도읍을 옮겼다. 공주 공산성은 당시 웅진성이라 불렸으며, 수도를 옮긴 후 이를 방어하기 위해 축조된 것으로 짐작된다. 공산성 서쪽 정상부에는 백제 왕궁지와 연못, 옻칠 갑옷 등 백제의 유적과 유물이 출토되었다. 이러한 백제의 토목 건축 기술을 확인할 수 있는 공산성과 송산리 고분군을 비롯한 백제 유적 8곳이 '백제역사 유적지구'로 2015년 유네스코 세계 유산에 등재되었다.

선택지 분석하기

① 과거제를 도입하였다.
··· 고려 광종은 후주 출신 쌍기의 건의를 수용하여 과거제를 도입하고 신진 인사를 등용하였다.

② 기인 제도를 실시하였다.
··· 고려 태조는 지방 호족의 자제를 일정 기간 수도 개경에 머무르게 하는 기인 제도를 실시하여 호족 세력을 견제하였다.

③ 지방에 22담로를 두었다.
··· 백제 무령왕은 지방의 22담로에 왕족을 파견하여 지방에 대한 통제를 강화하고자 하였다.

④ 신분 제도인 골품제가 있었다.
··· 신라에는 골품제라는 신분 제도가 있어 골품에 따라 관직 승진에 제한을 두었다.

미니북 25쪽

06 백제 부흥 운동 정답 ③

빠른 정답 찾기 김유신 + 신라군 + 황산벌 전투 + 계백 + 결사대 ➡ 백제 멸망 이후

자료 분석하기

김유신이 이끄는 신라군은 황산벌에서 계백이 이끄는 백제군에 승리하고 수도인 사비(부여)로 진격하여 백제를 멸망시켰다(660).

선택지 분석하기

① 대가야가 신라에 정복되었다.
··· 신라 진흥왕이 대가야를 정복하여 후기 가야 연맹이 해체되었다(562).

② 고구려가 안시성에서 당군을 격퇴하였다.
··· 당은 연개소문의 정변을 구실로 고구려에 침입하여 안시성을 공격하였으나 안시성 성주 양만춘이 당군을 격퇴하였다(645).

③ 흑치상지가 백제 부흥 운동을 전개하였다.
··· 흑치상지는 백제 멸망 이후 복신, 도침 등과 함께 왕자 부여풍을 왕으로 추대하였고 임존성, 주류성을 거점으로 백제 부흥 운동을 전개하였다(660~663).

④ 김춘추가 당과의 군사 동맹을 성사시켰다.
··· 백제가 신라를 지속적으로 공격하자 김춘추는 고구려의 연개소문을 찾아가 지원을 요청하였으나 실패하였다. 이에 당을 찾아가 나당 동맹을 성사시켰다(648).

한발 더 다가가기

백제 부흥 운동

중심인물	• 왕족 복신과 승려 도침(주류성) • 흑치상지(임존성)
지원 세력	왜의 지원 → 백강 전투(663)에서 당에 패배
실패 요인	지원 세력인 왜의 패배와 지도층 사이 내분

미니북 19쪽

07 의상 정답 ③

빠른 정답 찾기 신라의 승려 + 당에 유학 + 관음 신앙 전파 + 화엄종 개창 + 『화엄일승법계도』 ➡ 의상

자료 분석하기

신라의 귀족 출신인 승려 의상은 당으로 유학하여 지엄으로부터 화엄에 대한 가르침을 받고 돌아와 신라에서 화엄 사상을 펼쳤다. 부석사를 중심으로 수많은 제자들을 양성하여 화엄 교단을 세우고, 『화엄일승법계도』를 저술하였다. 또한, 중생이 관세음보살의 이름을 외우면 고통에서 벗어날 수 있다는 관음 신앙을 확산시켜 불교의 대중화에도 기여하였다.

선택지 분석하기

① 원효
⋯ 신라의 승려 원효는 불교의 대중화를 위해 불교의 교리를 쉬운 노래로 표현한 「무애가」를 지었다.

② 일연
⋯ 고려의 승려 일연은 원 간섭기인 충렬왕 때 불교사를 바탕으로 연표인 왕력과 함께 고대 민간 설화나 전래 기록을 수록한 『삼국유사』를 저술하였다.

③ 의상
⋯ 신라의 승려 의상은 당에 가서 지엄으로부터 화엄에 대한 가르침을 받고 돌아와 화엄 사상을 펼치고 부석사를 창건하여 수많은 제자들을 양성하였다.

④ 지눌
⋯ 고려의 승려 지눌은 불교의 타락을 비판하고 승려의 기본인 독경, 수행, 노동에 힘쓰자는 수선사 결사 운동을 전개하였다. 이를 위한 사상적 기반으로 정혜쌍수와 돈오점수를 주장하였다.

미니북 22쪽

08 통일 신라 말 사회상 정답 ①

빠른 정답 찾기 (가) 김헌창의 난 ➡ 원종과 애노의 난 ➡ (나) 최치원의 시무 10여 조 건의

자료 분석하기

(가) **김헌창의 난**(822): 헌덕왕 때 아버지 김주원이 왕위 쟁탈전에서 패배한 것에 불만을 품은 웅천주 도독 김헌창이 국호를 장안, 연호를 경운이라 하고 반란을 일으켰으나 관군에 의해 진압되었다.

(나) **최치원의 시무 10여 조 건의**(894): 6두품 출신 유학자 최치원은 당에서 빈공과에 급제하여 관리 생활을 하였다. 이후 신라에 돌아가 진성 여왕에게 시무 10여 조를 건의하였으나 받아들여지지 않았다.

선택지 분석하기

① 원종과 애노가 봉기하였다.
⋯ 통일 신라 말 진성 여왕 때 무분별한 조세 징수에 대한 반발로 사벌주에서 원종과 애노가 농민 봉기를 일으켰다(889).

② 김흠돌이 반란을 도모하였다.
⋯ 통일 신라 신문왕의 장인이었던 김흠돌이 반란을 도모하다가 발각되어 처형당하였다(681). 이를 계기로 신문왕은 귀족 세력을 숙청하고 왕권을 강화하였다.

③ 이사부가 우산국을 복속시켰다.
⋯ 신라 지증왕은 이사부를 보내 우산국(울릉도)와 우산도(독도)를 복속시켰다(512).

④ 을지문덕이 살수에서 대승을 거두었다.
⋯ 수 양제가 우중문에게 30만 별동대를 주어 평양성을 공격하게 하자 고구려의 을지문덕은 수의 군대를 살수로 유인하여 크게 무찔렀다(612).

한발 더 다가가기

통일 신라 말 사회 모습

왕위 쟁탈	경덕왕 사후 나이 어린 혜공왕 즉위 → 진골 귀족들의 왕위 쟁탈전
지방 세력 반란	• 웅진(웅천주) 도독 김헌창의 난(822) • 장보고의 난(846)
농민 봉기	원종과 애노의 난(889)
새로운 세력 등장	• 6두품 세력: 골품제 비판, 새로운 정치 이념과 사회상 제시 • 호족 세력: 중앙 정부의 통제에서 벗어나 성주·장군 자처, 지방의 행정권과 군사권 장악
새로운 사상 유행	선종, 풍수지리설, 유교

09 『무구정광대다라니경』 정답 ④

빠른 정답 찾기 국보 제126-6호 + 경주 불국사 삼층 석탑에서 발견 + 현존하는 세계에서 가장 오래된 목판 인쇄물 ➡ 『무구정광대다라니경』

자료 분석하기

『무구정광대다라니경』은 1966년 경주 불국사 삼층 석탑을 해체·보수하는 과정에서 2층 탑신부에 봉안되어 있던 금동제 금동 사리함에서 다른 여러 사리장엄구와 함께 발견되었다. 너비 8cm, 전체 길이 약 620cm에 이르는 『무구정광대다라니경』은 세계에서 가장 오래된 목판 인쇄물로, 발달된 통일 신라의 인쇄술을 보여준다.

선택지 분석하기

① 팔만대장경

··· 팔만대장경은 몽골의 고려 침입 당시 부처의 힘으로 몽골군을 물리치고자 16년에 걸쳐 만들어졌다. 이는 세계에서 가장 우수한 대장경으로 꼽히며, 2007년에는 유네스코 세계 기록 유산으로 지정되었다.

② 왕오천축국전

··· 통일 신라의 승려 혜초는 인도와 중앙아시아를 순례하고 『왕오천축국전』을 저술하였다.

③ 직지심체요절

··· 세계에서 가장 오래된 금속 활자 인쇄본인 『직지심체요절』은 고려 우왕 때 청주 흥덕사에서 백운 화상이 간행하였다.

✔ 무구정광대다라니경

··· 『무구정광대다라니경』은 불국사 삼층 석탑에서 발견된 세계에서 가장 오래된 목판 인쇄물로 국보 제126-6호로 지정되어 있다.

한발 더 다가가기

목판 인쇄물과 금속 활자본

목판 인쇄물	무구정광 대다라니경	• 경주 불국사 삼층 석탑(석가탑)에서 발견 • 현존하는 가장 오래된 목판 인쇄물
	초조대장경	• 11세기 거란 침입기에 제작 • 대구 부인사에서 보관했으나 몽골 침입기에 소실
	팔만대장경	• 몽골 침입기에 강화도, 진주 등에서 제작 • 합천 해인사에 보관
금속 활자본	상정고금예문	가장 오래된 금속 활자본(현존 ×)
	직지심체요절	• 현존하는 가장 오래된 금속 활자본 • 프랑스로 유출, 유네스코 세계 기록 유산

미니북 22쪽

10 후삼국의 통일 과정 정답 ①

빠른 정답 찾기 왕건 ➡ 후삼국 통일

자료 분석하기

왕건은 궁예의 신임을 얻은 후 전쟁터에 나가 공을 세우며 세력을 키웠고, 궁예가 폭정을 일삼자 궁예를 몰아내고 고려를 세웠다(918). 이후 왕건은 후백제와 패권을 다투었으며, 고창 전투에서 크게 승리하면서 후삼국의 주도권을 쥐게 되었다. 935년에 신라를 병합하고 936년에는 후백제를 멸망시켜 마침내 후삼국을 통일하였다. 통일 후 왕건은 청천강 하류에서 영흥 지방까지 영토를 넓혔으며, 불교를 적극 장려하고 호족들과 혼인 관계를 맺는 등 나라를 안정시켰다.

선택지 분석하기

✔ 진포에서 왜구를 물리치는 최무선

··· 고려의 최무선은 화통도감의 설치를 건의하여 화약과 화포를 제작하였다(1377). 이를 활용하여 진포에서 왜구를 격퇴하였다(1380).

② 왕위에서 쫓겨나는 궁예

··· 신라 왕족 출신인 궁예는 북원의 양길의 부하로 들어가 세력을 키워 송악(개성)에 도읍을 정하고 후고구려를 세웠다(901). 그러나 미륵 신앙을 바탕으로 한 전제 정치로 인해 백성과 신하들의 원성을 사게 되어 왕건에 의해 축출되었다(918).

③ 고려에 항복하는 경순왕

··· 후백제의 견훤은 신라 금성(경주)을 습격하여 경애왕을 살해한 뒤 경순왕을 즉위시켰고(927), 이후 경순왕은 나라를 보존하기 어렵다고 판단하여 고려에 항복하였다(935).

④ 일리천 전투에서 패배하는 신검

··· 견훤이 넷째 아들인 금강을 후계자로 삼으려 하자 맏아들 신검이 금강을 죽이고 견훤을 금산사에 유폐시켰으나 견훤은 탈출하여 고려로 귀순하였다(935). 이후 신검의 후백제군과 왕건의 고려군이 일리천 전투를 벌여 고려군이 크게 승리하였고, 후백제의 멸망으로 고려는 후삼국을 통일하였다(936).

미니북 07쪽

11 발해 정답 ④

빠른 정답 찾기 고구려 계승 + 대조영 ➡ 발해

자료 분석하기

고구려의 장군 출신인 대조영은 고구려 유민들을 이끌고 지린성 동모산에서 발해를 건국하였다. 발해는 고구려의 문화를 계승하면서 당의 문화를 받아들여 독자적인 문화를 이룩하였다.

선택지 분석하기

① 독서삼품과를 실시하였다.
⋯› 통일 신라 원성왕은 국학의 학생들을 대상으로 독서삼품과를 실시하여 유교 경전의 이해 수준에 따라 관리를 채용하였다.

② 낙랑과 왜에 철을 수출하였다.
⋯› 금관가야는 풍부한 철의 생산과 해상 교통에 유리한 지역적 특색을 이용하여 낙랑과 왜에 철을 수출하였다.

③ 2군 6위의 군사 조직을 두었다.
⋯› 고려는 응양군과 용호군을 2군으로 구성하여 국왕 친위 부대로 배치하였으며, 수도 및 변경의 방비를 담당하는 전투 부대로는 6위(좌우위, 신호위, 흥위위, 금오위, 천우위, 감문위)를 두었다.

✔④ 전성기에 해동성국이라 불렸다.
⋯› 발해 선왕은 영토를 크게 확장하여 지방 행정 제도를 5경 15부 62주로 정비하였다. 이후 발해는 전성기를 누리면서 주변 국가들로부터 해동성국이라 불렸다.

미니북 08쪽

12 최승로 정답 ②

빠른 정답 찾기 고려 전기의 관리 + 시무 28조를 성종에게 건의 + 유교 정치 ➡ 최승로

자료 분석하기

최승로는 신라 6두품 출신으로 고려의 재상까지 오른 인물로, 고려 성종의 신임을 받아 유교적 통치 이념에 따른 제도 정비에 이바지하였다. 이후 성종이 정5품 이상의 모든 관리들에게 시무와 관련한 상소를 올리라는 명령을 내리자 최승로는 시무 28조를 통해 구체적인 정책들을 건의하였다.

선택지 분석하기

① 김부식
⋯› 김부식은 고려 인종 때 왕명을 받아 『삼국사기』를 편찬하였다. 이 책은 우리나라에서 현존하는 가장 오래된 역사서로, 유교적 합리주의 사관에 기초하여 기전체 형식으로 서술되었으며 신라 계승 의식이 반영되어 있다.

✔② 최승로
⋯› 최승로는 고려 성종에게 시무 28조를 올려 불교 행사의 억제와 유교의 발전을 건의하면서 고려 초기 국가 체제 정비에 많은 영향을 끼쳤다.

③ 정몽주
⋯› 정몽주는 고려 말 문신으로 온건 개혁파를 이끌던 재상이었다. 그러나 이성계를 병문안하고 집으로 돌아가던 중에 선죽교에서 이방원에 의해 피살당하였다.

④ 이제현
⋯› 이제현은 고려의 성리학자로, 충선왕이 원에 세운 만권당에서 원의 학자들과 교류하였다. 또한, 『역옹패설』, 『사략』 등의 저서를 남겼다.

미니북 43쪽

13 전시과 정답 ③

빠른 정답 찾기 고려 + 관직 복무 등에 대한 대가 + 전지와 시지 ➡ 전시과

자료 분석하기

고려는 직역의 대가로 관료에게 토지를 나누어 주는 전시과 제도를 시행하였다. 전시과는 경종 때 처음 실시되어 4회에 걸쳐 정비되었으며, 곡물을 거둘 수 있는 전지와 땔감을 얻을 수 있는 시지를 지급하였다.

선택지 분석하기

① 관료전
⋯› 통일 신라 신문왕은 왕권을 강화하기 위해 귀족의 경제 기반인 녹읍을 폐지하고 관료전을 지급하였다.

② 대동법
⋯› 조선 광해군 때 공납의 폐단을 해결하기 위해 공납을 전세화하여 공물 대신 쌀을 납부하게 하는 대동법을 경기도부터 실시하였다.

✔③ 전시과
⋯› 고려 경종에 의해 처음 시행된 전시과는 고려의 관리를 대상으로 한 토지 제도로, 곡물을 거둘 수 있는 전지와 땔감을 얻을 수 있는 시지를 주었다.

④ 호포제
⋯› 흥선 대원군은 군정의 문란을 해결하기 위해 호포제를 실시하여 양반에게도 군포를 부과하였다.

미니북 24쪽

14 고려의 경제 상황 정답 ①

빠른 정답 찾기 건원중보 + 은병(활구) ➡ 고려

자료 분석하기

고려 성종 때 우리나라 최초의 화폐인 건원중보가 발행되었다. 이후 고려 숙종 때 삼한통보, 해동통보 등의 동전과 활구(은병)를 만들어 화폐의 통용을 추진하였다.

선택지 분석하기

✔ 벽란도가 국제 무역항으로 번성하였다.
⋯▸ 고려는 예성강 하구에 위치한 국제 무역항인 벽란도를 통해 중국 · 아라비아 상인들과 교역을 전개하였다.

② 담배, 인삼 등의 상품 작물이 재배되었다.
⋯▸ 조선 후기에 상업의 발달로 담배, 인삼, 면화 등 상품 작물의 재배가 활발해졌다.

③ 관청에 물품을 조달하는 공인이 활동하였다.
⋯▸ 조선 광해군 때 공납의 폐단을 해결하기 위해 실시된 대동법의 영향으로 국가에 필요한 물품을 조달하는 공인이 등장하였고 상품 화폐 경제가 발달하였다.

④ 시장을 감독하기 위한 동시전이 설치되었다.
⋯▸ 신라 지증왕은 수도인 경주에 시장을 설치하고 이를 관리, 감독하기 위한 기구인 동시전을 설치하였다.

미니북 23쪽

15 강감찬 정답 ②

빠른 정답 찾기 귀주 + 거란군 + 나성 ➡ 강감찬

자료 분석하기

강감찬은 거란의 3차 침입 때 귀주 대첩에서 소배압이 이끄는 거란의 10만 대군을 물리치고 큰 승리를 거두었다. 또한, 왕에게 건의하여 나성을 쌓아 개경을 방비하였으며, 압록강 하구부터 동해안에 이르는 천리장성을 쌓아 국경 수비를 강화하였다.

선택지 분석하기

① 서희
⋯▸ 서희는 거란의 1차 침입 때 소손녕과 외교 담판을 통해 거란과 교류할 것을 약속하는 대신, 고려가 고구려를 계승하였음을 인정받고 압록강 동쪽의 강동 6주를 획득하였다.

✔ 강감찬
⋯▸ 강감찬은 거란의 3차 침입 때 귀주에서 소배압이 이끄는 10만 대군에 맞서 대승을 거두었다. 귀주 대첩 이후에는 왕에게 건의하여 개경에 나성을 쌓아 도성 주변 수비를 강화하였다.

③ 김종서
⋯▸ 김종서는 조선 세종 때 여진을 정벌하여 두만강 하류 지역에 6진을 설치하였다.

④ 연개소문
⋯▸ 고구려 연개소문은 정변을 통해 영류왕을 몰아내고 보장왕을 왕위에 세운 뒤 대막리지가 되어 정권을 장악하였다.

한발 더 다가가기

거란의 침입 과정

1차 침입	소손녕의 침입 → 서희의 외교 담판 → 강동 6주 획득
2차 침입	거란에 의해 개경 함락 → 양규의 활약
3차 침입	소배압의 침입 → 강감찬의 귀주 대첩 → 천리장성 축조

미니북 45쪽

16 영주 부석사 무량수전 정답 ②

빠른 정답 찾기 국보 제18호 + 고려 시대의 목조 건축물 + 경상북도 영주 + 배흘림기둥과 주심포 양식 + 아미타불 ➡ 부석사 무량수전

자료 분석하기

부석사 무량수전은 고려 시대에 지어진 목조 건물로 아미타불인 소조 여래 좌상이 모셔져 있다. 경북 영주시에 위치해 있으며, 국보 제18호로 지정되어 있다. 또한, 기둥의 중간 부분은 두껍게 하고 위와 아래로 갈수록 굵기를 점차 줄여 만든 배흘림기둥을 사용하였고, 지붕 처마를 받치기 위해 장식한 구조를 간결한 형태로 기둥 위에만 짜올린 주심포 양식으로 만들어졌다.

선택지 분석하기

① 전등사 대웅전
⋯▸ 강화도에 위치한 전등사 대웅전은 조선 시대의 건물로, 보물 제178호로 지정되어 있다. 다포 양식으로 정면 3칸, 측면 3칸의 단층 팔작지붕 건물이다.

✔ 부석사 무량수전
⋯▸ 경북 영주에 위치한 부석사 무량수전은 국보 제18호로 지정되어 있다. 부석사는 신라 문무왕 때 의상 대사가 창건하였고, 무량수전은 고려 우왕 때인 1376년에 재건되었다.

③ 금산사 미륵전

⋯› 전북 김제시에 위치한 금산사 미륵전은 조선 시대의 목조 건물이며 국보 제62호로 지정되어 있다. 겉모양이 3층으로 이루어진 유일한 법당으로, 내부는 통층 구조로 되어 있다.

④ 법주사 팔상전

⋯› 충북 보은군에 위치한 법주사 팔상전은 조선 시대의 목조 건물로, 국보 제55호로 지정되어 있다. 석가모니의 일생을 여덟 폭의 그림으로 나누어 그린 「팔상도」가 그려져 있어 팔상전이라고 불린다.

미니북 08쪽

17 공민왕의 개혁 정책 정답 ④

빠른 정답 찾기 전민변정도감 + 신돈 ➡ (라) 공민왕의 개혁 정책

자료 뜯어보기

> 근래에 기강이 크게 무너져 권세가가 토지와 백성을 거의 다 빼앗아 점유하고, 크게 농장(農莊)을 두어 백성과 나라를 병들게 한다. 이제 도감을 설치하여 이를 바로잡고자 하니, 잘못을 알고도 스스로 고치지 않는 자는 엄히 처벌하겠다.
>
> – 전민변정도감* 판사 신돈* –

* **전민변정도감**: 고려 말 권세가에게 빼앗긴 토지와 농민을 되찾기 위해 설치된 임시 관서
* **신돈**: 고려 공민왕 때 등용된 신돈은 전민변정도감의 책임자로서 권문세족이 빼앗은 토지를 돌려주고 노비가 된 자를 풀어주었다.

– 전민변정도감과 신돈을 통해 고려 공민왕 시기임을 유추할 수 있다.

자료 분석하기

- **개경 환도**(1270): 무신 정권이 해체되고 강화도에 있던 고려 조정이 개경으로 환도하면서 몽골과의 강화가 성립되었다.
- **공민왕**(1351~1374)**의 개혁 정책**: 고려 말 공민왕은 전민변정도감을 설치하고 신돈을 판사로 임명하였다. 이후 권문세족에게 빼앗긴 토지를 백성들에게 돌려주고 억울하게 노비가 된 자를 풀어주는 등의 개혁을 단행하였다(1366).
- **고려 멸망**(1392): 이성계 일파를 반대한 정몽주가 살해되자 정세는 이성계에게 유리하게 돌아갔다. 이에 정도전, 조준, 남은 등이 이성계를 왕으로 추대하고 고려의 마지막 왕인 공양왕이 폐위되면서 고려는 멸망하게 되었다.

한발 더 다가가기

공민왕의 개혁 정책

반원 자주 정책	• 친원 세력 숙청 • 몽골풍 금지 • 왕실 호칭 및 관제 복구 • 쌍성총관부 탈환
왕권 강화 정책	• 정방 폐지(인사권 장악) • 신진 사대부 등용(성균관 정비) • 전민변정도감 설치(신돈 등용)

미니북 08쪽

18 위화도 회군 정답 ①

빠른 정답 찾기 우왕 + 최영 + 요동 공격 + 이성계 + 출병하는 것은 네 가지 이유로 불가 ➡ 위화도 회군

자료 분석하기

1388년 고려 우왕 때 명은 원의 쌍성총관부가 있던 철령 이북의 땅에 철령위를 설치하겠다며 반환을 요구하였다. 이에 반발한 고려는 요동 정벌을 위해 이성계를 우군 도통사로 삼고 출정하게 하였다. 압록강 하류 위화도에 도착한 이성계는 강물이 불어나 건너기 어렵다고 판단하여 군대를 멈추고 4불가론을 제시하며 요동 정벌을 중단하고 철군할 것을 요구하였다. 그러나 우왕과 최영이 이를 허락하지 않자 이성계는 정변을 계획하고 말을 돌려 개경을 차지하였다. 이후 우왕을 폐위하고 최영은 유배를 보낸 뒤 처형하였다.

선택지 분석하기

① 위화도 회군의 배경

⋯› 고려 우왕 때 명이 원에서 관리한 철령 이북의 땅을 반환하라고 요구하자 최영을 중심으로 요동 정벌을 추진하게 되었다. 이에 이성계가 요동 원정군을 이끌고 출병하게 되었다.

② 동북 9성의 축조 과정

⋯› 고려 숙종 때 부족을 통일한 여진족이 고려의 국경을 자주 침입하자 윤관이 왕에게 건의하여 별무반을 편성하였다. 윤관의 별무반은 예종 때 여진족을 물리치고 동북 9성을 설치하였다.

③ 훈련도감의 설치 목적

⋯› 조선은 임진왜란을 거치며 새로운 군사 조직의 필요성을 느꼈다. 이에 유성룡의 건의에 따라 포수, 사수, 살수의 삼수병으로 편성된 훈련도감을 설치하였다.

④ 고구려의 남진 정책 추진

⋯› 고구려 장수왕은 국내성에서 평양으로 수도를 옮기고 남진 정책을 실시하였다. 이에 백제의 수도 한성을 빼앗고 개로왕을 죽임으로써 한강 유역을 장악하고 영토를 넓혔다.

미니북 14쪽

19 정도전

정답 ②

빠른 정답 찾기 태조 + 『조선경국전』 ➡ 정도전

자료 분석하기

고려 말 급진 개혁파를 이끌었던 정도전은 신흥 무인 세력인 이성계와 연합하였다. 이들은 위화도 회군 이후 최영 세력을 몰아내고 이색, 정몽주 등의 온건 개혁파를 제거하면서 조선 건국을 주도하였다. 조선 건국 이후 정도전은 한양으로 도읍을 옮긴 후 도성을 쌓고 왕조의 기틀을 마련하는 데 공헌하였다.

선택지 분석하기

① 송시열

⋯ 송시열은 조선 효종에게 「기축봉사」를 올려 명에 대한 의리를 지키고 청에 당한 수모를 갚자고 주장하면서 효종 북벌 계획의 핵심 인물이 되었다.

✔ 정도전

⋯ 정도전은 조선의 개국 공신으로, 『조선경국전』을 편찬하여 조선의 유교적 통치 기반을 확립하였다.

③ 정약용

⋯ 정약용은 조선 후기의 대표적인 실학자로, 지방 행정 개혁 방향을 제시한 『목민심서』, 중앙 행정 개혁에 대한 『경세유표』, 형법 개혁에 대한 『흠흠신서』 등을 저술하였다.

④ 홍대용

⋯ 홍대용은 조선 후기의 실학자로, 서양 과학의 적극적 수용을 강조하였다. 또한, 『의산문답』을 통해 지전설과 무한 우주론을 주장하면서 중국 중심의 성리학적 세계관을 비판하였다.

미니북 51쪽

20 창덕궁

정답 ④

빠른 정답 찾기 태종 때 이궁으로 세움 + 조선의 정원 조경이 잘 보존된 후원 + 돈화문 + 인정전 + 낙선재 + 연경당 ➡ 창덕궁

자료 분석하기

창덕궁은 1405년 조선 태종 때 경복궁의 이궁으로 동쪽에 지어졌다. 이후 임진왜란 때 경복궁이 소실되면서 경복궁 복원 전까지 법궁 역할을 담당하였다. 창덕궁 후원은 왕들의 휴식처로 사용되었으며 나무와 연못, 정자 등 조원 시설이 자연과 조화를 이루도록 배치되었다. 돈화문은 창덕궁의 정문 역할을 하고 있으며, 인정전은 창덕궁의 정전으로 이곳에서 조선 역대 왕들이 정치나 국가 행정 사무를 보았다. 낙선재는 헌종 때 후궁 경빈 김씨를 위해 기존에 있던 건물을 고쳐 지었으며, 이후 고종 때에는 집무실로 사용되었다. 연경당은 창덕궁 후원에 있는 건물로, 효명 세자가 아버지 순조에게 존호를 올리는 의례를 행하기 위해 지어졌다.

선택지 분석하기

① 경복궁

⋯ 경복궁은 태조 이성계가 조선 건국 이후 도읍을 개경에서 한양으로 옮기면서 창건되었다. 이후 임진왜란 때 불타 없어졌다가 고종 때 흥선 대원군이 왕실의 권위를 회복하기 위해 중건하였다.

② 경희궁

⋯ 경희궁은 조선 후기의 이궁으로 광해군 때 만들어졌다. 임진왜란 때 경복궁이 불탄 후 흥선 대원군이 중건하기 전까지 동궐인 창덕궁이 법궁이 되었고, 서궐인 경희궁이 이궁으로 사용되었다.

③ 덕수궁

⋯ 덕수궁은 월산 대군의 집이었으나 임진왜란 이후 선조가 임시 궁궐로 사용하다가 광해군이 즉위한 후에 경운궁이라는 이름을 붙였다. 이후 1897년 고종이 아관 파천을 한 후에 경운궁으로 돌아오면서 대한 제국의 법궁이 되었다. 광복 이후에는 덕수궁 석조전에서 미소 공동 위원회가 열리기도 하였다.

✔ 창덕궁

⋯ 창덕궁은 조선 태종 때 만들어진 궁궐로 처음에는 경복궁의 이궁으로 지어졌지만 임진왜란 이후 경복궁이 불타면서 고종 때까지 법궁으로 사용되었다. 현재 남아 있는 조선의 궁궐 중 그 원형이 가장 잘 보존되어 있으며, 자연과의 조화로운 배치와 한국의 정서가 담겨 있다는 점에서 1997년 유네스코 세계 유산으로 등록되었다.

미니북 42쪽

21 조선 시대 붕당 정치

정답 ④

빠른 정답 찾기 이조 전랑 김효원 + 심충겸 ➡ 이조 전랑직 문제

자료 분석하기

이조 전랑은 삼사의 관직 임명권과 자신의 후임자 추천권을 가진 중요한 관직이었다. 조선 선조 때 새로운 이조 전랑으로 김효원이 지목되자 심의겸은 김효원이 명종 때 외척이었던 윤원형에게 붙은 간신이라며 반대하였으나 결국 김효원이 이조 전랑으로 임명되었다. 이후 이조 전랑으로 심의겸의 동생 심충겸이 지목되자 후임을 추천할 수 있었던 김효원은 심충겸을 외척이라 반대하면서 이발을 후임으로 임명하였다. 이러한 갈등으로 사림은 김효원을 중심으로

한 동인과 심의겸을 중심으로 한 서인으로 나뉘어 붕당 정치가 시작되었다(1575).

선택지 분석하기

① 기묘사화가 일어났다.
⋯ 조선 중종 때 등용된 조광조와 사림들이 위훈 삭제, 현량과 실시 등의 개혁을 주장하였다. 그러나 훈구 공신들의 반발로 인해 기묘사화가 발생하여 조광조를 비롯한 사림들이 제거되었다(1519).

② 신진 사대부가 등장하였다.
⋯ 고려 말 새로운 정치 세력으로 등장한 신진 사대부는 공민왕의 개혁 정책에 적극 참여하면서 성장하였다. 주로 과거를 통해 정계에 진출하였으며 성리학을 이론적 근거로 수용하여 권문세족의 비리를 비판하였다.

③ 수양 대군이 권력을 장악하였다.
⋯ 조선 세조는 수양 대군 시절 계유정난(1453)을 일으켜 황보인, 김종서 등을 제거하고 권력을 장악하여 단종을 몰아내고 왕으로 즉위하였다.

④ 사림이 동인과 서인으로 나뉘었다.
⋯ 조선 선조 때 사림 세력은 이조 전랑 임명권을 놓고 김효원을 중심으로 한 동인과 심의겸을 중심으로 한 서인으로 나뉘어 붕당 정치가 시작되었다(1575).

미니북 14쪽

22 퇴계 이황 정답 ③

빠른 정답 찾기 도산 서원 상덕사 + 풍기 군수 + 성균관 대사성 + 예안 향약 ➡ 이황

자료 분석하기

퇴계 이황은 주자학을 집대성한 성리학자로 조선 유학의 길을 정립하였고 일본 유학의 부흥에도 크게 기여하였다. 또한, 향약의 4대 덕목 중 '과실상규'를 강조하였고 '효제충신'을 공동체의 기본 덕목으로 삼는 예안 향약을 만들었다. 선조 때 이황의 학덕을 추모하는 문인과 유생들이 상덕사라는 사당과 전교당을 지어 완성한 도산 서원은 이후 사액 서원이 되면서 영남 지방 유학의 중심지가 되었다.

선택지 분석하기

① 거중기를 설계하였다.
⋯ 정약용이 『기기도설』을 참고하여 제작한 거중기는 수원 화성 축조에 사용되어 공사 기간과 비용을 줄이는 데 큰 역할을 하였다

② 대마도를 정벌하였다.
⋯ 조선 세종은 조선 초기 왜구가 자주 침입해 오자 이종무를 시켜 대마도를 정벌하게 하였다.

③ 성학십도를 저술하였다.
⋯ 퇴계 이황은 선조가 성군이 되기를 바라는 마음을 담아 『성학십도』를 저술하여 군주의 도를 도식으로 설명하였다.

④ 대동여지도를 제작하였다.
⋯ 김정호는 조선 후기에 산맥, 하천, 도로 등을 정확하게 표시하고 10리마다 눈금을 표시하여 거리를 알 수 있게 한 대동여지도를 제작하였다.

미니북 32쪽

23 병자호란 정답 ③

빠른 정답 찾기 남한산성 + 인조 + 청에 항전 ➡ 병자호란

자료 분석하기

후금이 국호를 청으로 고치고 조선에 군신 관계를 요구하였으나 조선이 이를 거부하자 청 태종이 10만 대군을 거느리고 조선을 침략하면서 병자호란이 발생하였다. 인조는 강화도로 피란하려 하였으나 청군에 의해 길이 막혀 남한산성으로 가서 항전하였다. 청군이 남한산성을 포위하자 최명길 등의 주화파와 김상헌 등의 주전파 사이에 논쟁이 거듭되다가 마침내 성문을 열고 항복하게 되었다.

선택지 분석하기

① 보빙사의 활동을 조사한다.
⋯ 조미 수호 통상 조약 체결 이후 조선에 미국 공사가 파견되었다. 이에 답하여 조선 조정은 민영익, 홍영식을 중심으로 한 사절단인 보빙사를 미국에 파견하였다.

② 삼별초의 이동 경로를 찾아본다.
⋯ 무신 정권 해체 이후 강화도에 있던 고려 조정이 개경으로 되돌아가면서 몽골과의 강화가 성립되었다. 삼별초는 이에 반발하여 배중손, 김통정의 지휘하에 진도와 제주도로 이동하며 대몽 항쟁을 전개하였다.

③ 삼전도비의 건립 배경을 파악한다.
⋯ 조선 인조는 병자호란 때 남한산성으로 피신하여 청군에 항전하였다. 하지만 강화도로 보낸 왕족과 신하들이 인질로 잡히자 삼전도에서 굴욕적인 항복을 하였다. 이에 청 태종은 자신의 공적을 기리기 위하여 삼전도비를 세우게 하였다.

④ 을미의병이 일어난 계기를 살펴본다.
⋯ 을미개혁으로 시행된 단발령은 을미사변으로 인해 격해진 반일 감정을 폭발하게 하였다. 이에 유인석, 이소응 등을 중심으로 전국적인 항일 의병 활동이 전개되었다.

미니북 10쪽

24 정조의 정책

정답 ①

빠른 정답 찾기 조선 제22대 왕 + 사도 세자 + 만안교 ➡ 정조

자료 분석하기

만안교는 조선의 제22대 국왕 정조가 사도 세자의 묘인 현륭원 참배 행차 때 통행 편의를 위해 만든 다리로 경기도 유형문화재 제38호로 지정되어 있다.

선택지 분석하기

① 장용영을 창설하였다.

⋯ 조선 정조는 왕권을 뒷받침하는 군사적 기반을 갖추기 위해 친위 부대인 장용영을 창설하였다.

② 집현전을 설치하였다.

⋯ 조선 세종은 집현전을 설치하고 학문 연구, 경연, 서연 등을 담당하게 하여 유교 정치의 활성화를 꾀하였다.

③ 척화비를 건립하였다.

⋯ 병인양요와 신미양요를 극복한 흥선 대원군은 외세의 침입을 경계하고 서양과의 통상 수교 거부 의지를 알리기 위해 전국 각지에 척화비를 세웠다.

④ 경국대전을 반포하였다.

⋯ 조선 세조 때 편찬되기 시작한 『경국대전』은 조선의 기본 법전으로, 성종 때 완성되어 반포되었다.

미니북 36쪽

25 홍경래의 난

정답 ④

빠른 정답 찾기 19세기 농민 봉기 + 가산 다복동 + 우군칙 + 홍경래 + 김창시 ➡ 홍경래의 난

자료 분석하기

조선 순조 때 세도 정치로 인한 삼정의 문란과 서북 지역 차별에 대한 불만이 터져 나왔다. 이에 평안도 지역 농민들이 몰락 양반 출신의 홍경래를 중심으로 우군칙, 김창시 등과 함께 가산 지역에서 봉기를 일으켰다. 이때 홍경래는 금광에서 금을 캔다고 속여 모집한 광부들을 반란에 가담시키며 세력을 확장하였다. 이들은 평안도 일부 지역을 점령하기도 하였으나 관군에 의해 정주성에서 진압되었다.

선택지 분석하기

① 강화도 초지진에서 항전하였다.

⋯ 미국이 제너럴 셔먼호 사건을 구실로 강화도를 침입하면서 신미양요가 발생하였다. 미국 함대는 함포 사격으로 초지진을 초토화시켰다. 이에 어재연이 이끄는 조선군이 광성보에서 미군에 맞서 전투를 벌였다.

② 서경 천도와 금국 정벌을 주장하였다.

⋯ 묘청을 중심으로 한 서경(평양) 세력은 풍수지리설을 바탕으로 서경 천도와 금 정벌, 칭제 건원을 주장하였다. 그러나 받아들여지지 않자 서경에서 국호를 대위국으로 하여 반란을 일으켰다.

③ 제물포 조약이 체결되는 결과를 가져왔다.

⋯ 신식 군대인 별기군에 비해 차별 대우를 받던 구식 군대가 선혜청을 습격하면서 임오군란이 발생하였다. 군란 직후 일본은 조선에 군란으로 입은 피해에 대한 책임을 물었다. 이에 사과 사절단 파견, 주모자 처벌, 배상금 지불, 공사관 경비병 주둔 등의 내용을 담은 제물포 조약을 체결하게 되었다.

④ 서북 지역민에 대한 차별에 반발하여 일어났다.

⋯ 조선 순조 때 세도 정치와 삼정의 문란으로 인해 어려움을 겪던 농민들과 서북 지역에 대한 차별 대우에 불만을 품은 평안도 지역 사람들이 몰락 양반 출신인 홍경래를 중심으로 봉기를 일으켰다.

미니북 16쪽

26 박제가

정답 ③

빠른 정답 찾기 북경 + 4차례 연행길 + 청의 지식인들과 교우 + 청의 제도와 문물을 소개한 『북학의』 저술 ➡ 박제가

자료 분석하기

조선은 청에 정기적으로 연행사를 파견하면서 교류하였는데, 그 일원이었던 박제가는 청에서 선진 문물을 직접 견학하였다. 또한, 청의 기윤, 옹방강, 나빙, 홍양길 등의 지식인들과도 교유하였다. 이후 박제가는 청에 다녀온 뒤 『북학의』를 저술하여 청의 문물을 적극적으로 수용할 것과 수레와 배의 이용, 적극적인 소비를 권장하였다.

선택지 분석하기

① 이익

⋯ 이익은 『성호사설』과 『곽우록』을 저술하였다. 또한, 한 가정의 생활을 유지하는 데 필요한 규모의 토지를 영업전으로 정하여 법으로 매매를 금지하고 나머지 토지만 매매가 가능하게 하는 한전론을 주장하였다.

② 김정희

⋯ 김정희는 조선 후기 금석학 연구를 통해 저술한 『금석과안록』에

서 북한산 순수비가 진흥왕 순수비임을 밝혀냈다.

✓ 박제가

⋯ 박제가는 서얼 출신으로 조선 정조 때 규장각 검서관에 등용되었다. 또한, 『북학의』를 저술하여 청의 문물을 적극적으로 수용할 것과 수레와 배의 이용과 함께 적극적인 소비를 권장하였다.

④ 유성룡

⋯ 유성룡은 임진왜란 중에 포수, 사수, 살수의 삼수병으로 편성된 훈련도감의 설치를 건의하였다. 또한, 7년에 걸친 임진왜란 동안 경험한 사실을 기록하여 『징비록』을 저술하였다.

한발 더 다가가기

조선 후기 실학의 발달

농업 중심 개혁론	주장	• 농업 경영과 농촌 경제 진흥 • 토지 제도 개혁, 자영농 육성 중시
	대표적 학자	• 유형원: 신분에 따라 토지 차등 분배, 자영농 육성 주장 → 균전론 • 이익: 생활에 필요한 최소한의 토지인 영업전 매매 금지 → 한전론 • 정약용: 토지를 마을 단위로 공동 소유·공동 경작, 노동력에 따른 수확물 분배 주장 → 여전론
상공업 중심 개혁론	주장	• 상공업 진흥 및 기술 혁신 • 청의 선진 문물 수용 주장
	대표적 학자	• 홍대용: 기술 혁신, 문벌제도 폐지 주장 • 박지원: 수레·선박 이용, 화폐 유통의 필요성 강조 • 박제가: 수레·선박 이용, 소비 촉진을 통한 경제 활성화 강조

미니북 33쪽

27 흥선 대원군 정답 ①

빠른 정답 찾기 왕권 강화를 위한 통치 체제 정비 + 민생 안정과 국가 재정 확충을 위한 노력 ➡ 흥선 대원군

자료 분석하기

1863년 고종이 어린 나이에 왕위에 오르면서 정치적 실권을 장악한 흥선 대원군은 왕권 강화를 위한 통치 체제를 재정비하였다. 이를 위해 경복궁을 중건하였으며, 비변사를 폐지하고 법전인 『대전회통』을 편찬하였다. 그리고 민생 안정과 국가 재정 확충을 위해 향촌에서 마을 단위로 공동 운영하는 사창제를 전국적으로 실시하여 환곡의 폐단을 해결하고자 하였다. 또한, 군정의 문란을 해결하기 위해 호포제를 실시하여 양반에게도 군포를 부과하였다.

선택지 분석하기

✓ 서원 철폐에 반대하는 양반

⋯ 흥선 대원군은 서원이 면세 등의 혜택으로 국가 재정을 악화시키고 백성을 수탈하는 폐해를 저지르자 47개의 서원을 제외하고 모두 철폐하였다.

② 배재 학당에서 공부하는 유생

⋯ 미국인 선교사 아펜젤러는 근대적 사립 학교인 배재 학당을 세워 신학문 보급에 기여하였다.

③ 탕평비 건립을 바라보는 유생

⋯ 조선 영조는 붕당 정치의 폐해를 막고 능력에 따라 인재를 등용하기 위해 탕평책을 실시하였고, 성균관에 탕평비를 건립하였다.

④ 만민 공동회에서 연설하는 백정

⋯ 독립 협회는 만민 공동회를 개최하여 민중에게 근대적 지식과 국권·민권 사상을 고취시켰다. 또한, 가장 천대받던 계층인 백정 출신의 박성춘이 연설을 하는 등 관민이 함께 국정에 대하여 논의하기도 하였다.

미니북 24쪽

28 조선 후기 경제 상황 정답 ①

빠른 정답 찾기 모내기법 확산 + 상평통보 유통 + 장시가 전국에서 열림 ➡ 조선 후기 경제 상황

선택지 분석하기

✓ 과전법이 실시되었어요.

⋯ 고려 말 공양왕 때 토지 개혁을 위해 시행한 과전법은 직관과 산관에게 토지에 대한 수조권을 부여하는 제도였다. 이후 조선에서 관리들의 경제적 기반을 보장하고 국가의 재정을 유지하는 토대가 되었다.

② 모내기법이 확산되었어요.

⋯ 조선 후기에 수리 시설이 확충되어 모내기법이 확산되었으며, 경작지의 규모가 확대되어 광작이 증가하였다

③ 상평통보가 널리 유통되었어요.

⋯ 조선 후기 상공업의 발달로 화폐의 유통이 활발해졌으며, 숙종 때 상평통보가 주조되어 전국적으로 유통되었다.

④ 장시가 전국 곳곳에서 열렸어요.

⋯ 조선 후기 농업 생산력의 증대와 유통 경제의 발달로 전국 각지에서 장시가 활성화되었다.

미니북 38쪽

29 우정총국 정답 ②

빠른 정답 찾기 1884년 + 근대 우편 업무 ➡ 우정총국

자료 분석하기

우정총국은 우리나라 최초로 근대적 우편 업무를 실시하기 위해 1884년에 설치되었다. 또한, 인천에도 우정분국이 함께 설치되어 서울 · 인천 간 우편 업무가 연계되기도 하였다. 그러나 갑신정변이 발생하면서 개국 20일 만에 폐쇄되어 한동안 우편 업무가 중단되었다. 이후 1895년에 이르러 서울과 각 지방에 우체사가 설치되면서 우편 업무가 재개되었다.

선택지 분석하기

① 기기창

⋯› 개항 이후 1881년에 김윤식을 중심으로 청에 파견된 영선사는 톈진에서 근대 무기 제조 기술과 군사 훈련법을 배워서 돌아왔다. 이를 계기로 근대식 무기 제조 공장인 기기창이 설립되었다.

② 우정총국

⋯› 근대식 우편 제도 도입의 필요성이 제기되면서 1884년에 정부 기구로 우정총국이 설립되었다.

③ 군국기무처

⋯› 군국기무처는 갑오개혁을 실시하기 위해 설치한 기구로 김홍집이 총재관을 맡아 정치, 군사에 관한 일체의 사무를 주관하였다.

④ 통리기무아문

⋯› 고종은 국내외의 군국 기무를 총괄하는 업무를 맡은 관청인 통리기무아문을 설치하였다. 그리고 그 아래 12사(司)를 두어 행정 업무를 맡게 하였다.

미니북 37쪽

30 갑신정변 정답 ②

빠른 정답 찾기 1884년 + 개화당 + 개국 축하연 ➡ 갑신정변

자료 분석하기

김옥균, 박영효를 중심으로 한 급진 개화파는 일본의 군사적 지원을 받아 우정총국 개국 축하연 자리에서 갑신정변을 일으켰다(1884). 갑신정변으로 정권을 잡은 이들은 14개조 정강을 발표하고 청과의 사대 관계 폐지, 입헌 군주제, 능력에 따른 인재 등용을 주장하였으나 청군의 개입으로 3일 만에 실패하였다.

선택지 분석하기

① 구본신참을 개혁 원칙으로 내세웠다.

⋯› 대한 제국은 옛 법을 근본으로 삼고 새로운 것을 첨가한다는 의미의 구본신참을 기본 정신으로 하여 광무개혁을 추진하였다(1896).

② 한성 조약이 체결되는 계기가 되었다.

⋯› 일본은 갑신정변 당시 사망한 일본인에 대한 배상과 일본 공사관 신축 부지 제공 및 비용을 요구하면서 조선과 한성 조약을 체결하였다(1884).

③ 외규장각 도서가 약탈당하는 결과를 가져왔다.

⋯› 병인박해를 구실로 병인양요를 일으킨 프랑스 군대가 강화도를 침략하였다. 이때 프랑스군은 외규장각을 불태우고 외규장각 도서는 물론 의궤와 각종 보물을 약탈하였다(1866).

④ 사태 수습을 위해 박규수가 안핵사로 파견되었다.

⋯› 임술 농민 봉기를 수습하기 위해 안핵사로 파견된 박규수는 민란의 원인이 삼정의 문란에 있다고 보고 삼정이정청을 설치하여 삼정의 폐단을 해결하려고 노력하였다(1862).

미니북 41쪽

31 동학 농민 운동 정답 ④

빠른 정답 찾기 황토현 + 1894년 + 제폭구민 + 보국안민 ➡ 동학 농민 운동

자료 분석하기

2019년 정부는 5월 11일을 국가 기념일인 '동학 농민 혁명 기념일'로 제정하였다. 이 날은 동학 농민 운동 황토현 전승일로, 동학 농민군이 황토현 일대에서 관군과 전투를 벌여 최초로 큰 승리를 거둔 날이다. 동학 농민군은 고부 군수 조병갑의 횡포에 반발한 농민들이 동학교도인 전봉준을 중심으로 조직되어 제폭구민, 보국안민을 기치로 내걸고 부패한 정치를 개혁하고 외세에 맞서 싸웠다.

선택지 분석하기

① 별기군을 창설하는 계기가 되었다.

⋯› 강화도 조약 체결 이후 고종은 군사력 강화를 위해 기존 5군영을 무위영과 장어영의 2군영으로 개편하고 신식 군대인 별기군을 설치하였다.

② 대구에서 시작하여 전국으로 확산되었다.

⋯› 김광제, 서상돈 등의 제안으로 대구에서 시작된 국채 보상 운동은 전국적으로 확산되었다. 그리고 일본에서 도입한 차관 1,300만 원을 갚아 주권을 회복하고자 하였다.

③ 조선 총독부의 탄압과 방해로 실패하였다.

···› 조선 총독부는 1910년 국권을 빼앗기면서 설치된 일제의 식민 통치 기구로, 시기상 동학 농민 운동과 일치하지 않는다.

집강소를 중심으로 폐정 개혁안을 실천하였다.

···› 동학 농민군은 황토현 전투에서 승리하고 전주성을 점령하는 등 전라도 일대를 장악하였다. 이에 조정에서는 이들을 진압하기 위해 청에 원군을 요청하였고, 톈진 조약에 의해 일본도 군대를 파견하였다. 청과 일본의 군대 개입을 우려한 동학 농민군은 정부와 전주 화약을 맺고 집강소를 설치하여 폐정 개혁안을 실천하였다.

미니북 49쪽

32 환구단 정답 ④

빠른 정답 찾기 1897년 + 고종 + 황제 즉위식 + 황궁우 ➡ 환구단

자료 분석하기

환구단은 하늘에 제사를 지내는 곳으로 원구단 또는 환단, 원단이라고도 하며 조선 세조 때 처음 설치되었다. 이후 제사가 중단되었다가 고종 때인 1897년에 다시 설치되어 고종 황제의 즉위식이 거행되었다. 삼층 팔각 건물인 황궁우는 환구단이 조성된 지 2년 뒤인 1899년, 환구단 북쪽에 부속 건물로 건립되었다.

선택지 분석하기

① 종묘

···› 종묘는 조선 시대 역대 왕과 왕비의 신위를 봉안한 사당이다. 왕이 국가와 백성의 안위를 기원하기 위해 문무백관과 함께 정기적으로 제사에 참여한 공간이며 왕실의 상징성과 정통성을 보여준다.

② 광혜원

···› 광혜원은 미국인 선교사이자 조선 왕실의 의사였던 알렌의 건의로 1885년 한성에 설립된 최초의 서양식 병원이다.

③ 사직단

···› 사직단은 조선 시대 토지신인 국사신과 곡물신인 국직신에게 풍년을 기원하며 제사를 드리기 위해 쌓은 제단이다.

✔ 환구단

···› 고종은 아관 파천 이후 경운궁(덕수궁)으로 돌아와서 대한 제국을 수립하고 환구단에서 황제 즉위식을 거행하였다.

미니북 39쪽

33 보안회 정답 ③

빠른 정답 찾기 일본 + 황무지 개간권 요구 철회 ➡ 보안회

자료 분석하기

보안회는 송수만, 심상진 등을 중심으로 1904년 서울에서 조직된 독립운동 단체이다. 이 단체는 '조그마한 땅도 넘겨줄 수 없다.'고 주장하면서 일본의 황무지 개간권 요구 반대 운동을 전개하여 결국 일본의 황무지 개간권 요구를 철회시켰다.

선택지 분석하기

① 권업회

···› 권업회는 연해주 지역에서 이상설을 중심으로 설립되어 권업신문을 발행하였다. 또한, 학교, 도서관 등을 건립하였으며 항일 독립운동을 전개하였다.

② 근우회

···› 근우회는 신간회의 자매단체로 조직되어 여성 계몽 활동과 여성 지위 향상 운동을 전개하였다.

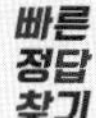보안회

···› 보안회는 일본이 대한 제국에 황무지 개간권을 요구하자 이에 대한 반대 운동을 전개하여 요구를 철회시켰다.

④ 토월회

···› 토월회는 박승희, 김기진이 중심이 되어 설립된 극단으로 신극 운동을 전개하였다.

미니북 38쪽

34 독립신문 정답 ①

빠른 정답 찾기 1896년 + 서재필 + 한글판과 영문판 + 우리나라 최초의 민간 신문 ➡ 독립신문

자료 분석하기

독립신문은 갑신정변 이후 미국에서 돌아온 서재필이 정부의 지원을 받아 1896년에 창간한 최초의 민간 신문이다. 또한, 최초의 한글 신문이며 한글판과 영문판 두 종류로 발행되었다.

선택지 분석하기

✔ 독립신문

···› 독립신문은 서재필이 정부의 지원을 받아 창간한 최초의 민간 신문이다.

② 제국신문
⋯▸ 제국신문은 민중 계몽과 자주독립 의식을 고취하기 위해 이종일이 한글로 간행한 신문이다. 주로 서민층과 부녀자들을 대상으로 하였다.

③ 해조신문
⋯▸ 연해주로 이주한 동포들은 순 한글 신문인 해조신문을 발간하여 독립 의식을 고취하였으며 해외에서 발행된 최초의 한글 신문이다.

④ 대한매일신보
⋯▸ 대한매일신보는 양기탁과 영국인 베델을 중심으로 창간되었고, 항일 민족 운동을 적극적으로 지원하였다. 또한, 국채 보상 운동을 전국적으로 확산시키는 데 기여하였다.

미니북 11쪽

35 을사늑약

정답 ①

빠른 정답 찾기 1905년 + 일제에 의해 강제로 체결 + 헤이그 특사 ➡ 을사늑약

자료 분석하기

고종은 일제에 의해 강제로 체결된 을사늑약의 부당성을 국제 사회에 알리기 위해 이준, 이상설, 이위종을 헤이그에서 열린 만국 평화 회의에 특사로 파견하였다. 당시 호머 헐버트는 고종의 특별 밀사로 헤이그에 파견되어 이들의 활동을 지원하고 국제 사회의 도움과 지지를 받기 위해 노력하였다.

선택지 분석하기

✔ 외교권 박탈
⋯▸ 일제는 고종과 대신들을 위협하여 을사늑약을 체결하고 대한 제국의 외교권을 박탈하였다. 이후 통감부가 설치되고 이토 히로부미가 초대 통감으로 부임하여 내정 간섭이 심화되었다.

② 천주교 포교 허용
⋯▸ 조선과 프랑스 사이에 체결된 조불 수호 통상 조약을 통해 천주교 포교가 허용되었다.

③ 화폐 정리 사업 실시
⋯▸ 제1차 한일 협약을 통해 재정 고문이 된 메가타는 조선의 경제권을 장악하기 위해 탁지부를 중심으로 화폐 정리 사업을 추진하였다. 이에 백동화를 갑, 을, 병종으로 구분하고 제일 은행권으로 교환하였다.

④ 대한 제국 군대 해산
⋯▸ 헤이그 특사 파견 사건을 빌미로 고종을 강제 퇴위시키고 순종을 즉위시킨 일제는 한일 신협약(정미 7조약)을 체결하여 각 부에 일본인 차관을 배치하고 대한 제국의 군대를 해산시켰다.

한발 더 다가가기

일제의 국권 침탈 과정

구분	내용
한일 의정서 (1904.2.)	• 러일 전쟁을 빌미로 체결 • 일본이 전쟁 시 한국의 영토를 군사 기지로 사용할 수 있는 권리 획득 • 한국에 대한 내정 간섭
제1차 한일 협약 (1904.8.)	• 재정 고문(메가타)과 외교 고문(스티븐스) 파견 • 메가타의 화폐 정리 사업 추진
을사늑약 (1905)	• 한국의 외교권 박탈 • 통감부 설치: 외교 업무 등 내정 간섭
고종 강제 퇴위 (1907)	• 헤이그 특사 파견 구실로 퇴위 강요 • 고종의 강제 퇴위 후 순종 즉위
한일 신협약 (정미 7조약, 1907)	• 통감의 권한 강화: 한국의 법령 제정, 관리의 임면 등 내정권 장악 • 부속 각서 체결: 행정 각부에 일본인 차관 임명, 대한 제국의 군대 해산
기유각서 (1909)	사법권, 감옥 관리권 강탈

미니북 15쪽

36 한용운

정답 ④

빠른 정답 찾기 『님의 침묵』 + 승려 + 독립운동가 + 민족 대표 33인 + 『조선불교유신론』 ➡ 한용운

자료 분석하기

만해 한용운은 독립운동가 겸 승려이자 시인으로 일제 강점기에 『님의 침묵』을 출간하여 저항 문학에 앞장섰고, 불교의 현실 참여를 주장하면서 『조선불교유신론』을 저술하였다. 1920년대에는 불교를 신봉하는 청년들과 함께 항일 운동을 전개하는 동시에 불교를 개혁하기 위해 불교 혁신 운동 단체인 조선 불교 유신회를 조직하여 활동하였다.

선택지 분석하기

① 대성 학교를 설립하였습니다.
⋯▸ 안창호는 양기탁과 함께 신민회를 설립하고 평양에 대성 학교를 세워 민족 교육을 전개하였다.

② 잡지 어린이를 발간하였습니다.
⋯▸ 방정환 등이 주축이 된 천도교 소년회는 1923년 5월 1일을 어린이날로 제정하고, 잡지 『어린이』를 발간하였다.

③ 해동 천태종을 개창하였습니다.
⋯▸ 고려의 왕족 출신으로 승려가 된 의천은 국청사를 중심으로 해동 천태종을 개창하고 교단 통합 운동을 전개하였다.

 조선불교유신론을 저술하였습니다.

···› 한용운은 당시의 불교의 다각적인 관찰과 비판을 통해 불교의 현실 참여를 주장하면서 『조선불교유신론』을 저술하였다.

미니북 28쪽

37 항일 독립운동의 변천사 정답 ①

빠른 정답 찾기 (가) 안중근, 이토 히로부미 저격 ➡ (나) 홍범도, 봉오동 전투 승리 ➡ (다) 윤봉길, 훙커우 공원 의거

자료 분석하기

(가) **안중근, 이토 히로부미 저격**(1909): 안중근이 하얼빈에서 을사늑약의 원흉이자 초대 통감인 이토 히로부미를 사살하였다.

(나) **홍범도, 봉오동 전투 승리**(1920): 홍범도의 대한 독립군은 대한 국민회군, 군무도독부 등의 독립군과 연합하여 일본군과의 봉오동 전투에서 일본군을 상대로 큰 승리를 거두었다.

(다) **윤봉길, 훙커우 공원 의거**(1932): 한인 애국단에 소속되어 활동하던 윤봉길은 상하이 훙커우 공원에서 열린 일본군의 전승 축하 기념식에서 폭탄을 던져 일제 요인들에게 큰 타격을 주었다.

38 신채호의 『조선상고사』 정답 ④

빠른 정답 찾기 일제 강점기 + 신채호 + 역사를 아(我)와 비아(非我)의 투쟁을 기록한 것으로 정의 ➡ 『조선상고사』

자료 분석하기

'역사는 아(我)와 비아(非我)의 투쟁'이라는 문구는 『조선상고사』의 첫머리에 적혀 있는 것으로, 신채호의 자주적 민족사관을 압축하여 보여 주는 표현이다.

선택지 분석하기

① 제왕운기

···› 고려 때 이승휴가 쓴 『제왕운기』는 서사시로 저술된 역사서이다. 단군의 고조선 건국 이야기를 시작으로 고려 충렬왕까지의 역사를 다루고 있다.

② 동사강목

···› 조선 정조 때 안정복은 『동사강목』을 저술하여 고조선부터 고려 말까지의 역사를 정리하였다.

③ 연려실기술

···› 조선 영조 때 이긍익이 저술한 『연려실기술』은 조선 시대의 정치와 문화 및 역사를 기사본말체로 기록한 역사서이다.

 조선상고사

···› 신채호는 『조선사연구초』와 『조선상고사』를 통해 우리 고대 문화의 우수성과 독자성을 강조하였다. 또한, 과거의 사대주의적 이념에 입각하여 한국사를 서술한 유학자들과 당시 근대적인 역사학을 강조하던 식민주의 사가들을 비판하였다.

미니북 28쪽

39 나석주 정답 ②

빠른 정답 찾기 의열단원 + 조선 식산 은행과 동양 척식 주식회사에 폭탄을 던짐 ➡ 나석주

자료 분석하기

의열단은 1919년 김원봉을 중심으로 만주에서 결성되었다. 신채호가 작성한 조선 혁명 선언을 기본 행동 강령으로 삼았으며, 직접적인 투쟁 방법인 암살, 파괴, 테러 등을 통해 독립운동을 전개하였다.

선택지 분석하기

① 김규식

···› 김규식은 파리 강화 회의에 파견되어 독립 청원서를 제출하였으며, 좌우 합작 위원회에 우익 대표로 참여하였다. 또한, 남한만의 단독 선거에 반대하여 김구와 함께 남북 협상을 진행하였다.

 나석주

···› 나석주는 의열단원으로 활동하면서 조선 식산 은행과 동양 척식 주식회사에 폭탄을 투척하였다.

③ 안창호

···› 안창호는 양기탁 등과 함께 신민회를 결성하고 평양에 대성 학교를 세워 민족 교육을 실시하였다. 또한, 미국에서 흥사단을 조직하여 국권 회복을 위해 노력하였다.

④ 이육사

···› 이육사는 일제의 식민 통치를 극복하려는 의지를 표현한 「광야」, 「절정」 등의 작품을 통해 일제의 탄압에 저항하였다.

미니북 27쪽

40 신간회 정답 ④

빠른 정답 찾기 1927년 + 정치적 · 경제적 각성을 촉진함 + 단결을 공고히 함 + 기회주의를 일체 부인함 ➡ 신간회

자료 분석하기

1927년에 사회주의 세력과 민족주의 세력이 연대하여 민족 유일당을 결성할 수 있다는 공감대가 형성되면서 신간회가 결성되었다. 이들은 자료에 제시된 3대 강령 내용과 마찬가지로 일체의 기회주의를 부인하며 민족 협동 전선을 펼치고자 노력하였다.

선택지 분석하기

① 독립 공채를 발행하였다.
··· 대한민국 임시 정부는 국외 거주 동포들에게 독립 공채를 발행하여 독립운동 자금을 마련하였다.

② 정부에 헌의 6조를 건의하였다.
··· 독립 협회는 관민 공동회를 개최하여 중추원 개편을 통한 의회 설립 등이 담긴 헌의 6조를 고종에게 건의하였다.

③ 한글 맞춤법 통일안을 발표하였다.
··· 조선어 연구회가 조선어 학회로 확대 개편되었고 이후 한글 맞춤법 통일안을 제정하여 발표하였다.

④ 광주 학생 항일 운동에 조사단을 파견하였다.
··· 신간회는 한국인 학생과 일본인 학생 간의 충돌 사건을 계기로 한국인 학생에 대한 차별과 식민지 교육에 저항하여 발생한 광주 학생 항일 운동에 진상 조사단을 파견하여 지원하였다.

한발 더 다가가기

신간회

결성	정우회 선언을 계기로 비타협적 민족주의자들과 사회주의자들이 연대하여 결성(1927)
활동	• 민중 계몽, 노동 · 농민 · 여성 운동 및 형평 운동 지원 • 원산 총파업 지원, 광주 학생 항일 운동 때 진상 조사단 파견(민중 대회 계획)
해소	일제의 탄압, 집행부 내에서 타협주의의 대두, 사회주의 계열의 이탈 등을 원인으로 해소(1931)
의의	• 대중의 지지를 받음 • 국내에서 조직된 최대의 항일 운동 단체 • 민족 협동 전선 추구

미니북 28쪽

41 한국 광복군 정답 ①

빠른 정답 찾기 대한 민국 임시 정부 + 1940년 + 중국 충칭 ➡ 한국 광복군

자료 분석하기

대한민국 임시 정부는 이봉창과 윤봉길의 의거 이후 일제의 탄압이 심해지자 충칭으로 이동하였다. 근거지를 옮긴 뒤 직할 부대인 한국 광복군을 창설하였다.

선택지 분석하기

① 국내 진공 작전을 준비하였다.
··· 한국 광복군은 영국군의 요청으로 인도, 미얀마 전선에 파견되었으며 연합군과 협조하여 국내 진공 작전을 준비하였으나 일제의 패망으로 실현하지는 못하였다.

② 고종의 밀지를 받아 조직되었다.
··· 독립 의군부는 고종의 밀지를 받아 임병찬을 중심으로 조직되었다. 독립 의군부는 의병을 모으고, 조선 총독부에 국권 반환 요구서를 보내 한반도 강점의 부당함을 주장하는 등 대한 제국을 재건하고자 하였다.

③ 간도 참변 이후 자유시로 이동하였다.
··· 대한 독립 군단은 간도 참변 이후 연해주의 자유시로 근거지를 옮겼으나, 공산당 간의 갈등으로 발생한 자유시 참변으로 큰 타격을 입었다.

④ 청산리 전투에서 일본군에 승리하였다.
··· 김좌진이 이끄는 북로 군정서군은 홍범도가 이끄는 대한 독립군과 연합하여 청산리 전투에서 일본군에 큰 승리를 거두었다.

미니북 52쪽

42 충주 정답 ④

빠른 정답 찾기 고구려의 한강 유역 진출을 알려주는 비석 + 김윤후가 몽골군에 항전 + 신립이 탄금대에서 일본군에 맞서 싸움 ➡ 충주

자료 분석하기

- **충주 고구려비**: 고구려 장수왕은 평양성으로 도읍을 옮기고, 남진 정책을 추진하여 백제의 수도 한성을 함락하고 죽령 지역까지 영토를 확장하였다. 이러한 고구려의 한강 유역 진출은 충주 고구려비에 기록되어 있다.
- **충주성 전투**: 몽골의 5차 침입 때 고려의 승장 김윤후는 전투에서 승리하면 신분을 가리지 않고 모두 벼슬을 주겠다고 약속하며

실제로 노비 문서를 불태웠다. 이에 병사와 백성들이 충주성 전투에서 힘을 다해 몽골군을 물리쳤다.

- **충주 탄금대 전투**: 임진왜란 때 왜군이 부산을 함락시키자 조선 조정에서 신립을 삼도순변사로 임명하여 이를 막게 하였다. 신립은 충주 탄금대에 배수의 진을 치고 전투를 벌였으나 패배하였다.

미니북 29쪽

43 제주 4 · 3 사건 정답 ③

빠른 정답 찾기 남한만의 단독 선거에 반대 + 수많은 주민 희생 + 2000년 진상 규명 등에 관한 특별법 공포 ➡ 제주 4 · 3 사건

자료 분석하기

제주 4 · 3 사건은 1948년 남한만의 단독 정부 수립에 반대한 남로당 제주도당의 무장 봉기에 대한 미군정과 경찰의 강경 진압이 원인이 되어 발생하였다. 당시 진압 과정에서 법적 절차도 제대로 거치지 않고 총기 등을 사용하여 민간인까지 죽이면서 제주도민들이 큰 피해를 입었다. 이후 2000년에 제주 4 · 3 사건 진상 규명 및 희생자 명예 회복에 관한 특별법이 제정되면서 정부 차원의 진상 조사가 이루어졌다.

선택지 분석하기

① 원산 총파업

⋯› 원산 총파업은 영국인이 경영하는 회사에서 일본인 감독이 조선인 노동자를 구타한 사건에서 시작되었다. 파업 후 요구를 받아 주겠다던 회사가 약속을 이행하지 않자 노동자들은 원산 노동자 연합회를 중심으로 총파업에 들어갔다.

② 제암리 사건

⋯› 제암리 사건은 3 · 1 운동 때 만세 운동이 일어났던 수원(화성) 제암리에서 일본군이 주민들을 학살하고 교회당과 민가를 방화한 사건이다.

✔③ 제주 4 · 3 사건

⋯› 제주 4 · 3 사건은 남한만의 단독 정부 수립에 반대한 남로당 제주도당의 무장 봉기에 대한 미군정과 경찰의 강경 진압이 원인이 되어 발생하였다. 당시 진압 과정에서 법적 절차도 제대로 거치지 않고 총기 등을 사용하여 민간인까지 죽이면서 제주도민들이 큰 피해를 입었다.

④ 부마 민주 항쟁

⋯› YH 무역 노동자들의 농성이 신민당사 앞에서 일어난 것을 빌미로 박정희 정부는 신민당 총재 김영삼을 국회의원에서 제명하였다. 이를 계기로 김영삼의 정치적 근거지인 부산, 마산에서 박정희 정권의 유신 체제에 반대하는 시위가 일어나면서 부마 민주 항쟁이 시작되었다.

미니북 29쪽

44 대한민국 정부 수립 정답 ②

빠른 정답 찾기 5 · 10 총선거 실시 ➡ (가) ➡ 반민족 행위 특별 조사 위원회 활동

자료 분석하기

- **5 · 10 총선거 실시**(1948.5.10.): 우리나라 역사상 최초의 민주주의 선거인 5 · 10 총선거를 통해 임기 2년의 제헌 국회 의원이 선출되었다.
- **반민족 행위 특별 조사 위원회 활동**(1949): 제헌 국회는 정부 수립 직후 일제의 잔재를 청산하기 위해 반민족 행위 처벌법을 제정하였다(1948.9.). 이에 따라 반민족 행위 특별 조사 위원회(반민 특위)가 구성되어 1949년 1월부터 활동을 개시하였다.

선택지 분석하기

① 베트남 전쟁 파병

⋯› 박정희 정부는 미국의 요청으로 베트남에 국군을 파병하고 미국으로부터 경제적 지원을 받았다(1964~1973).

✔② 대한민국 정부 수립

⋯› 5 · 10 총선거를 통해 구성된 제헌 국회는 국호를 '대한민국'으로 정하고 대통령 중심제를 근간으로 하는 제헌 헌법을 공포하였다. 대통령 선거는 국회에서 간선제 방식으로 치러져 초대 대통령에 이승만, 부통령에 이시영이 당선되면서 1948년 8월 15일에 대한민국 정부의 수립을 국내외에 선포하였다.

③ 신탁 통치 반대 운동 전개

⋯› 모스크바 삼국 외상 회의를 통해 미소 공동 위원회의 설치와 최대 5년간의 신탁 통치 협정이 결정되었다(1945.12.). 이러한 소식이 국내에 알려지자 김구, 이승만 등을 중심으로 전국적인 신탁 통치 반대 운동이 전개되었다(1946).

④ 제1차 미소 공동 위원회 개최

⋯› 광복 후 임시 민주 정부 수립, 신탁 통치 문제 등을 협의하기 위해 제1차 미소 공동 위원회가 열렸다(1946.3.). 이 회의에서 임시 민주 정부 수립에 참여할 정당 및 사회단체의 범위를 놓고 미국과 소련이 대립하면서 결렬되었다.

미니북 18쪽

45 김구 정답 ④

빠른 정답 찾기 한인 애국단 조직 + 대한민국 임시 정부 주석 ➡ 김구

자료 분석하기

백범 김구는 1931년에 한인 애국단을 조직하여 적극적인 항일 무장 투쟁을 전개하였으며 대한민국 임시 정부의 주석으로 활동하면서 민족의 자주독립을 위해 노력하였다. 광복 이후에 남북 분단을 막고 통일 정부를 구성하기 위해 힘쓰다가 경교장에서 안두희에게 암살당하였다.

선택지 분석하기

① 흥사단 결성
⋯› 안창호는 미국 샌프란시스코에서 민족 운동 단체인 흥사단을 조직하였다.

② 서전서숙 설립
⋯› 이상설 등이 만주 용정촌에 서전서숙을 설립하여 민족 교육을 실시하였다.

③ 한국통사 저술
⋯› 박은식은 고종 즉위 다음 해부터 국권 피탈 직후의 역사를 기록한 『한국통사』를 저술하였다.

④ 남북 협상 추진
⋯› 미소 공동 위원회가 결렬되고 유엔 한국 임시 위원단의 입국이 거부되자 유엔은 선거가 가능한 지역에서 총선거를 실시하도록 하였다. 남한만의 단독 선거에 반대하는 김구와 김규식은 평양으로 가서 김일성과 남북 협상을 전개하였으나 큰 성과를 거두지는 못하였다.

한발 더 다가가기

남북 협상

배경	• 유엔 총회: 인구 비례에 따른 남북한 총선거 실시 결정 → 유엔 한국 임시 위원단 파견 → 소련이 유엔 한국 임시 위원단 입국 거부 • 유엔 소총회: 유엔 한국 임시 위원단의 접근 가능 지역인 남한에서만 총선거 실시 결정(1948.2.)
전개	• 김구, 김규식 등이 북측에 통일 정부 수립을 위한 남북한 정치 지도자 회담 제안 • 평양에서 남북 지도자 회의 개최 • 결의문 채택: 단독 정부 수립 반대, 미소 양국 군대의 철수 요구
결과	미소 양국의 합의안 미수용, 남북 각각 단독 정부 수립 진행 → 남북 협상 실패

미니북 31쪽

46 단오 정답 ②

빠른 정답 찾기 수릿날 + 음력 5월 5일 + 창포물에 머리 감기 + 수리취떡 ➡ 단오

자료 분석하기

단오는 음력 5월 5일로 수릿날이라고도 불렸다. 이날에는 씨름, 택견, 활쏘기, 그네뛰기 등의 놀이를 즐겼고, 창포물에 머리를 감거나 수리취떡을 만들어 먹었다. 또한, 궁중에서는 왕이 신하들에게 부채를 나누어 주기도 하였다.

선택지 분석하기

① 설날
⋯› 설날은 음력 1월 1일로 차례를 지내고 어른들께 세배를 하며 덕담을 나누기도 하였다.

② 단오
⋯› 단오는 음력 5월 5일로, 삼한에서 수릿날에 풍년을 기원하였던 행사가 세시 풍속으로 이어지면서 발전하였다. 남자들은 씨름, 택견, 활쏘기를 하였고, 여자들은 그네뛰기, 앵두로 화채 만들어 먹기, 창포물에 머리 감기 등을 하였다.

③ 추석
⋯› 추석은 음력 8월 15일로 한가위라고도 불린다. 이날은 1년 동안 기른 곡식을 거둬들이고 송편과 각종 음식을 만들어 조상들에게 차례를 지내고 성묘를 하였다.

④ 한식
⋯› 한식은 동지에서 105일째 되는 날로 양력 4월 5일 무렵이다. 이날에는 일정 기간 동안 불의 사용을 금하여 찬 음식을 먹거나 성묘를 하고 조상의 묘를 돌보았다.

미니북 34쪽

47 6·25 전쟁 정답 ②

빠른 정답 찾기 임시 수도 부산 + 천막 학교 + 피란 ➡ 6·25 전쟁

자료 분석하기

부산은 6·25 전쟁이 발발하고 1950년 8월 18일부터 10월 27일까지 임시 수도였다. 이후 서울을 수복한 후 서울로 환도하였다가 1·4 후퇴로 서울을 다시 빼앗기자 1951년 1월 4일부터 1953년 7월 27일까지 대한민국 정부의 임시 수도가 되었다. 부산을 비롯한 전국 곳곳에는 전쟁 기간 중에도 천막 학교가 세워져 수업이 진행

되었다.

선택지 분석하기

① 금융 실명제가 실시되었다.
⋯ 김영삼 정부는 경제적 부정부패와 탈세를 뿌리 뽑기 위해 금융 실명제를 실시하였다.

✔ 인천 상륙 작전이 전개되었다.
⋯ 북한의 불법 남침으로 인해 시작된 6 · 25 전쟁 때 낙동강 방어선까지 밀렸던 국군은 유엔군의 파병과 인천 상륙 작전 성공으로 서울을 수복하고 압록강까지 진격하였다.

③ 여수 · 순천 10 · 19 사건이 일어났다.
⋯ 전남 여수에 주둔하던 국방 경비대 제14연대 소속의 일부 군인들이 제주 4 · 3 사건 진압을 거부하며 여수와 순천을 장악하면서 여수 · 순천 10 · 19 사건이 일어났다.

④ 조선 건국 준비 위원회가 조직되었다.
⋯ 광복 이후 여운형을 중심으로 조직된 최초의 건국 준비 단체인 조선 건국 준비 위원회는 전국에 지부를 결성하고 치안대를 조직하여 질서 유지 활동을 전개하였다.

미니북 30쪽

48 6월 민주 항쟁 정답 ③

남영동 치안본부 대공분실 + 이한열 + 박종철군 고문 살인 은폐 · 조작 규탄 및 민주 헌법 쟁취 범국민 대회 ➡ 6월 민주 항쟁

자료 분석하기

박종철 고문치사 사건과 4 · 13 호헌 조치에 반발하여 직선제 개헌과 민주 헌법 제정을 요구하는 시위가 전개되었다. 그러던 중 시위에 참여하였던 연세대 재학생 이한열이 사망하자 시위가 더욱 격화되어 6월 민주 항쟁이 전국적으로 확산되었다. 또한, 1987년 6월 10일 국민 운동 본부는 전국 22개 도시에서 박종철군 고문 살인 은폐 · 조작 및 민주 헌법 쟁취 범국민 대회를 개최하면서 6월 항쟁의 기폭제가 되었다.

선택지 분석하기

① 대통령이 하야하는 결과를 가져왔다.
⋯ 이승만과 자유당 정권의 3 · 15 부정 선거에 대한 저항으로 4 · 19 혁명이 발발하여 이승만 대통령이 하야하고 하와이로 망명하였다.

② 유신 체제가 붕괴되는 계기가 되었다.
⋯ 부마 민주 항쟁이 발생하여 집권층 내에서 항쟁 진압에 대한 대립 중에 박정희 대통령이 피살되는 10 · 26 사태가 이어지면서 유신 체제가 붕괴되었다.

✔ 5년 단임의 대통령 직선제 개헌을 이끌어냈다.
⋯ 6월 민주 항쟁에서 시민들은 호헌 철폐와 독재 타도 등의 구호를 내세워 민주적인 헌법 개정을 요구하였다. 결국 전두환 정부는 국민의 민주화 요구를 수용하여 6 · 29 민주화 선언을 통해 5년 단임의 대통령 직선제 내용을 중심으로 하는 개헌을 발표하였다.

④ 신군부의 비상계엄 확대에 반대하여 일어났다.
⋯ 신군부의 비상계엄 확대에 항거하여 광주에서 일어난 5 · 18 민주화 운동은 신군부가 공수 부대를 동원하여 무력 진압에 나서자 학생과 시민들이 시민군을 결성하여 대항하면서 격화되었다.

미니북 20쪽

49 박정희 정부의 경제 성장 정답 ①

경부 고속 도로 개통 + 포항 종합 제철 공장 준공 + 수출 100억 달러 달성 ➡ 1970년대 경제 성장

자료 분석하기

박정희 정부 시기인 1970년 7월 7일에 단군 이래 최대의 토목 공사로 불리던 경부 고속 도로가 개통되었다. 이후 중화학 공업 정책을 지향하는 계획에 따라 1973년 7월 3일에 영일만에서 연간 생산 103만 톤 규모의 포항 종합 제철 공장이 준공되었다. 이는 건설업, 자동차 공업, 조선업 등 연관 산업의 발전을 촉진시키는 데 기여하였다.

선택지 분석하기

✔ 수출 100억 달러 달성
⋯ 박정희 정부 때 수출의 증대로 수출 100억 달러를 달성하였다(1977).

② 서울 올림픽 대회 개최
⋯ 노태우 정부 때 제24회 서울 올림픽 대회가 개최되었다(1988).

③ 경제 협력 개발 기구(OECD) 가입
⋯ 김영삼 정부 때 한국 경제의 세계화를 위해 경제 협력 개발 기구(OECD)에 가입하였다(1996).

④ 아시아 · 태평양 경제 협력체(APEC) 정상 회의 개최
⋯ 노무현 정부 때 부산에서 제13차 아시아 · 태평양 경제 협력체(APEC) 정상 회의가 개최되었다(2005).

한발 더 다가가기

현대 정부별 경제 정책

정부	경제 정책
이승만 정부	전후 복구: 국민과 정부의 노력, 미국의 원조(면화, 설탕, 밀가루 등 소비재 산업 원료) → 삼백 산업 발달
5 · 16 군정 시기	제1차 경제 개발 5개년 계획 발표(1962)
박정희 정부	• 제1 · 2차 경제 개발 5개년 계획: 경공업 중심, 수출 주도형 • 제3 · 4차 경제 개발 5개년 계획: 중화학 공업 중심
전두환 정부	3저 호황(저유가, 저달러, 저금리), 제5차 경제 사회 발전 5개년 계획
노태우 정부	제6 · 7차 경제 사회 발전 5개년 계획 → 고성장 정책 추진
김영삼 정부	경제 협력 개발 기구(OECD) 가입, 금융 실명제 도입 → 무역 적자, 금융 기관 부실 → 외환 위기
김대중 정부	신자유주의 정책을 바탕으로 구조 조정 → 외환 위기 극복
노무현 정부	• 신자유주의 정책 계승 → 친경쟁적인 규제 및 시장 개방과 노동 유연화 추구 • 칠레와 FTA 체결(2004), 미국과 FTA 체결(2007), 경부 고속 철도 개통, APEC 정상 회의 개최 등

미니북 20쪽

50 김대중 정부의 통일 정책 정답 ③

빠른 정답 찾기 김대중 대통령 + 북한 김정일 국방위원장 + 평양에서 만남
➡ 김대중 정부

자료 분석하기

김대중 정부는 적극적으로 북한과의 교류를 확대하였고, 평양에서 최초로 남북 정상 회담을 개최하여 6 · 15 남북 공동 선언을 발표하였다. 이를 통해 금강산 관광 사업의 활성화, 개성 공단 건설 운영에 관한 합의서 체결, 이산가족 상봉, 경의선 복원 등 남북 간 교류 · 협력 사업이 실현되었다.

선택지 분석하기

① 남북 조절 위원회를 개최하였다.

⋯ 박정희 정부는 남북 간의 교류를 제의하여 서울과 평양에서 7 · 4 남북 공동 성명이 발표되었고 남북 조절 위원회가 설치되었다.

② 남북한이 유엔에 동시 가입하였다.

⋯ 노태우 정부는 적극적인 북방 외교 정책을 추진하여 남북한의 유엔 동시 가입이 이루어졌다.

③ 6 · 15 남북 공동 선언을 발표하였다.

⋯ 김대중 정부 시기에는 6 · 15 남북 공동 선언을 발표하였고 남북 교류 협력 사업의 일환으로 개성 공업 지구 조성에 합의하였다.

④ 최초로 남북 간 이산가족 상봉을 성사시켰다.

⋯ 전두환 정부 때 서울과 평양에서 최초로 이산가족 상봉이 이루어졌다.

2022 PASSCODE 한국사능력검정시험 기출문제집 8회분 기본(4·5·6급)

개정7판1쇄 발행	2022년 01월 05일 (인쇄 2021년 10월 22일)
초 판 발 행	2016년 04월 15일 (인쇄 2016년 02월 18일)
발 행 인	박영일
책 임 편 집	이해욱
편 저	한국사수험연구소
편 집 진 행	이미림 · 김채원 · 고수국
표지디자인	김도연
편집디자인	최혜윤 · 안아현
발 행 처	(주)시대고시기획
출 판 등 록	제 10-1521호
주 소	서울시 마포구 큰우물로 75 [도화동 538 성지 B/D] 9F
전 화	1600-3600
팩 스	02-701-8823
홈 페 이 지	www.sidaegosi.com
I S B N	979-11-383-0875-5 (13900)
정 가	16,000원